2022 개정 교육과정

백점

국어 2·2

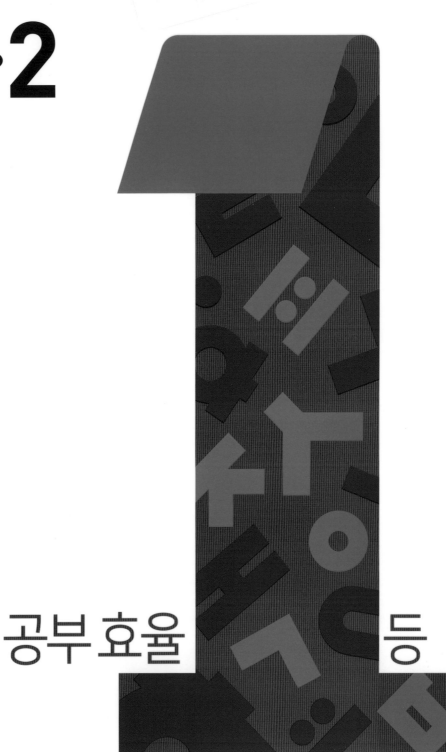

하루 4쪽

공부 효율 1등

- 개념-어휘-지문 독해의 3단계 학습
- 문해력을 높이는 핵심 어휘 수록
- 수준별 맞춤형 단원 평가 제공

동아출판

주소   서울시 영등포구 은행로 30 (우 07242)

백점 국어 2·2

발행일	2024년 7월 30일
인쇄일	2024년 7월 20일
펴낸곳	동아출판㈜
펴낸이	이욱상
등록번호	제300-1951-4호(1951. 9. 19)
개발총괄	강희경
개발책임	송연재
개발	김민선 김유나 이원경 김효진 주예인
디자인책임	목진성
디자인	강민영
대표번호	1644-0600
주소	서울시 영등포구 은행로 30 (우 07242)

학습 진도표

백점

국어 2·2

개념북

교과서에 실린
작품 소개

단원	교과서	제재 이름	지은이	나온 곳	백점 쪽수
1단원	국어	「떡볶이」	정두리	『정두리 동시 선집』, 지식을만드는지식, 2015.	11쪽
		「헬리콥터」	이병승	『난다 난다 신난다』, (주)푸른책들, 2009.	12쪽
		「짜장 요일」	방주현	『이따 만나』, (주)사계절출판사, 2018.	13쪽
		「할머니와 하얀 집」	이윤우	『할머니와 하얀 집』, (주)비룡소, 2018.	15~17쪽
		「엉뚱한 수리점」	차재혁	『엉뚱한 수리점』, 플라이쿠키, 2024.	19~20쪽
		「서로」	조영수	『마술』, 청색종이, 2018.	21쪽
2단원	국어	「크니프의 친구 사귀기」	윤선아	『크니프의 친구 사귀기』, (주)아람북스, 2008.	37쪽
3단원	국어	「진심으로 사과하는 법을 알아 둬」	박현숙	『언어 예절, 이것만은 알아 둬!』, 팜파스, 2016.	52~53쪽
		「빗자루」	윤혜신	『겨레 전통 도감 살림살이』, (주)도서출판 보리, 2016.	55~56쪽
		「글자」	토박이 사전 편찬실 엮음	『보리 국어사전』, (주)도서출판 보리, 2020.	61쪽
	국어 활동	「도, 개, 걸, 윷, 모의 말뜻」	서찬석	『우리 민속놀이에는 어떤 이야기가 담겨 있을까?』, (주)학산문화사, 2004.	57쪽
5단원	국어	「아빠와 함께 추억 만들기」	이규희	『아빠의 앞치마』, (주)교학사, 2004.	96~97쪽
		「희망을 만든 우편 집배원」	김현태	『행복한 사과나무 동화』, 아이앤북, 2005.	99~100쪽

단원	교과서	제재 이름	지은이	나온 곳	백점 쪽수
6단원	국어	공익 광고 (「엄마, 저 풀은 이름이 뭐예요?」)		한국방송광고진흥공사, 2006.	110쪽
		「오염물이 터졌다」	송수혜	『오염물이 터졌다!』, (주)미세기, 2020.	113~114쪽
		국립중앙박물관 어린이박물관 누리집		국립중앙박물관 어린이박물관 누리집 (www.museum.go.kr/site/child/home)	115쪽
7단원	국어	「반려견을 사랑한다면」 (「반려견 사랑한다면 '에티켓' 지키자」)	전서효	「반려견 사랑한다면 '에티켓' 지키자」, 어린이동아, 2016.	128~129쪽
		「왜 책임이 필요하죠?」	채화영	『왜 책임이 필요하죠?』, 파란정원, 2016.	135~136쪽
	국어 활동	「시끌시끌 소음 공해 이제 그만!」	정연숙	『시끌시끌 소음 공해 이제 그만!』, 와이즈만BOOKs, 2019.	133쪽
8단원	국어	「눈 내린 등굣길」	곽해룡	『특별한 맞춤집』, 섬아이, 2012.	145쪽
		「눈 온 아침」	김종상 작사, 이수인 작곡	「이수인 창작 동요 어린이 나라」, 화인씨앤에스, 2004.	146쪽
		「함께 걸어 좋은 길」	이경애 작사, 정보형 작곡	「내가 꿈꾸는 것 VOL03」, 써니뮤직, 2019.	147쪽
		「빈집에 온 손님」	황선미	『빈집에 온 손님』, (주)비룡소, 2016.	149~151쪽
		「오, 미지의 택배」	차영아	『쿵푸 아니고 똥푸』, (주)문학동네, 2017.	153~155쪽

백점 국어

구성과 특징

자기주도 학습을 위한
"하루 4쪽" 구성

교과서 학습

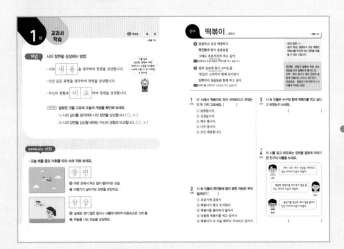

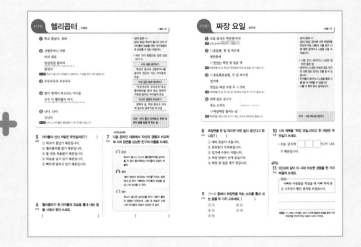

대단원 평가

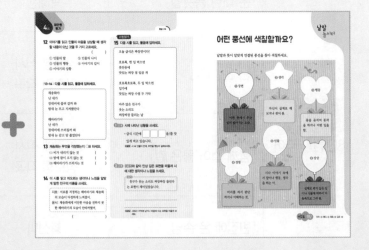

대단원에서 배울 내용을 단원 핵심 어휘를 통해 한눈에 확인할 수 있습니다.

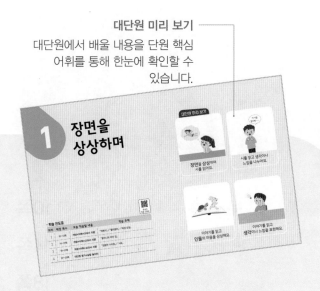

평가북 맞춤형 평가 대비 수준별 단원 평가

개념 학습 + 문해력을 높이는 어휘

교과서 개념을 빠르게 익히고, 개념 확인 OX 문제를 통해 개념을 탄탄하게 이해합니다.

'문해력을 높이는 어휘'에서는 단원의 핵심 어휘를 배웁니다. 핵심 어휘를 따라 쓴 뒤, 뜻과 예문을 학습하면 교과서 지문과 활동을 쉽게 이해할 수 있습니다.

지문 독해 학습

지문의 핵심 내용을 정리하고 다양한 유형의 문제를 풀며 지문 독해 실력을 향상시킵니다.

+서술형: 자신의 생각을 정확하게 쓸 수 있도록 도움 말과 채점 기준을 강화하였습니다.

+디지털 문해력: 단원의 학습 내용을 디지털 매체에 적용하여 디지털 문해력을 기릅니다.

대단원 평가

대단원을 마무리하며 실력을 점검할 수 있습니다.

+수행평가: 학교 수행 평가에 대비할 수 있도록 단계 별 문제를 제공합니다.

단원 평가 A단계

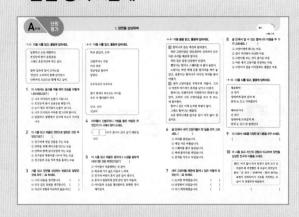

단원별 기본 학습 성취도를 확인하고, 수시 평가 나 객관식 문항 위주의 학교 단원 평가에 대비할 수 있습니다.

단원 평가 B단계

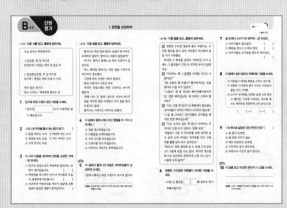

단원별 심화 학습 성취도를 확인하고, 서술형이 포함된 학교 단원 평가에 대비할 수 있습니다.

차례

1 장면을 상상하며

대단원 미리 보기

장면을 **상상**하며
시를 읽어요.

이 시를
읽으면…….

시를 읽고 생각이나
느낌을 나누어요.

이야기를 읽고
인물의 마음을 상상해요.

이야기를 읽고
생각이나 느낌을 표현해요.

개념 시의 장면을 상상하는 방법

시를 읽고 상상한 장면에 대한 생각이나 느낌을 친구들과 나누면 시를 더 잘 이해할 수 있어요.

· 시의 │ 내 │ 용 │ 을 생각하며 장면을 상상합니다.

· 인상 깊은 표현을 생각하며 장면을 상상합니다.

· 자신의 경험과 │ 비 │ 교 │ 하며 장면을 상상합니다.

개념 확인 알맞은 것을 고르며 오늘의 개념을 확인해 보세요.

(1) 시의 길이를 생각하며 시의 장면을 상상합니다 (○ , ×)

(2) 시의 장면을 상상할 때에는 자신의 경험과 비교합니다. (○ , ×)

문해력을 높이는 어휘

· 오늘 배울 중요 어휘를 따라 쓰며 익혀 보세요.

장 면

뜻 어떤 곳에서 무슨 일이 벌어지는 모습.

예 비행기가 날아가는 장면을 보았어요.

상 상

뜻 실제로 겪지 않은 일이나 사물에 대하여 마음속으로 그려 봄.

예 하늘을 나는 모습을 상상해요.

❶ 달콤하고 조금 매콤하고

　콧잔등에 땀이 송골송골

　그래도 호호거리며 먹고 싶어.
　　　떡볶이가 뜨거움.

1연 달콤하고 조금 매콤한 떡볶이를 먹고 싶습니다.

❷ 벌써 입속에 침이 고이는걸
　　　떡볶이를 먹고 싶어서

　'맛있다' 소리까지 함께 삼키면서

　단짝끼리 오순도순 함께 먹고 싶어.

2연 떡볶이를 단짝끼리 오순도순 먹고 싶습니다.

・글의 종류: 시
・글의 특징: 달콤하고 조금 매콤한 떡볶이를 맛있게 먹는 장면을 떠올릴 수 있는 시입니다.

콧잔등　콧등의 잘록한 부분. 또는 콧방울 위의 잘록하게 들어간 곳.
단짝　뜻이 맞거나 매우 친하여 늘 함께 어울리는 사이나 그런 친구.
오순도순　정답게 이야기하거나 사이좋게 지내는 모양.

1 이 시에서 떡볶이의 맛이 어떠하다고 하였는지 두 가지 고르세요. (　　　)
이해

① 달콤합니다.

② 싱겁습니다.

③ 매우 짭니다.

④ 너무 씁니다.

⑤ 조금 매콤합니다.

2 시 속 인물의 콧잔등에 땀이 맺힌 까닭은 무엇일까요? (　　　)
추론

① 코감기에 걸려서

② 떡볶이가 맵고 뜨거워서

③ 떡볶이를 좋아하지 않아서

④ 남몰래 떡볶이를 먹고 있어서

⑤ 떡볶이가 다 식을 때까지 기다리고 있어서

3 시 속 인물은 누구와 함께 떡볶이를 먹고 싶다고 하였는지 쓰세요.
이해

（　　　　　　　　　）

★
4 이 시를 읽고 떠오르는 장면을 알맞게 이야기한 친구의 이름을 쓰세요.
감상

시우: 약이 너무 써서 인상을 찌푸리고 있는 아이의 모습이 떠올라.

민지: 매콤한 떡볶이를 먹으면서 땀을 흘리는 아이의 모습이 떠올라.

윤성: 줄넘기를 열심히 해서 땀을 흘리고 있는 아이의 모습이 떠올라.

（　　　　　　　　　）

헬리콥터 _ 이병승

• 정답 1쪽

❶ 학교 끝났다, 오버

❷ 신발주머니 가방

머리 위로

빙글빙글 돌리며
신발주머니 가방을 돌리는 모습을 흉내 내는 말

달린다

1~2연 학교가 끝나자, 아이들이 신발주머니 가방을 머리 위로 돌립니다.

❸ 두두두두두 두두두두

❹ 발이 땅에서 떠오르는 아이들

모두 다 헬리콥터 되어.
머리 위로 신발주머니 가방을 돌리는 모습이 헬리콥터처럼 보임.

❺ 난다, 난다

신난다

3~5연 신이 난 아이들이 헬리콥터가 된 것처럼 보입니다.

• **글의 종류**: 시
• **글의 특징**: 학교가 끝나서 신이 난 아이들의 모습을 여러 가지 방법으로 상상할 수 있는 시입니다.

▶ **여러 가지 방법으로 장면 상상하기** 예

시의 내용 생각하기

학교가 끝나자 신발주머니를 돌리며 집으로 가는 아이들의 모습

인상 깊은 표현 생각하기

"두두두두두 두두두두"라는 헬리콥터를 흉내 내는 말에서 가방을 돌리는 아이들의 모습

자신의 경험과 비교하기

방학식 날, 학교 끝나고 신나게 집으로 달려가던 내 모습

오버 무선 통신 따위에서, 한쪽 대화의 끝을 알릴 때 하는 말.

---

5 아이들이 신난 까닭은 무엇일까요? (   )
추론
① 학교가 끝났기 때문입니다.
② 헬리콥터를 탔기 때문입니다.
③ 물 위로 떠올랐기 때문입니다.
④ 하늘을 날고 있기 때문입니다.
⑤ 빠르게 달리고 있기 때문입니다.

6 헬리콥터가 된 아이들의 모습을 흉내 내는 말
이해 을 시에서 찾아 쓰세요.

(   )

디지털 문해력

7 다음 온라인 대화에서 자신의 경험과 비교하
적용 며 시의 장면을 상상한 친구의 이름을 쓰세요.

> **은성**
> 학교가 끝나니 신나서 헬리콥터처럼 날아오를 것 같이 즐거워하는 아이들의 모습이 떠올라.

> **정아**
> "발이 땅에서 떠오르는 아이들"이라는 표현에서 날 듯이 기뻐하는 아이들의 모습을 실감 나게 상상할 수 있어.

> **경수**
> 학교가 끝나면 날아오를 듯이 기분이 좋았던 경험이 있었는데, 그때 내 모습과 시에 나온 아이들의 모습이 비슷한 것 같아.

(   )

짜장 요일 _ 방주현

● 정답 1쪽

① 오늘 급식은 짜장면이다!

말하는 사람이 좋아하는 음식

1연 오늘 급식에 짜장면이 나왔습니다.

② ㉠호로록, 한 입 먹으면

콧잔등에

㉡맛있는 짜장 점 일곱 개

2연 짜장면을 한 입 먹으면 콧잔등에 짜장 점 일곱 개가 생깁니다.

③ ㉢호로록호로록, 두 입 먹으면

입가에

맛있는 짜장 수염 두 ㉣가닥

3연 짜장면을 두 입 먹으면 입가에 짜장 수염 두 가닥이 생깁니다.

④ 마주 앉은 친구가

웃는 소리도 ┐

㉤짜장짜장 들리는 날 ┘ 짜장면을 먹는 것이 즐거워서

4연 짜장면을 먹는 날은 친구가 웃는 소리도 짜장짜장 들립니다.

- **글의 종류:** 시
- **글의 특징:** 급식에 나온 짜장면을 맛있게 먹는 내용의 시를 읽고 시에 대한 생각이나 느낌을 나눌 수 있습니다.

▶ **시를 읽고 생각이나 느낌을 말하면 좋은 점**
- 생각이나 느낌은 비슷한 점도 있지만 다른 점도 있다는 것을 알 수 있습니다.
- 친구들의 생각이나 느낌을 통해 시를 좀 더 이해할 수 있습니다.
- 시를 더 찾아 읽고 싶어집니다.

마주 서로 똑바로 향하여.

---

8 짜장면을 한 입 먹으면 어떤 일이 생긴다고 했나요? (　　　)

이해

① 계속 웃음이 나옵니다.
② 콧잔등이 가려워집니다.
③ 입가에 수염이 자랍니다.
④ 짜장 양념이 옷에 묻습니다.
⑤ 짜장 점 일곱 개가 생깁니다.

9 ㉠~㉤ 중에서 짜장면을 먹는 소리를 흉내 내는 말을 두 가지 고르세요. (　　　)

이해

① ㉠   ② ㉡
③ ㉢   ④ ㉣
⑤ ㉤

10 시의 제목을 「짜장 요일」이라고 한 까닭은 무엇일지 쓰세요.

추론

- 오늘 급식에 [　][　][　]이/가 나오기 때문입니다.

서술형

11 보기와 같이 이 시와 비슷한 경험을 한 가지 떠올려 쓰세요.

감상

보기

아빠와 비빔밥을 먹었을 때 아빠 턱에 묻은 고추장이 빨간 점처럼 보였습니다.

_____

도움말 이 시에는 아이들이 급식 시간에 얼굴에 양념을 묻혀 가며 짜장면을 맛있게 먹는 모습이 나타나 있어요.

나의 실력에 색칠하세요.

개념 이야기를 읽고 인물의 마음 상상하기

- 일이 일어난 차례대로 이야기의 　장　면　을 떠올리고, 떠올린 장면을 바탕으로 인물의 마음을 상상합니다.

- 이야기의 　상　황　, 인물의 말이나 행동을 바탕으로 인물의 마음을 상상합니다.

개념 확인 알맞은 것을 고르며 오늘의 개념을 확인해 보세요.

⑴ 장면을 떠올릴 때에는 일이 일어난 차례대로 떠올립니다. (○ , ×)

⑵ 인물의 생김새를 바탕으로 인물의 마음을 상상합니다. (○ , ×)

문해력을 높이는 어휘

- 오늘 배울 중요 어휘를 따라 쓰며 익혀 보세요.

인 물

🔵 뜻 시나 이야기 속에서 말이나 행동, 생각을 하는 이.
🔵 예 인물이 무엇을 하는지 살펴보아요.

행 동

🔵 뜻 몸을 움직여 동작을 하거나 어떤 일을 함.
🔵 예 동생이 내 행동을 따라해요.

할머니와 하얀 집 _ 이윤우

가 깊은 숲속에 눈처럼 하얗고 예쁜 집이 있었어.

그 집에는 하얗고 예쁜 집을 자랑스러워하는 할머니가 살았어. 하얗고 예쁜 고양이랑 함께 말이야.
(주인공)

㉠할머니는 하얀 집을 늘 하얗게 만들려고 날마다 노력했어. 그러다 보니 걱정도 점점 늘어 갔어.

'밤에 새들이 들어와 똥이라도 싸 놓으면 어떡하지?'

'다람쥐나 너구리 같은 녀석들이 쳐들어오면?'
> 다른 동물들이 집을 더럽힐까 봐 걱정함.

어떤 날은 너무 걱정이 되어 잠도 못 잤어.

할머니는 하얀 집에 뭐라도 묻을까 봐 아무도 **초대하지** 않았어. 할머니는 외롭지 않았을까?

아니야. 할머니 옆에는 늘 하얀 고양이가 있었거든.

중심 내용 | 할머니는 하얗고 예쁜 집을 자랑스러워하며 하얀 고양이와 함께 살았습니다.

나 ㉡**여느** 때처럼 할머니는 하얀 집을 구석구석 여기저기 청소했어.

그런데 **문득** 이상한 기분이 들었어.

하얀 고양이가 사라진 거야!

• **글의 종류**: 이야기
• **글의 특징**: 하얗고 예쁜 집에 살던 할머니께서 새끼 고양이들과 살게 되었을 때 어떤 마음이 들었을지 상상해 볼 수 있는 이야기입니다.

▶ **이야기를 읽으며 장면 떠올리기 예**

가	하얀 집에 할머니와 하얀 고양이가 앉아 있는 장면
나	할머니께서 집 안 곳곳을 청소하는 장면

초대하지 다른 사람에게 어떤 자리, 모임, 행사 등에 와 달라고 요청하지.
여느 다른 보통의.
문득 생각이나 느낌 따위가 갑자기 떠오르는 모양.

---

1 할머니의 집은 어떤 모습이었는지 쓰세요.
(이해)

• ☐ 처럼 하얗고 예뻤습니다.

2 할머니께서 집에 아무도 초대하지 않으신 까닭은 무엇인가요? ( )
(이해)

① 집이 너무 작았기 때문에

② 사람들이 할머니를 싫어했기 때문에

③ 청소를 하느라 시간이 없었기 때문에

④ 깊은 숲속까지 아무도 오지 않았기 때문에

⑤ 하얀 집에 뭐라도 묻을까 봐 걱정되었기 때문에

3 할머니께서 외롭지 않으셨던 까닭은 무엇인가요? ( )
(이해)

① 마을에 자주 가서

② 할 일이 너무 많아서

③ 다람쥐와 너구리가 놀러 와서

④ 여러 동물을 키우느라 바빠서

⑤ 옆에 늘 하얀 고양이가 있어서

4 ㉠과 ㉡에서 알 수 있는 할머니의 성격을 두 가지 고르세요. ( )
(추론)

① 게으릅니다.

② 화를 잘 냅니다.

③ 욕심이 많습니다.

④ 청소를 좋아합니다.

⑤ 부지런한 사람입니다.

저녁이 되었는데도 하얀 고양이는 보이지 않았어.

'대체 어디 간 걸까? 찾으러 나가야 하나? 집을 비우면 못된 녀석들이
우리 집을 망가뜨릴지도 몰라.' / 할머니는 이러지도 저러지도 못했지.
_{다른 동물들}

그렇게 며칠이 지나자 하얀 고양이가 돌아왔어.

고양이를 보자마자 할머니는 "휴우." 하고 가슴을 **쓸어내렸어.**

중심 내용 | 할머니와 함께 살던 하얀 고양이가 사라졌다가 며칠 뒤에 돌아왔습니다.

다 그러던 어느 날, 할머니는 깜짝 놀랐어.

할머니 눈에 뭔가 작고 꼬물꼬물 움직이는 게 보이는 거야.
_{하얀 고양이가 새끼를 낳음.}

세상에! 새끼 고양이들이었어. / 할머니는 어쩔 줄 몰랐어.

그날부터 할머니의 집은 예전과 달라졌어.

하얀 고양이랑은 생김새부터 성격까지 모두 다른 녀석들 때문에 말이야.

하얀 집은 점점 **난장판**이 되었어.

빨강이는 할머니 스웨터를 다 풀어 놓았어. / 노랑이는 하얀 벽에 온통
발자국을 찍어 놓았고, 분홍이는 할머니가 마시던 커피를 쏟아 버렸지.

> ▶ 할머니의 마음 상상하기 예

이야기 상황	하얀 고양이가 보이지 않음.
인물의 말이나 행동	할머니는 하얀 고양이를 찾느라 집을 비우면 못된 녀석들이 집을 망가뜨릴까 봐 이러지도 저러지도 못함.
인물의 마음	불안한 마음, 걱정되는 마음

쓸어내렸어 곤란하거나 어려운 일, 근심, 걱정 따위가 해결되어 마음을 놓았어.
난장판 여러 사람이 뒤섞여 시끄럽게 하거나 어질러 놓은 상태.

---

5 하얀 고양이가 보이지 않았을 때 할머니께서
_{이해} 는 어떤 행동을 하셨나요? (   )

① 망가진 집을 고치셨습니다.

② 고양이를 찾으러 나가셨습니다.

③ 방을 구석구석 청소하셨습니다.

④ 문을 활짝 열고 기다리셨습니다.

⑤ 이러지도 저러지도 못하셨습니다.

서술형
6 하얀 고양이가 돌아왔을 때 할머니의 마음은
_{추론} 어떠하셨을지 쓰세요.

• 할머니께서는 하얀 고양이가 집으로 돌아와서

_____

도움말 걱정하던 일이 잘 풀렸을 때 어떤 마음이 들지 떠올려 보
세요.

7 새끼 고양이들이 태어난 뒤 할머니 집은 어떻
_{이해} 게 되었는지 쓰세요.

• 하얀 집이 점점 ⬜⬜⬜ 이/가 되
었습니다.

8 새끼 고양이들이 한 일을 선으로 이으세요.
_{이해}

(1) 빨강이 •   • ㉮ 하얀 벽에 발자국을 찍음.

(2) 노랑이 •   • ㉯ 할머니 스웨터를 다 풀어 놓음.

(3) 분홍이 •   • ㉰ 할머니께서 마시던 커피를 쏟음.

녀석들은 쏟고, 흘리고, 묻히고, 깨뜨렸어.
새끼 고양이들
할머니는 계속 정리하고, 치우고, 닦았어.
새끼 고양이들 때문에 집이 난장판이 되었을 때 할머니께서 하신 일

중심 내용 | 하얀 고양이가 낳은 새끼 고양이들이 집 안을 난장판으로 만들었습니다.

라 그런데 시간이 가면 갈수록 할머니 눈에 신기한 게 보이기 시작했어.

빨강이, 노랑이, 분홍이는 다 달랐어.

빨강이는 호기심이 많아서 모든 걸 궁금해했고, 노랑이는 모험을 좋아해서 높은 곳에 자주 올라갔어. ㉠분홍이는 겁이 많아서 어디든 잘 숨었어.

㉡새끼 고양이들은 무럭무럭 자랐어. 그리고 여전히 여기저기 흔적을 남기고 다녔지.
새끼 고양이들이 집 안을 어지르고 다님.
㉢할머니는 언젠가부터 걱정하거나 화내지 않았어. 오히려 그런 고양이들을 보고 또 보는 게 즐거웠어.

할머니 집은 이제 눈처럼 하얗지 않아. / 그래도 할머니는 괜찮대.
새끼 고양이들을 보는 것이 즐거워서
요즘 할머니에겐 즐거운 일이 아주 많이 생겼거든.

중심 내용 | 새끼 고양이들 때문에 집이 더는 하얗지 않았지만 할머니는 즐거웠습니다.

9
이해
할머니 눈에 보인 신기한 것은 무엇인지 ○표 하세요.

(1) 빨강이, 노랑이, 분홍이가 다 다르다는 것 ( )

(2) 고양이들이 무언가를 쏟고, 흘리고, 묻히고, 깨뜨리는 것 ( )

10
이해
할머니께서 집이 눈처럼 하얗지 않아도 괜찮다고 하신 까닭은 무엇일까요? ( )

① 집을 다른 색으로 칠했기 때문에
② 새끼 고양이들이 얌전해졌기 때문에
③ 할머니께서 집에 관심이 없어졌기 때문에
④ 할머니께서 다른 곳으로 이사했기 때문에
⑤ 할머니께 즐거운 일이 아주 많이 생겼기 때문에

11
이해
이 이야기에서 일이 일어난 차례대로 빈칸에 번호를 쓰세요.

(1) 집이 더는 하얗지 않았지만 할머니께서는 즐거웠습니다. ( )

(2) 할머니와 함께 살던 고양이가 사라졌다가 며칠 뒤에 돌아왔습니다. ( )

(3) 고양이가 낳은 새끼 고양이들이 집 안을 난장판으로 만들었습니다. ( )

(4) 할머니께서는 하얗고 예쁜 집을 자랑스러워하며 고양이와 함께 살았습니다. ( )

★
12
적용
㉠~㉢ 중에서 할머니의 마음을 짐작할 수 있는 부분의 기호를 쓰세요.

( )

개념 이야기를 읽고 생각이나 느낌을 떠올리는 방법

- 인물의 모습에 대한 생각이나 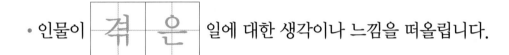 을 떠올립니다.

- 인물이 　겪　은　 일에 대한 생각이나 느낌을 떠올립니다.

- 이야기와 관련해 자신의 경험에서 비롯한 생각이나 느낌을 떠올립니다.

개념 확인 알맞은 것을 고르며 오늘의 개념을 확인해 보세요.

(1) 이야기를 읽을 때 인물이 겪은 일에 대한 생각이나 느낌은 떠올리지 않아도 됩니다. (○ , ×)

(2) 이야기를 읽고 생각이나 느낌을 나눌 때에는 이야기와 관련해 자신의 경험을 떠올립니다. (○ , ×)

문해력을 높이는 어휘

• 오늘 배울 중요 어휘를 따라 쓰며 익혀 보세요.

뜻 자신이 실제로 해 보거나 겪어 봄.
예 경험을 떠올리며 글을 읽어요.

뜻 머리를 써서 판단하거나 이해하는 것.
예 좋은 생각이 떠올랐어요.

엉뚱한 수리점 _ 차재혁

• 정답 2쪽

가 깜깜한 밤이 되자, 엉뚱한 수리점 창문에 불이 켜졌어요. 수리할 물건을 들고 있던 어른들이 하나둘씩 줄을 서기 시작했죠.

중심 내용 | 밤이 되자 수리할 물건을 들고 있던 어른들이 엉뚱한 수리점에 줄을 서기 시작했습니다.

나 하지만 그 광경을 **곰곰이** 지켜보던 소이 눈에는 그 물건들이 고장
_{주인공}
난 것처럼 보이지 않았어요. 의자에 앉아 있던 아저씨에게 다가가 소이가 물었죠.

"아저씨는 왜 **멀쩡한** 의자를 가지고 나왔어요?"
_{소이의 눈에는 고장난 곳이 없어 보임.}
"쉿! 조용히 해 주겠니? 삐거덕거리는 곳을 찾아야 고칠 수가 있단다."

"그래요? 제 방 의자도 삐거덕삐거덕하지만, 정말 재미있는데. 제 의자도 고쳐야 할까요?"

"옷장이 정말 멋있어요. 그런데 이 옷장은 어디가 고장 난 거죠?"

"안에 넣은 물건을 **도무지** 찾을 수가 없어서 왔단다. 한번 넣으면 절대로 못 찾아." / "그래요? 숨바꼭질할 때 숨으면 딱 좋겠는데요!"
_{소이는 옷장이 고장 나지 않았다고 생각함.}
"너도 고칠 게 있니? 난 화분에서 **쓸모없는** 강아지풀이 자꾸만 자라서 고치려고 왔는데."

"그걸 왜 고쳐요? 강아지풀로 간지럼을 태우면 엄청 재미있는데!"

중심 내용 | 엉뚱한 수리점에 간 어른들은 의자, 옷장, 화분 등을 고치고 싶어 했습니다.

• **글의 종류:** 이야기
• **글의 특징:** 어른들이 수리할 물건을 들고 엉뚱한 수리점에 줄을 서는 모습을 보고 주인공 소이가 수리점을 찾아가는 이야기로, 이야기에 대한 생각이나 느낌을 친구들과 나눌 수 있습니다.

▶ **어른들이 물건을 고치고 싶은 까닭**

물건	고치고 싶은 까닭
의자	삐거덕거림.
옷장	안에 넣은 물건을 찾을 수 없음.
화분	쓸모없는 강아지풀이 자람.

수리점 고장 나거나 허름한 데를 손보아 고치는 가게.
곰곰이 이리저리 깊이 생각하며.
멀쩡한 흠 없이 온전한.
도무지 아무리 해도.
쓸모없는 쓸 만한 가치가 없는.

---

1 엉뚱한 수리점에 대한 설명으로 알맞은 것은 무엇인가요? (   )
_{이해}

① 아이들이 노는 곳입니다.
② 어른들은 갈 수 없는 곳입니다.
③ 이른 아침에 문을 여는 곳입니다.
④ 고장 난 물건을 고쳐 주는 곳입니다.
⑤ 오래된 물건을 새것과 바꾸는 곳입니다.

2 의자에 앉아 있던 아저씨께서 의자를 가지고 나오신 까닭에 ○표 하세요.
_{이해}

(1) 소이에게 의자를 자랑하려고　(　　)
(2) 의자를 더 재미있게 만들려고　(　　)
(3) 삐거덕거리는 곳을 찾아 고치려고(　　)

3 수리점을 찾아간 어른들을 본 소이의 마음은 어떠할까요? (   )
_{추론}

① 물건을 고장 내서 미안함.
② 좋은 물건을 주어서 고마움.
③ 물건을 고쳐서 마음이 놓임.
④ 새 물건을 사지 못해서 안타까움.
⑤ 멀쩡한 물건을 고치려는 것이 이상함.

4 다음 뜻에 알맞은 낱말을 글에서 찾아 쓰세요.
_{어휘}

> 이리저리 깊이 생각하며.

(　　　　　　)

다 "너도 고치고 싶은 게 있니? 아저씨는 무엇이든 고칠 수가 있단
_{엉뚱한 수리점 아저씨}
다. 말해 보렴."

"정말요? 그럼 이 빗자루를 진짜 새처럼 날 수 있게 고쳐 주세요! 빗
_{소이가 고치고 싶은 것}
자루를 타고 구름 위를 훨훨 날아 보고 싶거든요."

"뭐라고? 진짜 새처럼 날 수 있게 고쳐 달라고? 그렇게 만들 수는
없어. 하지만 청소할 때 쓰는 빗자루로 튼튼하게 고칠 수는 있지. 그
렇게 고쳐 줄까?"

중심 내용 | 소이가 빗자루를 새처럼 날게 고쳐 달라고 했지만, 수리점 아저씨는 청소할 때 쓰는
빗자루로 튼튼하게 고쳐 준다고 했습니다.

라 깜짝 놀란 소이는 도망치듯 집으로 돌아와 창문 밖 수리점을 보면
서 생각했어요.

'왜 재미있는 걸 재미없게 만들려고 하는 걸까? 난 절대 고치지 않을
거야.'

중심 내용 | 소이는 창문 밖 수리점을 보면서 재미있는 걸 재미없게 고치지 않을 거라고 생각했습
니다.

• 작품 정리

가 밤이 되자 수리할 물건을 들고 있던 어른들이 엉뚱한 수리점에 줄을 서기 시작함.

↓

나 어른들은 의자, 옷장, 화분 등을 고치고 싶어 함.

↓

다 소이가 빗자루를 새처럼 날게 고쳐 달라고 했지만, 수리점 아저씨는 청소할 때 쓰는 빗자루로 고쳐 준다고 함.

↓

라 소이는 창문 밖 수리점을 보면서 재미있는 걸 재미없게 고치지 않을 거라고 생각함.

5
이해
소이가 도망치듯이 엉뚱한 수리점을 빠져나온
까닭은 무엇인지 알맞은 말에 ○표 하세요.

• 수리점 아저씨가 (1)(재미없는, 재미있는)
걸 (2)(재미없게, 재미있게) 만들려고 했기
때문입니다.

★
6
감상
이 이야기를 읽고 떠오르는 생각이나 느낌을
알맞게 말한 친구의 이름을 쓰세요.

> 민재: 어른들이 물건을 고치지 못한 엉뚱한
> 수리점 아저씨에게 화를 내는 모습이 안타
> 깝게 느껴졌어.
> 예서: 소이가 보기에는 고치지 않아도 되는
> 물건을 어른들이 자꾸 고치니까 이야기의
> 제목을 「엉뚱한 수리점」이라고 한 것 같아.

( )

서술형

7
적용
자신이 고치고 싶은 물건을 골라 ➔**보기**처럼
엉뚱한 수리점 아저씨께 수리해 달라고 부탁
하는 글을 써 보세요.

➔**보기**

고치고 싶은 물건	빗자루
고치고 싶은 내용	빗자루를 진짜 새처럼 날 수 있게 고쳐 주세요.

(1) 고치고 싶은 물건	
(2) 고치고 싶은 내용	

도움말 소이나 엉뚱한 수리점을 찾아간 어른들처럼 사용할 때 불
편했던 물건이 있는지 떠올리고 그것을 어떻게 고치고 싶
은지 써 보세요.

❶ 채송화야

　난 네가

　장대비에 쓸려 갈까 봐

　밤새 눈 뜨고 지켜봤단다

[해바라기가 한 말]

1연 해바라기는 채송화가 장대비에 쓸려 갈까 봐 밤새 지켜봤습니다.

❷ 해바라기야

　난 네가

　장대비에 쓰러질까 봐

　밤새 눈 감고 맘 졸였단다

[채송화가 한 말]

2연 채송화는 해바라기가 장대비에 쓰러질까 봐 밤새 마음 졸였습니다.

> • 글의 종류: 시
> • 글의 특징: 밤새 장대비가 내리자, 해바라기와 채송화가 서로를 걱정하는 장면을 상상할 수 있는 시입니다.

> **장대비** 빗줄기가 굵고 거세게 좍좍 내리는 비.
> **졸였단다** 속을 태우다시피 초조해하였단다.

8
이해

해바라기가 채송화를 밤새 지켜본 까닭은 무엇인가요? (　　　)

① 채송화가 시들까 봐

② 자신이 채송화를 밟을까 봐

③ 채송화가 빗물에 잠길까 봐

④ 누가 채송화를 꺾어 갈까 봐

⑤ 채송화가 장대비에 쓸려 갈까 봐

★
9
추론

이 시에 나타난 채송화의 마음은 어떠한가요?
(　　　)

① 미안함.

② 걱정스러움.

③ 반갑고 신이 남.

④ 속상하고 화가 남.

⑤ 뿌듯하고 자랑스러움.

10
감상

이 시를 읽고 떠오르는 장면으로 알맞은 것은 무엇인가요? (　　　)

① 풀잎이 바싹 말라 있는 장면

② 아이들이 밤하늘을 바라보는 장면

③ 우산을 쓰고 빗속을 걸어가는 장면

④ 바람이 불어서 커다란 나무가 부러진 장면

⑤ 채송화와 해바라기가 세차게 내리는 비를 맞고 있는 장면

11
어법

파란색으로 쓴 모음자를 읽을 때의 입 모양으로 알맞은 것끼리 선으로 이으세요.

(1) 애기 •

(2) 에의 •

• ㉮ 입 모양이 'ㅣ'에서 'ㅐ'로 바뀝니다.

• ㉯ 입 모양이 'ㅣ'에서 'ㅔ'로 바뀝니다.

나의 실력에 색칠하세요.
😆 🙂 😖

|1~3| 다음 시를 읽고, 물음에 답하세요.

> **떡볶이**
>
> 달콤하고 조금 매콤하고
> 콧잔등에 땀이 송골송골
> 그래도 호호거리며 먹고 싶어.
>
> 벌써 입속에 침이 고이는걸
> '맛있다' 소리까지 함께 삼키면서
> 단짝끼리 오순도순 함께 먹고 싶어.

1 시 속 인물이 먹고 싶어 하는 것은 무엇인지 쓰세요.

(　　　　　　　　　)

2 시 속 인물의 마음으로 알맞은 것은 무엇인가요? (　　　)

① 땀을 흘려 짜증 나는 마음
② 눈사람을 만들고 싶은 마음
③ 새 친구를 사귀고 싶은 마음
④ 헤어진 친구를 그리워하는 마음
⑤ 친구와 함께 음식을 먹고 싶은 마음

3 이 시와 비슷한 경험을 떠올린 것은 무엇인가요? (　　　)

① 친구와 싸웠다가 화해한 적이 있습니다.
② 가족과 함께 동물원에 간 적이 있습니다.
③ 영화를 보고 눈물을 흘린 적이 있습니다.
④ 치과에 가서 이를 치료한 적이 있습니다.
⑤ 동생과 피자를 먹고 싶다고 생각한 적이 있습니다.

|4~5| 다음 시를 읽고, 물음에 답하세요.

> 학교 끝났다, 오버
>
> 신발주머니 가방 / 머리 위로
> 빙글빙글 돌리며 / 달린다
>
> 두두두두두 두두두두
>
> 발이 땅에서 떠오르는 아이들
> 모두 다 헬리콥터 되어.
>
> 난다, 난다 / 신난다

4 시에서 무엇을 보고 '난다'라고 표현했나요?

(　　　)

① 아이들이 손을 흔드는 모습
② 아이들이 학교에 가는 모습
③ 아이들이 땅을 발로 차는 모습
④ 아이들이 신발주머니를 돌리는 모습
⑤ 아이들이 제자리에서 빙글빙글 도는 모습

5 다음은 어떤 방법으로 이 시의 장면을 상상한 것인지 ○표 하세요.

> "두두두두두 두두두두"라는 헬리콥터 소리를 흉내 내는 말을 사용하니 헬리콥터가 된 아이들의 모습이 더 실감 나게 떠오릅니다.

(1) 시의 내용을 생각하였습니다. (　　　)
(2) 자신의 경험과 비교하였습니다. (　　　)
(3) 인상 깊은 표현을 생각하였습니다.
(　　　)

| 6~8 | 다음 글을 읽고, 물음에 답하세요.

할머니는 깜짝 놀랐어. / 할머니 눈에 뭔가 작고 꼬물꼬물 움직이는 게 보이는 거야.

세상에! 새끼 고양이들이었어.

할머니는 어쩔 줄 몰랐어.

그날부터 할머니의 집은 예전과 달라졌어.

하얀 고양이랑은 생김새부터 성격까지 모두 다른 녀석들 때문에 말이야.

하얀 집은 점점 난장판이 되었어.

빨강이는 할머니 스웨터를 다 풀어 놓았어./ 노랑이는 하얀 벽에 온통 발자국을 찍어 놓았고, 분홍이는 할머니가 마시던 커피를 쏟아 버렸지.

녀석들은 쏟고, 흘리고, 묻히고, 깨뜨렸어.

6 할머니 집이 난장판이 된 까닭에 ○표 하세요.

• (새끼, 하얀) 고양이들이 쏟고, 흘리고, 묻히고, 깨뜨렸기 때문입니다.

7 이 글을 읽고 떠올릴 수 있는 장면이 <u>아닌</u> 것은 무엇인가요? (   )

① 스웨터가 다 풀려 있는 모습

② 하얀 고양이가 컵을 깨는 모습

③ 바닥에 커피가 쏟아져 있는 모습

④ 할머니께서 어쩔 줄 몰라 하시는 모습

⑤ 하얀 벽에 고양이 발자국이 찍힌 모습

서술형

8 이 글에 나타난 할머니의 마음을 쓰세요.

• 집에서 새끼 고양이를 발견하셨을 때, 할머니께서는 _____

도움말 갑자기 집에 나타난 새끼 고양이들을 보면 어떤 마음이 들지 떠올려 보세요.

| 9~11 | 다음 글을 읽고, 물음에 답하세요.

가 아저씨에게 다가가 소이가 물었죠.

"아저씨는 왜 멀쩡한 의자를 가지고 나왔어요?" / "쉿! 조용히 해 주겠니? 삐거덕거리는 곳을 찾아야 고칠 수가 있단다."

"그래요? 제 방 의자도 삐거덕삐거덕하지만, 정말 재미있는데. 제 의자도 고쳐야 할까요?"

나 "그런데 이 옷장은 어디가 고장 난 거죠?"

"안에 넣은 물건을 ㉠도무지 찾을 수가 없어서 왔단다. 한번 넣으면 절대로 못 찾아."

"그래요? 숨바꼭질할 때 숨으면 딱 좋겠는데요!"

9 다음은 어떤 물건에 대한 소이의 생각인지 쓰세요.

(1)	멀쩡합니다.
(2)	숨바꼭질할 때 숨으면 딱 좋겠습니다.

10 ㉠의 뜻으로 알맞은 것은 무엇인가요? (   )

① 아무리 해도.

② 기회 있는 어떤 때에.

③ 거짓 없이 말 그대로.

④ 어떠한 경우에도 반드시.

⑤ 빈틈없이 맞닿거나 들어맞는 모양.

11 이 글을 읽고 떠올린 생각이나 느낌으로 알맞은 것에 ○표 하세요.

(1) 어른들이 서로 좋은 물건을 가지려고 싸우는 모습이 안타까웠습니다.   (   )

(2) 어른들이 소이의 말을 듣고 물건을 고치지 않으면 더 재미있을 것 같습니다. (   )

12 이야기를 읽고 인물의 마음을 상상할 때 생각할 내용이 <u>아닌</u> 것을 두 가지 고르세요.

(   )

① 인물의 말   ② 인물의 나이
③ 인물의 행동   ④ 이야기의 길이
⑤ 이야기의 상황

|**13~14**| 다음 시를 읽고, 물음에 답하세요.

> 채송화야
> 난 네가
> 장대비에 쓸려 갈까 봐
> 밤새 눈 뜨고 지켜봤단다
>
> 해바라기야
> 난 네가
> 장대비에 쓰러질까 봐
> 밤새 눈 감고 맘 졸였단다

13 채송화는 무엇을 걱정했는지 ○표 하세요.

(1) 비가 내리지 않는 것   (   )
(2) 밤에 잠이 오지 않는 것   (   )
(3) 해바라기가 쓰러지는 것   (   )

14 이 시를 읽고 떠오르는 생각이나 느낌을 알맞게 말한 친구의 이름을 쓰세요.

> 지호: 서로를 걱정하는 해바라기와 채송화의 모습이 다정하게 느껴졌어.
> 윤서: 채송화에게 미안한 마음을 전하지 못한 해바라기의 모습이 안타까웠어.

(   )

15 다음 시를 읽고, 물음에 답하세요.

> 오늘 급식은 짜장면이다!
>
> 호로록, 한 입 먹으면
> 콧잔등에
> 맛있는 짜장 점 일곱 개
>
> 호로록호로록, 두 입 먹으면
> 입가에
> 맛있는 짜장 수염 두 가닥
>
> 마주 앉은 친구가
> 웃는 소리도
> 짜장짜장 들리는 날

1단계 시에 나타난 상황을 쓰세요.

• 급식 시간에 [ ][ ][ ]을/를 맛있게 먹고 있습니다.

도움말 시 속 인물이 언제, 무엇을 했는지 살펴보세요.

2단계 보기와 같이 인상 깊은 표현을 떠올려 시에 대한 생각이나 느낌을 쓰세요.

> 보기
> 친구가 웃는 소리도 짜장짜장 들린다는 표현이 재미있었습니다.

_____

_____

도움말 시에서 기억에 남거나 마음에 드는 표현을 떠올려 보세요.

어떤 풍선에 색칠할까요?

낱말과 뜻이 알맞게 연결된 풍선을 찾아 색칠하세요.

① 장면

② 생각

③ 행동

어떤 곳에서 무슨 일이 벌어지는 모습.

자신이 실제로 해 보거나 겪어 봄.

몸을 움직여 동작을 하거나 어떤 일을 함.

⑤ 인물

④ 경험

⑥ 상상

시나 이야기 속에서 말이나 행동, 생각을 하는 이.

머리를 써서 판단하거나 이해하는 것.

실제로 겪지 않은 일이나 사물에 대하여 마음속으로 그려 봄.

거꾸로 정답 ① 장면 ③ 행동 ⑤ 인물 ⑥ 상상

2 서로 존중해요

온라인
학습 진도표

고운 말로 대화하는
방법을 배워요.

상황에 알맞은
고운 말로 대화해요.

칭찬이나 **조언**하는
방법을 배워요.

대화할 때 적절하게
반응하는 방법을 배워요.

개념 **고운 말로 대화하는 방법**

• 상대의 | 기 | 분 |이 상하지 않게 말합니다.

• 욕설이나 비속어를 사용하지 않습니다.

• 상대의 이야기를 공감하며 잘 듣고 | 상 | 황 |에 알맞은 말을 합니다.

• 내 상황을 화내지 않고 고운 말을 사용하여 말합니다.

개념 확인 **알맞은 것을 고르며 오늘의 개념을 확인해 보세요.**

(1) 대화할 때 상대의 기분은 생각하지 않아도 됩니다. (○ , ×)

(2) 상대의 말을 잘 듣고 상황에 알맞은 고운 말을 해야 합니다. (○ , ×)

문해력을 높이는 **어휘**

• **오늘 배울 중요 어휘를 따라 쓰며 익혀 보세요.**

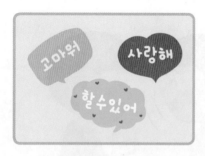

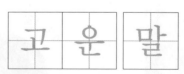
| 고 | 운 | 말 |

뜻 다른 사람의 마음을 헤아려 부드럽게 하는 말.

예 고운 말을 들으니 기분이 좋아요.

| 공 | 감 |

뜻 다른 사람의 생각과 마음에 대하여 자신도 그렇게 느끼는 것.

예 강아지가 아파서 슬픈 마음에 공감해요.

• 그림의 특징: 고운 말로 대화하는 상황을 보고, 고운 말을 들어 본 경험을 떠올릴 수 있는 그림입니다.

▶ 고운 말을 들어 본 경험 떠올리기

그림	고운 말을 들어 본 경험
❶	엄마께서 동생을 안으시며 "사랑해."라고 말씀하심.
❷	친구가 선물을 받으며 "고마워."라고 말함.
❸	아빠께서 동생에게 "넌 할 수 있어."라고 말씀하심.
❹	오빠가 동생에게 "최고야."라고 말함.

2단원 1회

1 이해
그림 ❶~❹ 중에서 다음과 같은 고운 말을 하는 상황이 나타난 그림의 번호를 쓰세요.

> "선물을 줘서 고마워."

그림 (　　　　　　　　　　)

2 이해
그림 ❶~❹와 같이 고운 말을 주고받은 경험을 말한 것으로 어울리지 <u>않는</u> 것은 무엇인가요? (　　　)

① 동생을 안으며 "사랑해."라고 말했습니다.
② 감기에 걸린 친구에게 "멋지다."라고 말했습니다.
③ 심부름을 갔다 온 동생에게 "수고했어."라고 말했습니다.
④ 그림을 잘 그리는 친구에게 "넌 정말 대단해."라고 말했습니다.
⑤ 줄넘기 연습을 하는 친구에게 "넌 할 수 있어."라고 말했습니다.

3 추론
다음 말에 답할 수 있는 고운 말은 무엇인가요? (　　　)

> 실수로 네 물건을 떨어뜨려서 미안해.

① 정말 고생했구나.
② 실수 좀 그만해라.
③ 고마워! 너도 힘내!
④ 내 물건을 대체 왜 떨어뜨렸니?
⑤ 괜찮아. 일부러 그런 것이 아니잖아.

★4 특징
고운 말을 주고받은 뒤에 든 생각이나 느낌을 바르게 말한 친구를 모두 쓰세요.

> 준호: 고운 말을 들으니 기분이 좋아.
> 소연: 속마음을 들킨 것 같아서 부끄러워.
> 지아: 고운 말을 해 준 친구와 더 친하게 지내고 싶어.

(　　　　　　　　　　　　)

하늘이와 친구들의 대화

• 정답 3쪽

• **그림의 특징**: 친구들의 대화를 보고 고운 말로 대화해야 하는 까닭을 생각해 볼 수 있는 그림입니다.

▶ **친구들이 하늘이와 대화한 방법**

친구	대화 방법
민서	하늘이의 말을 잘 듣고 공감해 줌.
정현	짜증을 내며 말함.
하영	하늘이의 말을 집중해 듣지 않음.

---

5 그림 ❶~❷의 상황으로 알맞지 <u>않은</u> 것은 무엇인가요? (   )

이해

① 쉬는 시간에 있었던 일입니다.

② 민서가 하늘이의 말에 공감해 주었습니다.

③ 하늘이가 친구들에게 함께 놀자고 이야기했습니다.

④ 하늘이는 민서의 말을 듣고 기분이 좋았을 것입니다.

⑤ 하늘이와 민서는 둘이서만 쌓기 놀이를 하기로 했습니다.

6 그림 ❸~❹에서 정현이, 하영이와 대화할 때 하늘이의 기분으로 알맞은 것을 두 가지 고르세요. (   )

추론

① 고마움.   ② 미안함.

③ 힘이 남.   ④ 당황스러움.

⑤ 기분이 나쁨.

서술형

7 그림 ❸에서 정현이가 한 말을 고운 말로 바꾸어 쓰세요.

적용

_____

_____

도움말 친구와 의견이 다를 때에는 친구의 기분이 상하지 않게 자신의 상황을 고운 말로 설명해야 해요.

★

8 하영이가 하늘이와 고운 말로 대화하려면 어떻게 해야 할지 알맞은 것에 ○표 하세요.

적용

(1) 하늘이의 말을 귀담아들어야 합니다.

(   )

(2) 하늘이가 듣고 싶어 하는 말만 해야 합니다.

(   )

(3) 하늘이의 의견에 반대하므로 대답하지 않아야 합니다.

(   )

고운 말로 대화하는 방법 알기

● 정답 3쪽

❶ 남자아이: 기분이 안 좋아 보인다. 어디 아프니?

여자아이: 어제부터 머리가 좀 아파. 걱정해 줘서 고마워.

❷ 여자아이: 가위를 깜빡 잊고 가져오지 못했어. 네 가위 좀 빌려줄래?

남자아이: 가위가 없어서 깜짝 놀랐겠다. 오늘 나랑 같이 사용하자. 여기 있어!

❸ 남자아이: 앗, 깜짝이야!

여자아이: _____

❹ 남자아이: 난 그림 그리기를 좋아해.

여자아이: _____

• 대화의 특징: 친구들의 대화를 보고 고운 말을 사용하는 상황과 고운 말을 사용하는 방법을 생각해 볼 수 있는 대화입니다.

▶ ❶과 ❷에서 고운 말로 대화한 방법

대화	대화 방법
❶	• 상대의 기분을 살펴 말함. • 자신의 기분을 살펴 준 것에 고마움을 나타냄.
❷	• 자신의 상황을 이해할 수 있게 설명함. • 공감하며 들어 줌.

2 단원 **1**회

9 이해 ❶에서 남자아이가 대화한 방법은 무엇인가요? (   )

① 비속어를 사용했습니다.
② 고마움을 나타냈습니다.
③ 상대의 기분을 살펴 말했습니다.
④ 서운한 마음을 솔직하게 표현했습니다.
⑤ 자신의 상황을 이해할 수 있게 설명했습니다.

10 이해 ❷의 친구들이 대화한 방법을 생각하며 ▶보기 에서 알맞은 말을 찾아 빈칸에 쓰세요.

┌─보기─┐
공감   상황   칭찬
└────┘

(1) 여자아이는 자신의 [ ][ ]을 이해할 수 있게 설명했습니다.

(2) 남자아이는 [ ][ ]하며 들어 주었습니다.

11 추론 고운 말로 대화하는 방법을 생각하며 ❸과 ❹의 빈칸에 들어갈 말을 찾아 기호를 쓰세요.

㉮ 내가 언제 물어봤니?
㉯ 다치지 않았니? 내가 급하게 가느라 못 봤어. 미안해.
㉰ 네가 그림 그리기를 좋아해서 그런지 네 그림을 보면 기분이 좋아져.

(1) ❸: (   )   (2) ❹: (   )

12 특징 고운 말을 사용하여 대화하는 방법이 아닌 것은 무엇인가요? (   )

① 상대의 기분은 생각하지 않습니다.
② 상대의 이야기를 공감하며 들어 줍니다.
③ 욕설이나 비속어를 사용하면 안 됩니다.
④ 내 상황을 고운 말을 사용해서 말합니다.
⑤ 상대의 말을 잘 듣고 상황에 알맞은 말을 합니다.

나의 실력에 색칠하세요.
😄 🙂 😣

개념 상황에 알맞은 고운 말로 대화하기

상황	고 운 말
학교에 갈 때	예 학교 다녀오겠습니다.
친구와 함께 놀 때	예 오늘도 재미있게 놀자!
친구가 전학 갈 때	예 너와 헤어져서 아쉬워. 앞으로 자주 연락하자.

개념 확인 알맞은 것을 고르며 오늘의 개념을 확인해 보세요.

(1) 친구와 함께 놀 때에는 고운 말을 사용하지 않습니다. (○ , ×)

(2) 친구가 전학 갈 때에는 아쉬운 마음을 고운 말로 표현할 수 있습니다.

(○ , ×)

문해력을 높이는 어휘

● 오늘 배울 중요 어휘를 따라 쓰며 익혀 보세요.

뜻 일이 되어 가는 과정이나 상태.

예 친구가 넘어진 상황에는 위로를 해요.

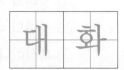

뜻 마주 대하여 이야기를 주고받음. 또는 그 이야기.

예 민지와 대화하면 늘 기분이 좋아요.

고운 말로 대화하는 상황 알기

• 정답 4쪽

2 단원
2회

|1~2| **다음 대화를 읽고, 물음에 답하세요.**

❶ 남자아이: 국어 시간에 내가 발표할게.
여자아이: 좋아. 이번에는 네가 하고 다음에는 내가 할게.

❷ 여자아이: 내가 만든 것 어때?
남자아이: 우아! 정말 멋지다. 나도 너처럼 잘 만들고 싶어.

❸ 할머니: 생일 축하한다.
남자아이: 제 생일을 ___㉠___

1 ❶~❸ 중 다음 상황에 알맞은 대화를 찾아
이해 번호를 쓰세요.

• 친구와 친구가 대화를 나누는 상황
• 국어 시간에 누가 발표를 할지 이야기하는 상황

( )

★
2 ㉠에 들어갈, 축하를 받는 상황에 어울리는 고
추론 운 말은 무엇인가요? ( )

① 몰라도 돼요.
② 이제 아셨어요?
③ 축하하지 마세요.
④ 대체 어떻게 아셨어요?
⑤ 축하해 주셔서 고맙습니다.

|3~4| **다음 대화를 읽고, 물음에 답하세요.**

❶ ㉠: 학교 다녀오겠습니다.
㉡: 조심히 다녀오렴.

❷ ㉢: 점심시간에 나랑 축구할래?
㉣: 좋아! 오늘도 재미있게 놀자.

❸ ㉤: 잘 있어. 그동안 고마웠어.
㉥: 너와 헤어져서 아쉬워. 앞으로 자주 연락하자.

서술형
3 ❷의 상황처럼 친구와 함께 놀 때 고운 말을
적용 했던 경험을 떠올려 쓰세요.

• 친구에게 "_____

_____"라고 말했습니다.

도움말 친구와 함께 놀 때 친구의 상황과 기분을 생각하며 고운
말을 했던 경험을 떠올려 보고, 대화 내용을 써 보아요.

디지털 문해력
4 다음은 인물 ㉠~㉥ 중 한 명이 쓴 일기입니
추론 다. 누구의 일기인지 기호를 쓰세요.

> ⬤ ▢   ⋯
>
> 　오늘은 내가 ○○ 초등학교에서 공부한 마지막
> 날이다. 나는 가장 친했던 친구와 인사를 나누었
> 다. 친구는 나의 마음에 공감하며 아쉬워하였다.
> 전학 가서도 친구와 계속 연락하며 지내고 싶다.
>
> ♥ ◯ ▽   ▢
> ⌂   ◯   ⊕   ♡   ☻

( )

상황에 알맞은 고운 말로 대화하기

• 정답 4쪽

어디 가려고?

운동장에 나가고 싶어.

승훈아, 내가 늦었지?

아직도 휴대 전화를 하고 있네.

• **그림의 특징**: 상황에 알맞은 고운 말을 생각하여 역할놀이를 한 뒤 들었던 생각이나 느낌을 이야기할 수 있는 그림입니다.

▶ **그림 ❶~❸의 상황**

그림	상황
❶	다리를 다쳐 움직이기 불편한 친구를 도와주려고 함.
❷	친구가 약속 시간을 지키지 못하고 늦게 와서 승훈이가 한참을 기다림.
❸	딸이 하교 후 휴대 전화만 보자, 한참을 기다리던 아빠가 딸과 이야기를 나눔.

5 그림 ❶의 상황으로 알맞은 것은 무엇인가요?
이해
( )

① 아픈 친구를 놀리는 상황
② 다친 친구를 도와주려는 상황
③ 친구에게 자리를 양보하는 상황
④ 화가 난 친구에게 사과하는 상황
⑤ 친구에게 같이 놀자고 이야기하는 상황

★
6 그림 ❶의 상황으로 역할놀이를 할 때, 친구의
이해 마음을 위로해 주고 상황에 알맞은 고운 말을
사용한 친구의 이름을 쓰세요.

> 현수: 그렇게 돌아다니다가 너 또 다친다.
> 해선: 다리를 다쳐서 힘들지? 내가 문을 열어 줄게.
> 호성: 이제 다 나은 것 같은데 그만 아픈 척하는 게 어때?

( )

7 그림 ❷에서 남자아이가 할 수 있는 고운 말로
추론 알맞은 것은 무엇인가요? ( )

① 너는 약속을 왜 한 거니?
② 야, 내가 기다리는 게 당연하니?
③ 짜증 나. 왜 이렇게 늦게 온 거야?
④ 기다리느라 다리 아파 죽을 뻔했잖아.
⑤ 기다리느라 힘들었어. 다음부터는 좀 일찍 오면 좋겠어.

서술형
8 그림 ❸의 상황을 생각하며 역할놀이를 할 때
적용 빈칸에 들어갈 고운 말을 쓰세요.

> 아빠: 이제 휴대 전화 그만하고 책을 읽는 게 어때?
>
> 딸: _____
> _____

도움말 휴대 전화를 그만하고 책을 읽으라는 아빠의 말씀에 찬성하거나 반대하는 의견을 고운 말로 전해 보아요.

|9~11| 다음 대화를 보고, 물음에 답하세요.

❶
왜 이렇게 안 끼워지지?

❷
같이 그림 그리러 가자.

❸
우산이 없구나. 나랑 같이 쓰자.

9 그림 ❶의 빈칸에 들어갈 고운 말로 알맞은 것
추론 은 무엇인가요? (   )

① 아휴, 답답해.
② 네가 알아서 잘 해 보렴.
③ 너는 못하는 게 참 많구나.
④ 내가 도와줄게. 같이 만들자.
⑤ 그렇게 하는 게 아니잖아, 바보야.

★
10 그림 ❷의 빈칸에 들어갈 말 중에서, 고운 말
추론 을 사용하여 거절한 것을 찾아 기호를 쓰세요.

㉮ 나는 그림 그리기 싫어하거든!
㉯ 나는 혼자서 그리고 싶으니 방해하지 마.
㉰ 미안해. 나 지금 숙제해야 해. 다음에 같이 그리자.

(   )

11 그림 ❸의 빈칸에 들어갈 대화의 내용으로 어
이해 울리는 것은 무엇인가요? (   )

① 자랑하는 내용   ② 사과하는 내용
③ 축하하는 내용   ④ 비난하는 내용
⑤ 고마움을 표현하는 내용

서술형
12 나라면 친구에게 어떤 고운 말을 할지 생각하
적용 여 빈칸에 들어갈 말을 쓰세요.

내가 너무 늦었지? 미안해.

_____

도움말 친구를 오래 기다린 내 상황을 설명하는 말이나 늦어서 사과하는 친구의 상황을 이해해 주는 말을 하는 것이 좋아요.

개념 칭찬이나 조언하는 방법

칭찬 하는 방법	• 열심히 노력하는 점을 찾아 칭찬합니다. • 좋은 점을 너무 부풀리지 않고 진심으로 칭찬합니다. • 칭찬하는 점과, 그 까닭이 드러나게 이야기합니다.
조언 하는 방법	• 걱정하는 마음을 담아 듣는 사람이 고쳤으면 하는 습관을 알려 줍니다. • 문제를 해결할 수 있는 방법을 말해 줍니다. • 듣는 사람의 마음에 공감하며 격려해 줍니다.

개념 확인 알맞은 것을 고르며 오늘의 개념을 확인해 보세요.

⑴ 칭찬할 때에는 좋은 점을 부풀려 말하는 것이 좋습니다. (○ , ×)

⑵ 듣는 사람의 마음에 공감하며 조언해야 합니다. (○ , ×)

문해력을 높이는 어휘

• 오늘 배울 중요 어휘를 따라 쓰며 익혀 보세요.

존 중

🔵뜻 아주 귀중하게 여기는 것.

🔵예 서로의 생각을 존중해요.

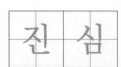진 심

🔵뜻 거짓이 없는 참된 마음.

🔵예 진심을 담아 축하해요.

크니프의 친구 사귀기 _ 윤선아

• 정답 4쪽

❶ 오늘도 크니프는 혼자 있었어요.

"아, 심심해. 아무도 나랑 놀아 주지 않아. 난 정말 **외톨이**야."

그때 어디선가 아주 작고도 작은 노랫소리가 들려왔어요.

"누구지? 노래를 참 잘 부른다."

크니프의 큰 목소리에 방울새 속삭이는 깜짝 놀랐어요.

"정말 내 노랫소리가 들려? 아무도 못 듣던데. 난 속삭이야. 목소리는 작지만 아는 건 많지!" / 둘은 잠시 마주 보았어요.

중심 내용 | 아무도 자신과 놀아 주지 않아 외로운 크니프는 속삭이의 노랫소리를 들었습니다.

❷ "나는 크니프야. 너는 목소리가 참 예쁘구나. 정말 좋겠다."

"왜? 너는 목소리가 커서 멋있는걸."

"아냐, 아냐! 아무도 날 좋아하지 않아. 아무도 나랑 이야기도 하지 않고, 놀려고 하지도 않아."

크니프는 뾰족한 발가락을 꼼지락거리며 말했어요.

"친구 사귀는 방법은 생각보다 간단해. 친구를 만나면 먼저 반갑게 인사해 봐!" / 속삭이는 **싱긋** 웃었어요.

중심 내용 | 크니프와 속삭이는 서로의 좋은 점을 칭찬하였고, 속삭이는 크니프에게 친구 사귀는 방법을 조언했습니다.

• 글의 종류: 이야기
• 글의 특징: 외로운 크니프와 목소리가 작은 속삭이의 대화를 통해 칭찬하는 말과 조언하는 말이 무엇인지 알 수 있는 글입니다.

▶ 크니프와 속삭이의 대화

칭찬하는 말	• 너는 목소리가 참 예쁘구나. 정말 좋겠다. • 너는 목소리가 커서 멋있는걸.
조언하는 말	친구를 만나면 먼저 반갑게 인사해 봐!

2
단원
3회

외톨이 마음을 기대어 도움을 받지 못하는 혼자인 사람.
싱긋 눈과 입을 슬며시 움직이며 소리 없이 가볍게 웃는 모양.

1
이해
속삭이는 크니프의 어떤 점이 멋있다고 했나요? (   )

① 몸집이 큰 점
② 혼자 노는 점
③ 목소리가 큰 점
④ 친구가 많은 점
⑤ 작은 소리를 잘 듣는 점

2
이해
크니프가 아무도 자신을 좋아하지 않는다고 했을 때 속삭이는 어떻게 말했나요? (   )

① 친구를 먼저 칭찬해 봐!
② 친구를 보고 싱긋 웃어 봐!
③ 친구에게 너의 노래를 들려줘!
④ 친구에게 큰 목소리로 말해 봐!
⑤ 친구를 만나면 먼저 반갑게 인사해 봐!

3
추론
크니프가 속삭이에게 목소리가 예쁘다고 했을 때 속삭이는 어떤 기분이었을까요? (   )

① 고마움.
② 무서움.
③ 화가 남.
④ 속상함.
⑤ 당황스러움.

4
특징
크니프과 속삭이의 대화를 보고, 칭찬과 조언에 대한 설명으로 알맞은 것에 ○표 하세요.

• 칭찬: 상대가 (1)(잘하는, 부족한) 점이나 노력하는 점, 상대의 좋은 점 따위를 높이 평가해 주는 것.
• 조언: 다른 사람에게 (2)(기쁜 일, 어려움)이 있을 때 도움이 되도록 말로 알려 주는 것.

칭찬하는 방법 알기

● 정답 4쪽

| 5~8 | 다음 대화를 읽고, 물음에 답하세요.

---

❶ 남자아이: 미술 작품을 완성하려고 끝까지 노력하는 네가 정말 대단해.
여자아이: 완성하느라 힘들었는데 네가 칭찬해 주니까 뿌듯해.

---

❷ 여자아이: 처음 보는 옷이네. 너한테 어울리는 색으로 잘 골랐다.
남자아이: 나한테 안 어울릴까 봐 걱정했는데 그렇게 말해 주니 다행이야.

---

❸ 여자아이: 너는 참 친절해. 내가 궁금한 것을 물어보면 늘 잘 알려 줘.
남자아이: 나에게 그런 면이 있는 줄 몰랐는데, 네 덕분에 알게 됐어.

---

5 **❶**에서 남자아이는 여자아이의 어떤 점을 찾아 칭찬하였는지 ○표 하세요.
이해

(1) 여자아이가 걱정하는 점 ( )
(2) 여자아이가 잘 못하는 점 ( )
(3) 여자아이가 열심히 노력하는 점 ( )

6 **❷**에서 여자아이가 칭찬을 한 방법으로 알맞지 않은 것의 기호를 쓰세요.
이해

㉮ 진심으로 칭찬했습니다.
㉯ 칭찬하는 점을 자세히 말했습니다.
㉰ 좋은 점과 안 좋은 점을 함께 말했습니다.

( )

서술형

7 **❷**에서 여자아이가 다음과 같이 칭찬했다면 남자아이는 어떤 기분일지 쓰세요.
추론

> 처음 보는 옷이네. 세상에서 네가 가장 멋져.

• 너무 부풀려서 칭찬해서 _____
_____

도움말 상대의 좋은 점을 너무 부풀려서 칭찬하면 칭찬을 듣는 사람은 기분이 좋지 않을 거예요.

8 **❸**에서 여자아이가 한 말을 보고, 칭찬하는 점에는 '칭찬', 칭찬하는 까닭에는 '까닭'이라고 쓰세요.
이해

(1) 너는 참 친절해.	
(2) 내가 궁금한 것을 물어보면 늘 잘 알려줘.	

9 칭찬을 하는 방법이 <u>아닌</u> 것은 무엇인가요?
특징

( )

① 잘못한 점과 함께 말합니다.
② 칭찬하는 점을 자세히 말합니다.
③ 열심히 노력하는 점을 찾아 칭찬합니다.
④ 칭찬하는 점과 그 까닭이 드러나게 이야기합니다.
⑤ 좋은 점을 너무 부풀리지 않고 진심으로 칭찬합니다.

조언하는 방법 알기

| 10~11 | 다음 대화를 읽고, 물음에 답하세요.

> ❶ 여자아이: 정리할 게 너무 많아. 귀찮으니까 정리하지 말고 사물함에 다 넣어야겠어.
>
> 남자아이: 그러면 사물함을 열었을 때 물건이 쏟아져 다칠 수도 있어. 정리해서 넣어 두는 게 어때?

> ❷ 남자아이: 나도 너처럼 줄넘기를 잘하고 싶은데……
>
> 여자아이: 날마다 10분씩 줄넘기 연습을 해 보면 어떨까?

> ❸ 여자아이: 나는 왜 자꾸 실수하는 걸까? 실수하지 않으려면 어떻게 해야 할까?
>
> 남자아이: 실수해서 무척 속상했구나. 그런데 실수는 누구나 하는 거니까 너무 실망하지 마.

10 ❶~❸에서 친구들이 조언한 방법에 알맞게
이해 선으로 이으세요.

(1) ❶ ·

· ㉮ 듣는 사람의 마음에 공감하며 격려해 줌.

(2) ❷ ·

· ㉯ 문제를 해결할 수 있는 방법을 말해 줌.

(3) ❸ ·

· ㉰ 걱정하는 마음을 담아 듣는 사람이 고쳤으면 하는 습관을 알려 줌.

11 ❶에서 조언을 들은 친구의 마음은 어떠할까
추론 요? ( )

① 존중받지 못하여 슬픕니다.
② 명령하는 것처럼 느껴져 화가 납니다.
③ 비난하는 말을 들어 기분이 나쁩니다.
④ 걱정해 주는 마음이 느껴져 고맙습니다.
⑤ 귀찮아하는 것처럼 느껴져 속상합니다.

서술형

12 친구에게 칭찬이나 조언하고 싶은 점을 떠올
적용 려 그 까닭과 함께 쓰세요.

(1) 칭찬이나 조언하고 싶은 점	
(2) 그 까닭	

도움말 친구가 잘하는 점이나 칭찬할 점, 또는 친구에게 도움을 주고 싶은 점을 떠올려 보아요.

★

13 칭찬이나 조언을 주고받으면 좋은 점으로 알
특징 맞지 <u>않은</u> 것은 무엇인가요? ( )

① 상대에게 위로를 해 줄 수 있습니다.
② 친구의 단점을 지적할 수 있어 좋습니다.
③ 말하는 사람과 더 가까워질 수 있습니다.
④ 칭찬하는 말을 들으면 기분이 좋아집니다.
⑤ 조언하는 말을 들으면 내가 노력해야 할 점을 알 수 있습니다.

나의 실력에 색칠하세요.

😄 🙂 😣

😊 학습일 : 　월　　일

● 정답 5쪽

개념 대화할 때 적절하게 반응하는 방법

• 말하는 사람을 쳐다보며 대화 내용에 집중합니다.

• 대화를 끝까지 듣고 말하는 사람에게 공감해 줍니다.

대화할 때에는 표정, 목소리, 행동이 대화 상황에 어울리도록 반응하는 것이 중요해요.

• 상황에 알맞은 | 표 | 정 | 을 지으며 부드러운

| 말 | 투 | 로 말합니다.

개념 확인 알맞은 것을 고르며 오늘의 개념을 확인해 보세요.

(1) 대화할 때에는 말하는 사람을 쳐다봐야 합니다. (○ , ×)

(2) 대화할 때에는 무조건 웃는 표정을 하는 것이 좋습니다. (○ , ×)

문해력을 높이는 어휘

• 오늘 배울 중요 어휘를 따라 쓰며 익혀 보세요.

| 집 | 중 |

뜻 어떤 일에 정신을 모으는 것.

예 친구의 이야기에 집중해요.

끄덕끄덕

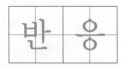
| 반 | 응 |

뜻 어떤 자극이나 작용에 대해 생기는 동작이나 태도 또는 현상.

예 고개를 끄덕이며 반응해요.

대화할 때 적절하게 반응하기

• 정답 5쪽

• 그림의 특징: 진아와 선우의 대화를 보고, 대화를 나누면서 말하는 사람에게 적절하게 반응해야 하는 까닭을 생각해 볼 수 있는 그림입니다.

▶ 대화에서 선우가 잘못한 점과 적절하게 반응하는 방법

선우가 잘못한 점	• 말하는 사람이 아닌 휴대 전화만 쳐다봄. • 대화 내용에 집중하지 않고 건성으로 대답함.
적절하게 반응하는 방법	• 말하는 사람을 쳐다보며 대화 내용에 집중하기 • 대화를 끝까지 듣고 말하는 사람에게 공감해 주기

1 진아는 선우와 함께 무엇을 하고 싶어 했나요? ( )

이해

① 가위바위보
② 휴대 전화로 하는 게임
③ 둘이 함께 할 수 있는 역할극
④ 끝말잇기나 스무고개 같은 놀이
⑤ 미끄럼틀 타기나 술래잡기와 같은 놀이

2 진아가 말할 때 선우는 어떻게 반응하며 답했나요? ( )

이해

① 못 들은 체했습니다.
② 다른 친구와 통화를 하였습니다.
③ 바닥만 보며 싫다고 대답했습니다.
④ 즐거운 표정으로 좋다고 대답했습니다.
⑤ 휴대 전화만 쳐다보며 건성으로 대답했습니다.

3 선우의 반응을 보고 진아는 어떤 기분이었을지 두 가지 고르세요. ( )

추론

① 신남.　　　② 기쁨.
③ 기대됨.　　④ 서운함.
⑤ 화가 남.

4 선우가 진아의 말에 적절하게 반응하는 방법으로 알맞지 <u>않은</u> 것의 기호를 쓰세요.

적용

> ㉮ 진아를 쳐다보며 답합니다.
> ㉯ 진아의 말에 공감해 줍니다.
> ㉰ 진아가 하는 말을 집중하여 듣습니다.
> ㉱ 진아가 고칠 점을 고운 말로 조언합니다.

( )

대화할 때 적절하게 반응하는 방법 알기

• 정답 5쪽

|5~8| 다음 대화를 보고, 물음에 답하세요.

5 그림 ❶에서 여자아이가 적절하게 반응하지 못한 점을 찾아 알맞은 내용에 ○표 하세요.

이해

> 여자아이는 (말하는 사람, 듣는 사람)을 쳐다보지 않고 딴생각을 했습니다.

6 그림 ❷에서 남자아이가 적절하게 반응하는 방법으로 알맞은 것을 두 가지 고르세요.

이해

( )

① 부드러운 말투로 말해야 합니다.
② 상황에 알맞은 표정을 지어야 합니다.
③ 대화를 다 듣기 전에 대답해야 합니다.
④ 상대의 눈을 보지 않고 대답해야 합니다.
⑤ 존댓말을 사용해 상대를 존중해야 합니다.

7 그림 ❸에서 여자아이가 잘못한 점이 <u>아닌</u> 것은 무엇인가요? ( )

이해

① 남자아이의 말에 끼어들었습니다.
② 남자아이를 무시하는 답을 했습니다.
③ 남자아이에게 비속어를 사용했습니다.
④ 남자아이를 놀리는 표정으로 말했습니다.
⑤ 남자아이의 말을 끝까지 듣지 않았습니다.

서술형

8 그림 ❸에서 여자아이가 대화에 공감하며 답했다면 뭐라고 말했을지 생각하여 쓰세요.

추론

_____

_____

도움말 남자아이가 무서움을 느꼈던 상황을 이해하고, 남자아이의 마음에 공감하며 존중하는 태도로 대답해 보세요.

★
9 대화할 때 적절하게 반응하는 방법에 모두 ○표 하세요.

특징

(1) 대화 내용에 집중합니다. ( )
(2) 상황에 어울리는 행동을 합니다. ( )
(3) 말하는 사람이 원하는 말만 해 줍니다.

( )

10 보윤이와 같은 반 친구들이 할 수 있는 고운
추론 말로 알맞지 <u>않은</u> 것은 무엇인가요? (   )

안녕? 난 전학 온 정보윤이야.

① 잘 지내자.

② 만나서 반가워.

③ 우리 학교에 정말 잘 왔어.

④ 처음이라 낯설겠지만 어쩔 수 없지.

⑤ 같은 반이 됐으니 앞으로 친하게 지내자.

★
11 다음 대화에서 칭찬이나 조언하는 말을 바르
이해 게 한 사람의 이름을 각각 쓰세요.

> ❶ 희정: 책이 자꾸 쓰러져 사물함 정
> 리가 어려운데 좋은 방법이 없을
> 까?
> 민호: 책꽂이를 사용하면 잘 정리
> 할 수 있어.

> ❷ 아라:너는 노래를 참 잘 부르는구
> 나. 목소리가 정말 듣기 좋아.
> 혜수: 칭찬해 줘서 고마워.

(1) 칭찬하는 말: (   )

(2) 조언하는 말: (   )

12 밑줄 친 낱말을 맞게 쓴 문장을 찾아 ○표 하
어휘 세요.

> (1) 어머니께서 동생을 <u>안고</u> 있다. (   )
> (2) 어머니께서 동생을 <u>앉고</u> 있다. (   )

> (3) 입을 크게 벌리고 <u>짓는</u> 개를 보고 놀랐
> 어요.   (   )
> (4) 입을 크게 벌리고 <u>짖는</u> 개를 보고 놀랐
> 어요.   (   )

2
단원
4회

어법 더하기 ⊕ **뜻이 다르지만 소리가 같은 낱말**

우리글은 받침이 7개의 소리로 정해져 있어서
뜻이 다르지만 소리가 같은 받침이 많아요. 받침으
로 소리 나는 자음 7개는 'ㄱ, ㄴ, ㄷ, ㄹ, ㅁ, ㅂ, ㅇ'
이랍니다.

다음 문장을 보며 뜻이 다르지만 소리가 같은
낱말을 살펴봅시다.

안다	엄마가 아기를 품에 <u>안다</u>.
앉다	새가 나뭇가지에 <u>앉다</u>.
짓다	커다란 집을 <u>짓다</u>.
짖다	개가 큰소리로 컹컹 <u>짖다</u>.

1 다음 고운 말을 해 본 경험으로 알맞은 것은 무엇인가요? (　　)

> "고마워."

① 선물을 준 친구에게 말했습니다.
② 넘어져서 다친 친구에게 말했습니다.
③ 축구를 잘하는 친구에게 말했습니다.
④ 달리기 대회에서 우승한 친구에 말했습니다.
⑤ 준비물을 가져오지 않은 친구에게 말했습니다.

2 다른 사람과 주고받을 수 있는 고운 말로 알맞지 <u>않은</u> 것은 무엇인가요? (　　)

① 넌 잘하고 있어.
② 너도 노력을 좀 해 봐.
③ 상 받았구나. 축하해!
④ 노래를 잘 부르는 네가 부러워.
⑤ 항상 열심히 노력하는 너는 대단해.

3 친구와 고운 말을 주고받은 뒤에 든 생각이나 느낌이 <u>아닌</u> 것의 기호를 쓰세요.

> ㉮ 고운 말을 들으니 기분이 좋습니다.
> ㉯ 친구의 상황이 잘 이해되지 않습니다.
> ㉰ 고운 말을 해 준 친구와 더 친해지고 싶습니다.

(　　　　　)

| 4~6 | 다음 대화를 보고, 물음에 답하세요.

4 그림 ❷에서 민서가 하늘이와 대화한 방법은 무엇인가요? (　　)

① 화를 내며 말했습니다.
② 비속어를 사용했습니다.
③ 하늘이의 의견에 반대했습니다.
④ 하늘이의 말에 공감해 주었습니다.
⑤ 하늘이의 말이 끝나기 전에 답했습니다.

5 다음과 같이 대화한 친구의 이름을 쓰세요.

> 자신의 상황을 짜증을 내며 설명했습니다.

(　　　　　)

6 그림 ④처럼 하영이와 대화할 때 하늘이의 기분은 어떠했을지 쓰세요.

(   )

| 7~8 | 다음 대화를 읽고, 물음에 답하세요.

❶ 여자아이: 학교 다녀오겠습니다.
   아빠: 조심히 다녀오렴.

❷ 여자아이: 점심시간에 나랑 축구할래?
   남자아이: 좋아! 오늘도 재미있게 놀자.

❸ 남자아이: 잘 있어. 그동안 고마웠어.
   여자아이: 너와 헤어져서 아쉬워. 앞으로 자주 연락하자.

7 ❶~❸ 중에서 속상한 마음을 고운 말로 전하는 상황은 무엇인지 쓰세요.

(   )

서술형

8 ❶과 같이 부모님과 고운 말로 대화를 나누었던 경험을 쓰세요.

• 부모님께 "_____

_____"라고 말씀드렸습니다.

도움말 부모님께 감사, 축하, 위로, 응원의 말 등을 했던 경험을 떠올려 그때 내가 한 말을 써 보아요.

| 9~11 | 다음 글을 읽고, 물음에 답하세요.

오늘도 크니프는 혼자 있었어요.
"아, 심심해. 아무도 나랑 놀아 주지 않아. ㉠난 정말 외톨이야."
그때 어디선가 아주 작고도 작은 노랫소리가 들려왔어요.
"누구지? ㉡노래를 참 잘 부른다."
크니프의 큰 목소리에 방울새 속삭이는 깜짝 놀랐어요.
"정말 내 노랫소리가 들려? 아무도 못 듣던데. 난 속삭이야. 목소리는 작지만 아는 건 많지!"
둘은 잠시 마주 보았어요.
"나는 크니프야. ㉢너는 목소리가 참 예쁘구나. 정말 좋겠다."
"왜? ㉣너는 목소리가 커서 멋있는걸."

9 ㉠~㉣ 중에서 칭찬하는 말을 모두 찾아 기호를 쓰세요.

(   )

10 속삭이가 크니프에게 ㉣과 같이 말할 때, 크니프의 기분은 어떠했을까요? (   )

① 기쁨.   ② 화남.
③ 슬픔.   ④ 서운함.
⑤ 무서움.

11 크니프는 속삭이의 어떤 점을 칭찬하였는지 알맞은 말에 ○표 하세요.

• 속삭이가 노래를 (잘하는, 열심히 하는) 점을 칭찬하였습니다.

12 다음 대화에서 유주에게 문제를 해결할 수 있는 방법을 조언한 사람은 누구인지 쓰세요.

> 유주: 나도 줄넘기를 잘하고 싶은데…….
> 진석: 줄넘기는 나도 못해.
> 민채: 줄넘기를 잘 못해서 속상하겠구나.
> 서진: 날마다 10분씩 줄넘기 연습을 해 보면 어떨까?

(   )

13 다음 대화에서 남자아이의 반응이 적절하지 못한 점을 두 가지 고르세요. (   )

① 대답을 하지 않았습니다.
② 대화를 끝까지 듣지 않았습니다.
③ 말하는 사람을 쳐다보지 않았습니다.
④ 부드러운 말투로 말하지 않았습니다.
⑤ 상황에 알맞은 표정을 짓지 않았습니다.

14 대화할 때 적절하게 반응하는 방법이 아닌 것은 무엇인가요? (   )

① 말하는 사람에게 공감해 줍니다.
② 대화 내용에 알맞은 답을 합니다.
③ 상대를 존중하는 마음으로 대화합니다.
④ 하고 싶은 말이 떠오르면 바로 말합니다.
⑤ 표정, 목소리를 상황에 어울리게 합니다.

수행평가

15 다음 글을 읽고, 물음에 답하세요.

> "나는 크니프야. 너는 목소리가 참 예쁘구나. 정말 좋겠다."
> "왜? 너는 목소리가 커서 멋있는걸."
> "아냐, 아냐! 아무도 날 좋아하지 않아. 아무도 나랑 이야기도 하지 않고, 놀려고 하지도 않아."
> 크니프는 뾰족한 발가락을 꼼지락거리며 말했어요.
> "친구 사귀는 방법은 생각보다 간단해. 친구를 만나면 먼저 반갑게 인사해 봐!"
> 속삭이는 싱긋 웃었어요.

1단계 속삭이가 크니프에게 한 칭찬과 조언을 이 글에서 찾아 쓰세요.

(1) 칭찬	
(2) 조언	

도움말 속삭이는 크니프의 좋은 점을 칭찬하고, 문제를 해결할 수 있는 방법을 조언했어요.

2단계 나라면 크니프에게 어떤 조언을 할지 생각하여 한 가지만 쓰세요.

_____

_____

도움말 친구를 사귀는 방법을 생각하여 크니프의 기분이 상하지 않도록 말해야 해요.

벌집에 알맞은 벌을 찾아요.

다음 벌집에 쓰인 낱말의 뜻과 같은 번호를 들고 있는 벌을 찾아 뜻에 알맞은 낱말을 쓰세요.

| 공감 | 대화 | 진심 | 칭찬 | 고운 말 |

❶ 다른 사람의 마음을 헤아려 부드럽게 하는 말.

❷ 마주 대하여 이야기를 주고받음. 또는 그 이야기.

❸ 다른 사람의 생각과 마음에 대하여 자신도 그렇게 느끼는 것.

❹ 상대가 잘하는 점이나 노력하는 점, 좋은 점 따위를 높이 평가해 주는 것.

❺ 거짓이 없는 참된 마음.

나의 실력에 색칠하세요.

3 내용을 살펴요

대단원 미리 보기

글을 읽고 중심 내용을
파악하는 방법을 배워요.

1. 종류 : 과일
2. 색깔 : 주황색
3. 맛 : 새콤 달콤함.

글을 읽고 내용을
간추려요.

자동차의 모든 것

사물을 설명하는
글을 쓰는 방법을 배워요.

3
단원

개념 글을 읽고 중심 내용을 파악하는 방법

• 제목을 보고 무슨 내용일지  합니다.

• 글쓴이가 하고 싶은 말이 무엇인지 찾아봅니다.

• 글쓴이가 그렇게 말한 까닭 을 찾습니다.

 글에서 중요하다고 생각하는 문장을 찾아 중심 내용을 파악할 수도 있어요.

개념 확인 알맞은 것을 고르며 오늘의 개념을 확인해 보세요.

⑴ 글을 읽기 전에 제목을 살펴보면 무슨 내용일지 짐작할 수 있습니다.

(○ , ×)

⑵ 글쓴이가 하고 싶은 말을 찾아보면 글의 중심 내용을 파악할 수 있습니다. (○ , ×)

문해력을 높이는 어휘

• 오늘 배울 중요 어휘를 따라 쓰며 익혀 보세요.

 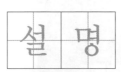

🟡 뜻 어떤 사실에 대해 남이 잘 알 수 있도록 말하는 것, 또는 그런 말.

🟠 예 선생님께서 설명을 해 주셨어요.

🟡 뜻 어떤 일의 내용이나 기본이 되는 것을 분명하게 알다.

🟠 예 중요한 내용을 파악해요.

물건을 정해 친구들에게 설명하기

• 정답 6쪽

이 물건은 동그란 모양입니다.

유정

• 그림의 특징: 물건의 특징을 설명 하는 유정이와 각각 다른 물건을 떠올리는 친구들의 모습을 보고, 어떤 것을 설명할 때 주의할 점을 생각해 볼 수 있습니다.

▶ 유정이가 설명하려는 물건의 모 양과 친구들이 떠올린 물건

설명하려는 물건의 모양	동그란 모양
친구들이 떠올린 물건	시계, 물병, 농구공

3
단원
1회

1
이해

유정이가 설명하려는 물건은 어떤 모양인지 쓰세요.

☐ 모양

2
이해

유정이의 설명을 듣고 친구들이 떠올린 물건 을 모두 고르세요. ( )

① 책   ② 물병
③ 시계   ④ 칠판
⑤ 농구공

3
추론

친구들이 각각 다른 물건을 떠올린 까닭은 무 엇인가요? ( )

① 설명을 자세히 듣지 않았기 때문에
② 교실에 동그란 물건이 없기 때문에
③ 물건의 모양을 생각하지 않았기 때문에
④ 동그란 모양의 물건을 본 적이 없기 때문에
⑤ 동그란 모양의 물건이 여러 개 있기 때문에

4
적용

유정이가 설명하려는 물건이 다음과 같을 때, 물건의 특징으로 어울리는 것에 ○표 하세요.

동전

(1) 말랑말랑합니다.   ( )
(2) 숫자가 쓰여 있습니다.   ( )
(3) 달콤한 향기가 납니다.   ( )

진심으로 사과하는 법을 알아 둬 _ 박현숙

● 정답 6쪽

❶ 누구나 잘못을 했을 때 상대에게 **사과**를 꼭 해야 해. 마음속으로
만 잘못했다고 생각하면 상대는 알 수가 없잖아. 내 마음을 읽을 수 없
으니까 말이야. 또 중요한 한 가지! 사과할 때는 왜 미안한지도 말해야
해. 무엇을 잘못해서 **뉘우치고** 있다는 것을 알려 주어야 상대도 사과
하는 사람의 진심을 느끼고 받아들여 주거든. 그리고 다시는 그런 일
을 하지 않을 거라는 약속도 해야 한단다.

<small>서로 마주 대하는 사람.</small>

중심 내용 | 누구나 잘못을 했을 때 상대에게 사과를 꼭 하고 미안한 까닭을 말해야 합니다.

❷ 또 **무작정** 사과만 해 놓고 상대가 받아 주든지 말든지 신경 쓰지
않는 사람도 있어. 사과를 받아 주는 것은 나 때문에 상처를 받은 상대
가 결정해야 하기 때문에, "내 사과를 받아 줄래?"라고 정중하게 물어
봐야 해. 진심으로 사과하면 받아 주지 않는 사람은 없을 거야.

<small>행동이나 태도를 분명하게 정함.</small>

- **글의 종류**: 설명하는 글
- **글의 특징**: 진심으로 사과하는 방
  법을 설명하는 내용을 읽고 중심
  내용을 파악할 수 있는 글입니다.

▶ **제목을 보고 알 수 있는 점**
- 사과하는 방법에 대한 내용임을 짐
  작할 수 있음.

사과 자기의 잘못을 받아들이고
용서를 구하는 것.
뉘우치고 자기의 잘못을 알아차려
마음속으로 후회하고.
무작정 앞으로 할 일에 대해서 계
획한 것이 없이.

---

5 이 글의 제목을 보고 짐작할 수 있는 내용으로
추론 가장 알맞은 것은 무엇인가요? ( )

① 사과의 의미
② 사과하는 방법
③ 약속을 하는 까닭
④ 고마운 마음을 전달하는 방법
⑤ 우리가 지켜야 하는 여러 가지 법

7 사과를 받아 주는 상대에게 정중하게 물어볼
이해 때 하는 말은 무엇인가요? ( )

① 내 사과를 받아 줄래?
② 내 사과를 듣고 있니?
③ 네 잘못도 생각해 보았니?
④ 내 마음을 너도 알고 있지?
⑤ 내가 왜 그랬는지 알고 있지?

6 잘못을 했을 때 사과해야 하는 까닭은 무엇인
이해 가요? ( )

① 잘못을 또 할 수 있기 때문에
② 상대에게도 사과를 받아야 하기 때문에
③ 사과를 해야 나의 마음이 편하기 때문에
④ 상대방이 내 마음을 읽을 수 있기 때문에
⑤ 마음속으로만 잘못했다고 생각하면 상대
　가 알 수 없기 때문에

8 글 ❶에서 글쓴이가 하고 싶은 말이 무엇인지
적용 쓰세요.

> 잘못을 했을 때에는 상대에게 꼭 (1)
> □□ 하고 미안한 까닭을 말해야 합
> 니다. 마음속으로만 잘못했다고 생각하면
> (2) □□ 은/는 알 수 없기 때문입니다.

그런데 실컷 사과를 하고도 엉뚱하게 더 화가 나게 만드는 사람들이
하고 싶은 만큼 많이.
꼭 있어.

"나도 잘못했지만 너도 잘못했어." 이렇게 끝에 **토를 달기** 때문이야.
사과를 하면서 이렇게 따진다면 **차라리** 사과를 하지 않는 편이 더 나
아. 다시 다투게 될지도 모르거든.

"미안해. 하지만……." 이런 식으로 이유를 대거나 변명을 하는 것도
좋지 않아. 변명을 하다 보면 상대를 **탓하게** 되거든. 사과를 하려고 마
음먹었으면 정말 딱 사과만 하는 거야. 깨끗하게 자신의 잘못을 인정
하고 진심으로 사과하고 화해한다면 더 좋은 친구가 될 수 있어.

중심 내용 | 사과를 할 때 상대에게 정중하게 물어봐야 하고, 토를 달거나 변명하지 않아야 합니다.

> ➤ **사과하는 방법**
> • 왜 미안한지 말하고, 다시는 그런 일을 하지 않을 거라는 약속을 해야 함.
> • "내 사과를 받아 줄래?"라고 정중하게 물어봐야 함.
> • 자신의 잘못을 깨끗하게 인정하고 진심으로 사과해야 함.

토를 달기 어떤 말 끝에 그 말에 대하여 짧은 말을 덧붙이기.
차라리 그래도 그보다는.
탓하게 잘못을 남의 책임으로 돌리게.

3
단원
1회

디지털 문해력

9
추론
다음 온라인 대화에서 지우가 세아의 사과를 보고 화가 난 까닭에 ○표 하세요.

> 🔘 세아
> 거짓말을 해서 미안해. 그런데 나도 잘못했지만 너도 잘못했어.
>
> 🔘 지우
> 뭐라고? 너 지금 사과하는 것 맞니?

(1) 반말을 사용하여 사과해서　　　(　　　)

(2) 왜 미안한지 말하지 않아서　　　(　　　)

(3) 사과를 하면서 토를 달고 따져서 (　　　)

10
이해
사과할 때 변명하는 것이 좋지 않은 까닭은 무엇인가요? (　　　)

① 여러 가지 이유가 필요해서

② 상대가 내 탓을 하게 되어서

③ 자신의 잘못을 인정하게 되어서

④ 변명하면 무조건 다투게 되어서

⑤ 변명하다 보면 상대를 탓하게 되어서

서술형

11
적용
글 ❷의 중심 내용을 찾아 다음과 같이 정리하였습니다. 빈칸에 알맞은 말을 쓰세요.

> • 사과할 때에는 "내 사과를 받아 줄래?"라고 정중하게 물어봐야 합니다.
>
> • 사과할 때에는 자신의 잘못을 _____
> _____

도움말 글 ❷에 나타난 진심으로 사과하는 방법이 무엇인지 정리해 보아요.

12
적용
글을 읽고 중심 내용을 찾는 방법이 <u>아닌</u> 것은 무엇인가요? (　　　)

① 글쓴이가 하고 싶은 말을 찾아봅니다.

② 글에서 가장 어려운 낱말을 찾습니다.

③ 글쓴이가 그렇게 말한 까닭을 찾습니다.

④ 글을 읽으며 중요한 문장을 찾아봅니다.

⑤ 제목을 보고 무슨 내용일지 짐작합니다.

나의 실력에 색칠하세요.

😄 🙂 😣

개념 글을 읽고 내용 간추리기

- 제목, 사진, 그림을 살펴보고 어떤  인지 짐작합니다.

- 글을 읽으며 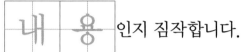 한 내용이라고 생각하는 문장을 찾아봅니다.

- 글에서 설명하려는 대상의 특징을 생각하며 중심 내용을 정리합니다.

개념 확인 알맞은 것을 고르며 오늘의 개념을 확인해 보세요.

(1) 글을 읽으며 중요한 내용이라고 생각하는 문장을 찾아보면 글을 간추릴 수 있습니다. (○ , ×)

(2) 글을 읽고 내용을 간추릴 때에는 글에서 설명하려는 대상의 특징을 생각합니다. (○ , ×)

문해력을 높이는 어휘

- 오늘 배울 중요 어휘를 따라 쓰며 익혀 보세요.

뜻 다른 것과 두드러지게 달라 눈에 띄는 점.

예 강아지와 고양이의 특징이 서로 달라요.

뜻 글이나 말에서 중요한 내용만 뽑아 간단하게 만들다.

예 들은 내용을 간추려 보아요.

빗자루 _ 윤혜신

• 정답 7쪽

❶ 빗자루는 먼지나 쓰레기를 쓸어 모으는 청소 도구야. 수수, 갈대, 댑싸리, 대나무 같은 것을 묶어 만들지. 옛날에는 집집마다 마당 한쪽에 쉽싸리나 댑싸리를 길러서 직접 만들었어.

중심 내용 | 빗자루는 먼지나 쓰레기를 쓸어 모으는 청소 도구이며, 수수나 갈대 등을 묶어 만듭니다.

❷ 빗자루를 어떻게 만드는지 아니? 먼저 갈대나 수수 줄기를 소금물에 삶는데, 이렇게 하면 줄기가 ㉠질겨져. 그런 다음에 그늘에 말려서 납작한 칼로 줄기에 묻은 **나락**이나 꽃가루 들을 깨끗이 긁어내. 그리고는 줄기를 가지런히 정리해서 어른 엄지손가락 굵기만큼씩 묶어. 그 묶음을 쓰임새에 따라 한두 개나 수십 개를 뭉쳐 끈으로 **동여매지**. 이제 묶은 자루 끝을 가지런히 _{여럿이 층이 나지 않고 고르게.} 잘라 주면 빗자루가 되는 거야.

중심 내용 | 빗자루는 갈대나 수수 줄기를 소금물에 삶아 말린 뒤, 줄기를 가지런히 정리하여 묶고 자루 끝을 잘라서 만듭니다.

• **글의 종류**: 설명하는 글
• **글의 특징**: 빗자루의 특징에 따라 중요한 내용을 간추려 볼 수 있는 글입니다.

수수

갈대

댑싸리

쉽싸리

3
단원
2회

나락 벼.
동여매지 끈이나 실로 꽉 조여서 매지.

---

1 빗자루는 무엇을 할 때 쓰는 물건인가요?
이해   (   )

① 마당을 꾸밀 때 씁니다.
② 대나무를 묶을 때 씁니다.
③ 꽃가루를 긁어낼 때 씁니다.
④ 수수나 갈대를 기를 때 씁니다.
⑤ 먼지나 쓰레기를 쓸어 모을 때 씁니다.

2 빗자루를 만드는 재료가 <u>아닌</u> 것은 무엇인가
이해 요? (   )

① 수수
② 갈대
③ 싸리
④ 대나무
⑤ 선인장

★
3 빗자루의 특징을 생각하며 빈칸에 들어갈 알맞
추론 은 말을 ➡보기 에서 찾아 쓰세요.

➡보기

| 생김새 | 쓰임새 | 만드는 방법 |

설명하는 물건	빗자루
(1)	먼지나 쓰레기를 쓸어 모으는 청소 도구이다.
(2)	갈대나 수수 줄기를 소금물에 삶은 뒤 그늘에 말린다. 줄기를 가지런히 정리해서 묶고 자루 끝을 잘라 준다.

4 ㉠과 뜻이 반대인 낱말을 골라 ○표 하세요.
어휘

| 억세져 | 즐거워져 | 연해져 |

❸ 빗자루는 만든 재료나 생김새에 따라 이름도 가지가지야. 싸리 줄기로 만들어 흔히 마당비로 쓰는 빗자루를 '싸리비'라고 하지. 수수로 만든 빗자루는 '장목비'라고 하고 갈대 이삭을 ㉠묶어 만든 빗자루는 '갈목비'라고 해. 대나무를 끼워 손잡이를 길게 한 빗자루는 '대장비', 솔가지나 솔잎으로 만들어 사랑방이나 작은 방이나 화로 둘레를 치우는 데 쓰던 빗자루는 '솔비', 방비 자루에 고운 수를 놓은 빗자루는 '꽃비'야.

한옥에서 남자 주인이 지내면서 손님을 맞이하는 방.
방을 쓸기 위한 빗자루.
자수. 헝겊에 색실로 그림이나 글자 따위를 바늘로 떠서 놓는 일. 또는 그 그림이나 글자.

중심 내용 | 빗자루는 만든 재료나 생김새에 따라 이름이 가지가지입니다.

❹ 심심한 오후에는 이 빗자루로 인형 놀이도 했어. 얼굴도 팔도 없는 빗자루 인형이었지만 말이야. 서양에는 마법사가 빗자루를 타고 하늘을 날아다닌다는 이야기가 있잖아. 어렸을 때 이 이야기를 듣고 서양에는 빗자루를 타고 날아다니는 마법사가 정말로 있는 줄 알았다니까.

중심 내용 | 심심한 오후에는 빗자루로 인형 놀이를 했습니다.

▶ 빗자루의 재료나 생김새에 따른 이름

재료나 생김새	이름
싸리 줄기	싸리비
수수	장목비
갈대 이삭	갈목비
대나무를 끼워 손잡이를 길게 함.	대장비
솔가지나 솔잎	솔비
방비 자루에 고운 수를 놓음.	꽃비

이삭 벼나 보리 따위 곡식에서, 꽃이 피고 꽃대의 끝에 열매가 많이 열리는 부분.

5
이해
재료에 따른 빗자루의 이름이 알맞게 짝 지어진 것이 <u>아닌</u> 것은 무엇인가요? (   )

	재료	이름
①	수수	장목비
②	나무껍질	대장비
③	갈대 이삭	갈목비
④	싸리 줄기	싸리비
⑤	솔가지나 솔잎	솔비

6
이해
빗자루로 하는 놀이에는 어떤 것이 있다고 했는지 이 글에서 찾아 쓰세요.

(   )

7
어휘
㉠과 뜻이 반대인 낱말은 무엇인가요?

(   )

① 잡아　　　　② 물어
③ 매어　　　　④ 풀어
⑤ 모아

8
적용
이 글을 읽고, 자신이 읽고 싶은 생활 도구와 관련된 책을 알맞게 말하지 <u>못한</u> 친구의 이름을 쓰세요.

선재: 다른 생활 도구를 소재로 삼은 이야기를 찾아봐야겠어.
우석: 마법사가 나오는 책을 읽고 마법사가 되는 방법을 알아봐야겠어.
솔이: 옛날과 오늘날의 생활 도구가 어떻게 다른지 설명하는 책도 좋을 것 같아.

(   )

도, 개, 걸, 윷, 모의 말뜻 _ 서찬석

• 정답 7쪽

❶ 윷가락 네 개를 던져 평평한 부분 하나가 나오면 도, 두 개가 나오면 개, 세 개가 나오면 걸, 네 개가 나오면 윷, 하나도 안 나오면 모가 됩니다. 이것은 그대로 **끗수**를 나타내는데, 다만 마지막의 모는 다섯의 끗수를 가리킵니다.

중심 내용 | 윷가락 네 개를 던졌을 때 나오는 평평한 부분의 개수가 끗수를 나타냅니다.

❷ 도, 개, 걸, 윷, 모는 **가축**의 이름을 따온 것이라 합니다. 도는 돼지, 개는 개, 걸은 양, 윷은 소 그리고 모는 말을 가리킵니다.

　좀 더 자세히 알아보면, 도는 '돝'에서 생겨난 말입니다. '돝'은 돼지를 가리키는 옛말입니다. 지금도 나이가 많은 사람 가운데에서 산돼지를 '멧돝'으로 부르는 경우가 있습니다. 도는 '돝'에서 'ㅌ'이 탈락한 말입니다.
어떤 무리에서 빠지거나 떨어져 나감.

　개는 지금도 개이니 다른 설명이 필요 없습니다.

　걸은 양의 옛말입니다.

　윷은 소의 **방언**에서 나온 말입니다. 방언 가운데에는 소를 '슈', '슛', '슝' 따위로 부르는 경우가 있는데, 이런 말들이 변해 윷이 되었다고 합니다.

　모 역시 말의 방언인 '몰, 모, 메' 따위에서 생겨난 말이라고 합니다.

중심 내용 | 도, 개, 걸, 윷, 모는 가축의 이름을 따온 것입니다.

• **글의 종류:** 설명하는 글
• **글의 특징:** 도, 개, 걸, 윷, 모의 말뜻을 알아보며, 중심 내용을 정리해 간추려 볼 수 있는 글입니다.

▶ 도, 개, 걸, 윷, 모의 이름과 관련 있는 가축

이름	가축
도	돼지
개	개
걸	양
윷	소
모	말

3
단원
2회

끗수 끗의 수, 점수.
가축 집에서 기르는 짐승. 소, 말, 돼지, 닭, 개 따위를 통틀어 이른다.
방언 어느 한 지방에서만 쓰는, 표준어가 아닌 말. =사투리.

---

9 이 글의 내용으로 알맞은 것에 모두 ○표 하세요.
이해

(1) 윷가락은 다섯 개를 던집니다. (　　　)
(2) 도, 개, 걸, 윷, 모는 가축의 이름에서 따온 것입니다. (　　　)
(3) 평평한 부분의 개수에 따라 도, 개, 걸, 윷, 모가 결정됩니다. (　　　)

10 '도'는 어떤 가축의 이름을 따온 것인가요?
이해

(　　　)

① 닭　　　　② 양
③ 말　　　　④ 소
⑤ 돼지

11 소의 방언에서 나온 말은 무엇인가요?
이해

(　　　)

① 도　　　　② 개
③ 걸　　　　④ 윷
⑤ 모

12 다음은 이 글의 내용을 간추린 것입니다. 빈칸에 들어갈 알맞은 말을 글에서 찾아 쓰세요.
적용

	• 윷가락 네 개를 던져 평평한 부분이 하나도 안 나올 때를 가리킨다. • 다섯의 끗수를 가리킨다. • 말의 방언에서 생겨난 말이다.

나의 실력에 색칠하세요.
😄 🙂 😖

개념 사물을 설명하는 글을 쓰는 방법

> 설명을 듣거나 읽는 사람이 알기 쉽게 사물의 여러 가지 특징을 써야 해요.

• 설명하려는 대상의 ┌특│징┐이 잘 드러나게 씁니다.

• 설명하고 싶은 내용을 자세히 씁니다.

• 설명을 듣거나 읽는 사람이 ┌궁│금┐해할 내용을 씁니다.

개념 확인 알맞은 것을 고르며 오늘의 개념을 확인해 보세요.

(1) 설명하는 글에는 설명하고 싶은 내용을 자세하게 씁니다. (○ , ×)

(2) 설명하는 글을 쓸 때 읽는 사람이 궁금해할 내용은 생각하지 않아도 됩니다. (○ , ×)

문해력을 높이는 어휘

• 오늘 배울 중요 어휘를 따라 쓰며 익혀 보세요.

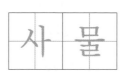

사 물

뜻 일과 물건.

예 비가 올 때 필요한 사물을 떠올려 보아요.

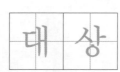

대 상

뜻 글에서 설명하는 물건이나 사람.

예 이 책에서 설명하는 대상은 자동차예요.

여러 가지 옷차림

• 정답 7쪽

❶ 우리는 날마다 여러 가지 옷을 볼 수 있습니다. 친구들이 입는 옷에는 치마도 있고 바지도 있습니다. 또 친구들이 입는 옷의 색이나 무늬도 다양합니다. 거리에서 사람들을 만날 때면 저마다 다른 모습의 옷을 함께 볼 수 있습니다.

중심 내용 | 우리는 날마다 여러 가지 옷을 볼 수 있습니다.

❷ 어떤 장소인지에 따라서 볼 수 있는 옷이 달라집니다. 수영장에서는 수영복을, 체육관이나 운동장에서는 활동하기 편한 운동복을 많이 볼 수 있습니다. 결혼식장에서 볼 수 있는 특별한 옷은 웨딩드레스입니다.

중심 내용 | 어떤 장소인지에 따라서 볼 수 있는 옷이 달라집니다.

❸ 하는 일에 따라서도 옷차림이 달라집니다. 소방관은 뜨거운 불로부터 몸을 보호하려고 **헬멧**과 장갑, 열을 막을 수 있는 특별한 옷을 입습니다. 요리하는 사람은 음식을 **청결하게** 만들려고 요리용 모자를 쓰거나 앞치마를 두릅니다.

옷을 차려입은 모양.

중심 내용 | 하는 일에 따라서 옷차림이 달라집니다.

❹ 우리는 날마다 여러 가지 옷차림을 볼 수 있습니다. 오늘 여러분은 어떤 옷을 입고 있나요? 그 옷을 고른 까닭은 무엇인가요? 우리 주변에서 볼 수 있는 여러 가지 옷차림을 자세히 살펴보세요.

중심 내용 | 우리 주변에서 볼 수 있는 여러 가지 옷차림을 자세히 살펴봅시다.

• **글의 종류:** 설명하는 글
• **글의 특징:** 장소와 하는 일에 따른 옷차림을 알아보고, 사물의 특징에 맞춰 설명하는 글을 쓰는 방법을 생각해 볼 수 있는 글입니다.

▶ **장소에 따른 옷차림**

장소	옷
수영장	수영복
체육관, 운동장	운동복
결혼식장	웨딩드레스

▶ **하는 일에 따른 옷차림**

하는 일	옷
소방관	헬멧, 장갑, 열을 막을 수 있는 옷
요리하는 사람	요리용 모자, 앞치마

헬멧 충격으로부터 머리를 보호하기 위해 쓰는, 쇠나 플라스틱으로 만든 모자.
청결하게 맑고 깨끗하게.

3
단원
3회

1
주제

이 글은 무엇을 설명하고 있는지 세 글자로 쓰세요.

( )

2
이해

글쓴이는 무엇에 따라 옷차림이 달라진다고 했는지 두 가지 고르세요. ( )

① 계절 ② 나이
③ 날씨 ④ 장소
⑤ 하는 일

3
적용

이 글을 읽고 궁금한 점을 이야기한 것으로 알맞지 않은 것에 ✕표 하세요.

(1) 나라마다 다른 옷을 입겠지? ( )
(2) 추운 곳에서는 어떤 음식을 먹을까?
( )
(3) 모자나 신발도 옷이라고 할 수 있을까?
( )

★
4
적용

사물을 설명하는 글을 쓰는 방법을 생각하며 빈칸에 알맞은 말을 쓰세요.

• 설명하려는 대상과 그 대상의 □□ 이/가 잘 드러나게 써야 합니다.

좋아하는 사물을 설명하는 글 쓰기

• 정답 7쪽

|5~7| 친구들이 자신이 좋아하는 것을 떠올리고 있습니다. 다음 대화를 보고, 물음에 답하세요.

나는 물고기를 좋아해. 그래서 집에서 물고기를 기르고 있어.

나는 자전거 타는 것을 좋아해.

내가 좋아하는 과일은 포도야.

윤재

규호

5
추론

윤재가 기르는 물고기를 설명하려고 할 때, 생각할 수 있는 특징이 <u>아닌</u> 것은 무엇인가요?

( )

① 윤재가 기르는 물고기의 색
② 물고기를 기를 때 주의할 점
③ 윤재가 기르는 물고기의 크기
④ 윤재가 기르는 물고기의 먹이
⑤ 바다에서 물고기를 잡는 방법

6
적용

규호가 자신이 좋아하는 것에 대해 글을 쓸 때 설명할 특징으로 알맞은 것은 무엇인가요?

( )

① 매콤한 맛이 납니다.
② 빵과 맛이 비슷합니다.
③ 우리나라에서만 먹습니다.
④ 우유로 만드는 음식입니다.
⑤ 색깔은 보라색 또는 연두색입니다.

서술형

7
적용

대화 속 친구들처럼 자신이 좋아하는 것을 한 가지 떠올려 쓰세요.

_____

_____

도움말 좋아하는 물건, 기억에 남는 책과 같이 자신이 좋아하는 것 가운데 설명하고 싶은 것을 떠올려 한 문장으로 써 보아요.

국어활동

8
추론

떡볶이를 설명하는 글을 쓰기 위해 특징을 정리하려고 합니다. 빈칸에 들어갈 특징으로 알맞지 <u>않은</u> 것은 무엇인가요? ( )

음식 이름	떡볶이
재료	떡, 어묵, 채소 등

①	맛	쓰다.
②	색깔	빨간색 등
③	모양	떡이나 어묵이 길쭉하다.
④	종류	고추장 떡볶이, 간장 떡볶이, 카레 떡볶이 등
⑤	만드는 방법	떡과 어묵, 채소 등을 함께 넣어 끓인다.

9 설명하는 글을 쓸 때 주의할 점으로 알맞은 것의 기호를 모두 쓰세요.
적용

> ㉮ 읽는 사람이 궁금해할 내용을 씁니다.
> ㉯ 설명하고 싶은 내용을 자세하게 씁니다.
> ㉰ 설명하려는 대상의 특징을 한 가지만 씁니다.
> ㉱ 설명하려는 대상의 특징이 잘 드러나게 씁니다.

(   )

10 사진 속 사물을 설명하는 글을 쓰려고 합니다.
추론 사물의 특징으로 알맞은 것을 모두 골라 ○표 하세요.

이름	색깔	맛	생김새
연주 방법	놀이 방법	요리 방법	

| **11~12** | 다음 글을 읽고, 물음에 답하세요.

글자

말은 귀로 듣고 글은 눈으로 보아요. 가까이 있는 사람들이 서로 뜻을 주고받는 데에는 말이 편해요. 그렇지만 멀리 있는 사람이나 여러 사람한테 무언가를 알리는 데에는 글이 더 편하지요. 그래서 아주 옛날부터 사람들은 글자를 썼어요.

11 이 글은 무엇을 설명하고 있나요? (   )
이해
① 귀   ② 눈
③ 소리   ④ 글자
⑤ 그림

서술형
12 이 글의 중심 내용을 간추려 쓰세요.
적용

• 글자는 _____

_____

도움말 사람들이 말이 아닌 글을 쓰는 까닭이 나타난 문장을 찾아 보아요.

어법 더하기
13 문장에 알맞은 낱말을 골라 ○표 하세요.
어법
(1) 우산을 (잃어버렸어요, 이러버렸어요).
(2) 강아지가 내 볼을 (할타서, 핥아서) 깜짝 놀랐어.

어법 더하기⊕ **겹받침이 있는 낱말**

겹받침이 있는 낱말 중에는 글자의 모양과 읽을 때 나는 소리가 다른 낱말이 있습니다. 겹받침이 있는 낱말을 바르게 쓰지 않으면 틀린 낱말이 되거나 뜻이 달라지기도 합니다. 그러므로 낱말을 쓸 때 원래의 글자 모양을 잘 기억하고 바르게 써야 합니다.

• 겹받침을 잘못 써서 틀린 낱말이 되는 때

> 없잖아(○) – 없자나(✕)
> 긁어내(○) – 글거내(✕)

• 겹받침을 잘못 써서 뜻이 달라지는 때

> 않는 – 안는
> 삶아요 – 살아요

1 다음 상황에서 친구들이 각각 다른 물건을 떠올린 까닭을 빈칸에 알맞게 쓰세요.

> 이 물건은 동그란 모양입니다.

• ⬚ 모양의 물건이 여러 개 있기 때문입니다.

|2~3| 다음 글을 읽고, 물음에 답하세요.

> **진심으로 사과하는 법을 알아 둬**
>
> 누구나 잘못을 했을 때 상대에게 사과를 꼭 해야 해. 마음속으로만 잘못했다고 생각하면 상대는 알 수가 없잖아. 내 마음을 읽을 수 없으니까 말이야. 또 중요한 한 가지! 사과할 때는 왜 미안한지도 말해야 해. 무엇을 잘못해서 뉘우치고 있다는 것을 알려 주어야 상대도 사과하는 사람의 진심을 느끼고 받아들여 주거든. 그리고 다시는 그런 일을 하지 않을 거라는 약속도 해야 한단다.

2 이 글의 제목을 보고 내용을 짐작하려고 합니다. 빈칸에 들어갈 알맞은 말에 ○표 하세요.

• 제목을 보면 이 글의 내용은 사과하는 (장소, 방법)(이)라는 것을 짐작할 수 있습니다.

3 이 글에서 알 수 있는 사과하는 방법으로 알맞지 <u>않은</u> 것은 무엇인가요? ( )

① 왜 미안한지 말해야 합니다.
② 무엇을 잘못했는지 말해야 합니다.
③ 마음속으로만 잘못했다고 생각해야 합니다.
④ 잘못을 뉘우치고 있다고 알려 주어야 합니다.
⑤ 다시는 그런 일을 하지 않을 거라는 약속을 해야 합니다.

|4~5| 다음 글을 읽고, 물음에 답하세요.

> 빗자루를 어떻게 만드는지 아니? 먼저 갈대나 수수 줄기를 소금물에 삶는데, 이렇게 하면 줄기가 질겨져. 그런 다음에 그늘에 말려서 납작한 칼로 줄기에 묻은 나락이나 꽃가루 들을 깨끗이 긁어내. 그리고는 줄기를 ㉠가지런히 정리해서 어른 엄지손가락 굵기만큼씩 묶어. 그 묶음을 쓰임새에 따라 한두 개나 수십 개를 뭉쳐 끈으로 동여매지. 이제 묶은 자루 끝을 가지런히 잘라 주면 빗자루가 되는 거야.

4 이 글에서 설명하는 내용은 무엇인지 쓰세요.

빗자루를 만드는 ⬚

5 ㉠과 뜻이 반대인 낱말을 골라 ○표 하세요.

| 들쭉날쭉 | 조용히 | 나란히 |

|6~7| 다음 글을 읽고, 물음에 답하세요.

> **가** 윷가락 네 개를 던져 평평한 부분 하나가 나오면 도, 두 개가 나오면 개, 세 개가 나오면 걸, 네 개가 나오면 윷, 하나도 안 나오면 모가 됩니다. 이것은 그대로 끗수를 나타내는데, 다만 마지막의 모는 다섯의 끗수를 가리킵니다.
>
> **나** 도, 개, 걸, 윷, 모는 가축의 이름을 따온 것이라 합니다. 도는 돼지, 개는 개, 걸은 양, 윷은 소 그리고 모는 말을 가리킵니다.

6 이 글에서 설명하는 내용을 선으로 이으세요.

(1) 글 **가** •   • ㉮ 도, 개, 걸, 윷, 모의 말뜻

(2) 글 **나** •   • ㉯ 도, 개, 걸, 윷, 모의 끗수

7 다음 간추린 내용을 읽고 빈칸에 들어갈 알맞은 말을 쓰세요.

걸	• 윷가락 네 개를 던져 평평한 부분이 세 개가 나올 때를 가리킨다. • 셋의 끗수를 가리킨다. • ☐의 이름을 따왔다.

8 글을 읽고 내용을 간추리는 방법으로 알맞은 것에 ○표 하세요.

(1) 글쓴이의 이름을 보고 내용을 짐작합니다.
(   )

(2) 설명하려는 대상의 특징을 생각해 봅니다.
(   )

|9~11| 다음 글을 읽고, 물음에 답하세요.

> **가** ㉠우리는 날마다 여러 가지 옷을 볼 수 있습니다. ㉡친구들이 입는 옷에는 치마도 있고 바지도 있습니다. ㉢또 친구들이 입는 옷의 색이나 무늬도 다양합니다. 거리에서 사람들을 만날 때면 저마다 다른 모습의 옷을 함께 볼 수 있습니다.
>
> **나** 어떤 장소인지에 따라서 볼 수 있는 옷이 달라집니다. 수영장에서는 수영복을, 체육관이나 운동장에서는 활동하기 편한 운동복을 많이 볼 수 있습니다. 결혼식장에서 볼 수 있는 특별한 옷은 웨딩드레스입니다.

9 이 글에서 알 수 있는 여러 가지 옷에 대한 설명으로 알맞지 않은 것은 무엇인가요? (   )

① 운동장에서 운동복을 볼 수 있습니다.
② 수영장에서 수영복을 볼 수 있습니다.
③ 교실에서는 모두 같은 옷을 입습니다.
④ 체육관에서 활동하기 편한 옷을 입습니다.
⑤ 결혼식장에서 웨딩드레스를 볼 수 있습니다.

10 ㉠~㉢ 중 글 **가**에서 가장 중요한 문장의 기호를 찾아 쓰세요.

(   )

> 서술형

11 글 **나**에서 설명하는 옷의 특징은 무엇인지 쓰세요.

• 옷은 _____ 달라집니다.

> 도움말 글 **나**에서 가장 중요한 내용이 나타난 문장을 찾아 무엇에 따라 볼 수 있는 옷이 달라지는지 써 보아요.

3단원 4회

12 '귤'을 설명하는 글을 쓰기 위해 정리한 특징으로 알맞지 <u>않은</u> 것은 무엇인가요? (　　)

① 색: 주황색입니다.

② 맛: 새콤달콤합니다.

③ 모양: 세모난 모양입니다.

④ 비슷한 과일: 오렌지, 한라봉 등입니다.

⑤ 자라는 곳: 주로 따뜻한 곳에서 자랍니다.

서술형

13 문제 **12**번의 내용을 바탕으로 귤을 설명하는 글을 썼습니다. 귤의 특징을 생각하며 빈칸에 들어갈 말을 한 문장으로 쓰세요.

> 제가 좋아하는 과일은 귤입니다. 귤은 주황색이고 맛은 새콤달콤합니다. 귤과 비슷한 과일에는 오렌지, 한라봉 등이 있습니다. 귤은 제주도와 같이 주로 따뜻한 곳에서 자랍니다. ＿＿＿＿＿＿＿＿＿＿＿
>
> ＿＿＿＿＿＿＿＿＿＿＿＿

도움말 귤의 크기나 모양과 같은 특징을 한 가지 더 떠올려 한 문장으로 써 보아요.

14 사물을 설명하는 글을 쓸 때 주의할 점으로 알맞은 것에 ○표 하세요.

(1) 사물의 생김새만 설명합니다. (　　)

(2) 읽는 사람이 궁금해할 내용을 씁니다.

(　　)

(3) 사물의 특징은 한 가지만 자세하게 씁니다.

(　　)

수행평가

15 다음 글을 읽고, 물음에 답하세요.

> 하는 일에 따라서도 옷차림이 달라집니다. 소방관은 뜨거운 불로부터 몸을 보호하려고 헬멧과 장갑, 열을 막을 수 있는 특별한 옷을 입습니다. 요리하는 사람은 음식을 청결하게 만들려고 요리용 모자를 쓰거나 앞치마를 두릅니다.

1단계 이 글에서 가장 중요한 문장을 찾아 쓰세요.

＿＿＿＿＿＿＿＿＿＿＿＿

＿＿＿＿＿＿＿＿＿＿＿＿

도움말 이 글에서 가장 중요한 내용이 무엇인지 찾고 그 내용이 잘 드러난 문장을 찾아 쓰세요.

2단계 이 글에서 설명하는 대상의 특징을 생각하여 중심 내용을 정리하려고 합니다. 빈칸에 들어갈 말을 쓰세요.

하는 일	옷차림
(1) 소방관	헬멧, 장갑, ＿＿＿＿
	특별한 옷을 입습니다.
(2) 요리하는 사람	＿＿＿＿ 을/를 쓰거나 앞치마를 두릅니다.

도움말 소방관과 요리하는 사람이 하는 일을 생각하며 어떤 옷차림을 하는지 이 글에서 찾아 빈칸에 써 보아요.

알맞은 화분은 무엇일까요?

꽃과 어울리는 화분을 찾고 있어요. 길을 따라가서 뜻에 알맞은 낱말을 찾아 쓰세요.

| 대상 | 사물 | 설명 | 특징 |

일과 물건.

글에서
설명하는
물건이나 사람.

다른 것과
두드러지게 달라
눈에 띄는 점.

어떤
사실에 대해 남이
잘 알 수 있도록
말하는 것.

거꾸로 정답　①대상　②사물　③특징　④설명

4 마음을 전해요

온라인
학습 진도표

● 학습 진도표

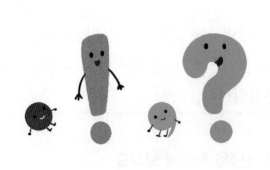

여러 가지 문장의
종류를 알아요.

글쓴이의 **마음**을
생각하며 읽어요.

인물의 마음을 생각하며
실감 나게 읽어요.

이야기를 듣고 인물에게
내 생각을 **전해요.**

개념 여러 가지 문장의 종류

설 명 하는 문장	무엇을 설명하거나 생각을 나타내는 문장입니다.
묻는 문장	무엇인가를 물어보는 문장입니다.
감탄하는 문장	기쁨, 슬픔, 놀람처럼 강한 느낌을 나타내는 문장입니다.

개념 확인 알맞은 것을 고르며 오늘의 개념을 확인해 보세요.

(1) 묻는 문장은 무엇인가를 물어보는 문장입니다. (○ , ×)

(2) 감탄하는 문장의 끝에는 물음표를 씁니다. (○ , ×)

문해력을 높이는 어휘

• 오늘 배울 중요 어휘를 따라 쓰며 익혀 보세요.

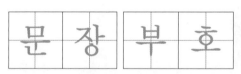
문 장 부 호

😊 문장의 뜻을 잘 나타내기 위해 쓰는 여러 가지 부호.

예 물음표는 묻는 문장에 쓰는 문장 부호야.

종 류

😊 어떤 기준에 따라 여러 가지로 나눈 갈래.

예 꽃 가게에는 다양한 종류의 꽃이 있어요.

관장님의 편지

• 정답 9쪽

○○초등학교 2학년 어린이들에게

여러분, 안녕하세요? 저는 ○○미술관 관장입니다. 지난 화요일에 우리 미술관을 방문해 주어서 고마웠어요. 즐거운 시간 보냈나요?
_{글쓴이의 마음: 고마움.}
㉠저도 여러분을 만나 매우 반가웠어요!

우리 미술관에서 본 작품들 가운데 어떤 작품이 가장 기억에 남았나요? 박수근 화가의 「공기놀이하는 아이들」을 기억하고 있는지 궁금하네요. _{글쓴이의 마음: 궁금함.} 이 그림은 여자아이 세 명이 공기놀이하는 모습을 그린 것이에요. 육십 년 전, 가난으로 힘든 시기에도 행복한 한때를 보내는 아이들의 모습이 인상 깊은 작품입니다. 이렇게 의미 있는 작품을 오랫동안 기억해 주었으면 좋겠습니다.

우리 미술관에서는 11월에 어린이들이 그린 그림을 전시할 예정이에요. 어린이들이 20년 뒤에 자신의 모습을 상상하며 그린 그림들이죠. 정말 멋진 작품들이에요! 여러분을 특별 전시회에 초대하고 싶어요. 꼭 와 주길 바라요. / 그럼 우리 11월에 미술관에서 만나요.

20○○년 ○○월 ○○일 / ○○미술관 관장 씀

• 글의 종류: 편지
• 글의 특징: 문장 부호에 주의하며 읽어 보고, 문장 부호의 쓰임을 생각해 볼 수 있는 편지입니다.

▶ 편지에 나타난 문장의 쓰임
• 이 그림은 여자아이 세 명이 공기놀이하는 모습을 그린 것이에요.
 → 무엇을 설명하거나 생각을 나타냄.
• 즐거운 시간 보냈나요?
 → 무엇인가를 물어봄.
• 저도 여러분을 만나 매우 반가웠어요!
 → 기쁨, 슬픔, 놀람처럼 강한 느낌을 나타냄.

관장 도서관, 박물관 등과 같이 '-관' 자가 붙은 곳의 가장 높은 책임자.
인상 어떤 대상에 대하여 마음 속에 새겨지는 느낌.
전시할 여러 가지 물품을 한곳에 벌여 놓고 보일.

4단원
1회

---

1 미술관 관장님이 어린이들에게 고맙다고 한 까닭은 무엇인가요? (   )
_{이해}

① 그림을 잘 그려 주어서
② 미술관을 방문해 주어서
③ 인사를 바르게 해 주어서
④ 함께 공기놀이를 해 주어서
⑤ 그림에 대해 설명해 주어서

2 다음 중 미술관 관장님이 이 편지를 보낸 까닭으로 알맞은 것의 기호를 쓰세요.
_{목적}

㉮ 자신의 그림을 전시하려고
㉯ 박수근 화가의 작품을 소개하려고
㉰ 어린이들을 특별 전시회에 초대하려고

(   )

3 ㉠의 문장 부호와 같은 문장 부호가 쓰인 문장에 ○표 하세요.
_{적용}

⑴ 꼭 와 주길 바라요.　　　　(   )
⑵ 여러분 안녕하세요?　　　　(   )
⑶ 정말 멋진 작품들이에요!　　(   )

★
4 다음 문장의 쓰임으로 알맞은 것은 무엇인가요? (   )
_{적용}

즐거운 시간 보냈나요?

① 무엇인가를 물어봅니다.
② 강한 느낌을 나타냅니다.
③ 놀란 감정을 나타냅니다.
④ 기쁨이나 슬픔을 나타냅니다.
⑤ 무엇을 설명하거나 생각을 나타냅니다.

여러 가지 문장의 종류 알기

• 정답 9쪽

❶ 남자아이: 난 줄넘기를 좋아해.

여자아이: 그래? 나는 축구가 가장 재미있어.

❷ 할머니: 우체국이 어디 있나요?

아저씨: 우체국 가세요? 저기 **모퉁이**를 돌면 바로 우체국이 보이실 거예요.

❸ 남자아이: 이가 너무 아파요!

의사 선생님: 그래, 많이 아팠겠구나. 금방 치료해 줄게.

• **글의 특징**: 상황을 보며, 문장의 종류와 그 문장을 쓴 까닭을 알 수 있습니다.

▶ **상황 ❶~❸에 쓰인 문장의 종류**

문장	종류
나는 축구가 가장 재미있어.	설명하는 문장
우체국이 어디 있나요?	묻는 문장
이가 너무 아파요!	감탄하는 문장

모퉁이 구부러지거나 꺾어져 돌아간 자리.

5
이해

상황 ❶에서 파란색 문장은 어떻게 쓰였는지 알맞은 것에 ○표 하세요.

(1) 무엇인가를 물어봅니다. ( )

(2) 무엇을 설명하거나 생각을 나타냅니다. ( )

(3) 기쁨, 슬픔, 놀람처럼 강한 느낌을 나타냅니다. ( )

★ 6
적용

상황 ❷에서 파란색 문장과 쓰임이 같은 문장은 무엇인가요? ( )

① 아, 아파!
② 배가 고파.
③ 정말 고마워.
④ 이거 네 거니?
⑤ 나는 바나나를 좋아해.

7
이해

상황 ❸의 파란색 문장에 대한 설명으로 알맞은 것은 무엇인가요? ( )

① 문장 부호가 쓰이지 않았습니다.
② 이가 아프냐고 묻는 문장입니다.
③ 문장 끝에 물음표가 쓰였습니다.
④ 아픈 까닭을 설명하는 문장입니다.
⑤ 아픈 느낌을 나타내는 문장입니다.

서술형
8
적용

다음과 같이 문장의 종류에 알맞은 문장을 쓰세요.

묻는 문장	같이 공기놀이할래?
감탄하는 문장	

도움말 감탄하는 문장은 기쁨, 슬픔, 놀람처럼 강한 느낌을 나타내는 문장이에요.

문장의 종류와 문장을 쓴 까닭 알기

• 정답 9쪽

❶ ㉠ 공연이 몇 시에 시작하나요?

　　㉡ 2시 30분에 시작합니다.

❷ ㉢ 여기 상추 씨앗이 있어.

　　㉣ 씨앗이 참 작구나!

❸ ㉤ 주인공이 병에 걸려서 너무 슬펐어!

　　㉥ 그 뒤에 주인공은 어떻게 되었을까?

❹ ㉦ 색종이 **가장자리**를 모두 안으로 접으면 강아지 모양이 된
단다.

　　㉧ 우아, 신기해요!

❺ ㉨ 나랑 공놀이할래?

　　㉩ 그래, 좋아.

▶ 문장의 종류 알기

설명하는 문장

• 2시 30분에 시작합니다.
• 여기 상추 씨앗이 있어.
• 색종이 가장자리를 모두 안으로 접으면 강아지 모양이 된단다.
• 그래, 좋아.

묻는 문장

• 공연이 몇 시에 시작하나요?
• 그 뒤에 주인공은 어떻게 되었을까?
• 나랑 공놀이할래?

감탄하는 문장

• 씨앗이 참 작구나!
• 주인공이 병에 걸려서 너무 슬펐어!
• 우아, 신기해요!

가장자리 둘레나 끝에 해당되는 부분.

4 단원 1회

⭐
9
이해

㉠~㉩을 문장의 종류에 맞게 나누어 쓰세요.

(1) 설명하는 문장: (　　　　　　　　)

(2) 묻는 문장: (　　　　　　　　)

(3) 감탄하는 문장: (　　　　　　　　)

10
이해

㉠은 무엇을 묻는 문장인가요? (　　　)

① 공연 이름　　② 공연 날짜

③ 공연 장소　　④ 공연 가격

⑤ 공연 시작 시간

11
이해

㉣은 무엇에 대한 느낌을 나타낸 문장인지 생각하여 빈칸에 알맞은 말을 쓰세요.

□□의 크기에 대한 느낌

서술형
12
적용

㉦의 문장의 종류를 생각하며 문장을 쓴 까닭을 쓰세요.

• ＿＿＿＿＿＿＿＿＿＿하기
위해 문장을 썼습니다.

도움말 ㉦은 무엇을 설명하거나 생각을 나타내기 위해 쓴 '설명하는 문장'이에요.

나의 실력에 색칠하세요.

개념 글쓴이의 마음을 파악하며 글 읽기

글쓴이의 마음을 짐작하려면 문장의 앞뒤에 나온 내용도 살펴봐야 해요.

• 문장을 살펴보고 문장의 종류를 파악합니다.

• 문장을 쓴 까 닭 을 생각해 봅니다.

• 문장에서 느껴지는 글쓴이의 마 음 을 짐작합니다.

개념 확인 알맞은 것을 고르며 오늘의 개념을 확인해 보세요.

⑴ 글쓴이의 마음을 짐작하기 위해 문장의 종류와 문장의 길이를 살펴보아야 합니다. (○ , ×)

⑵ 문장에서 느껴지는 글쓴이의 마음을 짐작하며 글을 읽습니다.

(○ , ×)

문해력을 높이는 어휘

• 오늘 배울 중요 어휘를 따라 쓰며 익혀 보세요.

편 지

뜻 안부를 묻거나 소식, 마음을 전하기 위해 상대에게 보내는 글.

예 보고 싶은 친구에게 오랜만에 편지를 썼어요.

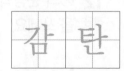
감 탄

뜻 마음속 깊이 크게 느낌.

예 밤하늘의 별을 보며 감탄했어요.

문장의 종류 구분하기

• 정답 9쪽

|1~5| 다음 문장을 읽고, 물음에 답하세요.

> ㉠ 화장실은 복도 끝에 있습니다.
>
> ㉡ 내일 우리 집에 올 수 있어?
>
> ㉢ 실내화는 어디에 있나요?
>
> ㉣ 시원하고 참 달콤하다!
>
> ㉤ 앗, 차가워!
>
> ㉥ 줄넘기 줄 가져왔어?
>
> ㉦ 오늘 점심에는 비빔밥을 먹을 거야.
>
> ㉧ 수영 수업은 두 시에 시작합니다.

★
1 ㉠~㉧을 문장의 종류에 맞게 선으로 이으세요.
이해

(1) [㉠] •

(2) [㉡] •

(3) [㉢] • 　　　　　• ㉮ 설명하는 문장

(4) [㉣] •

(5) [㉤] • 　　　　　• ㉯ 묻는 문장

(6) [㉥] •

(7) [㉦] • 　　　　　• ㉰ 감탄하는 문장

(8) [㉧] •

2 ㉠~㉧ 중에서 화장실의 위치를 설명하는 문장을 찾아 기호를 쓰세요.
이해

(　　　　　　　)

3 ㉡의 문장을 쓴 까닭은 무엇인가요? (　　　)
이해
① 오늘 할 일을 묻기 위해
② 놀이 방법을 설명하기 위해
③ 우리 집의 위치를 설명하기 위해
④ 내일 우리 집에 올 수 있는지 묻기 위해
⑤ 내일 함께 놀게 되어 기쁜 느낌을 표현하기 위해

4 ㉣은 어떤 느낌을 나타내기 위해 쓴 문장인지 두 가지 고르세요. (　　　　　)
이해
① 달콤한 느낌　　　② 뜨거운 느낌
③ 매콤한 느낌　　　④ 시원한 느낌
⑤ 짭짤한 느낌

서술형
5 자신이 느꼈던 감정을 생각하며 강한 느낌을 나타내는 문장을 한 가지 생각하여 쓰세요.
적용

_____

> **도움말** 기쁨, 슬픔, 놀람처럼 강한 느낌을 나타내는 문장은 감탄하는 문장이며, 문장 끝에 느낌표가 들어가요.

4
단원
2회

민우가 쓴 편지

● 정답 9쪽

1 지후에게
받는 사람

지후야, 안녕? 나 민우야.
첫 인사

지후야, 어제 네가 내 가방을 들어 주어서 고마웠어. 내가 손을 다쳐
민우의 마음: 고마움.
서 가방을 어떻게 들까 걱정했었거든. 그때 네가 도와준다고 해서 정
말 기뻤어! 그런데 고맙다는 말을 제대로 하지 못해서 이렇게 편지를
써.

중심 내용 | 민우는 지후에게 도움을 받고도 고맙다는 말을 제대로 하지 못해 편지를 썼습니다.

- **글의 종류**: 편지
- **글의 특징**: 문장의 종류와 그 문장을 쓴 까닭을 생각해 보고, 문장에서 느껴지는 글쓴이의 마음을 짐작해 볼 수 있는 편지입니다.

▶ **문장의 종류와 문장을 쓴 까닭**

> 그때 네가 도와준다고
> 해서 정말 기뻤어!

- **문장 종류**: 감탄하는 문장
- **문장을 쓴 까닭**: 지후가 도와준다고 하여 기쁜 느낌을 표현하기 위해

6
이해

민우가 가방을 들기 힘들었던 까닭은 무엇인가요? (   )

① 손을 다쳤기 때문에
② 가방이 찢어졌기 때문에
③ 가방이 너무 무거웠기 때문에
④ 지후가 가방을 가져갔기 때문에
⑤ 지후의 가방까지 모두 들었기 때문에

7
이해

민우가 지후에게 편지를 쓴 까닭은 무엇인가요? (   )

① 지후가 편지를 좋아하기 때문에
② 지후에게 부탁을 해야 하기 때문에
③ 지후에게 사과를 하고 싶기 때문에
④ 지후가 도와준다는 약속을 지키지 않았기 때문에
⑤ 지후에게 고맙다는 말을 제대로 하지 못했기 때문에

8
이해

다음 문장은 민우가 무엇을 설명하기 위해 쓴 문장인가요? (   )

> 지후야, 어제 네가 가방을 들어 주어서 고마웠어.

① 손을 다친 까닭
② 지후에게 고마운 까닭
③ 가방을 들지 못한 까닭
④ 가방에 들어 있던 물건
⑤ 고맙다는 말을 하지 못한 까닭

9
적용

다음 문장의 종류와 문장을 쓴 까닭을 빈칸에 쓰세요.

> 그때 네가 도와준다고 해서 정말 기뻤어!

(1) 문장의 종류	⬚ 문장
(2) 문장을 쓴 까닭	지후가 도와준다고 하여 ⬚ 느낌을 표현하기 위해

❷ ⑤지난 체육 시간에 달리기 경주를 했던 거 기억해? 네가 이겼잖아. 달리기만큼은 자신 있었는데 내가 지니까 많이 속상했어. 그래서
_{민우의 마음: 속상함.}
그동안 너한테 말도 제대로 하지 않았어. 그런데 너는 오히려 나를 걱정해 주고 가방도 들어 주어서 미안했어.
_{민우의 마음: 미안함.}

지후야, 나를 도와주어서 고마워! 너는 운동도 잘하고, 마음도 참 따
_{민우의 마음: 고마움.}
뜻한 멋진 친구야. 앞으로도 친하게 지내자.

그럼 안녕.
_{끝 인사}

20○○년 ○○월 ○○일
_{쓴 날짜}

너의 친구 김민우 보냄
_{쓴 사람}

중심 내용 | 민우가 달리기에서 져서 속상했던 마음과 지후가 자신을 도와주어 고마운 마음을 표현했습니다.

▶ 편지에 나타난 민우의 마음	
문장	그래서 그동안 너한테 말도 제대로 하지 않았어.
마음	지후에게 말을 걸고 싶지 않을 정도로 달리기 경주에 진 일이 속상함.
문장	지후야, 나를 도와주어서 고마워!
마음	지후가 도와줄 것을 예상하지 못했는데 도와주어서 고마움.

4
단원
2회

10 민우가 지후에게 말도 제대로 하지 않은 까닭
이해 은 무엇인가요? (   )

① 지후와 싸워서 화가 났기 때문에
② 지후가 자신을 모른 척했기 때문에
③ 달리다가 넘어져서 부끄러웠기 때문에
④ 달리기 경주에서 져서 속상했기 때문에
⑤ 지후가 먼저 말을 걸어 주지 않았기 때문에

11 민우가 문장 ⑤을 쓴 까닭은 무엇인가요?
적용   (   )

① 달리기 경주를 했던 일을 설명하기 위해서
② 달리기 경주에 대한 생각을 설명하기 위해서
③ 달리기 경주를 하는 방법을 설명하기 위해서
④ 달리기 경주에서 느낀 점을 표현하기 위해서
⑤ 달리기 경주를 했던 일을 기억하는지 묻기
위해서

12 다음과 같은 민우의 마음이 나타난 문장의 기
추론 호를 쓰세요.

> 지후에게 말을 걸고 싶지 않을 정도로 달리기 경주에 진 일이 속상함.

> ㉮ 앞으로도 친하게 지내자.
> ㉯ 지후야, 나를 도와주어서 고마워!
> ㉰ 그래서 그동안 너한테 말도 제대로 하지 않았어.

(   )

서술형
13 민우의 마음을 생각하며 민우가 다음 문장을
적용 쓴 까닭을 쓰세요.

> 지후야, 나를 도와주어서 고마워!

• 민우는 _____
위해 문장을 썼습니다.

도움말 민우는 지후가 도와주어서 고마운 마음을 느끼고 있어요.

나의 실력에 색칠하세요.
😆 🙂 😣

개념 인물의 마음을 생각하며 실감 나게 읽기

• 이야기의 상황을 파악하며 읽습니다.

• 인물의 | 말 | 과 | 행 | 동 | 을 보고 인물의 마음을 짐작합니다.

• 인물의 마음에 어울리는 목소리로 이야기를 실감 나게 읽습니다.

개념 확인 알맞은 것을 고르며 오늘의 개념을 확인해 보세요.

(1) 인물의 말과 행동을 보고 인물의 마음을 짐작할 수 없습니다. (○ , ×)

(2) 이야기를 실감 나게 읽을 때에는 인물의 마음에 어울리는 목소리로 읽습니다. (○ , ×)

문해력을 높이는 어휘

• 오늘 배울 중요 어휘를 따라 쓰며 익혀 보세요.

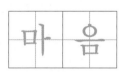
마 음

🔵 기분이나 느낌.

🟠 친구에게 선물을 받아 고마운 마음이 들었어요.

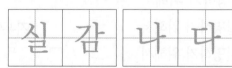
실 감 나 다

🔵 실제로 겪고 있다는 느낌이 들다.

🟠 큰 화면으로 영화를 실감 나게 감상했어요.

냄새 맡은 값

● 정답 10쪽

가 옛날에 마음씨 고약한 구두쇠 영감이 장터에 국밥집을 차렸어요.
사나운
국밥집은 장사가 아주 잘되었어요. / "히히, 이제 금방 부자가 되겠네."

어느 날, 옆 마을에 사는 최 서방이 국밥집 앞을 지나게 되었어요.

"킁킁, 킁킁! 아, 국밥 냄새 참 훌륭하네! 얼른 집에 가서 밥 먹어야
겠다."

최 서방은 코를 벌름거리며 감탄했어요. 그리고 **주린** 배를 잡으며
얼른 집으로 가려고 돌아섰어요. 그때 누군가 최 서방을 붙잡았어요.

"예끼, 나쁜 사람 같으니! 왜 그냥 가려는 거야?"

구두쇠 영감이 눈을 부릅뜨고 말했어요.

구두쇠 영감의 마음:
화남, 괘씸함.

"아, 국밥 냄새를 맡았으면 값을 **치르고** 가야지."

최 서방은 기가 막혔지요.
황당하고 어이가 없었지요.

최 서방의 마음:
황당함, 어이없음.

㉠"냄새 맡은 값이라니요? 이 무슨 말도 안 되는 소리요?"

"그럼 국밥에서 나온 냄새가 공짜인 줄 알았나?"

최 서방은 정말 어처구니가 없었어요. 그러다 갑자기 좋은 생각이
떠올라 손뼉을 쳤어요. 그러고는 구두쇠 영감에게 손짓했지요.

"이리 가까이 오시오. 냄새 맡은 값을 줄 테니……."

중심 내용 | 구두쇠 영감이 최 서방에게 국밥 냄새 맡은 값을 내놓으라고 하자 최 서방은 어처구니
가 없었습니다.

- **글의 종류**: 이야기
- **글의 특징**: 인물의 말과 행동을 보고 인물의 마음을 짐작할 수 있는 이야기입니다.

▶ 글 **가**에서 인물의 말과 행동을 보고 마음 짐작하기

- **구두쇠 영감**

말과 행동	구두쇠 영감이 눈을 부릅뜨고 말했어요. "아, 국밥 냄새를 맡았으면 값을 치르고 가야지."
마음	화남, 괘씸함.

- **최 서방**

말과 행동	최 서방은 기가 막혔지요. "냄새 맡은 값이라니요?"
마음	황당함, 어이없음.

주린 먹을 것을 제대로 먹지 못하거나 굶은.
치르고 주어야 할 돈을 내주고.

---

1 최 서방이 국밥집 앞을 지나며 감탄한 까닭은
이해 무엇인가요? (   )

① 국밥이 맛있어서
② 국밥 냄새가 훌륭해서
③ 국밥 가격이 아주 싸서
④ 국밥집 장사가 아주 잘되어서
⑤ 국밥집 주인이 큰 부자가 되어서

2 구두쇠 영감은 최 서방에게 무엇을 내놓으라
이해 고 했는지 쓰세요.

- 국밥 [   ][   ] 을/를 맡은 값을 내놓으라
고 했습니다.

★
3 다음 행동을 하는 구두쇠 영감의 마음으로 알
추론 맞은 것을 두 가지 고르세요. (   )

구두쇠 영감이 눈을 부릅뜨고 말했어요.

① 화난 마음   ② 즐거운 마음
③ 괘씸한 마음   ④ 설레는 마음
⑤ 기대되는 마음

4 ㉠에 어울리는 최 서방의 목소리에 ○표 하세요.
추론

(1) 겁에 질려 떨리는 목소리   (   )
(2) 서운하여 울먹이는 목소리   (   )
(3) 어이없고 황당해하는 목소리   (   )

나 최 서방은 돈주머니를 꺼내어 구두쇠 영감의 귀에 대고 흔들었어요.

"자, 이 소리가 들리지요?" / "이것은 **엽전** 소리가 아닌가?"

구두쇠 영감은 눈을 동그랗게 뜨고 최 서방을 쳐다보았어요.

『 』구두쇠 영감의 마음: 어리둥절함. 당황스러움.

"분명히 엽전 소리를 들었지요?" / "틀림없이 들었네."

"그럼 됐어요." / 최 서방은 웃음이 가득한 얼굴로 고개를 끄덕였어

요. 구두쇠 영감이 어리둥절한 표정을 지었어요.

"뭐가 됐다는 거야? 어서 국밥 냄새 맡은 값이나 내놔."

최 서방은 구두쇠 영감에게 말했어요.

"무슨 소리요? 엽전 소리는 공짜인 줄 아시오? 엽전 소리를 그리 오

최 서방의 마음: 통쾌함. 고소함. 시원함.

래 들었으니 냄새 맡은 값은 치르고도 남았소."

"아니, 뭐라고?" / 구두쇠 영감은 아무 말도 못 하고 얼굴이 빨개졌

어요. 쥐구멍에라도 숨고 싶은지 주변을 두리번거렸지요.

부끄러워서 어디에라도 숨고 싶은지

중심 내용 | 최 서방이 냄새 맡은 값으로 엽전 소리를 들려주자, 구두쇠 영감은 얼굴이 빨개졌습니다.

• **작품 정리**

가 최 서방이 국밥 냄새를 맡음.

↓

가 구두쇠 영감이 최 서방에게 냄새 맡은 값을 달라고 함.

↓

나 최 서방이 구두쇠 영감에게 엽전 소리로 냄새 맡은 값을 냄.

↓

나 구두쇠 영감이 최 서방에게 아무 말도 못 하고 자신의 행동을 부끄러워했음.

엽전 옛날에 사용하던, 놋으로 만든 돈.

서술형

5 최 서방이 구두쇠 영감에게 엽전 소리를 들려

이해 준 까닭을 쓰세요.

• [　　　　　] 을/를 엽전 소리로

치르면 된다고 생각했기 때문입니다.

도움말 최 서방이 냄새 맡은 값을 대신해 구두쇠 영감에게 준 것이 무엇인지 찾아보세요.

6 일이 일어난 차례에 맞게 빈칸에 기호를 쓰세요.

이해

㉮ 최 서방이 국밥 냄새를 맡음.

㉯ 구두쇠 영감이 최 서방에게 아무 말도 못 하고 자신의 행동을 부끄러워함.

㉰ 최 서방이 구두쇠 영감에게 엽전 소리로 냄새 맡은 값을 냄.

㉱ 구두쇠 영감이 최 서방에게 냄새 맡은 값을 달라고 함.

㉮ → [　　] → [　　] → ㉯

7 구두쇠 영감의 창피한 마음이 드러나는 행동

추론 을 찾아 기호를 쓰세요.

㉮ 구두쇠 영감이 어리둥절한 표정을 지었어요.

㉯ 최 서방은 웃음이 가득한 얼굴로 고개를 끄덕였어요.

㉰ 구두쇠 영감은 아무 말도 못 하고 얼굴이 빨개졌어요.

(　　　　　　　)

8 이야기를 실감 나게 읽는 방법이 <u>아닌</u> 것에 ✕

적용 표 하세요.

⑴ 큰 목소리로만 읽습니다. (　　)

⑵ 이야기 내용이 잘 전달되도록 읽습니다.

(　　)

⑶ 인물의 마음에 어울리는 목소리로 읽습니다. (　　)

떡 먹기 내기

• 정답 10쪽

가 또 호랑이가 내기를 정했어.

"이번에는 저기 언덕에서 떡이 든 떡시루를 굴리는거야. <u>달려가서 그 떡시루를 가장 먼저 잡는 동물이 떡을 다 먹는거다!</u>"

<small>호랑이가 정한 내기</small>

달리기에 자신 있는 호랑이는 틀림없이 자기가 이길 거라고 생각했어. 떡을 혼자 먹을 생각에 저절로 웃음이 났어.

중심 내용 | 호랑이는 내기를 정하고 자신이 이길 생각에 웃음이 났습니다.

나 호랑이와 토끼, 두꺼비는 **떡시루**를 산꼭대기에서 힘껏 굴렸어. 떡시루가 떼구루루 굴러갔어. 호랑이와 토끼는 온 힘을 다해 **쏜살같이** 달려 내려갔어. 두꺼비만 느릿느릿 뒤에서 따라갔어. / 그런데 이게 무슨 일이야? ㉠두꺼비는 눈이 휘둥그레졌어. 산 중간에 있는 나무 **밑동**에 떡이 걸려 있는 게 아니겠어? 떼굴떼굴 굴러가다가 떡만 **빠져**나오고 빈 떡시루만 굴러 내려간 거지. / 두꺼비는 혼자서 냠냠 먹었어.

중심 내용 | 떡시루에서 빠져나온 떡이 나무 밑동에 걸렸고, 뒤에서 따라가던 두꺼비는 혼자 떡을 먹었습니다.

다 두꺼비는 남은 떡을 등에 **짊어지고** 산 아래로 내려왔어. 호랑이와 토끼는 빈 떡시루를 붙잡고 기가 막힌다는 표정을 짓고 있었어. 두꺼비는 호랑이와 토끼를 불렀어.

㉡"호랑이야! 토끼야! 너희 주려고 남은 떡 짊어지고 왔어. 어서 먹어."

중심 내용 | 두꺼비는 먹고 남은 떡을 짊어지고 산 아래로 내려와 호랑이와 토끼에게 주었습니다.

• **글의 종류:** 이야기
• **글의 특징:** 호랑이와 토끼, 두꺼비가 떡 먹기 내기를 하는 상황에서 인물의 마음과 어울리는 목소리를 생각해 볼 수 있는 이야기입니다.

▶ **글 가 에서 호랑이의 마음 짐작하기**

이야기 상황	달리기로 떡 먹기 내기를 하기로 함.
인물의 행동	떡을 혼자 먹을 생각에 저절로 웃음이 났어.
인물의 마음	신남, 기대됨.

떡시루 떡을 찌는 데 쓰는 둥근 모양의 그릇.
쏜살같이 쏜 화살과 같이 매우 빠르게.
밑동 나무줄기에서 뿌리에 가까운 부분.
짊어지고 짐을 뭉뚱그려서 등이나 어깨에 지고.

9
이해

글 **가** 의 상황에서 호랑이가 웃음이 난 까닭은 무엇인가요? ( )

① 떡시루 굴리는 것을 좋아해서
② 떡시루 안에 떡이 많이 있어서
③ 함께 떡을 먹으니 더 맛있어서
④ 두꺼비가 뛰는 모습이 재미있어서
⑤ 내기에서 이겨서 혼자 떡을 먹으려고

10
추론

㉠과 같은 행동에서 알 수 있는 두꺼비의 마음은 무엇인가요? ( )

① 놀람. ② 무서움. ③ 피곤함.
④ 지루함. ⑤ 속상함.

★ **디지털 문해력**

11
추론

㉡을 두꺼비의 마음에 어울리는 목소리로 읽는 방법을 말한 친구의 이름을 쓰세요.

> 🔘 채윤
> 무서운 목소리로 겁주듯이 읽을 거야.

> 🔘 도영
> 부끄러운 듯이 작은 목소리로 읽을 거야.

> 🔘 민지
> 배가 불러 느릿느릿한 목소리로 읽을 거야.

( )

나의 실력에 색칠하세요.
😄 🙂 😣

4
단원

3회

개념　**이야기를 듣고 인물에게 내 생각 전하기**

• 이야기를 듣고 이야기의 내용과 　상　황　을 파악합니다.

• 인물의 말이나 행동을 보고 인물의 마음을 짐작합니다.

• 인물에게 전하고 싶은 생각과 말을 떠올립니다.

• 인물에게 전하고 싶은 말을 써 보거나 친구와 주고받아 봅니다.

개념 확인　**알맞은 것을 고르며 오늘의 개념을 확인해 보세요.**

(1) 이야기 속 인물에게 내 생각을 전하려면 이야기의 내용을 파악해야 합니다. (○ , ×)

(2) 인물에게 전하고 싶은 생각을 떠올려 글로 써 볼 수 있습니다. (○ , ×)

문해력을 높이는 **어휘**

• **오늘 배울 중요 어휘를 따라 쓰며 익혀 보세요.**

전 하 다

뜻　어떤 소식, 생각 등을 상대에게 알리다.

예　친구가 아프다는 소식을 전했어요.

짐 작 하 다

뜻　사정이나 상황 등을 어림잡아 생각하다.

예　화가 난 친구의 얼굴을 보고 상황을 짐작했어요.

송아지와 바꾼 무

● 정답 10쪽

가 옛날, 어느 가을날에 농부가 밭에서 무를 뽑고 있었습니다. 희고 탐스러운 무가 쑥쑥 뽑혀 나왔습니다. 그러다 농부는 커다란 무를 뽑았습니다. 어찌나 커다란 무였던지, 온 힘을 다해 끙끙대다 **간신히** 뽑았습니다. / "세상에나! 이렇게 커다랗다니!"

농부가 저도 모르게 소리쳤습니다. 농부는 신이 나서 어깨를 들썩거렸습니다. / "이렇게 귀한 무를 그냥 먹을 수 없지. 사또에게 바쳐야지."
농부의 마음: 즐거움, 뿌듯함.

"사또, 제가 평생 농사를 지었지만 이렇게 커다란 무는 처음 봅니다. 사또께 이 무를 바치고 싶습니다." / 사또는 껄껄껄 웃었습니다.
농부의 마음: 행복함.
사또의 마음: 흐뭇함, 기쁨, 고마움.

"그래, 고맙구나. 이렇게 커다란 무는 나도 본 적이 없다."

농부는 사또의 말을 듣고 환하게 웃으며 가려고 했습니다.

"기다리게. 귀한 선물을 받았으니 나도 무엇인가 **보답**을 하고 싶네만."

중심 내용 | 농부는 밭에서 뽑은 커다란 무를 사또에게 바쳤고, 사또는 농부에게 보답을 하겠다고 했습니다.

나 "이방, 요즈음 들어온 물건 가운데에서 농부에게 줄 것이 있느냐?" / 이방은 송아지 한 마리를 끌고 나와 농부에게 주었습니다.

• 글의 종류: 이야기
• 글의 특징: 농부, 사또, 욕심꾸러기 농부의 말과 행동을 보고 인물에게 전할 말을 생각해 볼 수 있는 이야기입니다.

▶ 글 **가**에서 농부의 말과 행동을 보고 마음 짐작하기

말	"세상에나! 이렇게 커다랗다니!"
행동	농부는 신이 나서 어깨를 들썩거렸습니다.
마음	즐거움, 뿌듯함.

4
단원
4회

간신히 힘들게 겨우.
보답 남에게 받은 은혜나 고마움을 갚음.

1
이해
농부는 밭에서 뽑은 커다란 무를 어떻게 했나요? ( )

① 사또께 바쳤습니다.
② 맛있게 먹었습니다.
③ 소리치며 던져 버렸습니다.
④ 이웃 농부에게 선물로 주었습니다.
⑤ 온 힘을 다해 다시 밭에 묻었습니다.

2
이해
사또가 농부에게 송아지를 준 까닭은 무엇인가요? ( )

① 사또가 직접 키운 것이어서
② 사또에게는 필요하지 않아서
③ 농부가 귀한 것을 달라고 해서
④ 귀한 선물을 받아서 보답하려고
⑤ 농부도 사또에게 송아지를 주어서

3
추론
다음 말과 행동에서 짐작할 수 있는 농부의 마음은 무엇인지 쓰세요.

말	"세상에나! 이렇게 커다랗다니!"
행동	농부는 신이 나서 어깨를 들썩거렸습니다.

( )

4
추론
이 글에 나오는 농부에게 하고 싶은 말을 알맞게 말한 친구의 이름을 쓰세요.

도윤: 소중한 것을 다른 사람에게 선물하는 모습이 대단해요.
민서: 사또에게 송아지를 받기 위해 무를 선물한 것이 정말 재미있어요.

( )

이 이야기를 들은 욕심꾸러기 농부는 일하러 가다가 쿵쾅거리며 되돌아왔습니다. 욕심꾸러기 농부가 방바닥을 데굴데굴 구르며 소리쳤습니다. / "아이고, 배 아파! 무 하나에 송아지 한 마리라니!"

욕심꾸러기 농부의 마음: 부러움, 샘남, 질투남.

그러다 **문득** 좋은 생각이 나서 벌떡 일어나 앉았습니다.

"사또께 송아지를 갖다 바치면 더 큰 선물을 받겠지?"

욕심꾸러기 농부는 송아지를 끌고 빠른 걸음으로 사또에게 갔습니다.

"사또, 제가 소를 많이 키워 보았지만 이렇게 **살진** 송아지는 처음 봅니다. 이 송아지를 사또께 드리고 싶습니다."

사또는 욕심꾸러기 농부를 잠시 바라보았습니다. 그러고는 이방을 불렀습니다. / "이방, 보답해야겠는데, 요즈음 들어온 물건 가운데에서 귀한 것이 뭐가 있느냐?"

"며칠 전에 들어온 커다란 무가 있습니다."

사또는 손뼉을 쳤습니다. / "옳지! 그 무를 내어다가 농부에게 주어라."

"아이고, 아까운 내 송아지."

욕심꾸러기 농부는 울면서 집으로 돌아왔습니다. — 욕심꾸러기 농부의 마음: 후회함, 실망함.

중심 내용 | 욕심꾸러기 농부는 선물을 받으려고 사또에게 송아지를 바쳤고, 커다란 무를 받았습니다.

> ▶ **인물에게 전하고 싶은 말 예**

농부	소중한 것을 다른 사람에게 선물하는 모습이 대단해요.
욕심꾸러기 농부	다음에는 좋은 마음으로 선물하는 게 좋겠어요.
사또	두 개의 선물을 받고 각각 기분이 어떠했는지 궁금해요.

문득 생각이나 느낌이 갑자기 떠오르는 모양.
살진 동물이나 사람의 살이 많은.

5
이해
욕심꾸러기 농부가 사또에게 받은 것은 무엇인가요? (　　　)

① 커다란 무
② 맛있는 배
③ 살진 송아지
④ 돼지 한 마리
⑤ 농사 지을 밭

6
추론
다음 말을 보고 짐작할 수 있는 욕심꾸러기 농부의 마음은 무엇인가요? (　　　)

> "아이고, 배 아파! 무 하나에 송아지 한 마리라니!"

① 흐뭇함.
② 부러움.
③ 뿌듯함.
④ 즐거움.
⑤ 고마움.

7
적용
이야기에 나오는 인물에게 내 생각을 전하기 위해 살펴보아야 할 것이 <u>아닌</u> 것은 무엇인가요? (　　　)

① 인물의 말
② 인물의 나이
③ 인물의 마음
④ 인물의 행동
⑤ 이야기의 상황

서술형

8
추론
욕심꾸러기 농부에게 전하고 싶은 말을 쓰세요.

_____

_____

도움말 욕심꾸러기 농부는 착한 농부가 송아지를 받은 것이 배가 아파 더 큰 선물을 받으려 했어요.

9 다음 문장의 종류에 알맞은 문장 부호를 빈칸에 쓰세요.

이해

문장의 종류	문장
묻는 문장	아침에 무엇을 했니 ☐

10 다음 문장의 종류로 알맞은 것에 ○표 하세요.

이해

> 정말 글씨가 예쁘다!

(1) 묻는 문장 ( )
(2) 설명하는 문장 ( )
(3) 감탄하는 문장 ( )

11 다음 문장은 어떤 상황에서 쓰이나요? ( )

이해

> 어떤 책을 좋아하니?

① 책을 좋아하는지 물어볼 때
② 어떤 책을 좋아하는지 물어볼 때
③ 좋아하는 책의 줄거리를 설명할 때
④ 어떤 책을 좋아하는 까닭을 설명할 때
⑤ 좋아하는 책을 읽고 느낀 점을 나타낼 때

★
12 다음 중 인물의 마음을 짐작하는 방법으로 알맞지 <u>않은</u> 것은 무엇인가요? ( )

적용

① 인물의 말을 살펴봅니다.
② 인물의 행동을 살펴봅니다.
③ 이야기의 상황을 살펴봅니다.
④ 이야기의 내용을 살펴봅니다.
⑤ 인물이 몇 명인지 살펴봅니다.

어법 더하기

13 뜻이 비슷한 낱말끼리 선으로 이으세요.

어휘

(1) 뛰다 • • ㉮ 달리다
(2) 굽히다 • • ㉯ 서다
(3) 만나다 • • ㉰ 마주치다
(4) 멈추다 • • ㉱ 구부리다

어법 더하기 ⊕ **뜻이 비슷한 낱말**

소리는 다르지만 뜻이 비슷한 낱말이 있습니다. '아버지 – 아빠', '책방 – 서점', '산울림 – 메아리', '마을 – 동네' 등이 뜻이 비슷한 낱말입니다. 이 낱말들은 문장에서 서로 바꾸어 써도 뜻이 달라지지 않습니다. 다음 문장을 보며 뜻이 비슷한 말을 살펴봅시다.

<u>천둥</u>이 치고 세찬 비가 쏟아졌습니다.
<u>우레</u>가 치고 세찬 비가 쏟아졌습니다.

가족들이 힘을 <u>합쳐</u> 청소를 했습니다.
가족들이 힘을 <u>모아</u> 청소를 했습니다.

4
단원
4회

나의 실력에 색칠하세요.

4. 마음을 전해요 • **83**

|1~2| 다음 글을 읽고, 물음에 답하세요.

> **가** 여러분, 안녕하세요? 저는 ○○미술관 관장입니다. 지난 화요일에 우리 미술관을 방문해 주어서 고마웠어요. 즐거운 시간 보냈나요? 저도 여러분을 만나 매우 반가웠어요!
>
> **나** 우리 미술관에서는 11월에 어린이들이 그린 그림을 전시할 예정이에요. 어린이들이 20년 뒤에 자신의 모습을 상상하며 그린 그림들이죠. 정말 멋진 작품들이에요! 여러분을 특별 전시회에 초대하고 싶어요.

1 글쓴이가 하고 싶은 말로 알맞지 않은 것은 무엇인가요? (　　)

① 여러분을 만나 매우 반가웠습니다.
② 20년 뒤 자신의 모습을 상상해 보세요.
③ 우리 미술관을 방문해 주어 고맙습니다.
④ 여러분을 특별 전시회에 초대하고 싶습니다.
⑤ 미술관에 어린이들이 그린 그림을 전시할 예정입니다.

2 다음 문장이 어떻게 쓰였는지 알맞은 것에 ○표 하세요.

> 정말 멋진 작품들이에요!

(1) 무엇인가를 물어봅니다. (　　)
(2) 무엇을 설명하거나 생각을 나타냅니다. (　　)
(3) 기쁨, 슬픔, 놀람처럼 강한 느낌을 나타냅니다. (　　)

|3~5| 다음 상황을 보고, 물음에 답하세요.

> ❶ ㉠ 여기 상추 씨앗이 있어.
> ㉡ 씨앗이 참 작구나!
>
> ❷ ㉢ 나랑 공놀이할래?
> ㉣ 그래, 좋아.

3 문장 ㉠~㉣ 중 설명하는 문장을 모두 찾아 기호를 쓰세요.

(　　　　　　　　　)

4 상황 ❶에서 문장 ㉡을 쓴 까닭은 무엇인가요? (　　)

① 씨앗이 무엇인지 묻기 위해
② 누구의 씨앗인지 묻기 위해
③ 씨앗의 모양을 설명하기 위해
④ 씨앗을 심는 방법을 설명하기 위해
⑤ 씨앗에 대한 느낌을 표현하기 위해

서술형

5 ㉢과 문장의 종류가 같은 문장을 생각하여 한 가지 쓰세요.

_____

_____

도움말 ❷는 공놀이를 할 것인지 물어보는 상황이에요.

| 6~8 | 다음 글을 읽고, 물음에 답하세요.

"킁킁, 킁킁! 아, 국밥 냄새 참 훌륭하네! 얼른 집에 가서 밥 먹어야겠다."
최 서방은 코를 벌름거리며 감탄했어요. 그리고 주린 배를 잡으며 얼른 집으로 가려고 돌아섰어요. 그때 누군가 최 서방을 붙잡았어요.
ⓐ"예끼, 나쁜 사람 같으니! 왜 그냥 가려는 거야?"
구두쇠 영감이 눈을 부릅뜨고 말했어요.
"아, 국밥 냄새를 맡았으면 값을 치르고 가야지."

6 구두쇠 영감이 최서방을 붙잡은 까닭은 무엇인가요? (　　)

① 최 서방에게 국밥을 주려고
② 최 서방이 국밥 냄새를 싫어해서
③ 최 서방에게 국밥 값을 받으려고
④ 최 서방의 아픈 배를 치료해 주려고
⑤ 최 서방에게 냄새를 맡은 값을 받으려고

7 이 글에서 구두쇠 영감의 마음을 짐작한 것으로 알맞은 것을 두 가지 고르세요. (　　)

① 화남.　　② 고마움.
③ 괘씸함.　④ 즐거움.
⑤ 부끄러움.

8 ⓐ을 인물의 마음에 어울리는 목소리로 읽은 것은 무엇인가요? (　　)

① 큰 소리로 화를 내며 읽습니다.
② 작은 소리로 중얼거리듯 읽습니다.
③ 슬픈 듯이 우는 목소리로 읽습니다.
④ 당황한 듯이 말을 더듬으며 읽습니다.
⑤ 서운한 듯이 느린 목소리로 읽습니다.

| 9~11 | 다음 글을 읽고, 물음에 답하세요.

가 "이번에는 저기 언덕에서 떡이 든 떡시루를 굴리는 거야. 달려가서 그 떡시루를 가장 먼저 잡는 동물이 떡을 다 먹는 거다!"
달리기에 자신 있는 호랑이는 틀림없이 자기가 이길 거라고 생각했어. ⓐ떡을 혼자서 먹을 생각에 저절로 웃음이 났어.

나 두꺼비는 남은 떡을 등에 짊어지고 산 아래로 내려왔어. 호랑이와 토끼는 빈 떡시루를 붙잡고 기가 막힌다는 표정을 짓고 있었어. 두꺼비는 호랑이와 토끼를 불렀어.
ⓑ"호랑이야! 토끼야! 너희 주려고 남은 떡 짊어지고 왔어. 어서 먹어."

9 호랑이가 자신이 내기에서 이길 거라 생각한 까닭으로 알맞은 것에 ○표 하세요.

⑴ 달리기에 자신 있기 때문에 (　　)
⑵ 토끼는 떡을 싫어하기 때문에 (　　)
⑶ 두꺼비는 내기를 싫어하기 때문에 (　　)

서술형
10 ⓐ과 같은 호랑이의 행동을 보고, 호랑이의 마음을 짐작하여 쓰세요.

• 떡을 혼자 먹을 생각에 ＿＿＿＿＿＿＿＿
＿＿＿＿＿＿＿＿＿＿＿＿＿＿＿＿

도움말 달리기에 자신 있는 호랑이는 틀림없이 자신이 내기에서 이길 거라 생각해서 웃음이 났어요.

11 두꺼비가 배가 부른 상황일 때 ⓑ에 어울리는 목소리는 무엇인가요? (　　)

① 슬픈 목소리　② 화난 목소리
③ 서운한 목소리　④ 떨리는 목소리
⑤ 느릿느릿한 목소리

|12~14| 다음 글을 읽고, 물음에 답하세요.

> **가** "사또, 제가 평생 농사를 지었지만 이렇게 커다란 무는 처음 봅니다. 사또께 이 무를 바치고 싶습니다."
>
> 사또는 껄껄껄 웃었습니다.
>
> "그래, 고맙구나. 이렇게 커다란 무는 나도 본 적이 없다."
>
> 농부는 사또의 말을 듣고 환하게 웃으며 가려고 했습니다.
>
> "기다리게. 귀한 선물을 받았으니 나도 무엇인가 보답을 하고 싶네만."
>
> **나** "이방, 요즈음 들어온 물건 가운데에서 농부에게 줄 것이 있느냐?"
>
> 이방은 송아지 한 마리를 끌고 나와 농부에게 주었습니다.

12 농부가 사또에게 바친 것을 쓰세요.

(   )

13 사또의 말과 행동을 통해 짐작할 수 있는 사또의 마음은 무엇인가요? (   )

① 화난 마음   ② 고마운 마음
③ 억울한 마음   ④ 실망한 마음
⑤ 부끄러운 마음

14 이 글의 사또에게 전하고 싶은 말로 알맞은 것은 무엇인가요? (   )

① 농부에게 왜 무를 돌려주었나요?
② 소중한 것은 남을 주지 말아야 해요.
③ 선물을 거절하지 않았으면 좋겠어요.
④ 선물을 받으면 감사의 인사를 해야 해요.
⑤ 커다란 무를 받고 어떤 기분이 들었나요?

15 다음 글을 읽고, 물음에 답하세요.

> 지후에게
>
> 지후야, 안녕? 나 민우야.
>
> 지후야, 어제 네가 내 가방을 들어 주어서 고마웠어. 내가 손을 다쳐서 가방을 어떻게 들까 걱정했었거든. ㉠그때 네가 도와준다고 해서 정말 기뻤어! 그런데 고맙다는 말을 제대로 하지 못해서 이렇게 편지를 써.

1단계 민우가 지후에게 편지를 쓴 까닭을 생각하며 빈칸에 알맞은 말을 쓰세요.

• 지후가 민우의 가방을 들어 주어서

          마음을 전하기 위해서

입니다.

도움말 지후가 민우의 가방을 들어 주었을 때 민우의 마음이 어떠했는지 찾아 보아요.

2단계 ㉠의 문장의 종류와 문장을 쓴 까닭을 생각하여 빈칸에 알맞게 쓰세요.

(1) 문장의 종류: 문장

(2) 문장을 쓴 까닭: _____

도움말 문장에서 사용된 문장 부호와 인물의 마음을 살펴보아요.

어떤 낱말이 숨어 있을까요?

다음 뜻에 알맞은 낱말을 바닷속에서 찾아 ○표 하세요.

❶ 기분이나 느낌.
❷ 마음속 깊이 크게 느낌.
❸ 어떤 소식, 생각 등을 상대에게 알리다.

나의 실력에 색칠하세요.

5 바른 말로 이야기 나누어요

온라인
학습 진도표

학습 진도표

대단원 미리 보기

사진이 바래다.

바른 말을 배워요.

자신의 생각을
바른 말로 **발표**해요.

어제 오늘 내일

글을 읽고 일이 일어난
차례대로 말해요.

개념 바른 말 사용하기

- 뜻을 정확히 파악하고 문장에 어울리는 낱말을 사용합니다.

- 대화를 하거나 글을 쓰는 상 황에 따라 알맞은 말을 사용합니다.

'바라다'와 '바래다', '적다'와 '작다'는 글자 모양이 비슷해서 잘못 사용하기 쉬운 낱말이에요.

개념 확인 알맞은 것을 고르며 오늘의 개념을 확인해 보세요.

(1) 문장을 쓸 때에는 어려운 낱말을 사용합니다. (○ , ×)

(2) 대화하고 있는 상황에 알맞은 말을 사용합니다. (○ , ×)

문해력을 높이는 어휘

- 오늘 배울 중요 어휘를 따라 쓰며 익혀 보세요.

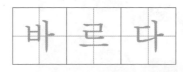

바르다

😊 말이나 행동 따위가 본보기나 방법에 맞다.

예 지유는 예의가 바른 친구예요.

어울리다

😊 여럿이 서로 잘 조화되어 자연스럽게 보이다.

예 옷 색깔이 잘 어울려요.

민재와 지윤이의 대화

• 정답 12쪽

• 그림의 특징: 민재와 지윤이의 대화를 보고 바른 말을 사용해야 하는 까닭을 알 수 있습니다.

▶ 헷갈리기 쉬운 낱말

가리키다	어떤 방향이나 대상을 집어서 보이거나 말하고 알리다.
가르치다	지식 따위를 깨닫게 하거나 익히게 하다.

5
단원
1회

---

1 지윤이가 민재의 말을 잘못 이해한 까닭은 무엇인가요? (   )

이해

① 민재가 낱말을 잘못 사용했기 때문에
② 민재가 말한 낱말의 뜻을 몰랐기 때문에
③ 민재가 말한 낱말을 처음 들었기 때문에
④ 민재에게 어떻게 설명할지 몰랐기 때문에
⑤ 민재의 목소리가 작아서 안 들렸기 때문에

★
2 '가리키다'와 '가르치다'의 뜻으로 알맞은 것에 ○표 하세요.

적용

• (1) (가리키다, 가르치다)는 어떤 대상을 집어서 보이는 것이고, (2) (가리키다, 가르치다)는 지식 따위를 알려 주는 것입니다.

3 「제 꾀에 빠진 당나귀」에서 일이 일어난 차례대로 빈칸에 번호를 쓰세요.

추론

어느 날 소금을 싣고 가던 당나귀는 힘들어 버둥거리다 물속에 빠졌어요. | 1

(1) 물에 빠지니 소금이 녹아 짐이 가벼워졌어요. 당나귀는 미소를 지었어요. |

(2) 물을 먹은 솜은 매우 무거워졌어요. 당나귀는 무거운 짐을 싣고 힘들게 걸어갔어요. |

(3) 다음 날 주인은 솜 자루를 당나귀 등에 실었어요. 당나귀는 꾀를 부려 일부러 물에 빠졌어요. |

바른 말 알기

• 정답 12쪽

• **그림의 특징**: 윤재와 지은이의 대화를 통해 낱말을 사용하는 상황에 알맞은 바른 말을 알 수 있습니다.

▶ **헷갈리기 쉬운 낱말**

바라다	어떤 일이나 상태가 이루어지거나 그렇게 되었으면 하고 생각하다.
바래다	햇볕이나 물기를 받아 색이 변하다.
적다	수나 양, 정도가 일정한 기준에 미치지 못하다.
작다	길이, 넓이, 부피 등이 보통보다 덜 하다.

4 그림 ❷에서 윤재가 어리둥절해한 까닭은 무엇인가요? ( )
이해
① 지은이의 말이 너무 빨라서
② 사진의 색이 까맣게 변해서
③ 사진첩이 누구 것인지 몰라서
④ 지은이가 고운 말을 쓰지 않아서
⑤ 지은이가 말한 낱말의 뜻이 문장에 어울리지 않아서

5 그림 ❸에서 지은이가 하고 싶은 말은 무엇인가요? ( )
추론
① 가방 크기가 책보다 작다.
② 가방 크기가 책보다 크다.
③ 가방에 넣을 책 수가 적다.
④ 가방의 수가 책 수보다 많다.
⑤ 가방에 넣을 책 두께가 너무 얇다.

6 지은이가 한 말을 바르게 고쳐 쓰세요.
적용
(1) 사진첩이 바랐네.

　→ 사진첩이 [　　　　　].

(2) 가방이 너무 적네.

　→ 가방이 너무 [　　　　　].

7 그림에 어울리는 낱말을 찾아 선으로 이으세요.
이해
(1) •

• ㉮ 바라다

• ㉯ 바래다

(2) •

• ㉰ 적다

• ㉱ 작다

| 8~10 | 다음 문장을 읽고, 물음에 답하세요.

> ❶ 나와 내 짝꿍은 서로 다른 과일을 좋아합니다.
> ❷ 축구와 농구는 하는 방법이 　⊙　.
> ❸ 일기에서 틀린 글자를 보았습니다.
> ❹ 덧셈을 잘못해서 물건값 계산이 　ⓒ　.

8 문장 ❶의 뜻으로 알맞은 것에 ◯표 하세요.
이해

(1) 나와 내 짝꿍은 과일의 뜻을 잘못 알고 있습니다. 　　(　)

(2) 나와 내 짝꿍은 좋아하는 과일이 서로 같지 않습니다. 　　(　)

9 문장 ❸에서 파란색으로 쓴 낱말의 뜻은 무엇인가요? (　　)
어휘

① 지식 따위를 알려 주는.
② 서로 다르지 않고 하나인.
③ 어떤 점이 서로 같지 않은.
④ 계산이나 사실 따위가 맞지 않는.
⑤ 한곳에서 다른 곳으로 장소를 이동한.

10 ⊙과 ⓒ에 들어갈 알맞은 말을 선으로 이으세요.
적용

(1) | ⊙ | • 　　 • ㉮ | 다릅니다 |

(2) | ⓒ | • 　　 • ㉯ | 틀렸습니다 |

서술형
11 낱말의 뜻을 생각하며 와 같이 문장을
적용 만들어 쓰세요.

> 보기
>
> | 잃어버리다 | 놀이공원에서 길을 잃어버렸다. |
>
> | 잊어버리다 | 　　　　　　　　　 |

도움말 '잊어버리다'는 기억이나 생각한 것이 머릿속에서 지워졌을 때 사용하는 낱말이에요.

국어활동
12 (　　) 안에 들어갈 알맞은 말에 ◯표 하세요.
적용

> 월요일 아침, 은호는 수정이와 함께 즐겁게 학교에 (갑습니다, 갔습니다). 수정이가 가방이 무거운지 힘들어 보였습니다.

국어활동
13 빈칸에 들어갈 알맞은 낱말을 보기에서 찾아
적용 쓰세요.

> 보기
>
> 바라고 　　 바래고

(1) 우리 가족이 모두 건강하기를 [ ][ ] [ ] 있어요.

(2) 햇볕 때문에 창가에 둔 책의 색이 [ ] [ ][ ] 있어요.

개념 자신의 생각을 바른 말로 발표하기

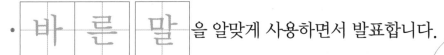

· | 바 | 른 | 말 |을 알맞게 사용하면서 발표합니다.

발표를 들을 때에는 중요한 내용을 생각하고, 바른 말을 사용하는지 확인하면서 들어요.

· 중요한 | 내 | 용 |을 생각하면서 발표합니다.

· 듣는 사람을 바라보며 알맞은 목소리로 발표합니다.

개념 확인 알맞은 것을 고르며 오늘의 개념을 확인해 보세요.

(1) 발표를 할 때에는 떠오르는 생각을 모두 말합니다. (○ , ×)

(2) 발표를 할 때에는 듣는 사람을 바라보며 말합니다. (○ , ×)

문해력을 높이는 어휘

· 오늘 배울 중요 어휘를 따라 쓰며 익혀 보세요.

| 발 | 표 |

😀 어떤 사실이나 결과, 작품 따위를 세상에 널리 드러내어 알림.

📝 바른 자세로 발표해요.

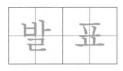
사과와 딸기는 모양이 달라요.

사과와 딸기는 모양이 □□.

| 알 | 맞 | 다 |

😀 일정한 기준, 조건, 정도 따위에 넘치거나 모자라지 않은 데가 있다.

📝 알맞은 낱말을 넣어 말해요.

자신의 생각을 바른 말로 표현하기

• 정답 12쪽

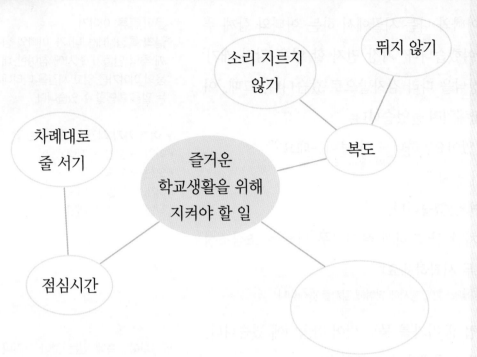

• **활동의 특징**: 발표할 내용을 준비하고 자신의 생각을 바른 말로 발표할 수 있습니다.

▶ **즐거운 학교생활을 위해 지켜야 할 일** 예

장소	지켜야 할 일
교실	떠들지 않기
복도	뛰지 않기, 소리 지르지 않기
급식실	차례대로 줄 서기

5
단원

2회

디지털 문해력

1
적용

학급 누리집에 올린 선생님의 질문에 알맞지 <u>않은</u> 댓글을 쓴 친구의 이름을 쓰세요.

2학년 2반 학급 누리집

🏠 우리들의 이야기 > 2학년 2반

작성자 선생님 | 작성일 20○○. ○○. ○○ | 조회수 35

즐거운 학교생활을 위해 우리 반 친구들이 지켜야 할 일은 무엇이 있을까요?

영민
> 저는 생각이 다른 친구의 말도 존중하면 좋겠어요. 서로 기분이 상하지 않게 이야기해야 해요.

민재
> 저는 복도에서 뛰지 말자고 이야기하고 싶어요. 다른 친구와 부딪치거나 넘어져서 다칠 수 있어요.

태은
> 저는 주말에 부모님께 공원에 놀러 가자고 말씀드릴 거예요. 지난 주말에 비가 와서 집에만 있으니 지루했어요.

(   )

서술형

2
적용

→ 보기 에서 장소를 골라 즐거운 학교생활을 위해 그곳에서 지켜야 할 일을 한 문장으로 쓰세요.

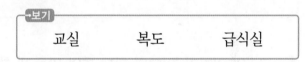

보기

| 교실 | 복도 | 급식실 |

_____

_____

도움말 자신이 고른 장소에서 친구들이 잘 지키지 않는 행동을 떠올려 보아요.

3
특징

발표를 하거나 들을 때 주의할 점으로 알맞은 것을 두 가지 고르세요. (   )

① 생각한 모든 내용을 말합니다.

② 중요한 내용을 생각하면서 말합니다.

③ 발표하는 사람을 보지 않고 듣습니다.

④ 듣는 사람을 바라보며 알맞은 목소리로 발표합니다.

⑤ 발표하는 사람이 말하는 내용을 모두 쓰면서 듣습니다.

아빠와 함께 추억 만들기 _ 이규희

● 정답 12쪽

가 일요일 아침, 아빠와 나는 시골에서 하는 '아빠와 함께 추억 만들기' 행사에 참여했습니다. 가장 먼저 할 일은 '감자 캐기'였습니다. 우리는 마을 이장님을 따라 감자밭으로 갔습니다. 그때, 어떤 아이가 감자밭을 마구 **파헤치며** 물었습니다.

"어, 그런데 감자가 어디 있어요? 하나도 안 보이는데요?"
감자가 땅속에 묻혀 있어서

"감자는 땅속에 꼭꼭 숨어 있지."

이장님은 웃으며 우리에게 말했습니다.

"땅속에 묻힌 감자가 다치면 안 되니까 유리그릇 다루듯 조심조심 캐야 합니다. 자, 그럼 모두 시작하세요!"

중심 내용 | 일요일 아침, '나(세나)'는 아빠와 함께 행사에 참여해 감자를 캤습니다.

나 점심이 되자 우리는 직접 캔 감자를 물로 씻어 **아궁이**에 쪘습니다. 얼마 뒤 마당 가득 **구수한** 감자 냄새가 솔솔 풍겼습니다.

"자, 어서 이리들 오너라. 너희가 캔 감자다."

이장님은 김이 모락모락 나는 감자를 한 **소쿠리** 꺼내 들고 왔습니다. 우리는 감자를 하나씩 집어 들어 후후 불며 맛있게 먹었습니다.

중심 내용 | 점심에 '나(세나)'는 직접 캔 감자를 아궁이에 쪄서 함께 먹었습니다.

● 글의 종류: 이야기
● 글의 특징: '내(세나)'가 '아빠와 함께 추억 만들기' 행사에 참여한 내용의 이야기를 읽고 시간을 나타내는 말을 확인할 수 있습니다.

▶ **여러 가지 시간을 나타내는 말**
• 아침 → 점심 → 저녁 → 밤
• 오전 → 오후
• 어제 → 오늘 → 내일
• 작년 → 올해 → 내년

파헤치며 속에 있는 것이 드러나도록 파며.
아궁이 방이나 솥 따위에 불을 때기 위하여 만든 구멍.
구수한 보리차, 숭늉, 된장국 따위에서 나는 맛이나 냄새와 같은.
소쿠리 대나 싸리로 어긋나게 짜서 테가 있게 만든 그릇.

---

4 '나'와 아빠가 '아빠와 함께 추억 만들기' 행사에 가서 가장 먼저 한 일은 무엇인가요?
이해

( )

① 숨바꼭질　　② 모래 놀이
③ 감자 캐기　　④ 감자 먹기
⑤ 감자 심기

5 이장님께서 감자를 유리그릇 다루듯 조심조심 캐야 한다고 말씀하신 까닭은 무엇인가요?
이해

( )

① 감자가 뜨겁기 때문에
② 감자가 무겁기 때문에
③ 감자가 다치면 안 되기 때문에
④ 감자가 유리그릇보다 비싸기 때문에
⑤ 감자가 유리그릇과 모양이 똑같기 때문에

6 글 **가**와 **나**에서 일이 일어난 장소를 찾아 쓰세요.
이해

(1) 글 **가**: 시골 마을 ☐☐☐

(2) 글 **나**: ☐☐

서술형

7 시간을 나타내는 말에 따라 '내'가 겪은 일을 정리하세요.
적용

점심 —☐

도움말 '내'가 점심에 어떤 일을 했는지 찾아보아요.

다 ㉠<u>오후</u>가 되자 놀이 시간이 되었습니다. 아빠가 아이를 업고 달리는 놀이였습니다.

"자, 세나야. 어서 업히렴."

나는 **얼떨결**에 아빠 등에 업혔습니다.

"자, 다들 준비되셨지요? 그럼, 저기 **말뚝**을 박아 놓은 데까지 아이를 업고 가셨다가 되돌아오는 겁니다. 자, ㉡<u>출발</u>!"

이장님이 호루라기를 불자, 아빠들은 저마다 아이를 업고 달리기 시작했습니다.

중심 내용 | 오후에 '나(세나)'는 아빠와 함께 놀이 활동에 참여했습니다.

라 ㉢<u>밤</u>이 되어 집으로 돌아오는 버스 안에서 나는 아빠에게 이야기했습니다.

"아빠 등에 업히니까 아주 따뜻하고 좋았어요."

"허허, 그렇다면 내 딸 날마다 업어 줘야겠구나. 아빠도 ㉣<u>기분</u>이 아주 좋았단다."

나는 아빠 어깨에 기대 어느새 쿨쿨 ㉤<u>잠</u>이 들었습니다.

중심 내용 | 밤이 되어 집으로 돌아오는 버스에서 '나(세나)'는 아빠와 이야기하다 잠이 들었습니다.

• 작품 정리

가 일요일 아침, '나(세나)'는 '아빠와 함께 추억 만들기' 행사에 참여해서 감자를 캠.

↓

나 점심에 직접 캔 감자를 물로 씻어 아궁이에 쪄서 먹음.

↓

다 오후에 아빠와 함께 놀이 활동에 참여함.

↓

라 밤이 되어 집으로 돌아오는 버스에서 아빠와 이야기를 하다가 잠이 듦.

얼떨결 뜻밖의 일을 갑자기 당하거나, 여러 가지 일이 너무 복잡하여 정신을 가다듬지 못하는 판.
말뚝 땅에 두드려 박는 기둥이나 몽둥이.

5 단원
2회

---

8 '나'와 아빠는 오후에 무엇을 했는지 쓰세요.
이해

• 아빠가 [ ] [ ]을/를 업고 달리는 놀이를 했습니다.

9 '나'는 집으로 돌아오는 버스에서 아빠께 무슨
이해 말을 했나요? ( )

① 매일 업어 달라고 했습니다.

② 버스 안이 아주 따뜻하고 좋다고 했습니다.

③ 달리기 놀이에서 이겨 뿌듯하다고 했습니다.

④ 아빠 등에 업히니까 따뜻하고 좋았다고 했습니다.

⑤ 아빠의 기분이 좋으니 자신도 기분이 좋다고 했습니다.

10 ㉠~㉤ 중 시간을 나타내는 말을 두 가지 고르
이해 세요. ( )

① ㉠   ② ㉡

③ ㉢   ④ ㉣

⑤ ㉤

11 겪은 일을 말할 때 시간을 나타내는 말을 사용
적용 하지 <u>않은</u> 것에 ×표 하세요.

⑴ 동생과 함께 집에 갔습니다. ( )

⑵ 어제 오후에 놀이터에서 미끄럼틀을 탔습니다. ( )

⑶ 올해 봄 현장 체험 학습으로 식물원에 갔습니다. ( )

개념 글을 읽고 일이 일어난 차례 말하기

- 시간을 나타내는 말을 찾아 일이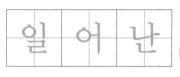

  차례를 확인합니다.

  일이 일어난 차례를 파악하면 이야기의 내용을 더 쉽게 이해할 수 있어요.

- 일이 일어난 차례에 맞게 내용을

  말해 봅니다.

개념 확인 알맞은 것을 고르며 오늘의 개념을 확인해 보세요.

⑴ 일이 일어난 차례를 확인하려면 시간을 나타내는 말을 찾아봅니다.

(○ , ×)

⑵ 내용을 간추릴 때에는 일이 일어난 차례를 생각합니다. (○ , ×)

문해력을 높이는 어휘

- 오늘 배울 중요 어휘를 따라 쓰며 익혀 보세요.

뜻 어떤 시각에서 어떤 시각까지의 사이.
예 즐거운 시간을 보냈어요.

뜻 순서 있게 구분하여 벌여 나가는 관계.
예 차례대로 줄을 서요.

희망을 만든 우편집배원 _ 김현태

• 정답 13쪽

가 한 우편집배원이 있었습니다. 그는 도시에서 아주 멀리 떨어진 작은 시골 마을에 우편물을 배달했습니다. / 시골 마을로 가는 길은 뿌연 모래 먼지만 날릴 뿐 그 흔한 들꽃조차도 없었습니다. 그래서 그런지 시골 마을로 가는 내내 우편집배원의 마음도 왠지 쓸쓸했습니다.

시간이 지날수록 그는 늘 정해진 길을 왔다 갔다 하는 일에 짜증이 났습니다. 하지만 자신의 일을 **거부할** 수는 없었습니다. 설레는 마음으로 우편물을 기다리는 마을 사람들 때문이었습니다.

그러던 가을의 어느 날, 우편집배원은 시골 마을 입구에 앉아 한숨을 내쉬며 중얼거렸습니다.

"평생 이 마을을 다녀야 하는데 마을로 오가는 길은 마치 **사막**처럼 **황량해**. 하루하루가 너무 지겨워. 뭐 좋은 수가 없을까?"

중심 내용 | 우편집배원은 마을로 오가는 길이 지루하다고 느껴 한숨을 내쉬었습니다.

나 다음 날, 그는 마을로 오는 길에 들꽃 씨앗을 뿌렸습니다. 그다음 날에도 꽃씨를 뿌렸습니다. 그렇게 하루도 빠짐없이 계속 씨앗을 뿌렸습니다.

중심 내용 | 우편집배원은 마을로 가는 길에 들꽃 씨앗을 뿌렸습니다.

• **글의 종류**: 이야기
• **글의 특징**: 시골 마을을 오가는 우편집배원이 한 일을 살펴보고, 일이 일어난 차례를 말할 수 있습니다.

▶ **인물이 한 일 파악하기**

시간	한 일
가을의 어느 날	시골 마을 입구에 앉아 한숨을 내쉼.
다음 날	마을로 가는 길에 꽃씨를 뿌림.

우편집배원 우체통에서 우편물을 모으고, 부쳐 온 우편물을 받을 사람에게 전해 주는 일을 맡아 하는 우체국 직원.
거부할 부탁이나 생각 따위를 받아들이지 아니할.
사막 비가 아주 적게 내려서 동식물이 거의 살지 않고 모래로 뒤덮인 땅.
황량해 거칠고 쓸쓸해.

5 단원
3회

---

1 우편집배원의 마음이 쓸쓸했던 까닭은 무엇인가요? (   )
추론

① 도시에서 살고 싶었기 때문에
② 배달할 우편물이 없었기 때문에
③ 일을 도와주는 사람이 없었기 때문에
④ 마을 사람들이 반겨 주지 않았기 때문에
⑤ 시골 마을로 오가는 길이 황량했기 때문에

★
2 우편집배원이 시골 마을 입구에 앉아 한숨을 내쉰 때는 언제인지 쓰세요.
이해

☐ ☐ 의 어느 날

3 글 **나**에서 우편집배원이 마을로 가는 길에 한 일은 무엇인가요? (   )
이해

① 들꽃을 뽑았습니다.
② 들꽃 씨앗을 뿌렸습니다.
③ 들꽃 씨앗을 주웠습니다.
④ 들꽃 향기를 맡았습니다.
⑤ 들꽃을 나누어 주었습니다.

4 글 **나**에 쓰인 시간을 나타내는 말은 무엇인가요? (   )
이해

① 꽃씨   ② 마을
③ 그렇게   ④ 다음 날
⑤ 빠짐없이

다 가을이 지나고 겨울이 지나 **싱그러운** 봄날이 찾아왔습니다. 여느 때와 다름없이 우편집배원은 시골 마을로 우편물을 배달하러 가는 길이었습니다. / 그런데 마을로 가는 길가에 예쁜 꽃들이 하나둘씩 눈에 띄었습니다. 그리고 이름은 모르지만 향기가 진한 들꽃과 들풀도 잔뜩 피어 있었습니다. 우편집배원은 꽃과 들풀에 코를 갖다 대었습니다.

중심 내용 | 봄이 되자 마을로 가는 길가에 꽃과 들풀이 잔뜩 피었고, 우편집배원은 꽃과 들풀 향기를 맡았습니다.

라 일 년이 지난 여름날, 꽃들은 더욱 **만발했고** 가을에도 여전히 아름다운 **자태**를 뽐내며 꽃 잔치는 계속되었습니다. / 우편집배원은 꽃길을 오고 가는 게 마냥 행복했습니다. 절로 휘파람이 나왔습니다.

이제 마을로 가는 길은 외롭거나 심심하거나 우울하지 않았습니다. 오히려 즐거운 길이 되었습니다.

그는 이제 욕심이 생겼습니다. 마을로 가는 길가에 가로수를 **조성하**는 것이었습니다. 그는 꽃길을 오갈 때마다 작은 묘목 몇 개씩을 가지런히 길가에 심었습니다.

옮겨 심는 어린나무.

중심 내용 | 시간이 지나도 꽃 잔치는 계속되었고, 우편집배원은 마을로 가는 길가에 묘목을 심었습니다.

• **작품 정리**

가 가을의 어느 날, 마을로 오 가는 길이 지루하다고 느낀 우 편집배원이 한숨을 내쉼.

↓

나 다음 날, 우편집배원은 마을로 가는 길에 꽃씨를 뿌림.

↓

다 봄날에 우편집배원은 길가에 핀 꽃과 들풀 향기를 맡음.

↓

라 일 년이 지난 여름날, 꽃들은 더욱 만발했고 가을에도 여전히 아름다운 자태를 뽐내며 꽃잔치가 계속됨.

싱그러운 싱싱하고 맑은 향기가 있는. 또는 그런 분위기가 있는.
만발했고 꽃이 활짝 다 피었고.
자태 어떤 모습이나 모양.
조성하는 무엇을 만들어서 이루는.

---

5 우편집배원에게 생긴 욕심은 무엇인가요?
이해
( )

① 욕심을 버리는 것
② 다른 마을로 가는 것
③ 매일 들꽃 향기를 맡는 것
④ 마을 사람들이 들꽃을 가꾸는 것
⑤ 마을로 가는 길가에 가로수를 조성하는 것

6 다음 낱말의 뜻을 찾아 선으로 이으세요.
어휘

(1) 자태 • • ㉮ 꽃이 활짝 다 핌.

(2) 만발 • • ㉯ 어떤 모습이나 모양.

서술형

7 이 글에서 일어난 일을 정리하여 쓰세요.
적용

시간을 나타내는 말	일어난 일
가을의 어느 날	(1)
다음 날	우편집배원은 마을로 오는 길에 들꽃 씨앗을 뿌렸습니다.
봄날	우편집배원은 길가에 핀 꽃과 들풀 향기를 맡았습니다.
일 년이 지난 여름날	(2)

도움말 시간을 나타내는 말을 글에서 찾고, 중심 내용이 잘 드러난 문장을 찾아보아요.

8 빈칸에 들어갈 알맞은 낱말을 ┌보기┐에서 골라 문장을 완성하세요.
적용

┌보기┐
다르다　　　틀리다
가르치다　　가리키다

(1) 두 아이의 키가 [　　　].

(2) 남자아이가 하늘에 떠 있는 달을 손으로 [　　　].

9 시간을 나타내는 말을 보고 일이 일어난 차례
적용 대로 빈칸에 번호를 쓰세요.

(1) 오전에는 공원의 놀이터에서 놀았습니다. [　]

(2) 오후에는 식물원에서 다양한 꽃을 구경했습니다. [　]

(3) 토요일 아침, 윤재네 가족은 공원에 도착했습니다. [　]

(4) 점심에는 미리 준비한 도시락을 맛있게 먹었습니다. [　]

어법 더하기

10 다음 낱말을 어떻게 발음해야 하는지 알맞은
어법 것에 ○표 하세요.

앞문

(1) [암문]　　　　　　　　　　(　　)
(2) [안문]　　　　　　　　　　(　　)

어법 더하기

11 파란색으로 쓴 낱말을 정확하게 발음한 것은
어법 무엇인가요? (　　　)

설날에는 떡국을 먹는다.

① [설날]　　　　② [선날]
③ [선랄]　　　　④ [설:랄]
⑤ [성:랄]

어법 더하기 ⊕ **닮은 소리가 나는 말**

앞 글자의 받침과 뒤 글자의 첫소리가 만나면 읽을 때 소리가 바뀌기도 해요. 그러나 쓸 때에는 글자의 원래 모양대로 써야 해요.

1. 받침 'ㄱ, ㄷ, ㅂ'이 첫소리 'ㄴ, ㅁ'을 만나면 [ㅇ, ㄴ, ㅁ]으로 소리 나요.

낱말	발음
국민	[궁민]
밥물	[밤물]

2. 받침 'ㄹ'이 첫소리 'ㄴ'을 만나거나 받침 'ㄴ'이 첫소리 'ㄹ'을 만나면 [ㄹㄹ]로 소리 나요.

낱말	발음
설날	[설:랄]
분리	[불리]

|1~2| 다음 그림을 보고, 물음에 답하세요.

1 그림 **①**에서 지은이가 하려고 했던 말의 뜻은 무엇인가요? (　　　)

① 사진첩이 찢어졌다.

② 사진첩을 갖고 싶다.

③ 사진첩을 보고 싶다.

④ 사진첩 색이 흐려졌다.

⑤ 사진첩 색이 빨개졌다.

2 그림 **③**에서 지은이가 가방에 책을 넣을 수 없는 까닭으로 알맞은 말에 ◯표 하세요.

• 가방 크기가 책보다 (작기, 적기) 때문입니다.

3 다음 문장의 빈칸에 들어갈 알맞은 말은 무엇인가요? (　　　)

> 쥐가 코끼리보다 몸집이 크다는 말은 ☐☐ 말입니다.

① 다른　　　　　② 틀린

③ 작은　　　　　④ 적은

⑤ 같은

4 (　　　) 안에 들어갈 알맞은 말에 ◯표 하세요.

• 동생이 현관문 비밀번호를 (잊어버렸어요, 잃어버렸어요).

서술형

5 다음 낱말이 들어간 문장을 만들어 쓰세요.

적다

_____

도움말 '적다'는 수나 양, 정도가 일정한 기준에 미치지 못할 때 사용하는 낱말이에요.

6 바르게 발표한 친구의 이름을 쓰세요.

> 하은: 떠오르는 생각을 모두 발표했어.
> 유준: 중요한 내용을 생각하면서 발표했어.
> 민서: 아래쪽을 바라보며 작은 목소리로 발표했어.

(   )

| **7~8** | 다음 글을 읽고, 물음에 답하세요.

> 가 일요일 아침, 아빠와 나는 시골에서 하는 '아빠와 함께 추억 만들기' 행사에 참여했습니다. 가장 먼저 할 일은 '감자 캐기'였습니다. 우리는 마을 이장님을 따라 감자밭으로 갔습니다.
> 나 점심이 되자 우리는 직접 캔 감자를 물로 씻어 아궁이에 쪘습니다. 얼마 뒤 마당 가득 구수한 감자 냄새가 솔솔 풍겼습니다.
> "자, 어서 이리들 오너라. 너희가 캔 감자다."
> 이장님은 김이 모락모락 나는 감자를 한 소쿠리 꺼내 들고 왔습니다. 우리는 감자를 하나씩 집어 들어 후후 불며 맛있게 먹었습니다.

7 글 가 에 쓰인 시간을 나타내는 말을 쓰세요.

일요일 ☐ ☐

서술형

8 글 나 에서 일어난 일을 정리하여 쓰세요.

• (1)_____에 '우리'는 직접 캔 감자를

  (2)_____

> 도움말 (1)에는 시간을 나타내는 말을 쓰고 (2)에는 '우리'가 무엇을 했는지 써 보아요.

| **9~11** | 다음 글을 읽고, 물음에 답하세요.

> 가 가을이 지나고 겨울이 지나 싱그러운 봄날이 찾아왔습니다. 여느 때와 다름없이 우편집배원은 시골 마을로 우편물을 배달하러 가는 길이었습니다.
>   그런데 마을로 가는 길가에 예쁜 꽃들이 하나둘씩 눈에 띄었습니다. 그리고 이름은 모르지만 향기가 진한 들꽃과 들풀도 잔뜩 피어 있었습니다.
> 나 그는 이제 욕심이 생겼습니다. 마을로 가는 길가에 가로수를 조성하는 것이었습니다. 그는 꽃길을 오갈 때마다 작은 묘목 몇 개씩을 가지런히 길가에 심었습니다.

9 글 가 에서 일이 일어난 때에 ○표 하세요.

(봄, 여름, 가을, 겨울)

10 글 가 에서 일어난 일로 알맞은 것은 무엇인가요? (   )

① 우편집배원의 키가 자랐습니다.
② 우편집배원이 꽃을 꺾었습니다.
③ 우편집배원이 우편물을 잃어버렸습니다.
④ 마을로 가는 길가에 가로수가 자랐습니다.
⑤ 마을로 가는 길에 꽃과 들풀이 잔뜩 피었습니다.

11 글 나 에서 우편집배원이 한 일을 쓰세요.

• 길가에 ☐ ☐ 을/를 심었습니다.

5 단원 4회

12 다음 문장의 빈칸에 들어갈 말을 보기에서 골라 쓰세요.

┌─보기─────────────────┐
가르치다　　　　가리키다
└──────────────────────┘

• 오빠가 동생에게 국어를 ⬚ .

|13~14| 다음 글을 읽고, 물음에 답하세요.

> 　토요일 아침, 윤재네 가족은 공원에 도착했습니다. 오전에는 공원의 놀이터에서 놀았습니다. 점심에는 미리 준비한 도시락을 맛있게 먹었습니다. 오후에는 식물원에서 다양한 꽃을 구경했습니다.

13 이 글의 내용으로 알맞은 것은 무엇인가요?
　　　　　　　　　　　　　　　(　　)

① 윤재네 가족은 공원에 갔습니다.
② 윤재네 가족은 병원에 갔습니다.
③ 윤재네 가족은 동물원에 갔습니다.
④ 윤재네 가족은 집에서 도시락을 먹었습니다.
⑤ 윤재네 가족은 식물원에서 꽃을 심었습니다.

14 이 글에 쓰인 시간을 나타내는 말이 <u>아닌</u> 것은 무엇인가요? (　　)

① 아침　　　　　② 공원
③ 오전　　　　　④ 점심
⑤ 오후

수행 평가

15 다음 그림을 보고, 물음에 답하세요.

1단계 그림의 상황에 알맞은 말을 보기에서 골라 문장을 완성하세요.

┌─보기─────────────────┐
다르다　　　　　틀리다
└──────────────────────┘

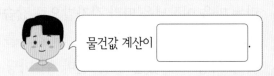

물건값 계산이 ⬚ .

도움말 '틀리다'는 계산이나 사실 따위가 맞지 않을 때 사용하고, '다르다'는 어떤 점이 서로 같지 않을 때 사용해요.

2단계 **1단계**에서 고른 낱말을 넣어 문장을 만들어 쓰세요.

_____

_____

도움말 **1단계**에서 고른 낱말의 뜻을 떠올려 그 뜻에 알맞은 상황을 생각해 문장을 쓰세요.

생선 가게는 어디에 있을까요?

고양이가 생선 가게에 가려고 해요. 뜻에 알맞은 낱말에 ○표 하여 길을 찾아가세요.

① 말이나 행동 따위가 본보기나 방법에 맞다.

바르다　어울리다

② 어떤 사실이나 결과, 작품 따위를 세상에 널리 드러내어 알림.

경험　발표

③ 어떤 시각에서 어떤 시각까지의 사이.

시간　차례

6 매체를 경험해요

온라인
학습 진도표

● 학습 진도표

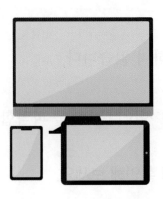

글과 그림으로 표현된
매체를 읽어요.

글과 그림을 관련지으며
그림책을 읽어요.

6
단원

친숙한 매체와 매체 자료에
흥미와 **관심**을 가져요.

자신의 경험을 **누리집**에
글과 그림으로 표현해요.

개념 글과 그림으로 표현된 매체 읽기

글과 그림이 나타내는 뜻을 생각하며 읽으면 내용을 더욱 쉽게 이해할 수 있고 재미있게 읽을 수 있어요.

· 글 이 나타내는 뜻을 생각하며 읽습니다.

· 그 림 이 나타내는 뜻을 생각하며 읽습니다.

· 글과 그림을 관련지으며 읽고 매체에서 전하려는 뜻을 파악합니다.

개념 확인 알맞은 것을 고르며 오늘의 개념을 확인해 보세요.

(1) 매체를 읽을 때에는 글과 그림이 나타내는 뜻을 생각하며 읽습니다.

(◯ , ✕)

(2) 글과 그림으로 표현된 매체를 읽을 때에는 글만 읽습니다. (◯ , ✕)

문해력을 높이는 어휘

· 오늘 배울 중요 어휘를 따라 쓰며 익혀 보세요.

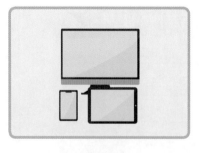

매 체

뜻 어떤 사실을 널리 전달하는 수단이 되는 것.

예 내가 가장 많이 활용하는 매체는 스마트폰이에요.

흥 미

뜻 즐거움을 느끼는 재미.

예 나는 책을 읽는 것에 흥미를 느껴요.

「토끼의 재판」을 책으로 읽으니 재판하는 모습을 상상할 수 있어서 좋아.

종이를 넘기면서 한 글자, 한 글자 읽다 보니까 이야기 속으로 빠져들었어.

소현

다훈

「토끼의 재판」을 영상으로 보니 소리를 들으며 인물들의 움직임을 볼 수 있어서 그 모습이 더 생생하게 느껴져.

영상 속 호랑이 소리가 진짜 호랑이가 우는 소리처럼 실감 나게 느껴졌어.

• 그림의 특징: 이야기를 책으로 읽을 때와 영상으로 볼 때의 다른 점을 알 수 있습니다.

▶ 이야기를 책으로 읽을 때와 영상으로 볼 때

책으로 읽을 때	글과 그림을 보며 내용을 이해할 수 있음.
영상으로 볼 때	인물들이 움직이는 모습을 볼 수 있고, 소리를 들을 수 있음.

재판 옳고 그름을 따져 판단함.
실감 실제로 겪는 느낌.

6
단원
1회

1 그림 ❶과 ❷에서 소현이와 다훈이가 보고 있는 이야기의 제목은 무엇인지 쓰세요.
이해

(   )

2 그림 ❶처럼 이야기를 책으로 읽으면 좋은 점으로 알맞은 것을 두 가지 찾아 ○표 하세요.
이해

(1) 이야기의 장면을 상상할 수 있습니다.

(   )

(2) 글을 읽으며 내용을 이해할 수 있습니다.

(   )

(3) 이야기와 다른 내용을 떠올릴 수 있습니다.

(   )

3 그림 ❷에서 친구들이 이야기를 생생하고 실감 나게 느낀 까닭을 쓰세요.
이해

• 인물들의 움직임을 볼 수 있고, ☐☐ 을/를 들을 수 있기 때문입니다.

서술형
4 이야기를 영상으로 본 경험을 떠올려 기억에 남는 모습이나 소리, 음악 등을 쓰세요.
감상

• 나는 (1)_____을/를 영상으로 본 적이 있는데 (2)_____이/가 기억에 남습니다.

도움말 (1)에는 이야기의 제목을 (2)에는 인상 깊은 장면을 써 보아요.

글과 그림에 주의하며 공익 광고 보기

• 정답 14쪽

여러 사람의 이익을 목적으로 하는 광고입니다.

비닐봉지

엄마,
저 풀은 이름이 뭐예요?

땅속에 묻어도 썩지 않는 쓰레기들이 **토양**을
오염시키고 있습니다. 우리 아이들의 땅을 쓰
레기만 자랄 수 있는 땅으로 만드시겠습니까?

• 글의 종류: 공익 광고
• 글의 특징: 글과 그림을 통해 전하
고자 하는 뜻을 알 수 있는 공익 광
고입니다.

▶ 공익 광고의 글과 그림을 통해
알 수 있는 내용

글	땅속에 묻어도 썩지 않는 쓰레기들이 토양을 오염시키고 있음.
그림	비닐봉지가 썩지 않고 땅속에 묻혀 있음.

토양 식물이 자랄 수 있는 흙.
오염 물·공기·흙 등이 더러워지
는 것.

5 이 공익 광고의 글을 읽고 알 수 있는 내용은
이해 무엇인가요? (   )

① 식물은 토양을 오염시킵니다.

② 비닐봉지 모양을 한 식물이 있습니다.

③ 땅속에 곤충들이 많이 살고 있습니다.

④ 땅속에 쓰레기를 묻으면 식물이 잘 자랍니다.

⑤ 땅속에 묻어도 썩지 않는 쓰레기들이 토양
을 오염시키고 있습니다.

6 이 공익 광고의 그림이 나타내는 내용은 무엇
이해 인지 쓰세요.

• 초록색 ☐☐☐☐ 이/가 썩지

않고 땅에 묻혀 있습니다.

★
7 이 공익 광고에서 전하고자 하는 뜻은 무엇인
추론 가요? (   )

① 나무를 심자.

② 쓰레기를 모으자.

③ 일회용품을 만들자.

④ 다양한 풀의 이름을 알자.

⑤ 비닐봉지 같은 일회용품 사용을 줄이자.

서술형
8 이 공익 광고를 보고 어떤 글과 그림이 인상 깊
감상 었는지 한 가지 쓰세요.

_____

_____

도움말 글이나 그림에 담긴 뜻을 생각해 보고, 어떤 점이 기억에
남는지 써 보아요.

글과 그림을 함께 보며 만화 읽기

• 정답 14쪽

• 글의 종류: 만화
• 글의 특징: 영준이에게 일어난 일을 살펴보며 만화를 읽을 때 글과 그림을 함께 보면 좋은 점을 알 수 있습니다.

> 만화를 읽으며 생각할 점
• 글과 그림을 함께 봅니다.
• 만화에 나오는 말풍선과 그림을 함께 봅니다.
• 만화에 등장한 인물의 표정을 보며 어떤 말을 했는지 알아봅니다.
• 글자의 모양이나 크기도 관심 있게 봅니다.

> 만화를 읽을 때 글과 그림을 함께 보면 좋은 점
• 내용을 더욱 생생하게 이해할 수 있습니다.
• 어떤 상황인지 더 자세히 알 수 있습니다.

6
단원
1회

---

9 영준이에게 일어난 일은 무엇인가요? (　　)
이해
① 산에서 친구를 만났습니다.
② 산에서 간식을 먹었습니다.
③ 산에서 다람쥐를 쫓아갔습니다.
④ 산에서 내려오다가 넘어졌습니다.
⑤ 산에서 부모님을 잃어버렸습니다.

10 영준이가 넘어졌다는 것을 알 수 있는 부분에
이해 ○표 하세요.

(1) '꽈당'이라는 큰 글자　　　　　(　　)

(2) '야호! 신난다.'라는 말풍선의 말　(　　)

(3) 신난 표정을 짓고 있는 영준이의 얼굴
　　　　　　　　　　　　　　(　　)

11 장면 ④에서 어머니의 표정으로 보아 ㉠에 들
추론 어갈 어머니의 말씀으로 알맞은 것은 무엇인
가요? (　　)

① 어디니?
② 많이 아프니?
③ 빨리 따라와!
④ 정말 즐겁지?
⑤ 내려가는 건 쉽구나.

12 만화를 읽을 때 글과 그림을 함께 보면 좋은
특징 점으로 알맞은 것에 ○표 하세요.

(1) 그림만 재미있게 볼 수 있어서 좋습니다.
　　　　　　　　　　　　　　(　　)

(2) 글과 그림을 보며 어떤 상황인지 더 자세히
알 수 있어서 좋습니다.　　　　(　　)

나의 실력에 색칠하세요.

개념 글과 그림을 관련지으며 그림책 읽기

- 각 | 장 | 면 | 에서 어떤 글과 그림이 나오는지 살펴보며 읽습니다.

- 장면에 따라 글자의 크기가 어떻게 변화했는지 살펴보며 읽습니다.

- 장면에 따라 인물의 | 표 | 정 | 이나 모습이 어떻게 표현되어 있는지 살펴보며 읽습니다.

개념 확인 알맞은 것을 고르며 오늘의 개념을 확인해 보세요.

(1) 그림책을 읽을 때에는 그림만 봅니다. (○ , ×)

(2) 그림책을 읽을 때에는 각 장면에 따라 글자의 크기가 어떻게 변화했는지 살펴봅니다. (○ , ×)

문해력을 높이는 어휘

- 오늘 배울 중요 어휘를 따라 쓰며 익혀 보세요.

🔖 어린이를 위하여 주로 그림으로 꾸민 책.

예 내가 좋아하는 그림책을 읽어요.

🔖 다른 사람이 인터넷을 통해서 볼 수 있도록 만든 문서. 홈페이지.

예 학교 누리집에서 교훈을 찾아보아요.

오염물이 터졌다 _ 글·그림: 송수혜

• 정답 15쪽

❶ 이제 아침 식사 시간이에요.

철이네 가족은 식탁에 모였어요.

꿈 때문에 마음이 **뒤숭숭한** 철이는 음식을 남기지 않고 다 먹었어요.

중심 내용 | 꿈 때문에 마음이 뒤숭숭한 철이는 아침 식사 시간에 음식을 남기지 않고 다 먹었습니다.

• 글의 종류: 그림책
• 글의 특징: 물을 오염시키고 낭비
하는 모습이 표현된 글과 그림을 살
펴보며 자신의 경험을 떠올릴 수
있습니다.

➤ 철이네 가족들이 물을 오염시키
고 낭비하는 행동

영이	먹다 남긴 우유를 싱크대에 부음.
아빠	세탁물을 세 번에 나누어 돌림.
엄마	샴푸를 많이 씀.

❷ 아빠는 세탁물을 한 번, 두 번, 헉! 세 번이나 나누어 돌려요.

어어? 영이가 먹다 남긴 우유를 싱크대에 몰래 부어요.

엄마는 샴푸를 왜 이렇게 많이 쓰는 거죠?

중심 내용 | 철이네 가족들은 물을 오염시키고 낭비하는 행동을 했습니다.

뒤숭숭한 느낌이나 마음이 어수선한.

6
단원
2회

---

1 아침 식사 시간에 철이의 마음으로 알맞은 것
이해 은 무엇인가요? ( )

① 고마운 마음 ② 반가운 마음

③ 기대되는 마음 ④ 뒤숭숭한 마음

⑤ 부끄러운 마음

2 ❷에서 영이가 한 행동은 무엇인가요? ( )
이해
① 밥을 먹었습니다.

② 샴푸를 많이 썼습니다.

③ 늦게까지 잠을 잤습니다.

④ 세탁물을 세 번 나누어 돌렸습니다.

⑤ 먹다 남긴 우유를 싱크대에 몰래 부었습니다.

3 샴푸를 많이 쓴 사람은 누구인지 쓰세요.
이해
( )

★
4 ❷의 그림에서 검은색으로 표현한 부분과 관련
추론 된 낱말로 알맞은 것은 무엇인가요? ( )

① 식탁 ② 세탁물

③ 싱크대 ④ 오염물

⑤ 아침 식사

중심 내용 | 오염물이 차올라 터졌습니다.

❹ 띠리리링! / "으아악!"
<u>알람 소리</u>

"설마 다 꿈이었나?"

철이는 한쪽 볼을, 아니 양쪽 두 볼을 세게 꼬집어 봐요.

"아야! 또 꿈이었다니…… 말도 안 돼. 정말 생생했는데!"

"안 되겠어! 진짜로 오염물이 터지기 전에 내가 막아야겠어!"

물 오염과 **낭비**를 막는 철이의 **행동**이 시작됩니다. / 두둥!

중심 내용 | 오염물이 터지는 꿈에선 깬 철이는 물 오염과 낭비를 막는 행동을 하기로 했습니다.

• 작품 정리

❶ 꿈 때문에 마음이 뒤숭숭한 철이는 아침 식사 시간에 음식을 남기지 않고 다 먹음.

↓

❷ 철이네 가족이 물을 오염시키고 낭비하는 행동을 함.

↓

❸ 오염물이 차올라 터짐.

↓

❹ 오염물이 터지는 꿈에서 깬 철이는 앞으로 물 오염과 낭비를 막는 행동을 하기로 다짐함.

낭비 시간이나 재물 따위를 아끼지 않고 함부로 씀.
행동 몸을 움직여 동작을 하게 하거나 어떤 일을 함.

---

5 ❸에서 일어난 일은 무엇인가요? ( )
이해

① 세탁기가 터졌습니다.

② 오염물이 터졌습니다.

③ 철이가 엄마께 혼났습니다.

④ 영이가 검은색 물감을 흘렸습니다.

⑤ 강아지가 장난감을 물고 왔습니다.

6 꿈에서 깬 철이는 어떤 행동을 하겠다고 마음
이해 먹었는지 쓰세요.

• 물 (1) ☐☐ 과/와 (2) ☐☐ 을/
를 막는 행동을 하겠다고 다짐했습니다.

7 이 그림책을 읽고 철이에게 하고 싶은 질문으
감상 로 알맞은 것에 ○표 하세요.

(1) 꿈을 꾸지 않는 방법을 알고 있니?( )

(2) 오염물이 터지는 꿈을 꾸었을 때 기분이
어땠니? ( )

서술형

8 이 그림책과 관련한 질문을 경험이나 생활과
감상 연관지어 보기 와 같이 쓰세요.

보기

물을 낭비했던 경험이 있나요?

도움말 물을 낭비했거나 낭비하는 모습을 본 경험이나 물을 절약
했던 경험을 떠올려 질문을 써 보아요.

누리집 살펴보기

• 정답 15쪽

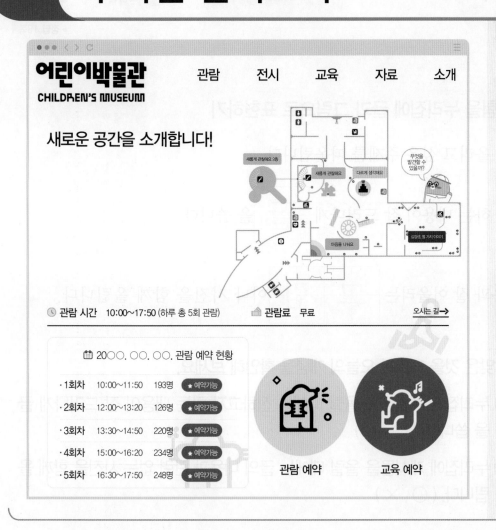

어린이박물관 CHILDREN'S MUSEUM   관람   전시   교육   자료   소개

새로운 공간을 소개합니다!

새롭게 관람해요 2층

무엇을 발견할 수 있을까?

새롭게 관람해요

다르게 생각해요

심장은, 몇 가지 이야기

마음을 나눠요

🕐 관람 시간 10:00~17:50 (하루 총 5회 관람)   🏛 관람료 무료   오시는 길→

📅 20○○. ○○. ○○. 관람 예약 현황

· 1회차   10:00~11:50   193명   ★예약가능
· 2회차   12:00~13:20   126명   ★예약가능
· 3회차   13:30~14:50   220명   ★예약가능
· 4회차   15:00~16:20   234명   ★예약가능
· 5회차   16:30~17:50   248명   ★예약가능

관람 예약   교육 예약

• **활동의 특징**: 국립중앙박물관 어린이박물관 누리집을 살펴보고 인터넷에서 누리집을 본 경험을 떠올릴 수 있습니다.

▶ **누리집**
• 인터넷 홈페이지의 순우리말입니다.
• 세상을 뜻하는 '누리'와 '집'을 합쳐서 만든 말입니다.

▶ **우리 주변의 매체 자료** 예

매체 자료	그림책, 만화, 뉴스, 광고, 웹툰, 애니메이션, 영화 등

6 단원 2회

---

9 이 누리집에서 소개하고 있는 곳을 여섯 글자로 쓰세요.
이해

(   )

10 이 누리집을 보고 알 수 <u>없는</u> 내용은 무엇인가요? (   )
이해

① 어린이박물관의 관람료
② 어린이박물관 관람 시간
③ 어린이박물관의 실내 온도
④ 어린이박물관에 가는 방법
⑤ 어린이박물관 관람 예약 현황

11 인터넷에서 누리집을 찾아본 경험을 알맞게 말하지 <u>못한</u> 친구의 이름을 쓰세요.
적용

> 예진: 우리 동네 소방서 누리집을 찾아본 적이 있어.
> 수희: 나는 박물관 입구에 있는 안내 지도를 본 적이 있어.
> 재은: 나는 학교 누리집에서 학교 모습을 찾아본 적이 있어.

(   )

12 우리 학교 누리집을 찾아보고 '학교 소개'에 어떤 내용이 있는지 한 가지만 쓰세요.
적용

(   )

나의 실력에 색칠하세요.
😄 🙂 😣

개념 자신의 경험을 누리집에 글과 그림으로 표현하기

• 누리집에 올리고 싶은 주제를 떠올립니다.

• 전하고자 하는 내용이 잘 드러나게 글 을 씁니다.

• 글의 내용과 잘 어울리는 그 림 이나 사진을 함께 올립니다.

개념 확인 알맞은 것을 고르며 오늘의 개념을 확인해 보세요.

(1) 누리집에 게시물을 올릴 때에는 전하고자 하는 내용이 잘 드러나게 글을 씁니다. (○ , ×)

(2) 누리집에 게시물을 올릴 때에는 글의 내용과 관련 없는 사진을 함께 올립니다. (○ , ×)

문해력을 높이는 어휘

• 오늘 배울 중요 어휘를 따라 쓰며 익혀 보세요.

게 시 물

뜻 누리집에 올려진 글이나 그림, 사진 따위의 자료.
예 학급 누리집에 게시물을 올려요.

표 현

뜻 생각이나 느낌 따위를 말이나 몸짓으로 드러내어 나타냄.
예 나의 꿈을 그림으로 표현해요.

학급 누리집에 우리 반 소개하기

• 정답 15쪽

• 활동의 특징: 우리 반을 소개하고 싶은 내용을 생각해 보고 누리집에 글과 그림으로 표현할 수 있습니다.

▶ 그림의 친구들이 학급 누리집에 소개하고 싶은 내용

미소	우리 반 친구들이 좋아하는 놀이
현우	우리 반이 참여한 학교 행사
소윤	고운 말을 쓰자고 약속했던 일

참여한 여러 사람이 같이 하는 어떤 일에 끼어서 함께 일한.
행사 어떤 일을 실제로 해 나감. 또는 그 일.

1 그림 속 친구들 중에서 다음의 내용으로 학급 누리집에 글을 쓸 사람은 누구인지 쓰세요.

이해

> 우리 반 친구들이 가장 좋아하는 줄넘기 놀이를 소개합니다.

(   )

2 소윤이가 학급 누리집에 글을 쓸 때 함께 올릴 그림이나 사진으로 알맞은 것은 무엇인가요?

추론

(   )

① 강아지와 산책하는 모습의 그림
② 가족들과 낚시하는 모습의 사진
③ 운동장에서 달리기하는 모습의 사진
④ 할머니께 선물을 드리는 모습의 그림
⑤ 고운 말 쓰기 활동의 모습이 담긴 사진

3 현우가 학급 누리집에 글을 쓸 때 떠올릴 수 있는 주제를 두 가지 찾아 ○표 하세요.

적용

(1) 운동회   (   )
(2) 가족 여행   (   )
(3) 삼촌 결혼식   (   )
(4) 현장 체험 학습   (   )

4 학급 누리집에 게시물을 올릴 때 주의할 점을 바르게 말하지 못한 친구의 이름을 쓰세요.

적용

> 미진: 친구들이 관심 없는 내용을 올려야 해.
> 우현: 전하고자 하는 내용이 글에 잘 드러 났는지 확인해야 해.
> 재성: 사진을 함께 올릴 때에는 글의 내용 과 잘 어울리는지 확인해야 해.

(   )

자신의 경험을 매체와 연결 지어 표현하기

• 정답 15쪽

▶ 누리집에 게시물을 올릴 때 주의할 점

그림 ❶	다른 사람들이 궁금해할 만한 내용을 올립니다.
그림 ❷	바르고 고운 말을 사용합니다.
그림 ❸	글의 내용과 잘 어울리는 그림이나 사진을 올립니다.
그림 ❹	전하고자 하는 내용이 글에 잘 드러나게 씁니다.

▶ 매체와 매체 자료를 활용하는 태도
• 알맞은 내용을 담고 있는지 살펴봅니다.
• 친숙한 매체와 매체 자료를 자신의 경험과 연결 짓습니다.
• 자신이 좋아하는 매체와 매체 자료를 다른 사람과 공유합니다.

---

5 그림 ❶~❹ 중에서 누리집에 게시물을 올릴
이해 때의 태도로 바른 그림을 두 가지 찾아 쓰세요.

그림 (   ), 그림 (   )

6 그림 ❷의 친구가 게시물을 올리기 전에 확인해
이해 야 할 점을 바르게 말한 친구의 이름을 쓰세요.

바르고 고운 말을 사용했나요?

글과 그림이 재미있는 내용인가요?

연희   준범

(   )

7 그림 ❹의 친구가 누리집에 게시물을 올릴 때
적용 **잘못한 점**에 ○표 하세요.

(1) 다른 사람이 쓴 글을 내가 쓴 글처럼 꾸몄습니다. (   )
(2) 게시물을 읽을 사람을 생각하지 않고 글을 썼습니다. (   )

서술형
8 자신이 좋아하는 매체 자료와 그 매체 자료를
적용 좋아하는 까닭을 쓰세요.

(1) 매체 자료	
(2) 좋아하는 까닭	

도움말 매체 자료에는 그림책, 만화, 뉴스, 광고, 영화 등이 있어요.

디지털 문해력

9 온라인 대화를 읽고 정훈이가 나래에게 할 말
적용 로 알맞은 것을 두 가지 찾아 색칠하세요.

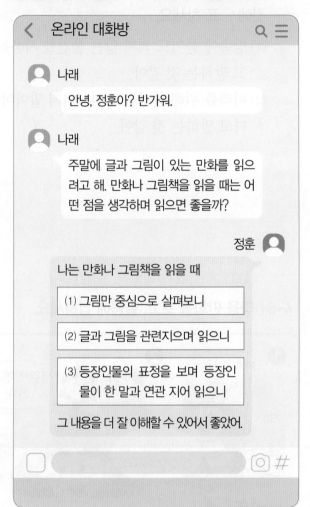

10 매체와 매체 자료에 흥미와 관심을 가질 때 주
적용 의할 점으로 알맞은 것에 ○표 하세요.

(1) 새로운 매체와 매체 자료에만 흥미와 관심
을 가집니다. ( )

(2) 내가 좋아하는 매체와 매체 자료는 나만
알고 있도록 합니다. ( )

(3) 알맞은 내용을 담고 있는 매체와 매체 자
료인지 생각해 보아야 합니다. ( )

어법 더하기

11 낱말을 소리 내어 읽고 글자와 다르게 소리 나
어법 는 낱말을 모두 고르세요. ( )

① 않고 ② 그렇게

③ 받아서 ④ 터지게

⑤ 사용하면

어법 더하기

12 밑줄 친 낱말을 -보기-와 같이 바르게 고쳐 쓰
어법 세요.

┌─ 보기 ─────────────────────┐
저는 오늘 집에 가는 길에 선생님을 <u>만낫</u>
습니다.
→ 저는 오늘 집에 가는 길에 선생님을 만
났습니다.
└──────────────────────────┘

• 집에 돌아와서 발을 <u>깨끄시</u> 씻었습니다.

→ 집에 돌아와서 발을 (1) [   ]

(2) [   ] .

┌─ 어법 더하기 ⊕ **글자와 다르게 소리 나는 낱말** ─┐

낱말을 소리 내어 읽을 때 글자와 다르게 소리
나는 낱말이 있어요. 그러나 쓸 때에는 원래의 글
자 모양을 살려서 써야 해요.

낱말	발음
않고	[안코]
그렇게	[그러케]
받아서	[바다서]
깨끗이	[깨끄시]
└──────────────────────────────┘

나의 실력에 색칠하세요.
😄 🙂 😣

6
단원
3회

|1~3| 다음 공익 광고를 보고, 물음에 답하세요.

엄마,
저 ㉠풀은 이름이 뭐예요?

땅속에 묻어도 썩지 않는 쓰레기들이 토양을 오염시키고 있습니다. 우리 아이들의 땅을 쓰레기만 자랄 수 있는 땅으로 만드시겠습니까?

1 ㉠은 무엇을 보고 말한 것인가요? (　　　)

① 땅　　　　　② 곤충
③ 잔디　　　　④ 토양
⑤ 비닐봉지

2 이 공익 광고의 그림에 대한 설명으로 알맞은 것은 무엇인가요? (　　　)

① 땅을 파고 있습니다.
② 나무를 심고 있습니다.
③ 꽃이 활짝 피었습니다.
④ 산에서 쓰레기를 줍고 있습니다.
⑤ 비닐봉지가 썩지 않고 땅속에 묻혀 있습니다.

3 이 공익 광고를 보고 할 수 있는 말로 알맞은 것에 ○표 하세요.

(1) 땅속에 묻어도 썩지 않는 물건을 사용하자고 말하는 것 같아. (　　　)

(2) 미래를 위해 환경을 오염시키지 말아야 한다고 말하는 것 같아. (　　　)

|4~5| 다음 만화를 보고, 물음에 답하세요.

서술형
4 장면 ❸에서 영준이는 어떤 말을 하고 어떤 표정을 지었는지 쓰세요.

• 영준이는 "(1)_____"라고 말하고

(2)_____ 표정을 지었습니다.

도움말 만화의 말풍선과 그림을 살펴보아요.

5 장면 ④에서 어머니의 마음으로 알맞은 것에 ◯표 하세요.

(설레는, 걱정스러운) 마음

6 만화를 읽을 때 글과 그림을 함께 보면 좋은 점을 두 가지 고르세요. (   )

① 만화를 더 많이 볼 수 있습니다.
② 생생한 소리를 들을 수 있습니다.
③ 인물의 표정을 상상할 수 있습니다.
④ 어떤 상황인지 더 자세히 알 수 있습니다.
⑤ 내용을 더욱 생생하게 이해할 수 있습니다.

| 7~10 | 다음을 읽고, 물음에 답하세요.

가 철이네 가족은 식탁에 모였어요.
 꿈 때문에 마음이 ㉠뒤숭숭한 철이는 음식을 남기지 않고 다 먹었어요.
나 아빠는 세탁물을 한 번, 두 번, 헉! 세 번이나 나누어 돌려요.
 엄마는 샴푸를 왜 이렇게 많이 쓰는 거죠?
 거기에다 물을 계속 튼 ㉡채로 욕실 청소를 해요!
 "이래서 오염물이 터지게 된 걸까?"

다

7 가에서 꿈 때문에 마음이 뒤숭숭한 철이가 한 행동을 쓰세요.

• ☐☐ 을/를 남기지 않고 다 먹었습니다.

8 나에서 아빠께서 하신 행동으로 알맞은 것에 ◯표 하세요.

⑴ 샴푸를 많이 쓰셨습니다.   (   )
⑵ 음식을 많이 드셨습니다.   (   )
⑶ 세탁물을 세 번에 나누어 돌리셨습니다.
                                     (   )

9 ㉠과 ㉡의 뜻으로 알맞은 것을 찾아 선으로 이으세요.

⑴ ㉠ •   • ㉮ 이미 있는 상태 그대로.

⑵ ㉡ •   • ㉯ 느낌이나 마음이 어수선한.

10 글과 그림을 볼 때 다에서 검은색으로 표현한 것은 무엇일지 쓰세요.

• ☐☐☐ 이/가 터진 모습입니다.

정답 16쪽

11 매체 자료가 아닌 것은 무엇인가요? (   )

① 만화   ② 뉴스
③ 광고   ④ 대화
⑤ 영화

서술형
12 인터넷에서 누리집을 찾아본 경험을 쓰세요.

_____

_____

도움말 누리집은 우리가 자주 사용하는 인터넷의 홈페이지를 말해요.

13 학교 누리집에 들어갈 내용으로 알맞지 않은 것에 ✕표 하세요.

(1) 학교로 오는 길   (   )
(2) 학교 도서관의 위치   (   )
(3) 우리 집에서 학교까지의 거리   (   )

14 누리집에 게시물을 올릴 때 주의할 점으로 알맞은 것을 두 가지 찾아 ○표 하세요.

(1) 다른 사람들이 궁금해할 만한 내용을 올립니다.   (   )
(2) 글의 내용과 잘 어울리는 그림이나 사진을 올립니다.   (   )
(3) 전하고자 하는 내용이 글에 잘 드러나지 않게 씁니다.   (   )

수행 평가
15 다음 그림을 보고, 물음에 답하세요.

1단계 그림의 친구들처럼 우리 반을 소개하고 싶은 주제를 떠올려 쓰세요.

_____

_____

도움말 다른 반 친구들에게 우리 반의 어떤 모습을 알려 주고 싶은지 떠올려 보아요.

2단계 1단계 에서 정한 주제로 학급 누리집에 게시물을 쓸 때 글에 들어갈 내용과 함께 올릴 그림이나 사진을 쓰세요.

(1) 글의 내용	
(2) 그림이나 사진	

도움말 1단계 에서 정한 주제에 맞는 글의 내용과 글에 어울리는 그림이나 사진을 떠올려 써 보아요.

알맞은 바구니는 무엇일까요?

과일 바구니 안의 낱말의 뜻과 어울리는 낱말이 쓰인 과일을 찾아 선으로 이으세요.

1 소통하는 도구.

2 어린이를 위하여 주로 그림으로 꾸민 책.

3 누리집에 올려진 글이나 그림, 사진 따위의 자료.

매체

게시물

그림책

6
단원
4회

7 내 생각은 이래요

글의 **제목**과 **중심** 생각을 찾아
글쓴이의 생각을 파악해요.

자신의 생각을
정리해 발표해요.

자신의 생각과 그 **까닭**을
글로 표현해요.

7
단원

개념 글쓴이의 생각을 파악하는 방법

• 글의 제목을 보고 글쓴이가 하고 싶은 말이 무엇인지

해 봅니다.

• 작은 글에서 중심 생각을 찾아 글쓴이의 을

파악해 봅니다.

> 여러 중심 생각이 모이면 글 전체의 생각이 돼요.

개념 확인 알맞은 것을 고르며 오늘의 개념을 확인해 보세요.

(1) 글의 제목을 보고 글쓴이가 하고 싶은 말을 짐작할 수 있습니다.

(○ , ×)

(2) 글에서 중심 생각을 찾아 글쓴이의 생각을 파악할 수 있습니다. (○ , ×)

문해력을 높이는 어휘

• 오늘 배울 중요 어휘를 따라 쓰며 익혀 보세요.

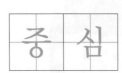

🔵 뜻 가장 중요하고 기본이 되는 부분.

🔵 예 글에서 중심 생각을 찾아 써요.

🔵 뜻 글이나 강연 따위에 붙인 이름.

🔵 예 책의 제목을 보고 읽을 책을 골라요.

준비 자신의 생각을 표현해야 하는 상황

• 정답 17쪽

• **그림의 특징**: 자신의 생각을 말이나 글로 표현하는 여러 상황을 알 수 있습니다.

➤ **자신의 생각을 표현하는 상황**

그림 ❶	수업 시간에 자신의 생각을 발표하는 상황
그림 ❷	전시된 친구의 그림에 칭찬하는 글을 붙이는 상황
그림 ❸	책을 읽고 짝과 이야기를 나누는 상황
그림 ❹	모둠 대화에서 자신의 생각을 말하는 상황

규칙 여러 사람이 지키도록 정해 놓은 법칙.
존중하기 높이어 귀중하게 대하기.

---

1 그림 ❶과 ❷의 친구들이 어떤 상황에서 자신의 생각을 표현했는지 찾아 선으로 이으세요.
이해

(1) ❶ •

• ㉮ 수업 시간에 자신의 생각을 발표하는 상황

(2) ❷ •

• ㉯ 전시된 친구의 그림에 칭찬하는 글을 붙이는 상황

2 그림 ❸에서 지원이가 표현한 생각으로 알맞은 것에 ○표 하세요.
이해

글쓴이는 친구끼리 (거짓말, 말다툼)을 하지 말자고 말하고 싶은 것 같아.

3 그림 ❹의 친구들이 나누고 있는 대화의 내용으로 알맞은 것은 무엇인가요? (   )
이해

① 소개할 책
② 모둠 활동 규칙
③ 교실을 꾸미는 방법
④ 점심시간에 할 놀이
⑤ 현장 체험 학습 장소

4 자신의 생각을 나타냈던 경험을 알맞게 말한 친구의 이름을 쓰세요.
적용

재호: 나는 국어 시간에 친구들 앞에서 책을 소리 내어 읽었어.
소영: 나는 체육 시간에 선생님께 공놀이를 하고 싶다고 생각을 말한 적이 있어.

(   )

반려견을 사랑한다면 _전서효

● 정답 17쪽

❶ 주변에 반려견을 키우는 친구들이 많다. 반려견과 함께 야외로 나
_{가족처럼 여기며 키우는 개.} _{건물 밖.}
갈 때에는 꼭 지켜야 하는 **에티켓**이 있다.

중심 내용 | 반려견과 함께 야외로 나갈 때에는 지켜야 하는 에티켓이 있습니다.

❷ 첫째, 반려견의 **배설물**은 주인이 치워야 한다. 반려견이 **산책** 중
변을 봤을 때 모르는 척 그냥 가 버리는 사람이 있다. 그러면 그 자리
_{대변과 소변을 아울러 이르는 말. 주로 대변을 이른다.}
에서 냄새가 나고 다른 사람이 배설물을 밟을 수도 있다. 반려견과 함
_{산책 중에 자신의 반려견의 배설물을 치우지 않으면 벌어지는 일}
께 산책할 때에는 반려견의 배설물을 치울 수 있는 비닐봉지와 집게
같은 도구를 챙겨야 한다.

중심 내용 | 반려견의 배설물은 주인이 치워야 합니다.

❸ 둘째, 반려견을 야외로 데리고 나갈 때에는 목줄을 채워야 한다.
"우리 개는 사람을 물지 않아요."라고 말하며 당당히 목줄을 풀어 놓
_{글쓴이가 겪은 일}
고 산책시키는 경우를 본 적이 있다. 하지만 개에게 물렸던 경험을 가
진 사람이나 개를 무서워하는 어린이들은 개가 가까이 오는 것에 공포
_{반려견을 야외로 데리고 나갈 때 목줄을 채워야 하는 까닭}
를 느낄 수 있다. 반려견을 목줄 없이 풀어놓는 것은 이들에게 **위협적
인** 행동이 될 수 있다.

중심 내용 | 반려견을 야외로 데리고 나갈 때에는 목줄을 채워야 합니다.

- **글의 종류**: 생각을 나타내는 글
- **글의 특징**: 자신의 반려견과 다른 사람을 위해 에티켓을 지키자는 글쓴이의 생각을 파악할 수 있는 글입니다.

▶ **제목을 보고 글쓴이가 하고 싶은 말 짐작하기**

제목	반려견을 사랑한다면
글쓴이가 하고 싶은 말	반려견을 사랑한다면 지켜야 하는 일을 말하려는 것 같습니다.

에티켓 프랑스어로 예의범절을 뜻함.
배설물 몸 밖으로 내보내는 똥이나 오줌 같은 물질.
산책 쉬기 위해서나 건강을 위해 천천히 걷는 일.
위협적인 두려워하게 하는 듯한.

---

5 ★ 이 글의 제목을 보고, 글쓴이가 하고 싶은 말
추론 을 가장 알맞게 짐작한 친구의 이름을 쓰세요.

> 민지: 반려동물의 종류를 소개하고 싶은 것 같아.
> 지수: 반려견을 사랑한다면 지켜야 하는 일을 말하고 싶은 것 같아.

( )

6 글쓴이가 반려견과 함께 산책할 때 챙겨야 한
이해 다고 말한 도구에 모두 ○표 하세요.

(1) 집게 ( )
(2) 고무줄 ( )
(3) 비닐봉지 ( )

디지털 문해력

7 다음 온라인 대화를 보고, 글쓴이가 말한 에티
적용 켓을 잘 지킨 친구의 이름을 쓰세요.

> 🔘 민지
> 지난번에 공원에 갔을 때 사람들이 반려견을 만지고 싶어 해서 목줄을 풀었어.
>
> 🔘 혜림
> 나는 반려견이 산책 중에 변을 봤을 때 반려견의 배설물은 그 자리에서 바로 치워.
>
> 🔘 승연
> 우리 집 반려견은 사람을 물지 않아서 반려견과 함께 집 밖에 나갈 때 목줄을 채우지 않아.

( )

반려견을 사랑한다면

● 정답 17쪽

4 셋째, ㉠반려견의 출입이 금지된 곳에는 반려견을 데리고 가지 않아야 한다. ㉡반려견의 짖는 소리나 움직임이 다른 사람에게 **방해**가 될 수 있는 장소들이 있다. ㉢예를 들어 도서관 같은 곳에서 반려견이 짖게 되면 다른 사람에게 큰 **피해**를 줄 수 있다.

중심 내용 | 반려견의 출입이 금지된 곳에는 반려견을 데리고 가지 않아야 합니다.

5 반려견을 진심으로 사랑한다면 자신의 반려견이 다른 사람으로부터 미움을 받거나 **공포**의 대상이 되지 않도록 해야 하지 않을까? 그것이 반려견의 가족으로서 지켜야 할 '책임'이라고 생각한다. 내 눈에는 예쁘고 착하기만 한 반려견일지라도 다른 사람에게 피해를 줄 수 있다는 것을 항상 생각하고 다른 사람과 내 반려견을 위해 에티켓을 꼭 지키도록 하자.
_{꼭 하기로 하고 맡은 일.}

중심 내용 | 다른 사람과 내 반려견을 위해 에티켓을 꼭 지키도록 합시다.

> ▶ **글쓴이의 생각을 파악하며 글을 읽으면 좋은 점**
> • 자신의 생각과 비교하며 글을 읽을 수 있습니다.
> • 글쓴이가 글을 통해 무엇을 말하고 싶어 하는지 알 수 있습니다.
> • 글의 내용을 잘 알 수 있습니다.
> • 글을 집중해서 읽을 수 있습니다.

출입(날 출 出, 들 입 入) 어느 곳을 드나듦.
금지 법이나 규칙이나 명령 따위로 하지 못하게 함.
방해 남의 일에 일부러 끼어들어 일이 제대로 되지 못하게 막음.
피해 생명이나 신체, 재산, 명예 따위에 손해를 입음. 또는 그 손해.
공포 두렵고 무서움.

8
이해
글쓴이가 도서관에 반려견을 데리고 가지 않아야 한다고 말한 까닭은 무엇인가요? ( )

① 반려견을 잃어버릴 수 있기 때문에
② 다른 사람이 반려견을 만질 수 있기 때문에
③ 반려견이 조용한 곳에 가면 당황하기 때문에
④ 반려견이 다른 사람을 보고 겁을 먹을 수 있기 때문에
⑤ 반려견이 짖게 되면 다른 사람에게 피해를 줄 수 있기 때문에

★
9
주제
㉠~㉢ 중에서 글 **4**의 중심 생각을 찾아 기호를 쓰세요.

( )

10
이해
이 글에서 글쓴이의 생각을 파악해 보고, 빈칸에 알맞은 말을 찾아 쓰세요.

• 반려견을 진심으로 사랑한다면 여러 가지 반려견 □□□ 을/를 꼭 지켜야 한다.

11
적용
글쓴이의 생각을 파악하며 글을 읽으면 좋은 점을 모두 고르세요. ( )

① 글을 집중해서 읽을 수 있습니다.
② 글의 내용을 마음대로 바꿀 수 있습니다.
③ 자신의 생각과 비교하며 글을 읽을 수 있습니다.
④ 글쓴이가 무엇을 말하고 싶어 하는지 알 수 있습니다.
⑤ 글쓴이의 생각을 자신의 생각인 것처럼 말할 수 있습니다.

7
단원
1회

나의 실력에 색칠하세요.
😄 ☺ 😣

개념 글쓴이의 생각에 대한 자신의 생각 발표하기

발표할 때에는 바른 자세로 친구들을 바라보고 또박또박 발표해요.

• 글쓴이의 생각과 관련된 자신의 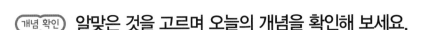 경 험 이나 알

고 있는 것들을 떠올리며 자신의 생각을 정리합니다.

• 글쓴이의 생각과 다른 생각을 떠올릴 수도 있습니다.

• 자신이 정리한 생각을 올바른 태도로 발표합니다.

개념 확인 알맞은 것을 고르며 오늘의 개념을 확인해 보세요.

(1) 글쓴이의 생각에 대한 자신의 생각을 정리할 때에는 글쓴이의 생각과 다른 생각을 떠올릴 수도 있습니다. (○ , ×)

(2) 글쓴이의 생각에 대한 자신의 생각을 떠올릴 때에는 친구의 경험을 떠올려 봅니다. (○ , ×)

문해력을 높이는 어휘

• 오늘 배울 중요 어휘를 따라 쓰며 익혀 보세요.

떠 올 리 다

뜻 생각이나 기억을 되살리다.

예 나의 생각을 떠올려 발표해요.

정 리 하 다

뜻 종류에 따라 짜임새 있게 나누거나 모으다.

예 떠오르는 생각을 글로 정리했어요.

아침에 운동장을 달려요

● 정답 17쪽

❶ 안녕하세요? 저는 2학년 3반 이채영이에요. 저는 아침에 다 같이
운동장에서 달리기를 하자는 생각을 전하고 싶어요. 아침에 운동장을
달리면 좋은 점이 많기 때문이에요.

글쓴이

중심 내용 | 아침에 다 같이 운동장에서 달리기를 하자는 생각을 전하고 싶습니다.

❷ 첫째, 아침에 운동장을 달리면 기분이 좋아져요. 이른 아침 운동
장에는 시원한 공기가 **가득해요.** 시원한 아침 공기는 스트레스를 사라
지게 해 줘요. 운동장을 달릴 때마다 기분이 **상쾌해지는** 걸 느껴요.

일이나 사람, 환경 등에서 심리적, 신체적으로 피로와 긴장을 느끼는 상태.

중심 내용 | 아침에 운동장을 달리면 기분이 좋아집니다.

- **글의 종류:** 생각을 나타내는 글
- **글의 특징:** 아침에 운동장을 달리
자는 글쓴이의 생각과 관련된 자신
의 경험을 떠올릴 수 있는 글입니다.

가득해요 냄새나 빛 등이 공간에
널리 퍼져 있어요.
상쾌해지는 느낌이 시원하고 산뜻
해지는.

---

1 이 글의 제목을 보고 글쓴이의 생각을 알맞게
추론 짐작한 것은 무엇인가요? (   )

① 아침에 걷기를 하면 좋은 점을 말하려는
것 같습니다.

② 아침에 청소를 해야 하는 까닭을 말하려는
것 같습니다.

③ 아침에 운동장에서 축구를 하자고 말하려
는 것 같습니다.

④ 아침에 운동장에서 달리기를 하자고 말하
려는 것 같습니다.

⑤ 쉬는 시간에 체육관에서 있었던 일을 말하
려는 것 같습니다.

2 글쓴이가 아침에 운동장을 달리면 기분이 좋
이해 아진다고 한 까닭은 무엇인가요? (   )

① 졸음을 쫓을 수 있기 때문에

② 친구를 만날 수 있기 때문에

③ 하루를 일찍 시작할 수 있기 때문에

④ 운동장에 잔디가 깔려 있어서 푹신하기 때
문에

⑤ 운동장에 가득한 시원한 공기가 스트레스
를 사라지게 하기 때문에

3 이 글에 쓰인 다음 낱말의 뜻을 찾아 선으로
어휘 이으세요.

(1) | 가득하다 | • | • ㉮ | 느낌이 시원하
고 산뜻해지다.

(2) | 상쾌해지다 | • | • ㉯ | 냄새나 빛 등
이 공간에 널리
퍼져 있다.

7
단원
2회

서술형
4 글 ❷의 중심 생각을 찾아 쓰세요.
주제

_____

_____

도움말 글 ❷에서 글쓴이가 표현하려고 한 생각이 무엇인지 찾아
보아요.

❸ 둘째, 아침에 운동장을 달리면 더 건강해져요. 아침에 운동장을 달리면 점점 **체력**이 좋아져요. 그리고 몸무게를 **조절하는** 데에도 도움이 된답니다. 밑줄 친 <u>꾸준히</u> 아침에 운동장을 달리면 점점 더 오래, 더 빠르게
_{거의 변함이 없이 끈기가 있게.}
달릴 수 있어요.

중심 내용 | 아침에 운동장을 달리면 더 건강해집니다.

❹ 아침 일찍 운동장을 달리는 것이 처음에는 어려울 수 있어요. 저도 처음에는 귀찮고 힘들다는 생각을 했어요. 하지만 며칠 동안만 꾸준히 **실천해** 보세요. 아침에 운동장을 달리는 즐거움에 푹 빠지게 될 거예요.

중심 내용 | 며칠 동안 꾸준히 실천하면 아침에 운동장을 달리는 즐거움에 빠지게 될 것입니다.

• 글의 구조

글쓴이의 생각
아침에 다 같이 운동장에서 달리기를 합시다.

까닭 ①	까닭 ②
기분이 좋아져요.	더 건강해져요.

체력 몸을 움직여 어떤 일을 할 수 있는 힘.
조절하는 균형이 맞게 바로잡는.
실천해 생각한 바를 실제로 행해.

---

5 글 ❸에서 알 수 있는 아침에 운동장을 달리면
이해 좋은 점을 두 가지 고르세요. (   )

① 키가 커집니다.
② 자신감이 생깁니다.
③ 체력이 좋아집니다.
④ 친구와 사이가 좋아집니다.
⑤ 몸무게를 조절하는 데에 도움이 됩니다.

6 아침에 운동장을 달리는 즐거움을 느끼려면
이해 어떻게 해야 하는지 찾아 ○표 하세요.

(1) 반드시 친구와 함께 가야 합니다. (   )
(2) 며칠 동안 꾸준히 실천해야 합니다.
(   )
(3) 가장 먼저 운동장에 도착해야 합니다.
(   )

서술형
7 이 글을 읽고 글쓴이의 생각에 대한 자신의 생
적용 각을 쓰세요.

• 저는 글쓴이와 (1)(같은, 다른) 생각입니다.

아침에 운동장을 달리면 (2)_____

_____

도움말 글쓴이의 생각과 같거나 다른 생각을 떠올려 보고, 그렇게 생각한 까닭이 무엇인지 써 보세요.

★
8 글쓴이의 생각에 대한 자신의 생각을 정리하
적용 여 발표하는 방법으로 알맞은 것의 기호를 쓰
세요.

㉮ 글쓴이의 생각과 같은 생각만 떠올려 말
합니다.
㉯ 구부정한 자세로 바닥을 내려다보며 발
표합니다.
㉰ 글쓴이의 생각과 관련된 자신의 경험을
떠올려 말합니다.

(   )

시끌시끌 소음 공해 이제 그만! _정연숙

● 정답 17쪽

가 소리는 참 신기하지? 같은 소리라도 시간과 장소가 달라지면 **소음**이 되기도 해.

베토벤 **교향곡**은 콘서트홀에서 들으면 **웅장하고** 멋져. 하지만 지하
_{음악을 연주하고 청중이 그것을 감상할 수 있도록 특별히 지은 건물.}
철에서 옆 사람의 이어폰에서 새어 나오면 시끄럽게 들려.

한낮 나무 그늘에서 듣는 매미 소리는 시원한 자장가 같지. 하지만
한밤 자려고 누웠을 때 듣는 매미 소리는 정말 괴로워.

너무 커서 괴로운 소리뿐 아니라 작아도 괴롭게 느껴지는 소리가 있
다면 그게 바로 소음이야.

중심 내용 | 같은 소리라도 시간과 장소가 달라지면 소음이 되기도 합니다.

나 소음 때문에 사람들은 서로 싸우기도 해.

낮과 밤을 가리지 않고 시끄러운 소리와 진동이 바닥과 벽을 타고
_{흔들려 움직임.}
아랫집, 윗집, 옆집으로 전달되거든.
_{(무엇을) 받게 하는 것.}
어떻게 하면 소음을 줄일 수 있을까?

건설사에서는 **층간 소음**을 줄일 수 있는 최첨단 건축 **자재**를 개발해야 해.
_{시대나 유행의 맨 앞.   새로운 물건을 만들거나 새로운 생각을 내어놓음.}
모두가 함께 노력한다면 소음 **공해**를 줄일 수 있어.

중심 내용 | 모두가 함께 노력하면 소음 공해를 줄일 수 있습니다.

- **글의 종류:** 설명하는 글
- **글의 특징:** 소음이 무엇인지 설명
  하며, 소음을 줄이기 위해서 모두
  가 함께 노력해야 한다는 것을 생
  각해 볼 수 있는 이야기입니다.

▶ **글 가에 나타난 소음이 되는 소리**
- 지하철 옆 사람의 이어폰에서 새어
  나오는 음악
- 한밤중에 들리는 매미 울음소리

소음 시끄러운 소리.
교향곡 현악기, 관악기, 타악기 등
으로 함께 연주하려고 만든 긴 곡.
웅장하고 감탄을 일으킬 만큼 규
모가 크고 으리으리하고.
층간 소음 아파트와 같은 공동 주
택에서 아랫집에 들리는 윗집의 생
활 소음.
자재 무엇을 만들기 위한 기본적
인 재료.
공해 산업이나 교통의 발달에 따
라 사람이나 생물이 입게 되는 여러
가지 피해.

---

9 글 **가**의 중심 생각을 쓰세요.
주제

- 같은 소리라도 시간과 장소가 달라지면

  ☐ ☐ 이/가 되기도 합니다.

10 소음에 해당하는 것을 두 가지 찾아 기호를 쓰
이해 세요.

> ㉠ 콘서트홀에서 듣는 음악
> ㉡ 한밤중에 들리는 매미 울음소리
> ㉢ 지하철 옆 사람의 이어폰에서 새어 나오
> 는 음악

( )

11 이 글을 읽고 떠올린 다음 생각에 대한 까닭으
적용 로 가장 알맞은 것에 ○표 하세요.

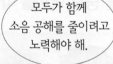
모두가 함께
소음 공해를 줄이려고
노력해야 해.

(1) 소리는 참 신기해.   ( )

(2) 사람들은 소음 때문에 서로 싸우기도 해.
                                        ( )

(3) 베토벤 교향곡은 콘서트홀에서 들으면 웅
장하고 멋져.   ( )

(4) 건설사에서 층간 소음을 줄일 수 있는 자
재를 개발하면 좋겠어.   ( )

나의 실력에 색칠하세요.

😄 🙂 😣

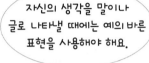
개념 자신의 생각을 글로 표현하는 방법

자신의 생각을 말이나 글로 나타낼 때에는 예의 바른 표현을 사용해야 해요.

• 자신의 생각과 생각에 대한 까닭을 씁니다.

• 생각과 관련된 경험이나 알고 있는 것, 느낌 을 정리해 씁니다.

• 글을 읽을 사람을 생각해서 썼는지 확인해 봅니다.

개념 확인 알맞은 것을 고르며 오늘의 개념을 확인해 보세요.

⑴ 자신의 생각을 글로 쓸 때 글을 읽을 사람은 생각하지 않아도 됩니다.

(○ , ×)

⑵ 자신의 생각을 글로 쓸 때 자신의 생각, 생각에 대한 까닭, 경험이나 알고 있는 것, 느낌을 정리합니다. (○ , ×)

문해력을 높이는 어휘

• 오늘 배울 중요 어휘를 따라 쓰며 익혀 보세요.

뜻 생각이나 일 따위의 내용을 글자로 나타낸 기록.

예 책을 읽고 나서 느낀 점을 글로 적어요.

뜻 어떤 일이 있게 된 사정이나 이유.

예 글쓴이의 생각에 대한 까닭이 무엇인지 떠올려요.

왜 책임이 필요하죠? _ 채화영

• 정답 18쪽

가 "여러분, 교실 뒤쪽에 있는 공지 사항 읽어 보았나요?"
_{사람들에게 널리 알리는 내용.}

"네!" / "교장 선생님께서 학교 **뒤뜰**을 **자유롭게** 꾸며 보라고 하셨어
요. 자연을 느낄 수 있게 말이에요." _{공지 사항의 내용}

그때 우철이가 손을 번쩍 들었어요.

"고구마 심어도 돼요?" / "물론이지요."

중심 내용 | 교장 선생님께서 학교 뒤뜰을 자유롭게 꾸며 보라고 하셨습니다.

나 "학교 뒤뜰을 꾸미는 건 여러분 자유지만, 그에 따른 **책임**도 져야
해요. 고구마를 심고, 꽃을 심은 뒤 내버려두면 어떻게 될까요?"

"말라 죽어요." / 준수가 대답했어요.

"맞아요. 식물도 **생명**이에요. 심고서 돌보지 않으면 죽고 말아요."

그때 규빈이가 번쩍 손을 들었어요.

"선생님! 동물도 키워요."

"동물?" / 선생님이 놀라 물으셨어요.

"규빈이는 어떤 동물을 키우고 싶나요?" / "병아리요!"

중심 내용 | 친구들은 학교 뒤뜰에서 무엇을 키울 것인지에 대한 생각을 나누었습니다.

• 글의 종류: 이야기
• 글의 특징: 선생님과 친구들이 나
누는 생각을 통해 책임이 필요한
까닭이 무엇인지 떠올려 볼 수 있
는 이야기입니다.

▶ 선생님의 생각과 그 까닭

생각	학교 뒤뜰을 꾸밀 때 책임을 져야 합니다.
까닭	생명은 돌보지 않으면 죽기 때문입니다.

뒤뜰 집이나 건물의 뒤에 있는 뜰.
자유롭게 남에게 얽매이거나 무엇
에 구속받지 않고 자기 마음대로 할
수 있게.
책임 꼭 하기로 하고 맡은 일.
생명 동물과 식물의, 생물로서 살
아 있게 하는 힘.

---

1 교장 선생님께서 공지 사항으로 알린 내용은
_{이해} 무엇인가요? ( )

① 학교 신문을 만들어 보라고 하셨습니다.
② 친구에게 편지를 써 보라고 하셨습니다.
③ 복도에 전시할 그림을 그려 보라고 하셨습
니다.
④ 학교 뒤뜰을 자유롭게 꾸며 보라고 하셨습
니다.
⑤ 학교 도서관에서 읽고 싶은 책을 고르라고
하셨습니다.

2 규빈이가 키우고 싶다고 한 동물은 무엇인가
_{이해} 요? ( )

① 토끼   ② 오리   ③ 강아지
④ 병아리   ⑤ 거북이

3 동물이나 식물을 키울 때 책임을 져야 하는 까
_{적용} 닭으로 가장 알맞은 것에 ○표 하세요.

(1) 선생님께 칭찬을 받을 수 있기 때문에
( )

(2) 동물과 식물은 소중한 생명이기 때문에
( )

(3) 동물과 식물을 키우는 일이 쉬워지기 때문에
( )

서술형
4 자신이라면 학교 뒤뜰에 무엇을 키우고 싶은
_{적용} 지 떠올려 쓰세요.

• 저는 학교 뒤뜰에서 _____

_____

도움말 학교 뒤뜰에서 자신이 키우고 싶은 동물이나 식물을 떠올
려 씁니다.

다 선생님: 여러분의 생각은 어때요?

준수: 병아리는 조금만 잘못해도 금방 죽는댔어요.

우철: 그럼 강아지 키워요!

규빈: 아니에요. 병아리 키워야 해요. 병아리를 키우면 닭이 되는 **과정**도 볼 수 있어요. 다른 반 아이들이 우리 반을 부러워할 거예요.

우철: 닭이 되면 알을 낳겠네? 병아리 키워요. 달걀 먹을 수 있잖아요.

준수: 우철이는 먹는 것만 생각한대요.

선생님: 병아리를 키우는 것은 좋지만 책임지고 **보살필** 누군가가 필요해요.

규빈: 선생님, 제가 하겠습니다!

선생님: 혼자 하기 어려울 텐데.

규빈: 그럼 돌아가면서 돌볼게요. 매일매일 병아리를 책임지고 보살필 돌보미를 정해서요.

중심 내용 | 규빈이는 매일 병아리를 책임지고 보살필 돌보미를 정하겠다고 말했습니다.

▶ 등장인물들의 생각

우철	병아리 키워요. 달걀 먹을 수 있잖아요.
선생님	병아리를 키우는 것은 좋지만 책임지고 보살필 사람이 필요해요.
규빈	매일매일 병아리를 책임지고 보살필 돌보미를 정하면 돼요.

과정 어떤 일이 벌어지거나 변하여 가는 차례나 형편.
보살필 정성을 기울여 보호하며 도울.

---

5 우철이가 병아리를 키우자고 말한 까닭은 무엇인가요? (   )
이해

① 예전에 키워본 적이 있기 때문에

② 다른 반 아이들이 부러워하기 때문에

③ 식물보다 동물이 더 키우기 쉽기 때문에

④ 닭이 되어 알을 낳으면 달걀을 먹을 수 있기 때문에

⑤ 병아리가 자라면서 닭이 되는 과정을 볼 수 있기 때문에

6 다음 생각을 말한 사람으로 알맞은 것에 ○표 하세요.
이해

> 병아리를 키우는 것은 좋지만 책임지고 보살필 사람이 필요해요.

(규빈, 우철, 선생님)

7 규빈이가 병아리를 책임지고 보살피기 위한 방법으로 말한 것은 무엇인지 쓰세요.
이해

• [   ]을/를 정해서 병아리를 돌아가면서 돌보겠다고 했습니다.

8 다음은 규빈이가 쓴 글입니다. 규빈이의 느낌이 나타난 문장을 찾아 기호를 쓰세요.
적용

> 뒤뜰에서 병아리를 키웁시다. 왜냐하면 병아리를 직접 키우면서 책임감을 기를 수 있기 때문입니다. ㉠병아리는 연약해서 잘 보살펴 주어야 한다는 것을 책에서 보았습니다. ㉡우리 반 친구들이 노력해서 병아리를 잘 키운다면 정말 뿌듯할 것 같습니다.

(   )

| 9~11 | 다음 글을 읽고, 물음에 답하세요.

> ㉠우리 교실에서 다육 식물을 키우면 좋겠습니다. 왜냐하면 다육 식물은 키우기가 쉽기 때문이에요. ㉡예전에 집에서 다육 식물을 키웠는데 물을 많이 주지 않아도 잘 자라서 돌보는 일이 어렵지 않았어요. 그리고 다육 식물은 정말 귀엽게 생겨서 우리 교실의 분위기를 더 밝게 만들어 줄 거예요.

9
이해
글쓴이가 교실에서 키우고 싶다고 한 것은 무엇인지 쓰세요.

( )

10
이해
글쓴이가 문제 9번의 답을 키우자고 한 까닭을 두 가지 고르세요. ( )

① 키우는 것이 쉽기 때문에
② 좋은 향기가 나기 때문에
③ 친구들이 키우고 싶어 하기 때문에
④ 물을 아예 주지 않아도 되기 때문에
⑤ 교실의 분위기를 더 밝게 만들어 줄 수 있기 때문에

11
적용
㉠과 ㉡의 내용으로 알맞은 것을 찾아 선으로 이으세요.

(1) ㉠ •
(2) ㉡ •

• ㉮ 글쓴이의 생각
• ㉯ 경험이나 알고 있는 것

12
적용
자신의 생각을 표현하는 문장이 <u>아닌</u> 것은 무엇인가요? ( )

① 물을 낭비하지 말자.
② 이 아이스크림은 오백 원이야.
③ 우리의 소중한 자연유산을 지키자.
④ 주말에 단풍을 보러 가는 건 어때요?
⑤ 점심시간에 운동장에서 축구하는 건 어때?

어법 더하기

13
어법
다음 밑줄 친 말을 바르게 읽은 친구의 이름을 쓰세요.

오늘은 날이 참 맑네[말네].

아직 시간이 조금 남아서 괜찮아[괜차나].

지원   규호

( )

어법 더하기 ➕ 겹받침이 있는 낱말의 소리

겹받침이 있는 낱말은 읽을 때 글자와 다르게 소리 나는 경우가 있습니다. '맑네[망네]'와 같이 겹받침을 이루는 자음자가 다른 자음자로 바뀌어 소리 나거나, '괜찮아[괜차나]'와 같이 겹받침을 이루는 자음자 중 하나만 남아 뒤로 넘어가서 소리 나기도 합니다. 이와 같이 겹받침이 있는 낱말은 어떻게 소리 나는지 잘 기억하여 바르게 읽어야 합니다.

낱말	소리
맑네	[망네]
괜찮아	[괜차나]

7
단원
3회

|1~2| 다음 대화를 읽고, 물음에 답하세요.

> **가** 준수: 글쓴이는 친구 사이에 믿음이 중요하다고 말하고 싶었던 것 같아.
>
> 지원: 나도 비슷한 생각이야. 친구끼리 거짓말을 하지 말자고 말하고 싶은 것 같아.
>
> **나** 소영: 우리 모둠 활동 규칙을 무엇으로 정하면 좋을까?
>
> 정민: '서로의 생각을 존중하기'는 어때?

1 대화 **가**에서 친구들이 자신의 생각을 표현하는 상황으로 알맞은 것에 ○표 하세요.

　(1) 점심시간에 친구들과 같이 할 놀이를 정하고 있습니다. 　　　　　　(　)

　(2) 글쓴이의 생각에 대해 친구와 이야기를 나누고 있습니다. 　　　　　　(　)

　(3) 전시된 친구의 그림에 칭찬하는 글을 써서 붙이고 있습니다. 　　　　　(　)

2 대화 **나**에서 정민이가 모둠 활동 규칙으로 말한 것은 무엇인지 쓰세요.

　　서로의 생각을 [　　　　　] 하기

3 글쓴이의 생각을 파악하며 글을 읽으면 좋은 점으로 알맞은 것의 기호를 쓰세요.

> ㉠ 글을 빠르게 소리 내어 읽을 수 있습니다.
>
> ㉡ 글쓴이의 생각과 똑같은 생각만 떠올릴 수 있습니다.
>
> ㉢ 글쓴이가 글을 통해 하고 싶은 말이 무엇인지 알 수 있습니다.

　　　　　　　　　　　(　　　)

|4~6| 다음 글을 읽고, 물음에 답하세요.

> ### 아침에 운동장을 달려요
>
> **가** 첫째, 아침에 운동장을 달리면 기분이 좋아져요. 이른 아침 운동장에는 시원한 공기가 가득해요. 시원한 아침 공기는 스트레스를 사라지게 해 줘요. 운동장을 달릴 때마다 기분이 상쾌해지는 걸 느껴요.
>
> **나** 둘째, 아침에 운동장을 달리면 더 건강해져요. 아침에 운동장을 달리면 점점 체력이 좋아져요. 그리고 몸무게를 조절하는 데에도 도움이 된답니다.

4 글쓴이가 말한, 아침에 운동장을 달리면 좋은 점을 두 가지 고르세요. (　　　)

　① 더 건강해집니다.

　② 기분이 좋아집니다.

　③ 선생님께 칭찬을 받습니다.

　④ 아침에 일찍 일어날 수 있습니다.

　⑤ 수업 시간에 더욱 집중할 수 있습니다.

5 이 글에서 무엇이 스트레스를 사라지게 해 준다고 했는지 찾아 쓰세요.

　　시원한 [　][　][　][　]

서술형

6 이 글에서 글쓴이가 하고 싶은 말은 무엇인지 쓰세요.

　● ＿＿＿＿＿＿＿＿＿＿＿＿＿＿＿＿＿

　　＿＿＿＿＿＿＿＿＿＿＿＿을/를 해요.

> 도움말 글의 제목과 중심 생각을 찾아보면서 글에서 드러나는 글쓴이의 생각을 파악해 보아요.

|7~9| 다음 글을 읽고, 물음에 답하세요.

> 너무 커서 괴로운 소리뿐 아니라 작아도 괴롭게 느껴지는 소리가 있다면 그게 바로 소음이야.
>
> 소음 때문에 사람들은 서로 싸우기도 해.
>
> 낮과 밤을 가리지 않고 시끄러운 소리와 진동이 바닥과 벽을 타고 아랫집, 윗집, 옆집으로 전달되거든.
>
> 어떻게 하면 소음을 줄일 수 있을까?
>
> 건설사에서는 층간 소음을 줄일 수 있는 최첨단 건축 자재를 개발해야 해.
>
> 모두가 함께 노력한다면 소음 공해를 줄일 수 있어.

7 소음에 대한 설명으로 알맞은 것을 모두 고르세요. (   )

① 소음은 밤에만 들리는 소리입니다.

② 작은 소리는 소음이 될 수 없습니다.

③ 사람들이 소음 때문에 싸우기도 합니다.

④ 모두 함께 노력하면 소음 공해를 줄일 수 있습니다.

⑤ 시끄러운 소리와 진동은 바닥과 벽을 타고 전달될 수 있습니다.

8 글쓴이가 말한 소음을 줄이는 방법으로 알맞은 것에 ○표 하세요.

(1) 집 주변에 나무를 많이 심어 소음을 막아야 해.   (   )

(2) 건설사에서 소음을 줄일 수 있는 최첨단 건축 자재를 개발해야 해.   (   )

9 글쓴이의 생각에 대한 자신의 생각을 알맞게 말한 친구의 이름을 쓰세요.

> 시아: 층간 소음 때문에 잠을 잘 자지 못한 적이 있어. 모두가 함께 소음을 줄이기 위해 노력해야 해.
>
> 하진: 산으로 가족 여행을 갔을 때 아침에 새소리를 듣는 것이 좋았어. 모두가 함께 자연을 지켜야 해.

(   )

|10~11| 다음 글을 읽고, 물음에 답하세요.

> "학교 뒤뜰을 꾸미는 건 여러분 자유지만, 그에 따른 책임도 져야 해요. 고구마를 심고, 꽃을 심은 뒤 내버려두면 어떻게 될까요?"
>
> "말라 죽어요." / 준수가 대답했어요.
>
> "맞아요. 식물도 생명이에요. 심고서 돌보지 않으면 죽고 말아요."
>
> 그때 규빈이가 번쩍 손을 들었어요.
>
> "선생님! 동물도 키워요."
>
> "동물?" / 선생님이 놀라 물으셨어요.
>
> "규빈이는 어떤 동물을 키우고 싶나요?"
>
> "병아리요!"

10 규빈이가 학교 뒤뜰에서 키우고 싶어 하는 동물은 무엇인지 쓰세요.

(   )

11 이 글을 읽고 동물이나 식물을 키울 때 책임이 필요한 까닭은 무엇인지 쓰세요.

• 동물과 식물은 소중한 ☐☐이기 때문입니다.

7
단원
4회

|12~13| 다음 글을 읽고, 물음에 답하세요.

> ㉠우리 교실에서 다육 식물을 키우면 좋겠습니다. ㉡왜냐하면 다육 식물은 키우기가 쉽기 때문이에요. ㉢예전에 집에서 다육 식물을 키웠는데 물을 많이 주지 않아도 잘 자라서 돌보는 일이 어렵지 않았어요. 그리고 다육 식물은 정말 귀엽게 생겨서 우리 교실의 분위기를 더 밝게 만들어 줄 거예요.

12 이 글에 나타난 글쓴이의 생각은 무엇인가요?
( )

① 모든 생명은 소중합니다.
② 교실에서 다육 식물을 키웁시다.
③ 교실을 깨끗하게 사용해야 합니다.
④ 다육 식물을 키우는 것은 어렵습니다.
⑤ 꽃을 키우면 교실의 분위기가 밝아집니다.

13 ㉠~㉢ 중에서 글쓴이의 경험이 나타난 문장을 찾아 기호를 쓰세요.

( )

14 자신의 생각을 표현하는 문장을 모두 찾아 ○표 하세요.
(1) 지금 일곱 시야. ( )
(2) 우리 집에 가서 놀자. ( )
(3) 교실 문을 닫고 다니자. ( )
(4) 놀이할 때 규칙을 지키자. ( )

수행 평가

15 다음 글을 읽고, 물음에 답하세요.

> ### 반려견을 사랑한다면
>
> 반려견을 진심으로 사랑한다면 자신의 반려견이 다른 사람으로부터 미움을 받거나 공포의 대상이 되지 않도록 해야 하지 않을까? 그것이 반려견의 가족으로서 지켜야 할 '책임'이라고 생각한다. 내 눈에는 예쁘고 착하기만 한 반려견일지라도 다른 사람에게 피해를 줄 수 있다는 것을 항상 생각하고 다른 사람과 내 반려견을 위해 에티켓을 꼭 지키도록 하자.

1단계 글쓴이는 반려견을 진심으로 사랑한다면 어떻게 해야 한다고 했는지 쓰세요.

• 자신의 반려견이 ＿＿＿＿＿＿＿＿＿＿＿

＿＿＿＿＿＿＿＿＿＿ 한다고 했습니다.

도움말 반려견의 가족으로서 지켜야 할 책임이 무엇이라고 했는지 이 글에서 찾아보아요.

2단계 이 글에서 글쓴이가 하고 싶은 말이 무엇인지 쓰세요.

• 다른 사람과 자신의 반려견을 위해 ＿＿＿

도움말 글의 제목과 중심 생각을 찾아 이 글에서 드러나는 글쓴이의 생각을 파악해 보아요.

어떤 새가 될까요?

다음 낱말의 뜻을 찾아 길을 따라가서 둥지 속 알이 무엇이 될지 확인해 보세요.

(1) 까닭 (2) 제목 (3) 중심 (4) 떠올리다

❶ 가장 중요하고 기본이 되는 부분.

❷ 생각이나 기억을 되살리다.

❸ 어떤 일이 있게 된 사정이나 이유.

❹ 글이나 강연 따위에 붙인 이름.

거꾸로 정답 ❷ (4) ❸ (1) ❹ (2) ❶ (1) ❸

 나의 실력에 색칠하세요.

7. 내 생각은 이래요 • 141

8 나도 작가

겪은 일을 표현한
작품을 읽어요.

겪은 일을 시나
노랫말로 바꾸어요.

이어질 이야기를
상상하며 작품을 감상해요.

흐름에 알맞게
이야기를 상상해요.

8
단원

개념 겪은 일을 시나 노랫말로 표현하는 방법

• 작품과 관련된 자신의 | 경 | 험 | 을 떠올립니다.

• 경험이나 느낌을 길게 늘여 쓰지 않고 | 간 | 결 | 하게 표현합니다.

• 비슷한 표현을 반복적으로 사용하면 노래를 부르는 듯한 느낌이 듭니다.

• 중요한 부분을 강조하기 위해 반복해서 말합니다.

개념 확인 알맞은 것을 고르며 오늘의 개념을 확인해 보세요.

(1) 겪은 일을 시로 표현할 때에는 자신의 경험을 길게 표현합니다. (○ , ×)

(2) 반복되는 표현을 사용하면 노래를 부르는 듯한 느낌이 듭니다. (○ , ×)

문해력을 높이는 어휘

• 오늘 배울 중요 어휘를 따라 쓰며 익혀 보세요.

| 작 | 품 |

뜻 그림, 소설, 시 등 예술 활동으로 만든 것.

예 미술관에서 작품을 감상했어요.

| 노 | 랫 | 말 |

뜻 노래의 가락에 따라 부를 수 있게 만든 글.

예 노랫말을 바꾸어 노래를 불렀어요.

눈 내린 등굣길 _ 곽해룡

• 정답 19쪽

❶ 꽥!

눈을 밟는 소리

　꽥!

　　꽥!

　　　꽥!

'꽥'을 나란하지 않게 쓴 까닭: 오리가 뒤뚱뒤뚱 걷는 모습을 표현하려고

❷ 쌓인 눈을 밟을 때마다

　오리 우는 소리가 난다

1∼2연 눈을 밟을 때마다 오리 우는 소리가 납니다.

❸ 뚱뚱하게 옷 껴입고

　앞서가는 친구들도

　꽥!

　　꽥!

　뒤따라오는 친구들도

　꽥!

　　꽥!

3연 친구들과 함께 눈을 밟으며 걷습니다.

❹ 씰룩씰룩

　궁둥이 흔들며 걷는 우린

　한 줄로 선 살찐 오리들

❺ 뒤뚱뒤뚱 바쁜 걸음으로

　교문 들어서면

　눈 쌓인 운동장은

　널따란 호수

4∼5연 한 줄로 서서 걷는 우리의 모습이 오리와 비슷합니다.

• 글의 종류: 시
• 글의 특징: 등교하는 친구들의 모습을 오리의 모습으로 표현한 시를 읽으며 눈을 밟았던 경험을 떠올릴 수 있습니다.

▶ 시 속 인물의 경험이 나타난 표현

경험	표현
눈 밟는 소리를 들음.	오리 우는 소리
눈길을 뒤뚱거리며 걸음.	한 줄로 선 살찐 오리들
눈 쌓인 운동장을 봄.	널따란 호수

교문 학교의 문.
널따란 꽤 넓은.

---

1 시 속 인물은 쌓인 눈을 밟으면 어떤 소리가 난다고 했나요?
이해

☐☐ 우는 소리

2 시에서 눈 쌓인 운동장을 '널따란 호수'라고 표현한 까닭에 모두 ○표 하세요.
추론

(1) 운동장 안에 호수가 있어서 　　（　　）

(2) 하얗게 눈이 쌓인 운동장이 호수 같아서 　　（　　）

(3) '우리'가 운동장에 들어서는 모습이 '오리'가 호수에 들어서는 모습과 비슷해서 　　（　　）

디지털 문해력

3 이 시와 관련한 자신의 경험을 알맞게 떠올리지 <u>못한</u> 친구의 이름을 쓰세요.
감상

 준호

눈을 밟을 때 나는 소리가 재미있어서 더 걸은 적이 있었어.

유진

눈 오는 날 길에서 미끄러진 적이 있었어. 다행히 다치진 않았는데 조심조심 걸어야겠다는 생각이 들었어.

주영

친구들과 현장 체험 학습에서 오리에게 먹이를 주었던 것이 떠올랐어.

（　　　　　　　　　　）

8
단원

1회

눈 온 아침 _작사: 김종상

• 정답 19쪽

밤사이 눈이 내려 새하얀 들길

그 누가 이 길 따라 어디로 갔나

눈 위에 **나란히** 예쁜 발자국

예쁜 발자국 **이른** 아침 그 누가 어딜 갔을까

중심 내용 | 눈이 내린 들길을 보며 발자국 주인이 어디로 갔을지 생각합니다.

• 글의 종류: 노랫말
• 글의 특징: 눈 내린 아침에 대한 노랫말을 읽고, 경험이 비슷해도 작가에 따라 작품의 느낌이 달라진다는 것을 알 수 있습니다.

▶ 경험을 시나 노래로 표현하면 좋은 점
• 자신이 경험한 일을 되돌아보거나 다른 사람에게 실감 나게 전할 수 있습니다.
• 자신의 경험에서 느꼈던 기분을 잘 표현할 수 있습니다.

나란히 여럿이 줄지어 늘어선 모양이 가지런한 상태로.
이른 기준이 되는 때보다 앞서거나 빠른.

---

4 이 노랫말은 언제 본 풍경을 표현했나요?
이해 ( )

① 한낮
② 이른 아침
③ 늦은 오후
④ 깜깜한 밤
⑤ 해 질 무렵

5 들길이 새하얗게 된 까닭은 무엇인가요?
이해 ( )

① 새하얀 꽃이 피어서
② 밤사이 비가 내려서
③ 밤사이 눈이 내려서
④ 누가 새하얀 물감을 흘려서
⑤ 새하얀 새들이 길에 앉아서

6 노랫말 속 인물은 눈 위에 나란히 생긴 발자국을 보고 어떤 생각을 떠올렸나요? ( )
이해

① 발자국이 많다고 생각했습니다.
② 발자국이 크다고 생각했습니다.
③ 발자국 주인이 집에 왔다고 생각했습니다.
④ 발자국 모양이 이상하다고 생각했습니다.
⑤ 발자국 주인이 어디로 갔을지 생각했습니다.

7 이 노랫말과 비슷한 경험을 떠올린 친구의 이름을 쓰세요.
적용

유민: 자기 전에 책을 읽었더니 등장인물이 꿈에 나왔어.
다희: 민속 박물관에 가서 옛날에 신던 신발을 본 적이 있어.
민경: 아침에 일어나 창문 밖으로 눈이 내린 놀이터를 바라보았어.

( )

함께 걸어 좋은 길 _ 작사: 이경애

• 정답 19쪽

❶ 문구점을 지나고 장난감집 지나서

학교 가는 길 너랑 함께 가서 좋은 길 ── 비슷한 표현을 반복하여 노래를
말하는 사람과 함께 걷는 사람　　　　　　부르는 듯한 느낌이 듦.

❷ 놀이터를 지나고 떡볶이집 지나서

집에 오는 길 너랑 함께 와서 좋은 길

❸ ㉠도란도란 이야기하며 손잡고 가는 길

너랑 함께 걸어서 너무너무 좋은 길

중심 내용 | '너'와 함께 걸어서 기분이 좋습니다.

• **글의 종류**: 노랫말
• **글의 특징**: 다른 사람과 함께 길을 걸어 기분이 좋았던 경험을 쓴 노랫말을 읽고, 자신의 경험을 떠올리며 노랫말을 바꾸어 보는 활동을 할 수 있습니다.

▶ **다른 사람과 함께 걸었던 경험 떠올리기** 예
• 아빠와 우리 집 강아지와 즐겁게 산책했던 경험
• 점심시간에 우리 반 친구들과 급식실로 갔던 경험

도란도란　여러 사람이 크지 않은 목소리로 정답게 이야기하는 소리나 모양.

---

8 노랫말 속 인물이 길에서 지나간 곳을 모두 쓰
이해　세요.

• 노랫말 속 인물은 문구점, (1) ◻◻◻◻◻ ,

놀이터, (2) ◻◻◻◻◻ 을/를 지나갔습니다.

★
9 노랫말 속 인물이 기분이 좋은 까닭은 무엇인
추론　가요? (　　　)

① '너'와 함께 걸었기 때문에
② '너'와 떡볶이를 먹었기 때문에
③ 놀이터에서 그네를 탔기 때문에
④ 장난감집에서 장난감을 샀기 때문에
⑤ '네'가 재미있는 이야기를 했기 때문에

10 ㉠이 알맞게 쓰인 문장에 ○표 하세요.
어휘
(1) 가족들이 한자리에 모여 도란도란 이야기를 나누었습니다.　　　　(　　　)
(2) 강아지가 자기 꼬리를 물려고 제자리에서 도란도란 돌고 있습니다.　　(　　　)

11 다음을 보고, 경험을 노랫말로 어떻게 바꾸었
적용　는지 알맞은 말에 ○표 하세요.

┌─────────────────────────┐
│　오늘 친한 친구와 학교에 같이 갔다. 가 │
│는 길에 문구점도 보이고 장난감집도 지났 │
│다. 날마다 가는 길인데도 친구랑 함께 이 │
│야기하면서 가니까 특별하게 느껴졌다. │
└─────────────────────────┘
　　　　　　　　↓
┌─────────────────────────┐
│　문구점을 지나고 장난감집 지나서 │
│　학교 가는 길 너랑 함께 가서 좋은 길 │
└─────────────────────────┘

• 노랫말을 쓸 때 경험이나 느낌을 (길게, 간결하게) 표현했습니다.

나의 실력에 색칠하세요.
😄 🙂 😣

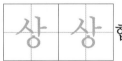

개념 이어질 이야기를 상상하며 작품 감상하기

인물의 말이나 행동을 보고 인물에 대한 생각을 이야기해 보아요.

• 이야기의 흐름을 생각하며 어떤 일이 이어질지

상 상 합니다.

• 인물의 말이나 행 동 을 보고 이야기를 상상합니다.

개념 확인 알맞은 것을 고르며 오늘의 개념을 확인해 보세요.

(1) 이어질 이야기를 상상할 때에는 앞선 이야기 흐름과 자연스럽게 연결 되는지 생각합니다. (○ , ×)

(2) 이어질 이야기를 상상할 때에는 인물의 이름이나 생김새를 살펴봅니다.
(○ , ×)

문해력을 높이는 어휘

• 오늘 배울 중요 어휘를 따라 쓰며 익혀 보세요.

이 어 지 다

🟡 뜻 끊어지지 않고 계속되다.

🟡 예 오랜만에 만난 친구와의 대화가 밤까지 이어졌어요.

이 야 기

🟡 뜻 어떤 일이나 사건에 대하여 일정한 줄거리를 이루는 말이나 글.

🟡 예 할머니께서 이야기를 들려주셨어요.

빈집에 온 손님 _황선미

• 정답 20쪽

❶ 하늘이 어둑해지면서 강 쪽에서 **거센** 바람이 불어왔습니다. 풍뎅이를 따라다니던 금방울은 주변을 둘러보았습니다. 동생들이 보이지 않았습니다. 빈집 앞에서 놀고 있었는데. / 엄마 아빠 말씀이 생각났습니다. 할머니 댁에 가실 때 하신 말씀입니다.

"동생들을 잘 돌봐라. 감기 들지 않게 담요도 덮어 주고. 낯선 손님에게는 함부로 문을 열어 줘도 안 돼요."

비가 쏟아지기 시작했습니다.

"동생들은 빈집으로 들어가 있을 거야!"

금방울은 빈집으로 달렸습니다. 빈집은 낚시꾼의 오두막이지만 낚시꾼이 없을 때는 여우 남매의 놀이터입니다.

금방울은 흠뻑 젖은 채 빈집에 도착했습니다. 그러나 동생들은 보이지 않았습니다. / "설마 무슨 일이……."

중심 내용 | 하늘이 어둑해지자 금방울이 동생들을 찾기 시작했습니다.

❷ 금방울은 언덕에 있는 집으로 **허겁지겁** 달려갔습니다. 가슴이 두근거렸습니다. 금방울은 문을 벌컥 열었습니다.

빈집에 동생들이 없자 집으로 달려감.

금방울은 언니 여우

· 글의 종류: 이야기
· 글의 특징: 부모님 없이 집을 보던 여우 남매에게 낯선 손님이 찾아온 이야기를 읽고 이어질 이야기를 상상할 수 있습니다.

▶ 인물에 대해 파악하기 <예>

인물	금방울
행동	엄마, 아빠 말씀을 떠올리면서 동생들을 찾음.
특성	책임감이 강함.

거센 정도가 거칠고 세찬.
낯선 전에 보거나 만난 적이 없어 모르는 사이인.
허겁지겁 마음이 급해 몹시 허둥거리는 모양.

---

1 엄마, 아빠께서 금방울에게 하신 말씀은 무엇인가요? (   )
이해

① 빈집에 가라고 말씀하셨습니다.
② 할머니 댁에 가라고 말씀하셨습니다.
③ 동생들을 잘 돌보라고 말씀하셨습니다.
④ 동생들과 싸우지 말라고 말씀하셨습니다.
⑤ 동생들에게 아침밥을 주라고 말씀하셨습니다.

2 빈집에 대한 설명으로 알맞지 <u>않은</u> 것에 ○표 하세요.
이해

(1) 낚시꾼의 오두막입니다. (   )
(2) 여우 남매의 놀이터입니다. (   )
(3) 동생들이 금방울과 만난 장소입니다. (   )

3 언덕에 있는 집으로 달려갈 때 금방울의 마음으로 알맞은 것은 무엇인가요? (   )
추론

① 기쁩니다. ② 설렙니다.
③ 걱정됩니다. ④ 기대됩니다.
⑤ 행복합니다.

★
4 금방울에 대한 생각을 알맞게 말한 친구의 이름을 쓰세요.
감상

재우: 낯선 사람에게도 문을 잘 열어 주는 것을 보면 사람을 좋아하는 아이야.
주미: 엄마, 아빠 말씀을 떠올리면서 동생들을 찾는 것을 보면 책임감이 강한 아이야.

(   )

8 단원 2회

• 정답 20쪽

아! 은방울과 작은방울이 난롯가에서 몸을 말리고 있었습니다.
여동생 여우   남동생 여우

"무서워 죽는 줄 알았어. 빈집에서 언니 오기만 기다렸는데!"

은방울은 투덜댔지만 금방울은 밝게 웃었습니다. 마음이 놓였습니다.

중심 내용 | 금방울이 집에서 동생들을 만났습니다.

❸ 그때 누군가 문을 두드렸습니다.

쿵쿵쿵. / 쿵쿵쿵.

금방울과 은방울은 놀라서 마주 보았습니다.

"누구지?" / ㉠"엄마다!"

금방울은 문 쪽으로 달려가는 작은방울을 얼른 잡았습니다.

㉡"기다려. 내가 먼저 알아봐야 돼." ── 금방울은 엄마, 아빠의 말씀대로 함부로 문을 열지 않음.

조용히 하라는 **시늉**에 은방울과 ㉢작은방울이 입을 꼭 다물었습니다. 금방울은 살금살금 걸어서 문틈으로 내다보았습니다. 문 앞에 낯선 덩치가 서 있었습니다. 문틈으로는 다 볼 수도 없을 만큼 커다란 덩치였습니다. 금방울은 깜짝 놀라서 물러났습니다. 금방울의 커다래진 눈을 보고 ㉣놀란 은방울이 작은방울을 끌어안았습니다.

㉤금방울은 **숨죽인** 채 문고리를 걸었습니다. 소리나지 않게 **살그머니**.

▶ **금방울의 말과 행동 살펴보기**

상황	누군가 문을 두드림.
말	"기다려. 내가 먼저 알아봐야 돼".
행동	• 금방울은 문 쪽으로 달려가는 작은방울을 얼른 잡았음. • 숨죽인 채 문고리를 걸었음.

난롯가 난로를 중심으로 한 가까운 주위.
시늉 어떤 모양이나 움직임을 흉내 내어 꾸미는 짓.
숨죽인 숨소리가 들리지 않을 정도로 조용히 하는.
살그머니 남이 알아차리지 못하게 살며시.

5 금방울이 집에 왔을 때 동생들은 무엇을 하고 있었나요? (   )
이해

① 잠을 자고 있었습니다.
② 저녁을 먹고 있었습니다.
③ 담요를 덮고 있었습니다.
④ 엄마를 기다리며 울고 있었습니다.
⑤ 난롯가에서 몸을 말리고 있었습니다.

6 바깥을 본 금방울이 깜짝 놀란 까닭은 무엇인가요? (   )
이해

① 문밖에 비바람이 쳐서
② 난롯불이 갑자기 꺼져서
③ 동생들이 밖으로 나가서
④ 문 앞에 낯선 덩치가 있어서
⑤ 갑자기 엄마께서 돌아오셔서

7 ㉠~㉤ 중에서 금방울의 마음을 짐작할 수 있는 부분을 두 가지 고르세요. (   )
추론

① ㉠   ② ㉡   ③ ㉢
④ ㉣   ⑤ ㉤

8 이 이야기와 비슷한 경험을 말한 친구의 이름을 쓰세요.
감상

민서: 바람이 많이 부는 날에 동생과 내 우산이 날아간 적이 있어.
시후: 부모님이 저녁에 운동을 하러 가셨을 때 집에서 동생을 돌보았어.

(   )

쿵, 쿵, 쿵.

아까보다 더 큰 소리가 집 안을 울렸습니다. 소리가 날 때마다 금방울의 가슴도 **덩달아** 뛰었습니다. 빗소리 때문에 문 두드리는 소리가 더 무섭게 느껴졌습니다. 금방울은 동생들과 방으로 들어가서 문을 꼭 닫았습니다.

중심 내용 | 낯선 손님이 문을 두드렸지만 금방울은 문을 열어 주지 않았습니다.

❹ 작은방울이 **칭얼대기** 시작했습니다.

"졸려서 그럴 거야. 잘 때가 지났잖아."

"아, 어떡하지? 담요를 빈집에 두고 왔어!"

은방울이 **울상**을 지었습니다. 작은방울은 담요를 만지작거려야만 잠이 드는데. 금방울은 작은방울을 업고 자장가를 불렀습니다. 작은방울은 잠들었다 깨곤 하면서 여전히 칭얼거렸습니다.

"돌아간 걸까?"

금방울은 살금살금 가서 <u>문틈으로 밖을 보았습니다.</u> 덩치는 없고 어둠뿐이었습니다.

담요를 가져오려는 금방울

중심 내용 | 금방울이 작은방울을 업고 자장가를 불러 주었습니다.

• **작품 정리**

❶ 하늘이 어둑해지자 금방울이 동생들을 찾기 시작함.
↓
❷ 금방울이 집에서 동생들을 만남.
↓
❸ 낯선 손님이 문을 두드렸지만 금방울은 문을 열어 주지 않음.
↓
❹ 금방울이 작은방울을 업고 자장가를 불러 줌.

덩달아 사정을 잘 알지 못하면서 남이 하는 대로 따라.
칭얼대기 몸이 불편하거나 마음에 들지 않아 짜증을 내며 자꾸 중얼거리거나 보채기.
울상 울려고 하는 얼굴 표정.

---

9 낯선 손님이 문을 다시 두드렸을 때 금방울의 마음은 어떠했나요? ( )

이해

① 마음이 편안했습니다.
② 가슴이 답답했습니다.
③ 작은방울에게 화가 났습니다.
④ 은방울이 보고 싶어 슬펐습니다.
⑤ 금방울의 가슴도 덩달아 뛰었습니다.

★
10 작은방울에 대한 생각을 알맞게 이야기한 것에 ○표 하세요.

감상

(1) 누나들에게 자장가를 불러 주는 것으로 보아 작은방울은 다정한 아이입니다.( )

(2) 작은방울은 담요를 만지작거리면서 잠이 드는 버릇이 있어서 빈집에 있는 담요를 가져다주어야 할 것 같습니다. ( )

(서술형)
11 이야기의 흐름을 생각하며 이어질 이야기를 상상하여 쓰세요.

적용

> 금방울이 문틈으로 밖을 살펴봤는데, 낯선 손님은 없고 어둠뿐이었습니다.

↓

> 금방울은 담요를 가지러 빈집으로 갔습니다.

↓

> _____
> _____

도움말 금방울이 빈집에서 무엇을 보게 될지, 그때 어떤 느낌이 들지 상상하여 써 보세요.

개념 이어질 이야기를 상상하고 표현하기

• 상상한 이야기를 글로 쓰고 발표합니다.

• 이야기의 흐름이 자연스러운지 생각하며 친구가 상상한 이야기를 듣습니다.

• 친구의 　발　표　를 들으면서 자신이 상상한 이야기에서 고쳐 쓸 부분이 있는지 생각합니다.

개념 확인 알맞은 것을 고르며 오늘의 개념을 확인해 보세요.

(1) 친구가 상상한 이야기를 들을 때 이야기의 흐름이 자연스러운지 생각합니다. (○ , ×)

(2) 친구가 상상한 이야기를 들으면서 자신이 쓴 이야기를 절대 고치지 않습니다. (○ , ×)

문해력을 높이는 어휘

• 오늘 배울 중요 어휘를 따라 쓰며 익혀 보세요.

흐 름

뜻 한 가지 방향으로 진행되는 현상.

예 이야기의 흐름을 살펴보았어요.

택 배

뜻 우편물이나 짐, 물건 등을 원하는 장소까지 직접 배달해 주는 일.

예 삼촌께서 택배를 보내셨어요.

오, 미지의 택배 _ 차영아

●정답 20쪽

가 언제부터가 어른인 걸까?

　어른이 되고 싶은 아홉 살 미지는 분명히 정해 두었다. 껌을 씹을 때 딱딱 소리가 나거나, 큰길에서 손을 흔들었는데 택시가 서거나, 스마트폰 게임을 아무리 해도 엄마 아빠가 **본체만체하거나**, 자기 앞으로 온 **택배** 상자를 받게 된다면! 바로 그때부터가 어른인 거라고. 그래서 아직도 **머나먼** 일이라고.

　그런데 4월 3일 수요일에 미지는 어른이 됐다. 미지의 아홉 살 **인생**에 첫 택배가 도착했기 때문이다.

중심 내용 | 어른이 되기를 기다린 미지에게 택배가 도착했습니다.

나 뭘까? 미지의 마음속에서 작은 북소리가 울린다. / 두구두구두구.
_{미지의 가슴이 뜀.}
택배 상자가 활짝 벌어졌을 때, 미지는 보았다. 별 모양도 없고, 꽃 모양도 없고, 노란색도 아니고, 파란색도 아니고, 형광색도 아닌, 세상에서 가장 심심해 보이는 하얀색 끈 운동화를.

중심 내용 | 택배 상자 안에는 하얀색 끈 운동화가 들어 있었습니다.

・**글의 종류**: 이야기
・**글의 특징**: 천국에 있는 누군가를 만날 수 있는 운동화를 받은 주인공 미지의 이야기를 읽고 이어질 이야기를 상상할 수 있습니다.

▶ **이어질 이야기를 상상하는 방법**
・이야기 흐름에 어울리게 상상합니다.
・인물의 말이나 행동을 생각하며 상상합니다.

본체만체하거나 보고도 안 본 듯이 하거나.
택배 우편물이나 짐, 물건 등을 원하는 장소까지 직접 배달해 주는 일.
머나먼 매우 먼.
인생 사람이 세상을 살아가는 일. 또는 그 기간.

1
이해
미지가 정한 어른이라고 생각하는 때로 알맞지 **않은** 것은 무엇인가요? (　　　)

① 손을 흔들었는데 택시가 설 때
② 스스로 아침밥을 챙겨 먹을 때
③ 껌을 씹는데 딱딱 소리가 날 때
④ 자기 앞으로 온 택배 상자를 받게 될 때
⑤ 스마트폰 게임을 해도 엄마 아빠가 본체만체할 때

2
이해
4월 3일에 미지가 어른이 되었다고 생각한 까닭을 쓰세요.

・미지의 아홉 살 인생에 첫 ☐☐이/가 도착했기 때문입니다.

3
이해
택배 상자에는 무엇이 들어 있었나요? (　　　)

① 형광색 운동화
② 노란색 운동화
③ 별 모양 운동화
④ 하얀색 끈 운동화
⑤ 파란색 끈 운동화

★
4
추론
미지의 마음을 짐작한 것으로 알맞지 **않은** 것의 기호를 쓰세요.

㉮ 미지는 택배를 받고 너무나 설렜을 거야.
㉯ 미지는 택배를 열기 전에 불안하고 걱정이 되어 망설였을 거야.
㉰ 심심해 보이는 하얀색 끈 운동화를 보았을 때 미지는 실망했을 수도 있어.

(　　　　　)

8
단원
3회

다 ㉠"에이, 뭐야."

실망한 미지는 <u>운동화를 다시 상자에 넣으려다가</u> 노랗고 파란 형광
_{심심해 보이는 운동화가 마음에 들지 않아서}
별, 형광 꽃이 콕콕 박힌 종이를 발견했다. ㉡<u>제품 설명서</u>였다.

제품 설명서

제품명 대단하고 엄청나고 놀라운 운동화

크기 ㉢<u>샛별초등학교 2학년 1반에서 가장 작은 발 크기</u>

기능 하늘나라로 떠난 누군가가 보고 싶나요?
아이쉽다잉 박사가 50년 연구 끝에 개발하고 '하사'가 승
인한 '대단하고 엄청나고 놀라운 운동화'는 천국에 있는 누
군가에게 당신을 데려다주는 ㉣<u>은나노 극세사 인공 지능</u>
<u>하이브리드 드론 운동화</u>입니다.

사용 방법

1. 운동화를 신고, 만나고 싶은 누군가의 이름을 세 번 부르면서 세 번
폴짝폴짝 뜁니다.

2. 자신이 달릴 수 있는 최고 속도로 달립니다.

3. 숨이 찰 때까지 계속 달립니다.

4. 눈앞이 노래질 때까지 달립니다.

주의 사항 천국에 머물 수 있는 시간은 30분입니다.

중심 내용 | 미지는 택배 상자 안에서 제품 설명서를 발견했습니다.

▶ 미지의 마음 짐작하기

말	"에이 뭐야."
행동	운동화를 다시 상자에 넣으려고 함.
마음	운동화가 마음에 들지 않아서 실망함.

제품 재료를 써서 만든 물건.
설명서 내용이나 이유, 사용법 등을 설명한 글.
개발하고 새로운 물건을 만들거나 새로운 생각을 내놓고.
승인한 어떤 일을 허락한.
인공 사람이 만들어 내거나 꾸며 낸 것.
머물 도중에 멈추거나 잠깐 어떤 곳에 있을.

---

5 미지가 운동화를 다시 상자에 넣으려다 발견
이해 한 것을 쓰세요.

( )

6 상자 속 운동화의 특별한 점에 ○표 하세요.
이해
(1) 천국에 있는 누군가에게 데려다줍니다.

( )

(2) 누구보다 빠르게 달릴 수 있게 해 줍니다.

( )

7 천국에 갔을 때 주의할 점은 무엇인가요?
이해
( )

① 천국에서 말을 할 수 없습니다.

② 천국에서 달리기를 멈추면 안 됩니다.

③ 천국에서 절대 눈을 감으면 안 됩니다.

④ 천국에 머물 수 있는 시간은 30분입니다.

⑤ 보고 싶은 사람의 이름을 부르면 안 됩니다.

★
8 ㉠~㉣ 중에서 미지의 마음을 알 수 있는 부분
추론 의 기호를 쓰세요.

( )

라 띠오오옹? (이건 미지의 눈 커지는 소리다.)

미지는 머리를 흔들고, 눈을 비비고, 뺨을 때린 후 다시 한번 읽어 보았다. 역시 그대로였다.

'천국에 있는 누군가에게 데려다준다고? 은나노 극세사 인공…… 뭐? 눈앞이 노래질 때까지 달리라니? 도대체 누가, 왜, 이런 운동화를 나한테 보낸 걸까? 근데 정말 이 운동화만 신으면 하늘나라에 가서 막, 정말 막, 보고 싶은 누군가를 만날 수 있을까? 그럴 수만 있다면……'

미지의 머릿속은 만 개의 종이 울리는 것처럼 시끄러웠다. 정신을 차렸을 때는 이미 운동화를 신고 폴짝폴짝 세 번 뛰고 있었다.

미지는 하늘 나라에 가서 누군가를 보고 싶음.

중심 내용 | 미지는 천국에 있는 누군가에게 데려다준다는 운동화를 신고 뛰었습니다.

• 작품 정리

| 가 | 어느 날 미지에게 택배가 도착함. |

↓

| 나 ~ 다 | 상자 안에 하얀색 운동화와 제품 설명서가 들어 있었음. |

↓

| 라 | 미지는 천국에 있는 누군가에게 데려다준다는 운동화를 신고 뜀. |

정신 무엇에 대해 느끼고 생각하고 판단하는 힘.

9
추론
설명서를 읽은 뒤 미지의 마음이 어떠했을지 알맞게 짐작한 친구의 이름을 쓰세요.

> 현주: 미지는 제품 설명서를 읽고, 상황을 믿을 수 없어서 매우 놀랐을 거야.
> 서준: 미지는 제품 설명서를 읽고, 만나고 싶은 누군가가 없어서 슬펐을 거야.

( )

10
추론
미지의 성격을 말한 것으로 알맞은 것에 ○표 하세요.

(1) 운동화를 여러 개 가지고 싶어 한 것으로 보아 미지는 욕심이 많습니다. ( )

(2) 하늘나라에 못 갈 것이라고 생각한 것으로 보아 미지는 포기가 빠릅니다. ( )

(3) 제품 설명서를 보고 궁금한 점이 많이 생긴 것으로 보아 미지는 호기심이 많습니다. ( )

11
이해
이 이야기에서 일이 일어난 차례대로 기호를 쓰세요.

> ㉮ 어느 날 미지에게 택배가 도착함.
> ㉯ 미지는 운동화를 신고 폴짝폴짝 세 번 뛰었음.
> ㉰ 택배 상자 안에 운동화와 제품 설명서가 들어 있었음.

( ) → ( ) → ( )

8
단원
3회

서술형
12
적용
운동화를 신고 천국에 간 미지가 누구를 만났을지 상상해서 쓰세요.

• 천국에 간 미지는 _____

_____ 을/를 만났습니다.

도움말 자신이 미지라면 천국에서 누구를 만나고 싶은지 떠올려 보아요.

|1~5| 다음 시와 노랫말을 읽고, 물음에 답하세요.

> **가** 꽥!
> 　꽥!
> 꽥!
> 　꽥!
>
> 쌓인 눈을 밟을 때마다
> 오리 우는 소리가 난다
>
> 뚱뚱하게 옷 껴입고
> 앞서가는 친구들도
> 꽥!
> 　꽥!
> 뒤따라오는 친구들도
> 꽥!
> 　꽥!
>
> 씰룩씰룩
> 궁둥이 흔들며 걷는 우린
> 한 줄로 선 살찐 오리들
>
> **나** 밤사이 눈이 내려 새하얀 들길
> 그 누가 이 길 따라 어디로 갔나
> 눈 위에 나란히 예쁜 발자국
> 예쁜 발자국 이른 아침 그 누가 어딜 갔을
> 까

1 시 **가**에서 "꽥!"을 나란하지 않게 표현한 까닭은 무엇일지 쓰세요.

• ☐☐ 처럼 뒤뚱뒤뚱 걷는 모습을 표현한 것 같습니다.

2 시 **가**와 비슷한 경험을 떠올린 것은 무엇인가요? (　　　)

① 비를 맞으며 등교한 일
② 비 오는 날 소풍을 간 일
③ 추운 날 고드름을 만진 일
④ 눈을 밟으며 친구들과 걸은 일
⑤ 더운 여름에 친구와 수영을 한 일

3 노랫말 **나** 속 인물의 마음은 어떠한가요?
　　　　　　　　　　　　(　　　)

① 고마운 마음　　　② 궁금한 마음
③ 무서운 마음　　　④ 미안한 마음
⑤ 속상한 마음

4 노랫말 **나**에 나타난 경험은 무엇인가요?
　　　　　　　　　　　　(　　　)

① 눈 내리는 강을 보고 있습니다.
② 눈싸움하는 어린이들을 보고 있습니다.
③ 멀리서 걸어오는 사람을 보고 있습니다.
④ 눈길 위에 있는 눈사람을 보고 있습니다.
⑤ 눈 내린 들길 위에 있는 발자국을 보고 있습니다.

5 **가**와 **나**에서 나타난 경험이 어떻게 같고 다른지 알맞게 말한 친구의 이름을 쓰세요.

> 민정: **가**와 **나** 모두 눈이 내린 아침 풍경을 표현했습니다.
> 지유: **가**는 눈 오는 날 축구를 하는 경험을, **나**는 눈 덮인 풍경을 본 경험을 표현했습니다.

　　　　　　　　　　(　　　　　　)

| 6~7 | 다음 글을 읽고, 물음에 답하세요.

풍뎅이를 따라다니던 금방울은 주변을 둘러보았습니다. 동생들이 보이지 않았습니다. 빈 집 앞에서 놀고 있었는데.

엄마 아빠 말씀이 생각났습니다. 할머니 댁에 가실 때 하신 말씀입니다.

"동생들을 잘 돌봐라. 감기 들지 않게 담요도 덮어 주고. 낯선 손님에게는 함부로 문을 열어 줘도 안 돼요."

비가 쏟아지기 시작했습니다.

"동생들은 빈집으로 들어가 있을 거야!"

금방울은 빈집으로 달렸습니다.

6 금방울은 무엇을 하고 있나요? (　　　)

① 동생들을 찾고 있습니다.
② 낚시터에 가고 있습니다.
③ 놀이터에서 동생들과 놀고 있습니다.
④ 감기에 걸린 동생을 돌보고 있습니다.
⑤ 동생에게 담요를 덮어 주고 있습니다.

7 이 글 뒤에 이어질 이야기를 상상할 때 빈칸에 알맞은 말을 쓰세요.

• 금방울이 [　][　]에 도착했지만 동생들은 보이지 않았습니다.

8 이어질 이야기를 상상할 때 생각해야 할 것을 모두 골라 ○표 하세요.

(1) 이야기의 흐름　(　　　)
(2) 글쓴이의 이름　(　　　)
(3) 인물의 말이나 행동　(　　　)

| 9~11 | 다음 글을 읽고, 물음에 답하세요.

쿵쿵쿵.

금방울과 은방울은 놀라서 마주 보았습니다.

"누구지?" / "엄마다!"

금방울은 문 쪽으로 달려가는 작은방울을 얼른 잡았습니다.

"기다려. 내가 먼저 알아봐야 돼."

조용히 하라는 시늉에 은방울과 작은방울이 입을 꼭 다물었습니다. 금방울은 살금살금 걸어서 문틈으로 내다보았습니다. 문 앞에 낯선 덩치가 서 있었습니다. 문틈으로는 다 볼 수도 없을 만큼 커다란 덩치였습니다.

9 문 앞에는 누가 있었는지 쓰세요.

낯선 [　][　]

10 이 글에서 알 수 있는 금방울의 마음으로 알맞지 않은 것은 무엇인가요? (　　　)

① 떨림　　② 놀람
③ 무서움　　④ 걱정됨
⑤ 즐거움

11 금방울에 대해 알맞게 말한 것에 ○표 하세요.

(1) 금방울은 자기만 생각해서 먼저 도망갈 것 같습니다.　(　　　)
(2) 동생들을 잘 챙기는 모습을 보니 금방울은 책임감이 강합니다.　(　　　)
(3) 문을 바로 여는 것을 보니 금방울은 용감한 아이입니다.　(　　　)

| 12~14 | 다음 글을 읽고, 물음에 답하세요.

가 택배 상자가 활짝 벌어졌을 때, 미지는 보았다. 별 모양도 없고, 꽃 모양도 없고, 노란색도 아니고, 파란색도 아니고, 형광색도 아닌, 세상에서 가장 심심해 보이는 하얀색 끈 운동화를.
"에이, 뭐야."
실망한 미지는 운동화를 다시 상자에 넣으려다가 노랗고 파란 형광 별, 형광 꽃이 콕콕 박힌 종이를 발견했다. 제품 설명서였다.

나 '천국에 있는 누군가에게 데려다준다고? 은나노 극세사 인공…… 뭐? 눈앞이 노래질 때까지 달리라니? 도대체 누가, 왜, 이런 운동화를 나한테 보낸 걸까?'

12 운동화를 본 미지의 마음으로 알맞은 것은 무엇인가요? (　　　)

① 설렘　　　　　② 편안함
③ 부러움　　　　④ 무서움
⑤ 실망스러움

13 운동화에 대한 설명으로 알맞은 것에 ○표 하세요.

⑴ 미지를 학교로 데리고 갔습니다. (　　　)
⑵ 엄마가 미지에게 보낸 것입니다. (　　　)
⑶ 세상에서 가장 심심해 보였습니다. (　　　)

서술형
14 미지의 마음을 생각하며 이어질 이야기를 상상하여 써 보세요.

• 미지는 _____

_____

도움말 자신이 미지라면 천국으로 데려다준다는 운동화를 보고 어떤 마음이 들었을지 떠올려 보세요.

수행 평가
15 다음 노랫말을 읽고, 물음에 답하세요.

문구점을 지나고 장난감집 지나서
학교 가는 길 너랑 함께 가서 좋은 길

놀이터를 지나고 떡볶이집 지나서
집에 오는 길 너랑 함께 와서 좋은 길

도란도란 이야기하며 손잡고 가는 길
너랑 함께 걸어서 너무너무 좋은 길

1단계 이 노랫말처럼 다른 사람과 함께 걸었던 경험을 떠올리고 쓰세요.

• 나는 ⑴ [　　　　　]과/와 함께

⑵ [　　　　　]에 가는 길을 걸었습니다.

도움말 누구와 어디에 갔는지 떠올려 보세요.

2단계 다른 사람과 함께 걸었던 일을 떠올리며 노랫말을 바꾸어 쓰세요.

⑴ [　　　　　] 을/를 지나고
⑵ [　　　　　] 을/를 지나서
⑶ [　　　　　] 가는 길
⑷ [　　　　　] 과/와 함께 가서
⑸ [　　　　　] 길

도움말 **1단계**에 쓴 경험과 그때의 느낌을 떠올리며 노랫말을 바꾸어 보아요.

어느 별로 가야 할까요?

우주선이 별로 날아가고 있어요. 길을 따라가서 뜻에 알맞은 낱말을 찾아 쓰세요.

작품	이어지다	노랫말	흐름

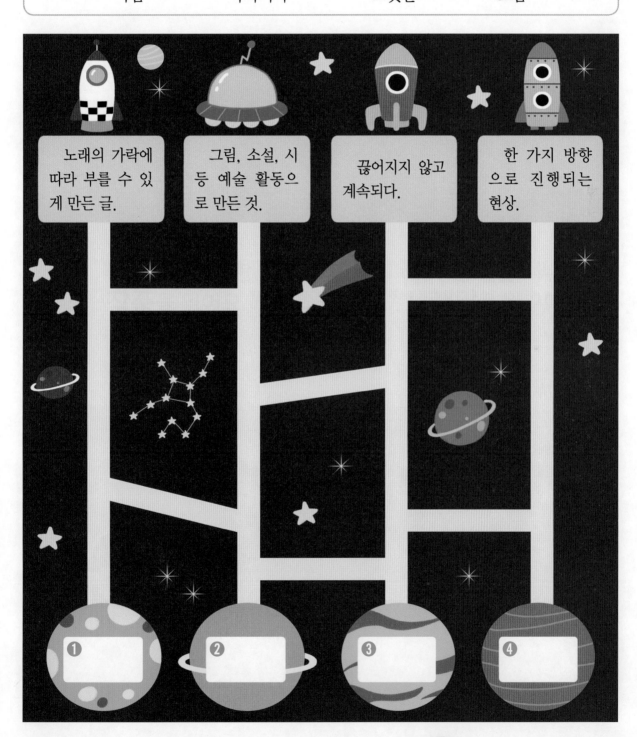

노래의 가락에 따라 부를 수 있게 만든 글.

그림, 소설, 시 등 예술 활동으로 만든 것.

끊어지지 않고 계속되다.

한 가지 방향으로 진행되는 현상.

①
②
③
④

거꾸로 정답 름흐 ① 다지어이 ② 품작 ③ 말랫노 ④

초능력

초등 1, 2학년을 위한
추천 라인업

동아출판

1~2학년 1, 2학기(전 4권)

어휘력을 높이는
초능력 맞춤법 + 받아쓰기

- 쉽고 빠르게 배우는 **맞춤법 학습**
- 단계별 낱말과 문장 **바르게 쓰기 연습**
- 학년, 학기별 국어 교과서 **어휘 학습**

➕ 선생님이 불러 주는 듣기 자료, 맞춤법 원리 학습 동영상 강의

1~2학년 대상

빠르고 재밌게 배우는
초능력 구구단

- 3회 누적 학습으로 **구구단 완벽 암기**
- 기초부터 활용까지 **3단계 학습**
- 개념을 시각화하여 **직관적 구구단 원리 이해**
- 다양한 유형으로 구구단 **유창성과 적용력 향상**

➕ 구구단송

1~2학년 대상

원리부터 응용까지
초능력 시계·달력

- 초등 1~3학년에 걸쳐 있는 시계 학습을 **한 권으로 완성**
- 기초부터 활용까지 **3단계 학습**
- 개념을 시각화하여 **시계달력 원리를 쉽게 이해**
- 다양한 유형의 **연습 문제와 실생활 문제로 흥미 유발**

➕ 시계·달력 개념 동영상 강의

2022 개정 교육과정

백점

국어 2·2

평가북

● 학교 시험 대비 수준별 **단원 평가**

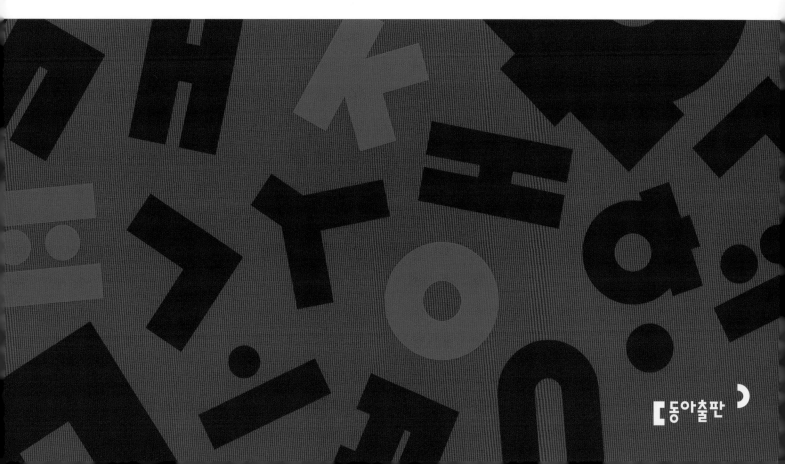

동아출판

평가북 구성과 특징

1 수준별 단원 평가 A단계
학교에서 실시하는 객관식 문항의
단원 평가를 완벽하게 대비할 수 있습니다.

2 수준별 단원 평가 B단계
학교에서 실시하는 서술형 문항이 포함된
단원 평가를 확실하게 대비할 수 있습니다.

백점
국어 2·2
평가북

● 차례

|1~2| 다음 시를 읽고, 물음에 답하세요.

> 달콤하고 조금 매콤하고
> 콧잔등에 땀이 송골송골
> 그래도 호호거리며 먹고 싶어.
>
> 벌써 입속에 침이 고이는걸
> '맛있다' 소리까지 함께 삼키면서
> 단짝끼리 오순도순 함께 먹고 싶어.

1 이 시에서는 음식을 먹을 때의 모습을 어떻게 나타내었나요? (   )

① 너무 차가워서 손발이 시립니다.
② 콧잔등에 땀이 송골송골 맺힙니다.
③ 눈이 맵고 따가워서 눈물이 납니다.
④ 너무 뜨거워서 이마를 찡그리게 됩니다.
⑤ 달콤하고 짭짤해서 입가에 미소가 지어집니다.

2 이 시를 읽고 떠올린 장면으로 알맞은 것은 무엇인가요? (   )

① 친구에게 생일 선물을 주는 모습
② 단짝을 위해 케이크를 만드는 모습
③ 단짝과 함께 놀이공원에 가는 모습
④ 친구들과 떡볶이를 나누어 먹는 모습
⑤ 친구들과 공을 차며 땀을 흘리는 모습

3 시를 읽고 장면을 상상하는 방법으로 알맞은 것에 모두 ○표 하세요.

(1) 시의 내용을 생각합니다. (   )
(2) 인상 깊은 표현을 생각합니다. (   )
(3) 자신의 경험과 비교하지 않습니다. (   )

|4~5| 다음 시를 읽고, 물음에 답하세요.

> 학교 끝났다, 오버
>
> 신발주머니 가방
> 머리 위로
> 빙글빙글 돌리며
> 달린다
>
> 두두두두두 두두두두
>
> 발이 땅에서 떠오르는 아이들
> 모두 다 헬리콥터 되어.
>
> 난다, 난다
> 신난다

4 아이들이 신발주머니 가방을 돌린 까닭은 무엇인지 이 시에서 찾아 쓰세요.

· ☐☐ 이/가 끝나서 신이 났기 때문입니다.

5 이 시를 읽고 떠올린 생각이나 느낌을 알맞게 이야기한 것은 무엇인가요? (   )

① 아이들이 억울해하는 것 같아.
② 학교에 가기 싫은 마음이 느껴져.
③ 친구와 싸워서 혼이 났던 일이 생각나.
④ 혼자서 쓸쓸하게 집에 갔던 일이 떠올라.
⑤ 아이들의 모습을 헬리콥터로 표현한 것이 재미있어.

|6~8| 다음 글을 읽고, 물음에 답하세요.

> 가 할머니의 집은 예전과 달라졌어.
> 하얀 고양이랑은 생김새부터 성격까지 모두 다른 녀석들 때문에 말이야.
> 하얀 집은 점점 난장판이 되었어.
> 빨강이는 할머니 스웨터를 다 풀어 놓았어.
> 노랑이는 하얀 벽에 온통 발자국을 찍어 놓았고, 분홍이는 할머니가 마시던 커피를 쏟아 버렸지.
> 나 새끼 고양이들은 무럭무럭 자랐어. 그리고 여전히 여기저기 흔적을 남기고 다녔지.
> 할머니는 언젠가부터 걱정하거나 화내지 않았어. 오히려 그런 고양이들을 보고 또 보는 게 즐거웠어.
> 할머니 집은 이제 눈처럼 하얗지 않아.
> 그래도 할머니는 괜찮대.
> 요즘 할머니에겐 즐거운 일이 아주 많이 생겼거든.

6 글 가에서 새끼 고양이들이 한 일을 모두 고르세요. (   )

① 커피를 쏟았습니다.
② 매일 서로 싸웠습니다.
③ 스웨터를 풀어 놓았습니다.
④ 벽에 발자국을 찍었습니다.
⑤ 흔적을 지우고 다녔습니다.

7 새끼 고양이들 때문에 할머니 집은 어떻게 되었는지 ○표 하세요.

(1) 눈처럼 하얘졌습니다.   (   )
(2) 난장판이 되었습니다.   (   )
(3) 다시 깨끗해졌습니다.   (   )

8 글 나에서 알 수 있는 할머니의 마음을 두 가지 고르세요. (   )

① 고양이에게 화나는 마음
② 집이 더러워서 속상한 마음
③ 고양이를 보는 것이 즐거운 마음
④ 아픈 새끼 고양이를 걱정하는 마음
⑤ 고양이가 집을 어지럽혀도 괜찮은 마음

|9~10| 다음 시를 읽고, 물음에 답하세요.

> 채송화야
> 난 네가
> 장대비에 쓸려 갈까 봐
> 밤새 눈 뜨고 지켜봤단다
>
> 해바라기야
> 난 네가
> 장대비에 쓰러질까 봐
> 밤새 눈 감고 맘 졸였단다

9 이 시에서 서로를 걱정한 꽃 이름을 모두 쓰세요.

(   )

10 이 시를 읽고 자신의 경험과 비교하며 장면을 상상한 친구의 이름을 쓰세요.

> 혜지: 비가 많이 와서 동생이 집에 오다 넘어질까 봐 걱정했던 내 모습이 생각났어.
> 윤수: '난 네가 / 장대비에 ~할까 봐'라는 표현이 반복되어서 서로를 걱정하는 모습이 더 생생하게 떠올랐어.

(   )

|1~3| 다음 시를 읽고, 물음에 답하세요.

> 오늘 급식은 짜장면이다!
>
> ㉠호로록, 한 입 먹으면
> 콧잔등에 / 맛있는 짜장 점 일곱 개
>
> ㉡호로록호로록, 두 입 먹으면
> 입가에 / 맛있는 짜장 수염 두 가닥
>
> 마주 앉은 친구가
> 웃는 소리도 / 짜장짜장 들리는 날

1 입가에 짜장 수염이 생긴 까닭을 쓰세요.

• 입가에 [   ]이/가 수염처럼 묻
기 때문입니다.

2 ㉠과 ㉡은 무엇을 흉내 내는 말인가요? (   )

① 물을 따르는 소리   ② 짜장면 먹는 소리
③ 얼굴을 닦는 모습   ④ 국수 비비는 소리
⑤ 수염 만지는 모습

3 이 시의 내용을 생각하며 장면을 상상한 것에 ○표 하세요.

(1) 친구의 웃음소리가 짜장짜장 들린다는 표현이 재미있습니다.   (   )
(2) 짜장면을 먹으면서 신이 난 아이들의 모습이 생생하게 떠오릅니다.   (   )
(3) 지난주에 비빔국수를 먹다가 얼굴에 온통 양념이 묻었던 경험이 생각납니다. (   )

|4~5| 다음 글을 읽고, 물음에 답하세요.

> 할머니는 하얀 집에 뭐라도 묻을까 봐 아무도 초대하지 않았어. 할머니는 외롭지 않았을까?
> 아니야. 할머니 옆에는 늘 하얀 고양이가 있었거든.
> 여느 때처럼 할머니는 하얀 집을 구석구석 여기저기 청소했어.
> 그런데 문득 이상한 기분이 들었어.
> 하얀 고양이가 사라진 거야!
> 저녁이 되었는데도 하얀 고양이는 보이지 않았어.
> '대체 어디 간 걸까? 찾으러 나가야 하나? 집을 비우면 못된 녀석들이 우리 집을 망가뜨릴지도 몰라.'
> 할머니는 이러지도 저러지도 못했지.

4 이 글에서 할머니께서 하신 행동을 두 가지 고르세요. (   )

① 집을 청소하셨습니다.
② 사람들을 초대하셨습니다.
③ 저녁 식사를 차리셨습니다.
④ 고양이를 안아 주셨습니다.
⑤ 이러지도 저러지도 못하셨습니다.

서술형
5 이 글에서 할머니의 마음은 어떠하셨을지 상상하여 쓰세요.

• 할머니께서는 하얀 고양이가 보이지 않아서

도움말 늘 함께 있던 고양이가 보이지 않는다면 어떤 마음이 들지 떠올려 보세요.

|6~10| **다음 글을 읽고, 물음에 답하세요.**

> **가** 엉뚱한 수리점 창문에 불이 켜졌어요. 수리할 물건을 들고 있던 어른들이 하나둘씩 줄을 서기 시작했죠.
>
> 하지만 그 광경을 곰곰이 지켜보던 소이 눈에는 그 물건들이 고장 난 것처럼 보이지 않았어요.
>
> **나** "아저씨는 왜 ㉠멀쩡한 의자를 가지고 나왔어요?"
>
> "쉿! 조용히 해 주겠니? 삐거덕거리는 곳을 찾아야 고칠 수가 있단다."
>
> "그래요? 제 방 의자도 삐거덕삐거덕하지만, 정말 재미있는데. 제 의자도 고쳐야 할까요?"
>
> **다** "너도 고칠 게 있니? 난 화분에서 쓸모없는 강아지풀이 자꾸만 자라서 고치려고 왔는데."
>
> "그걸 왜 고쳐요? 강아지풀로 간지럼을 태우면 엄청 재미있는데!"
>
> **라** "너도 고치고 싶은 게 있니? 아저씨는 무엇이든 고칠 수가 있단다. 말해 보렴."
>
> "정말요? 그럼 이 빗자루를 진짜 새처럼 날 수 있게 고쳐 주세요! 빗자루를 타고 구름 위를 훨훨 날아 보고 싶거든요."
>
> "뭐라고? 진짜 새처럼 날 수 있게 고쳐 달라고? 그렇게 만들 수는 없어. 하지만 청소할 때 쓰는 빗자루로 튼튼하게 고칠 수는 있지. 그렇게 고쳐 줄까?"

6 엉뚱한 수리점에 어른들이 모여든 까닭을 쓰세요.

- 고장 난 물건을 ☐☐ 해 달라고 하기 위해서입니다.

7 글 **다** 에서 소이가 한 생각에 ○표 하세요.

(1) 강아지풀은 쓸모없다. ( )

(2) 화분을 반드시 고쳐야 한다. ( )

(3) 강아지풀로 간지럼을 태우면 재미있다.
( )

8 이 글에서 일이 일어난 차례대로 기호를 쓰세요.

> ㉮ 어른들이 의자와 화분을 고치고 싶어 함.
> ㉯ 엉뚱한 수리점에 불이 켜지고 어른들이 줄을 서기 시작함.
> ㉰ 소이가 빗자루를 새처럼 날게 고쳐 달라고 했지만, 수리점 아저씨는 청소할 때 쓰는 빗자루로 튼튼하게 고쳐 준다고 함.

( ) → ( ) → ( )

9 ㉠의 뜻으로 알맞은 것은 무엇인가요? ( )

① 흠 없이 온전한.
② 쓸 만한 가치가 없는.
③ 매우 단단하고 굳세게.
④ 이리저리 깊이 생각하며.
⑤ 꾸밈이나 거짓이 없이 참으로.

10 이 글을 읽고 떠오른 생각이나 느낌을 쓰세요.

_____

_____

도움말 소이나 어른들이 한 말이나 행동을 보고 어떤 생각이 드는지 써 보세요.

1 다음 그림의 상황을 보고, 어울리는 고운 말을 두 가지 고르세요. (   )

① 고마워.
② 괜찮아.
③ 축하해.
④ 왜 그러니?
⑤ 앗 깜짝이야!

2 심부름을 갔다 온 동생에게 할 수 있는 고운 말은 무엇인가요? (   )

① 그랬구나.
② 수고했어.
③ 어디 아프니?
④ 넌 할 수 있어.
⑤ 네가 웬일이니?

3 친구와 함께 고운 말로 대화해 보고 생각이나 느낌을 알맞게 말한 것에 ○표 하세요.

(1) 고운 말을 들으니 기분이 좋아. (   )
(2) 나에게 고운 말만 해 주면 좋겠어. (   )
(3) 고운 말을 해 준 친구랑만 놀 거야. (   )

| 4~5 | 다음 대화를 보고, 물음에 답하세요.

4 다음은 하늘이가 친구들과 대화한 후 쓴 쪽지입니다. 누구에게 쓴 쪽지일지 생각하여 빈칸에 이름을 쓰세요.

> ☐(이)에게
>
> 내 말을 잘 듣고 공감해 주어 기분이 좋았어. 고마워.

5 상대와 기분 좋게 대화하려면 하영이는 어떻게 대화해야 할까요? (   )

① 상대의 의견에 늘 찬성해야 합니다.
② 상대를 칭찬하는 말만 해야 합니다.
③ 상대의 말을 귀담아듣고 답해야 합니다.
④ 상대에게 도움이 되는 말만 해야 합니다.
⑤ 하고 싶은 말이 떠오르면 바로 말해야 합니다.

• 정답 23쪽

|6~7| 다음 대화를 읽고, 물음에 답하세요.

❶ 남자아이: 미술 작품을 완성하려고 끝까지 노력하는 네가 정말 대단해.
여자아이: 완성하느라 힘들었는데 네가 칭찬해 주니까 뿌듯해.

❷ 여자아이: 나는 왜 자꾸 실수하는 걸까? 실수하지 않으려면 어떻게 해야 할까?
남자아이: 실수해서 무척 속상했구나. 그런데 실수는 누구나 하는 거니까 너무 실망하지 마.

6 ❶에서 남자아이가 여자아이를 칭찬한 방법에 ○표 하세요.

(1) 좋은 점을 부풀려서 칭찬했습니다. (　　　)
(2) 열심히 노력하는 점을 찾아 칭찬했습니다.
(　　　)
(3) 잘못한 점과 잘한 점을 함께 칭찬했습니다.
(　　　)

7 ❷에서 남자아이가 대화한 방법이 <u>아닌</u> 것은 무엇인가요? (　　　)

① 여자아이를 격려해 주었습니다.
② 여자아이를 존중하며 말했습니다.
③ 여자아이의 마음에 공감해 주었습니다.
④ 여자아이를 도와주려는 마음으로 말했습니다.
⑤ 여자아이가 고쳤으면 하는 습관을 알려 주었습니다.

8 칭찬이나 조언을 주고받으면 좋은 점을 바르게 말한 친구의 이름을 쓰세요.

(　　　　　　　　)

|9~10| 다음 대화를 보고, 물음에 답하세요.

9 여자아이의 말을 들은 남자아이의 기분은 어떠할까요? (　　　)

① 기쁨.　　　　　② 고마움.
③ 지루함.　　　　④ 재미있음.
⑤ 당황스러움.

10 여자아이가 적절하게 반응하는 방법을 생각하며 알맞은 말에 ○표 하세요.

(1) 대화를 끝까지 잘 듣고 말하는 사람에게 (공감, 비난)해 줍니다.
(2) (기분, 상황)에 어울리는 말투로 말합니다.

|1~2| 다음 대화를 읽고, 물음에 답하세요.

> ❶ 남자아이: 기분이 안 좋아 보인다. 어디
> 아프니?
> 여자아이: 어제부터 머리가 좀 아파. 걱
> 정해 줘서 고마워.

> ❷ 여자아이: 가위를 깜빡 잊고 가져오지
> 못했어. 네 가위 좀 빌려줄래?
> 남자아이: 가위가 없어서 깜짝 놀랐겠
> 다. 오늘 나랑 같이 사용하자. 여기
> 있어!

1 ❶에서 친구들이 대화한 방법을 생각하며 빈
칸에 공통으로 들어갈 말을 쓰세요.

> 남자아이는 상대의 ▢ 을/를 살펴 말
> 하였고, 여자아이는 자신의 ▢ 을/를
> 살펴 준 것에 고마움을 표현하였습니다.

(   )

2 ❷에서 여자아이가 부탁을 한 방법은 무엇인
가요? (   )

① 상대의 부탁을 먼저 들어주었습니다.
② 자신의 기분을 자세하게 설명했습니다.
③ 상대의 잘못을 말한 뒤에 부탁했습니다.
④ 자신의 상황에 공감해 달라고 말했습니다.
⑤ 자신의 상황을 이해할 수 있게 설명했습니다.

|3~4| 다음 대화를 읽고, 물음에 답하세요.

> ❶ 남자아이: 국어 시간에 내가 발표할게.
> 여자아이: 좋아. 이번에는 네가 하고 다
> 음에는 내가 할게.

> ❷ 여자아이: 내가 만든 것 어때?
> 남자아이: 우아! 정말 멋지다. 나도 너
> 처럼 잘 만들고 싶어.

> ❸ 할머니: 생일 축하한다.
> 남자아이: 제 생일을 축하해 주셔서 고
> 맙습니다.

3 ❶~❸ 중에서 상대의 잘하는 점을 칭찬하는
상황은 무엇인지 번호를 쓰세요.

(   )

서술형

4 ❸과 같이 어른과 고운 말로 대화를 나눴던 경
험을 떠올려 쓰세요.

_____

_____

도움말 부모님, 선생님 혹은 주변 어른들과 고운 말로 대화한 경
험을 떠올려 써 보아요.

5 고운 말로 대화하는 방법에 ○표 하세요.

(1) 내가 하고 싶은 말만 합니다. (   )
(2) 내 기분만 생각하며 말합니다. (   )
(3) 상대의 말을 공감하며 듣습니다. (   )

● 정답 23쪽

| 6~7 | 다음 글을 읽고, 물음에 답하세요.

> "나는 크니프야. 너는 목소리가 참 예쁘구나. 정말 좋겠다."
> "왜? 너는 목소리가 커서 멋있는걸."
> "아냐, 아냐! 아무도 날 좋아하지 않아. 아무도 나랑 이야기도 하지 않고, 놀려고 하지도 않아."
> 크니프는 뾰족한 발가락을 꼼지락거리며 말했어요.
> "친구 사귀는 방법은 생각보다 간단해. 친구를 만나면 먼저 반갑게 인사해 봐!"
> 속삭이는 싱긋 웃었어요.

6 속삭이는 크니프에게 뭐라고 칭찬했나요?
(   )

① 너는 친구를 잘 사귄다.
② 너는 목소리가 참 예쁘다.
③ 네가 반갑게 인사해서 좋다.
④ 너는 목소리가 커서 멋있다.
⑤ 너는 발가락이 정말 뾰족하다.

서술형

7 다음을 읽고 속삭이가 크니프에게 조언한 말을 이 글에서 찾아 쓰세요.

> 조언은 다른 사람에게 어려움이 있을 때 도움이 되도록 말로 알려 주는 것이에요.

_____

_____

도움말 속삭이가 크니프에게 친구 사귀는 방법을 알려 준 문장을 찾아보아요.

| 8~9 | 다음 대화를 보고, 물음에 답하세요.

8 진아가 말할 때 선우는 어떻게 반응하며 답했는지 찾아 기호를 쓰세요.

> ㉮ 질문에 화내듯이 답했습니다.
> ㉯ 말이 끝나기 전에 끼어들었습니다.
> ㉰ 휴대 전화만 쳐다보며 건성으로 답했습니다.

(   )

9 이 대화로 역할놀이를 할 때 내가 진아라면, 어떤 기분일까요? (   )

① 고맙습니다.   ② 화가 납니다.
③ 재미있습니다.   ④ 기분 좋습니다.
⑤ 선우와 더 친해진 것 같습니다.

10 대화할 때 적절하게 반응하는 방법을 생각하며 빈칸에 알맞은 말을 쓰세요.

• 말하는 사람을 쳐다보며 대화 내용에 집중합니다.
• 대화를 끝까지 듣고 말하는 사람에게
  (1) [   ] 해 줍니다.
• 상황에 알맞은 (2) [   ] 을/를 지으며 부드러운 말투로 말합니다.

1 다음 상황에 대한 설명으로 알맞지 <u>않은</u> 것은 무엇인가요? ( )

① 설명하려는 물건은 칠판입니다.
② 설명하려는 물건은 동그란 모양입니다.
③ 대상의 특징을 한 가지만 설명했습니다.
④ 친구들은 각각 다른 물건을 떠올렸습니다.
⑤ 설명을 듣고 떠올릴 수 있는 물건은 여러 개입니다.

| 2~3 | 다음 글을 읽고, 물음에 답하세요.

> ### 진심으로 사과하는 법을 알아 둬
>
> 누구나 잘못을 했을 때 상대에게 사과를 꼭 해야 해. 마음속으로만 잘못했다고 생각하면 상대는 알 수가 없잖아. 내 마음을 읽을 수 없으니까 말이야. 또 중요한 한 가지! 사과할 때는 왜 미안한지도 말해야 해. 무엇을 잘못해서 뉘우치고 있다는 것을 알려 주어야 상대도 사과하는 사람의 진심을 느끼고 받아들여 주거든. 그리고 다시는 그런 일을 하지 않을 거라는 약속도 해야 한단다.

2 이 글의 제목을 보고 무엇에 대한 내용일지 짐작하여 쓰세요.

• [   ] 하는 방법에 대한 내용일 것입니다.

3 글쓴이가 하고 싶은 말로 알맞은 것을 두 가지 고르세요. ( )

① 상대는 내 마음을 읽을 수 있습니다.
② 사과할 때는 왜 미안한지 말해야 합니다.
③ 다음에 또 사과하겠다고 약속해야 합니다.
④ 마음속으로만 잘못했다고 생각해야 합니다.
⑤ 잘못했을 때 상대에게 사과를 꼭 해야 합니다.

4 글을 읽고 중심 내용을 찾는 방법을 알맞게 말하지 <u>못한</u> 친구의 이름을 쓰세요.

( )

|5~7| 다음 글을 읽고, 물음에 답하세요.

> 빗자루는 먼지나 쓰레기를 쓸어 모으는 청소 도구야. 수수, 갈대, 댑싸리, 대나무 같은 것을 묶어 만들지. 옛날에는 집집마다 마당 한쪽에 쉽싸리나 댑싸리를 길러서 직접 만들었어.
>
> 빗자루를 어떻게 만드는지 아니? 먼저 갈대나 수수 줄기를 소금물에 삶는데, 이렇게 하면 줄기가 질겨져. 그런 다음에 그늘에 말려서 납작한 칼로 줄기에 묻은 나락이나 꽃가루 들을 깨끗이 긁어내.

5 다음에서 설명하는 물건은 무엇인지 이 글에서 찾아 쓰세요.

> 먼지나 쓰레기를 쓸어 모으는 청소 도구.

( )

6 문제 **5**번에서 답한 물건의 특징은 무엇인가요?

( )

① 옛날에만 사용하던 물건입니다.
② 이것의 재료는 나락이나 꽃가루입니다.
③ 수수, 갈대, 댑싸리 따위를 묶어 만듭니다.
④ 갈대나 수수 줄기를 설탕물에 삶아서 만듭니다.
⑤ 옛날에는 재료를 구하기 어려워서 직접 만들 수 없었습니다.

7 다음 밑줄 친 낱말과 뜻이 반대인 낱말에 ○표 하세요.

> 줄기가 <u>질겨져</u>.

줄기가 (억세져, 즐거워져, 연해져).

|8~9| 다음 글을 읽고, 물음에 답하세요.

> 하는 일에 따라서도 옷차림이 달라집니다. 소방관은 뜨거운 불로부터 몸을 보호하려고 헬멧과 장갑, 열을 막을 수 있는 특별한 옷을 입습니다. 요리하는 사람은 음식을 청결하게 만들려고 요리용 모자를 쓰거나 앞치마를 두릅니다.
>
> 우리는 날마다 여러 가지 옷차림을 볼 수 있습니다. 오늘 여러분은 어떤 옷을 입고 있나요?

8 이 글에서 설명하는 '옷차림'의 특징을 찾아 빈칸에 알맞은 말을 쓰세요.

· ☐ 에 따라 옷차림이 달라집니다.

9 이 글을 읽고 궁금한 점을 알맞게 말하지 **못한** 친구의 이름을 쓰세요.

> 채원: 사람들은 왜 매일 밥을 먹을까?
> 도영: 나라에 따라 볼 수 있는 옷도 다를까?
> 민아: 날씨에 따라서는 옷이 어떻게 달라질까?

( )

10 사물을 설명하는 글을 쓸 때 주의할 점이 **아닌** 것은 무엇인가요? ( )

① 사물의 생김새만 설명합니다.
② 사물의 특징이 잘 드러나게 씁니다.
③ 읽는 사람이 궁금해할 내용을 씁니다.
④ 설명하고 싶은 내용을 자세히 씁니다.
⑤ 읽는 사람이 알기 쉽게 여러 가지 특징을 씁니다.

|1~3| 다음 글을 읽고, 물음에 답하세요.

> 가 누구나 잘못을 했을 때 상대에게 사과를 꼭 해야 해. 마음속으로만 잘못했다고 생각하면 상대는 알 수가 없잖아. 내 마음을 읽을 수 없으니까 말이야.
>
> 나 사과할 때는 왜 미안한지도 말해야 해. 무엇을 잘못해서 뉘우치고 있다는 것을 알려 주어야 상대도 사과하는 사람의 진심을 느끼고 받아들여 주거든. 그리고 다시는 그런 일을 하지 않을 거라는 약속도 해야 한단다.
>
> 다 또 무작정 사과만 해 놓고 상대가 받아 주든지 말든지 신경 쓰지 않는 사람도 있어. 사과를 받아 주는 것은 나 때문에 상처를 받은 상대가 결정해야 하기 때문에, "내 사과를 받아 줄래?"라고 정중하게 물어봐야 해.

1 이 글에서 말한, 잘못을 했을 때 사과를 해야 하는 까닭에 ○표 하세요.

(1) 내가 상처받지 않기 위해서 ( )

(2) 상대가 내 마음을 읽을 수 있어서 ( )

(3) 마음속으로만 잘못했다고 생각하면 상대가 알 수 없어서 ( )

2 이 글에서 설명하는 사과하는 방법으로 알맞은 것은 무엇인가요? ( )

① 무작정 사과만 해야 합니다.

② 조용히 마음속으로 사과해야 합니다.

③ 상대에게 머리를 숙여 사과해야 합니다.

④ 사과한 뒤에는 신경 쓰지 않아야 합니다.

⑤ 다시는 그런 일을 하지 않을 거라는 약속을 해야 합니다.

3 다음 정리한 내용을 보고, 빈칸에 들어갈 말을 이 글에서 찾아 쓰세요.

(1) 잘못을 했을 때에는 상대에게 꼭 ☐☐하고 미안한 까닭을 말합니다.

(2) 사과할 때에는 "내 사과를 받아 줄래?"라고 ☐☐하게 물어봅니다.

|4~5| 다음 글을 읽고, 물음에 답하세요.

> 빗자루는 만든 재료나 생김새에 따라 이름도 가지가지야. 싸리 줄기로 만들어 흔히 마당비로 쓰는 빗자루를 '싸리비'라고 하지. 수수로 만든 빗자루는 '장목비'라고 하고 갈대 이삭을 ㉠묶어 만든 빗자루는 '갈목비'라고 해. 대나무를 끼워 손잡이를 길게 한 빗자루는 '대장비', 솔가지나 솔잎으로 만들어 사랑방이나 작은 방이나 화로 둘레를 치우는 데 쓰던 빗자루는 '솔비', 방비 자루에 고운 수를 놓은 빗자루는 '꽃비'야.

4 빈칸에 알맞은 말을 써서 이 글의 중심 내용을 정리하세요.

• 빗자루의 ☐☐☐은/는 재료나 생김새에 따라 정해집니다.

5 ㉠과 뜻이 반대인 낱말에 ○표 하세요.

| 물어 | 모아 | 풀어 |

| 6~7 | 다음 글을 읽고, 물음에 답하세요.

> 가 우리는 날마다 여러 가지 옷을 볼 수 있습니다. 친구들이 입는 옷에는 치마도 있고 바지도 있습니다. 또 친구들이 입는 옷의 색이나 무늬도 다양합니다. 거리에서 사람들을 만날 때면 저마다 다른 모습의 옷을 함께 볼 수 있습니다.
>
> 나 하는 일에 따라서도 옷차림이 달라집니다. 소방관은 뜨거운 불로부터 몸을 보호하려고 헬멧과 장갑, 열을 막을 수 있는 특별한 옷을 입습니다. 요리하는 사람은 음식을 청결하게 만들려고 요리용 모자를 쓰거나 앞치마를 두릅니다.

6 글 나 에서 설명하는 대상의 특징은 무엇인가요? (   )

① 계절에 따라 달라집니다.
② 나이에 따라 달라집니다.
③ 장소에 따라 달라집니다.
④ 하는 일에 따라 달라집니다.
⑤ 입는 시간에 따라 달라집니다.

7 이 글을 읽고 궁금한 점을 한 가지 쓰세요.

_____

_____

도움말 이 글에서 설명하는 대상인 '옷차림'을 생각하며 궁금한 내용을 떠올려 보아요.

8 다음 설명하는 글을 읽고 빈칸에 들어갈 알맞은 말에 ○표 하세요.

> 날씨에 따라서 입는 옷이 달라지기도 합니다.
> 날씨가 더울 때에는 두께가 ⑴(얇고, 길고), 소매가 짧은 옷을 입습니다. 날씨가 추울 때에는 ⑵(길이, 두께)가 두껍고, 소매가 긴 옷을 입습니다.

9 다음 사물을 설명하는 글을 쓰려고 합니다. 사물의 특징으로 알맞지 <u>않은</u> 것은 무엇인가요? (   )

> 옥수수

① 맛   ② 모양
③ 색깔   ④ 크기
⑤ 연주 방법

10 다음 글에서 알 수 있는 설명하는 대상의 특징이 <u>아닌</u> 것은 무엇인가요? (   )

> 우리 집에서 기르는 물고기 이름은 초록이입니다. 초록이는 초록색을 띤 열대어이기 때문입니다. 제 엄지손가락보다 작아서 정말 귀엽습니다. 저는 초록이가 뻐끔뻐끔 물을 들이마시는 모습을 보는 것이 정말 좋습니다.

① 물고기의 이름   ② 물고기의 종류
③ 물고기의 크기   ④ 물고기의 색깔
⑤ 물고기가 좋아하는 것

|1~3| 다음 글을 읽고, 물음에 답하세요.

> 여러분, 안녕하세요? 저는 ○○미술관 관장입니다. ㉠지난 화요일에 우리 미술관을 방문해 주어서 고마웠어요. 즐거운 시간 보냈나요? 저도 여러분을 만나 매우 반가웠어요!
> ㉡우리 미술관에서 본 작품들 가운데 어떤 작품이 가장 기억에 남았나요? 박수근 화가의 「공기놀이하는 아이들」을 기억하고 있는지 궁금하네요. 이 그림은 여자아이 세 명이 공기놀이하는 모습을 그린 것이에요.

1 ○○미술관 관장이 '여러분'에게 고마워한 것은 무엇인가요? (   )

① 공기놀이하는 모습을 그린 것
② 미술관에서 함께 그림을 그린 것
③ 박수근 화가와 이야기를 나눈 것
④ 아이들과 공기놀이를 함께 해 준 것
⑤ 지난 화요일에 미술관을 방문해 준 것

2 ㉠과 같은 문장 부호가 쓰인 문장에 ○표 하세요.

(1) 즐거운 시간 보냈나요?   (   )
(2) 저는 ○○미술관 관장입니다.   (   )
(3) 저도 여러분을 만나 매우 반가웠어요!
(   )

3 ㉡은 어떻게 쓰인 문장인가요? (   )

① 무엇을 설명합니다.
② 무엇인가를 물어봅니다.
③ 무엇을 하도록 시킵니다.
④ 무엇에 대한 생각을 나타냅니다.
⑤ 무엇에 대한 강한 느낌을 나타냅니다.

|4~5| 다음 상황을 보고, 물음에 답하세요.

> ❶ 할머니: 우체국이 어디 있나요?
> 아저씨: 우체국 가세요? 저기 모퉁이를 돌면 바로 우체국이 보이실 거예요.

> ❷ 남자아이: 이가 너무 아파요!
> 의사 선생님: 그래, 많이 아팠겠구나. 금방 치료해 줄게.

4 상황 ❶, ❷의 문장을 문장의 종류에 맞게 선으로 이어 보세요.

(1) 금방 치료해 줄게. •   • ㉮ 묻는 문장

(2) 이가 너무 아파요! •   • ㉯ 설명하는 문장

(3) 우체국이 어디 있나요? •   • ㉰ 감탄하는 문장

5 상황 ❷의 남자아이가 파란색 문장을 말한 까닭은 무엇인가요? (   )

① 이가 아픈 까닭을 물어보기 위해서
② 이가 썩은 까닭을 물어보기 위해서
③ 이가 아픈 느낌을 표현하기 위해서
④ 이가 아픈 까닭을 설명하기 위해서
⑤ 이를 치료하는 방법을 설명하기 위해서

| 6~7 | 다음 글을 읽고, 물음에 답하세요.

> **가** "예끼, 나쁜 사람 같으니! 왜 그냥 가려는 거야?"
> 구두쇠 영감이 눈을 부릅뜨고 말했어요.
> "아, 국밥 냄새를 맡았으면 값을 치르고 가야지."
> 최 서방은 기가 막혔지요.
> **나** 최 서방은 돈주머니를 꺼내어 구두쇠 영감의 귀에 대고 흔들었어요.
> "자, 이 소리가 들리지요?"
> "이것은 엽전 소리가 아닌가?"
> **다** 최 서방은 구두쇠 영감에게 말했어요.
> "무슨 소리요? 엽전 소리는 공짜인 줄 아시오? 엽전 소리를 그리 오래 들었으니 냄새 맡은 값은 치르고도 남았소."

6 최 서방은 냄새 맡은 값을 무엇으로 치렀나요? ( )

① 국밥
② 돈주머니
③ 엽전 소리
④ 엽전 그림
⑤ 국밥 냄새

7 글 **나** 에서 다음 최 서방의 말을 보고 짐작할 수 있는 최 서방의 마음이 <u>아닌</u> 것은 무엇인가요? ( )

> "자, 이 소리가 들리지요?"

① 통쾌합니다.
② 고소합니다.
③ 시원합니다.
④ 즐겁습니다.
⑤ 안타깝습니다.

| 8~10 | 다음 글을 읽고, 물음에 답하세요.

> 이 이야기를 들은 욕심꾸러기 농부는 일하러 가다가 쿵쾅거리며 되돌아왔습니다.
> 욕심꾸러기 농부가 방바닥을 데굴데굴 구르며 소리쳤습니다.
> "아이고, 배 아파! 무 하나에 송아지 한 마리라니!"
> 그러다 문득 좋은 생각이 나서 벌떡 일어나 앉았습니다.
> ㉠"사또께 송아지를 갖다 바치면 더 큰 선물을 받겠지?"
> 욕심꾸러기 농부는 송아지를 끌고 빠른 걸음으로 사또에게 갔습니다.

8 욕심꾸러기 농부가 사또에게 바치려 한 것은 무엇인지 쓰세요.

( )

9 욕심꾸러기 농부의 말과 행동을 보고 짐작할 수 있는 마음으로 알맞은 것을 모두 고르세요.
( )

① 부러움.
② 두려움.
③ 미안함.
④ 창피함.
⑤ 샘이 남.

10 ㉠을 실감 나게 읽을 때 어울리는 목소리에 ○표 하세요.

(1) 속이 상한 듯이 우는 목소리 ( )
(2) 창피하여 중얼거리는 목소리 ( )
(3) 기대하며 즐거워하는 목소리 ( )

1 다음과 같이 쓰인 문장은 무엇인가요?

( )

> 무엇을 설명하거나 생각을 나타냅니다.

① 씨앗이 참 작구나!
② 이가 너무 아파요!
③ 우체국이 어디에 있나요?
④ 나는 축구가 가장 재미있어.
⑤ 다음 쉬는 시간에 공기놀이할래?

| 2~3 | 다음 상황을 보고, 물음에 답하세요.

> **❶** ㉠ 공연이 몇 시에 시작하나요?
> ㉡ 2시 30분에 시작합니다.

> **❷** ㉢ 주인공이 병에 걸려서 너무 슬펐어!
> ㉣ 그 뒤에 주인공은 어떻게 되었을까?

2 ㉠~㉣을 문장의 종류에 맞게 나누어 쓰세요.

(1) 설명하는 문장: ( )
(2) 묻는 문장: ( )
(3) 감탄하는 문장: ( )

서술형
3 상황 ❷에서 문장 ㉣을 쓴 까닭을 알맞게 쓰세요.

• 그 뒤에 주인공이 _____

_____

도움말 문장의 끝에 물음표가 붙으면 무엇인가를 묻는 문장이에요.

| 4~5 | 다음 글을 읽고, 물음에 답하세요.

> 가 지후야, 안녕? 나 민우야.
> 지후야, 어제 네가 내 가방을 들어 주어서 고마웠어. 내가 손을 다쳐서 가방을 어떻게 들까 걱정했었거든.
> 나 ㉠지난 체육 시간에 달리기 경주를 했던 거 기억해? 네가 이겼잖아. 달리기만큼은 자신 있었는데 내가 지니까 많이 속상했어. 그래서 그동안 너한테 말도 제대로 하지 않았어. 그런데 너는 오히려 나를 걱정해 주고 가방도 들어 주어서 미안했어.
> ㉡지후야, 나를 도와주어서 고마워!

4 ㉠과 문장의 종류가 같은 것에 ○표 하세요.

(1) 지후야, 안녕? ( )
(2) 네가 이겼잖아. ( )
(3) 나를 도와주어서 고마워! ( )

5 ㉡의 문장의 종류와 문장을 쓴 까닭을 쓰세요.

(1) 문장의 종류	[ ] 문장
(2) 문장을 쓴 까닭	자신을 도와준 것에 대한 [ ] 느낌을 표현하기 위해

● 정답 25쪽

| 6~8 | 다음 글을 읽고, 물음에 답하세요.

옛날에 마음씨 고약한 구두쇠 영감이 장터에 국밥집을 차렸어요. 국밥집은 장사가 아주 잘되었어요.
㉠"히히, 이제 금방 부자가 되겠네."
어느 날, 옆 마을에 사는 최 서방이 국밥집 앞을 지나게 되었어요.
"킁킁, 킁킁! 아, 국밥 냄새 참 훌륭하네! 얼른 집에 가서 밥 먹어야겠다."
최 서방은 코를 벌름거리며 감탄했어요.

6 최 서방이 감탄한 까닭은 무엇인가요?
( )

① 국밥이 맛있어서
② 국밥 냄새가 훌륭해서
③ 국밥집이 장사가 잘되어서
④ 구두쇠 영감이 부자가 되어서
⑤ 구두쇠 영감이 국밥을 주어서

7 이 글에서 구두쇠 영감의 마음을 짐작한 것을 모두 고르세요. ( )

① 기대됨.   ② 행복함.
③ 화가 남.   ④ 신이 남.
⑤ 당황스러움.

8 ㉠을 인물의 마음에 어울리는 목소리로 읽는 방법을 쓰세요.

_____

도움말 구두쇠 영감이 자신이 곧 부자가 될 거라고 기대할 때 어떤 마음이었을지 짐작해 보아요.

| 9~10 | 다음 글을 읽고, 물음에 답하세요.

"사또, 제가 소를 많이 키워 보았지만 이렇게 살진 송아지는 처음 봅니다. 이 송아지를 사또께 드리고 싶습니다."
사또는 욕심꾸러기 농부를 잠시 바라보았습니다. 그러고는 이방을 불렀습니다.
"이방, 보답해야겠는데, 요즈음 들어온 물건 가운데에서 귀한 것이 뭐가 있느냐?"
"며칠 전에 들어온 커다란 무가 있습니다."
사또는 손뼉을 쳤습니다.
"옳지! 그 무를 내어다가 농부에게 주어라."
㉠"아이고, 아까운 내 송아지."
욕심꾸러기 농부는 울면서 집으로 돌아왔습니다.

9 ㉠을 인물의 마음에 어울리는 목소리로 읽는 방법은 무엇인가요? ( )

① 통쾌한 마음이 드러나게 읽습니다.
② 즐거운 마음이 드러나게 읽습니다.
③ 신이 난 마음이 드러나게 읽습니다.
④ 후회하는 마음이 드러나게 읽습니다.
⑤ 감사하는 마음이 드러나게 읽습니다.

10 욕심꾸러기 농부에게 전하고 싶은 말로 알맞은 것은 무엇인가요? ( )

① 다른 사람을 생각하는 마음이 멋져요.
② 소중한 것을 선물하는 마음이 대단해요.
③ 송아지를 받았을 때 기분이 어떠했나요?
④ 커다란 무를 사또에게 준 까닭이 무언인가요?
⑤ 다음에는 좋은 마음을 지니고 선물하는 것이 좋겠어요.

1 ( ) 안에 들어갈 알맞은 낱말에 ○표 하세요.

- 낱말이 무슨 뜻인지 (가르쳐, 가리켜) 줄래?

|2~3| 다음 그림을 보고, 물음에 답하세요.

2 그림 ❶에서 윤재와 지은이가 보려는 것을 세 글자로 쓰세요.

( )

3 ㉠의 뜻은 무엇인가요? ( )

① 필요한 것을 찾았다.

② 어떤 대상을 바로 향하여 보았다.

③ 햇볕이나 물기를 받아 색이 변했다.

④ 어떤 사람이나 때가 오기를 바랐다.

⑤ 어떤 일이나 상태가 이루어지거나 그렇게 되었으면 하고 생각했다.

4 낱말에 어울리는 그림을 찾아 선으로 이으세요.

(1) 적다 •

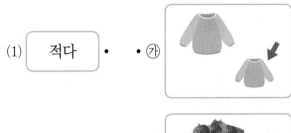

• ㉮

(2) 작다 •

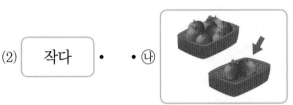

• ㉯

5 밑줄 친 낱말이 어울리는 문장에 ○표 하세요.

(1) 나와 내 짝꿍은 서로 다른 과일을 좋아합니다. ( )

(2) 나와 내 짝꿍은 서로 틀린 과일을 좋아합니다. ( )

6 발표를 들을 때 주의할 점을 알맞게 말한 친구의 이름을 쓰세요.

진원: 중요한 내용을 생각하면서 들었어.

고은: 말하는 모든 내용을 쓰면서 들었어.

혜란: 헷갈리는 말을 구분하지 않고 들었어.

( )

| 7~10 | 다음 글을 읽고, 물음에 답하세요.

가 일요일 아침, 아빠와 나는 시골에서 하는 '아빠와 함께 추억 만들기' 행사에 참여했습니다. 가장 먼저 할 일은 '감자 캐기'였습니다. 우리는 마을 이장님을 따라 감자밭으로 갔습니다.

나 오후가 되자 놀이 시간이 되었습니다. 아빠가 아이를 업고 달리는 놀이였습니다.

"자, 세나야. 어서 업히렴."

나는 얼떨결에 아빠 등에 업혔습니다.

"자, 다들 준비되셨지요? 그럼, 저기 말뚝을 박아 놓은 데까지 아이를 업고 가셨다가 되돌아오는 겁니다. 자, 출발!"

이장님이 호루라기를 불자, 아빠들은 저마다 아이를 업고 달리기 시작했습니다.

모두 큰 소리로 응원하자 아빠는 더욱 빨리 달렸고 아빠 등에 업힌 나도 덩달아 들썩들썩 어깨춤을 추었습니다.

다 밤이 되어 집으로 돌아오는 버스 안에서 나는 아빠에게 이야기했습니다.

"아빠 등에 업히니까 아주 따뜻하고 좋았어요."

"허허, 그렇다면 내 딸 날마다 업어 줘야겠구나. 아빠도 기분이 아주 좋았단다."

나는 아빠 어깨에 기대 어느새 쿨쿨 잠이 들었습니다.

7 글 **가**에 쓰인 시간을 나타내는 말은 무엇인가요? ( )

① 아침　　　　② 시골
③ 행사　　　　④ 마을
⑤ 감자밭

8 글 **나**에서 '내'가 들썩들썩 어깨춤을 춘 까닭은 무엇인가요? ( )

① 졸렸기 때문에
② '내'가 응원을 했기 때문에
③ 아빠가 빨리 달렸기 때문에
④ 맛있는 감자를 먹었기 때문에
⑤ 호루라기 소리가 재밌었기 때문에

9 글 **다**는 어디에서 일어난 일인가요? ( )

① 집　　　　　② 기차
③ 버스　　　　④ 감자밭
⑤ 운동장

10 다음은 '내'가 겪은 일을 정리한 표입니다. 빈칸에 들어갈 말은 무엇인가요? ( )

시간을 나타내는 말	'내'가 겪은 일
밤	

① 호루라기를 불었습니다.
② 놀이 시간에 참여했습니다.
③ 감자밭에서 감자를 캤습니다.
④ 어깨춤을 추며 응원했습니다.
⑤ 아빠와 이야기를 하다가 잠이 들었습니다.

|1~2| 다음 그림을 보고, 물음에 답하세요.

1 지윤이는 민재의 말을 듣고 어떻게 행동했나요? (   )

① 낱말을 썼습니다.

② 낱말을 읽었습니다.

③ 연필을 빌려주었습니다.

④ 낱말의 뜻을 알려 주었습니다.

⑤ 낱말을 집어서 보여 주었습니다.

2 민재가 한 말을 바르게 고쳐 쓰세요.

• 이 낱말은 뭐야? [   ] 줘!

3 빈칸에 들어갈 낱말로 알맞은 것에 ○표 하세요.

가방이 너무 [   ].

(작네, 적네)

4 다음 그림에 어울리는 낱말은 무엇인가요?

(   )

① 바라다   ② 바래다

③ 벌이다   ④ 버리다

⑤ 부르다

5 다음 문장의 뜻으로 알맞은 것에 ○표 하세요.

나와 형은 생김새가 다릅니다.

⑴ 나와 형은 생김새가 서로 똑같습니다.

(   )

⑵ 나와 형은 생김새가 서로 같지 않습니다.

(   )

서술형

6 다음 시간을 나타내는 말을 사용해 자신이 겪은 일을 떠올려 쓰세요.

저녁

_____

_____

도움말 해가 지려고 할 때부터 밤이 되기까지의 사이에 겪은 일을 떠올려 써 보아요.

| 7~10 | 다음 글을 읽고, 물음에 답하세요.

가 그러던 가을의 어느 날, 우편집배원은 시골 마을 입구에 앉아 ⓐ한숨을 내쉬며 중얼거렸습니다.

"평생 이 마을을 다녀야 하는데 마을로 오가는 길은 마치 사막처럼 황량해. 하루하루가 너무 지겨워. 뭐 좋은 수가 없을까?"

나 다음 날, 그는 마을로 오는 길에 들꽃 씨앗을 뿌렸습니다. 그다음 날에도 꽃씨를 뿌렸습니다.

다 가을이 지나고 겨울이 지나 싱그러운 봄날이 찾아왔습니다. 여느 때와 다름없이 우편집배원은 시골 마을로 우편물을 ⓑ배달하러 가는 길이었습니다.

그런데 마을로 가는 길가에 예쁜 꽃들이 하나둘씩 눈에 띄었습니다. 그리고 ⓒ이름은 모르지만 향기가 진한 들꽃과 들풀도 잔뜩 피어 있었습니다. 우편집배원은 꽃과 들풀에 코를 갖다 대었습니다.

라 일 년이 지난 여름날, 꽃들은 더욱 만발했고 가을에도 여전히 아름다운 ⓓ자태를 뽐내며 꽃 잔치는 계속되었습니다.

우편집배원은 꽃길을 오고 가는 게 마냥 행복했습니다. 절로 ⓔ휘파람이 나왔습니다.

7 우편집배원이 한 일로 알맞은 것은 무엇인가요? (　　)

① 편지를 썼습니다.
② 사막에 갔습니다.
③ 꽃씨를 뿌렸습니다.
④ 마을 잔치에 갔습니다.
⑤ 들풀로 요리를 했습니다.

8 글 가와 나에 쓰인 시간을 나타내는 말을 알맞게 이으세요.

(1) 글 가 •
(2) 글 나 •

• ㉮ 다음 날
• ㉯ 가을의 어느 날

서술형
9 다음은 글 다에서 일어난 일을 정리한 표입니다. 빈칸에 들어갈 알맞은 말을 쓰세요.

시간을 나타내는 말	일어난 일
봄날	

도움말 봄날에 우편집배원이 어디에서 무엇을 했는지 찾아 써 보아요.

10 ⓐ~ⓔ 가운데 빈칸에 들어갈 낱말로 알맞은 것은 무엇인가요? (　　)

산꼭대기에 올라 마을의 웅장한 □□□ 을/를 보았습니다.

① ⓐ　　　　② ⓑ
③ ⓒ　　　　④ ⓓ
⑤ ⓔ

|1~3| 다음 그림을 보고, 물음에 답하세요.

1 그림 **①**에서 다훈이가 보고 있는 것은 무엇인가요? (   )

① 책　　　　　② 신문
③ 영화　　　　④ 컴퓨터
⑤ 스마트폰

2 소현이가 이야기를 책으로 읽으면 좋다고 말한 까닭은 무엇인가요? (   )

① 소리를 들을 수 있습니다.
② 글을 조금만 읽을 수 있습니다.
③ 이야기의 장면을 상상할 수 있습니다.
④ 이야기의 내용을 직접 경험할 수 있습니다.
⑤ 움직이는 모습을 생생하게 볼 수 있습니다.

3 인물의 움직임과 소리에 집중하며 보아야 하는 매체가 나타난 그림은 무엇인지 번호를 쓰세요.

그림 (   )

4 글과 그림이 나타내는 뜻을 생각하며 매체를 읽으면 좋은 점으로 알맞은 것은 무엇인가요? (   )

① 글을 잘 쓸 수 있습니다.
② 그림을 잘 그릴 수 있습니다.
③ 모든 매체를 경험할 수 있습니다.
④ 내용을 더 쉽게 이해할 수 있습니다.
⑤ 매체를 보는 시간을 줄일 수 있습니다.

5 매체 자료 중 공익 광고에 대한 설명으로 알맞은 것은 무엇인가요? (   )

① 그림으로만 이루어져 있습니다.
② 말풍선을 보면 내용을 알 수 있습니다.
③ 전하고자 하는 뜻은 글에만 담겨 있습니다.
④ 여러 사람의 이익을 목적으로 하는 광고입니다.
⑤ 서로 관련 없는 글과 그림이 표현되어 있습니다.

● 정답 27쪽

| 6~7 | 다음 만화를 보고, 물음에 답하세요.

6 장면 ❶의 내용으로 알맞은 것에 ○표 하세요.

• 영준이가 ⑴(신난, 놀란) 표정으로 산에서 ⑵(올라가고, 내려가고) 있습니다.

7 장면 ❹의 그림과 말풍선을 보고 알 수 있는 어머니의 표정은 무엇인가요? (   )

① 신난 표정　　② 화난 표정
③ 걱정하는 표정　④ 아파하는 표정
⑤ 즐거워하는 표정

8 만화를 바르게 읽은 친구의 이름을 쓰세요.

> 유정: 만화는 읽지 않고 제목만 열심히 읽었어.
> 지윤: 각 장면에 등장한 인물의 표정을 살펴보았어.

(　　　　　　)

| 9~10 | 다음 누리집을 보고, 물음에 답하세요.

9 이 누리집에서 소개하고 있는 곳은 어디인가요? (   )

① 학교　　　　② 소방서
③ 식물원　　　④ 어린이미술관
⑤ 어린이박물관

10 이 누리집을 보고 알 수 있는 내용을 두 가지 고르세요. (   )

① 불 끄는 방법
② 우리나라 화가
③ 어린이박물관 관람료
④ 어린이박물관 관람 시간
⑤ 어린이박물관에 방문한 사람

|1~2| **다음 공익 광고를 보고, 물음에 답하세요.**

엄마,
저 풀은 이름이 뭐예요?

땅속에 묻어도 썩지 않는 쓰레기들이 토양을 오염시키고 있습니다. 우리 아이들의 땅을 쓰레기만 자랄 수 있는 땅으로 만드시겠습니까?

1 이 공익 광고의 글을 보고 인상 깊은 내용을 말한 친구의 이름을 쓰세요.

> 주아: 초록색 비닐봉지를 식물처럼 표현한 것이 인상 깊었어.
> 상희: "엄마, 저 풀은 이름이 뭐예요?"라는 문장이 썩지 않는 쓰레기를 풀로 착각한 것 같아서 기억에 남아.

(   )

서술형
2 이 공익 광고에서 전하고자 하는 뜻을 쓰세요.

_____

_____

도움말 공익 광고의 글과 그림이 나타내는 뜻이 무엇일지 떠올려 보아요.

|3~5| **다음 글을 읽고, 물음에 답하세요.**

> 가 어어? 영이가 먹다 남긴 우유를 싱크대에 몰래 부어요. / 아빠는 세탁물을 한 번, 두 번, 헉! 세 번이나 나누어 돌려요.
> 엄마는 샴푸를 왜 이렇게 많이 쓰는 거죠?
> 나 띠리리링! / ㉠"으아악!"
> "설마 다 꿈이었나?"
> 철이는 한쪽 볼을, 아니 양쪽 두 볼을 세게 꼬집어 봐요.
> "아야! 또 꿈이었다니……. 말도 안 돼. 정말 생생했는데!" / "안 되겠어! 진짜로 오염물이 터지기 전에 내가 막아야겠어!"
> 물 오염과 낭비를 막는 철이의 행동이 시작됩니다.

3 글 가에서 가족들이 한 행동에 ○표 하세요.

(1) 물을 아껴 썼습니다.   (   )

(2) 물을 오염시켰습니다.   (   )

4 ㉠을 그림으로 표현할 때 철이의 표정으로 알맞은 것은 무엇인가요? (   )

① 기쁜 표정   ② 놀란 표정

③ 즐거운 표정   ④ 행복한 표정

⑤ 지루한 표정

5 철이가 양쪽 두 볼을 세게 꼬집어 본 까닭을 쓰세요.

• 오염물이 터진 [   ]이/가 사실인지 확인하기 위해서입니다.

6 만화를 읽을 때 살펴보아야 하는 것이 <u>아닌</u> 것은 무엇인가요? (   )

① 글   ② 그림

③ 말풍선   ④ 글씨 크기

⑤ 글쓴이의 이름

7 다음 누리집을 보고 알 수 있는 내용이 <u>아닌</u> 것은 무엇인가요? (   )

① 교가   ② 교훈

③ 학교의 위치   ④ 학교에 가는 방법

⑤ 우리 동네에 있는 병원 수

|8~9| 다음 대화를 읽고, 물음에 답하세요.

> 현우: 학급 누리집에 올릴 우리 반을 소개하고 싶은 내용을 이야기해 보자.
>
> 미소: 우리 반 친구들이 좋아하는 놀이가 무엇인지 알려 주고 싶어.
>
> 소윤: 고운 말을 쓰자고 약속했던 일을 소개해도 좋을 것 같아.
>
> 현우: 우리 반이 참여한 학교 행사에는 무엇이 있지?

8 소윤이가 학급 누리집에 올릴 글의 내용으로 알맞은 것에 ○표 하세요.

(1) 우리 반 친구들과 간식을 나누어 먹었던 일을 소개합니다. (   )

(2) 우리 반 친구들이 가장 좋아하는 줄넘기 놀이를 소개합니다. (   )

(3) 우리 반 친구들이 정한 고운 말 쓰기 약속을 알려 주고자 합니다. (   )

(4) 우리 반 친구들이 가장 좋아하는 수업은 재미있는 글쓰기 수업입니다. (   )

서술형

9 현우가 떠올린 주제로 학급 누리집에 글을 쓸 때 함께 올릴 그림이나 사진을 쓰세요.

_____

도움말 게시물에 올릴 그림이나 사진은 글의 내용과 잘 어울려야 해요.

10 누리집에 게시물을 올릴 때 주의할 점으로 알맞은 것을 모두 고르세요. (   )

① 다른 사람이 찍은 사진만 올립니다.

② 자신의 경험은 글로 쓰지 않습니다.

③ 글에 어울리는 그림이나 사진을 올립니다.

④ 다른 사람들이 궁금해할 만한 내용을 올립니다.

⑤ 전하고자 하는 내용이 글에 잘 드러나게 씁니다.

| 1~2 | 다음 글을 읽고, 물음에 답하세요.

> 가 반려견과 함께 야외로 나갈 때에는 꼭 지켜야 하는 에티켓이 있다.
>
> 　첫째, 반려견의 배설물은 주인이 치워야 한다. 반려견이 산책 중 변을 봤을 때 모르는 척 그냥 가 버리는 사람이 있다. 그러면 그 자리에서 냄새가 나고 다른 사람이 배설물을 밟을 수도 있다.
>
> 나 둘째, ㉠반려견을 야외로 데리고 나갈 때에는 목줄을 채워야 한다. ㉡"우리 개는 사람을 물지 않아요."라고 말하며 당당히 목줄을 풀어 놓고 산책시키는 경우를 본 적이 있다. ㉢하지만 개에게 물렸던 경험을 가진 사람이나 개를 무서워하는 어린이들은 개가 가까이 오는 것에 공포를 느낄 수 있다.

1 글쓴이가 반려견과 함께 야외로 나갈 때 지켜야 한다고 말한 에티켓을 두 가지 고르세요.
(　　　)

① 반려견을 안고 다녀야 합니다.
② 반려견에게 목줄을 채워야 합니다.
③ 사람이 없는 곳에서 산책해야 합니다.
④ 반려견에게 줄 간식을 챙겨야 합니다.
⑤ 반려견의 배설물은 주인이 치워야 합니다.

2 ㉠~㉢ 중에서 글 나의 중심 생각을 찾아 기호를 쓰세요.

(　　　)

| 3~4 | 다음 글을 읽고, 물음에 답하세요.

> 　저는 아침에 다 같이 운동장에서 달리기를 하자는 생각을 전하고 싶어요. 아침에 운동장을 달리면 좋은 점이 많기 때문이에요.
>
> 　첫째, 아침에 운동장을 달리면 기분이 좋아져요. 이른 아침 운동장에는 시원한 공기가 가득해요. 시원한 아침 공기는 스트레스를 사라지게 해 줘요. 운동장을 달릴 때마다 기분이 상쾌해지는 걸 느껴요.

3 글쓴이가 아침에 운동장을 달리면 기분이 좋아진다고 말한 까닭은 무엇인가요? (　　　)

① 운동장에 핀 꽃을 볼 수 있기 때문에
② 아침 일찍 친구를 만날 수 있기 때문에
③ 햇볕을 쬐어 기분이 상쾌해지기 때문에
④ 새소리가 스트레스를 사라지게 해 주기 때문에
⑤ 운동장에 가득한 시원한 공기가 스트레스를 사라지게 하기 때문에

4 이 글에서 알 수 있는 글쓴이의 생각을 바르게 말한 친구의 이름을 쓰세요.

> 신영: 글쓴이는 아침에 일찍 일어나는 것이 힘든 까닭을 말했어.
> 가원: 글쓴이는 아침에 다 같이 운동장을 달리자는 생각을 말했어.
> 하늘: 글쓴이는 아침에 교실에서 함께 책을 읽자는 생각을 표현했어.

(　　　)

5 글쓴이의 생각을 파악하며 글을 읽으면 좋은 점에 ○표 하세요.

(1) 글의 내용을 빨리 잊어버릴 수 있습니다.

(　　　)

(2) 알맞은 목소리와 빠르기로 글을 읽을 수 있습니다.

(　　　)

(3) 글쓴이가 글을 통해 하고 싶은 말이 무엇인지 알 수 있습니다.

(　　　)

| 6~8 | 다음 글을 읽고, 물음에 답하세요.

> "학교 뒤뜰을 꾸미는 건 여러분 자유지만, 그에 따른 책임도 져야 해요. 고구마를 심고, 꽃을 심은 뒤 내버려두면 어떻게 될까요?"
>
> "말라 죽어요."
>
> 준수가 대답했어요.
>
> "맞아요. 식물도 생명이에요. 심고서 돌보지 않으면 죽고 말아요."
>
> 그때 규빈이가 번쩍 손을 들었어요.
>
> "선생님! 동물도 키워요."
>
> "동물?"
>
> 선생님이 놀라 물으셨어요.
>
> "규빈이는 어떤 동물을 키우고 싶나요?"
>
> "병아리요!"

6 등장인물들은 무엇을 정하려고 생각을 나누고 있나요? (　　　)

① 어떤 책을 읽을지 정하려고 합니다.

② 복도를 어떻게 꾸밀지 정하려고 합니다.

③ 쉬는 시간에 무엇을 할지 정하려고 합니다.

④ 학교 뒤뜰에 무엇을 키울지 정하려고 합니다.

⑤ 현장 체험 학습을 어디로 갈지 정하려고 합니다.

7 규빈이가 말한 생각은 무엇인지 쓰세요.

• ☐☐☐을/를 키워요.

8 이 글을 읽고 자신의 경험이나 생각을 알맞게 떠올리지 <u>못한</u> 친구의 이름을 쓰세요.

> 수민: 예전에 꽃을 심고 잘 돌보지 않았더니 금방 시들었던 적이 있어.
>
> 지원: 길에 떨어진 나뭇잎을 보면서 나뭇잎의 모양이 다양하다는 것을 알게 되었어.
>
> 나현: 햄스터를 직접 키우면서 생명을 돌보는 것은 책임이 필요한 일이라고 느꼈어.

(　　　　　　)

9 자신의 생각을 글로 표현하는 방법으로 알맞은 것에 ○표 하세요.

(1) 자신만 이해할 수 있도록 씁니다. (　　　)

(2) 자신의 생각이 나타나지 않도록 씁니다.

(　　　)

(3) 자신의 생각에 대한 까닭을 함께 씁니다.

(　　　)

10 자신의 생각을 표현하는 문장을 모두 고르세요. (　　　)

① 지금 다섯 시야.

② 물을 낭비하지 말자.

③ 이 아이스크림은 오백 원이야.

④ 우리의 소중한 자연유산을 지키자.

⑤ 주말에 단풍을 보러 가는 건 어때요?

7
단원
A단계

|1~3| 다음 글을 읽고, 물음에 답하세요.

> 가 반려견의 출입이 금지된 곳에는 반려견을 데리고 가지 않아야 한다. 반려견의 짖는 소리나 움직임이 다른 사람에게 방해가 될 수 있는 장소들이 있다. 예를 들어 도서관 같은 곳에서 반려견이 짖게 되면 다른 사람에게 큰 피해를 줄 수 있다.
>
> 나 반려견을 진심으로 사랑한다면 자신의 반려견이 다른 사람으로부터 미움을 받거나 공포의 대상이 되지 않도록 해야 하지 않을까? 그것이 반려견의 가족으로서 지켜야 할 '책임'이라고 생각한다. 내 눈에는 예쁘고 착하기만 한 반려견일지라도 다른 사람에게 피해를 줄 수 있다는 것을 항상 생각하고 다른 사람과 내 반려견을 위해 에티켓을 꼭 지키도록 하자.

1 반려견의 짖는 소리나 움직임이 다른 사람에게 방해가 될 수 있는 장소를 이 글에서 찾아 쓰세요.

(　　　　　　　　)

2 글쓴이는 반려견을 진심으로 사랑한다면 어떻게 해야 한다고 했나요? (　　　)

① 반려견을 집 안에서만 키웁니다.
② 반려견이 짖을 때마다 칭찬해 줍니다.
③ 반려견을 무서워하는 사람의 말은 무시합니다.
④ 사람이 많은 곳에는 꼭 반려견을 데리고 가지 않습니다.
⑤ 자신의 반려견이 다른 사람에게 미움을 받지 않도록 합니다.

3 이 글에 나타난 글쓴이의 생각을 쓰세요.

• 다른 사람과 자신의 반려견을 위해서
　□□□ 을/를 지키자.

|4~5| 다음 글을 읽고, 물음에 답하세요.

> **아침에 운동장을 달려요**
>
> 가 ㉠아침에 운동장을 달리면 더 건강해져요. 아침에 운동장을 달리면 점점 체력이 좋아져요. ㉡그리고 몸무게를 조절하는 데에도 도움이 된답니다. ㉢꾸준히 아침에 운동장을 달리면 점점 더 오래, 더 빠르게 달릴 수 있어요.
>
> 나 아침 일찍 운동장을 달리는 것이 처음에는 어려울 수 있어요. 저도 처음에는 귀찮고 힘들다는 생각을 했어요. 하지만 며칠 동안만 꾸준히 실천해 보세요. 아침에 운동장을 달리는 즐거움에 푹 빠지게 될 거예요.

4 ㉠~㉢ 중에서 글 가의 중심 생각을 찾아 기호를 쓰세요.

(　　　　　　　　)

5 글쓴이는 아침에 운동장을 달리는 즐거움을 느끼려면 어떻게 해야 한다고 했는지 쓰세요.

• 며칠 동안 꾸준히 □□ 해야 합니다.

6 글쓴이의 생각에 대한 자신의 생각을 정리하는 방법으로 알맞은 것은 무엇인가요?

( )

① 자신이 경험하지 않은 일을 상상합니다.
② 글쓴이의 생각과 같은 생각만 떠올립니다.
③ 자신이 이미 알고 있는 것은 떠올리지 않습니다.
④ 글쓴이의 생각과 관련 있는 자신의 경험을 떠올립니다.
⑤ 글쓴이의 생각을 파악하지 않고 자신의 생각을 정리합니다.

| 7~9 | 다음 글을 읽고, 물음에 답하세요.

> 규빈: 아니에요. 병아리 키워야 해요. 병아리를 키우면 닭이 되는 과정도 볼 수 있어요. 다른 반 아이들이 우리 반을 부러워할 거예요.
> 우철: 닭이 되면 알을 낳겠네? 병아리 키워요. 달걀 먹을 수 있잖아요.
> 준수: 우철이는 먹는 것만 생각한대요.
> 선생님: 병아리를 키우는 것은 좋지만 책임지고 보살필 누군가가 필요해요.

7 규빈이가 병아리를 키우자고 말한 까닭은 무엇인가요? ( )

① 귀엽게 생겼기 때문에
② 키우는 것이 쉽기 때문에
③ 다른 반 아이들도 키우기 때문에
④ 닭이 되는 과정을 볼 수 있기 때문에
⑤ 자신이 가장 좋아하는 동물이기 때문에

8 다음 생각을 말한 사람을 찾아 ○표 하세요.

> 병아리 키워요. 달걀 먹을 수 있잖아요.

(규빈, 우철, 선생님)

9 다음은 규빈이가 쓴 글입니다. 규빈이의 생각에 대한 까닭이 나타난 문장을 찾아 기호를 쓰세요.

> ㉠뒤뜰에서 병아리를 키웁시다. ㉡왜냐하면 병아리를 직접 키우면서 책임감을 기를 수 있기 때문입니다. 병아리는 연약해서 잘 보살펴 주어야 한다는 것을 책에서 보았습니다. 우리 반 친구들이 노력해서 병아리를 잘 키운다면 정말 뿌듯할 것 같습니다.

( )

7
단원
B단계

서술형
10 보기와 같이 자신의 생각을 글로 나타낼 수 있는 상황을 떠올려, 어떤 생각을 나타내고 싶은지 쓰세요.

> 보기
> 학교 텃밭을 꾸미고 싶다는 생각을 편지에 써서 교장 선생님께 드리고 싶습니다.

_____

도움말 편지나 학교 알림판 등에 글을 쓰는 상황을 떠올리며 어떤 생각을 글로 나타낼지 써 보아요.

|1~3| 다음 시를 읽고, 물음에 답하세요.

> 꽥!
>   꽥!
> 꽥!
>   꽥!
>
>
> 쌓인 눈을 밟을 때마다
> 오리 우는 소리가 난다

1 "꽥!"은 어떤 소리를 표현한 것인지 쓰세요.

☐ 밟는 소리

2 문제 **1**번에서 답한 소리를 재미있게 표현한 것에 ○표 하세요.

(1) 뽀드득 눈을 밟으면 유리창을 닦는 소리처럼 들립니다. (   )

(2) 바사삭바사삭 낙엽을 밟으면 튀김을 먹는 소리처럼 들립니다. (   )

(3) 길가에 고인 빗물을 첨벙첨벙 밟으면 물장구를 치는 소리처럼 들립니다. (   )

3 이 시와 관련한 자신의 경험을 알맞게 떠올린 친구의 이름을 쓰세요.

> 가원: 동생과 싸워서 혼이 난 적이 있었어.
> 소영: 눈 오는 날에 눈 밟는 소리를 들으며 걸었어.
> 성훈: 갑자기 비가 내려서 옷이 다 젖은 적이 있었어.

(   )

|4~5| 다음 노랫말을 읽고, 물음에 답하세요.

> 문구점을 지나고 장난감집 지나서
> 학교 가는 길 ㉠너랑 함께 가서 좋은 길
>
>
> 놀이터를 지나고 떡볶이집 지나서
> 집에 오는 길 ㉡너랑 함께 와서 좋은 길
>
>
> 도란도란 이야기하며 손잡고 가는 길
> ㉢너랑 함께 걸어서 너무너무 좋은 길

4 노랫말 속 인물은 학교를 오고 가는 길이 어떠하다고 표현했나요? (   )

① 너무 멀어서 힘들다고 했습니다.
② 급히 가느라 조마조마하다고 했습니다.
③ '너'와 함께 걸어서 너무 좋다고 했습니다.
④ 혼자 걸어서 외로운 기분이 든다고 했습니다.
⑤ 날마다 지나는 길이어서 지루하게 느껴진다고 했습니다.

5 ㉠~㉢에서 알 수 있는, 경험을 노랫말로 바꾸어 쓰는 방법에 ○표 하세요.

(1) 비슷한 표현을 반복적으로 사용했습니다. (   )

(2) 경험을 시간을 나타내는 말로 표현했습니다. (   )

(3) 중요한 부분을 강조하기 위해 한 번만 말했습니다. (   )

| 6~7 | 다음 글을 읽고, 물음에 답하세요.

가 그때 누군가 문을 두드렸습니다.

쿵쿵쿵. / 쿵쿵쿵.

나 금방울은 살금살금 걸어서 문틈으로 내다보았습니다. 문 앞에 낯선 덩치가 서 있었습니다. 문틈으로는 다 볼 수 없을 만큼 커다란 덩치였습니다.

다 쿵, 쿵, 쿵.

아까보다 더 큰 소리가 집 안을 울렸습니다. 소리가 날 때마다 금방울의 가슴도 덩달아 뛰었습니다. 빗소리 때문에 문 두드리는 소리가 더 무섭게 느껴졌습니다.

6 누군가 문을 두드렸을 때 금방울은 어떤 행동을 했나요? (   )

① 불을 껐습니다.

② 문을 열었습니다.

③ 방에 숨었습니다.

④ 창문을 닫았습니다.

⑤ 문틈으로 밖을 보았습니다.

7 금방울의 마음을 짐작하여 쓰세요.

• 낯선 덩치가 찾아와 문을 두드려서 금방울은 [   ] 것입니다.

8 친구가 상상한 이야기를 발표할 때 생각할 점이 <u>아닌</u> 것에 ×표 하세요.

(1) 이야기의 흐름이 자연스러운지 생각하며 발표를 듣습니다. (   )

(2) 자신이 쓴 이야기를 친구가 쓴 것과 똑같이 고치려면 어떻게 해야 하는지 생각하며 듣습니다. (   )

| 9~10 | 다음 글을 읽고, 물음에 답하세요.

가 그런데 4월 3일 수요일에 미지는 어른이됐다. 미지의 아홉 살 인생에 첫 택배가 도착했기 때문이다.

나 택배 상자가 활짝 벌어졌을 때, 미지는 보았다. 별 모양도 없고, 꽃 모양도 없고, 노란색도 아니고, 파란색도 아니고, 형광색도 아닌, 세상에서 가장 심심해 보이는 하얀색 끈 운동화를.

"에이, 뭐야."

실망한 미지는 운동화를 다시 상자에 넣으려다가 노랗고 파란 형광 별, 형광 꽃이 콕콕 박힌 종이를 발견했다. 제품 설명서였다.

9 미지가 실망한 까닭을 알맞게 짐작한 것에 ○표 하세요.

(1) 누가 자신에게 택배를 보냈는지 알 수 없었기 때문에 (   )

(2) 택배 상자 안에 세상에서 가장 심심해 보이는 운동화가 들어 있었기 때문에 (   )

10 글 나 의 뒤에 이어질 이야기를 상상한 것으로 알맞은 것은 무엇인가요? (   )

① 미지는 어른을 만나 인사했습니다.

② 미지는 새 운동화를 사러 갔습니다.

③ 미지는 친구에게 택배를 보냈습니다.

④ 미지는 종이에 형광 별과 꽃을 그렸습니다.

⑤ 미지는 제품 설명서를 꺼내 읽기 시작했습니다.

8
단원
A단계

|1~2| 다음 시와 노랫말을 읽고, 물음에 답하세요.

> **가** 씰룩씰룩
> 궁둥이 흔들며 걷는 우린
> 한 줄로 선 살찐 오리들
>
> 뒤뚱뒤뚱 바쁜 걸음으로
> 교문 들어서면
> ㉠눈 쌓인 운동장은
> 널따란 호수
>
> **나** 밤사이 눈이 내려 새하얀 들길
> 그 누가 이 길 따라 어디로 갔나
> 눈 위에 나란히 예쁜 발자국
> 예쁜 발자국 이른 아침 그 누가 어딜 갔을까

1 시 **가**에서 ㉠이 무엇처럼 보인다고 표현했는지 쓰세요.

(   )

2 시 **가**와 노랫말 **나**에서 경험을 표현한 방법을 잘못 말한 것은 무엇인가요? (   )

① **가**는 '우리'의 모습을 '오리'로 표현했습니다.
② **나**는 눈이 오는 것처럼 시 모양을 꾸몄습니다.
③ **가**는 친구들과 등교하는 모습을 표현했습니다.
④ **나**는 눈길 위에 남은 발자국을 표현했습니다.
⑤ **가**와 **나** 모두 눈이 내린 뒤에 본 풍경을 표현했습니다.

|3~5| 다음 노랫말을 읽고, 물음에 답하세요.

> 놀이터를 지나고 떡볶이집 지나서
> 집에 오는 길 너랑 함께 와서 좋은 길
>
> 도란도란 이야기하며 손잡고 가는 길
> 너랑 함께 걸어서 너무너무 좋은 길

3 노랫말 속 인물이 너무너무 좋다고 표현한 까닭에 ○표 하세요.

(1) 날씨가 좋았기 때문에   (   )
(2) '너'와 함께 걸었기 때문에   (   )
(3) 강아지와 함께 산책했기 때문에 (   )

4 이 노랫말과 비슷한 경험을 알맞게 떠올린 친구의 이름을 쓰세요.

> 민지: 나는 친구와 손을 잡고 공원을 산책했어.
> 혜림: 나는 갖고 싶었던 것을 선물로 받은 적이 있어.
> 승연: 나는 동생이 종이접기 하는 것을 도와주었던 것이 생각나.

(   )

서술형

5 이 노랫말을 바꾸어 쓴다면 어떤 경험을 표현하고 싶은지 쓰세요.

• 저는 (1) _____과/와 함께

(2) _____

경험을 노랫말로 바꾸어 쓰고 싶습니다.

도움말 누구와 어디를 걸었는지, 그때 느낌은 어떠하였는지 경험을 자세히 떠올려 보세요.

| 6~7 | 다음 글을 읽고, 물음에 답하세요.

> 엄마 아빠 말씀이 생각났습니다. 할머니 댁에 가실 때 하신 말씀입니다.
> "동생들을 잘 돌봐라. 감기 들지 않게 담요도 덮어 주고. 낯선 손님에게는 함부로 문을 열어 줘도 안 돼요."
> 비가 쏟아지기 시작했습니다.
> "동생들은 빈집으로 들어가 있을 거야!"
> 금방울은 빈집으로 달렸습니다. 빈집은 낚시꾼의 오두막이지만 낚시꾼이 없을 때는 여우 남매의 놀이터입니다.
> 금방울은 흠뻑 젖은 채 빈집에 도착했습니다. 그러나 동생들은 보이지 않았습니다.
> "설마 무슨 일이……."
> 금방울은 언덕에 있는 집으로 허겁지겁 달려갔습니다.

6 빈집에 도착했을 때 금방울의 마음으로 알맞은 것은 무엇인가요? (   )

① 설렜습니다.
② 기뻤습니다.
③ 즐거웠습니다.
④ 화가 났습니다.
⑤ 걱정되었습니다.

7 다음 중 이 글의 뒤에 이어질 내용으로 알맞은 것의 기호를 쓰세요.

> ㉮ 금방울이 할머니 댁에 갔습니다.
> ㉯ 금방울이 집에서 동생들을 만났습니다.
> ㉰ 금방울이 빈집 앞에서 동생들과 놀았습니다.

(   )

| 8~10 | 다음 글을 읽고, 물음에 답하세요.

> 가 실망한 미지는 운동화를 다시 상자에 넣으려다가 노랗고 파란 형광 별, 형광 꽃이 콕콕 박힌 종이를 발견했다. ㉠제품 설명서였다.
> 나 '천국에 있는 누군가에게 데려다준다고? 은나노 극세사 인공…… 뭐? 눈앞이 노래질 때까지 달리라니? 도대체 누가, 왜, 이런 운동화를 나한테 보낸 걸까? 근데 정말 이 운동화만 신으면 하늘나라에 가서 막, 정말 막, 보고 싶은 누군가를 만날 수 있을까? 그럴 수만 있다면…….'
> 미지의 머릿속은 만 개의 종이 울리는 것처럼 시끄러웠다. 정신을 차렸을 때는 이미 운동화를 신고 폴짝폴짝 세 번 뛰고 있었다.

8 ㉠의 뜻으로 알맞은 것에 ○표 하세요.

⑴ 재료를 써서 만든 물건.   (   )
⑵ 사람들이 세상을 살아가는 일.   (   )

9 상자 속 운동화에 대한 설명으로 알맞은 것은 무엇인가요? (   )

① 상자보다 큽니다.
② 누가 보냈는지 알 수 없습니다.
③ 키가 훌쩍 자랄 수 있게 해 줍니다.
④ 형광 별과 형광 꽃이 박혀 있습니다.
⑤ 신을 때마다 운동화의 색깔이 변합니다.

10 미지가 운동화를 신은 까닭은 무엇일지 쓰세요.

• [   ]에 가서 보고 싶은 사람이

있기 때문입니다.

따라 쓰기

글씨를 바르게 따라 쓰며 각 단원에서 배운 낱말을 다시 한번 익혀 보세요.

1. 장면을 상상하며

콧	잔	등	콧	잔	등

가	방	가	방	가	방

짜	장	면	짜	장	면

생	김	새	생	김	새

광	장	광	장	광	장

청	소	청	소	청	소

단	짝	단	짝	단	짝

급	식	급	식	급	식

걱	정	걱	정	걱	정

호	기	심	호	기	심

곰	곰	이	곰	곰	이

장	대	비	장	대	비

2. 서로 존중해요

대	화	대	화	대	화

기	분	기	분	기	분

깜	짝	깜	짝	깜	짝

목	소	리	목	소	리

조	언	조	언	조	언

표	정	표	정	표	정

공	감	공	감	공	감

집	중	집	중	집	중

방	울	새	방	울	새

칭	찬	칭	찬	칭	찬

사	물	함	사	물	함

말	투	말	투	말	투

3. 내용을 살펴요

물	건	물	건	물	건
사	과	사	과	사	과
빗	자	루	빗	자	루
수	영	장	수	영	장

설	명	설	명	설	명
상	대	상	대	상	대
옷	차	림	옷	차	림
체	육	관	체	육	관

4. 마음을 전해요

편	지	편	지	편	지
특	별	특	별	특	별
우	체	국	우	체	국
장	터	장	터	장	터

미	술	관	미	술	관
경	주	경	주	경	주
구	두	쇠	구	두	쇠
엽	전	엽	전	엽	전

5. 바른 말로 이야기 나누어요

바	라	다	바	라	다
작	다	작	다	작	다
아	침	아	침	아	침
오	후	오	후	오	후

바	래	다	바	래	다
적	다	적	다	적	다
점	심	점	심	점	심
가	을	가	을	가	을

6. 매체를 경험해요

매	체	매	체	매	체
영	상	영	상	영	상
토	양	토	양	토	양
오	염	물	오	염	물

그	림	책	그	림	책
광	고	광	고	광	고
만	화	만	화	만	화
낭	비	낭	비	낭	비

7. 내 생각은 이래요

표	현	표	현	표	현
책	임	책	임	책	임
상	쾌	상	쾌	상	쾌
소	음	소	음	소	음

산	책	산	책	산	책
도	서	관	도	서	관
운	동	장	운	동	장
생	명	생	명	생	명

8. 나도 작가

교	문	교	문	교	문
발	자	국	발	자	국
손	님	손	님	손	님
인	생	인	생	인	생

떡	볶	이	떡	볶	이
등	굣	길	등	굣	길
제	품	제	품	제	품
택	배	택	배	택	배

실수를 줄이는 한 끗 차이!

빈틈없는 연산서

• 교과서 전단원 연산 구성 • 하루 4쪽, 4단계 학습 • 실수 방지 팁 제공

동아출판

수학의 기본 **큐브**

실력이 완성되는 강력한 차이!

새로워진
유형서

• 기본부터 응용까지 모든 유형 구성
• 대표 예제로 유형 해결 방법 학습
• 서술형 강화책 제공

개념 이해가 실력의 차이!

대체불가
개념서

• 교과서 개념 시각화 구성
• 수학익힘 교과서 완벽 학습
• 기본 강화책 제공

백점 국어 2·2

백점

국어 2·2

해설북

- 한눈에 보이는 **정확한 답**
- 한번에 이해되는 **쉬운 풀이**

모바일
빠른 정답

동아출판

차례

백점 국어 빠른 정답

QR코드를 찍으면 **정답과 풀이**를
쉽고 빠르게 확인할 수 있습니다.

1. 장면을 상상하며

1회 교과서 학습 10~13쪽

개념 확인 (1) × (2) ○

1 ①, ⑤ 2 ② 3 단짝 4 민지 5 ① 6 두두
두두두 두두두두 7 경수 8 ⑤ 9 ①, ③ 10
짜장면 11 예 저와 친구는 돈가스를 좋아해서 급
식으로 돈가스가 나왔을 때 무척 즐거웠습니다.

개념 확인 (1) 시의 내용을 생각하며 장면을 상상합니다.
(2) 자신의 경험과 비교하며 시의 장면을 상상합니다.

1 1연에서 떡볶이를 "달콤하고 조금 매콤하고"라고 표
현하였습니다.

2 시 속 인물은 떡볶이가 맵고 뜨거워서 콧잔등에 땀이
송골송골 맺혔을 것입니다.

3 시의 마지막 행에 단짝끼리 오순도순 함께 먹고 싶다
는 시 속 인물의 마음이 드러나 있습니다.

4 이 시를 읽으면 아이가 매콤한 떡볶이를 먹으면서 땀
을 흘리는 모습이 떠오릅니다.

5 아이들은 학교가 끝나서 신이 났습니다.

6 "두두두두두 두두두두"는 헬리콥터가 된 아이들의 모
습을 흉내 내는 말입니다.

7 은성이는 시의 내용을 생각하며 장면을 상상했고, 정아
는 인상 깊은 표현을 생각하며 장면을 상상했습니다.

8 짜장면을 한 입 먹으면 콧잔등에 짜장 점 일곱 개가
생긴다고 하였습니다.

9 짜장면을 먹는 소리를 흉내 내는 말은 "호로록"과 "호
로록호로록"입니다.

10 급식에 짜장면이 나오는 날이어서 제목을 「짜장 요
일」이라고 지었습니다.

11 급식 시간에 맛있는 음식을 먹은 경험, 짜장면을 먹
은 경험, 음식을 먹다가 얼굴에 양념을 묻혔던 경험
등을 떠올릴 수 있습니다.

채점 기준
시 속 인물처럼 맛있거나 좋아하는 음식을 먹었던 경험
을 떠올려서 자연스러운 문장으로 썼으면 정답으로 합
니다.

2회 교과서 학습 14~17쪽

개념 확인 (1) ○ (2) ×

1 눈 2 ⑤ 3 ⑤ 4 ④, ⑤ 5 ⑤ 6 예 걱정
을 떨치고 마음을 놓으셨을 것입니다. 7 난장판
8 (1) ㉯ (2) ㉮ (3) ㉰ 9 (1) ○ 10 ⑤ 11 (1) 4
(2) 2 (3) 3 (4) 1 12 ㉢

개념 확인 (1) 이야기를 읽고 일이 일어난 차례대로 이야기
의 장면을 떠올립니다.
(2) 이야기의 상황, 인물의 말이나 행동을 바탕으로
인물의 마음을 상상합니다.

1 할머니께서는 눈처럼 하얗고 예쁜 집에 살고 계셨습
니다.

2 할머니께서는 하얀 집에 뭐라도 묻을까 봐 아무도 초
대하지 않으셨습니다.

3 할머니 옆에 늘 하얀 고양이가 있어서 할머니께서는
외롭지 않으셨습니다.

4 집을 하얗게 만들려고 날마다 노력하고 청소를 하시
는 것으로 보아, 할머니께서는 청소를 좋아하고 부지
런한 사람입니다.

5 할머니께서는 집을 비우면 못된 녀석들이 집을 망가
뜨릴까 봐 이러지도 저러지도 못하셨습니다.

6 채점 기준
하얀 고양이가 돌아왔을 때 할머니께서 가슴을 쓸어내린
것을 보고, 할머니께서 마음을 놓고 안심하셨다는 내용
을 쓰면 정답으로 합니다.

7 새끼 고양이들 때문에 할머니의 하얀 집은 점점 난장
판이 되었습니다.

8 빨강이는 할머니 스웨터를 다 풀어 놓았고, 노랑이는
하얀 벽에 온통 발자국을 찍어 놓았으며 분홍이는 할
머니께서 마시던 커피를 쏟아 버렸습니다.

9 할머니께서는 새끼 고양이들이 서로 다 다르다는 것
을 알고 신기해하셨습니다.

10 즐거운 일이 많이 생겼기 때문에 할머니께서는 집이
눈처럼 하얗지 않아도 괜찮다고 생각하셨습니다.

11 이야기의 장면을 시간의 흐름에 따라 떠올려 봅니다.

12 할머니의 마음이 나타난 부분은 ㉢입니다.

개념 확인 (1) × (2) ○

1 ④ **2** (3) ○ **3** ⑤ **4** 곰곰이 **5** (1) 재미있는 (2) 재미없게 **6** 예서 **7** (1) 예 청소기 (2) 예 시끄러운 청소기를 소리가 나지 않게 고쳐 주세요. **8** ⑤ **9** ② **10** ⑤ **11** (1) ㉮ (2) ㉯

개념 확인 (1) 이야기를 읽을 때 인물의 모습, 인물이 겪은 일에 대한 생각이나 느낌을 떠올릴 수 있습니다.
(2) 이야기를 읽고 생각이나 느낌을 나눌 때에는 이야기와 관련해 자신의 경험을 떠올릴 수 있습니다.

1 엉뚱한 수리점은 고장 난 물건을 고쳐 주는 곳으로, 깜깜한 밤에 문을 엽니다. 어른들은 수리할 물건을 들고 이곳에 찾아갔습니다.

2 아저씨께서는 삐거덕거리는 의자를 고치고 싶어서 가지고 나오셨습니다.

3 어른들이 수리하고 싶어 하는 물건이 소이 눈에는 고장 난 것처럼 보이지 않는다고 했습니다. 그러므로 소이는 멀쩡한 물건을 고치려고 하는 어른들이 이상하다고 생각했을 것입니다.

4 주어진 뜻은 '곰곰이'의 뜻입니다.

5 수리점 아저씨가 재미있는 걸 재미없게 만들려고 하자, 소이는 깜짝 놀라서 도망치듯이 수리점을 나왔습니다.

6 이야기의 내용과 어울리는 생각을 말한 친구는 예서입니다.

7 고치고 싶은 물건과 고치고 싶은 내용을 떠올려 씁니다.

> 채점 기준
> 소이나 엉뚱한 수리점을 찾아간 어른들처럼 사용할 때 불편했던 물건을 떠올리고 그 물건을 어떻게 고치고 싶은지 쓰면 정답으로 합니다.

8 해바라기는 채송화가 장대비에 쓸려 갈까 봐 밤새 눈 뜨고 지켜봤다고 했습니다.

9 채송화는 해바라기가 쓰러질까 봐 걱정스러웠을 것입니다.

10 시의 내용과 어울리는 장면은 채송화와 해바라기가 세차게 내리는 비를 맞고 있는 장면입니다.

11 'ㅐ'는 읽을 때 입 모양이 'ㅣ'에서 'ㅐ'로 바뀌고, 'ㅖ'는 'ㅣ'에서 'ㅔ'로 바뀝니다.

1 떡볶이 **2** ⑤ **3** ⑤ **4** ④ **5** (3) ○ **6** 새끼 **7** ② **8** 예 깜짝 놀라고 당황하셨을 것입니다. **9** (1) 의자 (3) 옷장 **10** ① **11** (2) ○ **12** ②, ④ **13** (3) ○ **14** 지호 **15** ①단계 짜장면 ②단계 예 "호로록", "호로록호로록" 같이 흉내 내는 말을 써서 짜장면을 먹는 모습이 생생하게 떠올랐습니다.

1 시의 제목과 내용을 보면 시 속 인물이 떡볶이를 먹고 싶어 한다는 것을 알 수 있습니다.

2 이 시에는 단짝과 함께 떡볶이를 먹고 싶어 하는 마음이 나타나 있습니다.

3 시 속 인물처럼 누군가와 음식을 나누어 먹고 싶었던 경험을 떠올린 것은 ⑤입니다.

4 아이들이 신발주머니 가방을 머리 위로 돌리는 모습을 '난다'라고 표현했습니다.

5 "두두두두두 두두두두"라는 인상 깊은 표현을 생각하며 장면을 떠올렸습니다.

> 더 알아보기
> **시를 읽고 생각이나 느낌을 말하면 좋은 점**
> • 생각이나 느낌은 비슷한 점도 있지만 다른 점도 있다는 것을 알 수 있습니다.
> • 친구들의 생각이나 느낌을 통해 시를 더 잘 이해할 수 있습니다.
> • 시를 더 찾아 읽고 싶어집니다.

6 새끼 고양이들이 쏟고, 흘리고, 묻히고, 깨뜨려서 하얀 집이 난장판이 되었습니다.

7 하얀 고양이가 집을 어질렀다는 내용은 나타나 있지 않습니다.

> 왜 답이 아닐까?
> ① 빨강이의 행동을 보고 떠올릴 수 있습니다.
> ③ 분홍이의 행동을 보고 떠올릴 수 있습니다.
> ④ 할머니께서 꼬물꼬물 움직이는 새끼 고양이들을 보신 상황에서 떠올릴 수 있습니다.
> ⑤ 노랑이의 행동을 보고 떠올릴 수 있습니다.

8 글의 첫 번째 줄에 할머니께서 깜짝 놀라셨다는 내용이 드러나 있습니다.

> 채점 기준
> 집에 갑자기 나타난 새끼 고양이들을 보고 깜짝 놀라셨다거나 당황하셨다는 내용을 쓰면 정답으로 합니다.

9 소이는 아저씨께서 멀쩡한 의자를 가지고 나오셨다고 생각했고, 옷장은 숨바꼭질할 때 숨으면 딱 좋겠다고 생각했습니다.

10 '도무지'의 뜻은 '아무리 해도.'입니다.

> **왜 답이 아닐까?**
> ② '한번'의 뜻입니다.
> ③ '정말'의 뜻입니다.
> ④ '절대로'의 뜻입니다.
> ⑤ '딱'의 뜻입니다.

11 어른들이 물건을 가지고 싸우는 모습은 글에 나타나 있지 않습니다.

> **더 알아보기**
> **이야기를 읽고 생각이나 느낌을 떠올리는 방법**
> • 인물의 모습에 대한 생각이나 느낌을 떠올립니다.
> • 인물이 겪은 일에 대한 생각이나 느낌을 떠올립니다.
> • 이야기와 관련해 자신의 경험에서 비롯한 생각이나 느낌을 떠올립니다.

12 인물의 마음을 상상할 때에는 이야기의 상황, 인물의 말이나 행동을 살펴봐야 합니다.

13 채송화는 장대비에 해바라기가 쓰러질까 봐 걱정했습니다.

14 시의 내용과 어울리는 생각을 말한 친구는 지호입니다. 채송화가 해바라기에게 미안해하는 내용은 시에 나오지 않습니다.

15 **1단계** 시 속 인물은 급식으로 나온 짜장면을 맛있게 먹고 있습니다.

> **채점 기준**
>
> | 상 | 시 속 인물이 '짜장면'을 먹고 있다는 내용을 알맞게 썼습니다. |
> |---|---|
> | 하 | 제시된 글자 수에 맞지 않게 '급식'을 먹고 있다는 내용으로 썼습니다. |

2단계 시에서 가장 기억에 남거나 마음에 드는 표현을 한 가지 쓰고, 그 표현에 대한 자신의 생각이나 느낌을 씁니다.

> **채점 기준**
>
> | 상 | 시에서 기억에 남거나 마음에 드는 표현을 고르고, 그 표현에 대한 자신의 생각이나 느낌을 모두 알맞게 썼습니다. |
> |---|---|
> | 중 | 시에서 인상 깊은 표현을 고르고, 그 표현에 대한 자신의 생각이나 느낌을 썼으나 상상한 장면과 생각이나 느낌이 어울리지 않습니다. |
> | 하 | 시에서 인상 깊은 표현만 찾아 썼습니다. |

2. 서로 존중해요

> **1회 교과서 학습** 28~31쪽
>
> **개념 확인** (1) × (2) ○
> **1** ② **2** ② **3** ⑤ **4** 준호, 지아 **5** ⑤ **6** ④, ⑤ **7** 예 나는 보드게임이 하고 싶지만 지금은 네 의견에 따를게. 다음 쉬는 시간에는 보드게임하자! **8** (1) ○ **9** ③ **10** (1) 상황 (2) 공감 **11** (1) ④ (2) ④ **12** ①

개념 확인 (1) 상대의 기분이 상하지 않도록 고운 말로 말해야 합니다.
(2) 고운 말로 대화하려면 상대의 말을 잘 듣고 상황에 알맞은 말을 해야 합니다.

1 친구에게 선물을 받고 '고마워.'와 같은 고운 말을 하는 상황은 그림 ②입니다.

2 감기에 걸린 친구에게 걱정하는 말이나 위로하는 말을 하는 것이 어울립니다.

3 사과하는 말에 어울리는 답은 '괜찮아' 등입니다.

4 고운 말로 대화하면 기분이 좋고 상대와 더 친하게 지내고 싶어집니다.

5 그림 ②에서 민서는 하늘이의 말에 공감해 주었지만, 둘이서만 쌓기 놀이를 하기로 한 것은 아닙니다.

6 정현이는 자신에게 짜증을 내고 하영이는 자신의 말에 집중하지 않아, 하늘이는 기분이 나쁘고 당황스러울 것입니다.

7 하늘이의 의견에 찬성하거나 혹은 찬성하지 않는다는 것을 고운 말로 표현하여 씁니다.

> **채점 기준**
>
> 하늘이의 기분이 상하지 않게 자신의 상황을 고운 말로 설명했으면 정답으로 합니다.

8 하영이는 하늘이의 말을 귀담아듣고 자신의 의견을 정확하게 표현하여 말해야 합니다.

9 남자아이는 여자아이의 기분이 좋지 않아 보이는 것에 대해 걱정하는 말을 하였습니다.

10 여자아이는 자신이 학용품을 가져오지 못한 상황을 잘 설명하였고, 남자아이는 공감하며 들어 주었습니다.

11 ❸에서는 친구의 기분을 살펴 말해야 하고, ❹에서는 친구의 말을 공감하며 들어 주어야 합니다.

12 상대의 기분이 상하지 않도록 기분을 살펴 말합니다.

(개념 확인) (1) × (2) ○

1 ❶ **2** ⑤ **3** 예 너랑 같이 노니까 더 재미있어.
4 ㉢ **5** ② **6** 해선 **7** ⑤ **8** 예 아빠, 제가 너무 오랫동안 했네요. 이제 책 읽을게요. **9** ④ **10** ㉢ **11** ⑤ **12** 예 괜찮아. 나도 조금 전에 왔어.

(개념 확인) (1) 친구와 노는 상황에서도 고운 말로 대화합니다. (2) 친구가 전학 갈 때에는 아쉽고 서운한 마음을 고운 말로 전합니다.

1 ❶의 친구들은 국어 시간에 누가 먼저 발표를 할지 정했습니다.

2 축하하는 말을 들었을 때에는 축하해 주어서 고맙다는 말을 하는 것이 알맞습니다.

3 친구에게 한 고운 말을 대화의 형식으로 쓰세요.

> 채점 기준
> 친구와 놀 때 했던 고운 말을 썼으면 정답으로 합니다.

4 전학 가는 친구의 마음에 공감하며 인사를 나누는 대화는 ❸이고, 전학을 가는 친구는 ㉢입니다.

5 다리를 다쳐 목발을 짚은 친구에게 도움을 주려는 상황입니다.

6 해선이는 친구가 다리를 다쳐 힘들어하는 마음을 고운 말로 위로해 주었습니다.

7 친구가 늦게 와서 한참을 기다렸을 때에는 고운 말로 자신의 상황과 마음을 전하는 것이 좋습니다.

8 휴대 전화를 그만하고 책을 읽을지, 휴대 전화를 더 할지를 정하여 고운 말로 '딸'이 할 수 있는 말을 씁니다.

> 채점 기준
> 휴대 전화를 그만하고 책을 읽으라는 아빠의 말에 찬성하거나 반대하는 의견을 고운 말로 썼으면 정답으로 합니다.

9 힘들어하는 친구에게는 위로하거나 도움을 주는 고운 말을 할 수 있습니다.

10 자신이 상황을 설명하고 상대의 기분이 상하지 않도록 고운 말로 거절한 것을 찾습니다.

11 우산을 씌워 주어 고맙다는 내용이 어울립니다.

12 내 상황을 고운 말로 설명하거나, 사과하는 친구를 비난하지 않고 이해해 주는 말을 씁니다.

> 채점 기준
> 내 상황을 설명하는 말이나 친구의 상황을 이해해 주는 고운 말로 썼으면 정답으로 합니다.

(개념 확인) (1) × (2) ○

1 ③ **2** ⑤ **3** ① **4** (1) 잘하는 (2) 어려움 **5** (3) ○ **6** ㉤ **7** 예 진심으로 느껴지지 않을 것입니다. **8** (1) 칭찬 (2) 까닭 **9** ① **10** (1) ㉤ (2) ㉡ (3) ㉠ **11** ④ **12** (1) 예 약속 시간을 잘 지키는 점입니다. (2) 예 지각한 적이 한 번도 없기 때문입니다. **13** ②

(개념 확인) (1) 좋은 점을 부풀리지 않고 진심으로 칭찬합니다. (2) 조언을 할 때에는 듣는 사람의 마음을 생각하며 진심으로 공감하고 격려해야 합니다.

1 크니프의 목소리가 커서 멋있다고 칭찬하였습니다.

2 속삭이는 크니프에게 친구를 만나면 먼저 반갑게 인사하는 것이 친구를 사귀는 방법이라고 말해 주었습니다.

3 무척 기쁘고 크니프에게 고마웠을 것입니다.

4 칭찬은 상대의 좋은 점을 높이 평가해 주는 것이고, 조언은 상대의 어려움을 말로 도와주는 것입니다.

5 여자아이가 미술 작품을 완성하기 위해 열심히 노력하는 점을 찾아 칭찬했습니다.

6 남자아이의 좋은 점을 진심으로 칭찬했습니다.

7 좋은 점을 너무 부풀려서 칭찬하면 칭찬이 진심으로 느껴지지 않을 것입니다.

> 채점 기준
> 진심으로 느껴지지 않거나 기분이 좋지 않을 거라는 내용을 썼으면 정답으로 합니다.

8 칭찬하는 말을 먼저 한 뒤, 까닭을 말했습니다.

9 잘못한 점과 함께 말하면 칭찬으로 생각되지 않을 수 있습니다.

10 ❶에서는 친구가 고칠 점을, ❷에서는 해결 방법을 말하였고, ❸에서는 격려하는 말을 하며 조언하였습니다.

11 친구가 걱정하는 마음을 담아 고쳤으면 하는 습관을 알려 주어, 고마운 마음이 들었을 것입니다.

12 평소에 친구에게 칭찬이나 조언하고 싶었던 점을 떠올려 자세하게 쓰고, 그에 알맞은 까닭도 씁니다.

> 채점 기준
> 친구가 잘하는 점이나 칭찬할 점, 또는 친구에게 도움을 주고 싶은 점과 그 까닭을 알맞게 썼으면 정답으로 합니다.

13 상대의 단점을 지적하는 것이 아니라, 도와주려는 마음을 지니고 존중하는 태도로 조언해야 합니다.

개념 확인 (1) ○ (2) ✕

1 ⑤   **2** ⑤   **3** ④, ⑤   **4** ㉣   **5** 말하는 사람   **6** ①, ②   **7** ③   **8** ⑩ 그랬구나. 정말 무서웠겠다. **9** (1) ○ (2) ○   **10** ④   **11** (1) 아라 (2) 민호   **12** (1) ○ (4) ○

개념 확인 (1) 말하는 사람을 쳐다보며 대화를 끝까지 들어야 합니다.

(2) 상황에 어울리도록 적절한 표정과 말투로 말해야 합니다.

1 진아는 선우와 함께 놀 방법을 정하기 위해 미끄럼틀 타기나 술래잡기와 같은 놀이를 하자고 했습니다.

2 선우는 휴대 전화만 쳐다보며 '어……'와 같이 건성으로 대답했습니다.

3 자신의 말에 집중하지 않는 선우에게 서운하고 화가 났을 것입니다.

4 선우는 진아를 쳐다보며 대화에 집중하고 공감해 주어야 합니다. 조언하는 것은 어울리지 않는 상황입니다.

5 여자아이는 남자아이를 쳐다보지 않고 등을 돌린 채 딴생각을 했습니다.

6 남자아이는 여자아이의 질문에 화난 표정과 말투로 대답했습니다.

7 여자아이는 남자아이의 말이 끝나기도 전에 끼어들어서 무시하는 답을 했지만, 비속어를 사용한 것은 아닙니다.

8 무서움을 느꼈던 남자아이의 상황에 공감해 주는 말을 씁니다.

> **채점 기준**
> 남자아이가 무서움을 느꼈던 상황을 이해하고, 공감하는 말을 썼으면 정답으로 합니다.

9 말하는 사람에게 공감해 주어야 하지만, 말하는 사람이 원하는 말을 해 주어야 하는 것은 아닙니다.

10 전학 온 친구의 상황과 기분을 생각하며 고운 말을 해야 합니다.

11 민호는 희정이에게 책을 잘 정리하는 방법을 조언하였고, 아라는 혜수가 잘하는 점을 칭찬하였습니다.

12 '두 팔을 벌려 가슴 쪽으로 끌어당겨 품 안에 있게 하다.'의 뜻을 가진 낱말은 '안다'이고, '개가 목청으로 소리를 내다'의 뜻을 가진 낱말은 '짖다'입니다.

---

1 ①   **2** ②   **3** ④   **4** ④   **5** 정현   **6** ⑩ 기분이 나쁘다.   **7** ❸   **8** ⑩ 맛있는 음식을 만들어 주셔서 고맙습니다.   **9** ㉡, ㉢, ㉣   **10** ①   **11** 잘하는   **12** 서진   **13** ④, ⑤   **14** ④   **15** ❶단계 (1) 너는 목소리가 커서 멋있는걸. (2) 친구를 만나면 먼저 반갑게 인사해 봐! ❷단계 ⑩ 친구의 좋은 점을 칭찬하는 말을 해 봐!

1 ①~⑤ 중 고마운 마음을 표현할 수 있는 상황은 선물을 받았을 때입니다.

> **왜 답이 아닐까?**
> ② "괜찮니?"와 같은 걱정해 주는 말이 어울립니다.
> ③ "대단해."와 같이 칭찬해 주는 말이 어울립니다.
> ④ "멋있어."와 같이 칭찬해 주는 말이 어울립니다.
> ⑤ "내 것을 같이 쓰자."와 같이 배려해 주는 말이 어울립니다.

2 다른 사람을 비난하는 말이나 기분을 상하게 하는 말은 고운 말이 아닙니다.

3 고운 말을 주고받으면 친구의 상황을 더 잘 이해할 수 있고, 서로 기분 좋게 대화할 수 있습니다.

4 쉬는 시간에 함께 놀자고 말하는 하늘이의 의견을 잘 듣고 공감해 주었습니다.

> **더 알아보기**
> **친구들이 하늘이와 대화한 방법**
>
> | 친구 | 대화 방법 |
> | --- | --- |
> | 민서 | 하늘이의 말을 잘 듣고 공감해 주었습니다. |
> | 정현 | 짜증을 내며 말했습니다. |
> | 하영 | 하늘이의 말을 집중해 듣지 않습니다. |

5 정현이는 짜증을 내며 하늘이와 반대되는 의견을 제시하였고, 하영이는 하늘이의 말을 잘 듣지 않고 답했습니다.

> **더 알아보기**
> **고운 말로 대화하는 방법**
> • 상대의 말을 잘 듣고 상황에 알맞은 말을 해야 합니다.
> • 내 상황을 화를 내지 않고 고운 말을 사용해서 말해야 합니다.
> • 상대의 이야기를 공감하며 들어 줘야 합니다.
> • 상대의 기분이 상하지 않게 말해야 합니다.
> • 욕설이나 비속어를 사용하면 안 됩니다.

개념북

2
단원

6 하늘이는 하영이가 자신의 말을 집중해 듣지 않아 기분이 나빴을 것입니다.

7 ❸은 친구가 전학을 가서 아쉬워하며 위로하는 말을 하는 상황입니다.

8 부모님께 전했던 고운 말을 떠올려 빈칸에 대화로 씁니다.

> **채점 기준**
> 부모님께 하는 감사, 축하, 위로, 응원의 말 등을 고운 말을 잘 썼으면 정답으로 합니다.

9 ⓒ과 ⓒ은 크니프가 속삭이를 칭찬하는 말이고, ⓒ은 속삭이가 크니프를 칭찬하는 말입니다.

10 목소리가 커서 멋있다는 칭찬을 듣고 기분이 좋을 것입니다.

11 크니프는 속삭이에게 '노래를 참 잘 부른다.'며 잘하는 점을 칭찬하였습니다.

12 서진이는 유주가 줄넘기를 잘하지 못하는 문제를 해결할 수 있도록 날마다 10분씩 연습하는 방법을 조언하였습니다.

13 남자아이는 화난 표정과 목소리로 여자아이의 말에 대답하였습니다.

14 대화를 끝까지 듣고 말하는 사람에게 공감해 주어야 합니다.

15 **1단계** 속삭이는 크니프의 목소리가 커서 멋있는 점에 대해 칭찬하고, 친구를 사귀는 방법을 조언하였습니다.

> **채점 기준**
>
> | 상 | (1)에는 '너는 목소리가 커서 멋있는걸.'을 (2)에는 '친구를 만나면 먼저 반갑게 인사해 봐!'를 찾아 그대로 썼습니다. |
> |---|---|
> | 중 | (1)과 (2) 중 한 가지만 알맞게 썼습니다. |
> | 하 | (1)과 (2)에 답을 찾아 쓰지 못했습니다. |

2단계 크니프의 고민은 친구들이 자신을 좋아하지 않는다는 것입니다. 크니프를 도와주려는 마음을 가지고 존중하는 태도로 씁니다.

> **채점 기준**
>
> | 상 | 친구를 사귀려면 어떻게 해야 하는지 고운 말로 썼습니다. |
> |---|---|
> | 중 | 친구를 사귀는 방법을 썼지만 고운 말로 쓰지 않았습니다. |
> | 하 | 친구를 사귀는 방법을 쓰지 못했습니다. |

3. 내용을 살펴요

> **1회** 교과서 학습   50~53쪽
>
> (개념 확인) (1) ◯ (2) ◯
> **1** 동그란   **2** ②, ③, ⑤   **3** ⑤   **4** (2) ◯   **5** ②
> **6** ⑤   **7** ①   **8** (1) 사과 (2) 상대   **9** (3) ◯   **10**
> ⑤   **11** 예 깨끗하게 인정하고 진심으로 사과해야
> 합니다.   **12** ②

개념 확인 (1) 글의 제목을 보면 글쓴이가 무엇에 대해 이야기하려고 하는지 짐작해 볼 수 있습니다.

(2) 글쓴이가 하고 싶은 말과 그렇게 말한 까닭을 찾아보면 글의 중심 내용을 파악할 수 있습니다.

1 물건의 특징을 '동그란 모양'이라고 설명하였습니다.

2 친구들은 동그란 모양의 '물병', '시계', '농구공'을 떠올렸습니다. 책과 칠판은 네모난 모양입니다.

3 주변에 동그란 모양의 물건이 여러 개 있기 때문에 친구들이 각각 다른 물건을 떠올렸습니다.

4 동전의 특징에는 동그란 모양이라는 것 외에 숫자가 쓰여 있고, 단단한 쇠로 만들어졌다는 것 등이 있습니다.

5 이 글의 제목을 보고 진심으로 사과하는 방법에 대한 내용일 것이라고 짐작할 수 있습니다.

6 상대는 나의 마음을 읽을 수 없기 때문에 잘못을 했을 때는 마음속으로만 생각하지 말고 사과를 해야 합니다.

7 사과를 받아 주는 것은 나 때문에 상처를 받은 상대가 결정해야 하기 때문에 "내 사과를 받아 줄래?"라고 정중하게 물어봐야 합니다.

8 글 ❶에서 잘못했을 때 상대가 알 수 있도록 사과를 하고, 왜 미안한지도 말해야 한다고 했습니다.

9 세아는 지우에게 사과하면서 '너도 잘못했어.'라는 말을 덧붙이며 따져서 지우를 화나게 하였습니다.

10 이유를 대거나 변명하다 보면 상대를 탓하게 되기 때문에 깨끗하게 자신의 잘못을 인정하고 진심으로 사과하는 것이 좋습니다.

11 글 ❷에 나타난 사과하는 방법을 정리하여 씁니다.

> **채점 기준**
> 인정해야 한다는 내용을 포함하여 문장을 완성해 썼으면 정답으로 합니다.

12 글에서 가장 어려운 낱말은 글의 중심 내용과 관련이 없습니다.

개념 확인 (1) ◯ (2) ◯

1 ⑤ **2** ⑤ **3** (1) 쓰임새 (2) 만드는 방법 **4** 연
해져 **5** ② **6** 인형 놀이 **7** ④ **8** 우석 **9** (2)
◯ (3) ◯ **10** ⑤ **11** ④ **12** 모

개념 확인 (1) 글에서 중요하다고 생각하는 문장을 찾아 중
심 내용을 파악하여 글을 간추릴 수 있습니다.
　(2) 글을 간추릴 때에는 글에서 설명하려는 대상의 특
징을 생각하며 중심 내용을 정리해야 합니다.

1 빗자루는 먼지나 쓰레기를 쓸어 모으는 청소 도구입
니다.

2 빗자루는 수수, 갈대, 댑싸리, 대나무 같은 것을 묶어
만든다고 하였습니다. 선인장은 빗자루를 만들기에
적절하지 않습니다.

3 ⑴은 글 **❶**의 내용으로 빗자루의 쓰임새를 정리했고,
⑵는 글 **❷**의 내용으로 빗자루를 만드는 방법을 정리
했습니다.

4 '질기다'는 '쉽게 끊어지지 않고 견디는 힘이 세다.'라
는 뜻으로, '말랑말랑하고 부드럽다.'라는 뜻을 지닌
'연하다'와 뜻이 반대되는 말입니다.

5 '대장비'는 대나무를 끼워 손잡이를 길게 한 빗자루입
니다.

6 심심한 오후에는 얼굴도 팔도 없는 인형이지만 빗자
루로 인형 놀이를 했다고 했습니다.

7 '묶다'는 '끈이나 줄로 한데 모아 잡아매다.'라는 뜻으
로, '묶인 것을 도로 원래의 상태로 되게 하다.'라는
뜻을 지닌 '풀다'와 뜻이 반대되는 말입니다.

8 이 글은 생활 도구인 빗자루의 쓰임새와 만드는 방법
등의 특징을 설명한 글입니다. 마법사가 되는 방법은
생활 도구와 관련이 없습니다.

9 윷가락은 네 개를 던집니다.

10 도는 돼지를 가리키는 옛말인 '돝'에서 생겨난 말이라
고 했습니다.

11 방언 가운데에는 소를 '슈', '슛', '슝' 따위로 부르는
경우가 있으며 이런 말들이 변해 윷이 되었다고 했습
니다.

12 윷가락 네 개를 던졌을 때 평평한 부분이 하나도 안
나오는 때를 가리키고, 다섯의 끗수를 가리키며 말의
방언에서 생겨난 말은 '모'입니다.

개념 확인 (1) ◯ (2) ✕

1 옷차림 **2** ④, ⑤ **3** (2) ✕ **4** 특징 **5** ⑤ **6** ⑤
7 예 저는 색종이 접기를 좋아합니다. **8** ① **9** ㉮,
㉯, ㉱ **10** 이름, 색깔, 맛, 생김새, 요리 방법 **11**
④ **12** 예 멀리 있는 사람이나 여러 사람한테 무언가
를 알리기 편합니다. **13** (1) 잃어버렸어요 (2) 핥아서

개념 확인 (1) 설명하는 글을 쓸 때에는 설명하고 싶은 내용
이 잘 드러나도록 자세하게 써야 합니다.
　(2) 설명을 듣거나 읽는 사람이 궁금해할 내용을 생각
하여 써야 합니다.

1 이 글은 여러 가지 옷차림에 대해 설명하고 있습니다.

2 글 **❷**에서는 장소에 따라 다른 옷차림을, 글 **❸**에서
는 하는 일에 따라 다른 옷차림을 설명하였습니다.

3 이 글은 여러 가지 옷차림에 대해 설명하고 있으므로,
음식에 대한 질문은 이 글의 내용과 관련이 없습니다.

4 설명하려는 대상과 그 대상의 특징이 잘 드러나게 사
물을 설명해야 합니다.

5 바다에서 사는 물고기를 잡는 방법은 윤재가 집에서
기르는 물고기의 특징과 관련이 없습니다.

6 규호가 좋아하는 과일인 '포도'의 특징은 색깔이 보라
색 또는 연두색이라는 것입니다.

7 채점 기준
　친구들에게 알리고 싶은 것이나 자세하게 설명할 수 있는
　것을 떠올려 문장으로 완성해 썼으면 정답으로 합니다.

8 쓴 맛은 떡볶이의 맛으로 적절하지 않습니다.

9 설명하려는 대상의 특징을 여러 가지로 자세하게 쓰
면 읽는 사람이 대상을 잘 이해할 수 있습니다.

10 옥수수는 음식이기 때문에 연주 방법과 놀이 방법은
특징이 될 수 없습니다.

11 이 글은 글자의 특징과 글자를 사용하는 까닭에 대해
설명하고 있습니다.

12 채점 기준
　멀리 있는 사람이나 여러 사람에게 무언가를 알리는 데
　에 편하다는 내용을 썼으면 정답으로 합니다.

13 '물건이 자신도 모르게 없어지다.'라는 뜻을 지닌 낱
말은 '잃어버리다'이고, '혀가 물체의 겉면에 살짝 닿
으면서 지나가게 하다.'라는 뜻을 지닌 낱말은 '핥다'
입니다.

개
념
북

3
단원

1 동그란 **2** 방법 **3** ③ **4** 방법 **5** 들쭉날쭉
6 (1) ㉯ (2) ㉮ **7** 양 **8** (2) ○ **9** ③ **10** ㉠
11 예 어떤 장소인지에 따라 **12** ③ **13** 예 귤의 크기는 다양한데, 저는 작고 동그란 모양의 귤을 좋아합니다. **14** (2) ○ **15** 1단계 하는 일에 따라서도 옷차림이 달라집니다. 2단계 (1) 예 열을 막을 수 있는 (2) 요리용 모자

1 설명이 자세하지 않고 동그란 모양의 물건이 많기 때문에 설명하는 물건을 정확히 알아맞히기 어려워 각각 다른 물건을 떠올렸습니다.

2 글의 제목을 보면 글쓴이가 무엇에 대해 이야기하려고 하는지 짐작해 볼 수 있습니다.

> **더 알아보기**
>
> **글을 읽고 중심 내용을 파악하는 방법**
> • 글을 읽기 전에 제목을 먼저 살펴보고 무엇에 대한 내용인지 짐작합니다.
> • 글쓴이가 하고 싶은 말이 무엇인지 찾아봅니다.
> • 글쓴이가 그렇게 말한 까닭을 찾습니다.

3 마음속으로만 잘못했다고 생각하면 상대는 알 수 없기 때문에 잘못을 했을 때 상대에게 사과를 해야 한다고 했습니다.

4 이 글에서는 빗자루를 만드는 방법이 무엇인지 자세하게 설명하고 있습니다.

5 '여럿이 층이 나지 않고 고르게 되어 있다.'라는 뜻을 지닌 '가지런하다'와 뜻이 반대인 낱말은 '들어가기도 하고 나오기도 하여 가지런하지 아니하다.'라는 뜻을 지닌 '들쭉날쭉하다'입니다.

> **더 알아보기**
>
> '나란하다'는 '여럿이 줄지어 늘어선 모양이 가지런하다.'라는 뜻으로 '가지런하다'와 뜻이 비슷한말입니다.

6 글 ㉮에서는 윷가락을 던져 나오는 도, 개, 걸, 윷, 모의 끗수에 대해 설명하였고, 글 ㉯에서는 가축의 이름에서 따온 도, 개, 걸, 윷, 모의 말뜻에 대해 설명하였습니다.

7 '걸'은 가축 가운데 '양'의 이름을 따온 것입니다.

8 글쓴이의 이름은 내용을 간추리는 방법과 관련이 없습니다. 글의 제목을 보고 무엇에 대한 내용인지 짐작하여 글의 내용을 간추릴 수 있습니다.

9 이 글에서 친구들이 입은 옷에는 치마도 있고 바지도 있으며, 입은 옷의 색이나 무늬가 다양하다고 하였습니다.

10 글 ㉮의 중심 내용은 우리는 날마다 여러 가지 옷을 본다는 것이므로, 첫 번째 문장이 가장 중요한 문장입니다.

11 글 ㉯에서는 장소에 따라 다른 옷차림에 대해 설명하고 있습니다.

> **채점 기준**
>
> 글 ㉯에서 가장 중요한 내용인 '장소'를 포함하여 썼으면 정답으로 합니다.
> ──── 이런 답도 가능해! ────
> 입는 장소에 따라

12 귤의 모양은 동그랗습니다.

> **더 알아보기**
>
> **사물을 설명하는 글을 쓰는 방법**
> • 설명하고 싶은 내용을 자세히 씁니다.
> • 설명하려는 대상의 특징이 잘 드러나게 씁니다.
> • 설명을 듣거나 읽는 사람이 궁금해할 내용을 씁니다.

13 글에 제시된 것 이외에 귤의 특징을 생각해 봅니다.

> **채점 기준**
>
> 귤의 크기나 모양 등 글에 나오지 않는 귤에 알맞은 특징을 한 가지 떠올려 문장을 썼으면 정답으로 합니다.

14 사물을 설명하는 글을 쓸 때에는 읽는 사람이 알기 쉽도록 여러 가지 특징을 써야 합니다.

15 1단계 이 글의 중심 내용은 하는 일에 따라 옷차림이 달라진다는 것입니다.

> **채점 기준**
>
> | 상 | 글에서 가장 중요한 문장인 첫 번째 문장을 알맞게 찾아 썼습니다. |
> |---|---|
> | 중 | 첫 번째 문장을 그대로 옮겨 쓰지 않고 일부 내용을 바꾸어 썼습니다. |
> | 하 | 첫 번째 문장이 아닌 다른 문장을 찾아 썼습니다. |

2단계 이 글은 소방관과 요리하는 사람이 하는 일이 다르므로 각각 다른 옷차림을 한다는 것을 설명하고 있습니다.

> **채점 기준**
>
> | 상 | (1)에 '열을 막을 수 있는'과 같은 내용을, (2)에 '요리용 모자'를 모두 알맞게 썼습니다. |
> |---|---|
> | 하 | (1)과 (2) 중에서 한 가지만 알맞게 썼습니다. |

4. 마음을 전해요

개념 확인 (1) ○ (2) ×

1 ②   **2** ⓓ   **3** (3) ○   **4** ①   **5** (2) ○   **6** ④   **7**
⑤   **8** 예 우리 집 강아지는 정말 귀여워!   **9** (1)
ⓛ, ⓒ, ⓢ, ⓧ (2) ⓣ, ⓗ, ⓩ (3) ⓡ, ⓜ, ⓞ   **10** ⑤
11 씨앗   **12** 색종이 접는 방법을 설명 등

개념 확인 (1) 무엇인가를 물어보는 문장을 '묻는 문장'이라
고 합니다.
(2) 감탄하는 문장은 느낌을 나타내는 문장이므로 느
낌표를 씁니다.

1 ○○미술관 관장님은 어린이들이 지난 화요일에 미
술관을 방문해 주어서 고맙다고 했습니다.

2 미술관 관장님은 어린이들을 11월에 열리는 특별 전
시회에 초대하고 싶어서 이 편지를 썼습니다.

3 ⊙은 기쁨, 슬픔, 놀람처럼 강한 느낌을 나타내는 문
장으로 문장 끝에 느낌표가 쓰였습니다.

4 즐거운 시간을 보냈는지 물어보는 문장입니다.

5 '나는 축구가 가장 재미있어.'는 자신이 좋아하는 것
에 대해 설명하거나 생각을 나타내는 문장입니다.

6 '우체국이 어디 있나요?'는 무엇인가를 물어보는 문
장으로, 물어보는 내용이 담긴 문장을 찾습니다.

7 '이가 너무 아파요!'는 아픈 느낌을 나타내는 문장으
로 문장 끝에 느낌표가 쓰였습니다.

8 감탄하는 문장 한 가지를 생각하여 쓰고, 문장의 끝
에 느낌표를 씁니다.

> **채점 기준**
> 강한 느낌을 표현하는 문장을 쓰고, 문장의 끝에 느낌표
> 를 알맞게 붙였으면 정답으로 합니다.

9 문장의 종류에 따라 알맞은 기호를 씁니다.

10 ⊙은 공연이 시작하는 시간을 묻는 문장입니다.

11 ⓡ은 씨앗에 대한 느낌을 나타낸 감탄하는 문장입니다.

12 ⓢ은 색종이를 접어 강아지 모양을 만드는 방법을 설
명하는 문장입니다.

> **채점 기준**
> 색종이 접는 방법을 설명한다는 내용으로 빈칸에 알맞게
> 썼으면 정답으로 합니다.

개념 확인 (1) × (2) ○

1 (1) ㉮ (2) ㉯ (3) ㉰ (4) ㉱ (5) ㉲ (6) ㉳ (7) ㉮
(8) ㉮   **2** ㉠   **3** ④   **4** ①, ④   **5** 예 이 떡볶이 정
말 맵다!   **6** ①   **7** ⑤   **8** ②   **9** (1) 감탄하는 (2)
기쁜 등   **10** ④   **11** ⑤   **12** ㉰   **13** 지후에게 고
마운 마음을 표현하기 등

개념 확인 (1) 문장의 종류와 문장을 쓴 까닭을 살펴보면 글
을 읽으면 글쓴이의 마음을 짐작할 수 있습니다.
(2) 문장을 쓴 까닭을 생각하고, 문장에서 느껴지는
글쓴이의 마음을 짐작하며 글을 읽습니다.

1 문장 부호와 문장의 내용을 보고 문장의 종류를 구분
합니다.

2 ㉠은 화장실이 복도 끝에 있다는 것을 설명하려고 쓴
설명하는 문장입니다.

3 ㉡은 내일 우리 집에 올 수 있는지를 묻기 위해 쓴 묻
는 문장입니다.

4 ㉣은 감탄하는 문장으로, 시원한 느낌과 달콤한 느낌
을 나타내기 위해 썼습니다.

5 감탄하는 문장을 쓰고, 문장 끝에 느낌표를 씁니다.

> **채점 기준**
> 감탄하는 문장을 알맞게 썼으면 정답으로 합니다.

6 민우는 손을 다쳐서 가방을 들기 힘들었습니다.

7 민우는 지후가 가방을 들어준 것에 대해 고맙다는 말
을 제대로 하지 못해서 편지를 썼습니다.

8 민우가 지후에게 고마워하는 까닭을 설명하기 위해
쓴 설명하는 문장입니다.

9 지후가 도와준다고 말했을 때 민우가 느낀 기쁨을 표
현하기 위해 쓴 감탄하는 문장입니다.

10 민우는 달리기만큼은 자신 있었는데 지후에게 지게
되어 속상했습니다.

11 ㉠은 민우가 지후에게 달리기 경주를 했던 일을 기억
하는지 묻기 위해서 쓴 묻는 문장입니다.

12 속상한 마음에 지후에게 말도 제대로 하지 않았다는
내용을 설명하는 문장을 찾습니다.

13 고마운 마음을 표현하기 위해 쓴 감탄하는 문장입니다.

> **채점 기준**
> '고마운 마음을 표현하기 위해서'와 같은 내용으로 썼으
> 면 정답으로 합니다.

개념 확인 (1) × (2) ○

1 ② **2** 냄새 **3** ①, ③ **4** (3) ○ **5** 냄새 맡은
값 등 **6** ㉣, ㉢ **7** ㉣ **8** (1) × **9** ⑤ **10** ①
11 민지

개념 확인 (1) 이야기를 읽을 때에는 인물의 말과 행동을 보
고 인물의 마음을 짐작합니다.
(2) 인물의 마음에 어울리는 목소리로 읽어야 이야기
를 실감 나게 읽을 수 있습니다.

1 최 서방은 국밥집 앞을 지나가다 국밥 냄새가 좋아서
코를 벌름거리며 감탄했습니다.

2 구두쇠 영감은 최 서방에게 국밥 냄새를 맡았으면 값
을 치르고 가야 한다고 말했습니다.

3 구두쇠 영감은 눈을 부릅뜨고 국밥 냄새를 맡은 값을
내라고 말했으므로, 화가 나고 최 서방이 괘씸한 마
음인 것을 짐작할 수 있습니다.

4 최 서방은 구두쇠 영감이 국밥 냄새 맡은 값을 내라
고 하자 기가 막혔습니다. 따라서 어이없고 황당해하
는 목소리가 어울립니다.

5 최 서방은 구두쇠 영감에게 엽전 소리로 냄새 맡은
값을 냈습니다.

채점 기준
'냄새 맡은 값'과 같은 내용을 빈칸에 알맞게 썼으면 정
답으로 합니다.

6 구두쇠 영감이 최 서방에게 냄새 맡은 값을 달라고
하자, 최 서방은 엽전 소리를 들려주었습니다. 그러
자 구두쇠 영감은 창피해했습니다.

7 최 서방이 냄새 맡은 값을 엽전 소리로 내자 구두쇠
영감이 창피해하며 한 행동을 찾습니다.

8 알맞은 크기의 목소리로 실감 나게 읽어야 합니다.

9 달리기에 자신 있는 호랑이는 자신이 정한 내기에서
이겨 혼자 떡을 먹을 생각을 하니 신이 나고 기대됐
습니다.

10 두꺼비는 떡이 나무 밑동에 걸려 있는 것을 보고 떡
을 혼자 먹게 된 것에 깜짝 놀라 눈이 휘둥그레졌습
니다.

11 떡을 혼자서 먹은 두꺼비는 배가 불렀을 것입니다.
따라서 배가 불러 느릿느릿한 목소리가 어울립니
다.

개념 확인 (1) ○ (2) ○

1 ① **2** ④ **3** 즐거움, 뿌듯함 등 **4** 도윤 **5** ①
6 ② **7** ② **8** 예 다음에는 좋은 마음으로 선물하
는 것이 좋겠어요. **9** ? **10** (3) ○ **11** ② **12**
⑤ **13** (1) ㉠ (2) ㉣ (3) ㉢ (4) ㉡

개념 확인 (1) 이야기의 내용과 상황을 파악한 후, 인물의 마
음을 짐작하여 내 생각을 전할 수 있습니다.
(2) 인물에게 전하고 싶은 생각과 말을 떠올려 글로
쓰거나 친구와 주고받을 수 있습니다.

1 농부는 밭에서 뽑은 커다란 무를 사또게 바쳤습니다.

2 사또는 농부에게 커다란 무를 받아 보답하고 싶은 마
음에 송아지를 주었습니다.

3 농부는 커다란 무를 뽑아 신이 나서 어깨를 들썩거렸
으므로 즐겁고 뿌듯한 마음일 것입니다.

4 소중한 무를 사또에게 선물하는 농부의 모습을 보며
할 수 있는 말로 알맞은 것을 찾습니다.

5 욕심꾸러기 농부는 사또에게 송아지를 바치고, 커다
란 무를 받았습니다.

6 욕심꾸러기 농부는 샘이 나고, 농부가 부러웠을 것입
니다.

7 이야기에 나오는 인물에게 내 생각을 전할 때에는 인
물의 말과 행동, 인물의 마음, 이야기의 상황을 살펴
보아야 합니다.

8 욕심을 부리다가 후회하게 된 욕심꾸러기 농부에게
하고 싶은 말을 씁니다.

채점 기준
더 큰 선물을 받으려고 송아지를 선물한 욕심꾸러기 농
부에게 할 말을 알맞게 썼으면 정답으로 합니다.

9 묻는 문장의 끝에는 물음표가 붙습니다.

10 글씨가 예쁘다는 느낌을 강하게 나타낸 문장입니다.

11 어떤 책을 좋아하는지 물어보기 위해 쓴 묻는 문장입
니다.

12 인물의 마음을 짐작하려면 이야기의 상황, 이야기의
내용, 그리고 인물의 말과 행동을 살펴보아야 합니
다.

13 소리는 다르지만 뜻이 비슷하여 서로 바꾸어 쓸 수
있는 낱말을 찾습니다.

5회 대단원 평가

1 ② **2** (3) ○ **3** ㉠, ㉣ **4** ⑤ **5 예** 다음 쉬는 시간에 운동장에 나갈래? **6** ⑤ **7** ①, ③ **8** ① **9** (1) ○ **10** 신이 납니다. 등 **11** ⑤ **12** (커다란) 무 **13** ② **14** ⑤ **15 1단계** 고마운 등 **2단계** (1) 감탄하는 (2) 지후가 도와준다고 하여 기쁜 느낌을 표현하기 위해 썼습니다. 등

---

1 20년 뒤 자신의 모습을 상상해 보라는 것이 아니라, 어린이들이 20년 뒤에 자신의 모습을 상상하며 그린 그림을 미술관에 전시할 예정이라고 말했습니다.

2 작품이 멋지다는 느낌을 강하게 나타낸 감탄하는 문장입니다.

3 설명하는 문장은 무엇을 설명하거나 생각을 나타내는 문장입니다. ㉠과 ㉣은 설명하는 문장, ㉡은 감탄하는 문장, ㉢은 묻는 문장입니다.

왜 답이 아닐까?

㉡ 기쁨, 슬픔, 놀람처럼 강한 느낌을 나타내는 문장입니다.
㉢ 무엇인가를 물어보는 문장입니다.

더 알아보기

문장의 종류
• 설명하는 문장: 무엇을 설명하거나 생각을 나타내는 문장입니다.
  예 우리는 2학년입니다.
• 묻는 문장: 무엇인가를 물어보는 문장입니다.
  예 나랑 운동장에 나갈래?
• 감탄하는 문장: 기쁨, 슬픔, 놀람처럼 강한 느낌을 나타내는 문장입니다.
  예 달이 엄청 밝아요!

4 ㉡은 감탄하는 문장으로, 씨앗이 참 작다고 씨앗에 대한 느낌을 표현했습니다.

5 ㉢은 묻는 문장이므로, 문장 끝에 물음표가 들어가는 묻는 문장을 씁니다.

채점 기준

묻는 문장 한 가지를 알맞게 쓰고, 문장의 끝에 물음표를 붙였으면 정답으로 합니다.

이런 답도 가능해!
• 주말에 무엇을 했나요?
• 점심으로 무엇을 먹었어요?
• 급식실을 가려면 어디로 가야 하나요?
• 가장 인상 깊게 읽은 책은 무엇인가요?

6 구두쇠 영감은 최 서방을 붙잡고 국밥 냄새를 맡은 값을 달라고 했습니다.

7 구두쇠 영감은 최 서방이 국밥 냄새를 맡고 그냥 가려고 하자, 괘씸하고 화가 났습니다.

8 화가 나고 괘씸한 마음에 어울리는 목소리를 찾습니다.

9 호랑이는 달리기에 자신 있기 때문에 자신이 틀림없이 내기에서 이길 거라 생각했습니다.

10 호랑이는 혼자 떡을 먹을 생각에 신이 나서 저절로 웃음이 났습니다.

채점 기준

'신이 났습니다.'나 '기뻤습니다.'와 같은 마음을 빈칸에 알맞게 썼으면 정답으로 합니다.

11 혼자 떡을 먹은 두꺼비는 배가 불러 느릿느릿한 목소리로 말했을 것입니다.

12 농부는 사또에게 커다란 무를 바치고, 송아지를 받았습니다.

13 사또는 자신에게 귀한 것을 바친 농부에게 고마운 마음이 들어 보답을 하려 했습니다.

더 알아보기

사또의 마음이 드러난 말
"그래, 고맙구나. 이렇게 커다란 무는 나도 본 적이 없다."

14 농부에게 커다란 무를 받고 보답한 사또의 행동을 보고, 전하고 싶은 말로 알맞은 것을 찾습니다.

15 1단계 지후가 손을 다친 민우의 가방을 들어 주어, 민우는 지후에게 고마운 마음을 전하기 위해 편지를 썼습니다.

채점 기준

고마운 마음을 전하기 위해 편지를 썼다는 내용을 썼으면 정답으로 합니다.

2단계 문장 ㉠은 감탄하는 문장으로 느낌표가 쓰였습니다. 민우는 지후가 도와준다고 하여 기쁜 마음을 표현하기 위해 문장을 썼습니다.

채점 기준

상	문장의 종류와 문장을 쓴 까닭을 모두 알맞게 썼습니다.
중	문장의 종류를 알맞게 썼으나, 문장을 쓴 까닭을 쓰지 못했습니다.
하	문장의 종류와 문장을 쓴 까닭을 모두 쓰지 못했습니다.

5. 바른 말로 이야기 나누어요

개념 확인 (1) × (2) ○

1 ① **2** (1) 가리키다 (2) 가르치다 **3** (1) 2 (2) 4
(3) 3 **4** ⑤ **5** ① **6** (1) 바랬네 (2) 작네 **7** (1)
㉮ (2) ㉯ **8** (2) ○ **9** ④ **10** (1) ㉮ (2) ㉯ **11**
예 친구와 한 약속을 잊어버렸다. **12** 갔습니다
13 (1) 바라고 (2) 바래고

개념 확인 (1) 문장을 쓸 때에는 문장에 어울리는 낱말을 사용해야 합니다.
(2) 대화하고 있는 상황에 알맞은 말을 사용해야 합니다.

1 지윤이는 민재가 사용한 말이 상황에 맞지 않아 말을 잘못 이해했습니다.

2 '가리키다'는 어떤 대상을 집어서 보이는 것이고, '가르치다'는 지식 따위를 알려 주는 것입니다.

3 소금을 싣고 가던 당나귀가 물에 빠지자 짐이 가벼워졌습니다. 다음 날 솜 자루를 싣고 가던 당나귀가 일부러 물에 빠지자 짐이 무거워졌습니다.

4 지은이가 말한 문장에는 '바라다'가 아닌 '바래다'라는 낱말이 어울립니다.

5 책보다 가방 크기가 더 작다고 말하고 싶었습니다.

6 '사진첩이 바랬네', '가방이 작네'라고 말해야 합니다.

7 (1)에는 '바라다'가, (2)에는 '적다'가 어울립니다.

8 '다른'은 두 대상이 서로 같지 않다는 뜻입니다.

9 '틀린'의 뜻은 '계산이나 사실 따위가 맞지 않는.'입니다.

10 문장 ❷는 축구와 농구는 하는 방법이 서로 같지 않다는 뜻이므로 '다릅니다'가 들어가는 것이 알맞고, 문장 ❹는 덧셈을 잘못해서 물건값을 계산한 것이 어긋났다는 뜻이므로 '틀렸습니다'가 들어가는 것이 알맞습니다.

11 '잃어버리다'와 헷갈리지 않도록 주의하여 씁니다.

> **채점 기준**
> '잊어버리다'의 뜻을 생각하여 '약속을 잊어버렸다.' 등의 문장을 썼으면 정답으로 합니다.

12 학교로 이동하고 있으므로 '갔습니다'가 문장에 어울리는 낱말입니다.

13 (1)에는 '바라고'가, (2)에는 '바래고'가 어울립니다.

개념 확인 (1) × (2) ○

1 태은 **2** 예 교실에서 쓰레기를 종류별로 나누어서 버려요. **3** ②, ④ **4** ③ **5** ③ **6** (1) 감자밭
(2) 마당 **7** 예 아궁이에 찐 감자를 먹었습니다.
8 아이 **9** ④ **10** ①, ③ **11** (1) ×

개념 확인 (1) 발표를 할 때에는 중요한 내용을 생각하면서 말해야 합니다.
(2) 발표를 할 때에는 듣는 사람을 바라보며 말해야 합니다.

1 태은이는 즐거운 학교생활을 위해 지켜야 할 일과 관련이 없는 댓글을 썼습니다.

2 자신이 학교에서 겪은 일을 떠올리고 친구들이 지켜주었으면 하는 행동을 씁니다.

> **채점 기준**
> 자신이 고른 장소와 그 장소에서 지켜야 할 행동이 어울리게 썼으면 정답으로 합니다.

3 발표를 할 때에는 중요한 내용을 생각하면서 말하고, 듣는 사람을 바라보며 알맞은 목소리로 발표해야 합니다. 발표를 들을 때에는 중요한 내용을 생각하면서 듣고, 바른 말을 사용하는지 확인하면서 들어야 합니다.

4 '나'와 아빠가 '아빠와 함께 추억 만들기' 행사에서 가장 먼저 한 일은 '감자 캐기'입니다.

5 이장님께서는 땅속에 묻힌 감자가 다치면 안 되기 때문에 유리그릇 다루듯 조심조심 캐야 한다고 하셨습니다.

6 '나'는 감자밭에서 감자를 캔 뒤에 마당에서 감자를 쪄 먹었습니다.

7 '나'는 점심에 아궁이에 찐 감자를 먹었습니다.

> **채점 기준**
> '내'가 점심에 아궁이에 찐 감자를 먹었다는 내용을 정확하게 썼으면 정답으로 합니다.

8 '나'와 아빠는 오후 놀이 시간에 아빠가 아이를 업고 달리는 놀이를 했습니다.

9 '나'는 아빠 등에 업히니까 아주 따뜻하고 좋았다고 말했습니다.

10 '오후'와 '밤'이 시간을 나타내는 말입니다.

11 (2)에는 '어제 오후', (3)에는 '올해 봄'이라는 시간을 나타내는 말이 쓰였습니다.

개념 확인 (1) ○ (2) ○

1 ⑤ **2** 가을 **3** ② **4** ④ **5** ⑤ **6** (1) ㉯ (2) ㉮
7 (1) 예 우편집배원은 마을로 오가는 길이 지루하다고 느껴 한숨을 내쉬었습니다. (2) 예 마을로 가는 길가에 꽃들이 더욱 만발했습니다. **8** (1) 다르다 (2) 가리키다 **9** (1) 2 (2) 4 (3) 1 (4) 3 **10** (1) ○ **11** ④

개념 확인 (1) 글을 읽고 일이 일어난 차례를 확인하려면 시간을 나타내는 말을 찾아야 합니다.
(2) 글을 읽고 일이 일어난 차례에 맞게 내용을 간추려야 합니다.

1 우편집배원은 우편물을 배달하기 위해 시골 마을로 오가는 길이 사막처럼 황량했기 때문에 마음이 쓸쓸했습니다.

2 가을의 어느 날, 우편집배원은 시골 마을 입구에 앉아 한숨을 내쉬었습니다.

3 글 ㉯에서 우편집배원은 마을로 가는 길에 들꽃 씨앗을 뿌렸습니다.

4 글 ㉯에 쓰인 시간을 나타내는 말로 알맞은 것은 '다음 날'입니다.

5 우편집배원은 마을로 가는 길가에 가로수를 조성하고 싶다는 욕심이 생겨 작은 묘목 몇 개씩을 길가에 심었습니다.

6 '자태'의 뜻은 '어떤 모습이나 모양.'이고, '만발'의 뜻은 '꽃이 활짝 다 핌.'입니다.

7 시간을 나타내는 말에 따라 중심 내용이 잘 드러난 문장을 차례대로 정리하여 씁니다.

> 채점 기준
> (1)에 우편집배원이 마을을 오가는 길에서 한숨을 내쉬었다는 내용을, (2)에 마을로 가는 길가에 꽃이 만발했다는 내용을 모두 알맞게 썼으면 정답으로 합니다.

8 (1)은 두 아이의 키가 서로 같지 않는 상황이므로 '다르다'가 들어가는 것이 알맞습니다. (2)는 손으로 달을 집어서 보이는 것이므로 '가리키다'가 들어가는 것이 알맞습니다.

9 시간을 나타내는 말에 따라 '토요일 아침 – 오전 – 점심 – 오후'의 차례로 정리할 수 있습니다.

10 '앞문'의 알맞은 발음은 [암문]입니다.

11 '설날'의 알맞은 발음은 [설:랄]입니다.

1 ④ **2** 작기 **3** ② **4** 잊어버렸어요 **5** 예 밥을 적게 먹어서 배가 고픕니다. **6** 유준 **7** 아침 **8** (1) 점심 (2) 예 아궁이에 쪄서 먹었습니다. **9** 봄 **10** ⑤ **11** 묘목 **12** 가르치다 **13** ① **14** ② **15** 1단계 틀리다 2단계 예 나는 일기에서 틀린 글자를 보고 바른 말로 고쳤습니다.

1 그림 ❶에서 지은이는 사진첩 색이 흐려진 것을 보고 말했습니다.

2 책이 넣으려는 가방 크기보다 큰 상황이므로 '작기'를 써야 합니다.

3 쥐가 코끼리보다 몸집이 크다는 말은 사실과 맞지 않는 말이므로 문장의 빈칸에 '틀린'이 들어가는 것이 알맞습니다.

> 더 알아보기
> ① 다른: 어떤 점이 서로 같지 않은.
> ③ 작은: 길이, 넓이, 부피 등이 보통보다 덜한.
> ④ 적은: 수나 양, 정도가 일정한 기준에 미치지 못한.
> ⑤ 같은: 서로 다르지 않고 하나인.

4 비밀번호에 대한 기억이 동생의 머릿속에서 지워진 상황이므로 '잊어버렸어요'가 들어가는 것이 알맞습니다.

> 왜 답이 아닐까?
> '잃어버리다'는 물건을 어디에 흘리고 왔을 때 사용하는 낱말입니다. '공원에서 장갑을 잃어버렸어요.'와 같이 쓸 수 있습니다.

5 '적다'의 뜻을 생각하며 알맞은 문장을 만들어 씁니다. '작다'와 헷갈리지 않도록 주의합니다.

> 채점 기준
> 어떤 것의 양이 많지 않다는 뜻으로 '적다'를 넣어 문장을 썼으면 정답으로 합니다.
> 이런 답도 가능해!
> • 동생 밥보다 내 밥이 적다.
> • 내 음료수의 양이 친구의 것보다 적다.

6 발표를 할 때에는 중요한 내용을 생각하면서 말하고, 듣는 사람을 바라보며 알맞은 목소리로 발표해야 합니다.

7 글 ㉮는 일요일 아침에 '내'가 겪은 일에 대한 내용입니다.

8 글 **나** 에서 점심에 '우리'는 직접 캔 감자를 아궁이에 쪄서 먹었습니다.

> **채점 기준**
>
> 점심에 '우리'가 직접 캔 감자를 아궁이에 쪄서 먹었다는 내용을 정확하게 썼으면 정답으로 합니다.

9 글 **가** 는 가을과 겨울이 지나고 찾아온 싱그러운 봄날에 일어난 일입니다.

10 싱그러운 봄날이 찾아오자 마을로 가는 길가에 꽃과 들풀이 잔뜩 피었습니다.

11 우편집배원은 꽃길을 오갈 때마다 작은 묘목을 몇 개씩 심었습니다.

12 오빠가 동생에게 국어 공부를 알려 주는 상황이므로 '가르치다'가 들어가는 것이 알맞습니다.

> **왜 답이 아닐까?**
>
> '가리키다'의 뜻은 '어떤 방향이나 대상을 집어서 보이거나 말하고 알리다.'입니다.

13 토요일 아침, 윤재네 가족은 공원에 갔습니다.

> **왜 답이 아닐까?**
>
> ② 윤재네 가족은 병원에 가지 않았습니다.
> ③ 윤재네 가족은 동물원에 가지 않았습니다.
> ④ 윤재네 가족은 공원에서 도시락을 먹었습니다.
> ⑤ 윤재네 가족은 식물원에서 꽃을 구경했습니다.

14 '공원'은 시간을 나타내는 말이 아니라 장소를 나타내는 말입니다.

15 **1단계** 물건값의 계산이 맞지 않는 상황이므로 '틀리다'를 사용해야 합니다.

> **채점 기준**
>
> | 상 | 그림의 상황과 어울리는 바른 말인 '틀리다'를 골라 썼습니다. |
> |---|---|
> | 하 | 그림의 상황과 어울리지 않는 말인 '다르다'를 골라 썼습니다. |

2단계 '틀리다'를 넣어 문장을 만들어야 합니다.

> **채점 기준**
>
> | 상 | '틀리다'의 뜻에 알맞은 문장을 만들어 썼습니다. |
> |---|---|
> | 중 | '틀리다'를 넣어 문장을 만들어 썼지만 문장이 어색합니다. |
> | 하 | '다르다'를 넣어 문장을 썼습니다. |
>
> **이런 답도 가능해!**
>
> 이 문제는 자주 틀리는 문제입니다.

6. 매체를 경험해요

1회 교과서 학습 108~111쪽

개념 확인 (1) ○ (2) ×
1 「토끼의 재판」 **2** (1) ○ (2) ○ **3** 소리 **4** (1) **예** 「토끼와 거북이」 (2) **예** 거북이가 느릿느릿 움직이는 모습 **5** ⑤ **6** 비닐봉지 **7** ⑤ **8** **예** 쓰레기가 풀처럼 보이는 모습이 인상 깊었습니다. **9** ④ **10** (1) ○ **11** ② **12** (2) ○

개념 확인 (1) 매체를 읽을 때에는 글과 그림이 나타내는 뜻을 생각하며 읽어야 합니다.
(2) 글과 그림으로 표현된 매체를 읽을 때에는 글과 그림을 관련지어 읽어야 합니다.

1 그림 ❶에서는 「토끼의 재판」을 책으로 읽고 있고, 그림 ❷에서는 영상으로 보고 있습니다.

2 이야기를 책으로 읽으면 이야기의 장면을 상상할 수 있고, 글과 그림을 보며 내용을 이해할 수 있습니다.

3 이야기를 영상으로 보면 소리를 들으며 인물들의 움직임을 볼 수 있어 실감 나게 느껴집니다.

4 이야기를 영상으로 본 경험을 떠올려 씁니다.

> **채점 기준**
>
> 이야기를 영상으로 본 경험을 떠올려 (1)에는 제목을, (2)에는 인상 깊은 장면을 썼으면 정답으로 합니다.

5 공익 광고의 글을 통해 땅속에 묻어도 썩지 않는 쓰레기들이 토양을 오염시키고 있다는 것을 알 수 있습니다.

6 비닐봉지가 썩지 않고 땅에 묻혀 있습니다.

7 공익 광고에서 전하고자 하는 뜻은 '비닐봉지 같은 일회용품 사용을 줄이자.'입니다.

8 공익 광고를 보고 인상 깊은 점을 씁니다.

> **채점 기준**
>
> 공익 광고의 글이나 그림에 담긴 뜻을 생각해 보고 인상 깊은 부분을 썼으면 정답으로 합니다.

9 영준이는 산에서 내려오다가 넘어졌습니다.

10 (1)을 보고 영준이가 넘어진 것을 알 수 있습니다.

11 영준이를 걱정하는 말씀을 하셨을 것입니다.

12 만화를 읽을 때에는 글과 그림을 모두 살펴보아야 합니다.

개념 확인 (1) × (2) ○

1 ④ **2** ⑤ **3** (철이의) 엄마 **4** ④ **5** ② **6** (1) 오염 (2) 낭비 **7** (2) ○ **8** 예 물을 낭비하는 모습을 본 적이 있나요? **9** 어린이박물관 **10** ③ **11** 수희 **12** 예 우리 학교의 교훈

개념 확인 (1) 그림책을 읽을 때에는 각 장면에서 어떤 글과 그림이 나오는지 살펴보아야 합니다.

(2) 그림책을 읽을 때에는 각 장면에 따라 글자의 크기가 어떻게 변화했는지 살펴보아야 합니다.

1 철이는 꿈 때문에 마음이 뒤숭숭하여 아침 식사 시간에 음식을 남기지 않고 다 먹었다고 했습니다.

2 영이는 먹다 남긴 우유를 싱크대에 몰래 부었습니다.

3 ❷의 글과 그림을 보면 샴푸를 많이 쓴 사람은 철이의 엄마라는 것을 알 수 있습니다.

4 그림책의 제목과 그림을 통해 ❷에서 표현된 검은색은 '오염물'이라는 것을 알 수 있습니다.

5 ❸에서는 오염물이 차오르다가 결국 터졌습니다.

6 꿈에서 깬 철이는 진짜로 오염물이 터지기 전에 물 오염과 낭비를 막는 행동을 시작하기로 다짐했습니다.

7 그림책을 읽고 철이에게 하고 싶은 질문으로 알맞은 것은 (2)입니다.

더 알아보기

'물 오염과 낭비를 막으려고 무엇을 할 계획이니?'라는 질문을 할 수도 있습니다.

8 그림책의 내용과 관련한 질문을 떠올려 씁니다.

채점 기준

물을 낭비했거나 낭비하는 모습을 본 경험이나 물을 절약했던 경험을 떠올려 질문을 썼으면 정답으로 합니다.

이런 답도 가능해!

물을 절약하려고 어떤 노력을 하고 있나요?

9 어린이박물관을 소개하는 어린이박물관 누리집입니다.

10 어린이박물관의 실내 온도는 누리집을 보고 알 수 없는 내용입니다.

11 수희는 누리집을 찾아본 경험과 관련이 없는 경험을 말했습니다.

12 학교 누리집 '학교 소개'에는 학교의 교훈, 교가, 위치 등의 내용이 있습니다.

개념 확인 (1) ○ (2) ×

1 미소 **2** ⑤ **3** (1) ○ (4) ○ **4** 미진 **5** ❶, ❸ **6** 연희 **7** (2) ○ **8** (1) 예 만화 (2) 예 내가 좋아하는 캐릭터를 볼 수 있기 때문입니다. **9** (2), (3) **10** (3) ○ **11** ①, ②, ③ **12** (1) 깨끗이 (2) 씻었습니다

개념 확인 (1) 누리집에 게시물을 올릴 때에는 전하고자 하는 내용이 잘 드러나게 글을 씁니다.

(2) 누리집에 게시물을 올릴 때에는 글의 내용과 잘 어울리는 그림이나 사진을 올려야 합니다.

1 우리 반 친구들이 좋아하는 놀이가 무엇인지 알려 주고 싶어 한 미소가 쓸 주제입니다.

2 소윤이는 반 친구들과 고운 말을 쓰자고 약속했던 일을 소개하려고 했으므로 고운 말 쓰기 활동을 한 모습의 사진을 함께 올리는 것이 알맞습니다.

3 현우는 반 친구들과 참여한 학교 행사를 떠올렸으므로 (2)와 (3)은 주제로 알맞지 않습니다.

4 누리집에 게시물을 올릴 때에는 다른 사람들이 궁금해할 만한 내용을 올려야 합니다.

5 누리집에 게시물을 올릴 때의 태도로 바른 그림은 ❶과 ❸입니다.

6 게시물을 올릴 때에는 바르고 고운 말을 사용했는지 확인해야 합니다.

7 누리집에 게시물을 올리면 여러 사람이 보게 되므로 읽을 사람을 신경 써야 합니다.

8 자신이 좋아하는 매체 자료와 그 매체 자료를 좋아하는 까닭을 차례대로 씁니다.

채점 기준

그림책, 만화, 뉴스, 광고 등 매체 자료 중에서 자신이 좋아하는 매체 자료를 고르고, 그 매체 자료의 어떤 점이 좋은지 차례대로 썼으면 정답으로 합니다.

9 만화나 그림책을 볼 때는 그림만 중심으로 보지 않고 글과 그림을 관련지으며 읽는 것이 좋습니다.

10 매체와 매체 자료를 볼 때에는 알맞은 내용을 담고 있는지 생각해 보아야 합니다.

11 '않고'는 [안코]로, '그렇게'는 [그러케]로, '받아서'는 [바다서]로 소리 납니다.

12 (1)은 '깨끗이'로, (2)는 '씻었습니다'로 고쳐 쓰는 것이 알맞습니다.

개 념 북

6 단원

1 ⑤ **2** ⑤ **3** (2) ○ **4** (1) 아야, 아파라! (2) **예** 아파하는 **5** 걱정스러운 **6** ④, ⑤ **7** 음식 **8** (3) ○ **9** (1) ㉯ (2) ㉮ **10** 오염물 **11** ④ **12** **예** 도서관에 어떤 책이 있는지 궁금해서 인터넷에서 도서관 누리집을 찾아본 적이 있습니다. **13** (3) × **14** (1) ○ (2) ○ **15** **1단계** **예** 우리 반 친구들이 좋아하는 수업이 무엇인지 소개하고 싶습니다. **2단계** (1) **예** 우리 반 친구들이 가장 좋아하는 수업은 글쓰기 수업입니다. (2) **예** 반 친구들이 즐겁게 글쓰기 수업에 참여하고 있는 사진을 올리고 싶습니다.

1 ㉠은 땅속에 묻힌 초록색 비닐봉지를 보고 말한 것입니다.

2 공익 광고의 그림에서는 비닐봉지가 썩지 않고 땅속에 묻혀 있습니다.

3 공익 광고를 보고 할 수 있는 말로 알맞은 것은 '미래를 위해 환경을 오염시키지 말아야 한다고 말하는 것 같아.'입니다.

4 장면 ❸의 글과 그림을 보면 산에서 내려가다가 넘어진 영준이는 '아야, 아파라!'라고 말하고 아파하는 표정을 지었습니다.

> **채점 기준**
> 장면 ❸의 말풍선 내용과 영준이의 표정을 보고 알맞은 내용을 찾아 썼으면 정답으로 합니다.

5 어머니는 영준이가 넘어진 것을 보고 걱정하는 표정과 말을 하고 있으므로 걱정스러운 마음이 들었을 것임을 알 수 있습니다.

6 만화를 읽을 때 글과 그림을 함께 보면 어떤 상황인지 더 자세하게 알 수 있고, 내용을 더욱 생생하게 이해할 수 있습니다.

7 글 **가**에서 철이는 아침 식사 시간에 꿈 때문에 마음이 뒤숭숭하여 음식을 남기지 않고 다 먹었다고 했습니다.

8 철이의 아빠께서는 세탁물을 세 번이나 나누어 돌리셨습니다.

> **왜 답이 아닐까?**
> (1)은 엄마께서 하신 행동이고, (2)는 글 **나**에서 나오지 않은 행동입니다.

9 '뒤숭숭한'의 뜻으로 알맞은 것은 '느낌이나 마음이 어수선한.'이고, '채'의 뜻으로 알맞은 것은 '이미 있는 상태 그대로.'입니다.

10 글 **나**에 "이래서 오염물이 터지게 된 걸까?"라는 글이 있고, **다**에 검은색으로 무엇인가가 튀어나오는 그림이 있으므로 검은색으로 표현된 것은 오염물이 터진 모습이라는 것을 알 수 있습니다.

11 '대화'는 매체 자료로 알맞지 않습니다.

> **더 알아보기**
> 매체 자료란 그림책, 만화, 뉴스, 광고, 영화 등 매체를 통해 소통되는 정보나 자료입니다.

12 무엇을 하기 위해 어떤 누리집을 찾아보았는지의 경험을 구체적으로 씁니다.

> **채점 기준**
> 학교 누리집, 소방서 누리집, 박물관 누리집 등 인터넷에서 누리집을 찾아본 경험을 구체적으로 썼으면 정답으로 합니다.

13 '우리 집에서 학교까지의 거리'는 학교 누리집에 들어갈 내용으로 알맞지 않습니다.

14 누리집에 게시물을 올릴 때에는 다른 사람들이 궁금해할 만한 내용을 올립니다. 또한, 전하고자 하는 내용이 글에 잘 드러나도록 쓰고, 글의 내용과 잘 어울리는 그림이나 사진을 올려야 합니다.

15 **1단계** 다른 반 친구들에게 우리 반을 소개하고 싶은 내용을 떠올려 씁니다.

> **채점 기준**
>
> | 상 | 우리 반에 대해 소개하고 싶은 내용을 구체적으로 썼습니다. |
> |---|---|
> | 중 | 우리 반에 대해 소개하고 싶은 내용을 썼습니다. |
> | 하 | 우리 반에 대해 소개하고 싶은 내용과 관련 없는 내용을 썼습니다. |

2단계 **1단계**에서 정한 주제로 학급 누리집에 쓸 게시물의 내용과 함께 올릴 그림이나 사진을 구체적으로 씁니다.

> **채점 기준**
>
> | 상 | **1단계**에서 정한 주제에 맞는 글의 내용과 글에 어울리는 그림이나 사진을 구체적으로 썼습니다. |
> |---|---|
> | 중 | **1단계**에서 정한 주제에 맞는 글의 내용과 글에 어울리는 그림이나 사진을 썼습니다. |
> | 하 | **1단계**에서 정한 주제에 맞는 글의 내용을 쓰지 못했거나 글에 어울리지 않는 그림이나 사진을 떠올려 썼습니다. |

7. 내 생각은 이래요

개념 확인 (1) ◯ (2) ◯

1 (1) ㉮ (2) ㉯ 2 거짓말 3 ② 4 소영 5 지수 6 (1) ◯ (3) ◯ 7 혜림 8 ⑤ 9 ㉠ 10 에티켓 11 ①, ③, ④

개념 확인 (1) ◯ (2) ✕

1 ④ 2 ⑤ 3 (1) ㉯ (2) ㉮ 4 아침에 운동장을 달리면 기분이 좋아져요. 5 ③, ⑤ 6 (2) ◯ 7 (1) 예 같은 (2) 예 좋은 점이 많기 때문입니다. 8 ㉰ 9 소음 10 ㉡, ㉢ 11 (2) ◯

개념 확인 (1) 글쓴이의 생각을 파악하기 위해서는 글의 제목을 확인해야 합니다.

(2) 글쓴이의 생각은 글에 있는 중심 생각에서 찾을 수 있습니다.

1 그림 ❶에는 수업 시간에 자신의 생각을 발표하는 상황, 그림 ❷에는 전시된 친구의 그림에 칭찬하는 글을 붙이는 상황이 나타나 있습니다.

2 그림 ❸에서 지원이는 책의 글쓴이가 친구끼리 거짓말을 하지 말자고 말하고 싶은 것 같다고 했습니다.

3 그림 ❹는 모둠 활동 규칙을 무엇으로 정하면 좋을지에 대해 자신의 생각을 말하는 상황입니다.

4 책을 그대로 소리 내어 읽는 것은 자신의 생각을 나타내는 것이 아닙니다. 소영이는 자신의 생각을 나타냈던 경험을 알맞게 말했습니다.

5 이 글의 제목을 보면, 반려견을 키우는 사람들에게 반려견을 사랑한다면 지켜야 하는 일을 말하려는 것을 알 수 있습니다.

6 반려견과 함께 산책할 때에는 반려견의 배설물을 치울 수 있는 비닐봉지와 집게 같은 도구를 챙겨야 한다고 했습니다.

7 글 ❷에서 반려견의 배설물은 주인이 치워야 한다고 했습니다.

8 글 ❹에서 도서관과 같은 곳에서 반려견이 짖게 되면 다른 사람에게 큰 피해를 줄 수 있다고 했습니다.

9 ㉡과 ㉢은 글 ❹의 중심 생각을 설명하는 역할을 합니다.

10 글쓴이는 반려견을 진심으로 사랑한다면 여러 가지 반려견 에티켓을 꼭 지켜야 한다고 했습니다.

11 글쓴이의 생각을 파악하며 글을 읽으면 집중해서 읽을 수 있고, 자신의 생각과 비교하며 읽을 수 있습니다. 또한 글쓴이가 글을 통해 하고 싶은 말이 무엇인지 알 수 있습니다.

개념 확인 (1) 자신의 생각을 정리할 때에는 글쓴이의 생각과 다른 생각을 떠올릴 수도 있습니다.

(2) 친구의 경험이 아닌 자신의 경험을 떠올려야 합니다.

1 제목을 보고 글쓴이가 아침에 운동장에서 달리기를 하자고 말하려는 것을 짐작할 수 있습니다.

2 글 ❷에서 시원한 아침 공기가 스트레스를 사라지게 해 준다고 했습니다.

3 '가득하다'의 뜻은 '냄새나 빛 등이 공간에 널리 퍼져 있다.', '상쾌해지다'의 뜻은 '느낌이 시원하고 산뜻해지다.'입니다.

4 채점 기준
'아침에 운동장을 달리면 기분이 좋아져요.'라는 문장을 찾아 정확하게 썼으면 정답으로 합니다.

5 글 ❸에서 아침에 운동장을 달리면 점점 체력이 좋아지고, 몸무게를 조절하는 데에도 도움이 된다고 했습니다.

6 글쓴이는 며칠 동안만 꾸준히 실천하면 아침에 운동장을 달리는 즐거움에 푹 빠지게 될 것이라고 했습니다.

7 채점 기준
글쓴이와 같은 생각일 때 아침에 운동장을 달리면 좋은 점이 있다는 내용을 쓰거나, 글쓴이와 다른 생각일 때 아침에 운동장을 달리자는 생각과 자신의 생각이 다른 까닭을 알맞게 떠올려 썼으면 정답으로 합니다.

이런 답도 가능해!
(1) 다른 (2) 뛰다가 넘어질 수 있기 때문에 걷기 운동을 하면 좋겠습니다.

8 글쓴이의 생각에 대한 자신의 생각을 정리할 때에는 글쓴이의 생각과 관련된 자신의 경험이나 이미 알고 있는 것들을 활용합니다.

9 글쓴이는 같은 소리라도 시간과 장소가 달라지면 시끄럽거나 괴롭게 들리는 소리에 대해 말했습니다.

10 시끄럽고 괴롭게 느껴지는 소리는 무엇인지 생각하며, 소리를 듣는 시간이나 장소를 살펴봅니다.

11 (1), (3), (4)는 소음 공해를 줄이기 위해 노력해야 하는 까닭으로 알맞지 않습니다.

개념북 7단원

[개념 확인] (1) × (2) ○

1 ④   **2** ④   **3** (2)○   **4** 예 꽃을 키우고 싶습니다.

5 ④   **6** 선생님   **7** 돌보미   **8** ㉡   **9** 다육 식물

10 ①, ⑤   **11** (1)㉮ (2)㉯   **12** ②   **13** 규호

---

1 (2)○   **2** 존중   **3** ㉯   **4** ①, ②   **5** 아침 공기

6 예 아침에 (다 같이) 운동장에서 달리기   **7** ③,

④, ⑤   **8** (2)○   **9** 시아   **10** 병아리   **11** 생명

12 ②   **13** ㉢   **14** (2)○ (3)○ (4)○   **15 [1단계]**

예 미움을 받거나 공포의 대상이 되지 않도록 해야 **[2단계]** 예 에티켓을 지켜야 합니다.

[개념 확인] (1) 자신의 생각을 글로 쓸 때 글을 읽을 사람을 생각해서 써야 합니다.

(2) 자신의 생각을 글로 쓸 때에는 자신의 생각, 생각에 대한 까닭, 경험이나 알고 있는 것, 느낌을 정리하여 씁니다.

1 교장 선생님께서 공지 사항으로 학교 뒤뜰을 자유롭게 꾸며 보라고 말씀하셨습니다.

2 규빈이는 병아리를 키우고 싶다고 말했습니다.

3 선생님께서 학교 뒤뜰을 꾸미는 것은 자유지만 그에 따른 책임을 져야 한다고 하시면서, 식물도 생명이라고 말씀하셨습니다.

4 학교 뒤뜰에서 키울 수 있는 것을 한 가지 떠올려 씁니다.

> **[채점 기준]**
> 학교 뒤뜰에서 키울 수 있는 동물이나 식물을 떠올려 문장을 완성하여 썼으면 정답으로 합니다.

5 우철이는 병아리가 닭이 되면 달걀을 먹을 수 있다고 말했습니다.

6 선생님께서는 병아리를 책임지고 보살필 누군가가 필요하다고 말씀하셨습니다.

7 규빈이는 선생님의 말씀을 듣고, 돌보미를 정해서 돌아가면서 병아리를 돌보겠다고 말했습니다.

8 ㉠은 규빈이의 생각과 관련된 경험이나 알고 있는 것이 나타난 문장입니다.

9 글쓴이는 교실에서 다육 식물을 키우면 좋겠다고 했습니다.

10 다육 식물은 키우기가 쉽고, 귀엽게 생겨서 교실의 분위기를 더 밝게 만들어 줄 것이라고 했습니다.

11 ㉠은 다육 식물을 키우자는 글쓴이의 생각, ㉡은 글쓴이의 생각과 관련된 경험이나 알고 있는 것에 대한 내용입니다.

12 ②는 자신의 생각을 표현하는 문장이 아닌, 물건의 가격을 설명하는 문장입니다.

13 '맑네'는 [망네]로 읽어야 합니다.

---

1 대화 ㉮에서 친구들은 책에서 글쓴이가 무엇을 말하고 싶은지에 대해 이야기를 나누고 있습니다.

2 모둠 활동 규칙을 무엇으로 정하면 좋을지에 대한 물음에 정민이는 "'서로의 생각을 존중하기'는 어때?"라고 말했습니다.

3 글쓴이의 생각을 파악하며 글을 읽으면 글쓴이가 글을 통해 하고 싶은 말이 무엇인지 알 수 있습니다.

> **[더 알아보기]**
> **글쓴이의 생각을 파악하며 글을 읽으면 좋은 점**
> • 글을 집중해서 읽을 수 있습니다.
> • 자신의 생각과 비교하며 글을 읽을 수 있습니다.
> • 글의 내용을 잘 알 수 있습니다.

4 이 글에서 글쓴이는 아침에 운동장을 달리면 기분이 좋아지고, 더 건강해진다고 했습니다. ③, ④, ⑤의 내용은 이 글에 나오지 않았습니다.

5 글 ㉮에서 시원한 아침 공기는 스트레스를 사라지게 해 준다고 했습니다.

6 글쓴이는 아침에 운동장을 달리면 좋은 점을 말하며 아침에 다 같이 운동장에서 달리기를 하자는 생각을 나타내고 있습니다.

> **[채점 기준]**
> 아침에 운동장을 달리자는 내용이 들어가도록 문장을 완성하여 썼으면 정답으로 합니다.

7 글쓴이는 소음 때문에 사람들이 서로 싸우기도 하며, 시끄러운 소리와 진동은 바닥과 벽을 타고 아랫집, 윗집, 옆집으로 전달된다고 했습니다. 또한 모두 함께 노력한다면 소음 공해를 줄일 수 있다고 했습니다.

> **[왜 답이 아닐까?]**
> ① 낮과 밤을 가리지 않고 시끄러운 소리와 진동이 전달된다고 했습니다.
> ② 작아도 괴롭게 느껴지는 소리가 있다면 그것이 바로 소음이라고 했습니다.

8 글쓴이는 소음을 줄이는 방법으로 건설사에서 층간 소음을 줄일 수 있는 최첨단 건축 자재를 개발해야 한다고 했습니다. 집 주변에 나무를 심어야 한다는 내용은 이 글에 나오지 않았습니다.

9 글쓴이는 모두가 함께 노력하여 소음 공해를 줄일 수 있다고 말하고 있으므로 시아의 생각이 알맞습니다.

> **왜 답이 아닐까?**
> 자연을 지키자는 생각은 이 글의 내용과 관련이 없습니다.

10 선생님께서 어떤 동물을 키우고 싶은지 물어보셨을 때 규빈이는 병아리를 키우고 싶다고 말했습니다.

11 선생님께서 학교 뒤뜰을 꾸밀 때 책임을 져야 한다고 하시면서, 식물도 생명이기 때문에 심고서 돌보지 않으면 죽는다고 말씀하셨습니다. 따라서 동물과 식물은 소중한 생명이기 때문에 책임이 필요하다는 것을 알 수 있습니다.

12 첫 번째 문장에서 글쓴이는 교실에서 다육 식물을 키우자는 생각을 나타냈습니다.

13 ㉢에서 글쓴이는 다육 식물을 키웠던 경험을 나타냈습니다.

> **왜 답이 아닐까?**
> ㉠은 교실에서 다육 식물을 키우자는 글쓴이의 생각을 나타내는 문장, ㉡은 글쓴이의 생각에 대한 까닭을 나타내는 문장입니다.

14 (1)은 생각을 표현하는 문장이 아닌, 현재의 시각을 나타내는 문장입니다.

15 **1단계** 글쓴이는 반려견을 진심으로 사랑한다면 자신의 반려견이 다른 사람으로부터 미움을 받거나 공포의 대상이 되지 않도록 해야 한다고 했습니다.

> **채점 기준**
> 미움을 받거나 공포의 대상이 되지 않도록 해야 한다는 내용이 들어가도록 썼으면 정답으로 합니다.

2단계 글의 제목과 이 글의 중심 생각인 '다른 사람과 내 반려견을 위해 에티켓을 꼭 지키도록 하자.'를 읽으면 글쓴이가 표현하려고 한 생각을 파악할 수 있습니다.

> **채점 기준**
>
> | 상 | 글의 제목과 중심 생각을 파악하여 에티켓을 지켜야 한다는 내용을 알맞게 썼습니다. |
> |---|---|
> | 하 | 글의 제목과 중심 생각을 파악하지 못하여 글쓴이의 생각을 알맞게 쓰지 못했습니다. |

8. 나도 작가

개념 확인 (1) × (2) ○
1 오리 **2** (2) ○ (3) ○ **3** 주영 **4** ② **5** ③
6 ⑤ **7** 민경 **8** (1) 장난감집 (2) 떡볶이집
9 ① **10** (1) ○ **11** 간결하게

개념 확인 (1) 겪은 일을 시나 노랫말로 표현할 때에는 경험이나 느낌을 간결하게 표현합니다.
(2) 비슷한 표현을 반복적으로 사용하면 노래를 부르는 듯한 느낌이 듭니다.

1 시 속 인물은 눈을 밟으면 '꽥!'하고 오리 우는 소리가 난다고 표현했습니다.

2 시 속 인물은 사람은 '우리'가 운동장에 들어서는 모습이 '오리'가 호수에 들어서는 모습과 비슷하다고 생각하였고, 하얗게 눈이 쌓인 운동장을 호수 같다고 생각하였습니다.

3 시에서 오리에게 먹이를 주었다는 내용은 나타나 있지 않습니다. 눈 오는 날의 경험을 떠올리는 것이 알맞습니다.

4 이 노랫말은 이른 아침에 보는 새하얀 들길을 표현했습니다.

5 들길에 밤사이 눈이 내려 들길이 새하얗게 되었습니다.

6 노랫말 속 인물은 발자국 주인이 어디로 갔을지 생각했습니다.

7 시 속 인물은 눈 온 아침에 본 풍경을 표현하였으므로 이와 비슷한 경험을 떠올린 친구는 민경입니다.

8 노랫말 속 인물은 문구점, 장난감집, 놀이터, 떡볶이집을 지나갔습니다.

9 노랫말 속 인물은 '너'와 함께 걸어서 기분이 좋습니다.

10 '도란도란'은 '여럿이 작고 낮은 목소리로 이야기 하는 모양.'을 뜻합니다. (2)는 '빙글빙글'이 어울립니다.

11 줄글로 된 경험을 노랫말로 표현할 때 길게 늘여 쓰지 않고 간결하게 표현했습니다.

> **더 알아보기**
>
> **노랫말 바꾸어 쓰기** 예
> 복도를 지나고 과학실을 지나서
> 급식실에 가는 길 우리 반과 함께 가서 신나는 길

개념북

8 단원

개념 확인 (1) ○ (2) ✕

1 ③ **2** (3) ○ **3** ③ **4** 주미 **5** ⑤ **6** ④ **7** ②, ⑤ **8** 시후 **9** ⑤ **10** (2) ○ **11** 예 문을 두드렸던 낯선 손님이 빈집에 있는 것을 보고 금방울은 깜짝 놀랐습니다.

개념 확인 (1) 이어질 이야기를 상상할 때에는 이야기의 흐름을 생각합니다.
(2) 이어질 이야기를 상상할 때에는 인물의 말이나 행동을 살펴보아야 합니다.

1 엄마, 아빠께서는 할머니 댁에 가실 때 금방울에게 동생들을 잘 돌보라고 말씀하셨습니다.

2 금방울이 동생들을 찾으러 빈집에 갔지만 그곳에 동생들은 없었습니다.

3 금방울은 동생들이 보이지 않아 걱정되고 불안했을 것입니다.

4 금방울이 낯선 사람에게 문을 열어 주었다는 내용은 이야기에 나타나 있지 않습니다.

더 알아보기

금방울의 성격을 알 수 있는 행동
• 금방울은 빈집으로 달렸습니다.
• 금방울은 언덕에 있는 집으로 허겁지겁 달렸습니다.

5 동생들은 난롯가에서 몸을 말리고 있었습니다.

6 문틈으로 바깥을 보았을 때 문 앞에 커다란 덩치가 있어서 금방울은 깜짝 놀랐습니다.

7 금방울의 말과 행동을 보면 마음을 짐작할 수 있습니다. 금방울의 말과 행동이 나타난 부분은 ㉡과 ㉤입니다.

8 이 이야기는 부모님께서 할머니 댁에 가신 사이에 금방울이 동생들을 돌보는 이야기입니다.

9 낯선 손님이 다시 문을 두드렸을 때 금방울의 가슴도 덩달아 뛰었습니다.

10 작은방울이 누나들에게 자장가를 불러 주었다는 내용은 이야기에 나타나 있지 않습니다.

11 앞선 이야기 흐름과 자연스럽게 이어지도록 이야기를 상상하여 씁니다.

채점 기준
금방울이 빈집에서 본 것과 그때 든 느낌을 앞선 이야기의 흐름과 자연스럽게 이어지도록 썼으면 정답으로 합니다.

개념 확인 (1) ○ (2) ✕

1 ② **2** 택배 **3** ④ **4** ㉴ **5** 제품 설명서 **6** (1) ○ **7** ④ **8** ㉠ **9** 현주 **10** (3) ○ **11** ㉮, ㉰, ㉱ **12** 예 키웠던 강아지

개념 확인 (1) 친구가 상상한 이야기를 들을 때 이야기 흐름이 자연스러운지 생각합니다.
(2) 친구가 상상한 이야기를 들으면서 자신이 쓴 이야기에서 고쳐 쓸 부분이 있는지 생각할 수 있습니다.

1 미지는 껌을 씹을 때 딱딱 소리가 나거나, 큰길에서 손을 흔들었는데 택시가 서거나, 스마트폰 게임을 아무리 해도 엄마 아빠가 본체만체하거나, 자기 앞으로 온 택배 상자를 받게 된다면 그때부터 어른이라고 생각했습니다.

2 4월 3일, 미지에게 인생 첫 택배가 도착하자, 미지는 자신이 어른이 되었다고 생각했습니다.

3 택배 상자 안에는 하얀색 끈 운동화가 들어 있었습니다.

4 미지는 택배를 받고 궁금하여 가슴이 뛰었으므로 불안하고 걱정되는 마음은 알맞지 않습니다.

5 미지는 택배 상자 안에서 제품 설명서를 발견했습니다.

6 미지가 받은 운동화는 천국에 있는 누군가에게 데려다주는 특별한 운동화입니다.

7 제품 설명서에 적힌 주의 사항은 '천국에 머물 수 있는 시간은 30분입니다.'입니다.

8 "에이, 뭐야."라는 미지의 말에서 미지의 마음을 짐작할 수 있습니다. 미지는 심심해 보이는 하얀색 운동화를 보고 실망해서 운동화를 다시 상자에 넣으려고 했습니다.

9 미지는 제품 설명서를 읽고 믿을 수 없어서 매우 놀랐습니다.

10 글 ㉴에서 제품 설명서를 보고 궁금한 점이 많이 생긴 것으로 보아 미지는 호기심이 많은 성격입니다.

11 어느 날 미지에게 운동화와 설명서가 든 택배가 도착하여, 미지는 운동화를 신고 세 번 뛰었습니다.

12 천국에서 만날 수 있는 인물은 세상을 떠난 인물이라는 것을 생각하며 상상한 내용을 씁니다.

채점 기준
미지가 천국에서 누구를 만났는지 상상해서 썼으면 정답으로 합니다.

1 오리 **2** ④ **3** ② **4** ⑤ **5** 민정 **6** ①
7 빈집 **8** (1) ○ (3) ○ **9** 덩치 **10** ⑤ **11** (2)
○ **12** ⑤ **13** (3) ○ **14** 예 누가 장난을 쳤다고
생각하고 실망해서 운동화를 다시 상자에 넣었을
것 같습니다. **15** ①단계 (1) 예 친구 (2) 예 집
②단계 (1) 예 분식집 (2) 예 학원 (3) 예 집 (4) 예 친
구 (5) 예 행복한

1 시 가에서는 눈 밟는 소리를 오리 울음소리로 표현하
였고, '우리'를 살찐 '오리'라고 표현하였습니다. 그러
므로 "꽥!"을 엇갈려서 쓴 것은 아이들이 오리처럼 뒤
뚱거리며 눈길을 걷는 모습을 표현한 것입니다.

2 가는 눈 내린 날 친구들과 등교하는 경험을 표현한
시입니다.

3 노랫말 나 속 인물은 눈 위에 나란히 찍힌 발자국 주
인이 누구인지, 어디로 갔는지 궁금해 하고 있습니다.

4 눈 내린 들길 위에 있는 예쁜 발자국을 본 경험이 나
타나 있습니다.

5 가와 나 모두 눈이 내린 아침 풍경을 표현했습니다.

6 금방울은 동생들이 보이지 않자 동생들을 찾았습니다.

7 금방울이 빈집으로 달렸으므로 금방울이 빈집에 도착
했을 때 어떤 일이 일어났을지 상상할 수 있습니다.

더 알아보기

「빈집에 온 손님」의 이어지는 이야기

집에서 동생들을 만난 금방울은 낯선 손님이 문을
두드리자 깜짝 놀람.

↓

낯선 손님이 사라지자 금방울은 작은 방울의 담요
를 가지러 빈집으로 감.

↓

낯선 손님이 작은방울의 담요를 덮은 채 빈집에 누
워 있었음.

↓

낯선 손님이 아파하고 있어서, 금방울은 담요를
낯선 손님에게 양보하고 집으로 돌아옴.

↓

다음 날 아침 빈집에 간 금방울은 오소리 아줌마와
담요에 싸여 있는 아기 오소리를 봄.

8 이어질 이야기를 상상할 때에는 인물의 말이나 행동,
이야기의 흐름을 생각해야 합니다.

9 문 앞에 있던 것은 낯선 덩치였습니다.

10 금방울은 누군가 문을 두드려서 떨리고, 놀라고, 무
섭고, 걱정됐을 것입니다.

11 이 글에서 금방울은 동생들을 잘 챙기고 있으므로 (2)
가 알맞습니다.

12 미지는 상자 속 운동화를 보고 실망했습니다.

13 미지는 운동화를 보고 세상에서 가장 심심해 보인다
고 생각했습니다.

왜 답이 아닐까?

(1) 천국에 있는 누군가에게 데려다주는 운동화입니다.
(2) 운동화를 누가 보냈는지 알 수 없습니다.

14 천국으로 가려고 운동화를 신는 상황이나 제품 설명
서의 내용을 믿지 않고 운동화를 신지 않는 상황 등
을 떠올릴 수 있습니다.

채점 기준

미지가 어떻게 행동할지, 왜 그렇게 행동할 것이라고 생
각했는지 드러나게 썼으면 정답으로 합니다.

15 ①단계 누구와 함께 어디에 갔는지 생각하며 자신의 경
험을 씁니다.

채점 기준

상	'누구'와 '어디'에 가는 길을 함께 걸었던 경험을 알맞게 썼습니다.
중	'누구'와 '어디' 중 하나만 떠올려 썼습니다.
하	다른 사람과 함께 걸은 경험을 떠올리지 못했습니다.

②단계 자신의 경험에 맞게 노랫말을 바꾸어 씁니다.
원래 노랫말과 글자 수가 맞지 않아도 겪은 일과 느
낌이 드러나게 바꾸어 썼으면 정답으로 합니다.

채점 기준

상	다른 사람과 함께 걸었던 경험을 떠올리고, 노랫말을 바꾸어 모든 칸을 알맞게 썼습니다.
중	다른 사람과 함께 걸었던 경험을 떠올렸으나, 빈칸 중 세네 곳만 내용을 썼습니다.
하	다른 사람과 함께 걸었던 경험을 떠올렸으나, 빈칸 중 한두 곳만 내용을 썼습니다.

이런 답도 가능해!

포도밭을 지나고
은행나무를 지나서
할머니 댁 가는 길
엄마와 함께 가서
따뜻한 길

개념북

8
단원

1. 장면을 상상하며

1 ② **2** ④ **3** (1) ○ (2) ○ **4** 학교 **5** ⑤ **6** ①, ③, ④ **7** (2) ○ **8** ③, ⑤ **9** 해바라기, 채송화 **10** 혜지

1 시 속 인물은 음식을 먹으면 콧잔등에 땀이 송골송골 맺힌다고 하였습니다.

2 친구들과 땀을 흘리며 달콤하고 매콤한 떡볶이를 먹는 모습을 떠올릴 수 있습니다.

3 시를 읽고 장면을 떠올릴 때에는 시의 내용, 인상 깊은 표현을 생각하고, 자신의 경험과 비교합니다.

4 아이들은 학교가 끝나자 신이 나서 신발주머니 가방을 돌렸습니다.

5 이 시에서는 머리 위로 신발주머니 가방을 돌리는 아이들을 헬리콥터가 되었다고 표현하였습니다. ⑤는 이 표현에 대한 생각이나 느낌을 이야기한 것입니다.

> **왜 답이 아닐까?**
> ① 시 속 아이들은 신이 나 있습니다.
> ② 시에서 아이들이 학교에 가기 싫어한다는 내용은 찾을 수 없습니다.
> ③ 친구와 싸웠다는 내용은 시에 나타나 있지 않습니다.
> ④ 시에서 아이들은 친구들과 함께 집에 가면서 즐거워하고 있습니다.

6 빨강이는 스웨터를 다 풀어 놓았고, 노랑이는 벽에 발자국을 찍어 놓았으며 분홍이는 커피를 쏟아 버렸습니다.

7 예전에 할머니 집은 눈처럼 하얬지만, 새끼 고양이들 때문에 예전과 달라졌습니다. 할머니 집은 난장판이 되었고 이제 눈처럼 하얗지 않습니다.

8 할머니께서는 새끼 고양이들이 집을 어지럽혀도 괜찮으셨고, 고양이를 보는 것이 즐거우셨습니다.

9 이 시에서 해바라기와 채송화는 밤새 서로를 걱정했습니다.

10 혜지는 자신의 경험과 비교하며 장면을 상상하였고, 윤수는 인상 깊은 표현을 생각하며 장면을 상상하였습니다.

1 예 짜장 양념 **2** ② **3** (2) ○ **4** ①, ⑤ **5** 예 불안하고 걱정되셨을 것입니다. **6** 수리 **7** (3) ○ **8** ④, ②, ④ **9** ① **10** 예 어른들이 물건을 고치지 않으면 이야기가 훨씬 재미있어질 것 같다고 생각했습니다.

1 짜장면을 두 입 먹으면 입가에 짜장 양념이 묻어서 짜장 수염 두 가닥이 생깁니다.

2 ㉠과 ㉡은 모두 짜장면을 먹는 소리를 흉내 내는 말입니다.

3 (1)은 인상 깊은 표현을 생각하며 장면을 상상하였고, (3)은 자신의 경험과 비교하며 장면을 상상하였습니다.

4 할머니께서는 하얀 집을 구석구석 여기저기 청소하셨고, 고양이를 찾으러 나가면 못된 녀석들이 집을 망가뜨릴까 봐 이러지도 저러지도 못하셨습니다.

5 늘 함께 있던 고양이가 사라진다면 불안하고 걱정되는 마음이 들었을 것입니다.

> **채점 기준**
> 불안한 마음, 걱정되는 마음 등 할머니의 마음을 나타내는 말을 알맞게 썼으면 정답으로 합니다.

6 어른들은 고장 난 물건을 수리해 달라고 하려고 엉뚱한 수리점을 찾아갔습니다.

7 화분을 가져온 어른은 강아지풀이 쓸모없어서 화분을 고쳐야 한다고 생각했지만, 소이는 강아지풀로 간지럼을 태우면 재미있다고 생각했습니다.

8 엉뚱한 수리점에 불이 켜지자, 수리할 물건을 들고 있던 어른들이 줄을 서기 시작했습니다. 수리점에 간 소이에게 수리점 아저씨는 빗자루를 청소할 때 쓰도록 튼튼하게 고쳐 준다고 했습니다.

9 ②는 '쓸모없는', ③은 '튼튼하게'의 뜻입니다. ④는 '곰곰이', ⑤는 '진짜'의 뜻입니다.

10 글의 내용과 어울리는 생각이나 느낌을 자유롭게 씁니다.

> **채점 기준**
> 소이나 어른들이 한 말이나 행동에 대한 생각이나 느낌을 자연스러운 문장으로 썼으면 정답으로 합니다.

2. 서로 존중해요

1 ①, ③   **2** ②   **3** (1) ○   **4** 민서   **5** ③   **6** (2) ○   **7** ⑤   **8** 민재   **9** ⑤   **10** (1) 공감 (2) 상황

1 친구에게 선물을 줄 때 할 수 있는 말은 '축하해.'이고, 선물을 받을 때 할 수 있는 말은 '고마워.'입니다.

2 심부름을 다녀오느라 힘들었을 동생을 위로하거나 칭찬하는 말을 하는 것이 어울립니다.

3 고운 말을 해 준 친구와 더 친하게 지내고 싶을 것입니다. 하지만 자신에게 고운 말만 하기를 바라거나 고운 말을 한 친구랑만 놀 것이라는 생각은 바르지 않습니다.

4 하늘이는 민서가 쉬는 시간에 함께 쌓기 놀이를 하자는 자신의 말을 잘 듣고 공감해 주어 기분이 좋았을 것입니다.

> **왜** 답이 아닐까?
>
> 정현이는 짜증을 내며 말했고, 하영이는 자신의 말을 집중해 듣지 않았기 때문에 하늘이는 기분이 나빴을 것입니다.

5 하영이는 하늘이의 말을 집중해 듣지 않았으므로, 상대의 말을 귀담아듣고 답해야 합니다.

6 남자아이는 여자아이가 미술 작품을 완성하려고 끝까지 노력하는 점을 칭찬했습니다.

> **더** 알아보기
>
> **칭찬하는 방법**
> • 열심히 노력하는 점을 찾아 칭찬합니다.
> • 좋은 점을 너무 부풀리지 않고 진심으로 칭찬합니다.
> • 칭찬하는 점과 그 까닭이 드러나게 이야기합니다.

7 남자아이는 여자아이를 도와주려는 마음을 가지고 여자아이의 마음에 공감하며 격려해 주었습니다.

8 칭찬하는 말을 들으면 기분이 좋아지고, 조언을 하면 상대에게 위로를 해 줄 수 있습니다.

9 자신의 말이 끝나기도 전에 여자아이가 끼어들어 무시하는 답을 했기 때문에 당황스럽고 화가 날 것입니다.

10 여자아이는 대화를 끝까지 듣고 상대의 상황을 이해하며 공감해 주어야 하고, 상황에 어울리는 말투로 말해야 합니다.

1 기분   **2** ⑤   **3** ❷   **4** 예 할머니께서 편찮으셔서 병원에 입원하셨을 때 "할머니, 괜찮으세요? 어서 나으시길 바랄게요."라고 말씀드린 적이 있습니다.   **5** (3) ○   **6** ④   **7** 친구를 만나면 먼저 반갑게 인사해 봐!   **8** ㉯   **9** ②   **10** (1) 공감 (2) 표정

1 남자아이는 여자아이의 기분이 좋지 않아 보이는 것에 대해 걱정하는 말을 하였습니다.

2 여자아이는 자신이 가위를 가져오지 못한 상황을 말하고 빌려달라고 부탁했습니다.

3 ❷에서 여자아이는 남자아이가 만들기를 잘하는 점을 칭찬했습니다.

4 어른과 고운 말로 대화를 나눈 상황과 그때 했던 말을 씁니다.

> **채점 기준**
>
> 부모님, 선생님 혹은 주변 어른들과 고운 말로 대화한 상황과 그때 했던 고운 말을 잘 썼으면 정답으로 합니다.

5 상대의 기분을 살피며 상황에 알맞은 대화를 나누어야 합니다.

6 속삭이는 자신을 칭찬해 준 크니프에게 '목소리가 커서 멋있다'고 칭찬해 주었습니다.

7 속삭이는 크니프를 돕기 위해 친구를 만나면 먼저 반갑게 인사해 보라고 알려 주었습니다.

> **채점 기준**
>
> '친구를 만나면 먼저 반갑게 인사해 봐!'를 찾아 정확하게 썼으면 정답으로 합니다.

> **더** 알아보기
>
> **조언하는 방법**
> • 걱정하는 마음을 담아 듣는 사람이 고쳤으면 하는 습관을 알려 줍니다.
> • 문제를 해결할 수 있는 방법을 말해 줍니다.
> • 듣는 사람의 마음에 공감하며 격려해 줍니다.

8 선우는 말하는 사람을 보지 않았으며, 대화 내용에도 집중하지 않았습니다.

9 자신을 쳐다보지 않고 자신의 말에 집중하지도 않는 선우의 태도에 기분이 나쁘고 서운할 것입니다.

10 대화할 때 적절하게 반응하려면 상황에 어울리도록 반응하고, 말하는 사람의 기분이 상하지 않게 해야 합니다.

3. 내용을 살펴요

1 ① 2 사과 3 ②, ⑤ 4 창진 5 빗자루 6 ③ 7 연해져 8 하는 일 9 채원 10 ①

1 (3) ○ 2 ⑤ 3 (1) 사과 (2) 정중 4 이름 5 풀어 6 ④ 7 예 우리 반 친구들이 입고 있는 옷은 어떤 색인지 궁금합니다. 8 (1) 얇고 (2) 두께 9 ⑤ 10 ⑤

A단계

1 설명하려는 물건은 동그란 모양이므로, 네모난 모양의 칠판은 설명하려는 물건이 아닙니다.

2 이 글에서 제목을 보고 글쓴이는 진심으로 사과하는 방법에 대해 이야기할 것이라고 짐작할 수 있습니다.

3 이 글에서 잘못을 했을 때는 상대에게 사과하고 미안한 까닭을 말해야 한다고 했습니다.

> **왜** 답이 아닐까?
>
> ①, ④ 마음속으로만 잘못했다고 생각하면 상대는 내 마음을 읽을 수 없기 때문에 알 수 없다고 했습니다.
> ③ 사과할 때에는 다시는 그런 일을 하지 않을 거라고 약속해야 한다고 했으므로 다음에 또 사과하겠다고 약속하는 것은 알맞지 않습니다.

4 글의 제목을 보면 글쓴이가 무엇에 대해 이야기하려고 하는지 짐작해 볼 수 있습니다.

5 이 글은 빗자루에 대해 설명하는 글이며, 빗자루는 먼지나 쓰레기를 쓸어 모으는 청소 도구라고 했습니다.

6 빗자루에 대한 설명입니다. 빗자루는 수수, 갈대, 댑싸리, 대나무 같은 것을 묶어 만든다고 했습니다.

> **왜** 답이 아닐까?
>
> ① 옛날부터 지금까지 사용되는 청소 도구입니다.
> ② 수수, 갈대, 싸리, 대나무 따위로 만듭니다.
> ④ 설탕물이 아닌 소금물에 삶아서 만듭니다.
> ⑤ 옛날에는 집집마다 마당 한쪽에 쉽싸리나 댑싸리를 길러서 직접 만들었습니다.

7 '질겨져'는 '쉽게 끊어지지 않고 견디는 힘이 세져.', '연해져'는 '말랑말랑하고 부드러워져.'라는 뜻입니다.

> **더** 알아보기
>
> '억세져'는 '식물의 줄기나 잎이 뻣뻣하고 세져.'라는 뜻입니다.

8 하는 일에 따라 옷차림이 달라져서 소방관과 요리하는 사람이 서로 다른 옷을 입는다고 설명하였습니다.

9 채원이가 궁금한 점은 옷차림과 관련이 없습니다.

10 글을 읽는 사람이 알기 쉽도록 생김새뿐만 아니라 사물의 여러 가지 특징을 설명하면 좋습니다.

B단계

1 글 가에 사과를 해야 하는 까닭이 나타나 있습니다.

2 글 나에서 사과할 때는 다시는 그런 일을 하지 않을 거라는 약속도 해야 한다고 했습니다.

3 잘못을 했을 때에는 상대에게 꼭 사과하고 왜 미안한지도 말해야 한다고 했습니다. 또 사과를 받아 주는 것은 나 때문에 상처를 받은 상대가 결정해야 하기 때문에 "내 사과를 받아 줄래?"라고 정중하게 물어봐야 한다고 했습니다.

4 이 글에서 설명하는 빗자루의 특징은 재료와 생김새에 따라 이름이 정해진다는 것입니다.

5 '묶어'는 '끈이나 줄로 한데 모아 잡아매어.', '풀어'는 '묶인 것을 도로 원래의 상태로 되게 하여.'라는 뜻입니다.

6 이 글은 옷차림을 설명하고 있습니다. 글 나에서 하는 일에 따라 옷차림이 달라지기 때문에 소방관과 요리하는 사람이 각각 다른 옷을 입는다고 하였습니다.

7 하는 일에 따라 옷차림이 다르다는 것 외에, 옷차림이나 옷의 특징과 같이 더 궁금한 내용을 씁니다.

> **채점 기준**
>
> 이 글에서 설명하는 '옷차림'의 특징과 관련한 궁금한 내용을 썼으면 정답으로 합니다.
>
> **이런 답도 가능해!**
> • 나라마다 다른 옷을 입는지 궁금합니다.
> • 모자나 신발도 옷이라고 할 수 있는지 궁금합니다.

8 날씨가 더울 때에는 두께가 얇은 옷을 입고, 추울 때에는 두께가 두꺼운 옷을 입습니다.

> **더** 알아보기
>
> 두께를 나타낼 때는 '두껍다' 또는 '얇다' 등으로 표현하고, 길이를 나타낼 때는 '길다' 또는 '짧다' 등으로 표현합니다.

9 옥수수는 악기가 아니므로 연주 방법은 옥수수의 특징으로 알맞지 않습니다.

10 '내'가 집에서 기르는 물고기에 대해 설명한 글입니다. 물고기가 좋아하는 것에 대한 설명은 나와 있지 않습니다.

4. 마음을 전해요

1 ⑤ **2** ⑵ ○ **3** ② **4** ⑴ⓝ ⑵ⓒ ⑶㉮ **5** ③
6 ③ **7** ⑤ **8** 송아지 **9** ①, ⑤ **10** ⑶ ○

1 ○○미술관 관장은 '여러분'이 지난 화요일에 미술관에 방문해 주어 고맙다고 했습니다.

2 ㉠은 문장의 끝에 마침표가 들어가는 문장으로, 마침표가 있는 문장을 고릅니다.

> **더 알아보기**
>
> ⑴은 묻는 문장입니다.
> ⑵는 설명하는 문장입니다.
> ⑶은 감탄하는 문장입니다.

3 ㉡은 가장 기억에 남는 작품이 무엇인지 물어보는 문장입니다.

4 ⑴은 설명하는 문장, ⑵는 감탄하는 문장, ⑶은 묻는 문장입니다.

5 남자아이는 이가 아픈 느낌을 표현한 것으로, 감탄하는 문장을 사용하여 말했습니다.

> **더 알아보기**
>
> **문장의 종류를 생각하며 문장이 쓰인 까닭 알아보기**
> • 문장: 이가 너무 아파요!
> • 문장이 쓰인 까닭: 이가 아픈 느낌을 (문장의 의미) 표현하기 위해 (감탄하는 문장)

6 최 서방은 국밥 냄새를 맡은 값을 내라는 구두쇠 영감의 말에 기가 막혀서 냄새 맡은 것으로 엽전 소리를 들려 주었습니다.

7 구두쇠 영감에게 엽전 소리를 들려주며 구두쇠 영감이 어리둥절해하는 모습을 볼 때 최 서방은 통쾌하고 고소했을 것입니다.

8 욕심꾸러기 농부는 송아지를 받은 농부의 이야기를 듣고 더 큰 선물을 받기 위해 송아지를 끌고 사또에게 갔습니다.

9 욕심꾸러기 농부는 무 하나에 송아지 한 마리를 받았다는 이야기를 듣고 부럽고 샘이 나서 방바닥을 굴렀습니다.

10 사또께 송아지를 바치고 더 큰 선물을 받을 것을 기대하며 즐거워하는 마음에 어울리는 목소리를 찾습니다.

1 ④ **2** ⑴ ㉡ ⑵ ㉠, ㉣ ⑶ ㉢ **3** 어떻게 되었는지 묻기 위해서 썼습니다. 등 **4** ⑴ ○ **5** ⑴ 감탄하는 ⑵ 고마운 등 **6** ② **7** ①, ②, ④ **8** 예 신이 난 마음이 드러나게 들뜬 목소리로 읽습니다. **9** ④ **10** ⑤

1 무엇을 설명하거나 생각을 나타내는 문장은 '설명하는 문장'으로, 문장의 끝에 마침표가 붙습니다. ④는 축구가 가장 재미있다고 생각을 나타내는 문장입니다.

2 ❶과 ❷의 상황을 보고 문장의 종류에 맞도록 나누어 씁니다.

3 ㉣은 그 뒤에 주인공이 어떻게 되었는지 물어보는 '묻는 문장'입니다.

> **채점 기준**
>
> 묻는 문장이 무엇인지 알고, 문장을 쓴 까닭을 알맞게 썼으면 정답으로 합니다.

4 ㉠은 달리기 경주를 한 것을 기억하는지 물어보는 '묻는 문장'입니다.

5 ㉡은 고마운 느낌을 표현하기 위해 쓴, 감탄하는 문장입니다.

6 최 서방은 국밥 냄새를 맡고, 냄새가 훌륭하여 코를 벌름거리며 감탄했습니다.

7 구두쇠 영감은 국밥집 장사가 잘되어 부자가 될 생각에 기대되고, 행복하고, 신이 났을 것입니다.

8 구두쇠 영감은 부자가 될 생각에 신이 났으므로 들뜬 목소리로 읽는 것이 알맞습니다.

> **채점 기준**
>
> 구두쇠 영감의 신이 난 마음을 알고 이와 어울리는 들뜬 목소리로 알맞게 썼으면 정답으로 합니다.

9 송아지를 잃게 되어 후회하는 마음이 드러나게 읽습니다.

10 욕심꾸러기 농부는 사또에게 송아지를 주고 커다란 무를 받아 후회했습니다. 따라서 좋은 마음을 지니고 선물하는 것이 좋다는 말이 알맞습니다.

> **더 알아보기**
>
> **욕심꾸러기 농부에게 전하고 싶은 말 예**
> • 송아지를 잃고 무엇을 깨달았나요?
> • 다른 사람의 행복을 축하하면 좋겠어요.
> • 커다란 무를 가지고 가서 무엇을 하고 싶은가요?

5. 바른 말로 이야기 나누어요

1 가르쳐   **2** 사진첩   **3** ③   **4** (1) ㉯ (2) ㉮
5 (1) ○   **6** 진원   **7** ①   **8** ③   **9** ③   **10** ⑤

1 낱말의 뜻이 무엇인지 알려 달라고 묻고 있는 질문이 므로 빈칸에 들어갈 낱말로 '가르쳐'가 알맞습니다.

> **왜** 답이 아닐까?
>
> '가리켜'의 뜻은 '어떤 방향이나 대상을 집어서 보이거나 말하고 알려.'입니다.

2 그림 ❶에서 윤재는 지은이에게 '사진첩'을 같이 보자 고 말했습니다.

3 '바랬다'의 뜻은 '햇볕이나 물기를 받아 색이 변했다.' 입니다.

> **더** 알아보기
>
> ① '구했다'의 뜻입니다.
> ② '바라보았다'의 뜻입니다.
> ④ '기다렸다'의 뜻입니다.
> ⑤ '바랐다'의 뜻입니다.

4 '적다'는 수나 양, 정도가 일정한 기준에 미치지 못하 다는 것이므로 ㉯의 그림과 어울리고, '작다'는 길이, 넓이, 부피 등이 보통보다 덜하다는 것이므로 ㉮의 그림과 어울립니다.

5 나와 내 짝꿍은 서로 같지 않은 과일을 좋아한다는 것이므로 '틀린'이 아닌 '다른'을 써야 알맞은 문장이 됩니다.

> **왜** 답이 아닐까?
>
> '틀린'의 뜻은 '계산이나 사실 따위가 맞지 않는.'입니다.

6 발표를 들을 때에는 중요한 내용을 생각하면서 들어 야 하고, 바른 말을 사용하는지 확인하면서 들어야 합니다.

7 글 ㉮에 쓰인 시간을 나타내는 말은 '아침'입니다.

8 아빠가 빨리 달렸기 때문에 아빠 등에 업힌 '나'도 덩 달아 들썩들썩 어깨춤을 추었습니다.

9 글 ㉰는 밤이 되어 집으로 돌아오는 버스에서 일어난 일입니다.

10 '나'는 밤이 되어 집으로 돌아오는 버스에서 아빠와 이야기를 하다가 잠이 들었습니다.

1 ⑤   **2** 가르쳐   **3** 작네   **4** ②   **5** (2) ○   **6** **예** 저녁에 방에서 일기를 썼습니다.   **7** ③   **8** (1) ㉯ (2) ㉮   **9** **예** 우편집배원은 마을로 가는 길가에 핀 꽃과 들풀 향기를 맡았습니다.   **10** ④

1 민재가 낱말을 가리켜 달라고 말했으므로 지윤이는 낱말을 집어서 보여 주었습니다.

2 낱말의 뜻을 알려 달라고 말해야 하므로 '가르쳐'라고 고쳐 써야 합니다.

3 가방에 넣으려는 책 크기보다 가방 크기가 작았습니다.

> **왜** 답이 아닐까?
>
> '적네'의 뜻은 '수나 양, 정도가 일정한 기준에 미치지 못 하네.'입니다.

4 사진의 색이 흐려진 상황이므로 그림에 어울리는 낱 말은 '바래다'입니다.

> **더** 알아보기
>
> ① 바라다: 어떤 일이나 상태가 이루어지거나 그렇게 되 었으면 하고 생각하다.
> ③ 벌이다: 일을 계획하여 시작하거나 펼쳐 놓다.
> ④ 버리다: 가지거나 지니고 있을 필요가 없는 물건을 내 던지거나 쏟거나 하다.
> ⑤ 부르다: 말이나 행동 따위로 다른 사람의 주의를 끌거 나 오라고 하다.

5 '다르다'는 서로 같지 않다는 뜻입니다.

6 저녁에 자신이 겪은 일을 씁니다.

> **채점 기준**
>
> '가족들과 저녁밥을 먹었습니다.' 등 저녁 시간에 할 수 있는 일을 썼으면 정답으로 합니다.

7 우편집배원은 마을로 오는 길에 꽃씨를 뿌렸습니다.

8 글 ㉮에는 시간을 나타내는 말로 '가을의 어느 날'이 쓰였고, 글 ㉯에는 시간을 나타내는 말로 '다음 날'이 쓰였습니다.

9 글을 읽고 봄날에 우편집배원이 어떤 장소에서 어떤 행동을 했는지 찾아 씁니다.

> **채점 기준**
>
> '마을로 가는 길가'에서 '꽃과 들풀 향기를 맡았다'라는 내용을 썼으면 정답으로 합니다.

10 빈칸에 들어갈 알맞은 낱말은 '어떤 모습이나 모양.' 의 뜻을 가진 '자태'입니다.

6. 매체를 경험해요

A단계 단원 평가 22~23쪽

1 ① **2** ③ **3** ❷ **4** ④ **5** ④ **6** (1) 신난 (2) 내려가고 **7** ③ **8** 지윤 **9** ⑤ **10** ③, ④

1 그림 ❶에서 다훈이는 종이를 넘기면서 글자를 읽고 있다고 했으므로 이야기를 책으로 읽고 있습니다.

2 그림 ❶에서 소현이는 이야기를 책으로 읽으니 이야기의 장면인 재판하는 모습을 상상할 수 있어서 좋다고 했습니다.

> **왜 답이 아닐까?**
> ①, ⑤는 이야기를 영상으로 볼 때의 좋은 점입니다.

3 인물의 움직임과 소리에 집중하며 보아야 하는 것은 영상이므로 그림 ❷가 알맞습니다.

4 글과 그림이 나타내는 뜻을 생각하며 매체를 읽으면 매체의 내용을 더욱 쉽게 이해할 수 있습니다.

5 공익 광고는 여러 사람의 이익을 목적으로 하는 광고입니다.

> **더 알아보기**
> 공익 광고의 글과 그림을 살펴보면 공익 광고에서 전하고자 하는 뜻을 알 수 있습니다.

6 장면 ❶에서 영준이는 신난 표정으로 산에서 내려가고 있습니다.

7 장면 ❹를 보면 어머니는 영준이가 넘어진 것을 보고 걱정하는 표정을 짓고 있음을 알 수 있습니다.

8 만화를 읽을 때에는 각 장면에 등장한 인물의 표정을 살펴봅니다.

> **더 알아보기**
> 만화를 읽을 때에는 글과 그림을 함께 보아야 합니다. 만화의 그림만 보거나 제목만 열심히 읽는 것은 알맞지 않습니다.

9 어린이박물관을 소개하는 어린이박물관 누리집입니다.

10 어린이박물관 누리집을 보고 어린이박물관의 관람료와 관람 시간을 알 수 있습니다.

> **왜 답이 아닐까?**
> 불 끄는 방법, 우리나라 화가, 방문한 사람은 어린이박물관 누리집에 나와 있지 않아 알 수 없습니다.

B단계 단원 평가 24~25쪽

1 상희 **2** 예 비닐봉지 같은 일회용품 사용을 줄이자. **3** (2) ○ **4** ② **5** 꿈 **6** ⑤ **7** ⑤ **8** (3) ○ **9** 예 친구들과 운동회에서 달리기 경주를 하는 모습의 사진을 함께 올립니다. **10** ③, ④, ⑤

1 주아는 공익 광고의 그림을 보고 인상 깊은 내용을 말했습니다.

2 공익 광고에서 전하고자 하는 뜻을 씁니다.

> **채점 기준**
> '비닐봉지 같은 일회용품 사용을 줄이자.' 등 공익 광고에서 전하고자 하는 뜻을 알맞게 썼으면 정답으로 합니다.

3 글 ㉮에서 철이의 가족들이 한 행동은 물을 오염시키는 행동입니다.

4 ㉠은 철이가 알람 소리를 듣고 놀라서 깬 장면이므로 놀란 표정으로 표현해야 합니다.

5 철이는 오염물이 터지는 꿈에서 깨어나 꿈인지 사실인지 확인해 보기 위해 자신의 양쪽 두 볼을 세게 꼬집어 보았습니다.

6 만화를 읽을 때에는 글, 글씨 크기, 말풍선, 그림 따위가 어떻게 표현되어 있는지 살펴보아야 합니다.

7 학교를 소개하는 누리집에서 우리 동네에 있는 병원 수는 알 수 없습니다.

8 소윤이는 고운 말을 쓰자고 약속했던 일을 주제로 정했으므로 소윤이가 학급 누리집에 올릴 글의 내용으로 알맞은 것은 (3)입니다.

9 현우가 떠올린 주제에 어울리는 그림이나 사진을 씁니다.

> **채점 기준**
> 우리 반이 참여한 학교 행사와 관련한 그림이나 사진을 썼으면 정답으로 합니다.

10 누리집에 게시물을 올릴 때에는 다른 사람이 궁금해할 만한 내용을 올립니다. 또한, 전하고자 하는 내용이 글에 잘 드러나게 쓰고, 글에 어울리는 그림이나 사진을 올려야 합니다.

> **왜 답이 아닐까?**
> 누리집에 게시물을 올릴 때 다른 사람이 찍은 사진만 올릴 수 있는 것은 아니며 자신의 경험을 글로 쓸 수 있습니다.

7. 내 생각은 이래요

1 ②, ⑤ **2** ㉠ **3** ⑤ **4** 가원 **5** (3) ○ **6** ④
7 병아리 **8** 지원 **9** (3) ○ **10** ②, ④, ⑤

1 반려견과 함께 야외로 나갈 때에는 반려견의 배설물은 주인이 치우고, 반려견에게 목줄을 채워야 한다고 했습니다.

2 ㉡과 ㉢은 중심 생각을 뒷받침하는 역할을 합니다.

3 이른 아침 운동장에는 시원한 공기가 가득하고, 시원한 공기는 스트레스를 사라지게 해 준다고 했습니다.

4 글쓴이는 아침에 운동장을 달리면 좋은 점을 이야기하며 아침에 운동장을 달리자는 자신의 생각을 나타내고 있습니다.

5 글쓴이의 생각을 파악하며 글을 읽으면 글쓴이가 무엇을 말하고 싶어 하는지 알 수 있습니다.

6 등장인물들은 학교 뒤뜰을 꾸미기 위해 무엇을 키울지 정하려고 생각을 나누고 있습니다.

7 규빈이는 어떤 동물을 키우고 싶냐는 선생님의 물음에 병아리를 키우고 싶다고 대답했습니다.

8 나뭇잎의 모양에 대해 알게 된 내용은 학교 뒤뜰에 무엇을 키울 것인지에 대해 생각을 나누는 상황과 관련이 없습니다.

> **왜 답이 아닐까?**
>
> 수민: 선생님은 꽃을 심은 뒤 돌보지 않으면 죽는다고 하셨습니다. 따라서 수민이는 이 글과 관련 있는 자신의 경험을 알맞게 말했습니다.
> 나현: 선생님은 식물도 생명이라고 하시면서 무언가를 키울 때 책임을 져야 한다는 것을 말씀하셨습니다. 따라서 햄스터를 키우면서 느낀 나현이의 생각은 이 글과 관련 있는 경험을 알맞게 말한 것입니다.

9 자신의 생각을 글로 표현할 때는 자신의 생각에 대한 까닭을 함께 써야 합니다.

> **왜 답이 아닐까?**
>
> (1) 자신의 생각을 글로 표현할 때는 글을 읽을 사람을 생각해서 써야 합니다.
> (2) 자신의 생각을 글로 표현할 때는 자신의 생각이 잘 나타나도록 써야 합니다.

10 ①과 ③은 생각을 표현하는 문장이 아닌, 현재 있는 일을 나타내거나 무언가를 설명하는 문장입니다.

1 도서관 **2** ⑤ **3** 에티켓 **4** ㉠ **5** 실천 **6** ④
7 ④ **8** 우철 **9** ㉡ **10** 예 우리 반에서 하고 싶은 학급 행사를 써서 알림판에 붙이고 싶습니다.

1 글쓴이는 도서관 같은 곳에서 반려견이 짖게 되면 다른 사람에게 피해를 줄 수 있다고 했습니다.

2 반려견을 진심으로 사랑한다면 자신의 반려견이 다른 사람으로부터 미움을 받거나 공포의 대상이 되지 않도록 해야 한다고 했습니다.

> **왜 답이 아닐까?**
>
> ①, ④ 글쓴이는 반려견을 집 안에서만 키우거나 사람이 많은 곳에 데리고 가지 말아야 한다고 하지 않았습니다.
> ② 반려견이 짖을 때마다 칭찬해 줘야 한다는 내용은 이 글에 나와 있지 않습니다.
> ③ 자신의 반려견이 다른 사람으로부터 공포의 대상이 되지 않도록 해야 한다고 했으므로 반려견을 무서워하는 사람의 말을 무시하는 것은 알맞지 않습니다.

3 글쓴이는 다른 사람과 내 반려견을 위해 에티켓을 꼭 지키자고 말했습니다.

4 ㉡과 ㉢은 글 가의 중심 생각을 설명하는 역할을 합니다.

5 며칠 동안만 꾸준히 실천하면 아침에 운동장을 달리는 즐거움에 푹 빠지게 될 것이라고 말했습니다.

6 글쓴이의 생각과 관련 있는 자신의 경험을 활용하면 생각을 더 잘 떠올릴 수 있습니다.

> **왜 답이 아닐까?**
>
> ①, ③ 자신이 경험한 일이나 알고 있는 것을 떠올립니다.
> ② 글쓴이와 다른 생각을 떠올릴 수도 있습니다.
> ⑤ 글쓴이의 생각을 파악해야 글쓴이의 생각에 대한 자신의 생각을 정리할 수 있습니다.

7 규빈이는 병아리를 키우면 닭이 되는 과정을 볼 수 있기 때문에 병아리를 키우자고 말했습니다.

8 우철이는 병아리가 닭이 되어 알을 낳으면 달걀을 먹을 수 있다고 말했습니다.

9 ㉠은 뒤뜰에 병아리를 키우자는 생각을 나타냅니다.

10 자신이 글로 나타내고 싶은 상황을 떠올려 생각을 씁니다.

> **채점 기준**
>
> 생각을 글로 나타내는 상황을 떠올려 자신의 생각을 알맞게 썼으면 정답으로 합니다.

8. 나도 작가

1 눈 **2** (1) ○ **3** 소영 **4** ③ **5** (1) ○ **6** ⑤
7 예 무서웠을 **8** (2) × **9** (2) ○ **10** ⑤

---

1 쌓인 눈을 밟으면 오리 우는 소리가 난다고 생각해서 눈 밟는 소리를 "꽥!"이라고 표현했습니다.

2 이 시는 눈 밟는 소리를 재미있게 표현했습니다. 눈을 밟는 소리를 표현한 것은 (1)입니다.

> **왜 답이 아닐까?**
> (2)는 낙엽을 밟는 소리, (3)은 빗물을 밟는 소리를 표현했습니다.

3 이 시와 같이 눈을 밟으며 걸었던 경험을 알맞게 떠올린 친구는 소영입니다.

4 노랫말 속 인물은 '너'랑 함께 걸어서 너무너무 좋다고 했습니다.

5 ㉠~㉢에는 '너랑 함께 ~ 좋은 길'이라는 표현이 반복적으로 나옵니다. 비슷한 표현을 반복적으로 사용하면 노래를 부르는 듯한 느낌이 듭니다.

> **왜 답이 아닐까?**
> (2) 이 노랫말에는 시간을 나타내는 말이 쓰이지 않았습니다.
> (3) 노랫말에서 중요한 부분을 강조하기 위해 반복해서 말했습니다.

6 금방울은 살금살금 걸어서 문틈으로 밖을 내다보았습니다.

7 낯선 덩치가 찾아와 문을 두드렸을 때 금방울은 무섭고 두려웠을 것입니다.

8 상상한 이야기를 친구와 똑같이 쓸 필요는 없습니다.

> **왜 답이 아닐까?**
> 이야기를 상상할 때에는 이야기의 흐름과 인물의 말이나 행동을 생각해야 합니다. 따라서 친구가 상상한 이야기를 발표할 때에도 이야기의 흐름이 자연스러운지 생각하며 들어야 합니다.

9 미지는 택배 상자 안에 있는 세상에서 가장 심심해 보이는 하얀색 끈 운동화를 보고 실망했습니다.

10 미지가 택배 상자 안에서 제품 설명서를 발견했으므로 뒤에 미지가 제품 설명서를 읽었다는 내용이 나오는 것이 자연스럽습니다.

---

1 (널따란) 호수 **2** ② **3** (2) ○ **4** 민지 **5** (1)
예 할머니 (2) 예 꽃구경을 하며 걸었던 **6** ⑤ **7**
④ **8** (1) ○ **9** ② **10** 하늘나라 / 천국

---

1 가에서 말하는 사람은 '우리'가 운동장을 들어서는 모습이 마치 '오리'가 호수를 들어서는 모습과 비슷하기 때문에 '눈 쌓인 운동장'을 '널따란 호수'라고 표현했습니다.

2 나는 눈 덮인 아침 풍경을 드러내고 있지만 시 모양을 눈이 오는 것처럼 꾸미지는 않았습니다.

3 노랫말 속 인물은 '너'랑 함께 걸어서 너무너무 좋다고 했습니다.

4 이 노랫말과 같이 누군가를 만나 함께 걸었던 경험을 알맞게 떠올린 친구의 이름을 씁니다.

5 자신이 누군가와 함께 걸었던 경험을 알맞게 썼으면 정답으로 합니다.

> **채점 기준**
>
> | 상 | 함께 걸은 인물과 장소를 모두 알맞게 떠올리고 자연스러운 문장으로 썼습니다. |
> |---|---|
> | 중 | (1)과 (2)를 모두 썼으나 자연스러운 문장으로 쓰지 못했습니다. |
> | 하 | (1)과 (2) 중에서 한 가지만 알맞게 썼습니다. |
>
> **이런 답도 가능해!**
> 저는 <u>친구</u>와 함께 <u>공원을 산책했던</u> 경험을 노랫말로 바꾸어 쓰고 싶습니다.

6 금방울은 빈집에 도착했을 때 동생들이 보이지 않아 걱정되어 언덕에 있는 집으로 달려갔습니다.

7 이어질 이야기를 상상할 때에는 이야기의 흐름을 생각해야 합니다. 금방울이 집으로 달려갔으므로 집에서 일어난 일이 이어지는 것이 알맞습니다.

8 '제품'은 '재료를 써서 만든 물건. 또는 그렇게 만드는 일.'을 뜻합니다. '사람들이 세상을 살아가는 일.'은 '인생'의 뜻입니다.

9 글 나에 나타난 미지의 속마음을 통해 미지가 받은 운동화는 누가 보냈는지 알 수 없다는 것을 알 수 있습니다.

10 미지는 운동화를 신으면 하늘나라(천국)에 가서 누군가를 만날 수 있다는 것이 정말인지 생각하다가 운동화를 신었으므로 하늘나라에 가서 보고 싶은 사람이 있었을 것입니다.

독해의 핵심은 비문학

지문 분석으로 독해를 깊이 있게!
비문학 독해 | 1~6단계

올바른 문학 독서법

문학 갈래별 작품 이해를 풍성하게!
문학 독해 | 1~6단계

결국은 어휘력

비문학 독해로 어휘 이해부터 어휘 확장까지!
어휘 X 독해 | 1~6단계

초등 문해력의 빠른시작 빠작

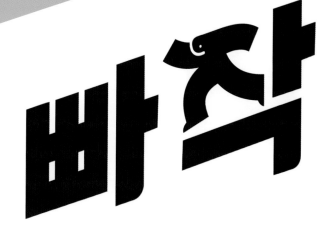

백점 국어 2·2

믿고 보는 동아출판
초등 교재

기초학습서부터 교과서 개념 다지기, 과목별 전문서까지!
초등학교 입학 전부터, 예비 중등까지! 초등학생에게 꼭 필요한 영역을 빠짐없이! **동아출판 초등 교재 라인업**

BEST

2022 개정
교육과정

초등 1~2학년
공부 단짝

초능력
맞춤법 + 받아쓰기

쉽고 빠른
맞춤법 학습

받아쓰기
단계별 연습

국어 교과서
어휘 학습

초등 국어
1·2

초능력
비주얼씽킹 과학

초능력
비주얼씽킹 초등한국사

초능력
수학 연산

초능력
국어 독해

초능력
급수 한자

초등 영역별 기초학습서
초능력 국어 / 수학 / 과학 / 한국사 / 한자

초고필
비문학 독해1

5-6학년
예비 중등

초고필
지금 우리수의
사칙연산
을 해야 할 때

5-6
학년

초고필
지금 국어 문법을
해야 할 때

초고필
지금 국어 어휘
를 해야 할 때

반편성
배치고사
+진단평가

6학년

초고필
지금 한국사
를 해야 할 때

예비 중등
초고필 국어 / 수학 / 한국사
적중 반편성 배치고사 + 진단평가

동아출판

큐브 개념

초등 수학
1·1

과목별 전문서
빠작 | 큐브 | 하이탑 | 뜯어먹는 초등 필수 영단어 | 그래머 클리어 스타터

백점
수학 1·1

동아 연세
초등 국어사전

동아 연세
초등 영어사전

동아 연세
초등 한자사전

연세 초등 사전
국어사전 | 영어사전 | 한자사전

교과서 개념 완벽 학습
백점 | 자습서&평가문제집

백점 국어 2·2

공부 효율 1등, 백점 1~2학년

백점 국어

백점 수학

동아출판

Telephone 1644-0600
Homepage www.bookdonga.com
Address 서울시 영등포구 은행로 30 (우 07242)

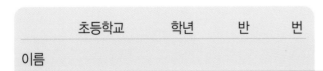

초등학교 　　　학년 　　　반 　　　번

이름

9 788900 478914
ISBN 978-89-00-47891-4

정가 16,000원

⚠ 주의
책 모서리에
다칠 수 있으니
주의하시기
바랍니다.

KC마크는 이 제품이 공통안전기준에 적합하였음을 의미합니다.

· 정답 및 풀이는 동아출판 홈페이지 내 학습자료실에서 내려받을 수 있습니다.
· 교재에서 발견된 오류는 동아출판 홈페이지 내 정오표에서 확인 가능하며, 잘못 만들어진 책은 구입처에서 교환해 드립니다.
· 학습 상담, 제안 사항, 오류 신고 등 어떠한 이야기라도 들려주세요.

백점

수학 2·2

2022 개정 교육과정

동아출판

하루 4쪽

공부 효율 1등

- 개념-문제-응용의 3단계 학습
- 문해력을 높이는 수학 어휘 수록
- 수준별 맞춤형 단원 평가 제공

동아출판

백점 수학 2·2

발행일	2024년 4월 20일
인쇄일	2024년 4월 10일
펴낸곳	동아출판㈜
펴낸이	이욱상
등록번호	제300-1951-4호(1951. 9. 19)
개발총괄	강희경
개발책임	정은림
개발	김수정 손보은
디자인책임	목진성
디자인	강민영
대표번호	1644-0600
주소	서울시 영등포구 은행로 30 (우 07242)

학습 진도표

백점

수학 2·2

개념북

백점 수학

구성과 특징

하루 4쪽 학습으로 자기주도학습 완성

N일차 4쪽: 개념 학습+문제 학습

서술형 문제

 ＋ 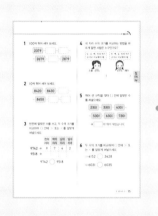 ＋  ＋

디지털 문해력

N일차 4쪽: 응용 학습

문제해결 TIP

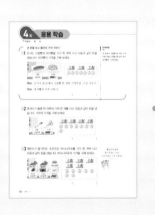 ＋  ＋ 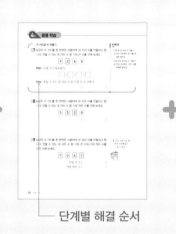 ＋

단계별 해결 순서

N일차 4쪽: 마무리 평가

수행 평가

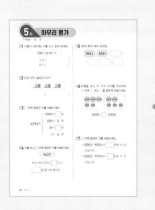 ＋  ＋  ＋

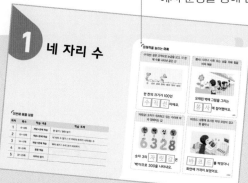

┌─ 문해력을 높이는 어휘
  교과서 어휘를 그림과 쓰이는
  예시 문장을 통해 문해력 향상

개념 학습

핵심 개념과 개념 확인 예제로 개념을 쉽게 이해할 수 있습니다.

문제 학습

핵심 유형 문제와 서술형 연습 문제로 실력을 쌓을 수 있습니다.
디지털 문해력: 디지털 매체 소재에 대한 문제

응용 학습

응용 유형의 문제를 단계별 해결 순서와 문제해결 TIP을 이용하여 응용력을 높일 수 있습니다.

마무리 평가

한 단원을 마무리하며 실력을 점검할 수 있습니다.
수행 평가: 학교 수행 평가에 대비할 수 있는 문제

평가북 | 맞춤형 평가 대비 수준별 단원 평가

단원 평가 A단계, B단계

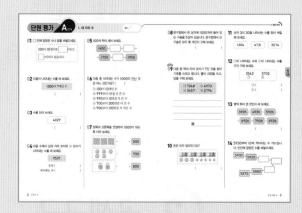

단원별 학습 성취도를 확인하고, 학교 단원 평가에 대비할 수 있도록 수준별로 A단계, B단계로 구성하였습니다.

2학기 총정리 개념

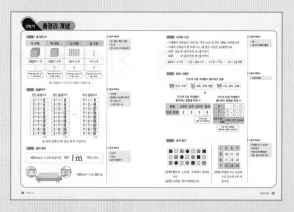

2학기를 마무리하며 개념을 총정리하고, 다음에 배울 내용을 확인할 수 있습니다.

백점 수학

차례

하루 4쪽 학습으로 자기주도학습 완성

1 네 자리 수

이번에 배울 내용

회차	쪽수	학습 내용	학습 주제
1	6~9쪽	**개념+문제 학습**	천 알기 / 몇천 알기
2	10~13쪽	**개념+문제 학습**	네 자리 수 알기 / 각 자리의 숫자가 나타내는 수
3	14~17쪽	**개념+문제 학습**	뛰어 세기 / 수의 크기 비교하기
4	18~21쪽	**응용 학습**	
5	22~25쪽	**마무리 평가**	

문해력을 높이는 **어휘**

수직선: 같은 간격으로 눈금을 긋고, 각 점에 수를 나타낸 곧은 선

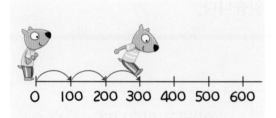

한 칸의 크기가 100인

수	직	선

이에요.

봉사: 나라나 사회 또는 남을 위해 힘을 바쳐 애씀

오래된 벽에 그림을 그리는

봉	사

에 참여했어요.

(**9**쪽)

자릿값: 숫자가 위치하고 있는 자리에 따라 정해지는 값

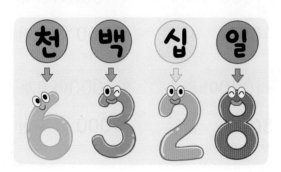

숫자 3의

자	릿	값

은

'백'이므로 300을 나타내요.

바코드: 상품에 표시된 막대 모양의 검고 흰 줄무늬

바	코	드

를 찍었더니

화면에 가격이 보였어요.

(**13**쪽)

개념 1 ─ 천 알기

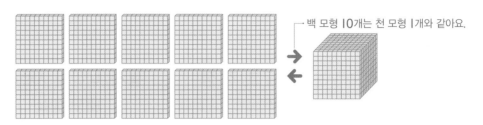

· 100이 10개이면 1000입니다.
· 1000은 천이라고 읽습니다.

확인 1 ─ ☐ 안에 알맞은 수나 말을 써넣으세요.

100이 10개이면 ☐ (이)고, ☐ (이)라고 읽습니다.

개념 2 ─ 몇천 알기

· 1000이 4개이면 4000입니다.
· 4000은 사천이라고 읽습니다.

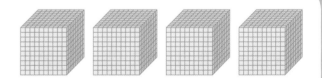

1000이 2개		1000이 3개		1000이 4개		1000이 5개	
2000	이천	3000	삼천	4000	사천	5000	오천

1000이 6개		1000이 7개		1000이 8개		1000이 9개	
6000	육천	7000	칠천	8000	팔천	9000	구천

확인 2 ─ 수 모형이 나타내는 수를 써 보세요.

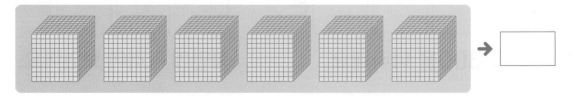 → ☐

1 □ 안에 알맞은 수를 써넣으세요.

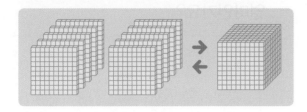

백 모형 10개는 천 모형 □개와

같으므로 □ 입니다.

2 □ 안에 알맞은 수를 써넣으세요.

(1)
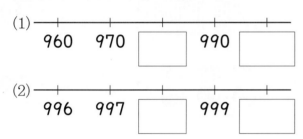
960 970 □ 990 □

(2)
996 997 □ 999 □

3 수 모형이 나타내는 수를 쓰고, 읽어 보세요.

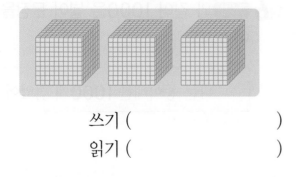

쓰기 (   )

읽기 (   )

4 9000만큼 색칠해 보세요.

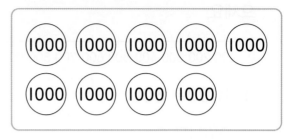

5 설명이 맞으면 ○표, 틀리면 ×표 하세요.

(1) 1000이 5개이면 500입니다. □

(2) 1000이 8개이면 팔천이라고 읽습니다. □

6 돈은 모두 얼마인지 □ 안에 알맞은 수를 써넣으세요.

□ 원

01 수직선을 보고 □ 안에 알맞은 수를 써넣으세요.

```
├──┼──┼──┼──┼──┼──┼──┼──┼──┼──┤
0  100 200 300 400 500 600 700 800 900 1000
```

(1) 1000은 800보다 □ 만큼 더 큰 수입니다.

(2) 700보다 □ 만큼 더 큰 수는 1000입니다.

02 다음 중 나타내는 수가 1000이 <u>아닌</u> 것은 어느 것인가요? ( )

① 990보다 1만큼 더 큰 수
② 900보다 100만큼 더 큰 수
③ 300보다 700만큼 더 큰 수
④ 400보다 600만큼 더 큰 수
⑤ 10개씩 100묶음인 수

03 사탕이 한 병에 1000개씩 들어 있습니다. 사탕은 모두 몇 개인가요?

( )

04 1000원이 되도록 묶었을 때 남는 돈은 얼마인가요?

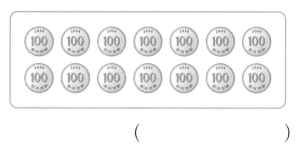

( )

05 왼쪽과 오른쪽을 연결하여 1000이 되도록 이어 보세요.

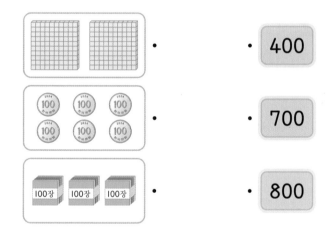

· 400

· 700

· 800

창의형
06 보기와 같이 1000을 넣어 문장을 만들어 보세요.

┌─ 보기 ────────────────┐
│ 나는 종이배를 1000개 접었어. │
└──────────────────────┘

_____

_____

07 ⬤100과 ⬤1000을 이용하여 **5000**을 나타내려고 합니다. ⬤1000을 몇 개 그려야 하는지 구해 보세요.

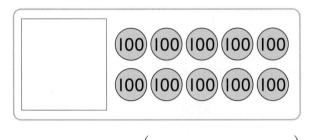

( )

디지털 문해력

08 준호가 올린 온라인 게시물입니다. 준호가 봉사 활동에 참여하여 배달한 연탄은 모두 몇 개인가요?

hi_donga

좋아요 **12**개

주말에 연탄을 배달하는 봉사 활동에 참여했다. 수레에 연탄을 **100**개씩 담아 옮겼는데 배달한 연탄이 무려 **70**수레나 되었다고 한다.

( )

서술형 문제

09 나타내는 수가 다른 하나를 찾아 기호를 쓰려고 합니다. 풀이 과정을 쓰고, 답을 구해 보세요.

> ㉠ 천 모형이 **4**개인 수
> ㉡ 천 모형이 **3**개, 백 모형이 **10**개인 수
> ㉢ 백 모형이 **30**개인 수

❶ ㉠은 [ ], ㉡은 [ ], ㉢은

[ ] 을/를 나타냅니다.

❷ 따라서 나타내는 수가 다른 하나는

[ ] 입니다.

 답 _____

10 나타내는 수가 다른 하나를 찾아 기호를 쓰려고 합니다. 풀이 과정을 쓰고, 답을 구해 보세요.

> ㉠ 천 모형이 **5**개인 수
> ㉡ 천 모형이 **3**개, 백 모형이 **10**개인 수
> ㉢ 백 모형이 **40**개인 수

_____
_____
_____
_____

답 _____

2회 개념 학습

○ 학습일:　　월　　일

개념 1 ── **네 자리 수 알기**

천 모형	백 모형	십 모형	일 모형
1000이 2개	100이 1개	10이 4개	1이 5개
이천	백	사십	오

1000이 2개, 100이 1개, 10이 4개, 1이 5개이면 **2 1 4 5** 이고 **이천**백사십오
라고 읽습니다.

> **참고** 자리의 숫자가 1이면 자릿값만 읽고, 0이면 읽지 않습니다.

확인 1 ── □ 안에 알맞은 수를 써넣으세요.

1000이 4개, 100이 2개, 10이 5개, 1이 7개이면 □ 입니다.

개념 2 ── **각 자리의 숫자가 나타내는 수**

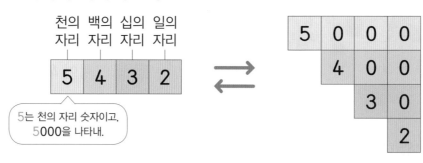

천의　백의　십의　일의
자리　자리　자리　자리

| 5 | 4 | 3 | 2 |

5는 천의 자리 숫자이고,
5000을 나타내.

5	0	0	0
	4	0	0
		3	0
			2

$$5432 = 5000 + 400 + 30 + 2$$

확인 2 ── □ 안에 알맞은 수를 써넣으세요.

7392

천의 자리 숫자는 □ 이고, □ 을/를 나타냅니다.

1 □ 안에 알맞은 수를 써넣으세요.

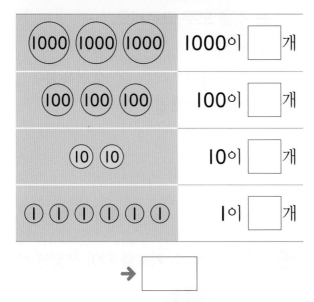

(1000) (1000) (1000)	1000이 □ 개
(100) (100) (100)	100이 □ 개
(10) (10)	10이 □ 개
(1)(1)(1)(1)(1)(1)	1이 □ 개

➡ □

2 수를 바르게 읽어 보세요.

8903 [   ]

3 수를 보고 빈칸에 알맞은 수를 써넣으세요.

3598

	천의 자리	백의 자리	십의 자리	일의 자리
숫자				
나타내는 수				

4 □ 안에 알맞은 수를 써넣으세요.

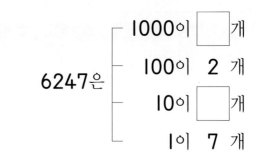

6247은
- 1000이 □ 개
- 100이 2 개
- 10이 □ 개
- 1이 7 개

5 밑줄 친 숫자 7이 나타내는 수에 ○표 하세요.

(1) 29<u>7</u>5 | 7000 700 70 7

(2) <u>7</u>418 | 7000 700 70 7

6 숫자 8이 8000을 나타내는 수를 찾아 색칠해 보세요.

| 2830 | 4078 | 8126 | 5983 |

01 수 모형이 나타내는 수를 써 보세요.

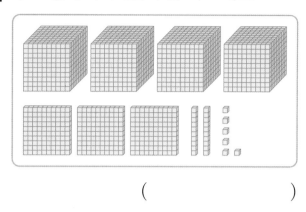

(   )

02 보기 와 같이 네 자리 수를 각 자리의 숫자 가 나타내는 수의 합으로 나타내 보세요.

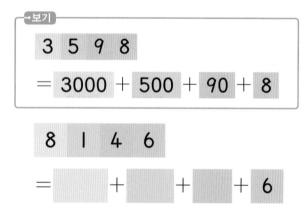

03 백의 자리 숫자가 1인 수를 찾아 ○표 하 세요.

| 2418 | 5104 | 9073 |

(   )   (   )   (   )

04 다음 중 수로 나타낼 때 0을 2개 써야 하 는 것을 모두 고르세요. (   )

① 팔천   ② 삼천육

③ 구천이십   ④ 오천육십구

⑤ 칠천사백오십

05 시우가 고른 수 카드를 찾아 색칠해 보세요.

내가 고른 수 카드의 수를 읽으면 '구천'으로 시작하고 '구'로 끝나.

시우

| 9092 | 8399 | 9459 |

06 2013을 1000, 100, 10, 1 을 이용 하여 나타내 보세요.

07 숫자 4가 나타내는 수가 가장 큰 것을 찾아 ○표 하세요.

| 4625 | 1004 | 9480 | 5743 |

08 과자 봉지의 바코드에 있는 수에 대한 설명으로 잘못된 것을 찾아 기호를 써 보세요.

> ㉠ 이천사백구라고 읽습니다.
> ㉡ 1000이 2개, 100이 4개, 10이 9개인 수입니다.
> ㉢ 백의 자리 숫자는 4입니다.

( )

정답 2쪽

10 다음 수에서 ㉠이 나타내는 수와 ㉡이 나타내는 수를 각각 구하려고 합니다. 풀이 과정을 쓰고, 답을 구해 보세요.

3 8 6 8
  ㉠   ㉡

❶ ㉠의 숫자 8은 [ ]의 자리 숫자이므로

[   ] 을/를 나타냅니다.

❷ ㉡의 숫자 8은 [ ]의 자리 숫자이므로

[   ] 을/를 나타냅니다.

답 ㉠: _____ , ㉡: _____

11 다음 수에서 ㉠이 나타내는 수와 ㉡이 나타내는 수를 각각 구하려고 합니다. 풀이 과정을 쓰고, 답을 구해 보세요.

7 2 1 7
㉠   ㉡

_____

_____

_____

_____

답 ㉠: _____ , ㉡: _____

09 4장의 수 카드를 한 번씩만 사용하여 십의 자리 숫자가 60을 나타내는 네 자리 수를 만들어 보세요.

| 3 | 7 | 1 | 6 |

( )

학습 결과에 색칠하세요.

개념 1 ── 뛰어 세기

• 1000씩 뛰어 세면 **천**의 자리 수가 1씩 커집니다.

| 0 | 1000 | 2000 | 3000 | 4000 | 5000 | 6000 | 7000 | 8000 | 9000 |

• 100씩 뛰어 세면 **백**의 자리 수가 1씩 커집니다.

| 9000 | 9100 | 9200 | 9300 | 9400 | 9500 | 9600 | 9700 | 9800 | 9900 |

• 10씩 뛰어 세면 **십**의 자리 수가 1씩 커집니다.

| 9900 | 9910 | 9920 | 9930 | 9940 | 9950 | 9960 | 9970 | 9980 | 9990 |

• 1씩 뛰어 세면 **일**의 자리 수가 1씩 커집니다.

| 9990 | 9991 | 9992 | 9993 | 9994 | 9995 | 9996 | 9997 | 9998 | 9999 |

확인 1 ── 1000씩 뛰어 세어 보세요.

| 4500 | 5500 | | 7500 | | 9500 |

개념 2 ── 수의 크기 비교하기

네 자리 수의 크기를 비교할 때에는 **천, 백, 십, 일**의 자리 순서로 비교합니다.

4500 (>) 2800　　　3840 (>) 3560　　　2491 (<) 2497

천의 자리 수를
비교해요.

천의 자리 수가 같으면
백의 자리 수를 비교해요.

천, 백, 십의 자리 수가 모두 같으면
일의 자리 수를 비교해요.

확인 2 ── 수 모형을 보고 두 수의 크기를 비교하여 ○ 안에 > 또는 <를 알맞게 써넣으세요.

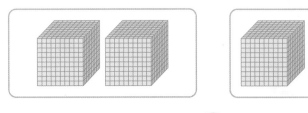

2000 ( ) 2020

1 100씩 뛰어 세어 보세요.

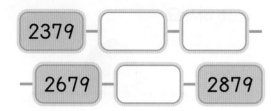

2379 — [ ] — [ ]

— 2679 — [ ] — 2879

2 10씩 뛰어 세어 보세요.

8420 — 8430 — [ ]

— 8450 — [ ] — [ ]

3 빈칸에 알맞은 수를 쓰고, 두 수의 크기를 비교하여 ○ 안에 > 또는 <를 알맞게 써넣으세요.

	천의 자리	백의 자리	십의 자리	일의 자리
9742 →	9	7	4	2
9518 →				

9742 ◯ 9518

4 네 자리 수의 크기를 비교하는 방법을 바르게 말한 사람은 누구인가요?

일, 십, 백, 천의 자리 순서로 비교해야 해.

소율

천, 백, 십, 일의 자리 순서로 비교해야 해.

채아

( )

5 뛰어 센 규칙을 찾아 □ 안에 알맞은 수를 써넣으세요.

2301 — 3301 — 4301 —

— 5301 — 6301 — 7301

→ [ ] 씩 뛰어 세었습니다.

6 두 수의 크기를 비교하여 ○ 안에 > 또는 <를 알맞게 써넣으세요.

(1) 4152 ◯ 3428

(2) 6031 ◯ 6035

01 뛰어 센 규칙을 찾아 빈칸에 알맞은 수를 써넣으세요.

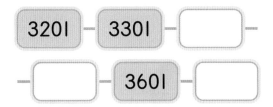

3201 - 3301 - ☐

☐ - 3601 - ☐

|02~03| 유준이와 다은이가 나눈 대화를 보고 물음에 답하세요.

6390에서 출발하여 100씩 뛰어 세었어.

6390에서 출발하여 10씩 거꾸로 뛰어 세었어.

유준   다은

02 유준이의 방법으로 뛰어 세어 보세요.

6390 - ☐ - ☐

☐ - ☐ - ☐

03 다은이의 방법으로 뛰어 세어 보세요.

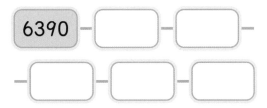

6390 - ☐ - ☐

☐ - ☐ - ☐

04 두 수의 크기를 비교하여 더 작은 수에 ○표 하세요.

2136   2142

05 여러 가지 방법으로 뛰어 세어 빈칸에 알맞은 수를 써넣으세요.

3261

디지털 문해력

06 어느 박물관 누리집을 보고 어제와 오늘 중 누리집에 방문한 사람 수가 더 많은 날은 언제인지 구해 보세요.

○○ 박물관 누리집 방문자

어제 2845명
오늘 2887명

(   )

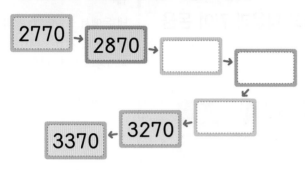

07 2770부터 100씩 커지는 수 카드입니다. 빈칸에 알맞은 수를 써넣으세요.

2770 → 2870 → ☐ → ☐
3370 ← 3270 ← ☐

08 수빈이의 통장에는 9월에 4650원이 있었습니다. 한 달에 1000원씩 계속 저금한다면 10월, 11월, 12월에는 각각 얼마가 될까요?

9월	10월	11월	12월
4650원			

09 나타내는 수가 더 큰 것의 기호를 써 보세요.

> ㉠ 1000이 3개, 100이 2개, 10이 7개, 1이 9개인 수
> ㉡ 삼천백일

(   )

서술형 문제

10 세 수의 크기를 비교하여 가장 큰 수를 찾아 쓰려고 합니다. 풀이 과정을 쓰고, 답을 구해 보세요.

8005   7989   8023

❶ 세 수의 천의 자리 수를 비교하면

8 ◯ 7이므로 가장 작은 수는

☐ 입니다.

❷ 8005와 8023의 십의 자리 수를

비교하면 0 ◯ 2이므로 가장 큰 수는

☐ 입니다.

답 _____

11 세 수의 크기를 비교하여 가장 작은 수를 찾아 쓰려고 합니다. 풀이 과정을 쓰고, 답을 구해 보세요.

5275   6013   5209

_____

_____

_____

_____

답 _____

1
단원
3회

학습 결과에 색칠하세요.

낸 돈을 보고 물건의 가격 구하기

01 은서는 크림빵과 피자빵을 각각 한 개씩 사고 다음과 같이 돈을 냈습니다. 피자빵의 가격을 구해 보세요.

1단계 은서가 낸 돈에서 크림빵 한 개의 가격만큼 /으로 지우기

2단계 피자빵의 가격 구하기

(   )

문제해결
TIP
낸 돈에서 크림빵 한 개의 가격만큼 돈을 지웠을 때 남은 돈이 피자빵의 가격이에요.

02 영석이가 볼펜 한 자루와 가위 한 개를 사고 다음과 같이 돈을 냈습니다. 가위의 가격을 구해 보세요.

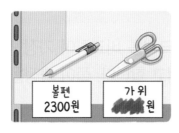 

(   )

03 재은이가 딸기우유, 초코우유, 바나나우유를 각각 한 개씩 사고 다음과 같이 돈을 냈습니다. 바나나우유의 가격을 구해 보세요.

 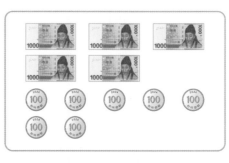

헷갈리지 않게
딸기우유는 /으로,
초코우유는 ×로 지워 봐.

(   )

뛰어 센 수 구하기

04 칠판에 적힌 수에서 100씩 3번 뛰어 센 수를 구해 보세요.

> 1000이 4개, 100이 5개,
> 10이 2개인 네 자리 수

❶단계 칠판에 적힌 수 구하기

( )

❷단계 칠판에 적힌 수에서 100씩 3번 뛰어 센 수 구하기

( )

05 설명하는 수에서 100씩 거꾸로 4번 뛰어 센 수를 구해 보세요.

> 천의 자리 숫자가 7, 백의 자리 숫자가 5, 십의 자리
> 숫자가 2, 일의 자리 숫자가 8인 네 자리 수

( )

06 설명하는 네 자리 수에서 10씩 5번 뛰어 센 수를 구해 보세요.

> • 1000보다 크고 2000보다 작습니다.
> • 백의 자리 숫자는 600을 나타냅니다.
> • 십의 자리 숫자는 4, 일의 자리 숫자는 8입니다.

( )

> 1000보다 크고
> 2000보다 작은
> 네 자리 수는
> 1□□□로 쓸 수 있어!

수 카드로 수 만들기

07 4장의 수 카드를 한 번씩만 사용하여 네 자리 수를 만들려고 합니다. 만들 수 있는 네 자리 수 중 가장 큰 수를 구해 보세요.

1단계 수의 크기 비교하기

☐ > ☐ > ☐ > ☐

2단계 만들 수 있는 네 자리 수 중 가장 큰 수 구하기

( )

문제해결 TIP

• 가장 큰 네 자리 수 만들기
→ 천의 자리부터 큰 수를 차례로 놓아요.

• 가장 작은 네 자리 수 만들기
→ 천의 자리부터 작은 수를 차례로 놓아요.

08 4장의 수 카드를 한 번씩만 사용하여 네 자리 수를 만들려고 합니다. 만들 수 있는 네 자리 수 중 가장 작은 수를 구해 보세요.

| 3 | 5 | 2 | 8 |

( )

09 4장의 수 카드를 한 번씩만 사용하여 네 자리 수를 만들려고 합니다. 만들 수 있는 네 자리 수 중 가장 큰 수와 가장 작은 수를 각각 구해 보세요.

| 7 | 0 | 4 | 1 |

가장 큰 수 ( )
가장 작은 수 ( )

네 자리 수를 만들 때 천의 자리에 0은 올 수 없어!

□ 안에 들어갈 수 있는 수 구하기

10 0부터 9까지의 수 중에서 □ 안에 들어갈 수 있는 수를 모두 구해 보세요.

$$6853 < 68\square1$$

1단계 각 자리의 수 비교하기

> 6853과 68□1에서 천의 자리, 백의 자리 수는 같고, 일의 자리 수를 비교하면 3 ◯ 1입니다.

2단계 □ 안에 들어갈 수 있는 수 모두 구하기

(   )

문제해결 TIP

두 수의 십의 자리 수를 비교할 수 없으므로 일의 자리 수를 먼저 비교해요.

1 단원 **4**회

11 0부터 9까지의 수 중에서 □ 안에 들어갈 수 있는 수를 모두 찾아 ◯표 하세요.

$$3\square97 < 3457$$

(0 , 1 , 2 , 3 , 4 , 5 , 6 , 7 , 8 , 9)

12 0부터 9까지의 수 중에서 □ 안에 들어갈 수 있는 가장 큰 수를 구해 보세요.

$$74\square8 < 7453$$

(   )

> 두 수의 천의 자리, 백의 자리 수는 같고, 십의 자리 수를 비교할 수 없으니까 일의 자리 수를 비교하자!

학습 결과에 색칠하세요.

01 다음이 나타내는 수를 쓰고, 읽어 보세요.

$$100이\ 10개인\ 수$$

쓰기 ( )

읽기 ( )

02 돈은 모두 얼마인가요?

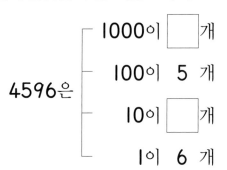

( )

03 □ 안에 알맞은 수를 써넣으세요.

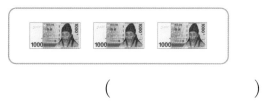

4596은
- 1000이 □ 개
- 100이 5 개
- 10이 □ 개
- 1이 6 개

04 수를 보고 □ 안에 알맞은 수를 써넣으세요.

$$9427$$

천의 자리 숫자는 □ 이고,

□ 을/를 나타냅니다.

05 10씩 뛰어 세어 보세요.

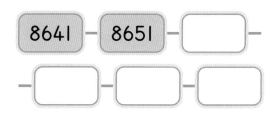

8641 — 8651 — □ —

— □ — □ — □

06 모형을 보고 두 수의 크기를 비교하여 ○ 안에 > 또는 <를 알맞게 써넣으세요.

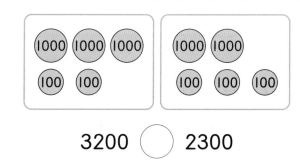

3200 ◯ 2300

07 □ 안에 알맞은 수를 써넣으세요.

· 1000은 900보다 □ 만큼 더 큰 수입니다.

· 1000은 990보다 □ 만큼 더 큰 수입니다.

08 왼쪽과 오른쪽을 연결하여 1000이 되도록 이어 보세요.

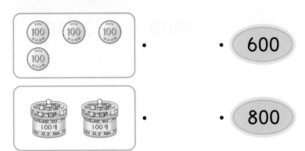

· · 600

· · 800

^{서술형}
09 나타내는 수가 다른 하나를 찾아 기호를 쓰려고 합니다. 풀이 과정을 쓰고, 답을 구해 보세요.

> ㉠ 10개씩 10묶음인 수
> ㉡ 500보다 500만큼 더 큰 수
> ㉢ 800에서 100씩 2번 뛰어 센 수

_____

_____

_____

답 _____

10 바르게 설명한 사람은 누구인가요?

칠천은 7000이야.

100이 80개이면 800이야.

서진   예나

( )

11 빨대가 한 통에 1000개씩 들어 있습니다. 빨대는 모두 몇 개인가요?

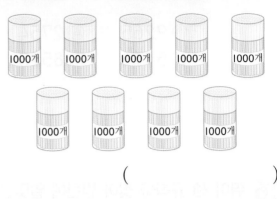

( )

12 수로 나타낼 때 0을 2개 써야 하는 것을 찾아 ○표 하세요.

| 칠천이백구 | 육천삼십 | 이천십오 |

13 유주는 문구점에서 학용품을 사면서 천 원짜리 지폐 6장, 백 원짜리 동전 5개, 십 원짜리 동전 8개를 냈습니다. 유주가 낸 돈은 모두 얼마인가요?

( )

14 3<u>3</u>33에서 밑줄 친 숫자 3이 나타내는 수만큼 색칠해 보세요.

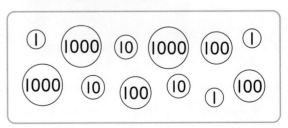

15 숫자 5가 나타내는 수가 가장 작은 것을 찾아 기호를 써 보세요.

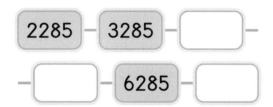

⊙ 9265 ⓒ 2754
ⓒ 5476 ⓔ 8523

( )

16 뛰어 센 규칙을 찾아 빈칸에 알맞은 수를 써넣으세요.

2285 — 3285 — [ ]

[ ] — 6285 — [ ]

17 수에 해당하는 글자를 찾아 숨겨진 낱말을 완성해 보세요.

• 1000씩 뛰어 세기

| ① | 3024 | 4024 | 희 | 소 |

• 1씩 뛰어 세기

| ② | 6130 | 6131 | 원 | 망 |

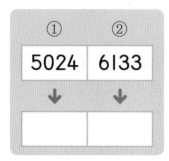

	①	②
	5024	6133
	↓	↓

18 두 수의 크기를 비교하여 ○ 안에 > 또는 <를 알맞게 써넣으세요.

3800 ◯ 3490

19 리아와 채율이는 햄버거를 주문하고 대기표를 받았습니다. 대기표에 쓰인 수 중 더 작은 수를 써 보세요.

( )

20 4장의 수 카드를 한 번씩만 사용하여 네 자리 수를 만들려고 합니다. 만들 수 있는 수 중 백의 자리 숫자는 400을, 십의 자리 숫자는 20을 나타내는 수를 모두 구해 보세요.

9 2 5 4

( )

21 천의 자리 숫자가 2, 백의 자리 숫자가 4인 네 자리 수 중에서 2496보다 큰 수는 모두 몇 개인가요?

( )

22 0부터 9까지의 수 중에서 □ 안에 들어갈 수 있는 수를 모두 구해 보세요.

$$8\square45 > 8697$$

( )

서술형
23 세 수의 크기를 비교하여 가장 큰 수를 찾아 쓰려고 합니다. 풀이 과정을 쓰고, 답을 구해 보세요.

| 4913 | 1985 | 4802 |

_____

_____

_____

_____

답

| 24~25 | 서아네 동네에 있는 음료수 가게의 메뉴판입니다. 메뉴판을 보고 물음에 답하세요.

메 뉴 판

홍 차 4000원
아이스티 3000원
콜라 2000원
코코아 5000원
우유 1000원
레모네이드 2000원

서아

1
단원
5회

24 우유 한 잔의 값은 1000원입니다. 서아는 5000원으로 우유를 몇 잔까지 살 수 있는지 구해 보세요.

( )

25 서아가 6000원을 모두 사용하여 음료수 2잔을 사려고 합니다. 음료수를 살 수 있는 방법을 2가지 설명해 보세요.

학습 결과에 색칠하세요.

2 곱셈구구

이번에 배울 내용

문해력을 높이는 **어휘**

곱셈구구: 1부터 9까지의 수를 두 수끼리 서로 곱한 것

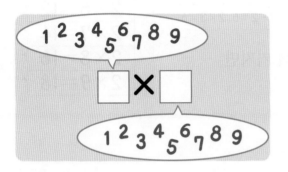

 를

알면 계산이 빨라져요.

곱하는 수: 곱셈 또는 곱셈식에서 × 기호 뒤에 나오는 수

$2 \times 3 = 6$에서 3이

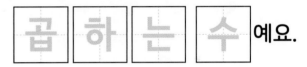 예요.

백과사전: 다양한 지식을 정리해 놓은 책

백 과 사 전 에서

우주에 관해 찾아 읽었어요.

(34쪽)

항상: 언제나 변함없이

지유는 항 상 아침 7시에

일어나요.

(44쪽)

개념 1 **2단 곱셈구구**

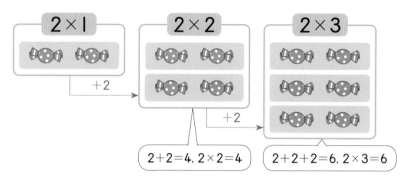

→ 2단 곱셈구구에서 곱하는 수가 1씩 커지면 곱은 2씩 커집니다.

확인 1 그림을 보고 □ 안에 알맞은 수를 써넣으세요.

$$2+2+2+2+2+2 = \boxed{}$$

$$2 \times \boxed{} = \boxed{}$$

개념 2 **5단 곱셈구구**

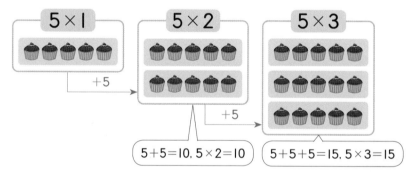

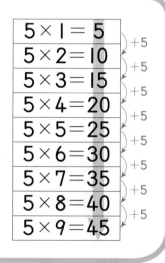

→ 5단 곱셈구구에서 곱하는 수가 1씩 커지면 곱은 5씩 커집니다.

확인 2 그림을 보고 □ 안에 알맞은 수를 써넣으세요.

$$5+5+5 = \boxed{}$$

$$5 \times \boxed{} = \boxed{}$$

1 그림을 보고 □ 안에 알맞은 수를 써넣으세요.

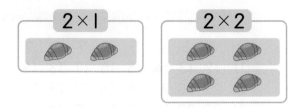

2×2는 2×1보다 □만큼 더 큽니다.

2 5×5를 계산하는 방법을 알아보세요.

(1) 5씩 5번 더해서 계산해 보세요.

5×5

=5+5+□+□+□

=□

(2) 5×4에 5를 더해서 계산해 보세요.

5×4= 20

5×5=□ +□

3 그림을 보고 □ 안에 알맞은 수를 써넣으세요.

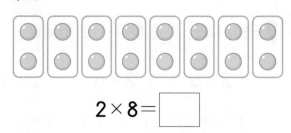

2×8=□

4 5개씩 묶고, 곱셈식으로 나타내 보세요.

(1)

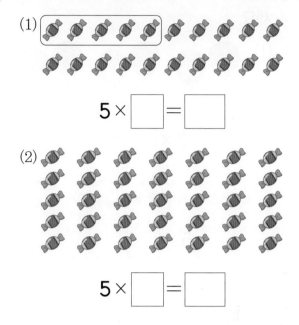

5×□=□

(2)

5×□=□

5 □ 안에 알맞은 수를 써넣으세요.

(1) 2×9=□

(2) 5×8=□

6 □ 안에 알맞은 수를 써넣으세요.

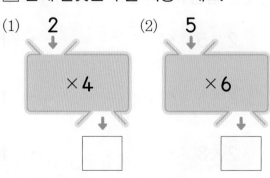

01 그림을 보고 □ 안에 알맞은 수를 써넣으세요.

(1)
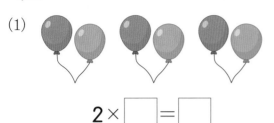

$2 \times \boxed{} = \boxed{}$

(2)
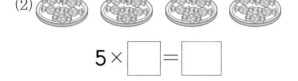

$5 \times \boxed{} = \boxed{}$

02 □ 안에 알맞은 수를 써넣으세요.

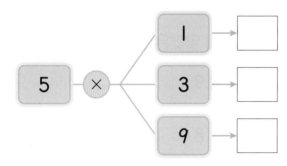

03 2단 곱셈구구의 값을 찾아 이어 보세요.

2×5 •   • 12

2×6 •   • 16

2×8 •   • 10

04 5단 곱셈구구의 값을 모두 찾아 ○표 하세요.

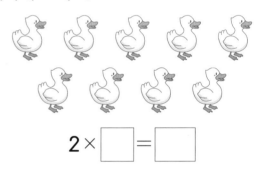

1	2	3	4	5	6	7	8	9	10
11	12	13	14	15	16	17	18	19	20
21	22	23	24	25	26	27	28	29	30
31	32	33	34	35	36	37	38	39	40

05 오리의 다리는 모두 몇 개인지 곱셈식으로 나타내 보세요.

$2 \times \boxed{} = \boxed{}$

06 크기를 비교하여 ○ 안에 > 또는 <를 알맞게 써넣으세요.

5×7 ○ 40

07 곱이 14인 것을 찾아 ○표 하세요.

2×5 2×6 2×7

(   )   (   )   (   )

서술형 문제

08 보기 와 같이 막대를 색칠해 보고, 색칠한 막대의 길이는 몇 cm인지 구해 보세요.

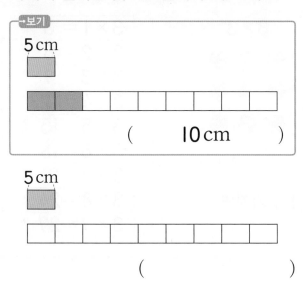

5 cm

(10 cm   )

5 cm

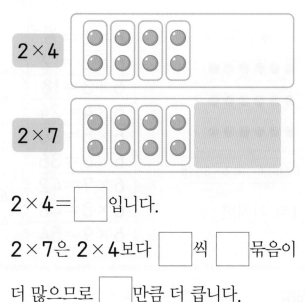

(   )

09 2 × 7은 2 × 4보다 얼마나 더 큰지 ○를 그려서 나타내고, □ 안에 알맞은 수를 써넣으세요.

2 × 4

2 × 7

2 × 4 = □ 입니다.

2 × 7은 2 × 4보다 □ 씩 □ 묶음이

더 많으므로 □ 만큼 더 큽니다.

10 2 × 5를 계산하는 방법을 잘못 말한 사람의 이름을 쓰고, 바르게 고쳐 보세요.

2씩 5번 더해서 계산할 수 있어.

채아

2 × 4에서 2를 빼서 계산할 수 있어.

도현

이름 **❶** □

바르게 고치기 **❷** 2 × 4에 □ 을/를 더해서

구할 수 있어.

11 5 × 6을 계산하는 방법을 잘못 말한 사람을 찾아 이름을 쓰고, 바르게 고쳐 보세요.

5씩 5번 더해서 계산할 수 있어.

예나

5 × 5에 5를 더해서 계산할 수 있어.

서진

이름 _____

바르게 고치기 _____

_____

_____

학습 결과에 색칠하세요.

개념**1** **3단 곱셈구구**

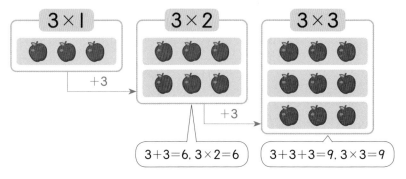

➡ 3단 곱셈구구에서 곱하는 수가 1씩 커지면 곱은 3씩 커집니다.

확인**1** 그림을 보고 ☐ 안에 알맞은 수를 써넣으세요.

$3+3+3+3=$ ☐

$3 \times$ ☐ $=$ ☐

개념**2** **6단 곱셈구구**

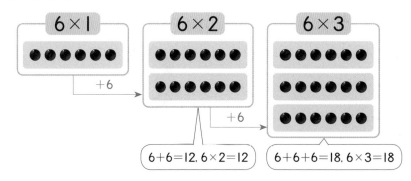

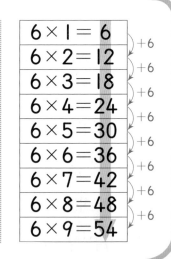

➡ 6단 곱셈구구에서 곱하는 수가 1씩 커지면 곱은 6씩 커집니다.

확인**2** 그림을 보고 ☐ 안에 알맞은 수를 써넣으세요.

$6+6+6+6+6=$ ☐

$6 \times$ ☐ $=$ ☐

1 ☐ 안에 알맞은 수를 써넣으세요.

$$6 \times 4 = 24$$
$$6 \times 5 = 30$$
$$6 \times 6 = 36$$

6단 곱셈구구에서 곱하는 수가 1씩 커지면 곱은 ☐ 씩 커집니다.

2 3×6을 계산하는 방법을 알아보세요.

(1) 3씩 6번 더해서 계산해 보세요.

$$3 \times 6$$
$$= 3 + 3 + 3 + \boxed{} + \boxed{} + \boxed{}$$
$$= \boxed{}$$

(2) 3×5에 3을 더해서 계산해 보세요.

$$3 \times 5 = 15$$
$$3 \times 6 = \boxed{} \quad + \boxed{}$$

3 그림을 보고 ☐ 안에 알맞은 수를 써넣으세요.

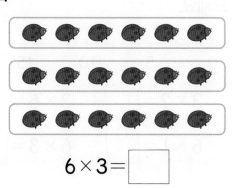

$$6 \times 3 = \boxed{}$$

4 그림을 보고 ☐ 안에 알맞은 수를 써넣으세요.

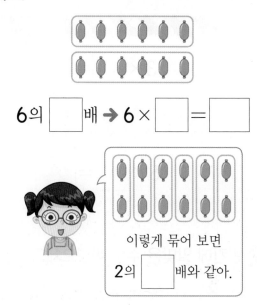

6의 ☐ 배 ➔ $6 \times \boxed{} = \boxed{}$

이렇게 묶어 보면 2의 ☐ 배와 같아.

5 ☐ 안에 알맞은 수를 써넣으세요.

(1) $3 \times 2 = \boxed{}$

(2) $6 \times 6 = \boxed{}$

6 빈칸에 알맞은 수를 써넣으세요.

(1)

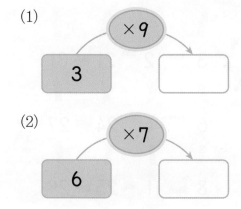

3 ×9

(2)

6 ×7

01 그림을 보고 □ 안에 알맞은 수를 써넣으세요.

(1)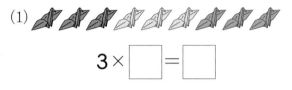

$$3 \times \boxed{} = \boxed{}$$

(2)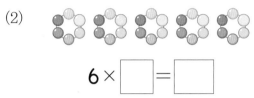

$$6 \times \boxed{} = \boxed{}$$

02 빈칸에 알맞은 수를 써넣으세요.

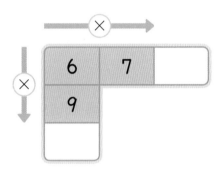

03 3단 곱셈구구의 값을 찾아 가장 작은 수부터 차례로 이어 보세요.

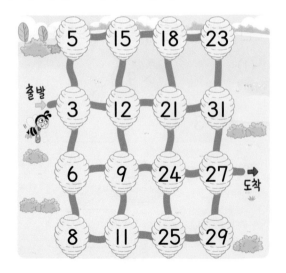

디지털 문해력

04 온라인 백과사전을 보고 벌 **4**마리의 다리는 모두 몇 개인지 곱셈식으로 나타내 보세요.

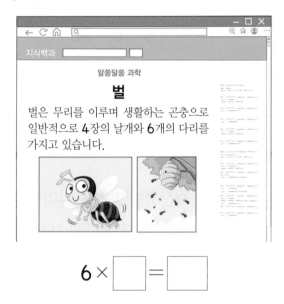

$$6 \times \boxed{} = \boxed{}$$

05 옳은 곱셈식을 찾아 ○표 하세요.

$3 \times 7 = 18$	$3 \times 8 = 24$
( )	( )

06 수직선을 보고 □ 안에 알맞은 수를 써넣으세요.

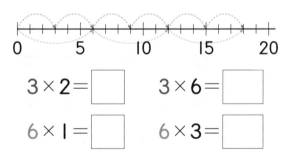

$$3 \times 2 = \boxed{} \qquad 3 \times 6 = \boxed{}$$

$$6 \times 1 = \boxed{} \qquad 6 \times 3 = \boxed{}$$

07 연필의 수를 구하는 방법을 잘못 설명한 것을 찾아 기호를 써 보세요.

> ㉠ 3씩 4번 더해서 구합니다.
> ㉡ 3×3에 3을 더해서 구합니다.
> ㉢ 6×3의 곱으로 구합니다.

(   )

|08~09| 과일 가게에서 과일을 묶음으로 판매하고 있습니다. 물음에 답하세요.

08 수영이는 사과 9묶음을 샀습니다. 수영이가 산 사과는 모두 몇 개인가요?

(   )

창의형
09 사고 싶은 과일을 고르고, ☐ 안에 알맞은 수를 써넣으세요.

고른 과일 _____ , ☐ 묶음

→ ☐ × ☐ = ☐

서술형 문제

10 곱이 더 큰 것의 기호를 쓰려고 합니다. 풀이 과정을 쓰고, 답을 구해 보세요.

> ㉠ 6×2   ㉡ 3×5

❶ ㉠ 6×2=☐ , ㉡ 3×5=☐

❷ ☐ < ☐ 이므로 곱이 더 큰 것은 ☐ 입니다.

답

11 곱이 더 큰 종이를 들고 있는 사람은 누구인지 풀이 과정을 쓰고, 답을 구해 보세요.

_____

_____

_____

답

학습 결과에 색칠하세요.
😆 🙂 😣

개념 **1** **4단 곱셈구구**

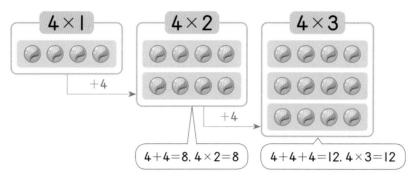

→ 4단 곱셈구구에서 곱하는 수가 1씩 커지면 곱은 4씩 커집니다.

확인 **1** 그림을 보고 ☐ 안에 알맞은 수를 써넣으세요.

$4+4+4+4+4+4=$ ☐

$4 \times$ ☐ $=$ ☐

개념 **2** **8단 곱셈구구**

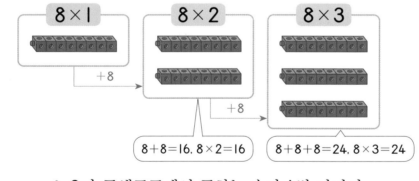

→ 8단 곱셈구구에서 곱하는 수가 1씩 커지면 곱은 8씩 커집니다.

확인 **2** 그림을 보고 ☐ 안에 알맞은 수를 써넣으세요.

$8+8+8+8=$ ☐

$8 \times$ ☐ $=$ ☐

1 그림을 보고 □ 안에 알맞은 수를 써넣으세요.

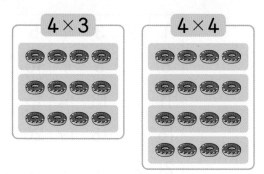

4×4는 4×3보다 □ 만큼 더 큽니다.

2 8×3을 계산하는 방법을 알아보세요.

(1) **8**씩 **3**번 더해서 계산해 보세요.

8×3

$= \boxed{} + \boxed{} + \boxed{}$

$= \boxed{}$

(2) 8×2에 **8**을 더해서 계산해 보세요.

$8 \times 2 = 16$

$8 \times 3 = \boxed{} + \boxed{}$

3 그림을 보고 □ 안에 알맞은 수를 써넣으세요.

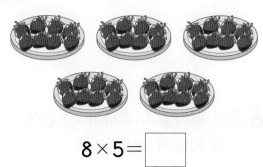

$8 \times 5 = \boxed{}$

4 그림을 보고 구슬의 수를 알아보세요.

(1) **4**단 곱셈구구를 이용하여 알아보세요.

$4 \times \boxed{} = \boxed{}$

(2) **8**단 곱셈구구를 이용하여 알아보세요.

$8 \times \boxed{} = \boxed{}$

5 □ 안에 알맞은 수를 써넣으세요.

(1) $4 \times 2 = \boxed{}$

(2) $8 \times 9 = \boxed{}$

6 □ 안에 알맞은 수를 써넣으세요.

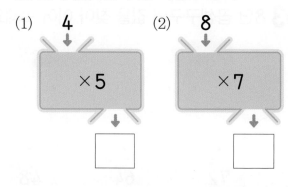

01 그림을 보고 □ 안에 알맞은 수를 써넣으세요.

(1)

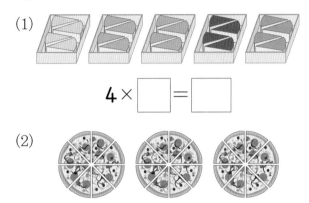

$4 \times \boxed{} = \boxed{}$

(2)

$8 \times \boxed{} = \boxed{}$

02 곱셈식을 보고 빈 접시에 ○를 그려 보세요.

$4 \times 3 = 12$

03 8단 곱셈구구의 값을 찾아 이어 보세요.

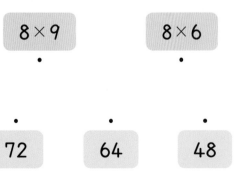

| 8×9 | | 8×6 |

| 72 | 64 | 48 |

04 4단 곱셈구구의 값에는 ○표, 8단 곱셈구구의 값에는 △표 하세요.

1	2	3	4	5
6	7	8	9	10
11	12	13	14	15
16	17	18	19	20
21	22	23	24	25
26	27	28	29	30

05 그림을 보고 □ 안에 알맞은 수를 써넣으세요.

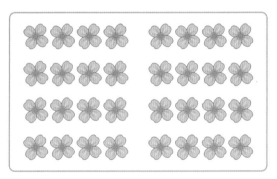

• $4 \times \boxed{} = \boxed{}$ 이므로 꽃은 모두 $\boxed{}$ 송이입니다.

• $8 \times \boxed{} = \boxed{}$ 이므로 꽃은 모두 $\boxed{}$ 송이입니다.

06 곱의 크기를 비교하여 ○ 안에 > 또는 < 를 알맞게 써넣으세요.

8×5 ◯ 4×7

07 성냥개비의 수를 곱셈식으로 바르게 나타 낸 것을 찾아 기호를 써 보세요.

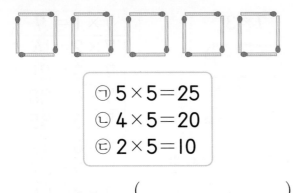

> ㉠ 5×5=25
> ㉡ 4×5=20
> ㉢ 2×5=10

(   )

08 8단 곱셈구구의 값을 모두 찾아 ○표 하 세요.

44	56	60	64

창의형
09 ㉠에 알맞은 수를 구하고, 이유를 완성해 보세요.

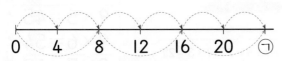

0   4   8   12   16   20   ㉠

답 ㉠에 알맞은 수는 ☐ 입니다.

이유 (4단 , 8단) 곱셈구구에서

_____

10 곱이 36인 곱셈구구를 찾아 기호를 쓰려 고 합니다. 풀이 과정을 쓰고, 답을 구해 보세요.

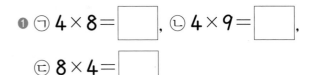

❶ ㉠ 4×8=☐ , ㉡ 4×9=☐ ,

    ㉢ 8×4=☐

❷ 따라서 곱이 36인 곱셈구구는 ☐ 입 니다.

답 _____

2 단원 3회

11 곱이 48인 곱셈구구를 찾아 기호를 쓰려 고 합니다. 풀이 과정을 쓰고, 답을 구해 보세요.

> ㉠ 8×3   ㉡ 4×7   ㉢ 8×6

_____

_____

_____

_____

답 _____

학습 결과에 색칠하세요.

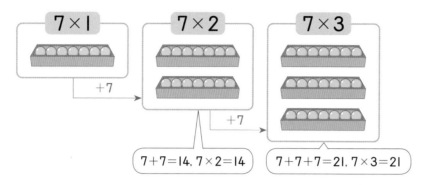

개념**1** **7단 곱셈구구**

7×1	7×1= 7
7×2	7×2=14
7×3	7×3=21

$7+7=14, 7\times2=14$

$7+7+7=21, 7\times3=21$

7×1= 7
7×2=14
7×3=21
7×4=28
7×5=35
7×6=42
7×7=49
7×8=56
7×9=63

$+7$

➔ 7단 곱셈구구에서 곱하는 수가 1씩 커지면
곱은 7씩 커집니다.

확인**1** 그림을 보고 ☐ 안에 알맞은 수를 써넣으세요.

$7+7+7+7=\boxed{}$

$7\times\boxed{}=\boxed{}$

개념**2** **9단 곱셈구구**

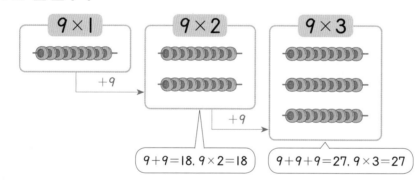

9×1	9×1= 9
9×2	9×2=18
9×3	9×3=27

$9+9=18, 9\times2=18$

$9+9+9=27, 9\times3=27$

9×1= 9
9×2=18
9×3=27
9×4=36
9×5=45
9×6=54
9×7=63
9×8=72
9×9=81

$+9$

➔ 9단 곱셈구구에서 곱하는 수가 1씩 커지면
곱은 9씩 커집니다.

확인**2** 그림을 보고 ☐ 안에 알맞은 수를 써넣으세요.

$9+9+9+9+9=\boxed{}$

$9\times\boxed{}=\boxed{}$

1 □ 안에 알맞은 수를 써넣으세요.

$$7 \times 5 = 35$$
$$7 \times 6 = 42$$
$$7 \times 7 = 49$$

7단 곱셈구구에서 곱하는 수가 1씩

커지면 곱은 □ 씩 커집니다.

2 9×4를 계산하는 방법을 알아보세요.

(1) 9씩 4번 더해서 계산해 보세요.

$$9 \times 4$$
$$= 9 + \boxed{} + \boxed{} + \boxed{}$$
$$= \boxed{}$$

(2) 9×3에 9를 더해서 계산해 보세요.

$$9 \times 3 = 27$$
$$9 \times 4 = \boxed{} + \boxed{}$$

3 수직선을 보고 □ 안에 알맞은 수를 써넣으세요.

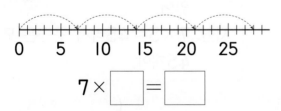

$$7 \times \boxed{} = \boxed{}$$

4 9×5를 계산하려고 합니다. □ 안에 알맞은 수를 써넣으세요.

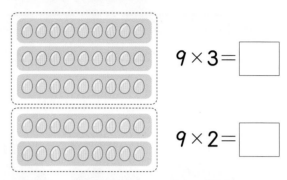

$$9 \times 3 = \boxed{}$$

$$9 \times 2 = \boxed{}$$

→ 9×3과 9×2를 더해서 계산하면

$$9 \times 5 = \boxed{}$$ 입니다.

5 □ 안에 알맞은 수를 써넣으세요.

(1) $7 \times 5 = \boxed{}$

(2) $9 \times 6 = \boxed{}$

6 □ 안에 알맞은 수를 써넣으세요.

(1)

(2)
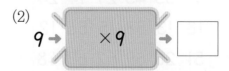

01 그림을 보고 □ 안에 알맞은 수를 써넣으세요.

(1)
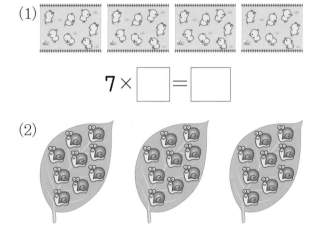

$$7 \times \boxed{} = \boxed{}$$

(2)
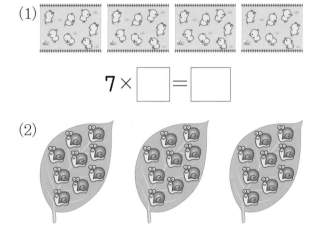

$$9 \times \boxed{} = \boxed{}$$

02 로봇이 이동한 거리를 곱셈식으로 나타내보세요.

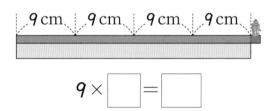

$$9 \times \boxed{} = \boxed{}$$

03 7단 곱셈구구의 값을 모두 찾아 색칠하여 완성되는 숫자를 써 보세요.

11	40	25	1	31	17
10	42	7	49	21	38
2	35	45	29	14	24
18	13	58	15	56	12
51	26	69	62	63	48
43	20	36	47	28	33
16	55	23	9	22	37

( )

04 지민이가 올린 온라인 게시물을 보고 지민이가 **8**일 동안 접은 종이학은 모두 몇 개인지 구해 보세요.

hi_donga

좋아요 **8**개

요즘 종이학을 접어 유리병에 모으고 있다. 종이학을 매일 **7**개씩 **8**일 동안 접었더니 벌써 유리병이 가득 찼다.
#취미 #종이학 #행복

( )

05 구슬의 수를 구하는 방법을 잘못 말한 사람은 누구인가요?

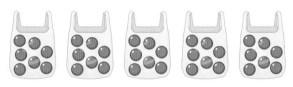

소연: **7**씩 **5**번 더해서 구할 수 있어.
민종: **7** × **4**에 **7**을 더해서 구할 수 있어.
지현: **7** × **5** = **45**라서 구슬은 모두 **45**개야.

( )

06 도토리의 수를 여러 가지 방법으로 알아보세요.

> 방법 1
> _____
> _____
>
> 방법 2
> _____
> _____

07 9단 곱셈구구의 곱이 아닌 것을 찾아 기호를 써 보세요.

> ㉠ 9   ㉡ 27   ㉢ 35   ㉣ 45

(   )

08 보기 와 같이 수 카드를 한 번씩만 사용하여 □ 안에 알맞은 수를 써넣으세요.

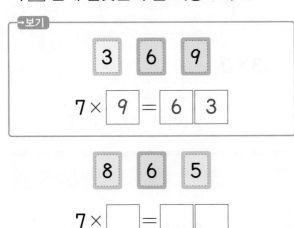

09 ㉠과 ㉡에 알맞은 수를 각각 구하려고 합니다. 풀이 과정을 쓰고, 답을 구해 보세요.

> $9 \times ㉠ = 54$ $7 \times ㉡ = 35$

❶ 9단 곱셈구구에서 $9 \times \boxed{} = 54$이므로 ㉠에 알맞은 수는 $\boxed{}$ 입니다.

❷ 7단 곱셈구구에서 $7 \times \boxed{} = 35$이므로 ㉡에 알맞은 수는 $\boxed{}$ 입니다.

> 답 ㉠:   , ㉡:

10 ㉠과 ㉡에 알맞은 수를 각각 구하려고 합니다. 풀이 과정을 쓰고, 답을 구해 보세요.

> $7 \times ㉠ = 63$ $9 \times ㉡ = 45$

_____
_____
_____
_____

> 답 ㉠:   , ㉡:

2
단원
4회

학습 결과에 색칠하세요.
😄 🙂 😣

개념1 **1단 곱셈구구**

1단 곱셈구구는 곱하는 수와 곱이 서로 같습니다.

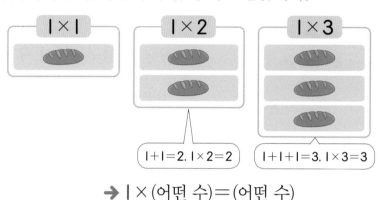

→ $1 \times$ (어떤 수) $=$ (어떤 수)

$1 \times 1 = 1$	
$1 \times 2 = 2$	
$1 \times 3 = 3$	
$1 \times 4 = 4$	
$1 \times 5 = 5$	
$1 \times 6 = 6$	
$1 \times 7 = 7$	
$1 \times 8 = 8$	
$1 \times 9 = 9$	

확인1 어항에 들어 있는 물고기의 수를 구해 보세요.

$1 \times 3 = \boxed{}$

개념2 **0의 곱**

• 0과 어떤 수의 곱은 항상 0입니다.

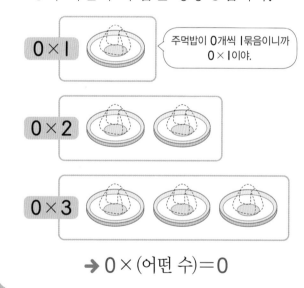

주먹밥이 0개씩 1묶음이니까 0×1이야.

→ $0 \times$ (어떤 수) $= 0$

• 어떤 수와 0의 곱은 항상 0입니다.

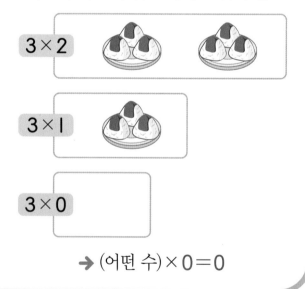

→ (어떤 수) $\times 0 = 0$

확인2 꽃병에 꽂혀 있는 꽃의 수를 구해 보세요.

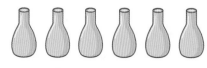

$0 \times 6 = \boxed{}$

|1~2| 연필꽂이에 꽂혀 있는 연필의 수를 알아보려고 합니다. 물음에 답하세요.

1 연필꽂이에 꽂혀 있는 연필의 수를 알아보세요.

(1)

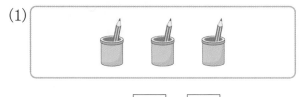

$1 \times \boxed{} = \boxed{}$

(2)

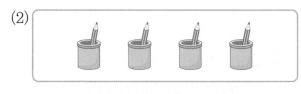

$1 \times \boxed{} = \boxed{}$

(3)

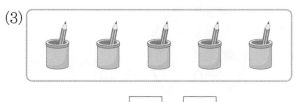

$1 \times \boxed{} = \boxed{}$

2 □ 안에 알맞은 수를 써넣으세요.

> 연필꽂이가 1개씩 늘어날수록
> 연필이 □ 자루씩 늘어납니다.

3 □ 안에 알맞은 수를 써넣으세요.

(1) $1 \times 2 = \boxed{}$

(2) $1 \times 6 = \boxed{}$

(3) $1 \times 9 = \boxed{}$

|4~5| 수영이가 화살 8개를 쏘았습니다. 수영이가 얻은 점수를 알아보세요.

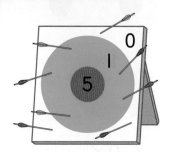

4 □ 안에 알맞은 수를 써넣으세요.

과녁에 적힌 수	맞힌 화살(개)	얻은 점수(점)
0	3	$0 \times 3 = 0$
1	5	$1 \times \boxed{} = \boxed{}$
5	0	$5 \times \boxed{} = \boxed{}$

5 수영이가 얻은 점수는 모두 몇 점인가요?

(   )

6 빈칸에 알맞은 수를 써넣으세요.

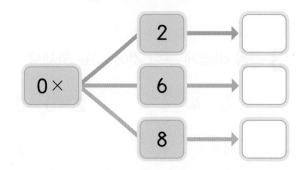

01 사과의 수를 곱셈식으로 나타내 보세요.

(1)

$1 \times \boxed{} = \boxed{}$

(2)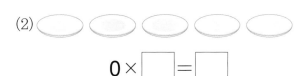

$0 \times \boxed{} = \boxed{}$

02 □ 안에 알맞은 수를 써넣으세요.

(1)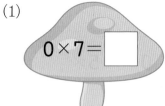

$0 \times 7 = \boxed{}$

(2)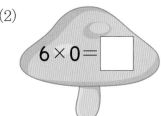

$6 \times 0 = \boxed{}$

03 곱을 바르게 구한 것에 ○표 하세요.

$0 \times 4 = 4$	$2 \times 0 = 0$

(   )   (   )

04 빈칸에 알맞은 수를 써넣으세요.

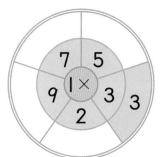

05 다솔이가 원판을 세 번 돌려서 1점만 3번 나왔습니다. 다솔이가 얻은 점수를 곱셈식으로 나타내 보세요.

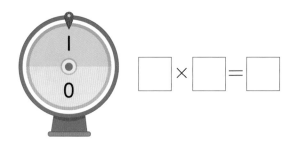

$\boxed{} \times \boxed{} = \boxed{}$

06 1×0과 곱이 같은 것을 모두 찾아 ○표 하세요.

8×0	1×1	2×3
1×4	0×6	9×0

07 곱이 나머지와 <u>다른</u> 하나는 어느 것인가 요? ( )

① 0×8 ② 5×0 ③ 1×8
④ 0×1 ⑤ 3×0

08 곱이 가장 큰 것을 찾아 기호를 써 보세요.

| ㉠ 1×9 | ㉡ 2×0 |
| ㉢ 0×5 | ㉣ 6×1 |

( )

창의형

09 수 카드 4장을 골라 □ 안에 한 번씩만 써 넣어 곱셈식을 만들어 보세요.

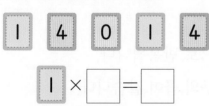

| 1 | 4 | 0 | 1 | 4 |

1 × □ = □

□ × 0 = □

10 □ 안에 알맞은 수를 써넣으세요.

7 × 0 = 4 × □

서술형 문제

11 태우가 화살 맞히기 놀이를 했습니다. 과 녁에 화살을 맞히면 1점, 맞히지 못하면 0점일 때 태우의 점수는 모두 몇 점인지 풀이 과정을 쓰고, 답을 구해 보세요.

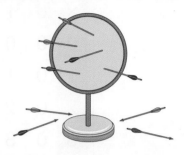

❶ 화살 □ 개를 맞혔고, □ 개는 맞히지 못했습니다.

❷ 1 × □ = □ , 0 × □ = □ 이 므로 태우의 점수는 모두 □ 점입니다.

답 _____

12 지우가 고리 던지기 놀이를 했습니다. 고 리를 걸면 1점, 걸지 못하면 0점일 때 지 우의 점수는 모두 몇 점인지 풀이 과정을 쓰고, 답을 구해 보세요.

_____

_____

_____

답 _____

학습 결과에 색칠하세요.

개념1　곱셈표 만들기

곱셈표는 세로줄과 가로줄의 수가 만나는 칸에 두 수의 곱을 써넣은 표입니다.

가로줄

×	0	1	2	3	4	5	6	7	8	9
0	0	0	0	0	0	0	0	0	0	0
1	0	1	2	3	4	5	6	7	8	9
2	0	2	4	6	8	10	12	14	16	18
3	0	3	6	9	12	15	18	21	24	27
4	0	4	8	12	16	20	24	28	32	36
5	0	5	10	15	20	25	30	35	40	45
6	0	6	12	18	24	30	36	42	48	54
7	0	7	14	21	28	35	42	49	56	63
8	0	8	16	24	32	40	48	56	64	72
9	0	9	18	27	36	45	54	63	72	81

$7 \times 9 = 63$

세로줄

- ■단 곱셈구구는 곱이 ■씩 커집니다.
- 5단 곱셈구구는 곱의 일의 자리 숫자가 5, 0으로 반복됩니다.
- 초록색 점선을 따라 접었을 때 만나는 곱셈구구의 곱이 같습니다.
  → 곱셈에서 곱하는 두 수의 순서를 서로 바꾸어도 곱은 같습니다.

확인1　곱셈표를 보고 □ 안에 알맞은 수를 써넣으세요.

×	2	3	4
2	4	6	8
3	6	9	12
4	8	12	16

2단 곱셈구구는 곱이 ☐씩 커집니다.

1 빈칸에 알맞은 수를 써넣어 곱셈표를 완성해 보세요.

(1)

×	1	2
1		
2		

(2)

×	4	5
4		
5		

2 빈칸에 알맞은 수를 써넣어 곱셈표를 완성해 보세요.

(1)

×	1	5	9
1			
5			45
9	9		

(2)

×	2	6	7
1			7
3		18	
8	16		

|3~5| **곱셈표를 보고 물음에 답하세요.**

×	3	4	5	6	7	8
3	9	12	15	18	21	24
4	12	16	20	★	28	32
5	15	20	25	30	35	40
6	18	♥	30	36	42	48
7	21	28	35	42	49	56
8	24	32	40	48	56	64

3 4×6(★)과 6×4(♥)의 곱을 비교해 보세요.

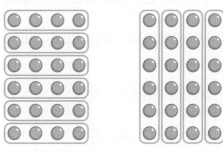

4×6= ☐   6×4= ☐

4×6의 곱과 6×4의 곱은
(같습니다 , 다릅니다).

4 알맞은 말에 ○표 하세요.

곱하는 두 수의 순서를 서로 바꾸어도
곱은 (같습니다 , 다릅니다).

5 곱셈표에서 8×4와 곱이 같은 곱셈구구를 찾아 써 보세요.

☐ × ☐

| 01~05 | **곱셈표를 보고 물음에 답하세요.**

×	1	2	3	4	5	6	7	8	9
1	1	2	3	4	5	6	7	8	9
2	2	4	6	8	10	12	14	16	18
3	3	6	9	12	15	18	21	24	27
4	4	8	12	16	20	24	28	32	36
5	5	10	15	20	25	30	35	40	45
6	6	12	18	24	30	36	42	48	54
7	7	14	21	♣	35	42	49	56	63
8	8	16	24	32	40	48	56	64	72
9	9	18	27	36	45	54	63	72	81

01 □ 안에 알맞은 수를 써넣으세요.

> 6단 곱셈구구는 곱이 □ 씩 커지고,
>
> 8단 곱셈구구는 곱이 □ 씩 커집니다.

02 곱셈표에서 ♣에 알맞은 수를 구하는 곱셈구구를 찾아 ○표 하세요.

> 7×4   6×5

03 곱셈표를 보고 바르게 설명한 것의 기호를 써 보세요.

> ㉠ 2단 곱셈구구의 곱은 모두 짝수입니다.
> ㉡ 9단 곱셈구구의 곱은 모두 홀수입니다.

(   )

창의형
04 5단 곱셈구구 중 하나를 써 보고, 곱셈표에서 곱이 같은 곱셈구구를 찾아 써 보세요.

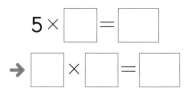

05 곱셈표에서 3×8과 곱이 같은 곱셈구구를 모두 찾아 써 보세요.

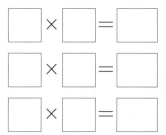

06 빈칸에 알맞은 수를 써넣어 곱셈표를 완성해 보세요.

×	3	5	7	9
2				
4				
6				
8				

07 초록색 점선을 이용하여 ●와 곱이 같은 곱셈구구를 곱셈표에서 찾아 △표 하세요.

×	3	4	5	6	7
3					
4					
5					
6	●				
7					

08 어떤 수인지 구해 보세요.

- 4단 곱셈구구의 수입니다.
- 5×7의 곱보다 작습니다.
- 십의 자리 숫자는 30을 나타냅니다.

(   )

서술형 문제

09 곱셈표에서 곱이 ㉠보다 큰 칸은 모두 몇 칸인지 풀이 과정을 쓰고, 답을 구해 보세요.

×	3	5	7
4			
6			
8		㉠	

❶ ㉠에 알맞은 수는 [   ] 입니다.

❷ 곱이 ㉠보다 큰 칸은 6×7= [   ],

8×7= [   ] 이므로 모두 [   ] 칸입니다.

답 _____

10 곱셈표에서 곱이 ㉠보다 작은 칸은 모두 몇 칸인지 풀이 과정을 쓰고, 답을 구해 보세요.

×	5	8	9
2			
5	㉠		
9			

_____

_____

_____

답 _____

학습 결과에 색칠하세요.

개념 1 곱셈구구를 이용하여 수 알아보기

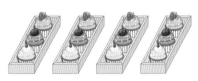

컵케이크는 3개씩 4상자 있습니다.
→ 컵케이크는 모두 3×4＝12(개)입니다.

확인 1 구슬이 5개씩 들어 있는 봉지가 3봉지 있습니다. 구슬은 모두 몇 개인지 구해 보세요.

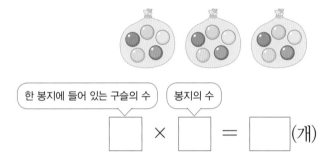

한 봉지에 들어 있는 구슬의 수   봉지의 수

$$\boxed{} \times \boxed{} = \boxed{}(개)$$

개념 2 곱셈구구를 이용하여 여러 가지 방법으로 문제 해결하기

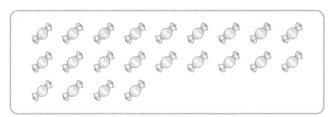

방법 1 두 부분으로 나누어 구하기

4×3   5×2

4×3과 5×2를 더하면
사탕은 모두 12＋10＝22(개)입니다.

방법 2 부족한 부분을 빼서 구하기

9×3

9×3에서 5를 빼면
사탕은 모두 27－5＝22(개)입니다.

확인 2 밤은 모두 몇 개인지 구하려고 합니다. ☐ 안에 알맞은 수를 써넣으세요.

$5 \times \boxed{}$ 와/과 3×1 을 더하면

밤은 모두 $\boxed{}$개입니다.

1 그림을 보고 □ 안에 알맞은 수를 써넣으세요.

(1) 접시 1개에 도넛이 □개씩 놓여 있습니다.

(2) 접시 6개에 놓여 있는 도넛은

$3 \times$ □ $=$ □(개)입니다.

2 면봉 한 개의 길이는 8 cm입니다. 면봉 4개의 길이는 몇 cm인가요?

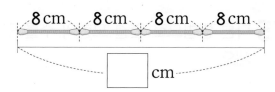

□ cm

3 어항 5개에 들어 있는 물고기는 모두 몇 마리인지 구해 보세요.

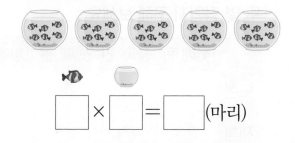

□ $\times$ □ $=$ □(마리)

|4~5| 곱셈구구를 이용하여 토마토의 수를 여러 가지 방법으로 구하려고 합니다. 물음에 답하세요.

4 두 부분으로 나누어 구하려고 합니다. □ 안에 알맞은 수를 써넣으세요.

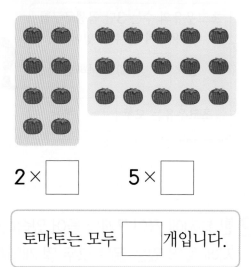

$2 \times$ □ $5 \times$ □

토마토는 모두 □개입니다.

5 부족한 부분을 빼서 구하려고 합니다. □ 안에 알맞은 수를 써넣으세요.

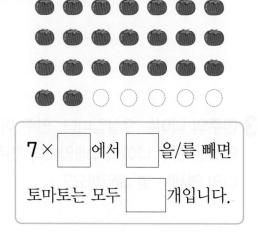

$7 \times$ □ 에서 □ 을/를 빼면

토마토는 모두 □개입니다.

01 초코우유의 수를 구하려고 합니다. □ 안에 알맞은 수를 써넣으세요.

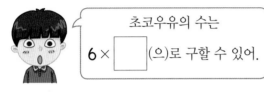

초코우유의 수는

$6 \times$ □ (으)로 구할 수 있어.

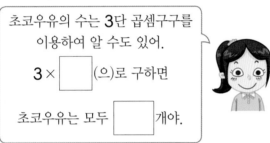

초코우유의 수는 3단 곱셈구구를 이용하여 알 수도 있어.

$3 \times$ □ (으)로 구하면

초코우유는 모두 □ 개야.

02 한 봉지에 귤이 **7**개씩 들어 있습니다. **8**봉지에 들어 있는 귤은 모두 몇 개일까요?

( )

03 민주의 나이는 **9**살입니다. 민주 어머니의 연세는 민주 나이의 **4**배입니다. 민주 어머니의 연세는 몇 세일까요?

( )

|04~05| 곱셈구구를 이용하여 연결 모형의 수를 구하려고 합니다. 물음에 답하세요.

04 연결 모형을 나눈 그림을 보고 □ 안에 알맞은 수를 써넣어 연결 모형의 수를 구해 보세요.

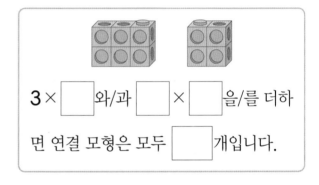

$3 \times$ □ 와/과 □ $\times$ □ 을/를 더하면 연결 모형은 모두 □ 개입니다.

05 다른 방법으로 연결 모형의 수를 구해 보세요.

_____

_____

06 가위바위보를 하여 이기면 **4**점을 얻는 놀이를 했습니다. 도현이가 얻은 점수는 모두 몇 점인지 구해 보세요.

	첫째 판	둘째 판	셋째 판	넷째 판
도현	✋	✋	✊	✊
재희	✊	✌	✊	✌

곱셈식

_____

( )

디지털 문해력

07 예나가 움직이는 강아지 인형 광고를 보고 있습니다. 이 인형 6개에 필요한 건전지는 모두 몇 개인지 구해 보세요.

( )

08 원판을 돌려 멈췄을 때 📍가 가리키는 수만큼 점수를 얻는 놀이를 했습니다. 빈칸에 알맞은 곱셈식을 쓰고, 얻은 점수는 모두 몇 점인지 구해 보세요.

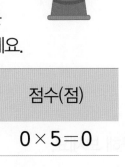

원판에 적힌 수	멈춘 횟수(번)	점수(점)
0	5	$0 \times 5 = 0$
3	3	
7	1	

( )

서술형 문제

09 닭 6마리와 소 2마리의 다리는 모두 몇 개인지 풀이 과정을 쓰고, 답을 구해 보세요.

❶ 닭 6마리의 다리는 $2 \times 6 = $ ☐ (개),

소 2마리의 다리는 $4 \times 2 = $ ☐ (개)

입니다.

❷ 따라서 닭 6마리와 소 2마리의 다리는

모두 ☐ 개입니다.

답 _____

10 트럭 7대와 오토바이 3대의 바퀴는 모두 몇 개인지 풀이 과정을 쓰고, 답을 구해 보세요.

_____

_____

_____

_____

답 _____

두 곱 사이에 있는 수 구하기

01 ㉠과 ㉡ 사이에 있는 수를 모두 써 보세요.

> ㉠ 6 × 3　　㉡ 3 × 8

1단계 ㉠, ㉡의 곱 구하기

㉠ 6 × 3 = ☐　　㉡ 3 × 8 = ☐

2단계 ㉠과 ㉡ 사이에 있는 수 모두 쓰기

(　　　　)

문제해결 TIP

■와 ● 사이에 있는 수를 구할 때 ■와 ●는 포함되지 않아요.

02 서진이와 다은이가 말한 곱셈구구의 곱 사이에 있는 수를 모두 써 보세요.

4 × 9

서진

7 × 6

다은

(　　　　)

03 ㉠과 ㉡ 사이에 있는 수는 모두 몇 개인지 구해 보세요.

> ㉠ 7 × 7　　㉡ 8 × 5

(　　　　)

㉠과 ㉡ 사이에 있는 수는 ㉡과 ㉠ 사이에 있는 수라고 할 수도 있지!

남는 수 구하기

04 현아는 사탕 95개를 샀습니다. 이 중 8개씩 7묶음을 친구들에게 나누어 주었습니다. 나누어 주고 남은 사탕은 몇 개인지 구해 보세요.

1단계 나누어 준 사탕은 몇 개인지 구하기

( )

2단계 나누어 주고 남은 사탕은 몇 개인지 구하기

( )

문제해결
TIP
나누어 주고 남은 사탕 수는 전체 사탕 수에서 나누어 준 사탕 수만큼 빼서 구해요.
이때, ■씩 ●묶음은 ■×●로 나타내어 구할 수 있어요.

2
단원
8회

05 길이가 50 cm인 색 테이프가 있습니다. 미술 시간에 6 cm씩 5개를 잘라 사용했습니다. 사용하고 남은 색 테이프의 길이는 몇 cm인지 구해 보세요.

( )

06 음악실에 한 명씩 앉을 수 있는 의자가 80개 있습니다. 남학생은 4명씩 8줄로, 여학생은 5명씩 9줄로 의자에 앉았습니다. 빈 의자는 몇 개인지 구해 보세요.

( )

먼저 남학생과 여학생이 앉은 의자 수를 각각 구해 보자!

수 카드로 곱셈구구 만들기

07 4장의 수 카드 중에서 2장을 골라 한 번씩만 사용하여 곱이 가장 큰 곱셈구구를 만들고, 곱을 구해 보세요.

1   3   5   7

문제해결
TIP

큰 수끼리 곱할수록 곱은 커지므로 가장 큰 수와 둘째로 큰 수를 먼저 찾아요.

1단계 곱이 가장 큰 곱셈구구를 만드는 방법 알기

> 곱이 가장 크려면 가장 큰 수와 둘째로 큰 수를 곱하면
> 되므로 ☐ 와/과 ☐ 을/를 곱해야 합니다.

2단계 곱이 가장 큰 곱셈구구를 만들고, 곱 구하기

☐ × ☐ = ☐

08 4장의 수 카드 중에서 2장을 골라 한 번씩만 사용하여 곱이 가장 큰 곱셈구구를 만들고, 곱을 구해 보세요.

2   4   6   8

☐ × ☐ = ☐

09 4장의 수 카드 중에서 2장을 골라 한 번씩만 사용하여 곱이 가장 작은 곱셈구구를 만들고, 곱을 구해 보세요.

1   5   4   9

☐ × ☐ = ☐

> 작은 수끼리 곱할수록
> 곱은 작아져요.

>, <가 있는 식에서 □ 안에 들어갈 수 있는 수 구하기

10 1부터 9까지의 수 중에서 □ 안에 들어갈 수 있는 수를 모두 구해 보세요.

$$40 < 9 \times \square$$

1단계 9단 곱셈표 완성하기

×	1	2	3	4	5	6	7	8	9
9									

2단계 □ 안에 들어갈 수 있는 수 모두 구하기

( )

11 1부터 9까지의 수 중에서 □ 안에 들어갈 수 있는 수는 모두 몇 개인지 구해 보세요.

$$40 > 8 \times \square$$

( )

12 1부터 9까지의 수 중에서 □ 안에 들어갈 수 있는 수를 모두 구해 보세요.

$$25 < 4 \times \square < 35$$

4×□이므로 4단 곱셈구구의 값을 떠올려 보자!

( )

😆 🙂 😣

01 그림을 보고 □ 안에 알맞은 수를 써넣으세요.

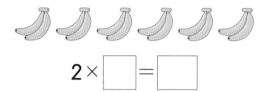

$2 \times \boxed{} = \boxed{}$

02 수직선을 보고 □ 안에 알맞은 수를 써넣으세요.

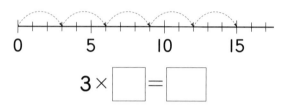

$3 \times \boxed{} = \boxed{}$

03 빈칸에 알맞은 수를 써넣으세요.

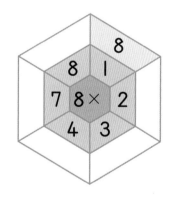

04 □ 안에 알맞은 수를 써넣으세요.

05 빈칸에 알맞은 수를 써넣어 곱셈표를 완성해 보세요.

×	2	5	8
1	2		
3			24
7		35	

06 세미는 6권씩 묶여 있는 공책을 3묶음 샀습니다. 세미가 산 공책은 모두 몇 권인지 구해 보세요.

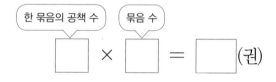

$\boxed{} \times \boxed{} = \boxed{}$ (권)

07 연결 모형의 수를 구하는 방법을 잘못 설명한 것을 찾아 기호를 써 보세요.

㉠ 4씩 4번 더해서 구합니다.
㉡ 5 × 3에 5를 더해서 구합니다.
㉢ 5 × 4의 곱으로 구합니다.

(   )

08 나무 막대 한 개의 길이는 6 cm입니다. 나무 막대 5개의 길이는 몇 cm일까요?

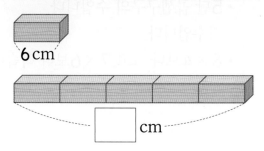

09 □ 안에 알맞은 수를 써넣으세요.

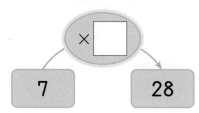

10 9단 곱셈구구의 값을 찾아 가장 작은 수부터 차례로 이어 보세요.

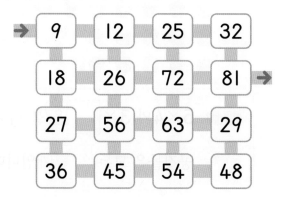

11 곱의 크기를 비교하여 ○ 안에 > 또는 < 를 알맞게 써넣으세요.

12 보기 와 같이 수 카드를 한 번씩만 사용하여 □ 안에 알맞은 수를 써넣으세요.

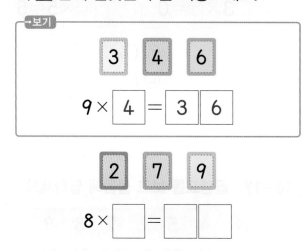

서술형
13 곱이 큰 것부터 차례로 기호를 쓰려고 합니다. 풀이 과정을 쓰고, 답을 구해 보세요.

> ㉠ 3×9   ㉡ 7×4
> ㉢ 4×8   ㉣ 6×5

답   ,   ,   ,

14 곱이 나머지와 다른 하나는 어느 것인가요? (   )

① 1×0   ② 0×7   ③ 2×1
④ 9×0   ⑤ 0×5

15 ㉠과 ㉡에 알맞은 수를 각각 구해 보세요.

$$3 \times ㉠ = 0 \qquad ㉡ \times 5 = 5$$

㉠ (   )

㉡ (   )

| 16~17 | 곱셈표를 보고 물음에 답하세요.

×	4	5	6	7	8	9
4	16	20	24	28	32	36
5	20	25	30	㉠	40	45
6	24	30	36	42	㉡	54
7	28	㉢	42	49	56	63
8	32	40	48	56	64	㉣
9	36	45	㉤	63	72	81

16 곱셈표에서 ㉠과 곱이 같은 곱셈구구를 찾아 기호를 써 보세요.

(   )

17 곱셈표에서 6×6과 곱이 같은 곱셈구구를 모두 찾아 써 보세요.

☐ × ☐ = ☐

☐ × ☐ = ☐

18 어떤 수인지 구해 보세요.

- 5단 곱셈구구의 수입니다.
- 짝수입니다.
- 8×4보다 크고 7×6보다 작습니다.

(   )

19 냉장고에 사과는 9개 있고, 귤은 사과의 7배만큼 있습니다. 귤은 모두 몇 개인가요?

(   )

20 곱셈구구를 이용하여 공깃돌의 수를 구하려고 합니다. ☐ 안에 알맞은 수를 써넣으세요.

방법 **1** 5×4와 3×☐ 을/를 더하면

공깃돌은 모두 ☐ 개입니다.

방법 **2** 8×☐ 에서 ☐ 을/를 빼면

공깃돌은 모두 ☐ 개입니다.

21 지수가 화살 10개를 쏘았습니다. 지수가 얻은 점수는 모두 몇 점인지 구해 보세요.

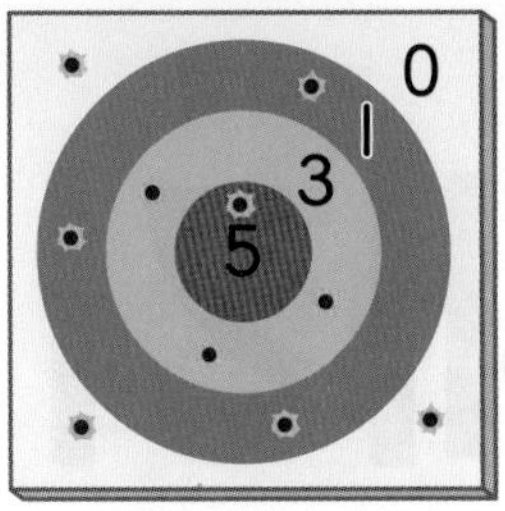
0
1
3
5

(　　　　　　　　)

22 같은 모양은 같은 수를 나타냅니다. ★에 알맞은 수를 구해 보세요.

4×6=●	3×★=●

(　　　　　　　　)

서술형

23 분홍색 인형 3개와 파란색 인형 6개의 다리는 모두 몇 개인지 풀이 과정을 쓰고, 답을 구해 보세요.

답

수행 평가

| 24~25 | 곱셈구구를 이용하여 사탕의 수를 구하려고 합니다. 물음에 답하세요.

24 □ 안에 알맞은 수를 써넣으세요.

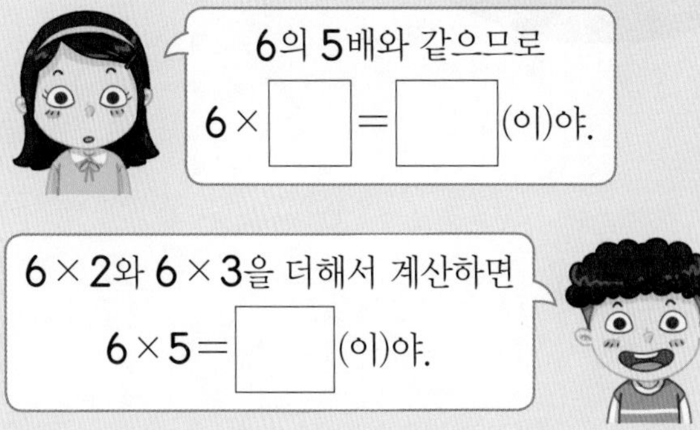
6의 5배와 같으므로
6×□=□(이)야.
6×2와 6×3을 더해서 계산하면
6×5=□(이)야.

25 24와 다른 방법으로 사탕의 수를 구하려고 합니다. 사탕의 수를 구하는 방법을 2가지 설명해 보세요.

2 단원 9회

학습 결과에 색칠하세요.

3 길이 재기

이번에 배울 내용

회차	쪽수	학습 내용	학습 주제
1	66~69쪽	개념+문제 학습	cm보다 더 큰 단위 알기 / 몇 m 몇 cm 알기
2	70~73쪽	개념+문제 학습	자 비교하기 / 줄자로 길이 재어 보기
3	74~77쪽	개념+문제 학습	길이의 합 구하기 / 길이의 차 구하기
4	78~81쪽	개념+문제 학습	몸의 부분으로 1 m 재어 보기 / 길이 어림하기
5	82~85쪽	응용 학습	
6	86~89쪽	마무리 평가	

문해력을 높이는 **어휘**

줄자: 헝겊이나 철로 띠처럼 만든 자

바지를 사기 전에 줄 자 로
다리 길이를 재었어요.

굴렁쇠: 철이나 대나무로 만든 둥근 테

운동장에서 굴 렁 쇠
굴리기 체험을 했어요.

(76쪽)

목발: 다리가 불편한 사람이 겨드랑이에
끼고 걷는 지팡이

발목을 다쳐서 목 발 을
짚고 다녔어요.

(81쪽)

가로등: 거리를 밝게 하거나 교통의 안전
을 위해 길을 따라 설치한 조명

가 로 등 이 켜진 길을
따라 달렸어요.

(89쪽)

개념 1 **cm보다 더 큰 단위 알기**

- 100 cm는 1 m와 같습니다.
- 1 m는 1미터라고 읽습니다.

$$100\,cm = 1\,m$$

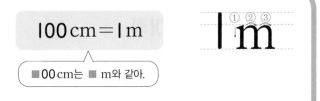

■00 cm는 ■ m와 같아.

참고 1 m →
- 1 cm를 100번 이은 길이
- 1 cm의 100배인 길이
- 10 cm를 10번 이은 길이
- 10 cm의 10배인 길이

확인 1 1 m를 바르게 써 보세요.

1 m

개념 2 **몇 m 몇 cm 알기**

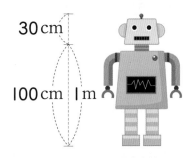

30 cm

100 cm 1 m

- 130 cm는 1 m보다 30 cm 더 깁니다.
- 130 cm를 1 m 30 cm라고도 씁니다.
- 1 m 30 cm를 1미터 30센티미터라고 읽습니다.

$$130\,cm = 1\,m\,30\,cm$$

참고 130 cm = 100 cm + 30 cm = 1 m + 30 cm
  = 1 m 30 cm

확인 2 색 테이프의 길이는 140 cm입니다. □ 안에 알맞은 수를 써넣으세요.

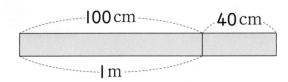

100 cm   40 cm

1 m

(1) 140 cm는 1 m보다 ☐ cm 더 깁니다.

(2) 140 cm를 1 m ☐ cm라고도 씁니다.

● 정답 17쪽

1 □ 안에 알맞은 수를 써넣으세요.

100 cm는 □ m와 같습니다.

2 길이를 바르게 써 보세요.

4 m

3 길이를 바르게 읽은 것에 ○표 하세요.

2 m 10 cm

2미터 10미터   (   )

2미터 10센티미터   (   )

4 막대의 길이는 200 cm입니다. 막대의 길이는 몇 m인가요?

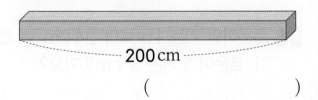

------ 200 cm ------

(   )

5 다음이 나타내는 길이를 써 보세요.

3 m보다 15 cm 더 긴 길이

□ m □ cm

6 cm와 m 중 알맞은 단위를 골라 ○표 하세요.

(1)

(2)

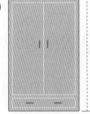

80 (cm , m)   2 (cm , m)

7 □ 안에 알맞은 수를 써넣으세요.

(1) 261 cm = □ cm + 61 cm

= □ m + 61 cm

= □ m □ cm

(2) 3 m 5 cm = □ m + 5 cm

= □ cm + 5 cm

= □ cm

01 □ 안에 알맞은 수를 써넣으세요.

(1) 700 cm = ☐ m

(2) 5 m = ☐ cm

(3) 350 cm = ☐ m ☐ cm

(4) 4 m 9 cm = ☐ cm

02 같은 길이끼리 이어 보세요.

270 cm •　　　• 2 m 5 cm

275 cm •　　　• 2 m 70 cm

205 cm •　　　• 2 m 75 cm

03 cm와 m 중 알맞은 단위를 써 보세요.

(1) 연필의 길이는 약 13 ☐ 입니다.

(2) 교실 짧은 쪽의 길이는 약 8 ☐ 입니다.

(3) 칠판 긴 쪽의 길이는 약 300 ☐ 입니다.

04 우겸이는 길이가 7 m인 털실을 사려고 합니다. 우겸이가 사야 할 털실에 ◯표 하세요.

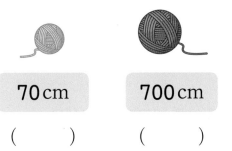

70 cm　　　　700 cm

(　　　)　　　　(　　　)

디지털 문해력

05 뉴스 화면을 보고 도마뱀의 길이를 몇 cm로 나타내 보세요.

◯◯ 산에서 길이가 1 m 32 cm인 도마뱀 발견!

(　　　　　　　)

06 로운이의 키는 1 m보다 24 cm 더 큽니다. 로운이의 키는 몇 cm인가요?

(　　　　　　　)

07 수 카드 3장을 한 번씩만 사용하여 길이를 써 보고, 몇 cm로 나타내 보세요.

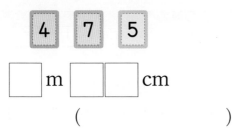

☐ m ☐ ☐ cm

(   )

08 1 m에 대한 설명으로 잘못된 것을 찾아 기호를 써 보세요.

┌─────────────────────────────┐
│ ㉠ 1 m는 1 cm를 100번 이은 길이와 │
│   같습니다. │
│ ㉡ 1 m는 1 cm보다 짧습니다. │
│ ㉢ 1 m는 10 cm의 10배인 길이와 │
│   같습니다. │
└─────────────────────────────┘

(   )

09 가장 짧은 길이를 찾아 색칠해 보세요.

| 4 m 5 cm | 450 cm | 415 cm |

---

10 길이를 잘못 나타낸 사람의 이름을 쓰고, 바르게 고쳐 보세요.

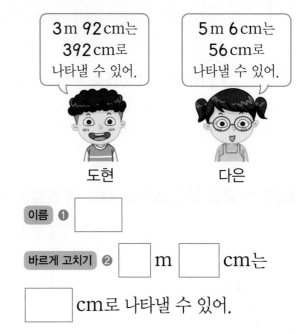

3 m 92 cm는 392 cm로 나타낼 수 있어.

5 m 6 cm는 56 cm로 나타낼 수 있어.

도현   다은

이름 ❶ ☐

바르게 고치기 ❷ ☐ m ☐ cm는

☐ cm로 나타낼 수 있어.

11 길이를 잘못 나타낸 사람의 이름을 쓰고, 바르게 고쳐 보세요.

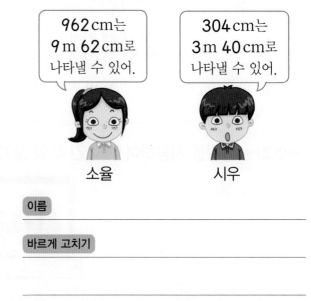

962 cm는 9 m 62 cm로 나타낼 수 있어.

304 cm는 3 m 40 cm로 나타낼 수 있어.

소율   시우

이름

바르게 고치기

학습 결과에 색칠하세요.
😄 🙂 😣

개념1 **자 비교하기**

- 1 m보다 긴 물건을 재는 데 편리합니다.
- 공, 나무의 둘레 등 둥근 부분이 있는 물건의 길이를 잴 수 있습니다.

- 길이가 짧습니다.
- 곧은 물건의 길이를 잴 수 있습니다.

확인1 교실 문의 높이를 재는 데 알맞은 자에 ○표 하세요.

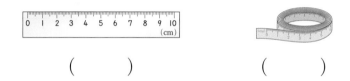

(　　)　　　　　　(　　)

개념2 **줄자로 길이 재어 보기**

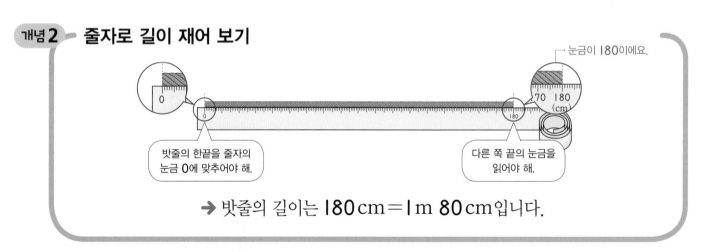

눈금이 180이에요.

밧줄의 한끝을 줄자의 눈금 0에 맞추어야 해.

다른 쪽 끝의 눈금을 읽어야 해.

→ 밧줄의 길이는 180 cm＝1 m 80 cm입니다.

확인2 줄자를 사용하여 액자 긴 쪽의 길이를 알아보세요.

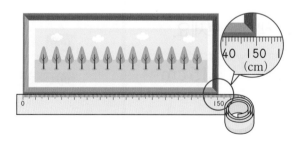

액자 긴 쪽의 한끝을 줄자의 눈금 ☐ 에 맞추고 다른 쪽 끝의 눈금을 읽으면

☐ 입니다. → 액자 긴 쪽의 길이는 ☐ cm입니다.

1 줄자를 사용하여 길이를 재기에 더 알맞은 것에 ○표 하세요.

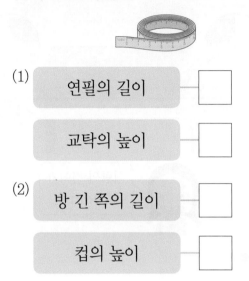

(1)
연필의 길이 ☐

교탁의 높이 ☐

(2)
방 긴 쪽의 길이 ☐

컵의 높이 ☐

2 줄자를 사용하여 서랍장의 길이를 바르게 잰 것에 ○표, 잘못 잰 것에 ×표 하세요.

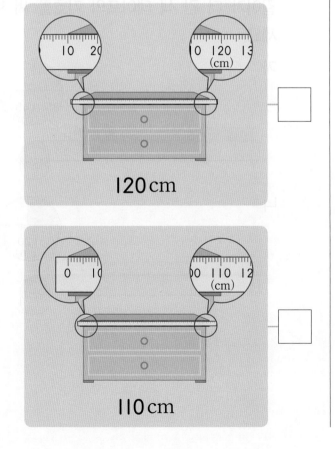

3 나무 막대의 길이는 몇 cm인가요?

(1)

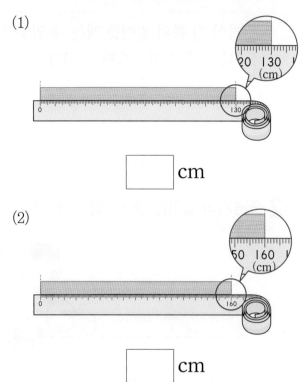

☐ cm

(2)

☐ cm

4 알림판 긴 쪽의 길이를 두 가지 방법으로 나타내 보세요.

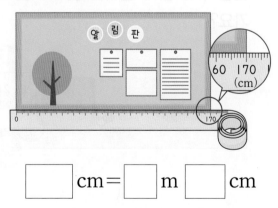

☐ cm = ☐ m ☐ cm

01 알맞은 말에 ○표 하세요.

> 거실 긴 쪽의 길이를 재는 데 알맞은
> 자는 (곧은 자 , 줄자)입니다.

02 줄넘기의 길이는 몇 m 몇 cm인가요?

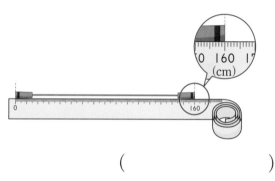

(   )

03 한 줄로 놓인 물건들의 길이를 줄자로 재었습니다. 전체 길이는 몇 m 몇 cm인가요?

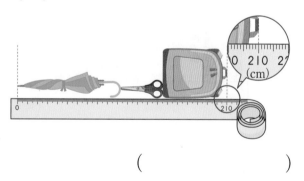

(   )

04 식탁의 길이를 줄자로 재었습니다. 길이 재기가 잘못된 이유를 써 보세요.

식탁의 길이가 140 cm야.

이유

_____

05 색 테이프의 길이를 줄자로 재었습니다. 길이가 더 긴 색 테이프의 기호를 써 보세요.

가

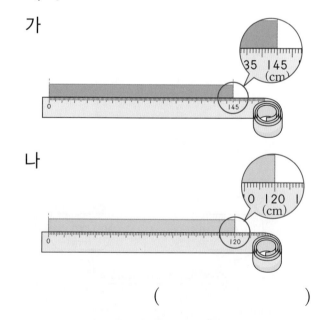

나

(   )

06 찬우는 방의 한쪽 벽에 물건의 긴 쪽이 닿도록 놓으려고 합니다. 물건을 놓을 벽의 길이가 2 m일 때 어느 것을 놓을 수 있는지 알아보세요.

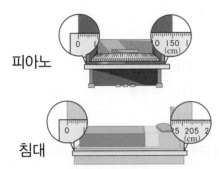

피아노

침대

(1) 피아노 긴 쪽의 길이를 알아보세요.

☐ cm = ☐ m ☐ cm

(2) 침대 긴 쪽의 길이를 알아보세요.

☐ cm = ☐ m ☐ cm

(3) 방의 한쪽 벽에는 피아노와 침대 중 어느 것을 놓을 수 있을까요?

( )

창의형
07 l m보다 긴 물건을 찾아 자로 길이를 재어 보고, 잰 길이를 두 가지 방법으로 나타내 보세요.

물건	☐ cm	☐ m ☐ cm

서술형 문제

08 슬기와 우민이가 출발선에서 제기를 던졌습니다. 더 멀리 던진 사람의 기록은 몇 m 몇 cm인지 풀이 과정을 쓰고, 답을 구해 보세요.

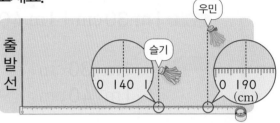

❶ 더 멀리 던진 사람은 (슬기 , 우민)입니다.

❷ ☐ cm = ☐ m ☐ cm

답 _____

09 찬혁이와 수현이가 출발선에서 종이비행기를 날렸습니다. 더 멀리 날린 사람의 기록은 몇 m 몇 cm인지 풀이 과정을 쓰고, 답을 구해 보세요.

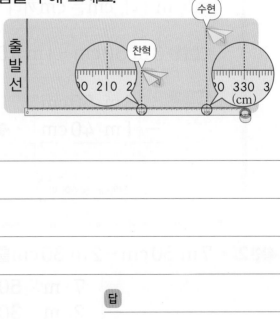

_____

_____

_____

_____

답 _____

○ 학습일: 월   일

개념 1 ─ 길이의 합 구하기

m는 m끼리, cm는 cm끼리 더합니다.

방법 1   1 m 30 cm + 1 m 40 cm = 2 m 70 cm

방법 2

	1 m	30 cm
+	1 m	40 cm

단위끼리 맞추어 써.

➔

	1 m	30 cm
+	1 m	40 cm
		70 cm

cm끼리 더해.

➔

	1 m	30 cm
+	1 m	40 cm
	2 m	70 cm

m끼리 더해.

확인 1 ─ 3 m 18 cm + 4 m 50 cm를 계산해 보세요.

	3 m	18 cm
+	4 m	50 cm
		☐ cm

➔

	3 m	18 cm
+	4 m	50 cm
	☐ m	☐ cm

개념 2 ─ 길이의 차 구하기

m는 m끼리, cm는 cm끼리 뺍니다.

방법 1   3 m 50 cm − 1 m 40 cm = 2 m 10 cm

방법 2

	3 m	50 cm
−	1 m	40 cm

단위끼리 맞추어 써.

➔

	3 m	50 cm
−	1 m	40 cm
		10 cm

cm끼리 빼.

➔

	3 m	50 cm
−	1 m	40 cm
	2 m	10 cm

m끼리 빼.

확인 2 ─ 7 m 50 cm − 2 m 30 cm를 계산해 보세요.

	7 m	50 cm
−	2 m	30 cm
		☐ cm

➔

	7 m	50 cm
−	2 m	30 cm
	☐ m	☐ cm

1 그림을 보고 □ 안에 알맞은 수를 써넣으세요.

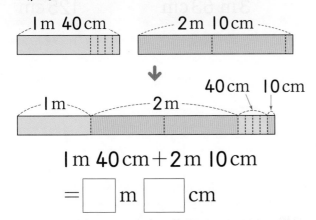

$1\,\text{m}\ 40\,\text{cm}+2\,\text{m}\ 10\,\text{cm}$

$=\boxed{}\,\text{m}\ \boxed{}\,\text{cm}$

2 □ 안에 알맞은 수를 써넣으세요.

(1) $2\,\text{m}\ 20\,\text{cm}+1\,\text{m}\ 70\,\text{cm}$

$=\boxed{}\,\text{m}\ \boxed{}\,\text{cm}$

(2) $3\,\text{m}\ 34\,\text{cm}+2\,\text{m}\ 35\,\text{cm}$

$=\boxed{}\,\text{m}\ \boxed{}\,\text{cm}$

3 길이의 합을 구해 보세요.

(1)
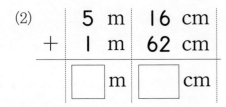

	4 m	23 cm
+	3 m	40 cm
	☐ m	☐ cm

(2)

	5 m	16 cm
+	1 m	62 cm
	☐ m	☐ cm

4 그림을 보고 □ 안에 알맞은 수를 써넣으세요.

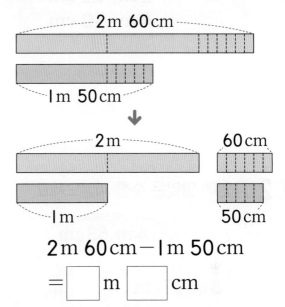

$2\,\text{m}\ 60\,\text{cm}-1\,\text{m}\ 50\,\text{cm}$

$=\boxed{}\,\text{m}\ \boxed{}\,\text{cm}$

5 □ 안에 알맞은 수를 써넣으세요.

(1) $2\,\text{m}\ 80\,\text{cm}-1\,\text{m}\ 10\,\text{cm}$

$=\boxed{}\,\text{m}\ \boxed{}\,\text{cm}$

(2) $5\,\text{m}\ 27\,\text{cm}-2\,\text{m}\ 25\,\text{cm}$

$=\boxed{}\,\text{m}\ \boxed{}\,\text{cm}$

6 길이의 차를 구해 보세요.

(1)
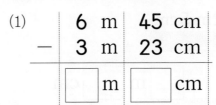

	6 m	45 cm
−	3 m	23 cm
	☐ m	☐ cm

(2)
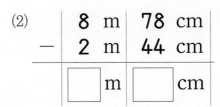

	8 m	78 cm
−	2 m	44 cm
	☐ m	☐ cm

3
단원

3회

01 길이의 합을 구해 보세요.

$$
\begin{array}{rr}
2\,\text{m} & 25\,\text{cm} \\
+\ 4\,\text{m} & 10\,\text{cm} \\
\hline
\end{array}
$$

02 ☐ 안에 알맞은 수를 써넣으세요.

(1)
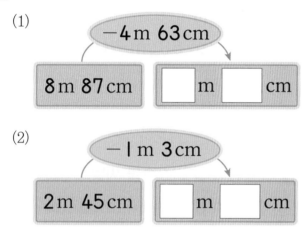

(2)

03 두 막대의 길이의 합을 구해 보세요.

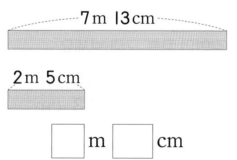

04 두 길이의 차는 몇 m 몇 cm인가요?

3 m 63 cm	125 cm

(   )

05 길이가 더 짧은 것에 ◯표 하세요.

6 m 82 cm − 4 m 40 cm	
2 m 25 cm	

06 희영이는 선을 따라 굴렁쇠를 굴렸습니다. 출발점에서 도착점까지 굴렁쇠가 굴러간 거리는 몇 m 몇 cm인지 구해 보세요.

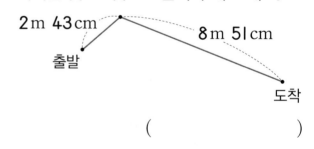

(   )

07 길이가 9 m 56 cm인 색 테이프를 두 도막으로 잘랐더니 한 도막의 길이가 4 m 25 cm였습니다. 다른 한 도막의 길이는 몇 m 몇 cm인지 구해 보세요.

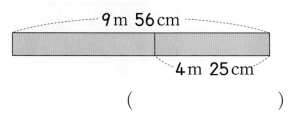

(   )

08 □ 안에 알맞은 수를 써넣으세요.

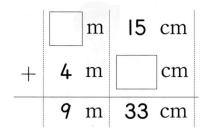

09 수 카드를 한 번씩만 사용하여 알맞은 길이를 만들어 보세요.

8 m 69 cm와 3 m 6 cm의 차보다 긴 길이를 써 봐.

유준

4   5   6

□ m □□ cm

---

10 가장 긴 길이와 가장 짧은 길이의 합은 몇 m 몇 cm인지 풀이 과정을 쓰고, 답을 구해 보세요.

1 m 5 cm   1 m 53 cm

1 m 35 cm

3 단원
3 회

❶ 가장 긴 길이는 1 m □ cm, 가장 짧은 길이는 1 m □ cm입니다.

❷ 1 m □ cm + 1 m □ cm
= □ m □ cm

답 _____

11 가장 긴 길이와 가장 짧은 길이의 차는 몇 m 몇 cm인지 풀이 과정을 쓰고, 답을 구해 보세요.

3 m 52 cm   2 m 30 cm

8 m 65 cm

_____

_____

_____

답 _____

개념 1 **몸의 부분으로 1 m 재어 보기**

• 양팔을 벌린 길이로 재기	• 한 걸음의 길이로 재기	• 한 뼘의 길이로 재기
	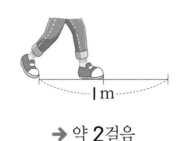	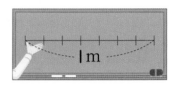
→ 약 1번	→ 약 2걸음	→ 약 7뼘

참고 양팔을 벌린 길이, 2걸음의 길이, 7뼘의 길이는 모두 약 1 m이지만 사람에 따라 다를 수 있습니다.

확인 1 몸에서 약 1 m인 부분을 바르게 나타낸 것을 찾아 ○표 하세요.

(   )   (   )   (   )

개념 2 **길이 어림하기**

1 m를 이용하여 2 m, 5 m, 10 m, ...를 어림할 수 있습니다.

양팔을 벌린 길이가 약 1 m야.

→ 긴 줄넘기의 길이는 약 1 m의 5배이므로 약 5 m입니다.

확인 2 지용이가 양팔을 벌린 길이가 약 1 m일 때 화단의 길이는 약 몇 m인가요?

지용

화단의 길이는 약 1 m의 ☐ 배이므로 약 ☐ m입니다.

1 1 m를 몸의 부분으로 잰 것입니다. □ 안
에 알맞은 수를 써넣으세요.

(1)

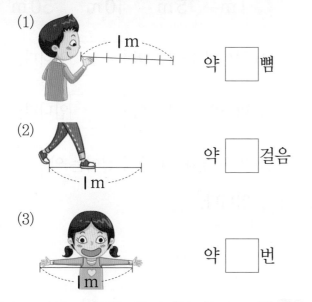

약 ☐ 뼘

(2)

약 ☐ 걸음

(3)

약 ☐ 번

2 길이가 1 m인 색 테이프로 긴 줄의 길이
를 어림해 보세요.

(1)

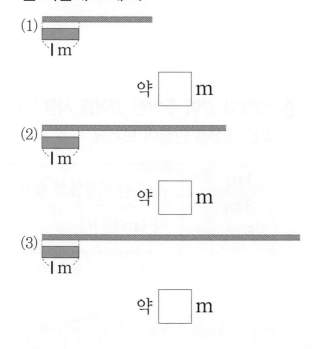

약 ☐ m

(2)

약 ☐ m

(3)

약 ☐ m

3 서준이의 두 걸음이 1 m일 때 물건의 길
이를 어림해 보세요.

(1) 서준

사물함의 길이는 약 ☐ m입니다.

(2) 서준

자동차의 길이는 약 ☐ m입니다.

3 단원
4회

4 길이가 1 m보다 긴 것에는 ○표, 1 m보다
짧은 것에는 △표 하세요.

(1)

연필의 길이

☐

(2)

버스의 높이

☐

(3)

교실 칠판 긴 쪽의 길이

☐

01 지후가 양팔을 벌린 길이가 약 1m일 때 책장의 길이를 어림해 보세요.

책장의 길이는 약 [ ] m입니다.

| 02~03 | 1m를 뼘과 걸음으로 각각 잰 것입니다. 물음에 답하세요.

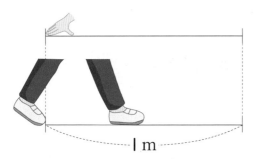

1 m

02 1m는 뼘과 걸음으로 각각 약 몇 번인지 재어 써 보세요.

뼘 (   )

걸음 (   )

03 1m를 잴 때 뼘과 걸음 중 더 적은 횟수로 잴 수 있는 것은 무엇인가요?

(   )

04 알맞은 길이를 골라 문장을 완성해 보세요.

| 1 m   5 m   10 m   50 m |

(1) 책상의 높이는 약 [ ] 입니다.

(2) 버스의 길이는 약 [ ] 입니다.

(3) 축구 골대 긴 쪽의 길이는 약 [ ] 입니다.

05 영호가 양팔을 벌린 길이는 약 1m입니다. 영호가 거실 긴 쪽의 길이를 양팔을 벌린 길이로 재었더니 4번이었습니다. 거실 긴 쪽의 길이는 약 몇 m인가요?

(   )

창의형
06 보기 와 같이 주어진 길이를 사용하여 알맞은 문장을 만들어 보세요.

1 m
3 m
5 m

┌─보기─────────────────┐
│ 우리 반 사물함의 높이는 │
│ 약 1m입니다.   │
└──────────────────────┘

_____

_____

07 길이가 10 m보다 긴 것을 모두 찾아 기호를 써 보세요.

> ㉠ 볼펜 10개를 이어 놓은 길이
> ㉡ 어른 목발 10개를 이어 놓은 길이
> ㉢ 학생 10명이 한 줄로 길게 누운 길이

( )

디지털 문해력

08 현경이가 올린 온라인 게시물을 보고 나무와 나무 사이의 거리는 약 몇 m인지 구해 보세요.

hi_donga

약 2 m

좋아요 4개

오늘은 오빠와 함께 자전거를 타고 동네를 한 바퀴 돌아 보았다.
날씨도 좋고 기분도 좋은 하루 😊
#동네산책 #취미 #자전거타기

( )

서술형 문제

09 예나가 자동차와 식탁의 길이를 어림하였습니다. 길이가 더 긴 것은 무엇인지 풀이 과정을 쓰고, 답을 구해 보세요.

예나

> 내 양팔을 벌린 길이가 약 1 m인데 3번 잰 길이가 자동차의 길이와 같았어.
> 그리고 내 7뼘이 약 1 m인데 식탁의 길이가 14뼘과 같았어.

❶ 자동차의 길이는 약 □ m,

식탁의 길이는 약 □ m입니다.

❷ 따라서 길이가 더 긴 것은 □ 입니다.

답 _____

10 서진이가 신발장과 책장의 길이를 어림하였습니다. 길이가 더 긴 것은 무엇인지 풀이 과정을 쓰고, 답을 구해 보세요.

서진

> 내 두 걸음이 약 1 m인데 신발장의 길이는 8걸음과 같았어.
> 그리고 내 양팔을 벌린 길이가 약 1 m인데 5번 잰 길이가 책장의 길이와 같았어.

_____

_____

_____

_____

답 _____

주어진 길이가 여러 번인 길이 구하기

01 철탑의 높이는 길이가 10 cm인 막대 20개를 이은 길이와 같습니다. 철탑의 높이는 몇 m인지 구해 보세요.

1단계 철탑의 높이는 몇 cm인지 구하기

(   )

2단계 철탑의 높이는 몇 m인지 구하기

(   )

문제해결 TIP

10 cm가 10번인 길이는 100 cm＝1 m예요.

02 윤재가 가지고 있는 리본의 길이는 1 cm의 300배인 길이와 같습니다. 윤재가 가지고 있는 리본의 길이는 몇 m인지 구해 보세요.

(   )

03 철사의 길이는 10 cm의 32배인 길이와 같습니다. 철사의 길이는 몇 m 몇 cm인지 구해 보세요.

(   )

10 cm의 10배인 길이는 100 cm＝1 m이므로 10 cm의 30배인 길이는 300 cm＝3 m야.

길이가 얼마만큼 더 긴지 비교하기

04 노란색 털실의 길이는 3 m 85 cm이고, 빨간색 털실의 길이는 1 m 17 cm입니다. 어느 색 털실이 몇 m 몇 cm 더 긴지 구해 보세요.

①단계 길이가 더 긴 털실 찾기

(노란색 털실 , 빨간색 털실)

②단계 몇 m 몇 cm만큼 더 긴지 구하기

(   )

문제해결 TIP

두 가지 색 털실의 길이를 비교한 다음 더 긴 털실의 길이에서 더 짧은 털실의 길이를 빼야 해요.

3 단원
5회

05 진주와 하로가 멀리뛰기를 하였습니다. 진주는 1 m 36 cm를 뛰었고, 하로는 1 m 8 cm를 뛰었습니다. 누가 몇 cm 더 멀리 뛰었는지 구해 보세요.

(진주 , 하로)가 ☐ cm 더 멀리 뛰었습니다.

06 집에서 학교로 바로 가는 길은 집에서 놀이터를 지나 학교로 가는 길보다 몇 m 몇 cm 더 가까운지 구해 보세요.

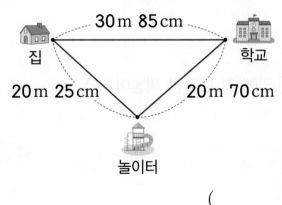

집에서 놀이터를 지나 학교로 가는 길의 거리를 먼저 구해.

(   )

수 카드로 가장 긴 길이 만들기

07 수 카드 3장을 □ 안에 한 번씩만 써넣어 가장 긴 길이를 만들어 보세요.

문제해결 TIP

가장 긴 길이를 만들기 위해서는 m 단위부터 큰 수를 차례로 놓아야 해요.

$$\boxed{8}\ \boxed{3}\ \boxed{5} \rightarrow \boxed{}\,m\,\boxed{}\boxed{}\,cm$$

1 단계 가장 긴 길이를 만드는 방법 알기

> 가장 긴 길이를 만들려면 m 단위부터 (큰 , 작은) 수를 차례로 써야 합니다.

2 단계 만들 수 있는 가장 긴 길이 구하기

$$\boxed{}\,m\,\boxed{}\boxed{}\,cm$$

08 수 카드 3장을 □ 안에 한 번씩만 써넣어 가장 짧은 길이를 만들어 보세요.

$$\boxed{3}\ \boxed{9}\ \boxed{7} \rightarrow \boxed{}\,m\,\boxed{}\boxed{}\,cm$$

09 수 카드 5장 중 3장을 골라 □ 안에 한 번씩만 써넣어 가장 긴 길이를 만들어 보세요.

$$\boxed{9}\ \boxed{4}\ \boxed{5}\ \boxed{1}\ \boxed{6} \rightarrow \boxed{}\,m\,\boxed{}\boxed{}\,cm$$

> m 단위의 수가 클수록 더 큰 수를 만들 수 있어.

몇 개의 부분으로 나누어 길이 어림하기

10 의자의 길이는 약 **4 m**, 울타리 한 칸의 길이는 약 **2 m**입니다. 나무와 나무 사이의 거리는 약 몇 m인지 구해 보세요.

문제해결 TIP

① 왼쪽 나무에서 의자까지의 거리, ② 의자의 길이, ③ 의자에서 오른쪽 나무까지의 거리로 부분을 나누어 어림할 수 있어요.

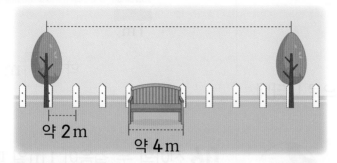

3
단원
5회

1 단계 각각의 거리 구하기

- 왼쪽 나무에서 의자까지의 거리: 약 ☐ m

- 의자의 길이: 약 ☐ m

- 의자에서 오른쪽 나무까지의 거리: 약 ☐ m

2 단계 나무와 나무 사이의 거리 구하기

(   )

---

11 축구 골대의 길이는 약 **6 m**이고, 기둥 한 칸의 길이는 약 **3 m**입니다. 깃발과 깃발 사이의 거리는 약 몇 m인지 구해 보세요.

깃발과 깃발 사이의 거리를 세 부분으로 나누어 보자.

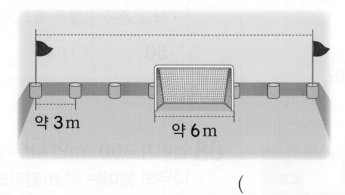

(   )

학습 결과에 색칠하세요.

01 □ 안에 알맞은 수를 써넣으세요.

112 cm = ☐ m ☐ cm

02 지팡이의 길이를 두 가지 방법으로 나타내 보세요.

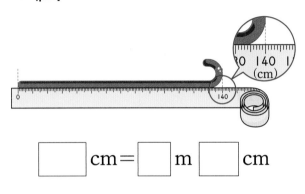

☐ cm = ☐ m ☐ cm

03 길이의 합을 구해 보세요.

$$\begin{array}{r} 4\text{ m} \quad 22\text{ cm} \\ +\ 3\text{ m} \quad 45\text{ cm} \\ \hline \boxed{}\text{ m} \quad \boxed{}\text{ cm} \end{array}$$

04 □ 안에 알맞은 수를 써넣으세요.

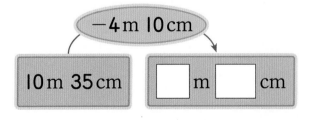

−4 m 10 cm

10 m 35 cm → ☐ m ☐ cm

05 길이가 1 m인 색 테이프로 털실의 길이를 어림해 보세요.

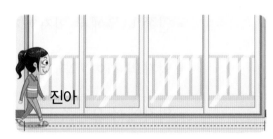

1 m

약 ☐ m

06 진아의 두 걸음이 1 m일 때 거실 유리창의 길이를 어림해 보세요.

거실 유리창의 길이는 약 ☐ m입니다.

07 cm와 m 중 알맞은 단위를 써 보세요.

• 형광펜의 길이는 약 15 ☐ 입니다.

• 학교 운동장 짧은 쪽의 길이는 약 50 ☐ 입니다.

08 높이가 300 cm인 나무가 있습니다. 이 나무의 높이는 몇 m일까요?

(　　　　　)

09 길이를 잘못 나타낸 것을 찾아 기호를 써 보세요.

> ㉠ 605 cm = 6 m 5 cm
> ㉡ 7 m 50 cm = 750 cm
> ㉢ 401 cm = 4 m 10 cm

(   )

10 길이가 더 긴 것에 ○표 하세요.

516 cm	5 m 60 cm
( )	( )

서술형
11 서랍장의 길이를 줄자로 재었습니다. 길이 재기가 잘못된 이유를 써 보세요.

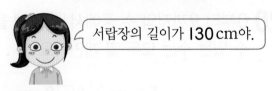

> 서랍장의 길이가 130 cm야.

이유 _____

_____

12 한 줄로 놓인 물건들의 길이를 줄자로 재었습니다. 전체 길이는 몇 m 몇 cm인가요?

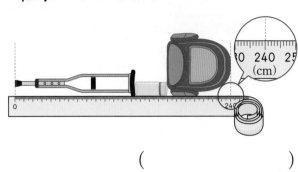

(   )

13 집에서 병원을 지나 학교로 가는 거리는 몇 m 몇 cm인지 구해 보세요.

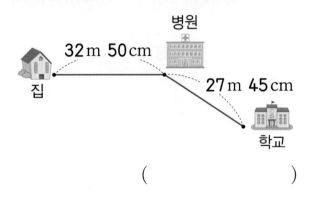

(   )

14 두 길이의 합과 차는 각각 몇 m 몇 cm인지 구해 보세요.

456 cm	2 m 21 cm

합 (   )

차 (   )

3 단원 6회

15 두 막대의 길이의 차는 몇 m 몇 cm인지 구해 보세요.

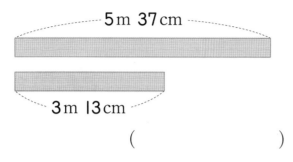

5 m 37 cm

3 m 13 cm

(   )

서술형
16 가장 긴 길이와 가장 짧은 길이의 합은 몇 m 몇 cm인지 풀이 과정을 쓰고, 답을 구해 보세요.

4 m 17 cm   4 m 41 cm

3 m 50 cm

_____

_____

_____

답 _____

17 몸의 부분을 이용하여 버스의 길이를 재려고 합니다. 가장 적은 횟수로 잴 수 있는 것을 찾아 ○표 하세요.

(   )   (   )   (   )

18 긴 길이를 어림한 사람부터 차례로 이름을 써 보세요.

지우: 내 **7**뼘이 약 **1** m인데 책장의 길이가 **14**뼘과 같았어.

은솔: 내 양팔을 벌린 길이가 약 **1** m인데 **3**번 잰 길이가 칠판의 길이와 같았어.

윤영: 내 두 걸음이 약 **1** m인데 무대의 길이가 **8**걸음과 같았어.

(,   ,   )

19 길이가 **10** m보다 긴 것을 모두 찾아 기호를 써 보세요.

㉠ 운동장 긴 쪽의 길이
㉡ 수학 교과서 **10**권을 이어 놓은 길이
㉢ **2**학년 학생 **20**명이 팔을 벌린 길이

(   )

20 **0**부터 **9**까지의 수 중에서 □ 안에 들어갈 수 있는 수는 모두 몇 개인가요?

4 m 56 cm > 4□8 cm

(   )

21 □ 안에 알맞은 수를 써넣으세요.

$$
\begin{array}{r}
\boxed{}\ \text{m} \quad 24 \ \text{cm} \\
+ \quad 5 \ \text{m} \ \boxed{}\ \text{cm} \\
\hline
9 \ \text{m} \quad 79 \ \text{cm}
\end{array}
$$

22 수 카드 5, 6, 9 를 □ 안에 한 번씩만 써넣어 가장 긴 길이를 만들고, 만든 길이와 1 m 34 cm의 차는 몇 m 몇 cm인지 구해 보세요.

□ m □ □ cm

(   )

23 조각상의 길이는 약 4 m, 울타리 한 칸의 길이는 약 2 m입니다. 가로등과 가로등 사이의 거리는 약 몇 m인지 구해 보세요.

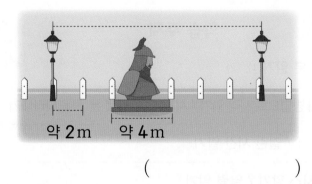

약 2 m   약 4 m

(   )

수행 평가

| 24~25 | 영아네 집에서 병원으로 가는 길을 나타낸 것입니다. 물음에 답하세요.

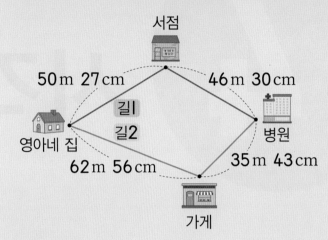

서점
50 m 27 cm   46 m 30 cm
길1
길2
영아네 집   병원
62 m 56 cm   35 m 43 cm
가게

3 단원 6회

24 영아네 집에서 병원으로 가는 두 가지 길은 각각 몇 m 몇 cm인지 구해 보세요.

길1 (   )
길2 (   )

25 영아네 집에서 병원으로 가는 데 길 1과 길 2 중 어느 길이 몇 m 몇 cm 더 가까운지 풀이 과정을 쓰고, 답을 구해 보세요.

답 _____ ,

4 시각과 시간

문해력을 높이는 **어휘**

시간: 어떤 시각에서 다른 시각까지의 사이

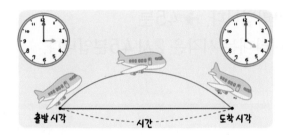

출발 시각에서 도착 시각까지를

걸린 | 시 | 간 | 이라고 해요.

승차권: 버스, 기차, 비행기 등을 타기 위하여 돈을 주고 사는 표

부산에 가는 기차를 타기 위해

| 승 | 차 | 권 | 을 샀어요.

(102쪽)

달력: 1년 동안의 날을 각각의 월에 따라 요일, 날짜로 적어 놓은 것

| 달 | 력 | 에서 내 생일을

찾아 동그라미 표시를 했어요.

주일: 월요일부터 일요일까지의 7일 동안

단풍 축제는 월요일부터 일요일

까지 1 | 주 | 일 | 동안 열려요.

개념 **1** **몇 시 몇 분 읽기**(1) ─ 5분 단위까지 시각 읽기

- 시계에서 긴바늘이 가리키는 작은 눈금 한 칸은 1분을 나타냅니다.
- 시계의 긴바늘이 가리키는 숫자가 1이면 5분, 2이면 10분, 3이면 15분, ...을 나타냅니다.

　짧은바늘: **2**와 **3** 사이를 가리킵니다. ➔ 2시
　긴바늘: **9**를 가리킵니다. ➔ 45분
따라서 시계가 나타내는 시각은 2시 45분입니다.

확인 **1** ─ 시계를 보고 ☐ 안에 알맞은 수를 써넣으세요.

- 짧은바늘: **8**과 **9** 사이를 가리킵니다. ➔ ☐시
- 긴바늘: **4**를 가리킵니다. ➔ ☐분

따라서 시계가 나타내는 시각은 ☐시 ☐분입니다.

개념 **2** **몇 시 몇 분 읽기**(2) ─ 1분 단위까지 시각 읽기

　짧은바늘: **7**과 **8** 사이를 가리킵니다. ➔ 7시
　긴바늘: 10분에서 **작은 눈금 2칸 더 간** 곳을 가리킵니다. ➔ 12분
따라서 시계가 나타내는 시각은 7시 12분입니다.

확인 **2** ─ 시계를 보고 ☐ 안에 알맞은 수를 써넣으세요.

- 짧은바늘: **2**와 **3** 사이를 가리킵니다. ➔ ☐시
- 긴바늘: **40**분에서 작은 눈금 **2**칸 더 간 곳을 가리킵니다.
　➔ ☐분

따라서 시계가 나타내는 시각은 ☐시 ☐분입니다.

1 시계에서 각각의 숫자가 몇 분을 나타내는지 써넣으세요.

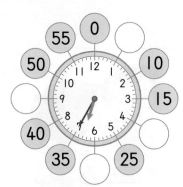

2 시계에 대한 설명입니다. 알맞은 말에 ○표 하세요.

시계에서 긴바늘이 가리키는 작은 눈금 한 칸은 (1분 , 5분)을 나타냅니다.

3 시계를 보고 □ 안에 알맞은 수를 써넣으세요.

- 짧은바늘은 4와 5 사이를 가리키고, 긴바늘은 □ 을/를 가리킵니다.
- 시계가 나타내는 시각은 □ 시 □ 분입니다.

4 시계를 보고 몇 시 몇 분인지 써 보세요.

□ 시 □ 분

5 주어진 시각을 바르게 나타낸 시계에 ○표 하세요.

5시 7분

(   )   (   )

6 시계에 시각을 나타내 보세요.

(1) 6시 20분   (2) 11시 35분

01 시계를 보고 빈칸에 몇 분을 나타내는지 써넣으세요.

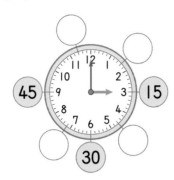

02 시계를 보고 몇 시 몇 분인지 써 보세요.

( )

03 미연이가 줄넘기를 한 시각은 몇 시 몇 분인가요?

( )

04 정우의 일기를 읽고 시계에 시각을 나타내 보세요.

7시 55분에 양치질을 했다.

05 같은 시각을 나타낸 것끼리 이어 보세요.

06 수호는 오늘 아침 7시 10분에 일어났습니다. 수호가 일어난 시각을 나타내는 시계를 찾아 ○표 하세요.

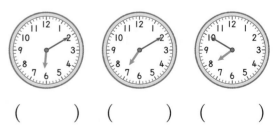

( ) ( ) ( )

07 길을 따라가 시각이 맞으면 ➡, 틀리면 ⬇ 로 가서 발견하게 되는 음식을 써 보세요.

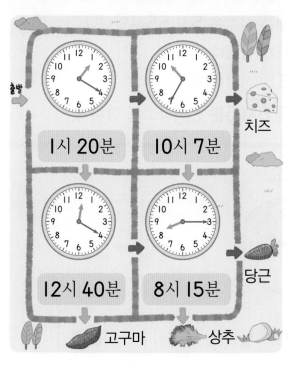

( )

창의형
08 1부터 4까지의 수 중에서 하나를 골라 □ 안에 써넣고, 두 사람이 본 시계의 시각을 써 보세요.

짧은바늘은 9와 10 사이를 가리키고 있어.

긴바늘은 5에서 작은 눈금 □칸을 더 간 곳을 가리키고 있어.

서진 다은

( )

09 채아가 시각을 잘못 읽은 이유를 쓰고, 바르게 읽어 보세요.

지금 몇 시 몇 분일까?

긴바늘이 4를 가리키고 있으므로 11시 4분이야.

유준 채아

이유 ❶ 시계의 긴바늘이 가리키는 4를 □분으로 읽어야 하는데 4분으로 읽었기 때문입니다.

시각 ❷ □시 □분

4 단원 1회

10 도현이가 시각을 잘못 읽은 이유를 쓰고, 바르게 읽어 보세요.

지금 몇 시 몇 분일까?

긴바늘이 2에서 작은 눈금 3칸 더 간 곳을 가리키고 있으므로 6시 5분이야.

예나 도현

이유 _____

시각 _____

개념 1 ── **여러 가지 방법으로 시각 읽기**

• 시계가 나타내는 시각은 5시 55분입니다.

• 5분 후에 6시가 됩니다.

• 6시가 되기 5분 전입니다.

→ 5시 55분을 6시 5분 전이라고도 합니다.

확인 1 ── 시계를 보고 ☐ 안에 알맞은 수를 써넣으세요.

2시가 되려면 ☐ 분이 더 지나야 합니다. → 2시 ☐ 분 전

개념 2 ── **시계에 몇 시 몇 분 전을 나타내기**

8시 5분 전은 8시가 되려면 5분이 더 지나야 하므로 7시 55분입니다.

① 짧은바늘이 7과 8 사이에서 8에 더 가깝게 가리키도록 그립니다.

② 긴바늘이 11을 가리키도록 그립니다.

 →

확인 2 ── ☐ 안에 알맞은 수를 써넣고, 3시 10분 전을 시계에 나타내 보세요.

3시 10분 전은 2시 ☐ 분입니다.

1 여러 가지 방법으로 시계의 시각을 써 보세요.

(1) 시계가 나타내는 시각은 □시 □분입니다.

(2) 7시가 되려면 □분이 더 지나야 합니다.

(3) 이 시각은 □시 □분 전입니다.

2 □ 안에 알맞은 수를 써넣으세요.

(1) 2시 55분은 3시 □분 전입니다.

(2) 10시 10분 전은 □시 □분입니다.

3 시계를 보고 시각을 바르게 읽은 것에 색칠해 보세요.

| 4시 50분 | 4시 10분 전 |

4 오른쪽 시계를 보고 설명이 맞으면 ○표, 틀리면 ✕표 하세요.

(1) 4시 50분입니다. □

(2) 5시가 되려면 5분이 더 지나야 합니다. □

(3) 5시 10분 전입니다. □

5 시각을 읽어 보세요.

(1)

1시 □분
□시 □분 전

(2)

7시 □분
□시 □분 전

6 시계에 시각을 나타내 보세요.

(1) 1시 10분 전

(2) 7시 5분 전

01 □ 안에 알맞은 수를 써넣으세요.

5시 50분은 □시 □분 전입니다.

02 시각을 읽어 보세요.

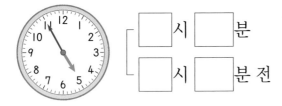

□시 □분
□시 □분 전

03 같은 시각을 나타낸 것끼리 이어 보세요.

4:50   7:55

8시 5분 전   5시 10분 전

04 12시 10분 전을 시계에 나타내려고 합니다. 긴바늘은 어떤 숫자를 가리키도록 그려야 할까요?

(   )

디지털 문해력

05 윤호의 온라인 게시물을 보고 □ 안에 알맞은 수를 써넣으세요.

🏠 나의 일기장

서둘러야지~!

아침에 눈을 떴는데 엄마께서 말씀하셨어.

"9시 □분 전이야.

공연에 늦지 않으려면 서둘러야지."

공연장 앞에서 사진을 찍는데 안내 방송이 들렸어.

"지금은 11시 □분 전

입니다. 공연 시작까지 5분 남았습니다."

공연을 보고 나오는데 형이 말했어.

"□시 □분 전

이야. 버스를 타려면 서둘러야지."

06 시계와 단어를 각각 하나씩 골라 몇 시 몇 분 전을 이용하여 지난주에 한 일을 이야기해 보세요.

수영   축구   줄넘기

_____

_____

07 시계를 보고 □ 안에 알맞은 수를 써넣으세요.

(1)

벌써 8시 50분인가?

아니야! □ 시 □ 분 전이야.

(2)

벌써 6시 10분 전인가?

아니야! 5시 □ 분이야.

08 오른쪽 시계를 보고 잘못 말한 사람을 찾아 이름을 쓰고, 바르게 고쳐 보세요.

진원: 7시 55분을 나타내고 있어.
해수: 7시 5분 전이라고 말할 수 있어.
현우: 7시가 되려면 5분이 더 지나야 해.

이름 ❶ □

바르게 고치기 ❷ □ 시 □ 분을 나타내고 있어.

09 오른쪽 시계를 보고 잘못 말한 사람을 찾아 이름을 쓰고, 바르게 고쳐 보세요.

지나: 1시 50분을 나타내고 있어.
승원: 2시 5분 전이라고 말할 수 있어.
소민: 2시가 되려면 10분이 더 지나야 해.

이름 _____

바르게 고치기 _____

4   단원   2회

개념 **1** **I시간 알기**

시계의 긴바늘이 한 바퀴 도는 데 걸린 시간은 60분입니다. → 60분＝I시간

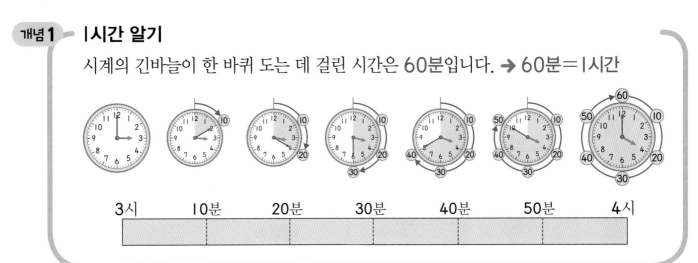

확인 **1** □ 안에 알맞은 수를 써넣으세요.

> 시계의 긴바늘이 한 바퀴 도는 데 걸린 시간은 [   ]분입니다.

개념 **2** **걸린 시간 알기**

I시간 20분＝80분

확인 **2** 색칠한 시간 띠를 보고 □ 안에 알맞은 수를 써넣으세요.

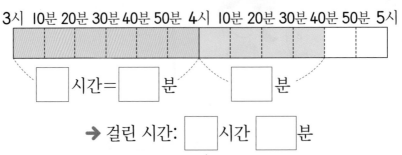

[ ]시간＝[ ]분   [ ]분

→ 걸린 시간: [ ]시간 [ ]분

1 공부를 하는 데 걸린 시간을 시간 띠에 색칠하고, 구해 보세요.

4시 10분 20분 30분 40분 50분 5시 10분 20분 30분 40분 50분 6시

공부를 하는 데 걸린 시간은

[ ] (분 , 시간)입니다.

2 □ 안에 알맞은 수를 써넣으세요.

(1) 140분＝60분＋60분＋[ ]분

＝[ ]시간 [ ]분

(2) 1시간 30분＝[ ]분＋30분

＝[ ]분

3 □ 안에 알맞은 수를 써넣으세요.

• 시계에서 긴바늘이 [ ]시간 동안 한 바퀴 돕니다.

• 시계에서 긴바늘이 3시간 동안 [ ] 바퀴 돕니다.

4 걸린 시간을 시간 띠에 색칠하고, 구해 보세요.

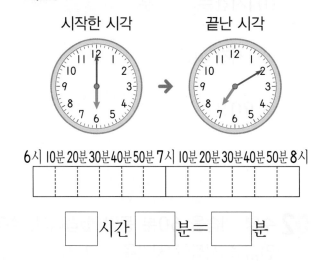

6시 10분 20분 30분 40분 50분 7시 10분 20분 30분 40분 50분 8시

[ ]시간 [ ]분＝[ ]분

5 공연을 보는 데 걸린 시간을 구해 보세요.

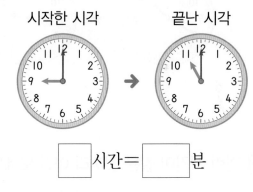

[ ]시간＝[ ]분

6 걸린 시간이 1시간 20분인 것에 ○표 하세요.

| 3:00~4:30 | 1:00~2:20 |

( ) ( )

01 □ 안에 알맞은 수를 써넣으세요.

(1) | 시간 = □ 분

(2) | 시간 **40**분 = □ 분

(3) **90**분 = □ 시간 □ 분

02 수영 연습을 **60**분 동안 했습니다. 수영 연습을 시작한 시각을 보고 끝난 시각을 나타내 보세요.

시작한 시각 → 끝난 시각

03 걸린 시간이 같은 것끼리 이어 보세요.

책 읽기	방 청소하기
10:00~10:40	5:00~6:20

피아노 치기	아침 먹기
2:00~3:20	7:20~8:00

04 온라인으로 예약한 승차권을 보고 서울역에서 대전역까지 가는 데 걸린 시간은 몇 시간 몇 분인지 구해 보세요.

승차권 확인

승차권(1)

2023년 4월 25일 (화)

서울역 → 대전역
04:00   05:50

확인

(   )

창의형
05 갯벌 체험 학습 시간표입니다. |시간이 넘는 활동 중 하나를 고르고, 걸린 시간을 이야기해 보세요.

시간	활동
|:00~|:30	안전 교육 듣기
|:30~2:50	조개 캐기
2:50~5:00	음식 만들기
5:00~5:40	쓰레기 줍기

□ 를 하는 데

□ 시간 □ 분 걸립니다.

● 정답 26쪽

06 인형극이 시작한 시각과 끝난 시각입니다. 인형극을 하는 데 걸린 시간은 몇 시간 몇 분인가요?

시작한 시각 　　　　끝난 시각

(　　　　　)

07 은채는 1시간 동안 산책을 하려고 합니다. 시계를 보고 몇 분 더 해야 하는지 구해 보세요.

시작한 시각 　　　　현재 시각

(　　　　　)

08 소율이는 30분씩 4가지 전통 놀이 체험을 했습니다. 전통 놀이 체험이 끝난 시각을 시계에 나타내고, 걸린 시간은 몇 시간인지 구해 보세요.

시작한 시각 　　　　끝난 시각

(　　　　　)

09 시계가 멈춰서 현재 시각으로 맞추려고 합니다. 긴바늘을 몇 바퀴만 돌리면 되는지 풀이 과정을 쓰고, 답을 구해 보세요.

멈춘 시계 　　　　현재 시각

4:30

❶ 멈춘 시계의 시각은 　　시 　　분이고, 현재 시각은 　　시 　　분입니다.

❷ 　　시간이 지났으므로 긴바늘을 　　바퀴만 돌리면 됩니다.

답 _____

10 시계가 멈춰서 현재 시각으로 맞추려고 합니다. 긴바늘을 몇 바퀴만 돌리면 되는지 풀이 과정을 쓰고, 답을 구해 보세요.

멈춘 시계 　　　　현재 시각

7:00

_____

_____

_____

답 _____

학습 결과에 색칠하세요.

개념 1 ── **하루의 시간 알기**

- 전날 밤 12시부터 낮 12시까지를 **오전**이라 하고,
  낮 12시부터 밤 12시까지를 **오후**라고 합니다.

- 하루는 24시간입니다. → **1일=24시간**

12시간(오전)　　　12시간(오후)

24시간(1일)

참고 시계의 짧은바늘이 한 바퀴 도는 데 12시간이 걸리므로 짧은바늘은 하루에 시계를 2바퀴 돕니다.

확인 1 ── 알맞은 말에 ○표 하세요.

> 전날 밤 12시부터 낮 12시까지를 (오전 , 오후),
> 낮 12시부터 밤 12시까지를 (오전 , 오후)(이)라고 합니다.

개념 2 ── **달력 알기**

- 1주일은 7일입니다.

11월

일	월	화	수	목	금	토
				1	2	3
4	5	6	7	8	9	10
11	12	13	14	15	16	17
18	19	20	21	22	23	24
25	26	27	28	29	30	

+7일
+7일
+7일

→ 7일마다 같은 요일이 반복됩니다.

- 1년은 12개월입니다.

월	1	2	3	4	5	6
날수 (일)	31	28 (29)	31	30	31	30

└ 2월 29일은 4년에 한 번씩 돌아옵니다.

월	7	8	9	10	11	12
날수 (일)	31	31	30	31	30	31

확인 2 ── ☐ 안에 알맞은 수를 써넣으세요.

(1) 1주일= ☐ 일　　　　(2) 1년= ☐ 개월

1 (   ) 안에 오전과 오후를 알맞게 써넣으세요.

(1) 아침 **8**시 → (   )

(2) 저녁 **7**시 → (   )

(3) 낮 **2**시 → (   )

(4) 새벽 **3**시 → (   )

2 □ 안에 알맞은 수를 써넣으세요.

(1) **1**일 **6**시간 = □ 시간

(2) **50**시간 = □ 일 **2**시간

3 준수가 체육관에 있었던 시간을 시간 띠에 색칠하고, 구해 보세요.

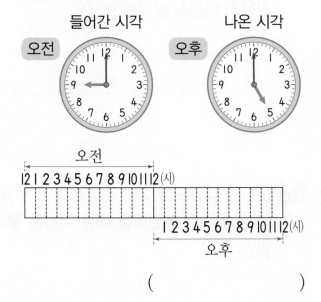

들어간 시각   나온 시각

오전   오후

오전

12 1 2 3 4 5 6 7 8 9 10 11 12(시)

1 2 3 4 5 6 7 8 9 10 11 12(시)

오후

(   )

4 어느 해의 **6**월 달력을 보고 □ 안에 알맞은 수나 말을 써넣으세요.

6월

일	월	화	수	목	금	토
	1	2	3	4	5	6
7	8	9	10	11	12	13
14	15	16	17	18	19	20
21	22	23	24	25	26	27
28	29	30				

(1) 화요일이 □ 번 있습니다.

(2) 셋째 수요일은 □ 일입니다.

(3) **6**월 **6**일 현충일은 □ 요일입니다.

5 날수가 **30**일인 월에 ○표 하세요.

5월   11월

6 어느 해의 **7**월 달력을 완성해 보세요.

7월

일	월		수	목		토
	8		10			13
				19		
21		24				

01 은혁이의 생활 계획표를 보고 오후에 한 활동에 모두 ○표 하세요.

(피아노 연습 , 공부 , 독서 , 운동)

02 다음 중 날수가 나머지와 <u>다른</u> 하나는 어느 것인가요? (   )

① 4월   ② 6월   ③ 8월

④ 9월   ⑤ 11월

03 성주가 버스를 타고 부산에 가는 데 걸린 시간은 몇 시간인지 구해 보세요.

출발한 시각   도착한 시각

(   )

| **04~05** | 어느 해의 1월 달력을 보고 물음에 답하세요.

1월

일	월	화	수	목	금	토
			1	2	3	4
5	6	7	8	9	10	11
12	13	14	15	16	17	18
19	20	21	22	23	24	25
26	27	28	29	30	31	

04 달력을 보고 시우와 예나의 생일은 각각 1월 며칠인지 써 보세요.

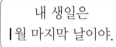

내 생일은 1월 마지막 날이야.

나는 시우보다 일주일 먼저 태어났어.

시우   예나

시우 (   )

예나 (   )

창의형
05 시우의 생일과 예나의 생일은 매년 요일이 같은지 다른지 설명해 보세요.

_____

_____

06 은수는 태권도를 2년 3개월 동안 배웠습니다. 은수가 태권도를 배운 기간은 몇 개월인가요?

(   )

|07~08| 도현이네 가족의 I박 2일 가족 캠프 일정표를 보고 물음에 답하세요.

첫날

시간	일정
9:00~12:00	캠핑장으로 이동
12:00~1:30	점심 식사
1:30~5:00	낚시하기
⋮	⋮

다음날

시간	일정
8:00~9:00	아침 식사
9:00~12:00	숲속 체험하기
12:00~1:00	점심 식사
⋮	⋮
5:00~8:00	집으로 이동

07 알맞은 말에 ○표 하세요.

첫날 (오전 , 오후)에 낚시를 하고, 다음날 (오전 , 오후)에 숲속 체험을 했어.

도현

08 도현이네 가족이 가족 캠프를 다녀오는 데 걸린 시간은 몇 시간인지 구해 보세요.

첫날 출발한 시각   다음날 도착한 시각

오전 **9:00**   오후 **8:00**

(   )

서술형 문제

09 그림 그리기를 창현이는 I년 6개월 동안 배웠고, 다은이는 20개월 동안 배웠습니다. 그림 그리기를 더 오래 배운 사람은 누구인지 풀이 과정을 쓰고, 답을 구해 보세요.

❶ I년 6개월＝ ☐ 개월＋6개월

＝ ☐ 개월

❷ 18개월 ◯ 20개월이므로 그림 그리기를 더 오래 배운 사람은 ☐ 이입니다.

답 _____

10 방송 댄스를 재민이는 30개월 동안 배웠고, 현철이는 2년 8개월 동안 배웠습니다. 방송 댄스를 더 오래 배운 사람은 누구인지 풀이 과정을 쓰고, 답을 구해 보세요.

_____

_____

_____

답 _____

4 단원
4회

거울에 비친 시계의 시각 알아보기

01 거울에 비친 시계가 나타내는 시각은 몇 시 몇 분인지 써 보세요.

문제해결
TIP

거울에 비친 시계는 바늘의 방향이 아니라 바늘이 가리키는 숫자를 찾아 읽어야 해요.

1단계 긴바늘과 짧은바늘이 가리키는 곳 알아보기

> 짧은바늘은 (1과 2 , 10과 11) 사이,
>
> 긴바늘은 [ ] 을/를 가리키고 있습니다.

2단계 시계가 나타내는 시각은 몇 시 몇 분인지 쓰기

(   )

02 거울에 비친 시계가 나타내는 시각을 써 보세요.

(   )

03 거울에 비친 시계가 나타내는 시각을 읽어 보세요.

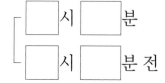
[ ] 시 [ ] 분
[ ] 시 [ ] 분 전

먼저 거울에 비친 시계가 몇 시 몇 분인지 읽고, 다른 방법으로도 읽어 봐!

더 오래 걸린 시간 구하기

04 지나와 도겸이가 책을 읽기 시작한 시각과 마친 시각을 나타낸 표입니다. 책을 더 오래 읽은 사람의 이름을 써 보세요.

문제해결
TIP
먼저 두 사람이 책을 읽은 시간은 각각 몇 분인지 구해요.

	시작한 시각	마친 시각
지나	4시 30분	6시
도겸	5시	6시 20분

1단계 지나와 도겸이가 책을 읽은 시간은 각각 몇 분인지 구하기

지나 (　　　　　　　)

도겸 (　　　　　　　)

2단계 책을 더 오래 읽은 사람의 이름 쓰기

(　　　　　　　)

4
단원

5회

05 지현이와 연우가 공부를 시작한 시각과 마친 시각을 나타낸 표입니다. 공부를 더 오래 한 사람의 이름을 써 보세요.

	시작한 시각	마친 시각
지현	5시 10분	7시
연우	6시	8시 10분

(　　　　　　　)

06 운동을 더 오래 한 사람의 이름을 써 보세요.

나는 운동을 I시 30분에 시작해서 2시 40분에 마쳤어.

서진

나는 운동을 2시 40분에 시작해서 4시에 마쳤어.

다은

서진이와 다은이가 운동을 한 시간은 각각 몇 분인지 먼저 구해 봐.

(　　　　　　　)

걸린 시간의 합 구하기

07 공연 시간표를 보고 공연하는 데 걸린 시간은 몇 시간 몇 분인지 구해 보세요.

공연 시간표	
I부	7:00~8:20
쉬는 시간	10분
2부	8:30~9:20

1단계 공연하는 데 걸린 시간을 시간 띠에 색칠해 보세요.

7시 10분 20분 30분 40분 50분 8시 10분 20분 30분 40분 50분 9시 10분 20분 30분 40분 50분 10시

2단계 공연하는 데 걸린 시간은 몇 시간 몇 분인지 구해 보세요.

(   )

문제해결 TIP

시간 띠에 시작한 시각부터 끝난 시각까지 색칠해 보고, 색칠한 칸이 몇 칸인지 세어 봐요.

08 행사 시간표를 보고 행사가 진행된 시간은 몇 시간 몇 분인지 구해 보세요.

행사 시간표	
I부	4:00~5:10
쉬는 시간	20분
2부	5:30~6:10

(   )

09 수업 시간표를 보고 I교시 수업 시작부터 2교시 수업이 끝날 때까지 걸린 시간은 몇 시간 몇 분인지 구해 보세요.

수업 시간표	
I교시	9:00~9:40
쉬는 시간	10분
2교시	9:50~10:30

(   )

한 칸이 10분을 나타내는 시간 띠를 그려 걸린 시간을 알아보자.

기간 구하기

10 8월 20일부터 9월 3일까지 지역 축제를 열기로 했습니다. 지역 축제를 하는 기간은 며칠인지 구해 보세요.

> **1단계** 8월에 지역 축제를 하는 기간은 며칠인지 구하기
>
> (   )
>
> **2단계** 9월에 지역 축제를 하는 기간은 며칠인지 구하기
>
> (   )
>
> **3단계** 지역 축제를 하는 기간은 며칠인지 구하기
>
> (   )

11 11월 25일부터 12월 10일까지 '어린이 장터'를 열기로 했습니다. 장터를 하는 기간은 며칠인지 구해 보세요.

(   )

12 5월 15일부터 7월 10일까지 '어린이 미술 전시회'를 열기로 했습니다. 전시회를 하는 기간은 며칠인지 구해 보세요.

(   )

5월의 날수와 6월의 날수를 각각 생각해야 해.

학습 결과에 색칠하세요.

😄 🙂 😣

01 시계의 긴바늘이 가리키는 숫자와 분에 알맞게 수를 써넣으세요.

가리키는 숫자	1	3			10
분	5		30	45	

02 시계를 보고 □ 안에 알맞은 수를 써넣으세요.

짧은바늘이 5와 6 사이를, 긴바늘이

35분에서 작은 눈금 □ 칸 더 간 곳을

가리키므로 5시 □ 분입니다.

03 시각을 읽어 보세요.

6시 □ 분

□ 시 □ 분 전

04 □ 안에 알맞은 수를 써넣으세요.

114분= □ 시간 □ 분

05 하루의 시간에 대한 설명입니다. 알맞은 말에 ○표 하세요.

전날 밤 12시부터 낮 12시까지를
(오전 , 오후)(이)라 하고,
낮 12시부터 밤 12시까지를
(오전 , 오후)(이)라고 합니다.

06 날수가 같은 월끼리 짝 지은 것을 찾아 기호를 써 보세요.

㉠ 3월, 9월   ㉡ 5월, 8월
㉢ 6월, 12월   ㉣ 2월, 11월

( )

07 그림을 보고 □ 안에 알맞은 수를 써넣으세요.

□ 시 □ 분에 축구를 했습니다.

08 시계에 시각을 나타내 보세요.

12시 15분 →

09 정미가 본 시계는 짧은바늘이 1과 2 사이, 긴바늘이 8에서 작은 눈금 2칸 더 간 곳을 가리키고 있습니다. 정미가 본 시계의 시각을 써 보세요.

( )

10 소율이가 시각을 잘못 읽은 이유를 쓰고, 바르게 읽어 보세요.

긴바늘이 10을 가리키고 있으므로 3시 10분이야.

소율

이유 _____

_____

시각 _____

11 4시 5분 전을 시계에 나타냈습니다. 긴바늘이 가리키는 숫자는 무엇일까요?

( )

12 같은 시각을 나타낸 것끼리 이어 보세요.

2:50   4:55

5시 5분 전   3시 10분 전

4 단원 **6**회

13 거울에 비친 시계가 나타내는 시각을 읽어 보세요.

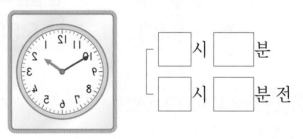

☐시 ☐분
☐시 ☐분 전

14 승수가 1시간짜리 영화를 보려고 합니다. 시계를 보고 몇 분 더 봐야 하는지 구해 보세요.

시작한 시각   현재 시각

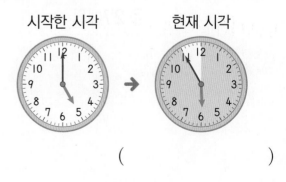

( )

15 봉사 활동을 하는 데 걸린 시간을 시간 띠에 색칠하고, 구해 보세요.

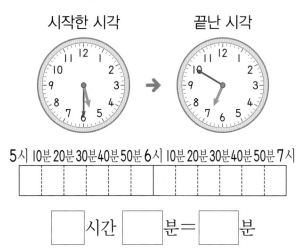

시작한 시각 → 끝난 시각

5시 10분 20분 30분 40분 50분 6시 10분 20분 30분 40분 50분 7시

□시간 □분 = □분

16 박물관을 관람할 수 있는 시간은 몇 시간인지 구해 보세요.

문 여는 시각 오전 **9:00**   문 닫는 시각 오후 **6:00**

(   )

17 짧은 기간부터 차례로 기호를 써 보세요.

> ㉠ 2년 5개월
> ㉡ 21개월
> ㉢ 27개월

(   )

| 18~19 | 어느 해의 10월 달력을 보고 물음에 답하세요.

10월

일	월	화	수	목	금	토
		1	2	3	4	5
6	7	8	9	10	11	12
13	14	15	16	17	18	19
20	21	22	23	24	25	26
27	28	29	30	31		

18 주희의 생일은 10월 마지막 날입니다. 주희의 생일은 무슨 요일인가요?

(   )

19 선미의 생일은 주희 생일 2주일 전입니다. 선미의 생일은 10월 며칠인가요?

(   )

20 현재 시각은 2시 30분입니다. 시계의 긴바늘이 5바퀴를 돌면 몇 시 몇 분이 되는지 구해 보세요.

(   )

21 윤후네 학교의 수업 시간은 40분씩이고, 수업이 끝난 후 10분씩 쉽니다. 1교시 수업이 9시 10분에 시작했을 때 2교시 수업이 끝나는 시각은 몇 시 몇 분인지 구해 보세요.

(   )

22 지혜와 원재가 로봇 조립을 시작한 시각과 마친 시각입니다. 로봇 조립을 더 오래 한 사람의 이름을 써 보세요.

	시작한 시각	마친 시각
지혜	2시 30분	4시 50분
원재	2시 10분	4시 40분

(   )

서술형
23 4월 20일부터 5월 4일까지 '어린이 사진전'을 열기로 했습니다. 사진전을 하는 기간은 며칠인지 풀이 과정을 쓰고, 답을 구해 보세요.

_____

_____

_____

답 _____

수행평가

| 24~25 | 어느 극장에서 어린이 뮤지컬을 공연합니다. 공연 안내를 보고 물음에 답하세요.

어린이 뮤지컬

공연 일시:
매주 토요일
오전 11시~
오후 2시

24 공연을 관람하는 데 걸리는 시간은 몇 시간인지 구해 보세요.

(   )

4
단원

6회

25 8월 달력을 보고 8월에 공연을 모두 몇 번 하는지 구해 보세요.

8월

일	월	화	수	목	금	토
1	2	3	4	5	6	7
8	9	10	11	12	13	14
15	16	17	18	19	20	21
22	23	24	25	26	27	28
29	30	31				

답 _____

5 표와 그래프

문해력을 높이는 **어휘**

표: 조사한 내용을 일정한 기준에 따라 알아보기 쉽게 정리한 것

그동안 모은 카드가 몇 장인지 로 정리해 보았어요.

그래프: 자료를 점, 선, 막대, 그림 등을 사용하여 나타낸 것

그 래 프 로 가장 많은 수의 카드를 한눈에 찾았어요.

가로: 왼쪽에서 오른쪽의 방향 또는 그 길이

거실 바닥에 가 로 로 누워 낮잠을 잤어요.

세로: 위에서 아래의 방향 또는 그 길이

옛날 책들은 글씨가 모두 세 로 로 쓰여 있어요.

개념 1 **자료를 분류하여 표로 나타내기**

좋아하는 과일

은지	도윤	혜정	연주	준수	세정	나영	형우	석호	민성

① 자료를 기준에 따라 분류하기

분류 기준	좋아하는 과일

과일	사과	복숭아	바나나	귤
학생 이름	은지, 석호	도윤, 나영, 민성	혜정, 연주, 세정	준수, 형우

② 분류한 결과를 보고 표로 나타내기

좋아하는 과일별 학생 수

과일	사과	복숭아	바나나	귤	합계
학생 수(명)	2	3	3	2	10

전체 학생 수 ┘

> 표로 나타내면 좋아하는 과일별 학생 수를 한눈에 알아보기 쉬워.

확인 1 지민이네 반 학생들이 좋아하는 동물을 조사하였습니다. 자료를 분류하여 학생들의 이름을 쓰고, 좋아하는 동물별 학생 수를 표로 나타내 보세요.

지민이네 반 학생들이 좋아하는 동물

지민	소희	소라	현지	한솔	은수	미진	준오	주현	수호

분류 기준	좋아하는 동물

동물	토끼	고양이	강아지
학생 이름			

지민이네 반 학생들이 좋아하는 동물별 학생 수

동물	토끼	고양이	강아지	합계
학생 수(명)				

| 1~4 | 민주네 반 학생들이 가지고 있는 우산입니다. 물음에 답하세요.

민주네 반 학생들이 가지고 있는 우산

1 민주가 가지고 있는 우산을 찾아 ○표 하세요.

(　 , 　 , 　)

2 빨간색 우산을 가지고 있는 학생의 이름을 모두 써 보세요.

(　　　　　　　　　)

3 민주네 반 학생은 모두 몇 명인가요?

(　　　　　　　)

4 자료를 보고 표로 나타내 보세요.

민주네 반 학생들이 가지고 있는 우산 색깔별 학생 수

색깔	노란색	파란색	빨간색	합계
학생 수(명)				

5 자료를 조사하여 표로 나타내고 있습니다. 순서대로 기호를 써 보세요.

ㄱ 표로 나타냅니다.

붙임 종이를 세어 표로 나타내 보자.

ㄴ 자료를 조사합니다.

봄　여름　가을　겨울

ㄷ 무엇을 조사할지 정합니다.

우리 반 친구들이 태어난 계절을 조사해 보자.

ㄹ 조사할 방법을 정합니다.

붙임 종이에 태어난 계절을 써서 붙여 달라고 하자.

ㄷ → □ → □ → □

5 단원 1회

| 01~03 | 석진이네 반 학생들이 좋아하는 위인을 조사하였습니다. 자료를 보고 물음에 답하세요.

좋아하는 위인

이순신	세종대왕
석진 형주 경선 소라	재민 영희 미나

유관순	안중근
정모 혜미 지은	하민 루아

01 어떤 방법으로 조사한 것인지 찾아 기호를 써 보세요.

> ㉠ 이름을 쓴 붙임 종이를 좋아하는 위인 칸에 붙였습니다.
> ㉡ 좋아하는 위인을 쓴 붙임 종이를 붙였습니다.
> ㉢ 한 사람씩 좋아하는 위인을 말했습니다.

( )

02 석진이네 반 학생은 모두 몇 명인가요?

( )

03 조사한 자료를 보고 표로 나타내 보세요.

석진이네 반 학생들이 좋아하는 위인별 학생 수

위인	이순신	세종대왕	유관순	안중근	합계
학생 수(명)					

| 04~05 | 연지네 반 학생들의 취미를 조사하였습니다. 물음에 답하세요.

연지네 반 학생들의 취미

┌ 독서   ┌ 운동   ┌ 게임

연지	기성	수정	건하	민성	대호	정수
정혁	민지	호진	세희	혜성	동우	민혜

04 연지네 반 학생들의 취미는 몇 가지인가요?

( )

05 조사한 자료를 보고 표로 나타내 보세요.

연지네 반 학생들의 취미별 학생 수

취미	독서	운동	게임	합계
학생 수(명)				

06 지호가 '아프리카의 동물들' 영상을 보고 있습니다. 동물 수를 표로 나타내 보세요.

동물 수

동물	코끼리	기린	하마	합계
동물 수 (마리)				

창의형

07 ▲, ■, ▱으로 원하는 모양을 만들고, 모양을 만드는 데 사용한 조각 수를 표로 나타내 보세요.

모양을 만드는 데 사용한 조각 수

조각	▲	■	▱	합계
조각 수(개)				

|08~09| 채아네 모둠이 가지고 있는 구슬입니다. 물음에 답하세요.

빨간색 　노란색 　파란색

08 표로 나타내 보세요.

채아네 모둠이 가지고 있는 색깔별 구슬 수

색깔	파란색	빨간색	노란색	합계
구슬 수(개)				

09 08의 표를 보고 이야기를 완성해 보세요.

처음에 색깔별로 10개씩 있었어.

파란색 구슬은 [ ]개, 빨간색 구슬은 [ ]개가 없어졌네.

서술형 문제

10 은수네 반 학생들이 좋아하는 운동을 조사하여 표로 나타냈습니다. 수영을 좋아하는 학생은 몇 명인지 풀이 과정을 쓰고, 답을 구해 보세요.

은수네 반 학생들이 좋아하는 운동별 학생 수

운동	축구	수영	야구	합계
학생 수(명)	6		4	15

❶ 축구를 좋아하는 학생과 야구를 좋아하는 학생은 모두 6+4=[ ] (명)입니다.

❷ 따라서 수영을 좋아하는 학생은 15-[ ]=[ ] (명)입니다.

답 _____

5 단원 1회

11 정수네 반 학생들이 좋아하는 새를 조사하여 표로 나타냈습니다. 까치를 좋아하는 학생은 몇 명인지 풀이 과정을 쓰고, 답을 구해 보세요.

정수네 반 학생들이 좋아하는 새별 학생 수

새	참새	까치	제비	합계
학생 수(명)	9		5	18

_____

_____

_____

답 _____

학습 결과에 색칠하세요.

개념1 **자료를 분류하여 그래프로 나타내기**

① 조사한 자료 살펴보기

좋아하는 꽃별 학생 수

꽃	백합	장미	튤립	합계
학생 수(명)	2	5	3	10

③ 가로와 세로의 칸수 정하기

	백합	장미	튤립
5			
4			
3			
2			
1			
학생 수(명) / 꽃	백합	장미	튤립

② 그래프의 가로와 세로에 나타낼 것 정하기

세로에 학생 수

학생 수(명)
꽃 ← 가로에 꽃

④ 나타낼 수만큼 기호로 표시하기

○, ×, / 중 하나

	백합	장미	튤립
5		○	
4		○	
3		○	○
2	○	○	○
1	○	○	○
학생 수(명) / 꽃	백합	장미	튤립

○를 아래에서 위로, 한 칸에 하나씩 표시합니다.

참고 그래프의 제목을 쓰는 것은 처음이나 마지막에 모두 가능합니다.

확인1 준오가 가지고 있는 장난감의 종류를 조사하여 표로 나타냈습니다. 표를 보고 ○를 이용하여 그래프를 완성해 보세요.

준오가 가지고 있는 종류별 장난감 수

종류	곰 인형	로봇	자동차	합계
장난감 수(개)	3	4	2	9

준오가 가지고 있는 종류별 장난감 수

	곰 인형	로봇	자동차
4			
3	○		
2	○		
1	○		
장난감 수(개) / 종류	곰 인형	로봇	자동차

|1~4| 수희네 반 학생들이 가 보고 싶은 나라를 조사하였습니다. 물음에 답하세요.

수희네 반 학생들이 가 보고 싶은 나라

1 자료를 분류하여 학생들의 이름을 써 보세요.

분류 기준	가 보고 싶은 나라

나라	학생 이름
프랑스	
미국	
태국	

2 자료를 보고 표로 나타내 보세요.

수희네 반 학생들이 가 보고 싶은 나라별 학생 수

나라	프랑스	미국	태국	합계
학생 수(명)				

3 그래프로 나타내는 순서를 기호로 써 보세요.

㉠ 나라별 학생 수를 ○로 표시합니다.

㉡ 가로와 세로를 각각 몇 칸으로 할지 정합니다.

㉢ 조사한 자료를 살펴봅니다.

㉣ 가로와 세로에 무엇을 쓸지 정합니다.

㉢ → ☐ → ☐ → ☐

4 조사한 자료를 보고 ○를 이용하여 그래프를 완성해 보세요.

수희네 반 학생들이 가 보고 싶은 나라별 학생 수

나라 \ 학생 수(명)	1	2	3	4	5
태국					
미국					
프랑스	○	○	○		

|01~06| 보라네 반 학생들이 좋아하는 과일을 조사하였습니다. 물음에 답하세요.

보라네 반 학생들이 좋아하는 과일

보라	정환	대경	영서	채윤	재윤
태희	지효	연아	용준	은찬	성희

사과 / 귤 / 딸기

01 조사한 자료를 보고 표로 나타내 보세요.

보라네 반 학생들이 좋아하는 과일별 학생 수

과일	사과	귤	딸기	합계
학생 수(명)				

02 자료를 분류하여 그래프로 나타내려고 합니다. 순서대로 기호를 써 보세요.

> ㉠ 가로와 세로에 무엇을 쓸지 정합니다.
> ㉡ 제목을 씁니다.
> ㉢ 조사한 자료를 살펴봅니다.
> ㉣ 가로와 세로를 각각 몇 칸으로 할지 정합니다.
> ㉤ 좋아하는 과일별 학생 수를 ○로 표시합니다.

㉢ → ☐ → ☐ → ☐ → ㉡

03 01의 표를 보고 ○를 이용하여 그래프로 나타내 보세요.

보라네 반 학생들이 좋아하는 과일별 학생 수

5			
4			
3			
2			
1			
학생 수(명) \ 과일	사과	귤	딸기

04 03의 그래프에서 세로에 나타낸 것은 무엇인지 써 보세요.

( )

05 01의 표를 보고 ×를 이용하여 학생 수를 가로로 하는 그래프로 나타내 보세요.

보라네 반 학생들이 좋아하는 과일별 학생 수

사과				
과일 \ 학생 수(명)				

창의형
06 03과 05의 그래프를 비교하여 같은 점과 다른 점을 하나씩 써 보세요.

같은 점

다른 점

| 07~08 | 은지네 반 학생들이 받고 싶은 선물을 조사하여 표로 나타냈습니다. 물음에 답하세요.

은지네 반 학생들이 받고 싶은 선물별 학생 수

선물	인형	게임기	책	자전거	합계
학생 수(명)	7	6	3	4	20

07 표를 보고 /를 이용하여 그래프로 나타내 보세요.

4				
3				
2				
1				
학생 수(명) 선물				

08 학교 앞 문구점 주인이 되어 은지네 반 학생들에게 편지를 써 보세요.

애들아, 안녕?

그래프를 보니 가장 많은 학생들이 받고

싶은 선물은 ☐ (이)구나.

받고 싶은 선물을 그래프로 나타내니

☐ 좋구나.

○○월 ○○일 문구점 주인 씀.

| 09~10 | 준수네 반 학생들이 좋아하는 채소를 조사하여 표로 나타냈습니다. 물음에 답하세요.

준수네 반 학생들이 좋아하는 채소별 학생 수

채소	당근	오이	감자	배추	합계
학생 수(명)	2	5	7	4	18

09 표를 보고 그래프의 세로에 학생 수를 나타내려고 합니다. 예나가 그래프를 완성할 수 없는 이유를 써 보세요.

그래프의 세로를 6칸으로 나누었어.

예나

이유 그래프의 세로는 좋아하는 채소별 학생 수만큼 표시해야 하므로 세로를 적어도 ☐ 칸으로 나누어야 합니다.

10 표를 보고 그래프의 가로에 채소를 나타내려고 합니다. 서진이가 그래프를 완성할 수 없는 이유를 써 보세요.

그래프의 가로를 3칸으로 나누었어.

서진

이유 _____

_____

_____

_____

5 단원 2회

개념 **1** **표와 그래프를 보고 알 수 있는 내용 이야기하기**

- 표를 보고 알 수 있는 내용

좋아하는 간식별 학생 수

간식	피자	떡볶이	빵	합계
학생 수(명)	5	4	1	10

피자를 좋아하는 학생은 5명이야.

조사한 학생은 모두 10명이야.

→ 조사한 전체 학생 수, 좋아하는 간식별 학생 수를 알아보기 편리합니다.

- 그래프를 보고 알 수 있는 내용

좋아하는 간식별 학생 수

5	○		
4	○	○	
3	○	○	
2	○	○	
1	○	○	○
학생 수(명) / 간식	피자	떡볶이	빵

가장 많아.

가장 적어.

→ 가장 많은(또는 가장 적은) 학생들이 좋아하는 간식을 한눈에 알아보기 편리합니다.

확인 **1** 지난주의 날씨를 조사하여 표와 그래프로 나타냈습니다. 표와 그래프를 보고 ☐ 안에 알맞은 수 또는 말을 써넣으세요.

지난주의 날씨별 날수

날씨	맑음	흐림	비	합계
일수(일)	3	2	2	7

지난주의 날씨별 날수

3	○		
2	○	○	○
1	○	○	○
일수(일) / 날씨	맑음	흐림	비

(1) 지난주에 비가 온 날은 ☐ 일입니다.

(2) 지난주에 날씨가 ☐ 인 날이 가장 많았습니다.

| 1~2 | 소유네 반 학생들이 가 보고 싶은 체험 학습 장소를 조사하여 표로 나타냈습니다. 물음에 답하세요.

소유네 반 학생들이 가 보고 싶은 체험 학습 장소별 학생 수

장소	미술관	동물원	박물관	과학관	합계
학생 수(명)	5	7	6	4	22

1 미술관에 가 보고 싶은 학생은 몇 명인가요?

( )

2 소유네 반 학생은 모두 몇 명인가요?

( )

| 3~4 | 성주네 반 학생들이 좋아하는 책의 종류를 조사하여 표로 나타냈습니다. 물음에 답하세요.

성주네 반 학생들이 좋아하는 책 종류별 학생 수

종류	위인전	만화책	과학책	동화책	합계
학생 수(명)	5	6	2	3	16

3 가장 많은 학생들이 좋아하는 책 종류는 무엇인가요?

( )

4 좋아하는 학생 수가 많은 책 종류부터 차례로 써 보세요.

(, , ,)

| 5~7 | 미희네 반 학생들이 좋아하는 붕어빵의 종류를 조사하여 그래프로 나타냈습니다. 물음에 답하세요.

미희네 반 학생들이 좋아하는 붕어빵 종류별 학생 수

학생 수(명) / 종류	팥	슈크림	고구마	치즈
7	○			
6	○			
5	○			
4	○		○	
3	○	○	○	
2	○	○	○	○
1	○	○	○	○

5 그래프를 보고 알 수 있는 내용에 ○표, 알 수 없는 내용에 ×표 하세요.

(1)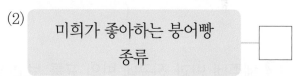
치즈 붕어빵을 좋아하는 학생 수 □

(2)
미희가 좋아하는 붕어빵 종류 □

6 가장 많은 학생들이 좋아하는 붕어빵 종류는 무엇인가요?

( )

7 가장 적은 학생들이 좋아하는 붕어빵 종류는 무엇인가요?

( )

|01~04| 혜주네 반과 진규네 반 학생들이 좋아하는 학급 티셔츠 색깔을 조사하여 표로 나타냈습니다. 물음에 답하세요.

혜주네 반 학생들이 좋아하는 티셔츠 색깔별 학생 수

색깔	초록색	노란색	파란색	빨간색	합계
학생 수(명)	2	4	5	9	20

진규네 반 학생들이 좋아하는 티셔츠 색깔별 학생 수

색깔	초록색	노란색	파란색	빨간색	합계
학생 수(명)	2	8	6	4	20

01 혜주네 반에서 가장 많은 학생들이 좋아하는 티셔츠 색깔은 무엇인가요?

(   )

02 진규네 반 학생들 중 초록색 티셔츠를 좋아하는 학생은 몇 명인가요?

(   )

03 혜주네 반과 진규네 반의 표를 보고 알맞은 말에 ○표 하세요.

> 파란색 티셔츠를 좋아하는 혜주네 반 학생이 파란색 티셔츠를 좋아하는 진규네 반 학생보다 더 (많습니다 , 적습니다).

04 혜주네 반과 진규네 반의 학급 티셔츠 색깔을 정해 보세요.

혜주네 반 (   )

진규네 반 (   )

|05~07| 연주네 반 학생들이 좋아하는 채소를 조사하여 그래프로 나타냈습니다. 물음에 답하세요.

연주네 반 학생들이 좋아하는 채소별 학생 수

8				○
7				○
6		○		○
5		○		○
4	○	○		○
3	○	○	○	○
2	○	○	○	○
1	○	○	○	○
학생 수(명) / 채소	오이	호박	당근	감자

05 가장 많은 학생들이 좋아하는 채소는 무엇인가요?

(   )

06 5명보다 적은 학생들이 좋아하는 채소를 모두 찾아 써 보세요.

(   )

07 □ 안에 알맞은 말을 써넣으세요.

> 연주네 반 학생들은 호박보다
> □ 을/를 더 좋아합니다.

| 08~09 | 건우네 반 학생들이 좋아하는 음식을 조사하여 표와 그래프로 나타냈습니다. 물음에 답하세요.

건우네 반 학생들이 좋아하는 음식별 학생 수

음식	라면	카레	만두	김밥	합계
학생 수(명)	5	2	1	4	12

건우네 반 학생들이 좋아하는 음식별 학생 수

5	○			
4	○			○
3	○			○
2	○	○		○
1	○	○	○	○
학생 수(명) \ 음식	라면	카레	만두	김밥

08 표와 그래프 중 어느 것에 대한 설명인가요?

(1)
> 좋아하는 음식별 학생 수를 알기 쉽습니다.

(   )

(2)
> 가장 많은 학생들이 좋아하는 음식을 한눈에 알아보기 쉽습니다.

(   )

창의형
09 표와 그래프를 보고 알 수 있는 내용을 써 보세요.

_____

_____

10 지수네 모둠 학생들이 가지고 있는 연필 수를 조사하여 표로 나타냈습니다. 잘못 설명한 것의 기호를 쓰고, 바르게 고쳐 보세요.

지수네 모둠 학생들이 가지고 있는 연필 수

이름	지수	태현	시연	합계
연필 수(자루)	3	1	6	10

> ㉠ 태현이의 연필은 3자루입니다.
> ㉡ 지수네 모둠 학생은 모두 3명입니다.

기호 ❶ [   ]

바르게 고치기 ❷ 태현이의 연필은 [   ]자루 입니다.

11 3월부터 5월까지 비가 온 일수를 조사하여 그래프로 나타냈습니다. 잘못 설명한 것의 기호를 쓰고, 바르게 고쳐 보세요.

월별 비 온 일수

5월	/	/	/	/			
4월	/	/	/	/			
3월	/	/	/	/	/	/	/
월 \ 일수(일)	1	2	3	4	5	6	7

> ㉠ 4월이 3월보다 비가 온 날이 더 많습니다.
> ㉡ 비 온 날이 가장 많은 월은 3월입니다.

기호 _____

바르게 고치기 _____

학습 결과에 색칠하세요.

개념 1 **표와 그래프로 나타내기**

① 자료 조사하기

좋아하는 우유

연수	예은	정수	현진	수빈
하준	재민	지호	민진	선우

② 조사한 자료를 표로 나타내기

좋아하는 우유별 학생 수

우유				합계
학생 수(명)	5	2	3	10

③ 표를 보고 그래프로 나타내기

좋아하는 우유별 학생 수

5	○		
4	○		
3	○		○
2	○	○	○
1	○	○	○
학생 수(명) 우유			

확인 1 편의점에 있는 삼각김밥입니다. 물음에 답하세요.

(1) 자료를 보고 표를 완성해 보세요.

종류별 삼각김밥의 수

종류	참치	불고기	김치	합계
삼각김밥 수(개)	4			

(2) 표를 보고 그래프를 완성해 보세요.

종류별 삼각김밥의 수

4	△		
3	△		
2	△		
1	△		
삼각김밥 수(개) 종류	참치	불고기	김치

|1~2| 혜리네 반 학생들이 좋아하는 꽃을 조사하였습니다. 물음에 답하세요.

혜리네 반 학생들이 좋아하는 꽃

이름	꽃	이름	꽃	이름	꽃
혜리	장미	성희	국화	은미	튤립
소희	백합	지욱	장미	성호	백합
영진	장미	석현	튤립	정민	국화
혜정	튤립	혜영	백합	지훈	장미
승호	장미	종수	튤립	민수	장미

1 조사한 자료를 보고 표를 완성해 보세요.

혜리네 반 학생들이 좋아하는 꽃별 학생 수

꽃	장미	백합	튤립	국화	합계
학생 수(명)	6			2	15

2 1의 표를 보고 ○를 이용하여 그래프를 완성해 보세요.

혜리네 반 학생들이 좋아하는 꽃별 학생 수

6	○			
5	○			
4	○			
3	○			
2	○			○
1	○			○
학생 수(명) 꽃	장미	백합	튤립	국화

|3~5| 현우네 반 학생들이 배우고 싶은 악기를 조사하였습니다. 물음에 답하세요.

현우네 반 학생들이 배우고 싶은 악기

피아노 기타 리코더

현우 예은 시완 채영 승호 경민

드럼

선영 윤우 은별 지윤 대현 지훈

3 조사한 자료를 보고 표를 완성해 보세요.

현우네 반 학생들이 배우고 싶은 악기별 학생 수

악기	피아노	기타	리코더	드럼	합계
학생 수(명)	3				12

4 3의 표를 보고 ×를 이용하여 그래프를 완성해 보세요.

현우네 반 학생들이 배우고 싶은 악기별 학생 수

4				
3	×			
2	×			
1	×			
학생 수(명) 악기	피아노	기타	리코더	드럼

5 표와 그래프를 보고 □ 안에 알맞은 말을 써넣으세요.

가장 많은 학생들이 배우고 싶은 악기는 □ 입니다.

|01~03| 서아네 반 학생들이 좋아하는 운동을 조사하였습니다. 물음에 답하세요.

서아네 반 학생들이 좋아하는 운동

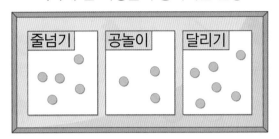

01 조사한 자료를 보고 표로 나타내 보세요.

서아네 반 학생들이 좋아하는 운동별 학생 수

운동	줄넘기	공놀이	달리기	합계
학생 수(명)				

02 01의 표를 보고 ○를 이용하여 그래프로 나타내 보세요.

서아네 반 학생들이 좋아하는 운동별 학생 수

달리기						
공놀이						
줄넘기						
운동 / 학생 수(명)	1	2	3	4	5	6

03 서아가 표와 그래프를 보고 다음 주에 할 운동을 어떻게 정하면 좋을지 선생님께 쪽지를 쓰고 있습니다. 쪽지를 완성해 보세요.

선생님, 우리 반 학생들이 좋아하는 운동

을 조사하였습니다.

_____

_____

디지털 문해력

|04~06| 뉴스 화면을 보고 물음에 답하세요.

04 자료를 보고 표로 나타내 보세요.

12월의 날씨별 일수

날씨	맑음	흐림	비	눈	합계
일수(일)					

05 04의 표를 보고 /를 이용하여 그래프로 나타내 보세요.

12월의 날씨별 일수

10				
9				
8				
7				
6				
5				
4				
3				
2				
1				
일수(일) / 날씨	맑음	흐림	비	눈

06 일수가 많은 날씨부터 차례로 써 보세요.

(,   ,   ,   )

| 07~09 | **연재네 반 학생들이 겨울 방학에 가고 싶은 장소를 조사하여 표로 나타냈습니다. 물음에 답하세요.**

연재네 반 학생들이 겨울 방학에 가고 싶은 장소별 학생 수

장소	바다	산	썰매장	합계
학생 수(명)		8	5	20

07 표를 완성해 보세요.

08 위의 표를 보고 ×를 이용하여 그래프로 나타내 보세요.

연재네 반 학생들이 겨울 방학에 가고 싶은 장소별 학생 수

8			
7			
6			
5			
4			
3			
2			
1			
학생 수(명) 장소	바다	산	썰매장

09 표와 그래프를 보고 알 수 없는 것을 찾아 기호를 써 보세요.

㉠ 연재가 가고 싶은 장소
㉡ 가장 많은 학생들이 가고 싶은 장소
㉢ 바다에 가고 싶은 학생 수

(   )

10 2반의 안경을 쓴 학생은 몇 명인지 풀이 과정을 쓰고, 답을 구해 보세요.

반별 안경을 쓴 학생 수

반	학생 수(명)
1반	2
2반	
3반	
합계	6

3반	○		
2반			
1반			
반 / 학생 수(명)	1	2	3

❶ 1반의 안경을 쓴 학생은 2명, 3반의 안경을 쓴 학생은 ☐명입니다.

❷ 따라서 2반의 안경을 쓴 학생은

6－2－☐＝☐ (명)입니다.

답 _____

11 3반의 예선을 통과한 학생은 몇 명인지 풀이 과정을 쓰고, 답을 구해 보세요.

반별 예선을 통과한 학생 수

반	학생 수(명)
1반	
2반	3
3반	
합계	7

3반			
2반			
1반	○	○	○
반 / 학생 수(명)	1	2	3

_____
_____
_____
_____

답 _____

조사한 자료와 나타낸 표 비교하기

01 가은이네 반 학생들이 사는 마을을 조사하여 표로 나타냈습니다. 조사한 자료에서 가은이의 붙임 종이가 떨어졌다면 가은이가 사는 마을은 어느 마을인지 찾아 써 보세요.

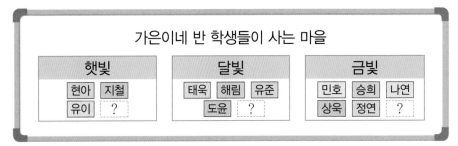

가은이네 반 학생들이 사는 마을

햇빛		달빛			금빛		
현아	지철	태욱	해림	유준	민호	승희	나연
유이	?		도윤	?	상욱	정연	?

가은이네 반 학생들이 사는 마을별 학생 수

마을	햇빛	달빛	금빛	합계
학생 수(명)	3	4	6	13

1단계 자료와 표에서 학생 수가 다른 마을 찾기

(햇빛 , 달빛 , 금빛) 마을

2단계 가은이가 사는 마을 찾아 쓰기

( )

문제해결 TIP

가은이의 붙임 종이가 떨어진 자료에서 마을별 학생 수를 세어 표와 비교해요.

02 규리네 모둠 학생들이 좋아하는 분식을 조사하여 표로 나타냈습니다. 동우가 좋아하는 분식은 무엇인지 찾아 보세요.

동우를 뺀 자료에서 분식별 학생 수를 세어 표와 비교해 봐.

규리네 모둠이 좋아하는 분식

규리	영규	희진	강훈	규민	우진	동우	은미

규리네 모둠이 좋아하는 분식별 학생 수

분식	김밥	떡볶이	튀김	합계
학생 수(명)	3	2	3	8

( )

합계를 이용하여 모르는 수 구하기

03 신발장에 있는 신발의 종류를 조사하여 표로 나타냈습니다. 운동화가 장화보다 **4**켤레 더 많습니다. 구두는 몇 켤레인가요?

문제해결
TIP
운동화의 수를 먼저 구한 다음 합계를 이용하여 구두의 수를 구해요.

신발장에 있는 종류별 신발 수

종류	운동화	구두	장화	샌들	합계
신발 수(켤레)			2	5	20

1단계 운동화는 몇 켤레인지 구하기

( )

2단계 구두는 몇 켤레인지 구하기

( )

5
단원
5회

04 민호네 반 학생들이 좋아하는 김밥의 종류를 조사하여 표로 나타냈습니다. 야채김밥을 좋아하는 학생이 치즈김밥을 좋아하는 학생보다 **2**명 더 적습니다. 참치김밥을 좋아하는 학생은 몇 명인가요?

민호네 반 학생들이 좋아하는 김밥 종류별 학생 수

종류	야채	불고기	치즈	참치	합계
학생 수(명)		8	7		30

( )

05 소미네 반 학생들이 가 보고 싶은 장소를 조사하여 표로 나타냈습니다. 놀이공원에 가 보고 싶은 학생 수와 수족관에 가 보고 싶은 학생 수가 같을 때 박물관에 가 보고 싶은 학생은 몇 명일까요?

놀이공원에 가 보고 싶은 학생이 몇 명인지 먼저 구해.

가 보고 싶은 장소별 학생 수

장소	동물원	놀이공원	박물관	수족관	합계
학생 수(명)	6			9	28

( )

조사한 자료의 수를 알 때 그래프에서 모르는 수 구하기

06 수지네 반 학생들의 혈액형을 조사하여 그래프로 나타냈습니다. 조사한 학생이 모두 14명일 때 B형인 학생은 몇 명인지 구해 보세요.

문제해결
TIP

B형인 학생 수는 조사한 학생 수에서 A형, AB형, O형인 학생 수를 빼면 돼요.

수지네 반 학생들의 혈액형별 학생 수

5			/	
4	/		/	
3	/		/	
2	/		/	/
1	/		/	/
학생 수(명)／혈액형	A형	B형	AB형	O형

①단계 A형, AB형, O형인 학생은 모두 몇 명인지 구하기

□ + □ + □ = □ (명)

②단계 B형인 학생은 몇 명인지 구하기

( )

07 미란이네 농장에서 기르는 동물을 조사하여 그래프로 나타냈습니다. 조사한 동물이 모두 20마리일 때 돼지는 몇 마리인지 구해 보세요.

돼지의 수는 조사한 동물 수에서 닭, 오리, 염소, 토끼의 수를 빼면 돼.

미란이네 농장에서 기르는 동물 수

6				×	
5				×	×
4				×	×
3	×			×	×
2	×		×	×	×
1	×		×	×	×
동물 수(마리)／동물	닭	돼지	오리	염소	토끼

( )

그래프를 보고 조사한 학생 수 구하기

08 희재네 반 학생들이 좋아하는 악기를 조사하여 그래프로 나타냈습니다. 북을 좋아하는 학생 수가 꽹과리를 좋아하는 학생 수의 **2**배일 때 조사한 학생은 모두 몇 명인지 구해 보세요.

문제해결
TIP
북을 좋아하는 학생은 몇 명인지 먼저 구한 다음 좋아하는 악기별 학생 수를 모두 더해요.

5
단원
5회

희재네 반 학생들이 좋아하는 악기별 학생 수

꽹과리	○	○	○						
장구	○	○	○	○	○	○	○	○	○
북									
징	○	○	○	○	○	○	○		
악기 / 학생 수(명)	1	2	3	4	5	6	7	8	9

❶단계 북을 좋아하는 학생은 몇 명인지 구하기

(   )

❷단계 조사한 학생은 모두 몇 명인지 구하기

(   )

09 연우네 반 학생들이 태어난 계절을 조사하여 그래프로 나타냈습니다. 가을에 태어난 학생 수가 겨울에 태어난 학생 수의 **3**배일 때 조사한 학생은 모두 몇 명인지 구해 보세요.

가을에 태어난 학생은 몇 명인지 먼저 구해야 해!

연우네 반 학생들이 태어난 계절별 학생 수

학생 수(명) / 계절	봄	여름	가을	겨울
7	△			
6	△			
5	△	△		
4	△	△		
3	△	△		
2	△	△		△
1	△	△		△

(   )

학습 결과에 색칠하세요.

|01~05| 유미네 반 학생들이 좋아하는 과일을 조사하였습니다. 물음에 답하세요.

유미네 반 학생들이 좋아하는 과일

바나나	사과	귤		포도	
유미	현민	은아	재윤	리나	진호
형진	예은	재영	린지	서윤	서린
소율	지한	시은	우주	영서	준서

01 서린이가 좋아하는 과일은 무엇인지 ○표 하세요.

02 귤을 좋아하는 학생의 이름을 모두 써 보세요.

( )

03 자료를 보고 표로 나타내 보세요.

유미네 반 학생들이 좋아하는 과일별 학생 수

과일	바나나	사과	귤	포도	합계
학생 수(명)					

04 사과를 좋아하는 학생은 몇 명인가요?

( )

05 유미네 반 학생은 모두 몇 명인가요?

( )

06 자료를 조사하여 표로 나타내려고 합니다. 순서에 맞게 기호를 써 보세요.

> ㉠ 무엇을 조사할지 정하기
> ㉡ 조사할 방법 정하기
> ㉢ 조사한 자료를 표로 나타내기
> ㉣ 정한 방법으로 자료 조사하기

|07~08| 슬기는 종류별로 6개씩 가지고 있는 조각을 사용하여 모양을 만들었습니다. 물음에 답하세요.

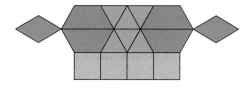

07 모양을 만드는 데 사용한 조각을 표로 나타내 보세요.

모양을 만드는 데 사용한 조각 수

조각	△	▢	▱	▱	합계
조각 수(개)					

08 슬기가 모양을 만드는 데 가지고 있는 조각 중 모두 사용한 조각은 무엇인지 ○표 하세요.

(△ , ▢ , ▱ , ▱)

| 09~11 | 도현이네 반 학생들이 좋아하는 생선을 조사하여 표로 나타냈습니다. 물음에 답하세요.

도현이네 반 학생들이 좋아하는 생선별 학생 수

생선	갈치	고등어	삼치	조기	합계
학생 수(명)	4	2	1	3	10

09 고등어를 좋아하는 학생은 몇 명인가요?

( )

서술형

10 표를 보고 그래프의 세로에 학생 수를 나타내려고 합니다. 도현이가 그래프를 완성할 수 없는 이유를 써 보세요.

그래프의 세로를 3칸으로 나누었어.

도현

이유 _____

_____

_____

11 표를 보고 /를 이용하여 그래프로 나타내 보세요.

도현이네 반 학생들이 좋아하는 생선별 학생 수

학생 수(명)	
	생선

서술형

12 지유네 반 학생들이 태어난 계절을 조사하여 표로 나타냈습니다. 겨울에 태어난 학생은 몇 명인지 풀이 과정을 쓰고, 답을 구해 보세요.

지유네 반 학생들이 태어난 계절별 학생 수

계절	봄	여름	가을	겨울	합계
학생 수(명)	5	1	3		13

_____

_____

_____

답 _____

13 경주네 반 학생들이 좋아하는 곤충을 조사하여 그래프로 나타냈습니다. 그래프의 가로와 세로에 나타낸 것은 각각 무엇인지 써 보세요.

경주네 반 학생들이 좋아하는 곤충별 학생 수

학생 수(명) / 곤충	개미	잠자리	메뚜기	나비
6		○		
5		○		
4	○	○		
3	○	○	○	○
2	○	○	○	○
1	○	○	○	○

가로 ( )

세로 ( )

|14~15| 도일이네 반 학생들이 좋아하는 떡을 조사하여 표로 나타냈습니다. 물음에 답하세요.

도일이네 반 학생들이 좋아하는 떡별 학생 수

떡	꿀떡	백설기	인절미	찹쌀떡	합계
학생 수(명)	6	4	2	3	15

14 백설기를 좋아하는 학생은 몇 명인가요?

( )

15 인절미를 좋아하는 학생과 찹쌀떡을 좋아하는 학생은 모두 몇 명인가요?

( )

|16~17| 지나네 반 학생들이 좋아하는 민속놀이를 조사하여 그래프로 나타냈습니다. 물음에 답하세요.

지나네 반 학생들이 좋아하는 민속놀이별 학생 수

비사치기	○	○	○	○	○	○	
팽이치기	○	○					
딱지치기	○	○	○	○	○	○	○
연날리기	○	○	○				
민속놀이 / 학생 수(명)	1	2	3	4	5	6	7

16 가장 적은 학생들이 좋아하는 민속놀이는 무엇인가요?

( )

17 5명보다 많은 학생들이 좋아하는 민속놀이를 모두 찾아 써 보세요.

( )

|18~20| 진주네 반 학생들의 혈액형을 조사하여 표와 그래프로 나타냈습니다. 물음에 답하세요.

진주네 반 학생들의 혈액형별 학생 수

혈액형	A형	B형	AB형	O형	합계
학생 수(명)	4		3		

진주네 반 학생들의 혈액형별 학생 수

5				○
4				○
3				○
2		○		○
1		○		○
학생 수(명) / 혈액형	A형	B형	AB형	O형

18 표와 그래프를 각각 완성해 보세요.

19 표와 그래프를 보고 알 수 없는 내용을 찾아 기호를 써 보세요.

> ㉠ 진주의 혈액형
> ㉡ 진주네 반 학생 수
> ㉢ B형인 학생 수

( )

20 위의 그래프에서 가로와 세로를 바꾸고, ×를 이용하여 그래프로 나타내 보세요.

진주네 반 학생들의 혈액형별 학생 수

O형	
AB형	
B형	
A형	
혈액형 / 학생 수(명)	

21 채율이가 모은 구슬이 경지가 모은 구슬보다 2개 더 적습니다. 승혜가 모은 구슬은 몇 개인가요?

경지네 모둠 학생별 모은 구슬 수

이름	경지	채율	승혜	합계
구슬 수(개)	7			16

( )

22 희철이네 반 학생이 10명입니다. 그래프를 완성해 보세요.

희철이네 반 학생들이 받고 싶은 선물별 학생 수

4		/	
3	/	/	
2	/	/	
1	/	/	
학생 수(명)\선물	옷	게임기	인형

23 젤리를 좋아하는 학생 수가 사탕을 좋아하는 학생 수의 2배입니다. 조사한 학생은 모두 몇 명인가요?

민규네 반 학생들이 좋아하는 간식별 학생 수

4				△
3	△			△
2	△		△	△
1	△		△	△
학생 수(명)\간식	과자	젤리	사탕	초콜릿

( )

| 24~25 | 하린이가 미술 시간에 그린 그림입니다. 그림을 보고 물음에 답하세요.

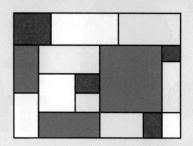

24 하린이가 그린 그림 속 사각형 수를 세어 표와 그래프로 각각 나타내 보세요.

하린이의 그림 속 색깔별 사각형 수

색깔	빨간색	파란색	노란색	흰색	합계
사각형 수(개)					

하린이의 그림 속 색깔별 사각형 수

5				
4				
3				
2				
1				
사각형 수(개)\색깔	빨간색	파란색	노란색	흰색

25 24의 그래프를 보고 알 수 있는 내용을 2가지 써 보세요.

6 규칙 찾기

문해력을 높이는 **어휘**

회전: 어떤 것을 중심으로 빙빙 돎

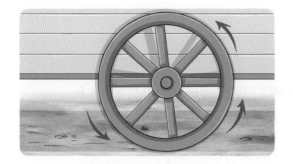

마차가 움직일 때마다 바퀴가

회	전

해요.

성벽: 성을 둘러싼 벽

경복궁의

성	벽

은

잘 깎은 돌로 쌓아 올려졌어요.

(150쪽)

덧셈표: 세로와 가로가 만나는 칸에 두 수의 합을 써넣은 표

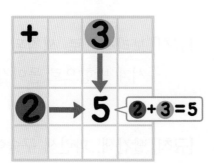

덧	셈	표

에서 2와

3이 만나는 칸에 5를 써넣어요.

곱셈표: 세로와 가로가 만나는 칸에 두 수의 곱을 써넣은 표

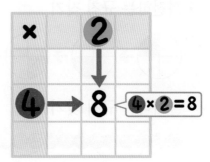

곱	셈	표

에서 4와

2가 만나는 칸에 8을 써넣어요.

개념 1 **무늬에서 규칙 찾기**(1)

• 색깔의 규칙 찾기

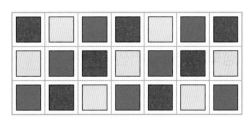

[규칙] 빨간색, 노란색, 파란색이 반복됩니다.
[규칙] ╱ 방향으로 같은 색이 반복됩니다.

• 색깔과 모양의 규칙 찾기

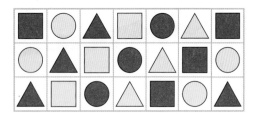

[규칙] 빨간색, 노란색이 반복됩니다.
[규칙] 사각형, 원, 삼각형이 반복됩니다.

확인 1 무늬에서 색깔의 규칙을 찾아 써 보세요.

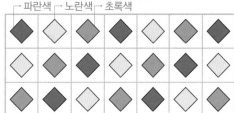

파란색, ☐, ☐이 반복됩니다.

개념 2 **무늬에서 규칙 찾기**(2)

• 회전하는 규칙 찾기

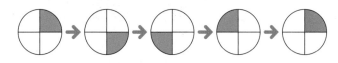

[규칙] 보라색으로 색칠된 부분이 시계 방향으로 돌아갑니다.

• 늘어나는 규칙 찾기

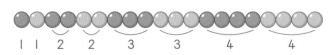

[규칙] 빨간색, 파란색 구슬이 각각 1개씩 늘어나며 반복됩니다.

확인 2 규칙을 찾아 ●을 알맞게 그려 넣으세요.

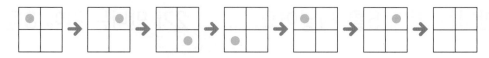

정답 38쪽

|1~2| 그림을 보고 물음에 답하세요.

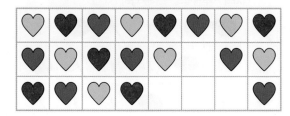

1 반복되는 무늬를 찾아 색칠해 보세요.

2 빈칸에 알맞은 모양을 그려 넣으세요.

3 무늬에서 반복되는 색깔과 모양의 규칙을 찾고, ㉠에 알맞은 모양을 그려 넣으세요.

(1)

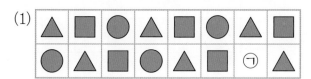

▲, ■, ▢ 이 반복되므로

㉠에 알맞은 모양은 ▢ 입니다.

(2)
━ 빨간색 ━ 파란색

◇, ○, ▢ 이 반복되고

빨간색, ▢ 이 반복되므로

㉠에 알맞은 모양은 ▢ 입니다.

4 그림을 보고 규칙을 찾아 알맞은 말에 ○표 하세요.

아이스크림 모양이
(시계 방향 , 시계 반대 방향)으로
돌아갑니다.

5 규칙을 찾아 빈칸에 알맞은 모양을 그려 넣으세요.

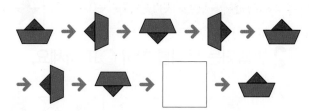

6 규칙을 찾아 □ 안에 알맞은 수를 써넣으세요.

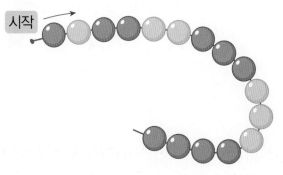

빨간색, 노란색 구슬이 각각 □ 개씩

늘어나며 반복됩니다.

01 규칙을 찾아 그림을 완성해 보세요.

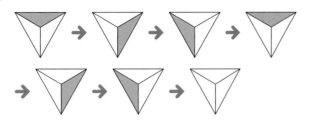

| 02~03 | 그림을 보고 물음에 답하세요.

02 반복되는 무늬를 찾아 ○표 하세요.

    (   )   (   )

03 빈칸에 알맞은 무늬를 찾아 기호를 써 보세요.

    (   )

04 규칙을 찾아 빈칸에 알맞은 인형의 색깔을 써 보세요.

    (   )

| 05~07 | 그림을 보고 물음에 답하세요.

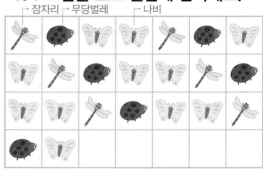

05 규칙을 찾아 빈칸에 알맞은 곤충의 이름을 써넣으세요.

06 위 그림에서 ✈는 1, 🐞는 2, 🦋는 3으로 바꾸어 나타내 보세요.

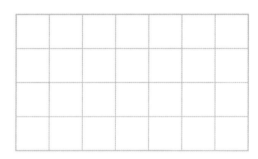

07 06의 규칙을 바르게 설명한 것을 찾아 기호를 써 보세요.

> ㉠ 1, 2, 3이 반복됩니다.
> ㉡ 1, 2, 3, 3이 반복됩니다.
> ㉢ 1, 2, 3, 1이 반복됩니다.

    (   )

디지털 문해력

08 텔레비전에 이불 광고가 나오고 있습니다. 이불 무늬에서 규칙을 찾아 써 보세요.

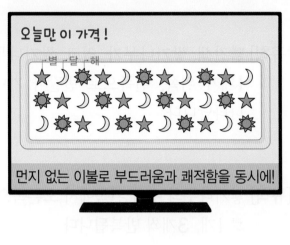

_____

_____

09 규칙을 찾아 ㉠에 알맞은 과일의 이름을 써 보세요.

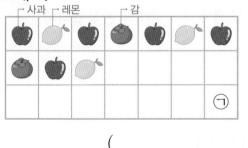

(   )

창의형

10 규칙을 정해 종이의 무늬를 만들어 보세요.

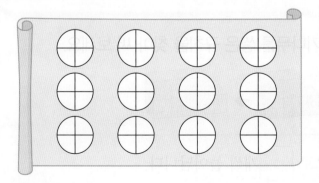

11 팔찌의 규칙을 찾아 ㉠에 알맞은 색깔을 구하려고 합니다. 풀이 과정을 쓰고, 답을 구해 보세요.

❶ 빨간색, 노란색, 파란색이 반복되고, 구슬이 ☐ 개씩 늘어납니다.

❷ 따라서 ㉠에 알맞은 색깔은 (빨간색 , 노란색 , 파란색)입니다.

답 _____

12 구슬을 끼운 줄의 규칙을 찾아 ㉠에 알맞은 색깔을 구하려고 합니다. 풀이 과정을 쓰고, 답을 구해 보세요.

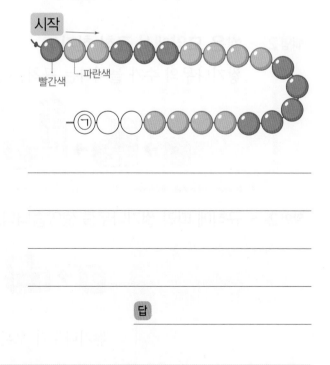

_____

_____

_____

_____

답 _____

6단원
1회

학습 결과에 색칠하세요.

개념 1 **쌓은 모양에서 규칙 찾기**(1)

• 번갈아 가며 나타나는 규칙 찾기

[규칙] 빨간색 쌓기나무가 있고 쌓기나무 1개가 위쪽, 왼쪽으로 번갈아 가며 나타납니다.

• 반복되는 규칙 찾기

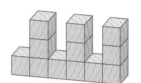

[규칙] 쌓기나무의 수가 왼쪽에서 오른쪽으로 1개, 3개씩 반복됩니다.

확인 1 ── 규칙에 따라 쌓기나무를 쌓았습니다. 쌓기나무를 쌓은 규칙을 찾아 써 보세요.

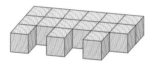

쌓기나무의 수가 왼쪽에서 오른쪽으로 3개, ☐개씩 반복됩니다.

개념 2 **쌓은 모양에서 규칙 찾기**(2)

쌓기나무의 수가 늘어나는 규칙을 찾을 수 있습니다.

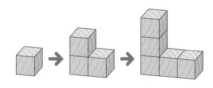

[규칙] 쌓기나무가 위쪽, 오른쪽으로 각각 1개씩 늘어납니다.

확인 2 ── 규칙에 따라 쌓기나무를 쌓았습니다. 쌓기나무를 쌓은 규칙을 찾아 써 보세요.

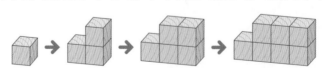

쌓기나무가 오른쪽으로 ☐개씩 늘어납니다.

1 쌓기나무를 쌓은 규칙을 찾아 □ 안에 알맞은 수를 써넣으세요.

(1)
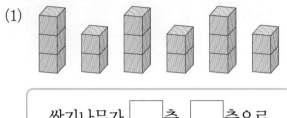

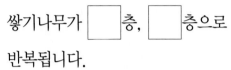
쌓기나무가 □층, □층으로 반복됩니다.

(2)
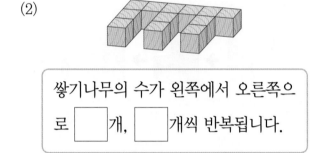

쌓기나무의 수가 왼쪽에서 오른쪽으로 □개, □개씩 반복됩니다.

2 쌓기나무를 쌓은 규칙으로 알맞은 것에 ○표 하세요.

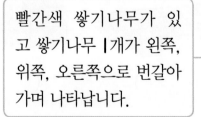

빨간색 쌓기나무가 있고 쌓기나무 1개가 오른쪽, 위쪽, 왼쪽으로 번갈아 가며 나타납니다. □

빨간색 쌓기나무가 있고 쌓기나무 1개가 왼쪽, 위쪽, 오른쪽으로 번갈아 가며 나타납니다. □

3 쌓기나무를 쌓은 규칙을 설명한 것입니다. 맞으면 ○표, 틀리면 ✕표 하세요.

(1)
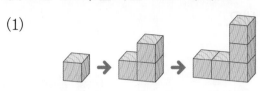

쌓기나무가 오른쪽으로 1개씩 늘어납니다.

( )

(2)
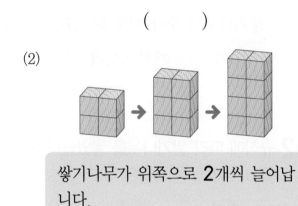

쌓기나무가 위쪽으로 2개씩 늘어납니다.

( )

4 규칙에 따라 쌓기나무를 쌓았습니다. □ 안에 알맞은 수를 써넣으세요.

(1)
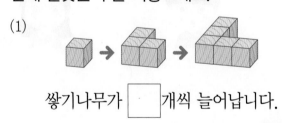

쌓기나무가 □개씩 늘어납니다.

(2)
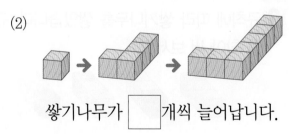

쌓기나무가 □개씩 늘어납니다.

01 성벽을 보고 쌓기나무를 쌓았습니다. 쌓은 규칙을 찾아 □ 안에 알맞은 수를 써넣으세요.

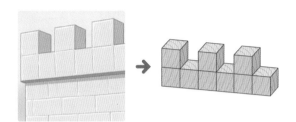

쌓기나무의 수가 왼쪽에서 오른쪽으로
□ 개, □ 개씩 반복됩니다.

02 규칙에 따라 쌓기나무를 쌓았습니다. 규칙을 바르게 말한 사람은 누구인가요?

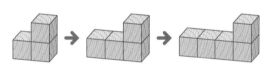

쌓기나무가 왼쪽으로 1개씩 늘어나고 있어.
시우

쌓기나무가 오른쪽으로 1개씩 늘어나고 있어.
예나

( )

창의형
03 규칙에 따라 쌓기나무를 쌓았습니다. 규칙을 찾아 써 보세요.

_____

_____

04 규칙에 따라 쌓은 모양을 보고 빈칸에 들어갈 모양을 찾아 기호를 써 보세요.

(1)

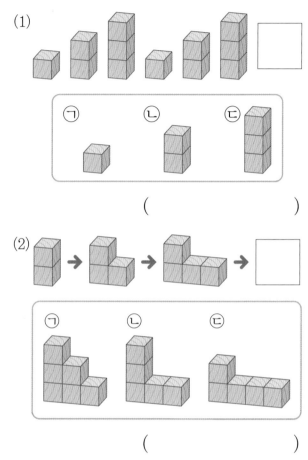

( )

(2)

( )

05 규칙에 따라 쌓은 모양에 ○표 하세요.

쌓기나무의 수가 왼쪽에서 오른쪽으로 **3**개, **2**개, **1**개씩 반복됩니다.

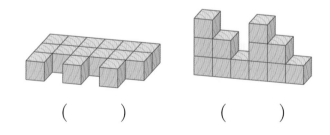

( ) ( )

06 규칙에 따라 쌓기나무를 쌓았습니다. 설명이 잘못된 것을 찾아 기호를 써 보세요.

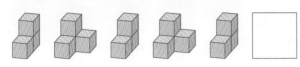

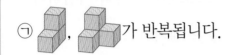

㉠ ▨, ▨가 반복됩니다.

㉡ 빈칸에 들어갈 모양은 ▨입니다.

㉢ 빈칸에 들어갈 모양을 쌓는 데
  필요한 쌓기나무는 **4**개입니다.

(   )

07 규칙에 따라 쌓기나무를 쌓았습니다. 빈칸에 들어갈 모양을 만드는 데 필요한 쌓기나무는 모두 몇 개일까요?

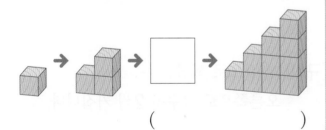

(   )

08 규칙에 따라 쌓기나무를 1층, 2층, 3층으로 쌓았습니다. 쌓기나무를 4층으로 쌓으려면 필요한 쌓기나무는 모두 몇 개일까요?

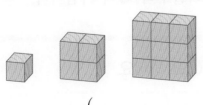

(   )

09 규칙에 따라 쌓기나무를 쌓았습니다. 다음에 이어질 모양에 쌓을 쌓기나무는 모두 몇 개인지 풀이 과정을 쓰고, 답을 구해 보세요.

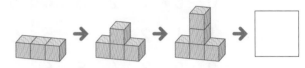

❶ 쌓기나무가 위쪽으로 ☐개씩 늘어납니다.

❷ 마지막 모양에 쌓은 쌓기나무가 **5**개이므로 다음에 이어질 모양에 쌓을 쌓기나무는 모두 5＋☐＝☐ (개)입니다.

답 _____

10 규칙에 따라 쌓기나무를 쌓았습니다. 다음에 이어질 모양에 쌓을 쌓기나무는 모두 몇 개인지 풀이 과정을 쓰고, 답을 구해 보세요.

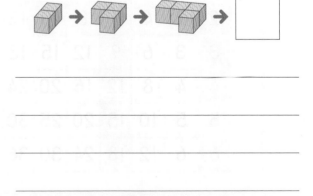

_____

_____

_____

_____

답 _____

○ 학습일: 월 일

개념 1 **덧셈표에서 규칙 찾기**

+	0	1	2	3	4	5
0	0	1	2	3	4	5
1	1	2	3	4	5	6
2	2	3	4	5	6	7
3	3	4	5	6	7	8
4	4	5	6	7	8	9
5	5	6	7	8	9	10

[규칙] ▨으로 색칠한 수:
오른쪽으로 갈수록 1씩 커집니다.

[규칙] ▨으로 색칠한 수:
아래쪽으로 내려갈수록 1씩 커집니다.

[규칙] ▨으로 색칠한 수:
↘ 방향으로 갈수록 2씩 커집니다.

확인 1 ─ **개념1** 의 덧셈표를 보고 규칙을 찾아 알맞은 말에 ○표 하세요.

╱ 방향으로 (같은 , 커지는) 수가 있습니다.

개념 2 **곱셈표에서 규칙 찾기**

×	1	2	3	4	5	6
1	1	2	3	4	5	6
2	2	4	6	8	10	12
3	3	6	9	12	15	18
4	4	8	12	16	20	24
5	5	10	15	20	25	30
6	6	12	18	24	30	36

[규칙] ▨으로 색칠한 수:
오른쪽으로 갈수록 2씩 커집니다.

[규칙] ▨으로 색칠한 수:
아래쪽으로 내려갈수록 3씩 커집니다.

[규칙] ■단 곱셈구구에 있는 수:
오른쪽으로 갈수록 또는 아래쪽으로
내려갈수록 ■씩 커집니다.

확인 2 ─ **개념2** 의 곱셈표를 보고 규칙을 찾아 알맞은 말에 ○표 하세요.

2단 곱셈구구에 있는 수는 모두 (짝수 , 홀수)입니다.

|1~3| 덧셈표를 보고 물음에 답하세요.

+	1	2	3	4	5	6	7	8
1	2	3	4	5	6	7	8	9
2	3	4	5	6	7			10
3	4	5	6	7	8	9		
4	5	6	7	8		10	11	12
5	6	7	8			11	12	13
6	7	8	9	10	11	12	13	14
7	8				12			15
8	9	10	11		13	14		16

1 덧셈표의 빈칸에 알맞은 수를 써넣으세요.

2 덧셈표에서 규칙을 찾아 □ 안에 알맞은 수를 써넣으세요.

(1) ▨으로 색칠한 수는 오른쪽으로 갈수록 □ 씩 커집니다.

(2) ▨으로 색칠한 수는 아래쪽으로 내려갈수록 □ 씩 커집니다.

3 ▨으로 색칠한 수의 규칙을 찾아 알맞은 말에 ○표 하세요.

┌─────────────────────────────┐
│ ↙ 방향으로 (같은 , 커지는) 수가 │
│ 있습니다. │
└─────────────────────────────┘

|4~6| 곱셈표를 보고 물음에 답하세요.

×	2	3	4	5	6	7	8	9
2	4	6	8	10	12			18
3	6			15		24	27	
4	8	12	16	20	24	28	32	36
5	10	15	20	25		35	40	45
6	12	18	24	30			48	54
7	14	21	28	35				63
8	16		32	40	48	56	64	72
9			36	45	54	63	72	81

4 곱셈표의 빈칸에 알맞은 수를 써넣으세요.

5 곱셈표에서 규칙을 찾아 □ 안에 알맞은 수를 써넣으세요.

(1) ▨으로 색칠한 수는 오른쪽으로 갈수록 □ 씩 커집니다.

(2) ▨으로 색칠한 수는 아래쪽으로 내려갈수록 □ 씩 커집니다.

6 ▨으로 색칠한 수의 규칙을 찾아 알맞은 말에 ○표 하세요.

┌─────────────────────────────┐
│ ▨으로 색칠한 수는 모두 │
│ (짝수 , 홀수)입니다. │
└─────────────────────────────┘

6 단원 **3**회

01 덧셈표를 완성하고, 바르게 설명한 것의 기호를 써 보세요.

+	1	3	5	7	9
1		4	6		
3			8		12
5	6			12	14
7	8	10			16
9	10	12	14		

> ㉠ ↘ 방향으로 갈수록 4씩 커집니다.
>
> ㉡ 오른쪽으로 갈수록 1씩 커집니다.

(   )

창의형
02 표 안의 수를 이용하여 나만의 덧셈표를 만들고, 규칙을 찾아 써 보세요.

+					
	2				
		4			
			6		
				8	
					10

_____

_____

03 곱셈표를 보고 규칙을 바르게 설명한 사람은 누구인가요?

×	3	4	5	6	7	8
3	9	12	15	18	21	24
4	12	16	20	24	28	32
5	15	20	25	30	35	40
6	18	24	30	36	42	48
7	21	28	35	42	49	56
8	24	32	40	48	56	64

> 규문: ▨ 으로 색칠한 수는 오른쪽으로 갈수록 6씩 커져.
>
> 나연: ▨ 으로 색칠한 수는 일의 자리 숫자가 5와 0이 반복돼.

(   )

04 곱셈표에서 ▨ 으로 색칠한 곳과 규칙이 같은 곳을 찾아 색칠해 보세요.

×	2	4	6	8
2	4	8	12	16
4	8	16	24	32
6	12	24	36	48
8	16	32	48	64

05 덧셈표에서 규칙을 찾아 빈칸에 알맞은 수를 써넣으세요.

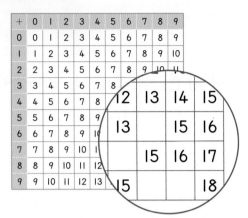

13		15
	15	16
15		

06 곱셈표에서 규칙을 찾아 빈칸에 알맞은 수를 써넣으세요.

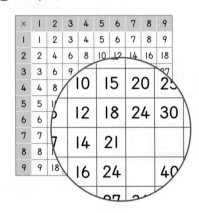

	18	24
14	21	
16		

서술형 문제

07 ㉠과 ㉡에 알맞은 수 중 더 큰 수는 무엇인지 풀이 과정을 쓰고, 답을 구해 보세요.

+	2	3	4
4	6		㉠
6	8	9	10
8	10		㉡

❶ 오른쪽으로 갈수록 ☐ 씩 커지고, 아래쪽으로 내려갈수록 ☐ 씩 커집니다.

➡ ㉠=☐ , ㉡=☐

❷ 따라서 더 큰 수는 (㉠ , ㉡)입니다.

답

08 ㉠과 ㉡에 알맞은 수 중 더 큰 수는 무엇인지 풀이 과정을 쓰고, 답을 구해 보세요.

×	4	6	8
3	12	18	㉠
5	20		
7	㉡		

답

6
단원
3회

학습 결과에 색칠하세요.

개념**1** **생활에서 규칙 찾기**

• 옷 무늬에서 규칙 찾기

[규칙] 빨간색, 노란색, 초록색이 반복됩니다.

• 달력에서 규칙 찾기

12월

일	월	화	수	목	금	토
	1	2	3	4	5	6
7	8	9	10	11	12	13
14	15	16	17	18	19	20
21	22	23	24	25	26	27
28	29	30	31			

[규칙] 오른쪽으로 갈수록 수는 1씩 커집니다.

[규칙] 같은 요일에 있는 수는 아래쪽으로 내려갈수록 **7**씩 커집니다.

[규칙] ↘ 방향으로 갈수록 **8**씩 커집니다.

확인**1** 컴퓨터 자판에 있는 수에서 규칙을 찾아 ☐ 안에 알맞은 수를 써넣으세요.

7	8	9
4	5	6
1	2	3

(1) 오른쪽으로 갈수록 ☐ 씩 커집니다.

(2) 아래쪽으로 내려갈수록 ☐ 씩 작아집니다.

(3) ↘ 방향으로 갈수록 ☐ 씩 작아집니다.

(4) ↙ 방향으로 갈수록 ☐ 씩 작아집니다.

| 1~2 | 어느 해의 7월 달력을 보고 물음에 답하세요.

7월	일	월	화	수	목	금	토
				1	2	3	4
	5	6	7	8	9	10	11
	12	13	14	15	16	17	18
	19	20	21	22	23	24	25
	26	27	28	29	30	31	

1 달력에서 수요일을 모두 찾아 ○표 하고, 수요일은 며칠마다 반복되는지 써 보세요.

(   )

2 달력을 보고 □ 안에 알맞은 수를 써넣고, 알맞은 말에 ○표 하세요.

> ↙ 방향으로 갈수록 □씩
> (커집니다 , 작아집니다).

3 운동장에 있는 스탠드 지붕의 색깔을 보고 규칙을 찾아 써 보세요.

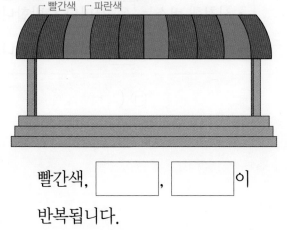
┌빨간색 ┌파란색

빨간색, □ , □ 이

반복됩니다.

4 연수네 아파트 승강기 안에 있는 버튼의 수에서 규칙을 찾아 □ 안에 알맞은 수를 써넣으세요.

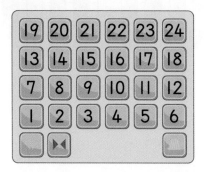

(1) 오른쪽으로 갈수록 □씩 커집니다.

(2) 위쪽으로 올라갈수록 □씩 커집니다.

(3) ↘ 방향으로 갈수록 □씩 커집니다.

5 신발장 번호에 있는 규칙을 찾아 빈칸에 알맞은 번호를 써 보세요.

1	2	3	4	5	6		8
9	10		12	13	14	15	16
17	18	19	20	21	22	23	
25	26	27	28	29		31	32
33	34	35	36		38	39	40

01 공원 울타리의 색깔을 보고 규칙을 찾아 써 보세요.

파란색 노란색 초록색

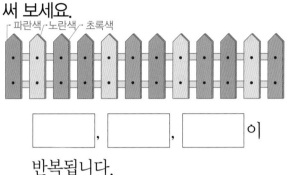

| | , | | , | | 이

반복됩니다.

02 교실 바닥 무늬에서 규칙을 찾아 빈칸에 알맞게 무늬를 그려 보세요.

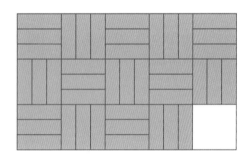

창의형
03 계산기에 있는 수에서 규칙을 찾아 써 보세요.

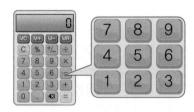

_____

_____

04 어느 승강기 안에 있는 버튼 일부가 닳아서 보이지 않습니다. 15층에 가려고 할 때 눌러야 하는 버튼을 찾아 ○표 하세요.

디지털 문해력
05 은수네 가족은 주말 여행을 위해 버스 출발 시간표를 검색했습니다. 규칙을 찾아 ㉠과 ㉡에 알맞은 수를 각각 구해 보세요.

버스 출발 시각			
시청행		시장행	
7:00	8:00	8:00	8:30
7:20	8:20	8:10	8:40
7:40	8:40	8:20	8:50

• 시청행 버스는 ㉠ 분마다 출발합니다.

• 시장행 버스는 ㉡ 분마다 출발합니다.

㉠ (   )

㉡ (   )

06 달력을 보고 규칙을 잘못 설명한 것의 기호를 써 보세요.

9월

일	월	화	수	목	금	토
					1	2
3	4	5	6	7	8	9
10	11	12	13	14	15	16
17	18	19	20	21	22	23
24	25	26	27	28	29	30

ㄱ ＼ 방향으로 갈수록 **8**씩 커집니다.
ㄴ ／ 방향으로 갈수록 **7**씩 작아집니다.

(   )

07 공연장 의자 번호에서 규칙을 찾으려고 합니다. 가 구역과 나 구역 중 하나를 골라 규칙을 찾아 써 보세요.

무대

가

1	2	3	4	5	6
7	8	9	10	11	12
13	14	15	16	17	18

나

1	2	3	4	5	6	7	8	9	10
11	12	13	14	15	16	17	18	19	20
21	22	23	24	25	26	27	28	29	30

(가 구역 , 나 구역)

_____

_____

08 태호네 반 사물함 번호에는 규칙이 있습니다. 태호의 사물함 번호는 몇 번인지 풀이 과정을 쓰고, 답을 구해 보세요.

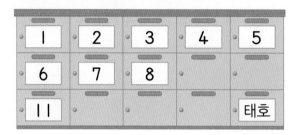

❶ 아래쪽으로 내려갈수록 ☐ 씩 커집니다.

❷ 따라서 태호의 사물함 번호는

5+☐+☐=☐ (번)입니다.

답 _____

6
단원

4회

09 유나네 반 신발장 번호에는 규칙이 있습니다. 유나의 신발장 번호는 몇 번인지 풀이 과정을 쓰고, 답을 구해 보세요.

1	2	3	4	5	6
7	8				
13					유나

_____

_____

_____

_____

답 _____

다섯 번째 모양을 만드는 데 필요한 쌓기나무 개수 구하기

문제해결
TIP

쌓기나무가 몇 개씩 늘어나는지 구하고, 네 번째와 다섯 번째 모양을 만드는 데 필요한 쌓기나무는 각각 몇 개인지 차례로 구해요.

01 규칙에 따라 쌓기나무를 쌓았습니다. 다섯 번째 모양을 만드는 데 필요한 쌓기나무는 모두 몇 개인지 구해 보세요.

  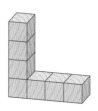

첫 번째

1단계 쌓기나무가 몇 개씩 늘어나는지 구하기

( )

2단계 다섯 번째 모양을 만드는 데 필요한 쌓기나무 개수 구하기

( )

02 규칙에 따라 쌓기나무를 쌓았습니다. 다섯 번째 모양을 만드는 데 필요한 쌓기나무는 모두 몇 개인지 구해 보세요.

첫 번째

( )

03 규칙에 따라 쌓기나무를 쌓았습니다. 다섯 번째 모양을 만드는 데 필요한 쌓기나무는 모두 몇 개인지 구해 보세요.

  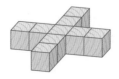

첫 번째

쌓기나무가 몇 개씩 늘어나고 있지?

( )

● 정답 42쪽

■번째에 놓을 모양 찾기

04 규칙에 따라 동전을 놓았습니다. 11번째에 놓을 동전은 얼마짜리 동전인지 구해 보세요.

문제해결
TIP
반복되는 규칙을 찾아봐요.

첫 번째

1단계 규칙 찾기

10원짜리 동전, 500원짜리 동전, ☐원짜리 동전이 반복됩니다.

2단계 11번째에 놓을 동전은 얼마짜리 동전인지 구하기

(   )

6
단원
5회

05 규칙에 따라 쌓기나무를 쌓았습니다. 9번째에 놓을 모양에 ○표 하세요.

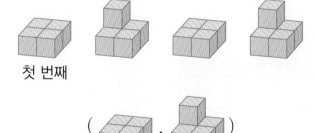

첫 번째

(,   )

06 규칙을 찾아 12번째에 올 모양에 알맞게 색칠해 보세요.

 → → → → → ……

첫 번째   12번째

점이 어느 방향으로 돌아가고 있는지 규칙을 찾아봐!

찢어진 달력에서 날짜 구하기

문제해결
TIP

7일마다 같은 요일이 반복돼요.

07 어느 해의 4월 달력이 찢어졌습니다. 이달의 셋째 수요일은 며칠인지 구해 보세요.

4월

일	월	화	수	목	금	토
		1	2	3	4	5

1단계 달력에서 규칙 찾기

> 같은 요일에 있는 수는 아래쪽으로 내려갈수록 □ 씩 커집니다.

2단계 이달의 셋째 수요일은 며칠인지 구하기

(   )

08 어느 해의 10월 달력이 찢어졌습니다. 이달의 넷째 금요일은 며칠인지 구해 보세요.

10월

일	월	화	수	목	금	토
					1	2

(   )

09 어느 해의 7월 달력이 찢어졌습니다. 이달의 마지막 월요일은 며칠인지 구해 보세요.

7월

일	월	화	수	목	금	토
				1	2	3
4	5	6				

7월의 날수를 기억해야 해.

(   )

의자 번호에 맞는 자리 찾기

10 하리의 의자 번호는 '나 구역 33번'입니다. 하리의 자리를 찾아 기호를 써 보세요.

문제해결
TIP
한 줄씩 뒤로 갈 때마다 의자의 번호가 몇씩 커지는지 살펴 규칙을 찾아봐요.
이때 각 구역마다 규칙이 다른 것에 주의해요.

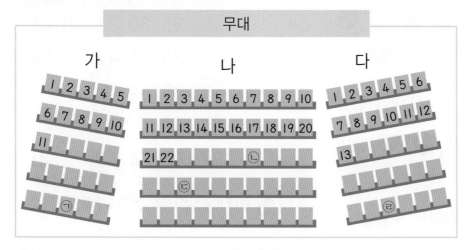

1단계 나 구역의 의자 번호의 규칙 찾기

뒤로 갈수록 [ ]씩 커집니다.

2단계 하리의 자리를 찾아 기호 쓰기

(   )

11 규정이의 의자 번호는 '가 구역 25번', 수지의 의자 번호는 '나 구역 37번', 태우의 의자 번호는 '다 구역 19번'입니다. 규정이의 자리에 ○표, 수지의 자리에 △표, 태우의 자리에 □표 하세요.

구역별로 의자 번호의 규칙을 찾아봐.

6
단원
5회

학습일:　월　일

01 무늬에서 색깔의 규칙을 찾고, 알맞은 모양에 ○표 하세요.

파란색, 초록색, [　　　]이 반복되므로

㉠에 알맞은 모양은 (♥ , ♥ , ♥)입니다.

02 규칙을 찾아 빈칸에 알맞은 모양을 그려 넣으세요.

03 규칙을 찾아 그림을 완성해 보세요.

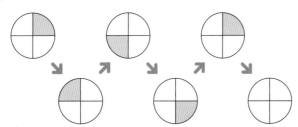

04 규칙에 따라 쌓기나무를 쌓았습니다. 왼쪽에서 오른쪽으로 반복되는 쌓기나무의 수를 찾아 기호를 써 보세요.

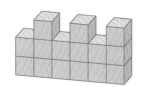

㉠ 2개, 3개　　㉡ 2개, 3개, 2개

(　　　　　　　　)

|05~07| **곱셈표를 보고 물음에 답하세요.**

×	5	6	7	8	9
5	25	30	35	40	45
6	30	36	42		54
7	35	42			
8	40				
9	45	54	63		81

05 빈칸에 알맞은 수를 써넣으세요.

06 ▨으로 색칠한 수는 오른쪽으로 갈수록 몇씩 커지는지 써 보세요.

(　　　　　　　　)

07 ▨으로 색칠한 수의 규칙을 찾아 알맞은 수에 ○표 하세요.

아래쪽으로 내려갈수록
(6 , 7 , 8)씩 커집니다.

08 규칙을 찾아 빈칸에 알맞은 모양과 색깔에 각각 ○표 하세요.

모양 (삼각형 , 원)

색깔 (빨간색 , 노란색 , 초록색)

|09~11| 그림을 보고 물음에 답하세요.

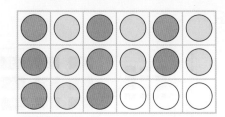

09 규칙을 찾아 ◯ 안을 알맞게 색칠해 보세요.

10 위 그림에서 ◯은 I, ◯은 2, ◯은 3 으로 바꾸어 나타내 보세요.

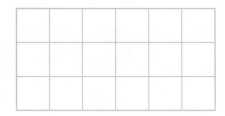

11 10의 규칙을 바르게 설명한 사람은 누구인가요?

> 주원: I, 2, 3이 반복돼.
> 지윤: I, 2, 3, I이 반복돼.
> 유준: I, 2, 3, 2가 반복돼.

( )

12 규칙에 따라 쌓은 모양을 보고 빈칸에 들어갈 모양에 ◯표 하세요.

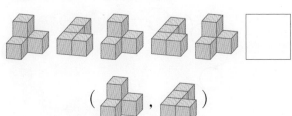

서술형
13 규칙에 따라 쌓기나무를 쌓았습니다. 다음에 이어질 모양에 쌓을 쌓기나무는 모두몇 개인지 풀이 과정을 쓰고, 답을 구해 보세요.

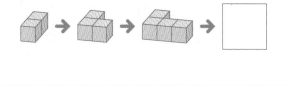

답

14 덧셈표를 보고 규칙을 바르게 설명한 것을 찾아 기호를 써 보세요.

+	3	5	7	9
3	6	8	10	12
5	8	10	12	14
7	10	12	14	16
9	12	14	16	18

> ㉠ 오른쪽으로 갈수록 I씩 커집니다.
> ㉡ 아래쪽으로 내려갈수록 I씩 커집니다.
> ㉢ ▨으로 색칠한 수는 모두 같습니다.

( )

15 덧셈표에서 규칙을 찾아 빈칸에 알맞은 수를 써넣으세요.

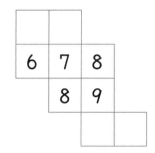

6	7	8
	8	9

| 16~17 | 곱셈표를 보고 물음에 답하세요.

×	2	4	6	8
2	4	8	12	16
4	8	16	24	32
6	12	24	36	48
8	16	32	48	64

16 ▨▨▨으로 색칠한 수의 규칙을 찾아 써 보세요.

_____

_____

17 알맞은 말에 ○표 하세요.

> 곱셈표에 있는 수들은 모두
> (짝수 , 홀수)입니다.

18 전화기에 있는 수에서 규칙을 찾아 써 보세요.

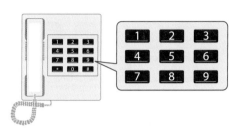

_____

19 버스 출발 시간표에서 규칙을 찾아 □ 안에 알맞은 수를 써넣으세요.

서울 → 대전		
	평일	주말
출발 시각	7:00	7:00
	7:30	7:20
	8:00	7:40
	8:30	8:00
	9:00	8:20

> 버스가 평일에는 □분마다, 주말
> 에는 □분마다 출발합니다.

20 팔찌의 규칙을 찾아 알맞게 색칠해 보세요.

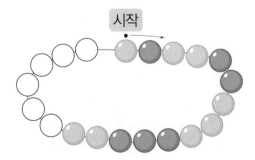

21 규칙에 따라 쌓기나무를 쌓았습니다. 다섯 번째 모양을 만드는 데 필요한 쌓기나무는 모두 몇 개인지 구해 보세요.

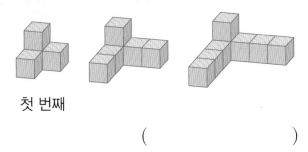

첫 번째

(   )

^{서술형}
22 어느 해의 8월 달력이 찢어졌습니다. 이달의 마지막 토요일은 며칠인지 풀이 과정을 쓰고, 답을 구해 보세요.

8월

일	월	화	수	목	금	토
						1
2	3	4	5	6		

_____

_____

_____

답

23 규호의 의자 번호는 '나 구역 13번'입니다. 규호의 자리를 찾아 ○표 하세요.

무대							

가

1	2	3
4	5	

나

1	2	3	4
	5	6	

| **24~25** | 시우와 채아가 규칙을 정해 받침대의 무늬를 만들고 있습니다. 시우와 채아가 만든 규칙을 알아보세요.

나는 반복되는 규칙을 만들 거야.

나는 늘어나는 규칙을 만들어 볼래.

시우   채아

24 시우가 만든 받침대의 무늬입니다. 규칙을 찾아 빈칸에 알맞게 그려 넣으세요.

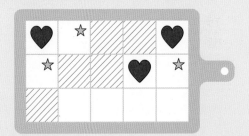

25 채아가 만든 받침대의 무늬입니다. ㉠에 알맞은 색깔을 구하려고 합니다. 풀이 과정을 쓰고, 답을 구해 보세요.

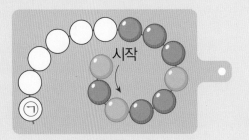

시작

㉠

답

초능력 초등 1, 2학년을 위한 추천 라인업

초능력 맞춤법 + 받아쓰기
초등 국어 1·1
1~2학년 1, 2학기(전 4권)

어휘력을 높이는
초능력 맞춤법 + 받아쓰기

· 쉽고 빠르게 배우는 **맞춤법 학습**
· 단계별 낱말과 문장 **바르게 쓰기 연습**
· 학년, 학기별 국어 교과서 **어휘 학습**

➕ 선생님이 불러 주는 듣기 자료, 맞춤법 원리 학습 동영상 강의

초능력 구구단
초등 수학 1~2학년
1~2학년 대상

빠르고 재밌게 배우는
초능력 구구단

· 3회 누적 학습으로 **구구단 완벽 암기**
· 기초부터 활용까지 **3단계 학습**
· 개념을 시각화하여 **직관적 구구단 원리 이해**
· 다양한 유형으로 구구단 **유창성과 적용력 향상**

➕ 구구단송

초능력 시계·달력
초등 수학 1~2학년
1~2학년 대상

원리부터 응용까지
초능력 시계·달력

· 초등 1~3학년에 걸쳐 있는 시계 학습을 **한 권으로 완성**
· 기초부터 활용까지 **3단계 학습**
· 개념을 시각화하여 **시계달력 원리를 쉽게 이해**
· 다양한 유형의 **연습 문제와 실생활 문제로 흥미 유발**

➕ 시계·달력 개념 동영상 강의

2022 개정 교육과정

백점

수학 2·2

평가북

- 학교 시험 대비 수준별 **단원 평가**
- 핵심만 모은 **총정리 개념**

동아출판

○ 평가북 구성과 특징

1 **수준별 단원 평가**가 있습니다.
A단계, B단계 두 가지 난이도로 **단원 평가**를 제공

2 **총정리 개념**이 있습니다.
학습한 내용을 점검하며 마무리할 수 있도록 각
단원의 핵심 개념을 제공

백점

수학 2·2

평가북

01 □ 안에 알맞은 수나 말을 써넣으세요.

100이 10개이면 ☐ (이)고,

☐ (이)라고 읽습니다.

02 다음이 나타내는 수를 써 보세요.

1000이 7개인 수

( )

03 수를 읽어 보세요.

4029

( )

04 다음 수에서 십의 자리 숫자와 그 숫자가
나타내는 수를 써 보세요.

9537

숫자 ( )
나타내는 수 ( )

05 100씩 뛰어 세어 보세요.

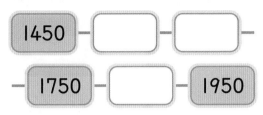

06 다음 중 나타내는 수가 1000이 <u>아닌</u> 것
은 어느 것인가요? ( )

① 100이 10개인 수
② 999보다 1만큼 더 큰 수
③ 990보다 10만큼 더 큰 수
④ 700보다 300만큼 더 큰 수
⑤ 900보다 100만큼 더 작은 수

07 왼쪽과 오른쪽을 연결하여 1000이 되도
록 이어 보세요.

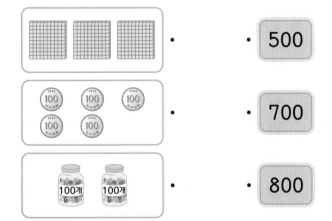

· 500

· 700

· 800

● 정답 45쪽

08 문구점에서 한 상자에 1000개씩 들어 있는 구슬을 5상자 샀습니다. 문구점에서 산 구슬은 모두 몇 개인지 구해 보세요.

( )

09 다음 중 백의 자리 숫자가 7인 것을 찾아 기호를 쓰려고 합니다. 풀이 과정을 쓰고, 답을 구해 보세요.

㉠ 7048   ㉡ 4973
㉢ 3457   ㉣ 2794

_____

_____

_____

답 _____

10 돈은 모두 얼마인가요?

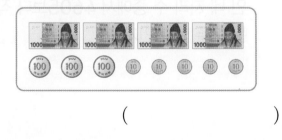

( )

11 숫자 3이 30을 나타내는 수를 찾아 색칠해 보세요.

1304   4731   3574

12 ㉠이 나타내는 수와 ㉡이 나타내는 수를 각각 구해 보세요.

3542   5702
 ㉠   ㉡

㉠ ( )
㉡ ( )

13 몇씩 뛰어 센 것인지 써 보세요.

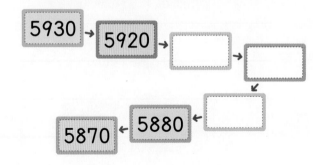

3926 — 4926 — 5926 —

— 6926 — 7926 — 8926

( )

14 5930부터 10씩 작아지는 수 카드입니다. 빈칸에 알맞은 수를 써넣으세요.

5930 → 5920 → ▭ → ▭

▭ ← 5880 ← ▭

5870

15 두 수의 크기를 비교하여 ○ 안에 > 또는 < 를 알맞게 써넣으세요.

3958 ◯ 3598

16 가장 큰 수에 ○표, 가장 작은 수에 △표 하세요.

2465	3124	2439
( )	( )	( )

서술형
17 더 큰 수를 말한 사람은 누구인지 풀이 과정을 쓰고, 답을 구해 보세요.

> 1000이 6개, 100이 8개, 10이 4개, 1이 7개인 수

도현

> 육천팔백육십삼

채아

_____

_____

_____

_____

답 _____

18 다음이 나타내는 수를 써 보세요.

> 1000이 6개, 100이 15개, 10이 7개, 1이 2개인 수

(   )

19 채소 가게에 있는 채소의 수를 조사하였습니다. 알맞은 말에 ○표 하세요.

채소	오이	양파	고추
채소 수(개)	1950	1708	2744

가장 많은 채소는 (오이 , 양파 , 고추), 가장 적은 채소는 (오이 , 양파 , 고추)입니다.

20 천의 자리 숫자가 4, 백의 자리 숫자가 6인 네 자리 수 중에서 4605보다 작은 수는 모두 몇 개인가요?

(   )

단원 평가 **B** 단계 1. 네 자리 수

점수 /

01 □ 안에 공통으로 들어갈 수를 써 보세요.

· 990보다 10만큼 더 큰 수는 □입니다.
· □은/는 천이라고 읽습니다.

( )

02 나타내는 수를 쓰고, 읽어 보세요.

수	쓰기	읽기
1000이 4개인 수		
1000이 9개인 수		

서술형
03 수 모형이 나타내는 수를 읽으려고 합니다. 풀이 과정을 쓰고, 답을 구해 보세요.

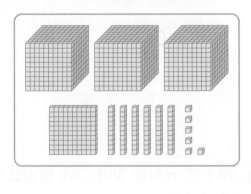

답

04 4732에서 10씩 5번 뛰어 센 수를 구해 보세요.

( )

05 1000이 되도록 묶었을 때 남는 수는 얼마인가요?

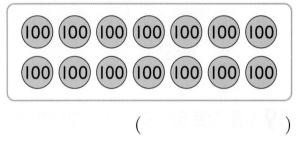

( )

06 나타내는 수가 다른 하나를 찾아 기호를 써 보세요.

㉠ 100이 10개인 수
㉡ 900보다 10만큼 더 큰 수
㉢ 800보다 200만큼 더 큰 수

( )

07 돈은 모두 얼마인가요?

( )

08 다음 수를 바르게 설명한 사람의 이름을 써 보세요.

7504

천의 자리 숫자는 700을 나타내.

일의 자리 숫자는 4야.

유준   다은

(   )

09 수를 잘못 읽은 것은 어느 것인가요?

(   )

① 1456 ➜ 천사백오십육
② 3723 ➜ 삼천칠백이십삼
③ 2905 ➜ 이천구백오
④ 4028 ➜ 사천이십팔
⑤ 5007 ➜ 오천칠십

10 숫자 5가 나타내는 수가 가장 큰 것을 찾아 기호를 써 보세요.

㉠ 4205   ㉡ 1859
㉢ 5963   ㉣ 4537

(   )

11 숫자 4가 400을 나타내는 수를 모두 찾아 ○표 하세요.

| 3429 | 5846 | 4295 |
| 2904 | 8473 | 6748 |

12 수로 나타낼 때 0을 가장 적게 쓰는 것을 찾아 기호를 써 보세요.

㉠ 천구백삼   ㉡ 칠천   ㉢ 오천이백

(   )

13 뛰어 센 규칙을 찾아 빈칸에 알맞은 수를 써넣으세요.

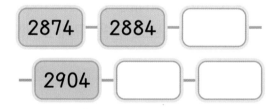

2874 ― 2884 ― [   ]

― 2904 ― [   ] ― [   ]

14 뛰어 센 규칙을 찾아 ㉠에 알맞은 수를 구해 보세요.

4508 ― 4608 ― 4708 ―

[   ] ― [   ] ― ㉠

(   )

15 두 수의 크기를 비교하여 더 작은 수에 색칠해 보세요.

7940   8056

16 세 수의 크기를 비교하여 가장 작은 수를 찾아 쓰려고 합니다. 풀이 과정을 쓰고, 답을 구해 보세요.

4190   3020   3765

_____

_____

_____

_____

답

17 다음 수 카드 중 4장을 뽑아 한 번씩만 사용하여 네 자리 수를 만들려고 합니다. 만들 수 있는 네 자리 수 중 가장 큰 수와 가장 작은 수를 각각 구해 보세요.

가장 큰 수 (   )
가장 작은 수 (   )

18 다음이 나타내는 수의 백의 자리 숫자를 써 보세요.

1000이 4개, 100이 11개,
10이 16개인 수

(   )

19 어떤 수에서 100씩 3번 뛰어 세었더니 7315가 되었습니다. 어떤 수를 구해 보세요.

(   )

20 1부터 9까지의 수 중에서 □ 안에 들어갈 수 있는 수는 모두 몇 개인지 구해 보세요.

6509 < □817

(   )

01 그림을 보고 □ 안에 알맞은 수를 써넣으세요.

$$2+2+2+2=\boxed{}$$

$$2\times4=\boxed{}$$

02 □ 안에 알맞은 수를 써넣으세요.

$$5\times3=15$$
$$5\times4=20$$
$$5\times5=25$$

5단 곱셈구구에서 곱하는 수가 1씩

커지면 곱은 □ 씩 커집니다.

03 그림을 보고 □ 안에 알맞은 수를 써넣으세요.

$$6\times\boxed{}=\boxed{}$$

04 빈칸에 알맞은 수를 써넣으세요.

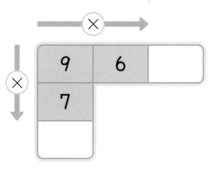

05 빈칸에 알맞은 수를 써넣어 곱셈표를 완성해 보세요.

×	4	5	6
4			
5		25	30
6	24		

06 곱이 10인 것을 찾아 ○표 하세요.

2×3	2×5	2×7
( )	( )	( )

07 곱셈식을 보고 빈 곳에 ○를 그려 보세요.

$$3\times5=15$$

• 정답 47쪽

08 3단 곱셈구구의 값에는 ○표, 6단 곱셈구구의 값에는 △표 하세요.

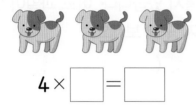

6	9	12	16	18
20	21	24	27	29

09 강아지의 다리는 모두 몇 개인지 곱셈식으로 나타내 보세요.

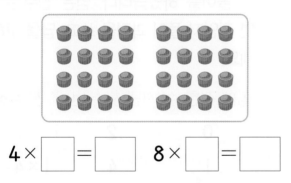

4 × ☐ = ☐

10 ☐ 안에 알맞은 수를 써넣으세요.

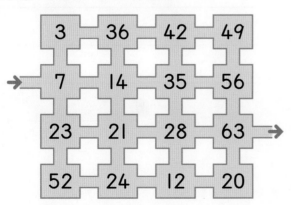

4 × ☐ = ☐   8 × ☐ = ☐

11 7단 곱셈구구의 값을 찾아 가장 작은 수부터 차례로 이어 보세요.

3	36	42	49
7	14	35	56
23	21	28	63
52	24	12	20

12 곱셈구구의 값을 찾아 이어 보세요.

3 × 4 •   • 18

8 × 3 •   • 24

9 × 2 •   • 12

서술형
13 곱이 35인 곱셈구구를 찾아 기호를 쓰려고 합니다. 풀이 과정을 쓰고, 답을 구해 보세요.

㉠ 8 × 4	㉡ 5 × 7	㉢ 6 × 5

답 _____

14 곱이 가장 큰 것을 찾아 기호를 써 보세요.

| ㉠ 1 × 3 | ㉡ 5 × 0 |
| ㉢ 0 × 7 | ㉣ 1 × 8 |

(   )

2 단원

정답 47쪽

15 □ 안에 알맞은 수를 써넣으세요.

$$0 \times 4 = 9 \times \boxed{}$$

16 빈칸에 알맞은 수를 써넣어 곱셈표를 완성하고, 6×2와 곱이 같은 곱셈구구를 곱셈표에서 모두 찾아 써 보세요.

×	2	3	4	5	6
2				10	
3					
4					
5					
6			24		

$$\boxed{} \times \boxed{} = \boxed{}$$

$$\boxed{} \times \boxed{} = \boxed{}$$

$$\boxed{} \times \boxed{} = \boxed{}$$

17 지우의 나이는 9살입니다. 지우 어머니의 연세는 지우 나이의 5배입니다. 지우 어머니의 연세는 몇 세일까요?

( )

18 같은 모양은 같은 수를 나타냅니다. ★에 알맞은 수를 구해 보세요.

$$9 \times 2 = \bullet \qquad 6 \times \star = \bullet$$

( )

19 사과는 7개씩 6봉지 있고, 감은 8개씩 5봉지 있습니다. 어느 과일이 몇 개 더 많은지 구해 보세요.

(,)

서술형
20 공을 꺼내어 공에 적힌 수만큼 점수를 얻는 놀이를 하였습니다. 얻은 점수는 모두 몇 점인지 풀이 과정을 쓰고, 답을 구해 보세요.

공에 적힌 수	꺼낸 횟수(번)	점수(점)
0	2	
1	4	$1 \times 4 = 4$
2	5	

답

단원 평가 B단계

2. 곱셈구구

점수 /

01 그림을 보고 □ 안에 알맞은 수를 써넣으세요.

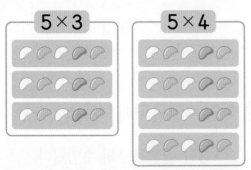

5×4는 5×3보다 □ 만큼 더 큽니다.

02 그림을 보고 □ 안에 알맞은 수를 써넣으세요.

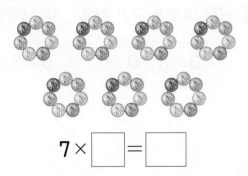

7 × □ = □

03 빈칸에 알맞은 수를 써넣으세요.

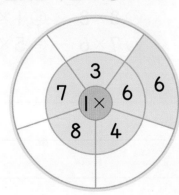

04 빈칸에 알맞은 수를 써넣어 곱셈표를 완성해 보세요.

×	2	4	8
3			
6			
9			

05 나무 막대 한 개의 길이는 5 cm입니다. 나무 막대 6개의 길이는 몇 cm인가요?

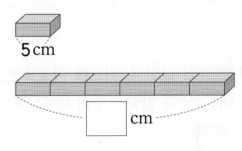

□ cm

06 세발자전거의 바퀴 수를 곱셈식으로 바르게 나타낸 것의 기호를 써 보세요.

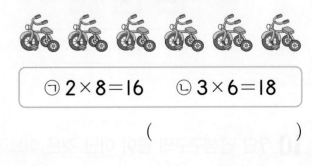

㉠ 2×8=16   ㉡ 3×6=18

( )

07 곱의 크기를 비교하여 ○ 안에 > 또는 <를 알맞게 써넣으세요.

 ○

08 달걀의 수를 구하는 방법을 바르게 말한 사람의 이름을 써 보세요.

유진: 8×2에 8을 더해서 구할 수 있어.
정민: 8씩 4번 더해서 구할 수 있어.

( )

09 보기 와 같이 수 카드를 한 번씩만 사용하여 □ 안에 알맞은 수를 써넣으세요.

┌─ 보기 ─────────────────┐
│   4   5   6   │
│   │
│   9 × 6 = 5 4   │
└──────────────────────────┘

3   6   7

9 × □ = □ □

10 7단 곱셈구구의 곱이 <u>아닌</u> 것은 어느 것인가요? ( )
① 21   ② 26   ③ 42
④ 49   ⑤ 63

11 ㉠과 ㉡에 알맞은 수를 각각 구해 보세요.

7×㉠=28   9×㉡=72

㉠ ( )
㉡ ( )

12 어떤 수인지 구해 보세요.

• 3단 곱셈구구의 수입니다.
• 홀수입니다.
• 6×2보다 크고 7×3보다 작습니다.

( )

13 곱을 바르게 구한 것에 ○표 하세요.

0×8=0   0×8=8

( )   ( )

서술형
14 곱이 작은 것부터 차례로 기호를 쓰려고 합니다. 풀이 과정을 쓰고, 답을 구해 보세요.

㉠ 8×8   ㉡ 1×9
㉢ 7×6   ㉣ 5×0

_____

_____

_____

_____

답 _____ , _____ , _____ ,

15 초록색 점선을 이용하여 ♥와 곱이 같은 곱셈구구를 곱셈표에서 찾아 기호를 써 보세요.

×	2	4	6	8
2		㉠	㉡	㉢
4			㉣	㉤
6				㉥
8		♥		

(   )

16 한 팀에 배구 선수가 6명씩 있습니다. 7팀이 모여서 배구 경기를 한다면 선수는 모두 몇 명일까요?

(   )

서술형
17 곱셈구구를 이용하여 사탕의 수를 구하는 방법을 2가지 설명해 보세요.

_____

_____

_____

18 ㉠과 ㉡ 사이에 있는 수는 모두 몇 개인지 구해 보세요.

㉠ 6×6   ㉡ 8×5

(   )

19 범호가 화살 8개를 쏘았습니다. 범호가 얻은 점수는 모두 몇 점인지 구해 보세요.

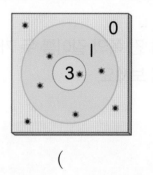

(   )

20 오토바이 7대와 자동차 5대의 바퀴는 모두 몇 개일까요?

(   )

01 길이를 바르게 써 보세요.

2m

02 □ 안에 알맞은 수를 써넣으세요.

210 cm = ☐ m ☐ cm

03 식탁 긴 쪽의 길이를 두 가지 방법으로 나타내 보세요.

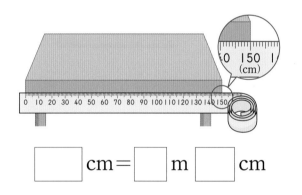

☐ cm = ☐ m ☐ cm

04 그림을 보고 □ 안에 알맞은 수를 써넣으세요.

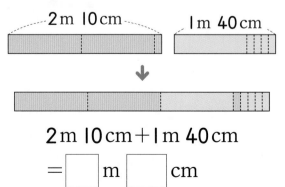

2m 10cm + 1m 40cm
= ☐ m ☐ cm

05 □ 안에 알맞은 수를 써넣으세요.

	6 m	50 cm
−	1 m	30 cm
	☐ m	☐ cm

06 길이가 1 m보다 긴 것을 모두 찾아 기호를 써 보세요.

> ㉠ 기차의 길이
> ㉡ 수학 교과서 짧은 쪽의 길이
> ㉢ 크레파스의 길이
> ㉣ 방문의 높이

(   )

07 cm와 m 중 알맞은 단위를 써 보세요.

> • 교실 긴 쪽의 길이는 약 10 ☐ 입니다.
>
> • 볼펜의 길이는 약 14 ☐ 입니다.

08 길이를 잘못 나타낸 것에 ×표 하세요.

> 207 cm = 2 m 7 cm   ☐
>
> 350 cm = 3 m 5 cm   ☐

09 길이가 긴 것부터 차례로 기호를 써 보세요.

> ㉠ 520 cm
> ㉡ 5 m 80 cm
> ㉢ 508 cm

( )

10 막대의 길이를 줄자로 재었습니다. 길이가 더 긴 막대의 기호를 써 보세요.

가

나

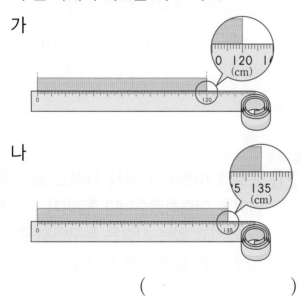

( )

11 두 길이의 합은 몇 m 몇 cm인지 구해 보세요.

| 5 m 46 cm | 123 cm |

( )

12 색 테이프의 처음 길이와 사용하고 남은 길이를 나타낸 것입니다. 사용한 색 테이프의 길이는 몇 m 몇 cm인가요?

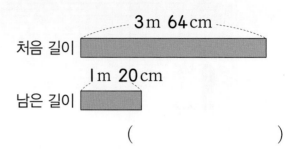

처음 길이 ⌐ 3 m 64 cm ⌐

남은 길이 ⌐ 1 m 20 cm ⌐

( )

서술형
13 길이가 더 긴 것의 기호를 쓰려고 합니다. 풀이 과정을 쓰고, 답을 구해 보세요.

> ㉠ 1 m 25 cm＋2 m 30 cm
> ㉡ 8 m 76 cm－5 m 24 cm

_____

_____

_____

답 _____

14 몸의 부분을 이용하여 칠판 긴 쪽의 길이를 재려고 합니다. 가장 많은 횟수로 재어야 하는 것을 찾아 기호를 써 보세요.

> ㉠ 양팔을 벌린 길이
> ㉡ 한 걸음의 길이
> ㉢ 한 뼘의 길이

( )

15 진호의 양팔을 벌린 길이는 약 1m입니다. 축구 골대의 길이는 약 몇 m인가요?

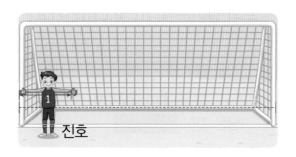

진호

( )

16 울타리 한 칸의 길이가 약 2m일 때 나무와 나무 사이의 거리는 약 몇 m인지 구해 보세요.

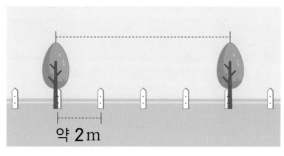

약 2m

( )

17 평균대의 길이는 약 몇 m인지 구해 보세요.

내 양팔을 벌린 길이가 약 1m인데 5번 잰 길이가 평균대의 길이와 같았어.

서진

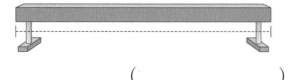

( )

18 서윤이가 가지고 있는 털실은 10 cm의 20배인 길이와 같습니다. 서윤이가 가지고 있는 털실의 길이는 몇 m인가요?

( )

19 수 카드 3장을 □ 안에 한 번씩 써넣어 가장 긴 길이를 만들고, 몇 cm로 나타내 보세요.

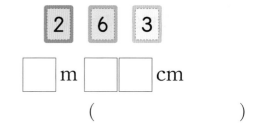

□ m □ □ cm

( )

20 윤호와 미진이가 각자 가지고 있는 줄의 길이를 어림하였습니다. 길이가 더 긴 줄을 가지고 있는 사람은 누구인지 풀이 과정을 쓰고, 답을 구해 보세요.

윤호: 내 양팔을 벌린 길이가 약 1m인데 3번 잰 길이가 내 줄의 길이와 같았어.

미진: 내 두 걸음이 약 1m인데 내 줄의 길이는 4걸음과 같았어.

_____

_____

_____

답 _____

단원 평가 B단계   3. 길이 재기

점수 /

01 10 cm 길이의 연필 10자루를 겹치지 않게 이어 놓으면 몇 m가 될까요?

(   )

02 길이를 바르게 읽은 것은 어느 것인가요?

(   )

5 m 8 cm

① 58센티미터   ② 58미터
③ 508미터   ④ 5미터 8센티미터
⑤ 5센티미터 8미터

03 길이의 합을 구해 보세요.

2 m 32 cm + 7 m 11 cm

04 길이가 10 m보다 긴 것을 찾아 기호를 써 보세요.

㉠ 공책 10권을 이어 놓은 길이
㉡ 2학년 학생 5명이 팔을 벌린 길이
㉢ 침대 긴 쪽의 길이
㉣ 10층 아파트의 높이

(   )

05 길이를 바르게 나타낸 것을 찾아 기호를 써 보세요.

㉠ 250 cm = 2 m 5 cm
㉡ 1 m 80 cm = 18 cm
㉢ 400 cm = 40 m
㉣ 5 m 2 cm = 502 cm

(   )

06 책장의 길이는 212 cm입니다. 책장의 길이는 몇 m 몇 cm인가요?

(   )

서술형
07 유진이의 키는 118 cm이고, 민우의 키는 1 m 24 cm입니다. 유진이와 민우 중 키가 더 큰 사람은 누구인지 풀이 과정을 쓰고, 답을 구해 보세요.

_____

_____

_____

답 _____

3 단원

08 칠판 긴 쪽의 길이는 몇 m 몇 cm인지 구해 보세요.

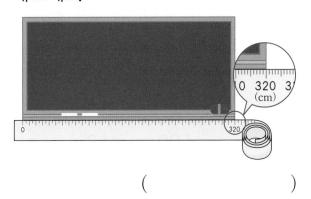

( )

09 □ 안에 알맞은 수를 써넣으세요.

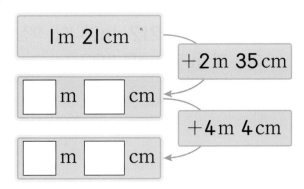

10 창문 긴 쪽과 짧은 쪽의 길이의 차를 구해 보세요.

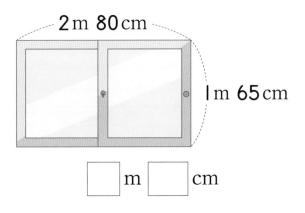

11 가장 긴 길이와 가장 짧은 길이의 합은 몇 m 몇 cm인지 구해 보세요.

3 m 82 cm   354 cm   3 m 3 cm

( )

12 지민이의 줄넘기는 아버지의 줄넘기보다 몇 cm 더 짧은가요?

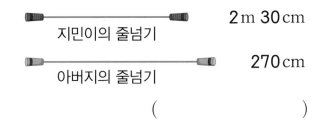

2 m 30 cm
지민이의 줄넘기

270 cm
아버지의 줄넘기

( )

13 ㉠에서 ㉢까지의 길이는 몇 m 몇 cm인지 구해 보세요.

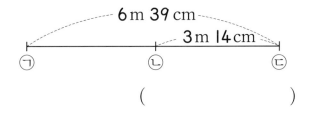

( )

14 몸의 부분을 이용하여 교실 짧은 쪽의 길이를 잴 때 적은 횟수로 잴 수 있는 것부터 차례로 기호를 써 보세요.

( )

15 지후의 두 걸음이 약 1 m일 때 교실 사물함의 전체 길이는 약 몇 m인지 어림해 보세요.

지후

(   )

16 길이가 1 m인 색 테이프로 긴 줄의 길이를 어림하였습니다. 긴 줄의 길이는 약 몇 m일까요?

1 m 색 테이프

(   )

17 더 긴 길이를 어림한 사람의 이름을 써 보세요.

지혜: 내 양팔을 벌린 길이가 약 1 m인데 4번 잰 길이가 책장의 길이와 같았어.
서우: 내 7뼘이 약 1 m인데 책상의 길이가 14뼘과 같았어.

(   )

서술형
18 0부터 9까지의 수 중에서 □ 안에 들어갈 수 있는 수는 모두 몇 개인지 풀이 과정을 쓰고, 답을 구해 보세요.

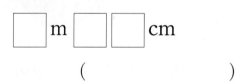

3 m 34 cm > 3□7 cm

_____

_____

_____

_____

답 _____

19 수 카드 4, 2, 7 을 □ 안에 한 번씩 써넣어 가장 긴 길이를 만들고, 만든 길이와 3 m 11 cm의 차는 몇 m 몇 cm인지 구해 보세요.

□ m □□ cm

(   )

20 정글짐에서 미끄럼틀을 거쳐 철봉까지 가는 길은 정글짐에서 철봉까지 바로 가는 길보다 몇 m 몇 cm 더 먼지 구해 보세요.

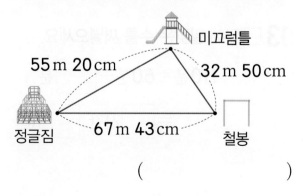

미끄럼틀

55 m 20 cm   32 m 50 cm

정글짐   67 m 43 cm   철봉

(   )

01 시계에서 각각의 숫자가 몇 분을 나타내는지 써넣으세요.

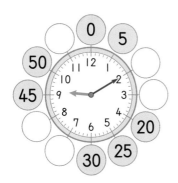

02 시계를 보고 □ 안에 알맞은 수를 써넣으세요.

4시가 되려면 □ 분이 더 지나야 합니다. → 4시 □ 분 전

03 □ 안에 알맞은 수를 써넣으세요.

110분 = 60분 + □ 분

= □ 시간 □ 분

| 04~05 | 어느 해의 4월 달력입니다. 물음에 답하세요.

4월

일	월	화	수	목	금	토
				1	2	3
4	5	6	7	8	9	10
11	12	13	14	15	16	17
18	19	20	21	22	23	24
25	26	27	28	29	30	

04 □ 안에 알맞은 수를 써넣으세요.

월요일은 □ 일, □ 일, □ 일, □ 일입니다.

05 4월 8일의 일주일 후는 무슨 요일인가요?

( )

06 시계를 보고 몇 시 몇 분인지 써 보세요.

( )

07 시계에 시각을 나타내 보세요.

6시 45분 →

08 영주가 본 시계는 짧은바늘이 7과 8 사이, 긴바늘이 10에서 작은 눈금 4칸 더 간 곳을 가리키고 있습니다. 영주가 본 시계의 시각을 써 보세요.

( )

09 시각을 읽어 보세요.

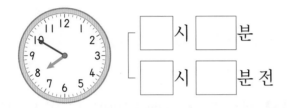

10 시계의 시각을 바르게 읽은 것을 모두 고르세요. ( )

① 1시 11분 전   ② 1시 55분
③ 2시 5분 전   ④ 2시 55분
⑤ 3시 5분 전

11 9시 10분 전을 시계에 나타냈습니다. 긴바늘이 가리키는 숫자는 무엇일까요?

( )

12 걸린 시간이 1시간 15분인 것에 ○표 하세요.

( )   ( )

13 숙제를 하는 데 걸린 시간을 구해 보세요.

시작한 시각   끝난 시각

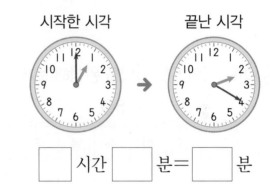

□ 시간 □ 분 = □ 분

14 시계가 멈춰서 현재 시각으로 맞추려고 합니다. 긴바늘을 몇 바퀴만 돌리면 되는지 풀이 과정을 쓰고, 답을 구해 보세요.

멈춘 시계   현재 시각

답

15 윤정이가 학교에 있었던 시간은 몇 시간인지 구해 보세요.

들어간 시각   나온 시각

오전   오후

(   )

16 어느 해의 5월 달력을 완성해 보세요.

5월

일	월	화	수	목	금	토
						4
5	6					
		14	15			
					24	25

17 피아노를 지환이는 2년 9개월 동안 배웠고, 지수는 30개월 동안 배웠습니다. 피아노를 더 오래 배운 사람의 이름을 써 보세요.

(   )

18 서우는 거울에 비친 시계를 보았습니다. 이 시계가 나타내는 시각은 몇 시 몇 분인가요?

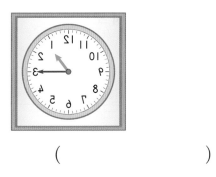

(   )

19 하루 동안 시계의 긴바늘은 몇 바퀴를 돌까요?

(   )

서술형
20 8월 10일부터 9월 15일까지 '만화 영화 전시회'를 열기로 했습니다. 전시회를 하는 기간은 며칠인지 풀이 과정을 쓰고, 답을 구해 보세요.

_____

_____

_____

답 _____

단원 평가 B 단계

4. 시각과 시간

점수 /

01 시계의 긴바늘이 가리키는 숫자가 **7**이면 몇 분을 나타낼까요? (   )

① **20**분   ② **25**분   ③ **30**분
④ **35**분   ⑤ **40**분

02 시계를 보고 몇 시 몇 분인지 써 보세요.

 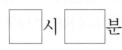 □시 □분

03 선미가 수영장에 있었던 시간을 시간 띠에 나타낸 것입니다. 선미가 수영장에 있었던 시간은 몇 시간인가요?

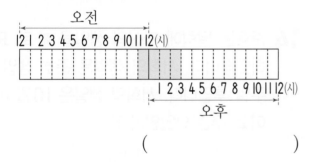

(   )

04 날수가 **30**일인 월을 모두 찾아 기호를 써 보세요.

| ㉠ **5**월   ㉡ **9**월   ㉢ **12**월   ㉣ **6**월 |

(   )

05 **7**시 **11**분을 바르게 나타낸 시계에 ○표 하세요.

(   )   (   )

06 주어진 시각에 맞게 시계에 시각을 나타내 보세요.

동호는 **1**시 **20**분에 점심을 먹었습니다. →

서술형
07 다은이가 시각을 잘못 읽은 이유를 쓰고, 바르게 읽어 보세요.

지금 몇 시 몇 분일까?

긴바늘이 **8**과 **9** 사이를 가리키고 있으므로 **7**시 **8**분이야.

서진   다은

이유

_____

_____

시각

08 시계에 시각을 나타내 보세요.

09 같은 시각을 나타낸 것끼리 이어 보세요.

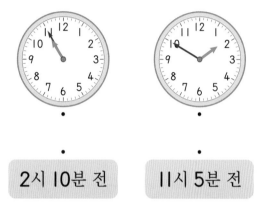

2시 10분 전   11시 5분 전

10 시계를 보고 바르게 설명한 사람의 이름을 써 보세요.

도이: 10시 5분 전이라고 말할 수 있어.
경태: 9시가 되려면 5분이 더 지나야 해.

(   )

11 다음 중 틀린 것의 기호를 써 보세요.

㉠ 1시간 13분=103분
㉡ 92분=1시간 32분

(   )

12 진수가 영화를 보는 데 걸린 시간은 몇 시간 몇 분인지 구해 보세요.

시작한 시각   끝난 시각

(   )

13 피아노 연습을 60분 동안 했습니다. 피아노 연습을 시작한 시각을 보고 끝난 시각을 나타내 보세요.

시작한 시각   끝난 시각

14 준호는 달력에 자신의 생일을 ☆로 표시하였습니다. 서희의 생일은 준호 생일 일주일 후입니다. 서희의 생일은 10월 며칠이고, 무슨 요일인가요?

10월

일	월	화	수	목	금	토
			1	2	3	4
5	6	7	8	9	10	11
12	13	14	15	16	17	18
19	20	21	22	23	24	25
26	27	28	29	30	31	

(,   )

|15~16| 서현이네 가족의 1박 2일 여행 일정표를 보고 물음에 답하세요.

첫날		다음날	
시간	일정	시간	일정
9:00 ~11:10	제주도로 이동	8:00 ~9:00	아침 식사
11:10 ~12:00	용두암 구경하기	9:00 ~12:00	식물원 구경하기
12:00 ~1:00	점심 식사	12:00 ~1:00	점심 식사
1:00 ~3:30	귤 따기 체험하기	⋮	⋮
⋮	⋮	6:50 ~9:00	집으로 이동

15 알맞은 말에 ○표 하세요.

서현이네 가족은 첫날 (오전 , 오후)에 귤 따기 체험을 하였습니다.
다음날 (오전 , 오후)에는 식물원을 구경하였습니다.

16 서현이네 가족이 여행하는 데 걸린 시간은 모두 몇 시간인지 구해 보세요.

첫날 출발한 시각   다음날 도착한 시각

오전 **9:00**   오후 **9:00**

(   )

17 은미는 발레를 1년 8개월 동안 배웠습니다. 은미가 발레를 배운 기간은 몇 개월인가요?

(   )

18 다음이 나타내는 시각에서 1시간 25분 후의 시각은 몇 시 몇 분인지 구해 보세요.

시계의 짧은바늘이 6과 7 사이, 긴바늘이 5를 가리킵니다.

(   )

서술형
19 솔비와 동우가 공부를 시작한 시각과 마친 시각을 나타낸 표입니다. 공부를 더 오래 한 사람은 누구인지 풀이 과정을 쓰고, 답을 구해 보세요.

	시작한 시각	마친 시각
솔비	2시 15분	3시 40분
동우	3시 30분	4시 50분

_____

_____

_____

답 _____

20 민준이는 매일 우유를 한 컵씩 마십니다. 7월 20일부터 8월 8일까지 민준이가 마신 우유는 모두 몇 컵인지 구해 보세요.

(   )

| 01~04 | 윤성이네 반 학생들이 좋아하는 과일을 조사하였습니다. 물음에 답하세요.

윤성이네 반 학생들이 좋아하는 과일

윤성	미선	재희	태호	정주	수연
경석	진경	보라	승수	채연	규현

01 재희가 좋아하는 과일은 무엇인가요?

(   )

02 자료를 분류하여 학생들의 이름을 써 보세요.

분류 기준	좋아하는 과일

과일	학생 이름
사과	
배	
감	
포도	

03 자료를 보고 표로 나타내 보세요.

좋아하는 과일별 학생 수

과일	사과	배	감	포도	합계
학생 수(명)					

04 윤성이네 반 학생은 모두 몇 명인가요?

(   )

| 05~07 | 현수네 반 학생들이 좋아하는 동물을 조사하여 표로 나타냈습니다. 물음에 답하세요.

현수네 반 학생들이 좋아하는 동물별 학생 수

동물	강아지	고양이	사자	토끼	합계
학생 수(명)	6	5	2	3	16

05 표를 보고 ○를 이용하여 그래프로 나타내 보세요.

현수네 반 학생들이 좋아하는 동물별 학생 수

6				
5				
4				
3				
2				
1				
학생 수(명) / 동물	강아지	고양이	사자	토끼

06 05의 그래프에서 세로에 나타낸 것은 무엇인가요?

(   )

서술형
07 가장 많은 학생들이 좋아하는 동물은 무엇인지 풀이 과정을 쓰고, 답을 구해 보세요.

_____

_____

_____

_____

답 _____

|08~09| 은경이가 한 달 동안 먹은 간식을 조사하여 표로 나타냈습니다. 물음에 답하세요.

은경이가 한 달 동안 먹은 간식별 일수

간식	과자	과일	떡	빵	합계
일수(일)	12	8	4	6	30

08 은경이가 한 달 동안 먹은 간식은 모두 몇 가지인가요?

( )

09 표를 보고 알 수 있는 것의 기호를 써 보세요.

㉠ 은경이가 5일에 먹은 간식
㉡ 은경이가 한 달 동안 떡을 먹은 일수

( )

|10~11| 근호네 반 학생들이 좋아하는 운동을 조사하여 그래프로 나타냈습니다. 물음에 답하세요.

근호네 반 학생들이 좋아하는 운동별 학생 수

스키	/	/				
축구	/	/	/	/		
수영	/	/	/	/	/	/
태권도	/	/				
운동 \ 학생 수(명)	1	2	3	4	5	6

10 좋아하는 학생 수가 같은 두 운동을 찾아 써 보세요.

(,)

11 3명보다 많은 학생들이 좋아하는 운동을 모두 찾아 써 보세요.

( )

|12~14| 승우네 반 학생들이 태어난 계절을 조사하여 표로 나타냈습니다. 물음에 답하세요.

승우네 반 학생들이 태어난 계절별 학생 수

계절	봄	여름	가을	겨울	합계
학생 수(명)	2	5		3	12

12 가을에 태어난 학생은 몇 명인가요?

( )

서술형
13 표를 보고 그래프의 세로에 학생 수를 나타내려고 합니다. 서진이가 그래프를 완성할 수 없는 이유를 써 보세요.

그래프의 세로를 3칸으로 나누었어.

서진

이유 _____

_____

14 표를 보고 ×를 이용하여 그래프로 나타내 보세요.

승우네 반 학생들이 태어난 계절별 학생 수

겨울					
가을					
여름					
봄					
계절 \ 학생 수(명)	1	2	3	4	5

| 15~17 | 수아네 반 학생들이 좋아하는 채소를 조사하였습니다. 물음에 답하세요.

수아네 반 학생들이 좋아하는 채소

이름	채소	이름	채소	이름	채소
수아	감자	형준	호박	기찬	감자
유진	호박	상훈	오이	지현	오이
은석	오이	미정	무	성규	감자
창민	감자	세진	호박	혜은	오이

15 조사한 자료를 보고 표로 나타내 보세요.

수아네 반 학생들이 좋아하는 채소별 학생 수

채소	감자	호박	오이	무	합계
학생 수(명)					

16 감자를 좋아하는 학생과 무를 좋아하는 학생은 모두 몇 명인가요?

(   )

17 15의 표를 보고 /를 이용하여 그래프로 나타내 보세요.

수아네 반 학생들이 좋아하는 채소별 학생 수

학생 수(명) 채소		

18 성재네 반 학생 15명이 체험 학습 때 가 보고 싶은 장소를 조사하여 그래프로 나타냈습니다. 박물관에 가 보고 싶은 학생은 몇 명인지 구해 보세요.

성재네 반 학생들이 가 보고 싶은 장소별 학생 수

박물관						
동물원	○	○	○	○		
놀이공원	○	○	○	○	○	○
장소 \ 학생 수(명)	1	2	3	4	5	6

(   )

19 우지네 반 학생들의 혈액형을 조사하여 그래프로 나타냈습니다. A형인 학생 수가 O형인 학생 수의 3배일 때 조사한 학생은 모두 몇 명인지 구해 보세요.

우지네 반 학생들의 혈액형별 학생 수

O형	×	×					
AB형	×	×	×	×	×		
B형	×	×	×	×	×	×	×
A형							
혈액형 \ 학생 수 (명)	1	2	3	4	5	6	7

(   )

20 표와 그래프를 완성해 보세요.

일주일 동안 날씨별 일수

날씨	일수(일)
맑음	3
흐림	
비	
합계	7

3			
2			○
1			○
일수(일) \ 날씨	맑음	흐림	비

단원 평가 **B**단계 5. 표와 그래프

점수 /

|01~04| 희수네 반 학생들이 좋아하는 운동을 조사하였습니다. 물음에 답하세요.

희수네 반 학생들이 좋아하는 운동

01 조사한 자료를 보고 표로 나타내 보세요.

희수네 반 학생들이 좋아하는 운동별 학생 수

운동	축구	야구	농구	배구	합계
학생 수(명)					

02 좋아하는 학생 수가 야구와 같은 운동은 무엇인가요?

( )

03 희수네 반 학생은 모두 몇 명인가요?

( )

04 좋아하는 운동별 학생 수를 한눈에 알아보기 쉬운 것에 ○표 하세요.

(조사한 자료 , 표)

05 자료를 분류하여 그래프로 나타내는 순서에 맞게 기호를 써 보세요.

> ㉠ 가로와 세로의 칸 수 각각 정하기
> ㉡ 가로와 세로에 쓸 내용 정하기
> ㉢ 조사한 자료 살펴보기
> ㉣ 학생 수를 ○로 표시하기

㉢ → ☐ → ☐ → ☐

|06~08| 우주네 반 학생들이 좋아하는 계절을 조사하여 표로 나타냈습니다. 물음에 답하세요.

우주네 반 학생들이 좋아하는 계절별 학생 수

계절	봄	여름	가을	겨울	합계
학생 수(명)	5	6	3	4	18

06 여름을 좋아하는 학생은 몇 명인가요?

( )

07 표를 보고 ○를 이용하여 그래프로 나타내 보세요.

우주네 반 학생들이 좋아하는 계절별 학생 수

겨울						
가을						
여름						
봄						
계절 학생 수(명)	1	2	3	4	5	6

08 가장 적은 학생들이 좋아하는 계절은 무엇인가요?

( )

| 09~11 | 경호네 반 학생들이 좋아하는 음식을 조사하여 표로 나타냈습니다. 물음에 답하세요.

경호네 반 학생들이 좋아하는 음식별 학생 수

음식	불고기	생선구이	돈가스	라면	합계
학생 수(명)	4	6	3	5	18

09 돈가스를 좋아하는 학생과 라면을 좋아하는 학생은 모두 몇 명인가요?

( )

10 표를 보고 ○를 이용하여 그래프로 나타내 보세요.

경호네 반 학생들이 좋아하는 음식별 학생 수

6				
5				
4				
3				
2				
1				
학생 수(명) 음식	불고기	생선구이	돈가스	라면

11 10의 그래프에서 가로와 세로를 바꾸고, /를 이용하여 그래프로 나타내 보세요.

경호네 반 학생들이 좋아하는 음식별 학생 수

라면						
돈가스						
생선구이						
불고기						
음식 학생 수(명)	1	2	3	4	5	6

| 12~14 | 신발장에 있는 신발의 종류를 조사하여 표와 그래프로 나타냈습니다. 물음에 답하세요.

신발장에 있는 종류별 신발 수

종류	운동화	구두	샌들	장화	합계
신발 수(켤레)		7		2	

신발장에 있는 종류별 신발 수

7				
6	○			
5	○		○	
4	○		○	
3	○		○	
2	○		○	
1	○		○	
신발 수(켤레) 종류	운동화	구두	샌들	장화

12 표와 그래프를 완성해 보세요.

13 5켤레보다 많은 신발의 종류를 모두 찾아 ○표 하세요.

(운동화 , 구두 , 샌들 , 장화)

서술형
14 신발 수가 많은 신발 종류부터 차례로 쓰려고 합니다. 풀이 과정을 쓰고, 답을 구해 보세요.

답 , , ,

| 15~17 | 예서네 반 학생들이 좋아하는 음료수를 조사하여 표로 나타냈습니다. 탄산음료를 좋아하는 학생이 우유를 좋아하는 학생보다 1명 더 적습니다. 물음에 답하세요.

예서네 반 학생들이 좋아하는 음료수별 학생 수

음료수	우유	주스	탄산음료	요구르트	물	합계
학생 수(명)	6	3			2	20

15 요구르트를 좋아하는 학생은 몇 명인가요?

( )

16 표를 보고 ×를 이용하여 그래프로 나타내 보세요.

예서네 반 학생들이 좋아하는 음료수별 학생 수

6					
5					
4					
3					
2					
1					
학생 수(명) 음료수	우유	주스	탄산음료	요구르트	물

17 좋아하는 학생 수가 가장 많은 음료수와 가장 적은 음료수의 학생 수의 차는 몇 명인가요?

( )

| 18~20 | 준서네 반 학생들이 좋아하는 생선을 조사하여 그래프로 나타냈습니다. 물음에 답하세요.

준서네 반 학생들이 좋아하는 생선별 학생 수

7	/			
6	/			
5	/			
4	/			/
3	/	/		/
2	/	/		/
1	/	/		/
학생 수(명) 생선	갈치	고등어	삼치	꽁치

18 꽁치를 좋아하는 학생은 몇 명인가요?

( )

19 갈치를 좋아하는 학생은 꽁치를 좋아하는 학생보다 몇 명 더 많은가요?

( )

서술형
20 삼치를 좋아하는 학생 수가 고등어를 좋아하는 학생 수의 2배일 때 조사한 학생은 모두 몇 명인지 풀이 과정을 쓰고, 답을 구해 보세요.

_____

_____

_____

답 [ ]

| 01 ~ 02 | 그림을 보고 물음에 답하세요.

01 반복되는 무늬를 찾아 ○표 하세요.

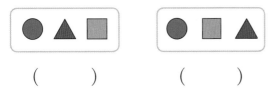

(   )   (   )

02 빈칸에 알맞은 무늬를 그려 넣으세요.

03 규칙에 따라 쌓기나무를 쌓았습니다. 왼쪽에서 오른쪽으로 반복되는 쌓기나무의 수를 찾아 기호를 써 보세요.

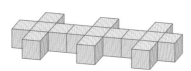

㉠ 1개, 3개   ㉡ 1개, 3개, 1개

(   )

04 덧셈표에서   으로 색칠한 수는 오른쪽으로 갈수록 몇씩 커지는지 써 보세요.

+	5	6	7
5	10	11	12
6	11	12	13
7	12	13	14

(   )

05 달력에서 규칙을 찾아 □ 안에 알맞은 수를 써넣으세요.

4월

일	월	화	수	목	금	토
			1	2	3	4
5	6	7	8	9	10	11
12	13	14	15	16	17	18
19	20	21	22	23	24	25
26	27	28	29	30		

같은 요일에 있는 수는 아래쪽으로 내려갈수록 □ 씩 커집니다.

06 규칙을 찾아 빈칸에 알맞은 원의 색깔을 써 보세요.

(   )

07 규칙을 찾아 ●을 알맞게 그려 넣으세요.

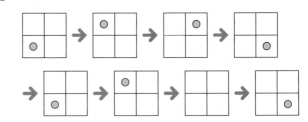

08 규칙에 따라 쌓기나무를 쌓았습니다. 규칙을 찾아 써 보세요.

_____

_____

| 09~10 | 규칙에 따라 쌓기나무를 쌓았습니다. 물음에 답하세요.

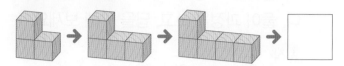

09 쌓기나무가 몇 개씩 늘어나는지 구해 보세요.

( )

서술형
10 다음에 이어질 모양에 쌓을 쌓기나무는 모두 몇 개인지 풀이 과정을 쓰고, 답을 구해 보세요.

_____

_____

_____

답 _____

11 덧셈표를 보고 바르게 설명한 것의 기호를 써 보세요.

+	3	5	7	9
3	6	8	10	12
5	8	10	12	14
7	10	12	14	16
9	12	14	16	18

㉠ ↘ 방향으로 갈수록 2씩 커집니다.
㉡ 오른쪽으로 갈수록 2씩 커집니다.

( )

| 12~13 | 곱셈표를 보고 물음에 답하세요.

×	2	3	4	5	6
2	4	6	8	10	12
3	6	9	12	15	18
4	8	12	16	20	24
5	10	15	20	25	30
6	12	18	24	30	36

12 ▨으로 색칠한 곳과 규칙이 같은 곳을 찾아 색칠해 보세요.

13 곱셈표에서 찾을 수 있는 규칙을 바르게 설명한 사람의 이름을 써 보세요.

규리: 곱셈표에 있는 수들은 모두 짝수야.
지태: ■단 곱셈구구에 있는 수는 아래쪽으로 내려갈수록 ■씩 커져.

( )

14 덧셈표에서 규칙을 찾아 빈칸에 알맞은 수를 써넣으세요.

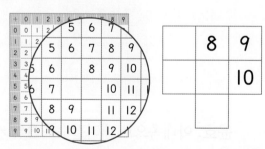

15 사물함 번호에 있는 규칙을 찾아 빈칸에 알맞은 번호를 써 보세요.

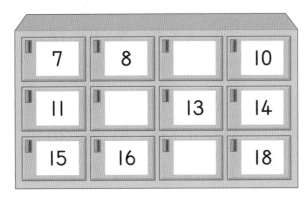

7	8		10
11		13	14
15	16		18

16 영화 시간표에서 규칙을 찾아 써 보세요.

영화 시작 시각

1회	2회	3회	4회	5회
7:00	10:00	13:00	16:00	19:00

_____

_____

17 승강기 안에 있는 버튼의 수를 보고 규칙을 바르게 말한 사람의 이름을 써 보세요.

13	14	15
10	11	12
7	8	9
4	5	6
1	2	3

윤호: 아래쪽으로 내려갈수록 3씩 커져.
연수: 오른쪽으로 갈수록 1씩 작아져.
민희: ↗ 방향으로 갈수록 4씩 커져.

( )

서술형

18 구슬을 끼운 줄의 규칙을 찾아 빈 구슬 3개에 알맞은 모양을 차례로 구하려고 합니다. 풀이 과정을 쓰고, 답을 구해 보세요.

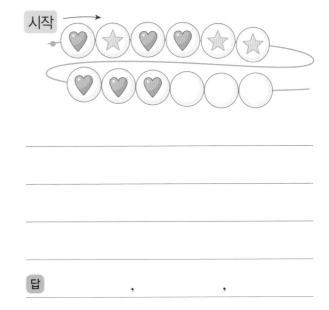

시작

_____

_____

답 _____ , _____ , _____

19 규칙에 따라 쌓기나무를 쌓았습니다. 다섯 번째 모양을 만드는 데 필요한 쌓기나무는 모두 몇 개인지 구해 보세요.

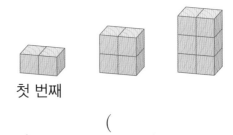

첫 번째

( )

20 규칙에 따라 동전을 놓았습니다. 10번째에 놓을 동전은 얼마짜리 동전인지 구해 보세요.

첫 번째

( )

단원 평가 B단계

6. 규칙 찾기

01 규칙에 따라 당근, 오이, 버섯이 놓여 있습니다. 빈칸에 들어갈 채소의 이름을 써 보세요.

( )

02 그림을 보고 규칙을 찾아 ○표 하세요.

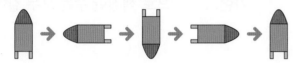

우주선 모양이
(시계 방향 , 시계 반대 방향)으로
돌아갑니다.

03 전화기에 있는 수에서 규칙을 찾아 □ 안에 알맞은 수를 써넣으세요.

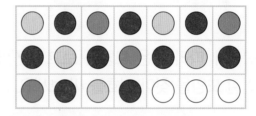

아래쪽으로 내려갈수록
□ 씩 커집니다.

04 규칙을 찾아 빈칸에 알맞은 모양과 단추 구멍의 수를 차례로 써 보세요.

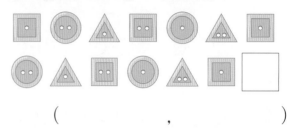

(,)

| 05~07 | 그림을 보고 물음에 답하세요.

05 규칙을 찾아 ○ 안을 알맞게 색칠해 보세요.

06 위 그림에서 ⬤은 1, ⬤은 2, ⬤은 3으로 바꾸어 나타내 보세요.

07 06의 규칙을 바르게 설명한 것의 기호를 써 보세요.

㉠ 1, 2, 3, 2가 반복됩니다.
㉡ 1, 3, 3, 2가 반복됩니다.

( )

08 규칙을 찾아 그림을 완성해 보세요.

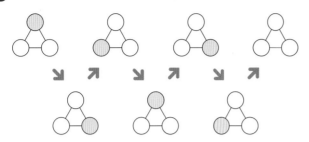

09 규칙을 찾아 빈칸에 알맞은 모양을 그려 넣으세요.

□	△	□	□	△	△	□	□
□	△	△	△	□	□		

10 규칙에 따라 쌓은 모양을 보고 빈칸에 들어갈 모양을 찾아 기호를 써 보세요.

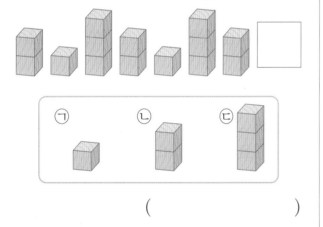

( )

11 규칙에 따라 쌓은 모양에 ○표 하세요.

쌓기나무의 수가 왼쪽에서 오른쪽으로 1개, 2개, 1개씩 반복됩니다.

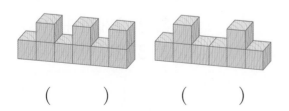

( ) ( )

| 12~13 | 덧셈표를 보고 물음에 답하세요.

+	2	3	4	5
3	5	6	7	8
4	6	7	㉠	9
5	7	8	9	㉡
6	8	9	㉢	11

12 덧셈표에서 찾을 수 있는 규칙을 잘못 설명한 사람의 이름을 써 보세요.

나래: 아래쪽으로 내려갈수록 1씩 커져.
가현: ▨으로 색칠한 수는 모두 같아.

( )

13 ㉠, ㉡, ㉢ 중 수가 다른 하나를 찾아 기호를 써 보세요.

( )

14 곱셈표를 완성하고, ▨으로 색칠한 수의 규칙을 찾아 써 보세요.

×	1	3	5	7	9
1	1	3	5		
3	3	9	15		
5	5	15	25		
7					
9					

_____

_____

15 곱셈표에서 규칙을 찾아 빈칸에 알맞은 수를 써넣으세요.

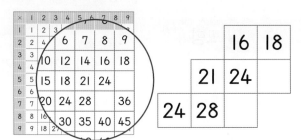

16 어느 승강기 안에 있는 버튼 일부가 닳아서 보이지 않습니다. 17층에 가려고 할 때 눌러야 하는 버튼을 찾아 ○표 하세요.

서술형
17 규칙에 따라 쌓기나무를 쌓았습니다. 다섯 번째 모양을 만드는 데 필요한 쌓기나무는 모두 몇 개인지 풀이 과정을 쓰고, 답을 구해 보세요.

  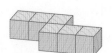

첫 번째

답 _____

18 어느 해의 1월 달력이 찢어졌습니다. 이달의 마지막 목요일은 며칠인지 구해 보세요.

1월

일	월	화	수	목	금	토
				1	2	3	4
5	6	7				

(   )

| 19~20 | 공연장 의자 번호를 보고 물음에 답하세요.

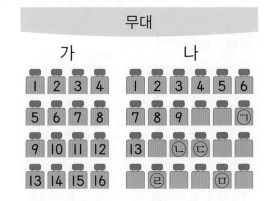

19 가 구역 의자 번호의 규칙을 찾아 써 보세요.

_____

_____

서술형
20 휘서의 의자 번호는 '나 구역 20번'입니다. 휘서의 자리를 찾아 기호를 쓰려고 합니다. 풀이 과정을 쓰고, 답을 구해 보세요.

_____

_____

답 _____

1단원 네 자리 수

천 모형	백 모형	십 모형	일 모형
1000이 1개	100이 3개	10이 6개	1이 4개
1	3	6	4

천의 자리 숫자 1은 1000을 나타내.

백의 자리 숫자 3은 300을 나타내.

십의 자리 숫자 6은 60을 나타내.

일의 자리 숫자 4는 4를 나타내.

➜ 1364＝1000＋300＋60＋4

다음에 배워요
- 만, 십만, 백만, 천만
- 억, 조
- 큰 수의 크기 비교하기

2단원 곱셈구구

2단 곱셈구구

$2 × 1 = 2$
$2 × 2 = 4$
$2 × 3 = 6$
$2 × 4 = 8$
$2 × 5 = 10$
$2 × 6 = 12$
$2 × 7 = 14$
$2 × 8 = 16$
$2 × 9 = 18$
＋2씩

3단 곱셈구구

$3 × 1 = 3$
$3 × 2 = 6$
$3 × 3 = 9$
$3 × 4 = 12$
$3 × 5 = 15$
$3 × 6 = 18$
$3 × 7 = 21$
$3 × 8 = 24$
$3 × 9 = 27$
＋3씩

......

9단 곱셈구구

$9 × 1 = 9$
$9 × 2 = 18$
$9 × 3 = 27$
$9 × 4 = 36$
$9 × 5 = 45$
$9 × 6 = 54$
$9 × 7 = 63$
$9 × 8 = 72$
$9 × 9 = 81$
＋9씩

➜ ■단 곱셈구구의 곱은 ■씩 커집니다.

다음에 배워요
- 나눗셈
- 곱셈과 나눗셈의 관계
- (두 자리 수) ×(한 자리 수)

3단원 길이 재기

100cm는 1m와 같습니다. **쓰기** ① ② ③ **1m** **읽기** 1미터

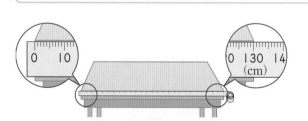

130cm＝1m 30cm

다음에 배워요
- 1mm
- 1km
- 길이 어림하기

다음에 배워요
- 1초
- 시간의 덧셈과 뺄셈

4단원 · 시각과 시간

- 시계에서 긴바늘이 가리키는 작은 눈금 한 칸은 1분을 나타냅니다.
- 시계의 긴바늘이 한 바퀴 도는 데 걸린 시간은 60분입니다.
- 오전: 전날 밤 12시부터 낮 12시까지
  오후:　　낮 12시부터 밤 12시까지

60분=1시간	1일=24시간	1주일=7일	1년=12개월

다음에 배워요
- 그림그래프

5단원 · 표와 그래프

민지네 모둠 학생들이 좋아하는 동물

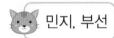 민지, 부선　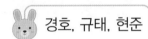 경호, 규태, 현준　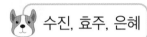 수진, 효주, 은혜

민지네 모둠 학생들이
좋아하는 동물별 학생 수

동물	고양이	토끼	강아지	합계
학생 수(명)	2	3	3	8

민지네 모둠 학생 수는 8명이야.

민지네 모둠 학생들이
좋아하는 동물별 학생 수

학생 수(명) / 동물	고양이	토끼	강아지
3		○	○
2	○	○	○
1	○	○	○

가장 적은 학생들이
좋아하는 동물은 고양이야.

다음에 배워요
- 규칙을 수나 식으로 나타내기
- 계산식의 배열에서 계산 결과 규칙 찾기

6단원 · 규칙 찾기

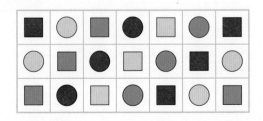

+	5	6	7
5	10	11	12
6	11	12	13
7	12	13	14

[규칙] 빨간색, 노란색, 초록색이 반복됩니다.
[규칙] 사각형, 원이 반복됩니다.

[규칙] 색칠한 수는 오른쪽으로 갈수록 1씩 커집니다.

동아출판

실수를 줄이는 한 끗 차이!

빈틈없는 연산서

•교과서 전단원 연산 구성 •하루 4쪽, 4단계 학습 •실수 방지 팁 제공

수학의 기본

실력이 완성되는 강력한 차이!

새로워진 유형서

•기본부터 응용까지 모든 유형 구성
•대표 예제로 유형 해결 방법 학습
•서술형 강화책 제공

개념 이해가 실력의 차이!

대체불가 개념서

•교과서 개념 시각화 구성
•수학익힘 교과서 완벽 학습
•기본 강화책 제공

평가북

백점 수학 2·2

초등학교   학년   반   번   이름

백점

수학 2·2

해설북

- 한눈에 보이는 **정확한 답**
- 한번에 이해되는 **자세한 풀이**

모바일
빠른 정답

동아출판

차례

백점 수학 빠른 정답

QR코드를 찍으면 **정답과 풀이**를
쉽고 빠르게 확인할 수 있습니다.

1. 네 자리 수

확인**1** 1000, 천　　확인**2** 6000
1 I, 1000
2 ⑴ 980, 1000　⑵ 998, 1000
3 3000, 삼천
4

5 ⑴ ×　⑵ ○　　　　**6** 5000

2 ⑴ 990보다 10만큼 더 큰 수는 1000입니다.
　⑵ 999보다 I만큼 더 큰 수는 1000입니다.

3 1000이 3개이면 3000이고, 삼천이라고 읽습니다.

4 9000은 1000이 9개인 수이므로 (1000)을 9개 색칠합니다.

5 ⑴ 1000이 5개이면 5000입니다.

6 100이 10개이면 1000이 I개인 것과 같습니다.
　→ 1000이 5개이면 5000이므로 돈은 모두 5000원입니다.

01 ⑴ 200　⑵ 300　　**02** ①
03 8000개　　　　　**04** 400원
05

06 ⑩ 나는 1000원으로 초콜릿을 사 먹었어.
07 4개　　　　　　**08** 7000개
09 ❶ 4000, 4000, 3000　❷ ㉢　　　답 ㉢
10 ❶ ㉠은 5000, ㉡은 4000, ㉢은 4000을 나타냅니다.
　❷ 따라서 나타내는 수가 다른 하나는 ㉠입니다.
　　　　　　　　　　　　　　　　　답 ㉠

01 ⑴ 800에서 100만큼 2번 가면 1000이므로 1000은 800보다 200만큼 더 큰 수입니다.
　⑵ 700에서 100만큼 3번 가면 1000이므로 700보다 300만큼 더 큰 수는 1000입니다.

02 ① 990보다 I만큼 더 큰 수는 991입니다.

03 병은 모두 8개입니다.
　→ 1000이 8개이면 8000이므로 사탕은 모두 8000개입니다.

04 1000은 100이 10개인 수입니다.

100원짜리 동전 10개를 묶으면 100원짜리 동전 4개가 남으므로 남는 돈은 400원입니다.

05 ・200은 800이 더 있어야 1000이 됩니다.
　・600은 400이 더 있어야 1000이 됩니다.
　・300은 700이 더 있어야 1000이 됩니다.

06 [평가 기준] 1000을 이용하여 문장을 만든 경우 정답으로 인정합니다.

07 100이 10개이면 1000이 I개인 것과 같고, 5000은 1000이 5개인 수입니다.
　→ 1000이 4개 더 있어야 5000이 되므로 (1000)을 4개 그려야 합니다.

08 100이 70개이면 7000입니다.

따라서 준호가 봉사 활동에 참여하여 배달한 연탄은 모두 7000개입니다.

> 참고 100이 10개이면 1000입니다.
> → 100이 70개이면 7000입니다.

09

채점 기준	❶ ㉠, ㉡, ㉢이 나타내는 수를 각각 구한 경우	3점	5점
	❷ 나타내는 수가 다른 하나를 찾아 기호를 쓴 경우	2점	

10

채점 기준	❶ ㉠, ㉡, ㉢이 나타내는 수를 각각 구한 경우	3점	5점
	❷ 나타내는 수가 다른 하나를 찾아 기호를 쓴 경우	2점	

2회 개념 학습

> 확인1 4257 확인2 7, 7000
> 1 3, 3, 2, 6 / 3326 2 팔천구백삼
> 3 (위에서부터) 3, 5, 9, 8 / 3000, 500, 90, 8
> 4 6, 4 5 ⑴ 70 ⑵ 7000
> 6 8126

1 1000이 3개, 100이 3개, 10이 2개, 1이 6개이면 3326입니다.

> 참고 1000이 ■개, 100이 ▲개, 10이 ●개, 1이 ◆개이면 ■▲●◆입니다.

2
$$\underset{\text{팔천}}{8} \quad \underset{\text{구백}}{9} \quad \underset{\times}{0} \quad \underset{\text{삼}}{3}$$

> 참고 십의 자리 숫자가 0이므로 그 자리는 읽지 않습니다.

3 • 천의 자리 숫자는 3이고, 3000을 나타냅니다.
  • 백의 자리 숫자는 5이고, 500을 나타냅니다.
  • 십의 자리 숫자는 9이고, 90을 나타냅니다.
  • 일의 자리 숫자는 8이고, 8을 나타냅니다.

4 6247은 1000이 6개, 100이 2개, 10이 4개, 1이 7개인 수입니다.

5 ⑴ 7은 십의 자리 숫자이므로 70을 나타냅니다.
  ⑵ 7은 천의 자리 숫자이므로 7000을 나타냅니다.

6 숫자 8이 나타내는 수를 각각 알아봅니다.
2830 → 800, 4078 → 8,
8126 → 8000, 5983 → 80

2회 문제 학습

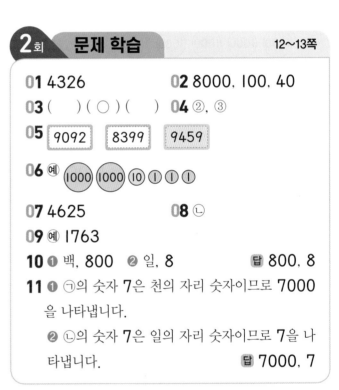

> 01 4326 02 8000, 100, 40
> 03 (　)(○)(　) 04 ②, ③
> 05 | 9092 | 8399 | 9459 |
> 06 예 (1000)(1000)(10)(1)(1)(1)
> 07 4625 08 ㉡
> 09 예 1763
> 10 ❶ 백, 800 ❷ 일, 8 답 800, 8
> 11 ❶ ㉠의 숫자 7은 천의 자리 숫자이므로 7000을 나타냅니다.
> ❷ ㉡의 숫자 7은 일의 자리 숫자이므로 7을 나타냅니다. 답 7000, 7

01 천 모형이 4개, 백 모형이 3개, 십 모형이 2개, 일 모형이 6개이면 4326입니다.

02 8146에서
천의 자리 숫자 8은 8000을,
백의 자리 숫자 1은 100을,
십의 자리 숫자 4는 40을,
일의 자리 숫자 6은 6을 나타냅니다.
→ 8146=8000+100+40+6

03 백의 자리 숫자를 각각 알아봅니다.
2418 → 4, 5104 → 1, 9073 → 0

04 각각 수로 나타내 0을 몇 개 쓰는지 알아봅니다.

① 8000 ➜ 3개   ② 3006 ➜ 2개

③ 9020 ➜ 2개   ④ 5069 ➜ 1개

⑤ 7450 ➜ 1개

따라서 수로 나타낼 때 0을 2개 써야 하는 것은 ②, ③입니다.

05 · 9092는 구천구십이라고 읽습니다.

· 8399는 팔천삼백구십구라고 읽습니다.

· 9459는 구천사백오십구라고 읽습니다.

06 2013은 1000이 2개, 10이 1개, 1이 3개인 수와 같습니다.

➜ ⑩00을 2개, ⑩을 1개, ①을 3개 그립니다.

[평가 기준] ⑩을 1개 그리지 않고 ①을 13개 그리는 경우도 정답으로 인정합니다.

07 숫자 4가 나타내는 수를 각각 알아봅니다.

4625 ➜ 4000, 1004 ➜ 4,

9480 ➜ 400, 5743 ➜ 40

따라서 숫자 4가 나타내는 수가 가장 큰 것은 4625입니다.

08 ⓒ 1000이 2개, 100이 4개, 1이 9개인 수입니다.

따라서 잘못된 것은 ⓒ입니다.

09 십의 자리 숫자가 60을 나타내므로 십의 자리 숫자는 6입니다.

➜ □□6□

따라서 만들 수 있는 네 자리 수는 1367, 1763, 3167, 3761, 7163, 7361입니다.

[평가 기준] 위의 6개의 네 자리 수 중 하나를 답으로 쓴 경우 정답으로 인정합니다.

10

	채점 기준		
	❶ ㉠이 나타내는 수를 구한 경우	3점	5점
	❷ ㉡이 나타내는 수를 구한 경우	2점	

11

	채점 기준		
	❶ ㉠이 나타내는 수를 구한 경우	3점	5점
	❷ ㉡이 나타내는 수를 구한 경우	2점	

3회 개념 학습   14~15쪽

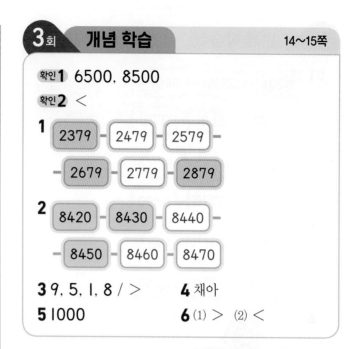

확인**1** 6500, 8500

확인**2** <

1 2379 - 2479 - 2579 - 2679 - 2779 - 2879

2 8420 - 8430 - 8440 - 8450 - 8460 - 8470

3 9, 5, 1, 8 / >   **4** 채아

5 1000   **6** ⑴ >   ⑵ <

1 100씩 뛰어 세면 백의 자리 수가 1씩 커집니다.

➜ 2379 - 2479 - 2579 - 2679 - 2779 - 2879

2 10씩 뛰어 세면 십의 자리 수가 1씩 커집니다.

➜ 8420 - 8430 - 8440 - 8450 - 8460 - 8470

3 9742와 9518의 천의 자리 수가 같으므로 백의 자리 수를 비교하면 7>5입니다.

➜ 9742>9518

4 네 자리 수의 크기를 비교할 때에는 천, 백, 십, 일의 자리 순서로 비교해야 합니다.

따라서 바르게 말한 사람은 채아입니다.

5 천의 자리 수가 1씩 커지므로 1000씩 뛰어 센 것입니다.

6 ⑴ 4152와 3428의 천의 자리 수를 비교하면 4>3입니다.

➜ 4152>3428

⑵ 6031과 6035의 천의 자리, 백의 자리, 십의 자리 수가 같으므로 일의 자리 수를 비교하면 1<5입니다.

➜ 6031<6035

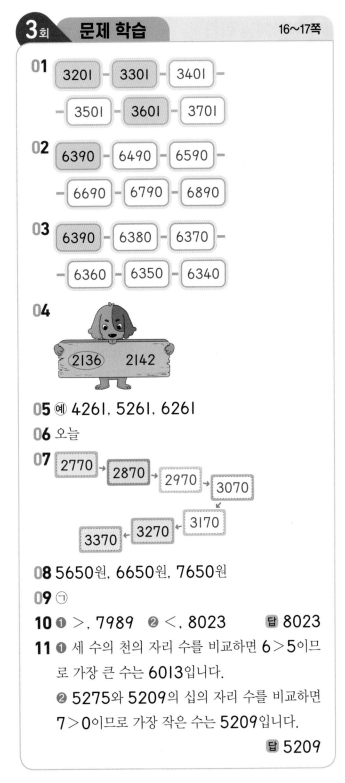

01 3201 – 3301 – 3401 – 3501 – 3601 – 3701

02 6390 – 6490 – 6590 – 6690 – 6790 – 6890

03 6390 – 6380 – 6370 – 6360 – 6350 – 6340

04 2136 2142

05 예 4261, 5261, 6261

06 오늘

07 2770 → 2870 → 2970 → 3070 → 3170 → 3270 → 3370

08 5650원, 6650원, 7650원

09 ㉠

10 ❶ >, 7989 ❷ <, 8023 답 8023

11 ❶ 세 수의 천의 자리 수를 비교하면 6>5이므로 가장 큰 수는 6013입니다.
❷ 5275와 5209의 십의 자리 수를 비교하면 7>0이므로 가장 작은 수는 5209입니다.
답 5209

01 백의 자리 수가 1씩 커지므로 100씩 뛰어 센 것입니다.

02 100씩 뛰어 세면 백의 자리 수가 1씩 커집니다.

03 10씩 거꾸로 뛰어 세면 십의 자리 수가 1씩 작아집니다.

04 2136과 2142의 천의 자리, 백의 자리 수가 같으므로 십의 자리 수를 비교하면 3<4입니다.
→ 2136<2142

05 ・1씩 뛰어 센 경우:
3261–3262–3263–3264
・10씩 뛰어 센 경우:
3261–3271–3281–3291
・100씩 뛰어 센 경우:
3261–3361–3461–3561
・1000씩 뛰어 센 경우:
3261–4261–5261–6261
[평가 기준] 일정한 수로 알맞게 뛰어 센 경우 정답으로 인정합니다.

06 2845와 2887의 천의 자리, 백의 자리 수가 같으므로 십의 자리 수를 비교하면 4<8입니다.
→ 2845<2887
따라서 누리집에 방문한 사람 수가 더 많은 날은 오늘입니다.

07 100씩 뛰어 세면 백의 자리 수가 1씩 커집니다.

08 한 달에 1000원씩 저금하므로 4650에서 1000씩 뛰어 셉니다.
1000씩 뛰어 세면 천의 자리 수가 1씩 커집니다.
→ 4650–5650–6650–7650

09 ㉠ 3279입니다.
㉡ 삼천백일을 수로 쓰면 3101입니다.
3279와 3101의 천의 자리 수가 같으므로 백의 자리 수를 비교하면 2>1입니다.
→ 3279>3101
따라서 나타내는 수가 더 큰 것은 ㉠입니다.

10
채점 기준			
	❶ 가장 작은 수를 구한 경우	3점	5점
	❷ 가장 큰 수를 구한 경우	2점	

11
채점 기준			
	❶ 가장 큰 수를 구한 경우	3점	5점
	❷ 가장 작은 수를 구한 경우	2점	

01 1단계 예

2단계 2200원

02 2500원 　　　　**03** 2100원

04 1단계 4520 　　**2단계** 4820

05 7128 　　　　　**06** 1698

07 1단계 9, 8, 6, 2 　**2단계** 9862

08 2358 　　　　　**09** 7410, 1047

10 1단계 > 　　　　**2단계** 6, 7, 8, 9

11 0, 1, 2, 3 　　　**12** 4

---

01 1단계 천 원짜리 지폐 1장, 백 원짜리 동전 5개를 /으로 지웁니다.

2단계 크림빵 한 개의 가격만큼 지우고 남은 돈은 천 원짜리 지폐 2장, 백 원짜리 동전 2개이므로 피자빵의 가격은 2200원입니다.

02 천 원짜리 지폐 2장, 백 원짜리 동전 3개를 /으로 지우고 남은 돈은 천 원짜리 지폐 2장, 백 원짜리 동전 5개이므로 가위의 가격은 2500원입니다.

참고

03 천 원짜리 지폐 1장과 백 원짜리 동전 4개를 /으로 지우고, 천 원짜리 지폐 2장과 백 원짜리 동전 2개를 ×로 지우면 남은 돈은 천 원짜리 지폐 2장과 백 원짜리 동전 1개이므로 바나나우유의 가격은 2100원입니다.

참고

04 1단계 1000이 4개, 100이 5개, 10이 2개이므로 4520입니다.

2단계 100씩 뛰어 세면 백의 자리 수가 1씩 커집니다.

→ 4520—4620—4720—4820

05 천의 자리 숫자가 7, 백의 자리 숫자가 5, 십의 자리 숫자가 2, 일의 자리 숫자가 8인 네 자리 수는 7528입니다.

100씩 거꾸로 뛰어 세면 백의 자리 수가 1씩 작아집니다.

→ 7528—7428—7328—7228—7128

06 • 1000보다 크고 2000보다 작으므로 1□□□입니다.

• 백의 자리 숫자는 600을 나타내므로 16□□입니다.

• 십의 자리 숫자는 4, 일의 자리 숫자는 8이므로 1648입니다.

10씩 뛰어 세면 십의 자리 수가 1씩 커집니다.

→ 1648—1658—1668—1678—1688
　　—1698

07 2단계 9>8>6>2이므로 만들 수 있는 네 자리 수 중 가장 큰 수는 9862입니다.

08 2<3<5<8이므로 만들 수 있는 네 자리 수 중 가장 작은 수는 2358입니다.

09 수의 크기를 비교하면 7>4>1>0입니다.
따라서 만들 수 있는 네 자리 수 중 가장 큰 수는 7410이고, 가장 작은 수는 1047입니다.

참고 가장 작은 네 자리 수를 만들 때 천의 자리에 0은 올 수 없으므로 둘째로 작은 수인 1을 천의 자리에 놓아야 합니다.

10 2단계 두 수의 일의 자리 수를 비교하면 3>1이므로 □ 안에 5보다 큰 수가 들어가야 합니다.
따라서 □ 안에 들어갈 수 있는 수는 6, 7, 8, 9입니다.

개념북 1단원

11 두 수의 천의 자리 수가 같고, 십의 자리 수를 비교하면 **9**>**5**입니다.

→ □ 안에 **4**보다 작은 수가 들어가야 합니다. 따라서 □ 안에 들어갈 수 있는 수는 **0, 1, 2, 3**입니다.

12 두 수의 천의 자리, 백의 자리 수는 같고, 일의 자리 수를 비교하면 **8**>**3**입니다.

→ □ 안에 **5**보다 작은 수가 들어가야 합니다. 따라서 □ 안에 들어갈 수 있는 수는 **0, 1, 2, 3, 4**이고, 이 중 가장 큰 수는 **4**입니다.

5회 마무리 평가   22~25쪽

01 1000, 천   **02** 3000원
03 4, 9   **04** 9, 9000
05

| 8641 | 8651 | 8661 |
| 8671 | 8681 | 8691 |

06 >   **07** 100 / 10
08 •———•
   •———•
09 ❶ ㉠은 100, ㉡은 1000, ㉢은 1000을 나타냅니다.

❷ 따라서 나타내는 수가 다른 하나는 ㉠입니다.

답 ㉠

10 서진   **11** 9000개
12 육천삼십   **13** 6580원
14

(①) (1000) (10) (1000) (100) (①)
(1000) (10) (100) (10) (①) (100)

15 ㉠
16

| 2285 | 3285 | 4285 |
| 5285 | 6285 | 7285 |

17 희망   **18** >
19 2174   **20** 9425, 5429
21 3개   **22** 7, 8, 9
23 ❶ 세 수의 천의 자리 수를 비교하면 4>1이므로 가장 작은 수는 1985입니다.

❷ 4913과 4802의 백의 자리 수를 비교하면 9>8이므로 가장 큰 수는 4913입니다.

답 4913

24 5잔
25 ❶ 예 코코아는 천 원짜리 지폐 5장, 우유는 천 원짜리 지폐 1장이 필요하므로 6000원으로 코코아 1잔과 우유 1잔을 살 수 있습니다.

❷ 예 홍차는 천 원짜리 지폐 4장, 콜라는 천 원짜리 지폐 2장이 필요하므로 6000원으로 홍차 1잔과 콜라 1잔을 살 수 있습니다.

01 100이 10개이면 1000입니다. 1000은 천이라고 읽습니다.

02 1000이 3개이면 3000이므로 돈은 모두 3000원입니다.

03 4596은 1000이 4개, 100이 5개, 10이 9개, 1이 6개인 수입니다.

04

	천의 자리	백의 자리	십의 자리	일의 자리
숫자	9	4	2	7
나타내는 수	9000	400	20	7

05 10씩 뛰어 세면 십의 자리 수가 1씩 커집니다.

06 (1000)이 더 많은 것이 더 큰 수입니다.

→ 3200>2300

07 • 1000은 900보다 100만큼 더 큰 수입니다.
• 1000은 990보다 10만큼 더 큰 수입니다.

08 • 400은 600이 더 있어야 1000이 됩니다.
• 200은 800이 더 있어야 1000이 됩니다.

09

채점기준	❶ ㉠, ㉡, ㉢이 나타내는 수를 각각 구한 경우	2점	4점
	❷ 나타내는 수가 다른 하나를 찾아 기호를 쓴 경우	2점	

10 100이 80개이면 8000입니다.

따라서 바르게 설명한 사람은 서진이입니다.

11 통은 모두 9개이고, 1000이 9개이면 9000입니다.

따라서 빨대는 모두 9000개입니다.

12 각각 수로 나타내 0을 몇 개 쓰는지 알아봅니다.

• 칠천이백구: 7209 ➜ 1개

• 육천삼십: 6030 ➜ 2개

• 이천십오: 2015 ➜ 1개

13 1000이 6개, 100이 5개, 10이 8개이면 6580입니다.

따라서 유주가 낸 돈은 모두 6580원입니다.

14 밑줄 친 숫자 3은 십의 자리 숫자이므로 30을 나타냅니다.

➜ ⑩을 3개 색칠합니다.

15 숫자 5가 나타내는 수를 각각 알아봅니다.

㉠ 9265 ➜ 5　　㉡ 2754 ➜ 50

㉢ 5476 ➜ 5000　㉣ 8523 ➜ 500

따라서 숫자 5가 나타내는 수가 가장 작은 것은 ㉠입니다.

16 천의 자리 수가 1씩 커지므로 1000씩 뛰어 센 것입니다.

17 ① 3024−4024−5024−6024

➜ 5024에 해당하는 글자는 '희'입니다.

② 6130−6131−6132−6133

➜ 6133에 해당하는 글자는 '망'입니다.

따라서 숨겨진 낱말은 '희망'입니다.

18 3800과 3490의 천의 자리 수가 같으므로 백의 자리 수를 비교하면 8>4입니다.

➜ 3800>3490

19 리아 대기표의 수는 2174, 채율이 대기표의 수는 2183입니다.

2174와 2183의 천의 자리, 백의 자리 수가 같으므로 십의 자리 수를 비교하면 7<8입니다.

➜ 2174<2183

따라서 더 작은 수는 2174입니다.

20 백의 자리 숫자가 400을 나타내므로 4이고, 십의 자리 숫자가 20을 나타내므로 2입니다.

➜ □42□

따라서 만들 수 있는 네 자리 수는 9425, 5429입니다.

21 천의 자리 숫자가 2, 백의 자리 숫자가 4인 네 자리 수는 24□□입니다.

2496보다 큰 24□□는 2497, 2498, 2499로 모두 3개입니다.

22 8□45와 8697의 천의 자리 수가 같고, 십의 자리 수를 비교하면 4<9입니다.

➜ □ 안에 6보다 큰 수가 들어가야 합니다.

따라서 □ 안에 들어갈 수 있는 수는 7, 8, 9입니다.

23

채점기준	❶ 가장 작은 수를 구한 경우	2점	4점
	❷ 가장 큰 수를 구한 경우	2점	

24 5000은 1000이 5개인 수입니다.

따라서 서아는 1000원짜리 우유를 5잔까지 살 수 있습니다.

25

채점기준	❶ 음료수를 살 수 있는 방법을 한 가지 설명한 경우	2점	4점
	❷ 음료수를 살 수 있는 다른 방법을 설명한 경우	2점	

참고 천 원짜리 지폐가 몇 장 필요한지 각각 알아보면 홍차: 4장, 아이스티: 3장, 콜라: 2장, 코코아: 5장, 우유: 1장, 레모네이드: 2장입니다.

[평가 기준] '코코아 1잔과 우유 1잔, 홍차 1잔과 콜라 1잔, 홍차 1잔과 레모네이드 1잔, 아이스티 2잔'을 사는 방법을 설명한 경우 정답으로 인정합니다.

2. 곱셈구구

1회 개념 학습
28~29쪽

확인1 12 / 6, 12   확인2 15 / 3, 15

1 2

2 ⑴ 5, 5, 5 / 25 ⑵ (위에서부터) 5, 25

3 16

4 ⑴ 예  / 4, 20

⑵ 예 / 7, 35

5 ⑴ 18 ⑵ 40   **6** ⑴ 8 ⑵ 30

---

1 2×2는 2×1보다 2씩 1묶음이 더 있으므로
2만큼 더 큽니다.

2 ⑵ 5×5는 5×4보다 5만큼 더 크므로 5×4
에 5를 더해서 계산합니다.

3 2씩 8묶음 ➡ 2×8=16

4 ⑴ 5개씩 묶으면 4묶음이므로 5씩 4묶음입니
다. ➡ 5×4=20

⑵ 5개씩 묶으면 7묶음이므로 5씩 7묶음입니
다. ➡ 5×7=35

6 ⑴ 2×4=8
⑵ 5×6=30

1회 문제 학습
30~31쪽

01 ⑴ 3, 6 ⑵ 4, 20 **02** 5, 15, 45

03

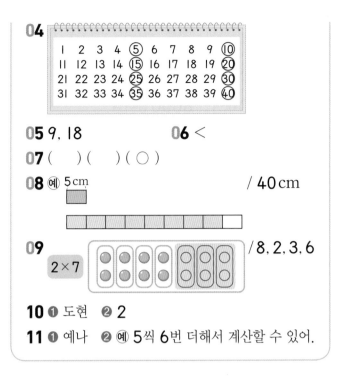

04

05 9, 18   **06** <

07 ( ) ( ) (○)

08 예 5 cm   / 40 cm

09 2×7   / 8, 2, 3, 6

10 ❶ 도현 ❷ 2

11 ❶ 예나 ❷ 예 5씩 6번 더해서 계산할 수 있어.

---

01 ⑴ 2씩 3묶음 ➡ 2×3=6
⑵ 5씩 4묶음 ➡ 5×4=20

02 5×1=5, 5×3=15, 5×9=45

03 2×5=10, 2×6=12, 2×8=16

04 40까지의 수 중에서 5단 곱셈구구의 값은 5,
10, 15, 20, 25, 30, 35, 40입니다.

05 2씩 9묶음 ➡ 2×9=18

06 5×7=35 ➡ 35<40

07 2×5=10, 2×6=12, 2×7=14

08 예 5 cm짜리 막대를 8칸 색칠했으므로 색칠한
막대의 길이는 5×8=40 (cm)입니다.

[평가 기준] ■칸만큼 색칠하고, 5×■로 곱셈식을 나타
내 색칠한 막대의 길이를 구한 경우 정답으로 인정합니다.

09 2×4=8이고, 2×7은 2×4보다 2씩 3묶음
이 더 많으므로 6만큼 더 큽니다.

10	채점 기준	❶ 잘못 말한 사람의 이름을 쓴 경우	3점	5점
		❷ 바르게 고쳐 쓴 경우	2점	

11	채점 기준	❶ 잘못 말한 사람의 이름을 쓴 경우	3점	5점
		❷ 바르게 고쳐 쓴 경우	2점	

확인1 12 / 4, 12	확인2 30 / 5, 30
1 6	
2 (1) 3, 3, 3 / 18	(2) (위에서부터) 3, 18
3 18	**4** 2, 2, 12 / 6
5 (1) 6 (2) 36	**6** (1) 27 (2) 42

1 곱하는 수가 4, 5, 6으로 1씩 커지면 곱은 24, 30, 36으로 6씩 커집니다.

3 6씩 3묶음 ➜ 6×3=18

6 (1) 3×9=27
　　(2) 6×7=42

01 (1) 3, 9 (2) 5, 30　　**02** (위에서부터) 42, 54

03
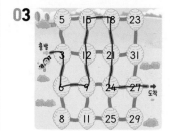

04 4, 24　　　　　　**05** ( ) (○)

06 (위에서부터) 6, 18 / 6, 18

07 ㉢　　　　　　　　**08** 27개

09 예 오렌지, 2 / 6, 2, 12

10 ❶ 12, 15　❷ 12, 15, ㉡　　　　　답 ㉡

11 ❶ 유준: 3×8=24, 예나: 6×6=36
　　❷ 24<36이므로 곱이 더 큰 종이를 들고 있는 사람은 예나입니다.　　　답 예나

01 (1) 3씩 3묶음 ➜ 3×3=9
　　(2) 6씩 5묶음 ➜ 6×5=30

02 6×7=42, 6×9=54

03 3단 곱셈구구의 값은 3, 6, 9, 12, 15, 18, 21, 24, 27입니다.

04 벌 한 마리의 다리는 6개입니다.
　　6씩 4묶음 ➜ 6×4=24

05 3×7=21

06 ・3씩 2번 뛰어 센 것은 6씩 1번 뛰어 센 것과 같습니다. ➜ 3×2=6, 6×1=6
　　・3씩 6번 뛰어 센 것은 6씩 3번 뛰어 센 것과 같습니다. ➜ 3×6=18, 6×3=18

07 ㉢ 6씩 2묶음이므로 6×2의 곱으로 구해야 합니다.
　　따라서 잘못 설명한 것은 ㉢입니다.

08 3씩 9묶음 ➜ 3×9=27
　　따라서 수영이가 산 사과는 모두 27개입니다.

09 ・사과, ■묶음 ➜ 3×■
　　・오렌지, ■묶음 ➜ 6×■
　　・포도, ■묶음 ➜ 3×■
　　・키위, ■묶음 ➜ 6×■

10 채점 기준	❶ ㉠과 ㉡의 곱을 각각 구한 경우	3점	5점
	❷ 곱이 더 큰 것의 기호를 쓴 경우	2점	

11 채점 기준	❶ 유준이와 예나의 곱을 각각 구한 경우	3점	5점
	❷ 곱이 더 큰 종이를 들고 있는 사람은 누구인지 구한 경우	2점	

확인1 24 / 6, 24	확인2 32 / 4, 32
1 4	
2 (1) 8, 8, 8 / 24	(2) (위에서부터) 8, 24
3 40	**4** (1) 4, 16 (2) 2, 16
5 (1) 8 (2) 72	**6** (1) 20 (2) 56

1 4×4는 4×3보다 4씩 1묶음이 더 있으므로 4만큼 더 큽니다.

3 8씩 5묶음 ➜ 8×5=40

4 (1) 4씩 4묶음 ➜ 4×4=16

   (2) 8씩 2묶음 ➜ 8×2=16

6 (1) 4×5=20

   (2) 8×7=56

3회 문제 학습
38~39쪽

01 (1) 5, 20   (2) 3, 24

02

03

04

1	2	3	④	5
6	7	⑧	9	10
11	⑫	13	14	15
⑯	17	18	19	⑳
21	22	23	㉔	25
26	27	㉘	29	30

05 8, 32, 32 / 4, 32, 32

06 >   **07** ㉢

08 56, 64

09 24 / 예 8단, 8×3=24이므로 ㉠에 알맞은 수는 24입니다.

10 ❶ 32, 36, 32   ❷ ㉡   답 ㉡

11 ❶ ㉠ 8×3=24, ㉡ 4×7=28,

   ㉢ 8×6=48

   ❷ 따라서 곱이 48인 곱셈구구는 ㉢입니다.

                  답 ㉢

---

01 (1) 4씩 5묶음 ➜ 4×5=20

   (2) 8씩 3묶음 ➜ 8×3=24

---

02 4×3=12는 4씩 3묶음이므로 빈 접시에 ○를 4개씩 그립니다.

03 8×9=72, 8×6=48

04 30까지의 수 중에서 4단 곱셈구구의 값은 4, 8, 12, 16, 20, 24, 28이고, 8단 곱셈구구의 값은 8, 16, 24입니다.

05 ・4씩 묶으면 8묶음입니다. ➜ 4×8=32

   ・8씩 묶으면 4묶음입니다. ➜ 8×4=32

   따라서 꽃은 모두 32송이입니다.

06 8×5=40, 4×7=28

   ➜ 40>28

07 성냥개비의 수: 4씩 5묶음

                   ➜ 4×5=20

08 8×7=56, 8×8=64

09 다른 풀이 4단 곱셈구구에서 4×6=24이므로 ㉠에 알맞은 수는 24입니다.

10

| 채점
기준 | ❶ ㉠, ㉡, ㉢의 곱을 각각 구한 경우 | 3점 | 5점 |
| | ❷ 곱이 36인 곱셈구구를 찾아 기호를 쓴 경우 | 2점 | |

11

| 채점
기준 | ❶ ㉠, ㉡, ㉢의 곱을 각각 구한 경우 | 3점 | 5점 |
| | ❷ 곱이 48인 곱셈구구를 찾아 기호를 쓴 경우 | 2점 | |

4회 개념 학습
40~41쪽

확인1 28 / 4, 28   확인2 45 / 5, 45

1 7

2 (1) 9, 9, 9 / 36   (2) (위에서부터) 9, 36

3 4, 28   **4** 27, 18 / 45

5 (1) 35   (2) 54   **6** (1) 56   (2) 81

---

1 곱하는 수가 5, 6, 7로 1씩 커지면 곱은 35, 42, 49로 7씩 커집니다.

3 7씩 4번 뛰어 센 수 ➡ $7 \times 4 = 28$

6 (1) $7 \times 8 = 56$

(2) $9 \times 9 = 81$

04 접은 종이학의 수: 7씩 8묶음

➡ $7 \times 8 = 56$

따라서 8일 동안 접은 종이학은 모두 56개입니다.

05 $7 \times 5 = 35$이므로 구슬은 모두 35개입니다.

따라서 잘못 말한 사람은 지현이입니다.

06 [평가 기준] ■씩 ▲묶음을 곱셈식으로 나타내고, 도토리의 수가 27인 것을 설명한 경우 정답으로 인정합니다.

07

×	1	2	3	4	5	6	7	8	9
9	9	18	27	36	45	54	63	72	81

㉠　　　㉡　　　㉣

08 $7 \times \square$의 $\square$ 안에 수 카드의 수를 작은 수부터 차례로 넣어봅니다.

$7 \times 5 = 35(\times)$, $7 \times 6 = 42(\times)$,

$7 \times 8 = 56(\bigcirc)$

09

채점 기준	❶ ㉠에 알맞은 수를 구한 경우	3점	5점
	❷ ㉡에 알맞은 수를 구한 경우	2점	

10

채점 기준	❶ ㉠에 알맞은 수를 구한 경우	3점	5점
	❷ ㉡에 알맞은 수를 구한 경우	2점	

4회 문제 학습 42~43쪽

01 (1) 4, 28 (2) 3, 27

02 4, 36　　**03** 7

04 56개　　**05** 지현

06 방법 1 예 9씩 묶으면 3묶음이므로 $9 \times 3 = 27$입니다.

방법 2 예 3×3을 3번 더하면 됩니다.

$3 \times 3 = 9$이므로 $9 + 9 + 9 = 27$입니다.

07 ㉡　　**08** 8, 5, 6

09 ❶ 6, 6 ❷ 5, 5　　답 6, 5

10 ❶ 7단 곱셈구구에서 $7 \times 9 = 63$이므로 ㉠에 알맞은 수는 9입니다.

❷ 9단 곱셈구구에서 $9 \times 5 = 45$이므로 ㉡에 알맞은 수는 5입니다.　　답 9, 5

01 (1) 7씩 4묶음 ➡ $7 \times 4 = 28$

(2) 9씩 3묶음 ➡ $9 \times 3 = 27$

02 9 cm씩 4번 이동하였으므로 9씩 4묶음입니다.

➡ $9 \times 4 = 36$

03 7단 곱셈구구의 값은 7, 14, 21, 28, 35, 42, 49, 56, 63입니다.

11	40	25	1	31	17
10	42	7	49	21	38
2	35	45	29	14	24
18	13	58	15	56	12
51	26	69	62	63	48
43	20	36	47	28	33
16	55	23	9	22	37

5회 개념 학습 44~45쪽

확인**1** 3　　확인**2** 0

1 (1) 3, 3 (2) 4, 4 (3) 5, 5

2 1　　　**3** (1) 2 (2) 6 (3) 9

4 5, 5 / 0, 0　　**5** 5점

6 0, 0, 0

3 $1 \times \blacksquare = \blacksquare$

5 $0 + 5 + 0 = 5$(점)

6 0과 어떤 수의 곱은 항상 0입니다.

$0 \times 2 = 0$, $0 \times 6 = 0$, $0 \times 8 = 0$

5회 문제 학습
46~47쪽

01 (1) 3, 3 (2) 5, 0　　**02** (1) 0 (2) 0

03 (　) (○)

04

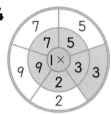

05 1, 3, 3

06 8×0, 0×6, 9×0

07 ③

08 ㉠

09 4, 4 / 1, 0 또는 1, 1 / 4, 0

10 0

11 ❶ 5, 4　❷ 5, 5, 4, 0, 5　　답 5점

12 ❶ 고리 4개를 걸었고, 3개는 걸지 못했습니다.

　　❷ 1×4=4, 0×3=0이므로 지우의 점수는
　　모두 4점입니다.　　답 4점

---

02 (1) 0과 어떤 수의 곱은 항상 0입니다.
　　　➡ 0×7=0

　　(2) 어떤 수와 0의 곱은 항상 0입니다.
　　　➡ 6×0=0

03 ・0과 어떤 수의 곱은 항상 0입니다.
　　　➡ 0×4=0
　　・어떤 수와 0의 곱은 항상 0입니다.
　　　➡ 2×0=0

04 1×■=■

05 1씩 3번이므로 1×3=3입니다.

06 1×0=0
　　8×0=0, 1×1=1, 2×3=6,
　　1×4=4, 0×6=0, 9×0=0

07 ① 0×8=0　② 5×0=0　③ 1×8=8
　　④ 0×1=0　⑤ 3×0=0

08 ㉠ 1×9=9　　㉡ 2×0=0
　　㉢ 0×5=0　　㉣ 6×1=6
　　따라서 곱이 가장 큰 것은 ㉠입니다.

09 1×■=■, ▲×0=0

　　주의 수 카드 중 0은 한 장이므로 무조건 □×0=★의
　　★에 써넣어야 합니다.

10 7×0=0이므로 4×□=0입니다.
　　어떤 수와 0의 곱은 항상 0이므로 □ 안에 알맞
　　은 수는 0입니다.

11
	채점 기준		
	❶ 맞힌 화살 수와 맞히지 못한 화살 수를 각각 구한 경우	2점	5점
	❷ 태우의 점수는 모두 몇 점인지 구한 경우	3점	

12
	채점 기준		
	❶ 건 고리 수와 걸지 못한 고리 수를 각각 구한 경우	2점	5점
	❷ 지우의 점수는 모두 몇 점인지 구한 경우	3점	

6회 개념 학습
48~49쪽

확인 1 2

1 (1)
×	1	2
1	1	2
2	2	4

(2)
×	4	5
4	16	20
5	20	25

2 (1)
×	1	5	9
1	1	5	9
5	5	25	45
9	9	45	81

(2)
×	2	6	7
1	2	6	7
3	6	18	21
8	16	48	56

3 24, 24 / 같습니다　　**4** 같습니다

5 4, 8

|1~2| 세로줄과 가로줄의 수가 만나는 칸에 두 수
　　　의 곱을 써넣습니다.

5 곱하는 두 수의 순서를 서로 바꾸어도 곱은 같습
　　니다.
　　따라서 8×4와 곱이 같은 곱셈구구는 4×8입
　　니다.

01 6, 8 **02** 7×4

03 ㉠

04 예 4, 20 / 4, 5, 20

05 8, 3, 24 / 4, 6, 24 / 6, 4, 24

06

×	3	5	7	9
2	6	10	14	18
4	12	20	28	36
6	18	30	42	54
8	24	40	56	72

07

×	3	4	5	6	7
3				△	
4					
5					
6	●				
7					

08 32

09 ❶ 40 ❷ 42, 56, 2 답 2칸

10 ❶ ㉠에 알맞은 수는 25입니다.

❷ 곱이 ㉠보다 작은 칸은 2×5＝10,
2×8＝16, 2×9＝18이므로 모두 3칸입니다. 답 3칸

02 곱셈표는 세로줄과 가로줄이 만나는 칸에 두 수의 곱을 써넣은 것이므로 ♣에 알맞은 수를 구하는 곱셈구구는 7×4입니다.

03 ㉠ 2단 곱셈구구의 곱은 2, 4, 6, 8, 10, 12, 14, 16, 18이므로 모두 짝수입니다.(○)

㉡ 9단 곱셈구구의 곱은 9, 18, 27, 36, 45, 54, 63, 72, 81이므로 홀수와 짝수가 번갈아 나옵니다.(×)

04 [평가 기준] 곱셈표에서 5단 곱셈구구 중 하나를 찾아 쓰고, 곱하는 두 수의 순서를 바꾸어 곱이 같은 곱셈구구를 쓴 경우 정답으로 인정합니다.

05 3×8＝24이므로 곱셈표에서 곱이 24인 곱셈구구를 모두 찾습니다.
→ 8×3＝24, 4×6＝24, 6×4＝24

07 곱셈표에서 초록색 점선을 따라 접었을 때 만나는 곱셈구구의 곱이 같습니다.

08 4단 곱셈구구의 값은 4, 8, 12, 16, 20, 24, 28, 32, 36입니다.
이 중 35보다 작고, 십의 자리 숫자가 3인 수는 32입니다.

09

채점 기준	❶ ㉠에 알맞은 수를 구한 경우	2점	5점
	❷ 곱이 ㉠보다 큰 칸은 모두 몇 칸인지 구한 경우	3점	

참고

×	3	5	7
4	12	20	28
6	18	30	42
8	24	40	56

10

채점 기준	❶ ㉠에 알맞은 수를 구한 경우	2점	5점
	❷ 곱이 ㉠보다 작은 칸은 모두 몇 칸인지 구한 경우	3점	

참고

×	5	8	9
2	10	16	18
5	25	40	45
9	45	72	81

확인**1** 5, 3, 15 확인**2** 2, 13

1 (1) 3 (2) 6, 18 **2** 32

3 6, 5, 30 **4** 4, 3 / 23

5 4, 5, 23

2 8×4＝32(cm)

4 2×4＝8, 5×3＝15이므로 토마토는 모두 8＋15＝23(개)입니다.

5 $7 \times 4 = 28$이므로 토마토는 모두
$28 - 5 = 23$(개)입니다.

01 3 / 6, 18   **02** 56개
03 36세   **04** 2, 2, 2, 10
05 예 4×4에서 6을 빼면 연결 모형은 모두
$16 - 6 = 10$(개)입니다.
06 $4 \times 2 = 8$ / 8점   **07** 24개
08 $3 \times 3 = 9$, $7 \times 1 = 7$ / 16점
09 ❶ 12, 8   ❷ 20   답 20개
10 ❶ 트럭 7대의 바퀴는 $4 \times 7 = 28$(개)이고,
오토바이 3대의 바퀴는 $2 \times 3 = 6$(개)입니다.
❷ 따라서 트럭 7대와 오토바이 3대의 바퀴는
모두 $28 + 6 = 34$(개)입니다.   답 34개

01 6씩 3묶음 ➔ $6 \times 3 = 18$
3씩 6묶음 ➔ $3 \times 6 = 18$

02 7씩 8묶음 ➔ $7 \times 8 = 56$
따라서 귤은 모두 56개입니다.

03 9의 4배이므로 $9 \times 4 = 36$입니다.
따라서 민주 어머니의 연세는 36세입니다.

04 $3 \times 2 = 6$, $2 \times 2 = 4$ ➔ $6 + 4 = 10$(개)

05 $4 \times 4 = 16$ ➔ $16 - 6 = 10$(개)

06 도현이가 첫째 판과 넷째 판에서 이겼으므로 얻은 점수는 모두 $4 \times 2 = 8$(점)입니다.

07 인형 1개에 필요한 건전지는 4개이므로 인형 6개에 필요한 건전지는 모두 $4 \times 6 = 24$(개)입니다.

08 $0 \times 5 = 0$, $3 \times 3 = 9$, $7 \times 1 = 7$
➔ $0 + 9 + 7 = 16$(점)

09

채점 기준	❶ 닭 6마리와 소 2마리의 다리는 각각 몇 개인지 구한 경우	3점	5점
	❷ 닭 6마리와 소 2마리의 다리는 모두 몇 개인지 구한 경우	2점	

10

채점 기준	❶ 트럭 7대와 오토바이 3대의 바퀴는 각각 몇 개인지 구한 경우	3점	5점
	❷ 트럭 7대와 오토바이 3대의 바퀴는 모두 몇 개인지 구한 경우	2점	

01 ❶단계 18, 24
❷단계 19, 20, 21, 22, 23
02 37, 38, 39, 40, 41
03 8개
04 ❶단계 56개   ❷단계 39개
05 20 cm   **06** 3개
07 ❶단계 7, 5
❷단계 7, 5, 35 또는 5, 7, 35
08 8, 6, 48 또는 6, 8, 48
09 1, 4, 4 또는 4, 1, 4
10 ❶단계 9, 18, 27, 36, 45, 54, 63, 72, 81
❷단계 5, 6, 7, 8, 9
11 4개   **12** 7, 8

01 ❷단계 18과 24 사이에 있는 수는 19, 20, 21, 22, 23입니다.

02 서진: $4 \times 9 = 36$
다은: $7 \times 6 = 42$
➔ 36과 42 사이에 있는 수는 37, 38, 39, 40, 41입니다.

03 ㉠ $7 \times 7 = 49$
㉡ $8 \times 5 = 40$
➔ 40과 49 사이에 있는 수는 41, 42, 43, 44, 45, 46, 47, 48이므로 모두 8개입니다.

04 ❶단계 8씩 7묶음 ➜ $8 \times 7 = 56$

나누어 준 사탕은 **56**개입니다.

❷단계 나누어 주고 남은 사탕은

$95 - 56 = 39$(개)입니다.

05 6씩 5묶음 ➜ $6 \times 5 = 30$

사용한 색 테이프는 **30** cm이므로 사용하고 남은 색 테이프의 길이는 $50 - 30 = 20$ (cm)입니다.

06 남학생이 앉은 의자는 $4 \times 8 = 32$(개)이고, 여학생이 앉은 의자는 $5 \times 9 = 45$(개)입니다.

학생들이 앉은 의자는 모두 $32 + 45 = 77$(개) 이므로 빈 의자는 $80 - 77 = 3$(개)입니다.

08 곱이 가장 크려면 가장 큰 수와 둘째로 큰 수를 곱하면 되므로 8과 6을 곱해야 합니다.

➜ $8 \times 6 = 48$ 또는 $6 \times 8 = 48$

09 곱이 가장 작으려면 가장 작은 수와 둘째로 작은 수를 곱하면 되므로 1과 4를 곱해야 합니다.

➜ $1 \times 4 = 4$ 또는 $4 \times 1 = 4$

10 ❷단계 9단 곱셈구구의 값 중에서 **40**보다 큰 것은 **45**, **54**, **63**, **72**, **81**이므로 □ 안에 들어갈 수 있는 수는 **5**, **6**, **7**, **8**, **9**입니다.

11 8단 곱셈구구의 값은 8, 16, 24, 32, 40, 48, 56, 64, 72입니다.

이 중 **40**보다 작은 것은 **8**, **16**, **24**, **32**입니다.

➜ $8 \times 1 = 8$, $8 \times 2 = 16$, $8 \times 3 = 24$,

$8 \times 4 = 32$

따라서 □ 안에 들어갈 수 있는 수는 1, 2, 3, 4 이므로 모두 **4**개입니다.

12 4단 곱셈구구의 값은 4, 8, 12, 16, 20, 24, 28, 32, 36입니다.

이 중 **25**보다 크고 **35**보다 작은 것은 **28**, **32** 입니다. ➜ $4 \times 7 = 28$, $4 \times 8 = 32$

따라서 □ 안에 들어갈 수 있는 수는 **7**, **8**입니다.

---

01 6, 12   **02** 5, 15

03

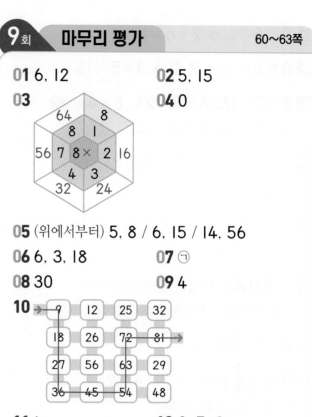

04 0

05 (위에서부터) 5, 8 / 6, 15 / 14, 56

06 6, 3, 18   **07** ㉠

08 30   **09** 4

10

	9	12	25	32
	18	26	72	81
	27	56	63	29
	36	45	54	48

11 >   **12** 9, 7, 2

13 ❶ ㉠ $3 \times 9 = 27$, ㉡ $7 \times 4 = 28$,

㉢ $4 \times 8 = 32$, ㉣ $6 \times 5 = 30$

❷ $32 > 30 > 28 > 27$이므로 곱이 큰 것부터 차례로 기호를 쓰면 ㉢, ㉣, ㉡, ㉠입니다.

답 ㉢, ㉣, ㉡, ㉠

14 ③   **15** 0, 1

16 ㉡

17 4, 9, 36 / 9, 4, 36

18 40   **19** 63개

20 2, 26 / 4, 6, 26   **21** 17점

22 8

23 ❶ 분홍색 인형 **3**개의 다리는 $3 \times 3 = 9$(개)이고, 파란색 인형 **6**개의 다리는 $4 \times 6 = 24$(개)입니다.

❷ 따라서 분홍색 인형 **3**개와 파란색 인형 **6**개의 다리는 모두 $9 + 24 = 33$(개)입니다. 답 **33**개

24 5, 30 / 30

25 ❶ 예 6씩 5번 더해서 계산하면

$6 \times 5 = 6 + 6 + 6 + 6 + 6 = 30$입니다.

❷ 예 6×4에 6을 더해서 계산하면

$24 + 6 = 30$입니다.

01 2씩 6묶음 → $2 \times 6 = 12$

02 3씩 5번 뛰어 센 수 → $3 \times 5 = 15$

03 $8 \times 2 = 16$, $8 \times 3 = 24$, $8 \times 4 = 32$,
$8 \times 7 = 56$, $8 \times 8 = 64$

04 어떤 수와 0의 곱은 항상 0입니다.
→ $6 \times 0 = 0$

05 세로줄과 가로줄의 수가 만나는 칸에 두 수의 곱을 써넣습니다.

07 ㉠ 5씩 4번 더해서 구해야 합니다.
따라서 잘못 설명한 것은 ㉠입니다.

08 $6 \times 5 = 30$ (cm)

09 7단 곱셈구구에서 $7 \times 4 = 28$이므로 □ 안에 알맞은 수는 4입니다.

10 9단 곱셈구구의 값은 9, 18, 27, 36, 45, 54, 63, 72, 81입니다.

11 $6 \times 8 = 48$, $7 \times 6 = 42$ → $48 > 42$

12 $8 \times □$의 □ 안에 수 카드의 수를 작은 수부터 차례로 넣어봅니다.
$8 \times 2 = 16 (\times)$, $8 \times 7 = 56 (\times)$,
$8 \times 9 = 72 (\bigcirc)$

13
채점 기준		
❶ ㉠, ㉡, ㉢, ㉣의 곱을 각각 구한 경우	2점	4점
❷ 곱이 큰 것부터 차례로 기호를 쓴 경우	2점	

14 ① $1 \times 0 = 0$ ② $0 \times 7 = 0$ ③ $2 \times 1 = 2$
④ $9 \times 0 = 0$ ⑤ $0 \times 5 = 0$

15 • 어떤 수와 0의 곱은 항상 0입니다.
→ $3 \times ㉠ = 0$이므로 ㉠에 알맞은 수는 0입니다.
• 1과 어떤 수의 곱은 항상 어떤 수입니다.
→ $㉡ \times 5 = 5$이므로 ㉡에 알맞은 수는 1입니다.

16 곱하는 두 수의 순서를 서로 바꾸어도 곱이 같으므로 5×7과 7×5의 곱은 같습니다.
→ ㉠과 곱이 같은 곱셈구구는 ㉢입니다.

17 $6 \times 6 = 36$이므로 곱셈표에서 곱이 36인 곱셈구구를 모두 찾습니다.
→ $4 \times 9 = 36$, $9 \times 4 = 36$

18 5단 곱셈구구의 값은 5, 10, 15, 20, 25, 30, 35, 40, 45입니다.
이 중 짝수인 것은 10, 20, 30, 40이고,
$8 \times 4 = 32$, $7 \times 6 = 42$이므로 어떤 수는 40입니다.

19 9의 7배 → $9 \times 7 = 63$
따라서 귤은 모두 63개입니다.

20 참고 방법 1

방법 2

21
과녁에 적힌 수	맞힌 화살(개)	얻은 점수(점)
0	3	$0 \times 3 = 0$
1	3	$1 \times 3 = 3$
3	3	$3 \times 3 = 9$
5	1	$5 \times 1 = 5$

→ $0 + 3 + 9 + 5 = 17$ (점)

22 • $4 \times 6 = 24$이므로 ●에 알맞은 수는 24입니다.
• $3 \times ★ = 24$에서 $3 \times 8 = 24$이므로 ★에 알맞은 수는 8입니다.

23
채점 기준		
❶ 분홍색 인형 3개와 파란색 인형 6개의 다리는 각각 몇 개인지 구한 경우	2점	4점
❷ 분홍색 인형 3개와 파란색 인형 6개의 다리는 모두 몇 개인지 구한 경우	2점	

25
채점 기준		
❶ 사탕의 수를 구하는 방법을 한 가지 설명한 경우	2점	4점
❷ 사탕의 수를 구하는 다른 방법을 설명한 경우	2점	

3. 길이 재기

확인1 ㅣm ㅣm ㅣm

확인2 (1) 40 (2) 40

1 ㅣ

2 4m 4m

3 ( )   4 2m
  (○)

5 3, 15   6 (1) cm (2) m

7 (1) 200 / 2 / 2, 6ㅣ (2) 3 / 300 / 305

2 숫자는 크게, m는 숫자보다 작게 씁니다.

3 2m ㅣ0cm를 2미터 ㅣ0센티미터라고 읽습니다.

4 ■00cm는 ■m입니다.

5 3m보다 ㅣ5cm 더 긴 길이는 3m ㅣ5cm입니다.

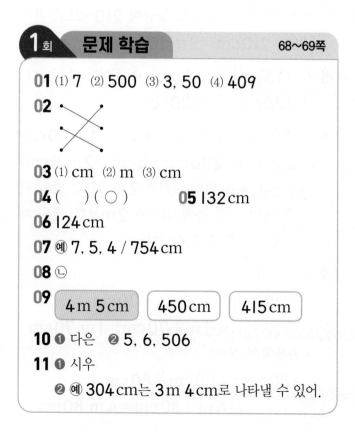

01 (1) 7 (2) 500 (3) 3, 50 (4) 409

02

03 (1) cm (2) m (3) cm

04 ( )(○)   05 ㅣ32cm

06 ㅣ24cm

07 예 7, 5, 4 / 754cm

08 ㉡

09 4m 5cm   450cm   4ㅣ5cm

10 ❶ 다은 ❷ 5, 6, 506

11 ❶ 시우

   ❷ 예 304cm는 3m 4cm로 나타낼 수 있어.

01 (3) 350cm=300cm+50cm
        =3m+50cm
        =3m 50cm

   (4) 4m 9cm=4m+9cm
        =400cm+9cm
        =409cm

참고 ■00cm=■m, ▲m=▲00cm

02 ·270cm=200cm+70cm
        =2m+70cm
        =2m 70cm

   ·275cm=200cm+75cm
        =2m+75cm
        =2m 75cm

   ·205cm=200cm+5cm
        =2m+5cm
        =2m 5cm

03 (1) 연필의 길이는 ㅣ3cm와 ㅣ3m 중 ㅣ3cm가 알맞습니다.

   (2) 교실 짧은 쪽의 길이는 8cm와 8m 중 8m 가 알맞습니다.

   (3) 칠판 긴 쪽의 길이는 300cm와 300m 중 300cm가 알맞습니다.

04 7m=700cm ➡ 빨간색 털실을 사야 합니다.

05 ㅣm 32cm=ㅣm+32cm
        =ㅣ00cm+32cm
        =ㅣ32cm

06 ㅣm보다 24cm 더 긴 길이는 ㅣm 24cm입니다.
   ㅣm 24cm=ㅣm+24cm
        =ㅣ00cm+24cm
        =ㅣ24cm

07 ■m=■00cm를 이용하여 길이를 몇 cm로 나타내 봅니다.

08 ㉡ ㅣm=ㅣ00cm이므로 ㅣm는 ㅣcm보다 깁니다.

09 4 m 5 cm = 4 m + 5 cm

= 400 cm + 5 cm

= 405 cm

→ 405 < 415 < 450이므로 가장 짧은 길이는 4 m 5 cm입니다.

10

채점 기준	❶ 잘못 나타낸 사람의 이름을 쓴 경우	3점	5점
	❷ 바르게 고쳐 쓴 경우	2점	

참고 5 m 6 cm = 5 m + 6 cm

= 500 cm + 6 cm

= 506 cm

11

채점 기준	❶ 잘못 나타낸 사람의 이름을 쓴 경우	3점	5점
	❷ 바르게 고쳐 쓴 경우	2점	

참고 '340 cm는 3 m 40 cm로 나타낼 수 있어.'라고 고칠 수도 있습니다.

2회 개념 학습   70~71쪽

확인 **1** (   ) (○)   확인 **2** 0, 150, 150

1 (1) ☐   (2) ○   **2** ☒
     ○   ☐   ○

3 (1) 130   (2) 160   **4** 170, 1, 70

1 길거나 둥근 부분이 있는 물건의 길이를 재는 데에는 줄자가 알맞습니다.

2 한끝을 줄자의 눈금 0에 맞추고 다른 쪽 끝의 눈금을 읽어야 합니다.

3 (1) 한끝이 눈금 0에 맞추어져 있고, 다른 쪽 끝의 눈금이 130이므로 나무 막대의 길이는 130 cm입니다.

(2) 한끝이 눈금 0에 맞추어져 있고, 다른 쪽 끝의 눈금이 160이므로 나무 막대의 길이는 160 cm입니다.

4 한끝이 눈금 0에 맞추어져 있고, 다른 쪽 끝의 눈금이 170이므로 알림판 긴 쪽의 길이는 170 cm = 1 m 70 cm입니다.

2회 문제 학습   72~73쪽

01 줄자   **02** 1 m 60 cm

03 2 m 10 cm

04 예 식탁의 한끝을 줄자의 눈금 0에 맞추지 않았기 때문에 식탁의 길이는 140 cm가 아닙니다.

05 가

06 (1) 150, 1, 50   (2) 205, 2, 5   (3) 피아노

07 예 (위에서부터) 소파의 길이, 170 cm,

1 m 70 cm / 자동차의 길이, 480 cm,

4 m 80 cm

08 ❶ 우민   ❷ 190, 1, 90   답 1 m 90 cm

09 ❶ 더 멀리 날린 사람은 수현이입니다.

❷ 330 cm = 3 m 30 cm   답 3 m 30 cm

01 긴 길이를 재는 데에는 줄자가 알맞습니다.

02 한끝이 눈금 0에 맞추어져 있고, 다른 쪽 끝의 눈금이 160이므로 줄넘기의 길이는 160 cm = 1 m 60 cm입니다.

03 한 줄로 놓인 물건들의 한끝이 눈금 0에 맞추어져 있고, 다른 쪽 끝의 눈금이 210이므로 전체 길이는 210 cm = 2 m 10 cm입니다.

05 가: 145 cm = 1 m 45 cm → 길이가 더 깁니다.

나: 120 cm = 1 m 20 cm

06 (1) 150 cm = 100 cm + 50 cm = 1 m 50 cm

(2) 205 cm = 200 cm + 5 cm = 2 m 5 cm

(3) 물건을 놓을 벽의 길이가 2 m이므로 방의 한쪽 벽에는 긴 쪽의 길이가 2 m보다 짧은 피아노를 놓을 수 있습니다.

07 예 • 소파의 길이:

170 cm = 100 cm + 70 cm

= 1 m + 70 cm = 1 m 70 cm

• 자동차의 길이:

480 cm = 400 cm + 80 cm

= 4 m + 80 cm = 4 m 80 cm

08	채점 기준	❶ 더 멀리 던진 사람을 찾은 경우	2점	5점
		❷ 더 멀리 던진 사람의 기록은 몇 m 몇 cm인지 구한 경우	3점	

09	채점 기준	❶ 더 멀리 날린 사람을 찾은 경우	2점	5점
		❷ 더 멀리 날린 사람의 기록은 몇 m 몇 cm인지 구한 경우	3점	

3회 개념 학습   74~75쪽

확인 **1** 68 / 7, 68 확인 **2** 20 / 5, 20

1 3, 50 **2** (1) 3, 90 (2) 5, 69

3 (1) 7, 63 (2) 6, 78 **4** 1, 10

5 (1) 1, 70 (2) 3, 2 **6** (1) 3, 22 (2) 6, 34

|1~3| m는 m끼리, cm는 cm끼리 더합니다.

|4~6| m는 m끼리, cm는 cm끼리 뺍니다.

3회 문제 학습   76~77쪽

01 6 m 35 cm **02** (1) 4, 24 (2) 1, 42

03 9, 18 **04** 2 m 38 cm

05 □ / ○

06 10 m 94 cm

07 5 m 31 cm **08** 5, 18

09 예 6, 4, 5

10 ❶ 53, 5 ❷ 53, 5, 2, 58

답 2 m 58 cm

11 ❶ 가장 긴 길이는 8 m 65 cm, 가장 짧은 길이는 2 m 30 cm입니다.
❷ 8 m 65 cm − 2 m 30 cm = 6 m 35 cm

답 6 m 35 cm

01 m는 m끼리, cm는 cm끼리 더합니다.

02 (1) 8 m 87 cm − 4 m 63 cm = 4 m 24 cm
(2) 2 m 45 cm − 1 m 3 cm = 1 m 42 cm

03 7 m 13 cm + 2 m 5 cm = 9 m 18 cm

04 125 cm = 1 m 25 cm
→ 3 m 63 cm − 1 m 25 cm = 2 m 38 cm

05 6 m 82 cm − 4 m 40 cm = 2 m 42 cm이므로 길이가 더 짧은 것은 2 m 25 cm입니다.

06 2 m 43 cm + 8 m 51 cm = 10 m 94 cm

07 9 m 56 cm − 4 m 25 cm = 5 m 31 cm

08

	㉠ m	15 cm
+	4 m	㉡ cm
	9 m	33 cm

• 15 + ㉡ = 33 → ㉡ = 33 − 15 = 18
• ㉠ + 4 = 9 → ㉠ = 9 − 4 = 5

09 8 m 69 cm − 3 m 6 cm = 5 m 63 cm이므로 5 m 63 cm보다 긴 길이를 써야 합니다.
→ 5 m 64 cm, 6 m 45 cm, 6 m 54 cm

10	채점 기준	❶ 가장 긴 길이와 가장 짧은 길이를 각각 찾은 경우	2점	5점
		❷ 가장 긴 길이와 가장 짧은 길이의 합은 몇 m 몇 cm인지 구한 경우	3점	

11	채점 기준	❶ 가장 긴 길이와 가장 짧은 길이를 각각 찾은 경우	2점	5점
		❷ 가장 긴 길이와 가장 짧은 길이의 차는 몇 m 몇 cm인지 구한 경우	3점	

4회 개념 학습   78~79쪽

확인 **1** ( ) ( ) (○)

확인 **2** 6, 6

1 (1) 7 (2) 2 (3) 1 **2** (1) 3 (2) 5 (3) 7

3 (1) 3 (2) 5 **4** (1) △ (2) ○ (3) ○

2 (1) $\qquad$

|m의 약 **3**배이므로 긴 줄의 길이는 약 **3**m입니다.

(2) $\qquad$

|m의 약 **5**배이므로 긴 줄의 길이는 약 **5**m입니다.

(3) $\qquad$

|m의 약 **7**배이므로 긴 줄의 길이는 약 **7**m입니다.

3 (1) |m의 약 **3**배이므로 사물함의 길이는 약 **3**m입니다.

(2) |m의 약 **5**배이므로 자동차의 길이는 약 **5**m입니다.

05 거실 긴 쪽의 길이는 약 |m의 **4**배이므로 약 **4**m입니다.

07 ㉠ 볼펜 |개는 |m보다 짧으므로 볼펜 **10**개를 이어 놓은 길이는 **10**m보다 짧습니다.

08

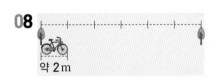

약 **2**m

나무와 나무 사이의 거리는 약 **2**m의 **6**배이므로 약 **12**m입니다.

09
채점 기준	❶ 자동차와 식탁의 길이를 각각 구한 경우	3점	5점
	❷ 길이가 더 긴 것은 무엇인지 구한 경우	2점	

10
채점 기준	❶ 신발장과 책장의 길이를 각각 구한 경우	3점	5점
	❷ 길이가 더 긴 것은 무엇인지 구한 경우	2점	

4회 문제 학습

01 3   **02** 약 **7**번, 약 **2**번

03 걸음

04 (1) |m (2) **10**m (3) **5**m

05 약 **4**m

06 예 농구 골대의 높이는 약 **3**m입니다.

07 ㉡, ㉢   **08** 약 **12**m

09 ❶ 3, 2 ❷ 자동차   답 자동차

10 ❶ 신발장의 길이는 약 **4**m, 책장의 길이는 약 **5**m입니다.

     ❷ 따라서 길이가 더 긴 것은 책장입니다.

                          답 책장

01 약 |m의 **3**배이므로 책장의 길이는 약 **3**m입니다.

03 길이가 더 긴 부분으로 재어야 잰 횟수가 더 적습니다.

5회 응용 학습

01 ❶단계 **200**cm ❷단계 **2**m

02 **3**m   **03** **3**m **20**cm

04 ❶단계 노란색 털실 ❷단계 **2**m **68**cm

05 진주, **28**   **06** **10**m **10**cm

07 ❶단계 큰 ❷단계 8, 5, 3

08 3, 7, 9   **09** 9, 6, 5

10 ❶단계 6 / 4 / 8 ❷단계 약 **18**m

11 약 **21**m

01 ❶단계 **10**cm가 **20**번인 길이는 **200**cm입니다.

     ❷단계 **200**cm=**2**m이므로 철탑의 높이는 **2**m입니다.

02 |cm의 **300**배인 길이는 **300**cm이고, **300**cm=**3**m이므로 윤재가 가지고 있는 리본의 길이는 **3**m입니다.

03 10 cm의 32배인 길이는 320 cm이고,

320 cm＝3 m 20 cm입니다.

따라서 철사의 길이는 3 m 20 cm입니다.

04 **①단계** 3 m 85 cm＞1 m 17 cm이므로 길이가 더 긴 털실은 노란색 털실입니다.

　　②단계 3 m 85 cm−1 m 17 cm

　　　　　＝2 m 68 cm

05 1 m 36 cm＞1 m 8 cm이고,

1 m 36 cm−1 m 8 cm＝28 cm이므로

진주가 28 cm 더 멀리 뛰었습니다.

06 (집에서 놀이터를 지나 학교로 가는 길의 거리)

＝20 m 25 cm＋20 m 70 cm

＝40 m 95 cm

➜ 40 m 95 cm−30 m 85 cm

＝10 m 10 cm

따라서 집에서 학교로 바로 가는 길이

10 m 10 cm 더 가깝습니다.

07 **②단계** 8＞5＞3이므로 만들 수 있는 가장 긴 길이는 8 m 53 cm입니다.

08 3＜7＜9이므로 만들 수 있는 가장 짧은 길이는 3 m 79 cm입니다.

　　참고 가장 짧은 길이를 만들려면 m 단위부터 작은 수를 차례로 써야 합니다.

09 9＞6＞5＞4＞1이므로 만들 수 있는 가장 긴 길이는 9 m 65 cm입니다.

10 **②단계** 나무와 나무 사이의 거리는 약

6＋4＋8＝18 (m)입니다.

11 • 왼쪽 깃발에서 축구 골대까지의 거리: 약 9 m

• 축구 골대의 길이: 약 6 m

• 축구 골대에서 오른쪽 깃발까지의 거리: 약 6 m

➜ 깃발과 깃발 사이의 거리는

약 9＋6＋6＝21 (m)입니다.

01 1, 12 　　　　　**02** 140, 1, 40

03 7, 67 　　　　　**04** 6, 25

05 6 　　　　　　　**06** 5

07 cm / m 　　　　**08** 3 m

09 ㉢ 　　　　　　　**10** (　) (○)

11 **예** 서랍장의 한끝을 줄자의 눈금 0에 맞추지 않았기 때문에 서랍장의 길이는 130 cm가 아닙니다.

12 2 m 40 cm 　　　**13** 59 m 95 cm

14 6 m 77 cm, 2 m 35 cm

15 2 m 24 cm

16 ❶ 가장 긴 길이는 4 m 41 cm, 가장 짧은 길이는 3 m 50 cm입니다.

❷ 4 m 41 cm＋3 m 50 cm＝7 m 91 cm

답 7 m 91 cm

17 (　) (○) (　) 　**18** 윤영, 은솔, 지우

19 ㉠, ㉢ 　　　　　**20** 5개

21 4, 55

22 9, 6, 5 / 8 m 31 cm

23 약 14 m

24 96 m 57 cm, 97 m 99 cm

25 ❶ 96 m 57 cm＜97 m 99 cm이므로

길 1이 더 가깝습니다.

❷ 97 m 99 cm−96 m 57 cm

＝1 m 42 cm

➜ 길 1이 1 m 42 cm 더 가깝습니다.

답 길 1, 1 m 42 cm

01 112 cm＝100 cm＋12 cm

＝1 m＋12 cm＝1 m 12 cm

02 한끝이 눈금 0에 맞추어져 있고, 다른 쪽 끝의 눈금이 140이므로 지팡이의 길이는

140 cm＝1 m 40 cm입니다.

03 m는 m끼리, cm는 cm끼리 더합니다.

04 10 m 35 cm−4 m 10 cm＝6 m 25 cm

05

`1m`

1 m의 약 6배이므로 털실의 길이는 약 6 m입니다.

06 1 m의 약 5배이므로 거실 유리창의 길이는 약 5 m입니다.

07 • 형광펜의 길이는 15 cm와 15 m 중 15 cm가 알맞습니다.

• 학교 운동장 짧은 쪽의 길이는 50 m와 50 cm 중 50 m가 알맞습니다.

08 100 cm=1 m이므로 300 cm=3 m입니다.

09 ㉢ 401 cm는 4 m 1 cm입니다.
따라서 길이를 잘못 나타낸 것은 ㉢입니다.

10 5 m 60 cm=560 cm
→ 516<560이므로 길이가 더 긴 것은 5 m 60 cm입니다.

11

채점 기준	길이 재기가 잘못된 이유를 쓴 경우	4점

12 한 줄로 놓인 물건들의 한끝이 눈금 0에 맞추어져 있고, 다른 쪽 끝의 눈금이 240이므로 전체 길이는 240 cm=2 m 40 cm입니다.

13 32 m 50 cm+27 m 45 cm
=59 m 95 cm

14 456 cm=4 m 56 cm
→ 합: 4 m 56 cm+2 m 21 cm=6 m 77 cm
차: 4 m 56 cm−2 m 21 cm=2 m 35 cm

15 5 m 37 cm−3 m 13 cm=2 m 24 cm

16

채점 기준	❶ 가장 긴 길이와 가장 짧은 길이를 각각 찾은 경우	2점	
	❷ 가장 긴 길이와 가장 짧은 길이의 합은 몇 m 몇 cm인지 구한 경우	2점	4점

17 길이가 가장 긴 부분으로 재어야 잰 횟수가 가장 적습니다.

18 지우가 잰 책장의 길이는 약 2 m, 은솔이가 잰 칠판의 길이는 약 3 m, 윤영이가 잰 무대의 길이는 약 4 m입니다.
→ 4>3>2이므로 긴 길이를 어림한 사람부터 차례로 이름을 쓰면 윤영, 은솔, 지우입니다.

19 ㉠ 수학 교과서 1권은 1 m보다 짧으므로 수학 교과서 10권을 이어 놓은 길이는 10 m보다 짧습니다.

20 4 m 56 cm=456 cm
→ 456 cm>4□8 cm
따라서 □ 안에 들어갈 수 있는 수는 5보다 작은 0, 1, 2, 3, 4이므로 모두 5개입니다.

21
$$\begin{array}{r} ㉠\,m\quad 24\ cm \\ +\ \ 5\,m\quad ㉡\ cm \\ \hline 9\,m\quad 79\ cm \end{array}$$

• 24+㉡=79이므로 ㉡=79−24=55입니다.
• ㉠+5=9이므로 ㉠=9−5=4입니다.

22 만들 수 있는 가장 긴 길이는 9 m 65 cm입니다.
→ 9 m 65 cm−1 m 34 cm
=8 m 31 cm

23 • 왼쪽 가로등에서 조각상까지의 거리: 약 4 m
• 조각상의 길이: 약 4 m
• 조각상에서 오른쪽 가로등까지의 거리: 약 6 m
→ 4+4+6=14 (m)

24 길 1: 50 m 27 cm+46 m 30 cm
=96 m 57 cm
길 2: 62 m 56 cm+35 m 43 cm
=97 m 99 cm

25

채점 기준	❶ 길 1과 길 2의 거리를 비교한 경우	2점	
	❷ 길 1과 길 2 중 어느 길이 몇 m 몇 cm 더 가까운지 구한 경우	2점	4점

4. 시각과 시간

확인1 8 / 20 / 8, 20
확인2 2 / 42 / 2, 42

1

2 1분

3 3 / 4, 15

4 9, 19

5 (○) ( )

6 (1)   (2)

1 시계의 긴바늘이 가리키는 숫자가 1이면 5분, 4이면 20분, 6이면 30분, 9이면 45분입니다.

2 시계에서 긴바늘이 가리키는 작은 눈금 한 칸은 1분을 나타냅니다.

3 • 짧은바늘: 4와 5 사이를 가리킵니다. → 4시
  • 긴바늘: 3을 가리킵니다. → 15분
  따라서 시계가 나타내는 시각은 4시 15분입니다.

4 • 짧은바늘: 9와 10 사이를 가리킵니다. → 9시
  • 긴바늘: 15분에서 작은 눈금 4칸 더 간 곳을 가리킵니다. → 19분
  따라서 시계가 나타내는 시각은 9시 19분입니다.

5 7분
  → 긴바늘이 1(5분)에서 작은 눈금 2칸 더 간 곳을 가리킵니다.
  참고 오른쪽 시계가 나타내는 시각은 5시 35분입니다.

6 (1) 긴바늘이 4를 가리키도록 그립니다.
  (2) 긴바늘이 7을 가리키도록 그립니다.

01

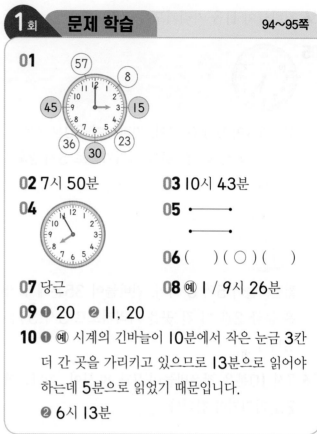

02 7시 50분

03 10시 43분

04

05 ●———● ●———●

06 ( ) (○) ( )

07 당근

08 예 1 / 9시 26분

09 ❶ 20   ❷ 11, 20

10 ❶ 예 시계의 긴바늘이 10분에서 작은 눈금 3칸 더 간 곳을 가리키고 있으므로 13분으로 읽어야 하는데 5분으로 읽었기 때문입니다.
  ❷ 6시 13분

01

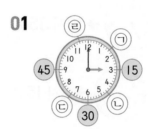

ⓐ 5분에서 작은 눈금 3칸 더 간 곳을 가리킵니다.
  → 8분

ⓑ 20분에서 작은 눈금 3칸 더 간 곳을 가리킵니다.
  → 23분

ⓒ 35분에서 작은 눈금 1칸 더 간 곳을 가리킵니다.
  → 36분

ⓓ 55분에서 작은 눈금 2칸 더 간 곳을 가리킵니다.
  → 57분

02 • 짧은바늘: 7과 8 사이를 가리킵니다. → 7시
  • 긴바늘: 10을 가리킵니다. → 50분

03 • 짧은바늘: 10과 11 사이를 가리킵니다. → 10시
  • 긴바늘: 40분에서 작은 눈금 3칸 더 간 곳을 가리킵니다. → 43분

개념북
4
단원

04 긴바늘이 11을 가리키도록 그립니다.

05

짧은바늘이 **5**와 **6** 사이, 긴바늘이 **20**분에서 작은 눈금 **4**칸 더 간 곳을 가리키므로 **5**시 **24**분입니다.

짧은바늘이 **5**와 **6** 사이, 긴바늘이 **35**분에서 작은 눈금 **2**칸 더 간 곳을 가리키므로 **5**시 **37**분입니다.

06 **7**시 **10**분은 짧은바늘이 **7**과 **8** 사이, 긴바늘이 **2**를 가리켜야 합니다.

07  ➡ **1**시 **20**분, ➡ **10**시 **35**분,

 ➡ **12**시 **20**분, ➡ **8**시 **15**분

따라서 발견하게 되는 음식은 당근입니다.

08 • 긴바늘: **5**(**25**분)에서 작은 눈금 **1**칸 더 간 곳
➡ **26**분

• 긴바늘: **5**(**25**분)에서 작은 눈금 **2**칸 더 간 곳
➡ **27**분

• 긴바늘: **5**(**25**분)에서 작은 눈금 **3**칸 더 간 곳
➡ **28**분

• 긴바늘: **5**(**25**분)에서 작은 눈금 **4**칸 더 간 곳
➡ **29**분

09

채점 기준		
❶ 채아가 시각을 잘못 읽은 이유를 쓴 경우	3점	5점
❷ 시각을 바르게 읽은 경우	2점	

10

채점 기준		
❶ 도현이가 시각을 잘못 읽은 이유를 쓴 경우	3점	5점
❷ 시각을 바르게 읽은 경우	2점	

2회 **개념 학습**   96~97쪽

확인**1** 10, 10   확인**2** 50,

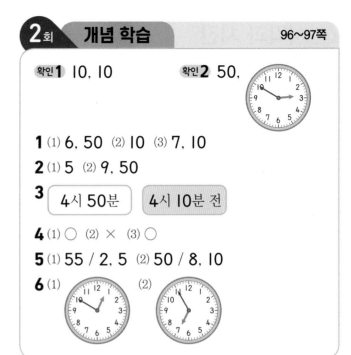

1 (1) **6, 50** (2) **10** (3) **7, 10**

2 (1) **5** (2) **9, 50**

3 | **4**시 **50**분 | **4**시 **10**분 전 |

4 (1) ○ (2) × (3) ○

5 (1) **55 / 2, 5** (2) **50 / 8, 10**

6 (1) (2)

2 (1) **2**시 **55**분에서 **3**시가 되려면 **5**분이 더 지나야 하므로 **3**시 **5**분 전입니다.

(2) **10**시 **10**분 전은 **10**시가 되려면 **10**분이 더 지나야 하므로 **9**시 **50**분입니다.

3 시계가 나타내는 시각은 **3**시 **50**분입니다.
3시 **50**분에서 **4**시가 되려면 **10**분이 더 지나야 하므로 **4**시 **10**분 전입니다.

4 (2) **5**시가 되려면 **10**분이 더 지나야 합니다.

5 (1) 짧은바늘이 **1**과 **2** 사이, 긴바늘이 **11**을 가리키므로 **1**시 **55**분입니다.
1시 **55**분에서 **2**시가 되려면 **5**분이 더 지나야 하므로 **2**시 **5**분 전입니다.

(2) 짧은바늘이 **7**과 **8** 사이, 긴바늘이 **10**을 가리키므로 **7**시 **50**분입니다.
7시 **50**분에서 **8**시가 되려면 **10**분이 더 지나야 하므로 **8**시 **10**분 전입니다.

6 (1) **1**시 **10**분 전은 **12**시 **50**분입니다.
➡ 긴바늘이 **10**을 가리키도록 그립니다.

(2) **7**시 **5**분 전은 **6**시 **55**분입니다.
➡ 긴바늘이 **11**을 가리키도록 그립니다.

2회 문제 학습 98~99쪽

01 6, 10 **02** 4, 55 / 5, 5

03 (선 잇기)

04 10

05 10 / 5 / 1, 10

06 ⑩ 수영을 마치고 나온 시각은 4시 5분 전이었습니다.

07 ⑴ 8, 10 ⑵ 55

08 ❶ 진원 ❷ 6, 55

09 ❶ 승원 ❷ 2시 10분 전이라고 말할 수 있어.

---

01 5시 50분에서 6시가 되려면 10분이 더 지나야 하므로 6시 10분 전입니다.

02 짧은바늘이 4와 5 사이, 긴바늘이 11을 가리키므로 4시 55분입니다.
4시 55분은 5시 5분 전입니다.

03  → 4시 50분
4시 50분은 5시 10분 전입니다.
 → 7시 55분
7시 55분은 8시 5분 전입니다.

04 12시 10분 전은 11시 50분입니다.
→ 긴바늘이 10을 가리키도록 그립니다.

05 • 아침에 일어난 시각은 8시 50분입니다.
→ 8시 50분은 9시 10분 전입니다.
• 사진을 찍은 시각은 10시 55분입니다.
→ 10시 55분은 11시 5분 전입니다.
• 공연을 보고 나온 시각은 12시 50분입니다.
→ 12시 50분은 1시 10분 전입니다.

06 [평가 기준] 시계와 단어를 각각 하나씩 골라 지난주에 한 일을 이야기한 경우 정답으로 인정합니다.

07 ⑴ 시계가 나타내는 시각은 7시 50분입니다.
→ 7시 50분은 8시 10분 전입니다.
⑵ 시계가 나타내는 시각은 6시 5분 전입니다.
→ 6시 5분 전은 5시 55분입니다.

08

채점기준	❶ 잘못 말한 사람을 찾아 이름을 쓴 경우	3점	5점
	❷ 바르게 고쳐 쓴 경우	2점	

09

채점기준	❶ 잘못 말한 사람을 찾아 이름을 쓴 경우	3점	5점
	❷ 바르게 고쳐 쓴 경우	2점	

3회 개념 학습 100~101쪽

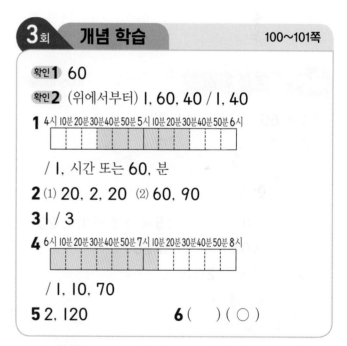

확인1 60
확인2 (위에서부터) 1, 60, 40 / 1, 40

1 (시간 띠)
/ 1, 시간 또는 60, 분

2 ⑴ 20, 2, 20 ⑵ 60, 90

3 1 / 3

4 (시간 띠)
/ 1, 10, 70

5 2, 120 **6** ( ) (○)

---

1 시작한 시각은 4시 30분이고, 끝난 시각은 5시 30분입니다.
시간 띠에서 한 칸은 10분을 나타내고, 6칸을 색칠했으므로 60분=1시간입니다.

4 시작한 시각은 6시이고, 끝난 시각은 7시 10분입니다.
시간 띠에서 한 칸은 10분을 나타내고, 7칸을 색칠했으므로 걸린 시간은 1시간 10분=70분입니다.

5 시계의 짧은바늘이 **9**에서 **11**로 이동하였고, 긴
바늘은 똑같이 **12**를 가리킵니다.
→ 긴바늘이 두 바퀴 돌았습니다.
따라서 공연을 보는 데 걸린 시간은
2시간＝**120**분입니다.

6 3시 10분 20분 30분 40분 50분 4시 10분 20분 30분 40분 50분 5시

→ 걸린 시간: **1**시간 **30**분

1시 10분 20분 30분 40분 50분 2시 10분 20분 30분 40분 50분 3시

→ 걸린 시간: **1**시간 **20**분

3회 문제 학습 102~103쪽

01 (1) **60** (2) **100** (3) **1, 30**

02

03 ✕

04 **1**시간 **50**분

05 ⑩ 조개 캐기, **1, 20**

06 **1**시간 **40**분

07 **20**분

08 / **2**시간

09 ❶ **1, 30, 4, 30** ❷ **3, 3** 답 **3**바퀴

10 ❶ 멈춘 시계의 시각은 **3**시이고, 현재 시각은 **7**시
입니다.
❷ **4**시간이 지났으므로 긴바늘을 **4**바퀴만 돌리
면 됩니다. 답 **4**바퀴

---

01 (2) **1**시간 **40**분＝**60**분＋**40**분
＝**100**분
(3) **90**분＝**60**분＋**30**분
＝**1**시간 **30**분

---

02 **60**분 동안 시계의 긴바늘이 한 바퀴를 돌아 제
자리로 돌아옵니다.
→ 시계의 긴바늘이 **8**을 가리키도록 그립니다.

03 • 책 읽기: **10**시 ──40분 후──→ **10**시 **40**분 → **40**분
• 방 청소하기: **5**시 ──1시간 후──→ **6**시 ──20분 후──→ **6**시 **20**분
→ **1**시간 **20**분
• 피아노 치기: **2**시 ──1시간 후──→ **3**시 ──20분 후──→ **3**시 **20**분
→ **1**시간 **20**분
• 아침 먹기: **7**시 **20**분 ──40분 후──→ **8**시 → **40**분

04 **4**시 ──1시간 후──→ **5**시 ──50분 후──→ **5**시 **50**분
따라서 걸린 시간은 **1**시간 **50**분입니다.

05 안전 교육 듣기: **30**분, 조개 캐기: **1**시간 **20**분,
음식 만들기: **2**시간 **10**분, 쓰레기 줍기: **40**분
[평가 기준] 활동 중 '조개 캐기' 또는 '음식 만들기'를 고르
고, 걸린 시간을 맞게 이야기한 경우 정답으로 인정합니다.

06 시작한 시각은 **2**시이고, 끝난 시각은 **3**시 **40**분
입니다.
2시 ──1시간 후──→ **3**시 ──40분 후──→ **3**시 **40**분
따라서 인형극을 하는 데 걸린 시간은 **1**시간 **40**분
입니다.

07 **5**시에 시작하여 **1**시간 동안 산책하면 끝나는 시
각은 **6**시입니다.
→ 현재 시각 **5**시 **40**분에서 **6**시가 되려면 **20**분
이 더 지나야 합니다.
따라서 더 해야 하는 시간은 **20**분입니다.

08 **30**분씩 **4**가지 전통 놀이 체험을 했으므로 걸린
시간은 **2**시간입니다.
시작한 시각이 **2**시이므로 끝난 시각은 **4**시입니다.

09

채점 기준		
❶ 멈춘 시계의 시각과 현재 시각을 각각 구한 경우	2점	5점
❷ 긴바늘을 몇 바퀴만 돌리면 되는지 구한 경우	3점	

10	채점 기준	❶ 멈춘 시계의 시각과 현재 시각을 각각 구한 경우	2점	5점
		❷ 긴바늘을 몇 바퀴만 돌리면 되는지 구한 경우	3점	

참고 긴바늘을 한 바퀴 돌리면 I시간이 지납니다.

4회 개념 학습
104~105쪽

확인1 오전 / 오후 확인2 (1) 7 (2) 12

1 (1) 오전 (2) 오후 (3) 오후 (4) 오전

2 (1) 30 (2) 2

3
/ 8시간

4 (1) 5 (2) 17 (3) 토 5 11월

6
7월

일	월	화	수	목	금	토
	1	2	3	4	5	6
7	8	9	10	11	12	13
14	15	16	17	18	19	20
21	22	23	24	25	26	27
28	29	30	31			

1 전날 밤 I2시부터 낮 I2시까지를 오전이라 하고, 낮 I2시부터 밤 I2시까지를 오후라고 합니다.

2 (1) I일 6시간=24시간+6시간
   =30시간
  (2) 50시간=24시간+24시간+2시간
   =2일 2시간

3 시간 띠에서 한 칸은 I시간을 나타내고, 8칸을 색칠했으므로 준수가 체육관에 있었던 시간은 8시간입니다.

5 5월은 날수가 31일이고, II월은 날수가 30일입니다.

6 · 달력에서 월요일 다음은 화요일, 목요일 다음은 금요일입니다.
  · 7월은 31일까지 있습니다.

4회 문제 학습
106~107쪽

01 피아노 연습, 공부 02 ③

03 6시간 04 I월 3I일, I월 24일

05 예 7일마다 같은 요일이 반복되므로 시우의 생일과 예나의 생일은 매년 요일이 같습니다.

06 27개월 07 오후 / 오전

08 35시간

09 ❶ 12, 18 ❷ <, 다은 답 다은

10 ❶ 2년 8개월=12개월+12개월+8개월
   =32개월

  ❷ 30개월<32개월이므로 방송 댄스를 더 오래 배운 사람은 현철이입니다. 답 현철

01 오후에 한 활동은 낮 I2시부터 밤 I2시까지 한 활동이므로 피아노 연습, 공부입니다.

02 ① 4월: 30일 ② 6월: 30일 ③ 8월: 31일
   ④ 9월: 30일 ⑤ II월: 30일
   참고 · I월, 3월, 5월, 7월, 8월, I0월, I2월: 31일
      · 4월, 6월, 9월, II월: 30일
      · 2월: 28일(또는 29일)

03 출발한 시각은 오전 I0시이고, 도착한 시각은 오후 4시입니다.
   ➡ 오전 I0시~낮 I2시: 2시간,
      낮 I2시~오후 4시: 4시간
   따라서 성주가 버스를 타고 부산에 가는 데 걸린 시간은 2+4=6(시간)입니다.

04 · I월 마지막 날은 31일이므로 시우의 생일은 I월 3I일입니다.
   · 3I일의 일주일 전은 3I-7=24(일)이므로 예나의 생일은 I월 24일입니다.

05 [평가 기준] 7일마다 같은 요일이 반복되는 것을 알고, 시우의 생일과 예나의 생일은 매년 요일이 같다고 한 경우 정답으로 인정합니다.

06 2년 3개월=12개월+12개월+3개월
　　　　　　=27개월

08 첫날 오전 9시부터 다음날 오전 9시까지는 24시간이고, 오전 9시부터 오후 8시까지는 11시간입니다. ➜ 24+11=35(시간)

09

채점 기준	❶ 1년 6개월은 몇 개월인지 구한 경우	3점	
	❷ 그림 그리기를 더 오래 배운 사람은 누구인지 구한 경우	2점	5점

10

채점 기준	❶ 2년 8개월은 몇 개월인지 구한 경우	3점	
	❷ 방송 댄스를 더 오래 배운 사람은 누구인지 구한 경우	2점	5점

참고 30개월을 몇 년 몇 개월로 나타내 풀이를 쓸 수도 있습니다.
➜ 30개월은 2년 6개월이고, 2년 6개월<2년 8개월이므로 방송 댄스를 더 오래 배운 사람은 현철이입니다.

5회 응용 학습
108~111쪽

01 ❶단계 1과 2, 9　　❷단계 1시 45분
02 7시 20분　　　　**03** 4, 50 / 5, 10
04 ❶단계 90분, 80분　❷단계 지나
05 연우　　　　　　**06** 다은
07 ❶단계

7시10분20분30분40분50분8시10분20분30분40분50분9시10분20분30분40분50분10시

❷단계 2시간 20분
08 2시간 10분　　　**09** 1시간 30분
10 ❶단계 12일　　　❷단계 3일
　　❸단계 15일
11 16일　　　　　　**12** 57일

01 ❷단계 짧은바늘이 1과 2 사이, 긴바늘이 9를 가리키므로 1시 45분입니다.

02 짧은바늘이 7과 8 사이, 긴바늘이 4를 가리키므로 7시 20분입니다.

03 짧은바늘이 4와 5 사이, 긴바늘이 10을 가리키므로 4시 50분입니다.
4시 50분에서 5시가 되려면 10분이 더 지나야 하므로 5시 10분 전입니다.

04 ❶단계 ・지나: 4시 30분 $\xrightarrow{1시간 후}$ 5시 30분
　　　　　　　　$\xrightarrow{30분 후}$ 6시
　　　➜ 1시간 30분=90분
　　・도겸: 5시 $\xrightarrow{1시간 후}$ 6시 $\xrightarrow{20분 후}$ 6시 20분
　　　➜ 1시간 20분=80분
❷단계 90분>80분이므로 책을 더 오래 읽은 사람은 지나입니다.

05 ・지현: 5시 10분 $\xrightarrow{1시간 후}$ 6시 10분 $\xrightarrow{50분 후}$ 7시
　　　➜ 1시간 50분=110분
　　・연우: 6시 $\xrightarrow{2시간 후}$ 8시 $\xrightarrow{10분 후}$ 8시 10분
　　　➜ 2시간 10분=130분
따라서 110분<130분이므로 공부를 더 오래 한 사람은 연우입니다.

06 ・서진: 1시 30분 $\xrightarrow{1시간 후}$ 2시 30분
　　　　　$\xrightarrow{10분 후}$ 2시 40분
　　　➜ 1시간 10분=70분
　　・다은: 2시 40분 $\xrightarrow{1시간 후}$ 3시 40분
　　　　　$\xrightarrow{20분 후}$ 4시
　　　➜ 1시간 20분=80분
따라서 70분<80분이므로 운동을 더 오래 한 사람은 다은이입니다.

07 ❷단계 ❶단계의 시간 띠에서 한 칸은 10분을 나타내고, 14칸을 색칠했으므로 140분=2시간 20분입니다.

참고 140분=60분+60분+20분=2시간 20분

08

4시 10분 20분 30분 40분 50분 5시 10분 20분 30분 40분 50분 6시 10분 20분 30분 40분 50분 7시

시간 띠에서 한 칸은 **10**분을 나타내고, **13**칸을 색칠했으므로 **130**분=**2**시간 **10**분입니다.

09 9시 10분 20분 30분 40분 50분 10시 10분 20분 30분 40분 50분 11시

시간 띠에서 한 칸은 **10**분을 나타내고, **9**칸을 색칠했으므로 **90**분=**1**시간 **30**분입니다.

10 **1단계** 8월은 **31**일까지 있으므로 **8**월 **20**일부터 **8**월 **31**일까지는 **12**일입니다.

2단계 9월 **1**일부터 **9**월 **3**일까지는 **3**일입니다.

3단계 **12**+**3**=**15**(일)

11 **11**월은 **30**일까지 있으므로 **11**월 **25**일부터 **11**월 **30**일까지는 **6**일이고, **12**월 **1**일부터 **12**월 **10**일까지는 **10**일입니다.

→ **6**+**10**=**16**(일)

12 5월은 **31**일까지 있으므로 **5**월 **15**일부터 **5**월 **31**일까지는 **17**일입니다.

6월은 **30**일까지 있습니다.

7월 **1**일부터 **7**월 **10**일까지는 **10**일입니다.

→ **17**+**30**+**10**=**57**(일)

6회 마무리 평가
112~115쪽

01 (위에서부터) **6**, **9** / **15**, **50**

02 **3**, **38**

03 **50** / **7**, **10**

04 **1**, **54**

05 오전 / 오후

06 ㉡

07 **4**, **27**

08

09 **1**시 **42**분

10 **1** 예 시계의 긴바늘이 가리키는 **10**을 **50**분으로 읽어야 하는데 **10**분으로 읽었기 때문입니다.

2 **3**시 **50**분

11 11

12 (교차된 선)

13 **1**, **50** / **2**, **10**

14 **5**분

15 5시 10분 20분 30분 40분 50분 6시 10분 20분 30분 40분 50분 7시

/ **1**, **20**, **80**

16 **9**시간

17 ㉡, ㉢, ㉠

18 목요일

19 **10**월 **17**일

20 **7**시 **30**분

21 **10**시 **40**분

22 원재

23 **1** 4월은 **30**일까지 있으므로 **4**월 **20**일부터 **4**월 **30**일까지는 **11**일이고, **5**월 **1**일부터 **5**월 **4**일까지는 **4**일입니다.

2 따라서 사진전을 하는 기간은 **11**+**4**=**15**(일)입니다. 답 **15**일

24 **3**시간

25 **1** 매주 토요일마다 공연을 하므로 **7**일, **14**일, **21**일, **28**일에 공연을 합니다.

2 따라서 **8**월에 공연을 모두 **4**번 합니다. 답 **4**번

---

01 시계의 긴바늘이 가리키는 숫자가 **3**이면 **15**분, **6**이면 **30**분, **9**이면 **45**분, **10**이면 **50**분을 나타냅니다.

03 시계가 나타내는 시각은 **6**시 **50**분입니다.

6시 **50**분에서 **7**시가 되려면 **10**분이 더 지나야 하므로 **7**시 **10**분 전입니다.

04 **114**분=**60**분+**54**분

=**1**시간 **54**분

06 ㉠ **3**월: **31**일, **9**월: **30**일

㉡ **5**월: **31**일, **8**월: **31**일

㉢ **6**월: **30**일, **12**월: **31**일

㉣ **2**월: **28**일(**29**일), **11**월: **30**일

따라서 날수가 같은 월끼리 짝 지은 것은 ㉡입니다.

07 짧은바늘이 **4**와 **5** 사이, 긴바늘이 **25**분에서 작은 눈금 **2**칸 더 간 곳을 가리키므로 **4**시 **27**분입니다.

따라서 **4**시 **27**분에 축구를 했습니다.

08 긴바늘이 **3**을 가리키도록 그립니다.

09 짧은바늘이 **1**과 **2** 사이, 긴바늘이 **40**분에서 작은 눈금 **2**칸 더 간 곳을 가리키므로 **1**시 **42**분입니다.

10

채점 기준	❶ 소율이가 시각을 잘못 읽은 이유를 쓴 경우	2점	4점
	❷ 시각을 바르게 읽은 경우	2점	

11 **4**시 **5**분 전은 **3**시 **55**분입니다.

→ 긴바늘이 가리키는 숫자는 **11**입니다.

12

 → **2**시 **50**분

2시 **50**분은 **3**시 **10**분 전입니다.

• → **4**시 **55**분

4시 **55**분은 **5**시 **5**분 전입니다.

13 짧은바늘이 **1**과 **2** 사이, 긴바늘이 **10**을 가리키므로 **1**시 **50**분입니다.

→ **1**시 **50**분에서 **2**시가 되려면 **10**분이 더 지나야 하므로 **2**시 **10**분 전입니다.

14 **5**시에 시작하여 **1**시간 동안 영화를 보면 끝나는 시각은 **6**시입니다.

→ 현재 시각 **5**시 **55**분에서 **6**시가 되려면 **5**분이 더 지나야 합니다.

15 시작한 시각은 **5**시 **30**분이고, 끝난 시각은 **6**시 **50**분입니다.

시간 띠에서 한 칸은 **10**분을 나타내고, **8**칸을 색칠했으므로 봉사 활동을 하는 데 걸린 시간은 **1**시간 **20**분=**80**분입니다.

16

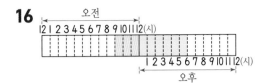

시간 띠에서 한 칸은 **1**시간을 나타내고, **9**칸을 색칠했으므로 **9**시간입니다.

17 ㉠ **2**년 **5**개월=**24**개월+**5**개월=**29**개월

21개월<**27**개월<**29**개월이므로 짧은 기간부터 차례로 쓰면 ㉡, ㉢, ㉠입니다.

18 **10**월 **31**일은 목요일이므로 주희의 생일은 목요일입니다.

19 **31**일의 **2**주일 전은 **31**−**14**=**17**(일)이므로 선미의 생일은 **10**월 **17**일입니다.

20 시계의 긴바늘이 **5**바퀴를 돌면 **5**시간이 지납니다. 따라서 **2**시 **30**분에서 **5**시간이 지난 시각은 **7**시 **30**분입니다.

21 **9**시 **10**분 $\xrightarrow{40분 후}$ **9**시 **50**분 $\xrightarrow{10분 후}$ **10**시 $\xrightarrow{40분 후}$ **10**시 **40**분

22 • 지혜: **2**시 **30**분 $\xrightarrow{2시간 후}$ **4**시 **30**분 $\xrightarrow{20분 후}$ **4**시 **50**분

→ **2**시간 **20**분=**140**분

• 원재: **2**시 **10**분 $\xrightarrow{2시간 후}$ **4**시 **10**분 $\xrightarrow{30분 후}$ **4**시 **40**분

→ **2**시간 **30**분=**150**분

따라서 로봇 조립을 더 오래 한 사람은 원재입니다.

23

채점 기준	❶ 4월과 5월에 사진전을 하는 날수를 각각 구한 경우	2점	4점
	❷ 사진전을 하는 기간은 며칠인지 구한 경우	2점	

24 오전 **11**시부터 오후 **2**시까지이므로 공연을 관람하는 데 걸리는 시간은 **3**시간입니다.

25

채점 기준	❶ 8월에 공연하는 날을 모두 찾은 경우	3점	4점
	❷ 8월에 공연을 모두 몇 번 하는지 구한 경우	1점	

5. 표와 그래프

1회 개념 학습
118~119쪽

확인1 지민, 현지, 한솔, 미진 /
소희, 준오, 수호 /
소라, 은수, 주현 /
4, 3, 3, 10

1 ☂

2 휘연, 지우, 준우

3 12명

4 (위에서부터) ///// , //// , ////
/ 5, 4, 3, 12

5 ㉣, ㉤, ㉠

4 자료를 분류하지 않고 직접 표로 나타낼 때는
///// 표시 방법을 이용하면 더 편리합니다. 색깔
별로 수를 세어 표의 빈칸을 채웁니다.

5 참고 자료를 조사하여 표로 나타내는 방법
① 조사할 내용을 정합니다.
② 조사할 방법을 정합니다.
③ 정한 방법으로 조사를 합니다.
④ 조사한 자료를 보고 표로 나타냅니다.

1회 문제 학습
120~121쪽

01 ㉠

02 12명

03 4, 3, 3, 2, 12

04 3가지

05 5, 6, 3, 14

06 6, 3, 4, 13

07 예

/ 4, 5, 4, 13

08 8, 5, 10, 23

09 2, 5

10 ❶ 10 ❷ 10, 5

답 5명

11 ❶ 참새를 좋아하는 학생과 제비를 좋아하는 학
생은 모두 9+5=14(명)입니다.
❷ 따라서 까치를 좋아하는 학생은
18-14=4(명)입니다.   답 4명

02 이름을 쓴 붙임 종이의 수를 모두 세어 보면 12
개입니다.

03 위인별로 이름을 쓴 붙임 종이의 수를 세어 봅니다.
→ (합계)
=4+3+3+2=12(명)

04 독서, 운동, 게임 → 3가지

05 취미별로 표시를 하면서 수를 세어 봅니다.
→ (합계)
=5+6+3=14(명)

06 동물별로 표시를 하면서 수를 세어 봅니다.
→ (합계)
=6+3+4=13(마리)

07 [평가 기준] 주어진 세 종류의 조각으로 자유롭게 모양을
만들고, 각 조각의 수를 바르게 세어 표로 나타냈으면 정답
으로 인정합니다.

08 색깔별로 표시를 하면서 수를 세어 봅니다.
→ (합계)
=8+5+10=23(개)

09 표의 구슬 수와 처음에 가지고 있던 구슬 수를
비교합니다.
→ 파란색 구슬은 10-8=2(개), 빨간색 구슬
은 10-5=5(개)가 없어졌습니다.

10

채점 기준	❶ 축구를 좋아하는 학생과 야구를 좋아하는 학생은 모두 몇 명인지 구한 경우	2점	5점
	❷ 수영을 좋아하는 학생은 몇 명인지 구한 경우	3점	

11

채점 기준	❶ 참새를 좋아하는 학생과 제비를 좋아하는 학생은 모두 몇 명인지 구한 경우	2점	5점
	❷ 까치를 좋아하는 학생은 몇 명인지 구한 경우	3점	

개념북

5
단원

2회 개념 학습 122~123쪽

확인 1

4		○	
3	○	○	
2	○	○	○
1	○	○	○
장난감 수(개) \ 종류	곰 인형	로봇	자동차

1 수희, 수인, 승주 /

동하, 형석, 재정, 홍균 /

지윤, 정선, 진형, 재희, 소정

2 3, 4, 5, 12   **3** ㄹ, ㄴ, ㄱ

4

태국	○	○	○	○	○
미국	○	○	○	○	
프랑스	○	○	○		
나라 \ 학생 수(명)	1	2	3	4	5

4 나라별 학생 수만큼 ○를 한 칸에 하나씩, 왼쪽에서 오른쪽으로 빠짐없이 채웁니다.

2회 문제 학습 124~125쪽

01 4, 5, 3, 12   **02** ㉠, ㉣, ㉤

03

5			○
4		○	
3	○	○	○
2	○	○	○
1	○	○	○
학생 수(명) \ 과일	사과	귤	딸기

04 학생 수

05 (예)

딸기	×	×	×		
귤	×	×	×	×	×
사과	×	×	×	×	
과일 \ 학생 수(명)	1	2	3	4	5

06 (예) 과일 종류와 학생 수가 같습니다. /

(예) 과일과 학생 수의 위치가 다릅니다.

07 (예) 은지네 반 학생들이 받고 싶은 선물별 학생 수

7	/			
6	/			
5	/			
4	/			/
3	/	/	/	
2	/	/	/	
1	/	/	/	
학생 수(명) \ 선물	인형	게임기	책	자전거

08 인형, (예) 한눈에 알아보기

09 7

10 (예) 그래프의 가로는 좋아하는 채소 종류를 모두 나타내야 하므로 가로를 4칸으로 나누어야 합니다.

01 사과: 보라, 영서, 은찬, 성희 → 4명

귤: 정환, 대경, 재윤, 태희, 연아 → 5명

딸기: 채윤, 지효, 용준 → 3명

→ (합계)=4+5+3=12(명)

03 좋아하는 과일별 학생 수만큼 ○를 한 칸에 하나씩, 아래에서 위로 빠짐없이 채웁니다.

05 좋아하는 과일별 학생 수만큼 ×를 한 칸에 하나씩, 왼쪽에서 오른쪽으로 빠짐없이 채웁니다.

06 [평가 기준] 같은 점에서 '과일 종류, 학생 수가 같다.'는 표현이 있고, 다른 점에서 '과일과 학생 수의 위치가 다르다.' 또는 '표시하는 기호가 다르다.'는 표현이 있으면 정답으로 인정합니다.

07 받고 싶은 선물별 학생 수만큼 /를 한 칸에 하나씩, 아래에서 위로 빠짐없이 채웁니다.

08 그래프에서 /의 수가 가장 많은 선물은 인형이므로 가장 많은 학생들이 받고 싶은 선물은 인형입니다.

09

채점 기준	예나가 그래프를 완성할 수 없는 이유를 쓴 경우	5점

10

채점 기준	서진이가 그래프를 완성할 수 없는 이유를 쓴 경우	5점

확인**1** (1) **2** (2) 맑음

1 5명   **2** 22명

3 만화책

4 만화책, 위인전, 동화책, 과학책

5 (1) ○ (2) ×   **6** 팥 붕어빵

7 치즈 붕어빵

5 (1) 치즈 붕어빵을 좋아하는 학생은 **2**명입니다.

   (2) 미희가 좋아하는 붕어빵 종류는 그래프를 보고 알 수 없습니다.

6 가장 많은 학생들이 좋아하는 붕어빵 종류는 그래프에서 ○의 수가 가장 많은 팥 붕어빵입니다.

7 가장 적은 학생들이 좋아하는 붕어빵 종류는 그래프에서 ○의 수가 가장 적은 치즈 붕어빵입니다.

01 빨간색   **02** 2명

03 적습니다   **04** 예 빨간색, 예 노란색

05 감자   **06** 오이, 당근

07 감자   **08** (1) 표 (2) 그래프

09 예 건우네 반 학생들은 카레보다 김밥을 더 좋아합니다.

10 ❶ ㉠   ❷ Ⅰ

11 ❶ ㉠

    ❷ 예 4월이 3월보다 비가 온 날이 더 적습니다.

01 9>5>4>2이므로 가장 많은 학생들이 좋아하는 티셔츠 색깔은 빨간색입니다.

02 진규네 반 표에서 초록색 티셔츠를 좋아하는 학생 수를 찾으면 **2**명입니다.

04 각 반에서 가장 많은 학생들이 좋아하는 티셔츠 색깔로 정하는 것이 좋겠습니다.

05 가장 많은 학생들이 좋아하는 채소는 그래프에서 ○의 수가 가장 많은 감자입니다.

06 그래프에서 ○의 수가 **5**보다 적은 채소는 오이, 당근입니다.

07 그래프에서 ○의 수가 호박보다 더 많은 채소는 감자입니다.

09 [평가 기준] 표 또는 그래프에서 알 수 있는 내용을 쓴 경우 정답으로 인정합니다.

10

채점 기준	❶ 잘못 설명한 것의 기호를 쓴 경우	2점	5점
	❷ 바르게 고쳐 쓴 경우	3점	

11

채점 기준	❶ 잘못 설명한 것의 기호를 쓴 경우	2점	5점
	❷ 바르게 고쳐 쓴 경우	3점	

확인**1** (1) 4, 3, ‖

(2)

삼각김밥 수(개)\종류	참치	불고기	김치
4	△	△	
3	△	△	△
2	△	△	△
‖	△	△	△

1 3, 4

2

학생 수(명)\꽃	장미	백합	튤립	국화
6	○			
5	○			
4	○		○	
3	○	○	○	
2	○	○	○	○
‖	○	○	○	○

3 3, 4, 2

4

학생 수(명)\악기	피아노	기타	리코더	드럼
4			×	
3	×	×	×	
2	×	×	×	×
‖	×	×	×	×

5 리코더

1 백합: 소희, 혜영, 성호 → **3**명
틀립: 혜정, 석현, 종수, 은미 → **4**명

3 기타: 예은, 경민, 은별 → **3**명
리코더: 시완, 승호, 선영, 지윤 → **4**명
드럼: 윤우, 대현 → **2**명

4회 **문제 학습**

01 5, 3, 6, 14

02

운동 / 학생 수(명)	1	2	3	4	5	6
달리기	○	○	○	○	○	○
공놀이	○	○	○			
줄넘기	○	○	○	○	○	

03 예 가장 많은 학생들이 좋아하는 운동은 달리기입니다. 다음 주에 달리기를 했으면 좋겠습니다.

04 9, 10, 7, 5, 31

05

일수(일) / 날씨	맑음	흐림	비	눈
10		/		
9	/	/		
8	/	/		
7	/	/	/	
6	/	/	/	
5	/	/	/	/
4	/	/	/	/
3	/	/	/	/
2	/	/	/	/
1	/	/	/	/

06 흐림, 맑음, 비, 눈   **07** 7

08

학생 수(명) / 장소	바다	산	썰매장
8		×	
7	×	×	
6	×	×	
5	×	×	×
4	×	×	×
3	×	×	×
2	×	×	×
1	×	×	×

---

09 ㉠

10 ❶ 1 ❷ 1, 3 탭 **3**명

11 ❶ 1반의 예선을 통과한 학생은 **3**명, 2반의 예선을 통과한 학생은 **3**명입니다.
❷ 따라서 3반의 예선을 통과한 학생은
7-3-3=1(명)입니다. 탭 **1**명

---

01 운동별로 붙임딱지의 수를 세어 봅니다.
→ (합계)
=5+3+6=**14**(명)

02 좋아하는 운동별 학생 수만큼 ○를 한 칸에 하나씩, 왼쪽에서 오른쪽으로 빠짐없이 채웁니다.

03 가장 많은 학생들이 좋아하는 운동으로 정하는 것이 좋겠습니다.

04 맑음: 1일, 5일, 6일, 7일, 12일, 22일, 23일, 24일, 31일 → **9**일
흐림: 2일, 8일, 9일, 11일, 13일, 17일, 21일, 25일, 26일, 28일 → **10**일
비: 3일, 4일, 10일, 14일, 15일, 16일, 20일 → **7**일
눈: 18일, 19일, 27일, 29일, 30일 → **5**일
→ (합계)
=9+10+7+5=**31**(일)

05 날씨별 일수만큼 /를 한 칸에 하나씩, 아래에서 위로 빠짐없이 채웁니다.

06 그래프에서 /의 수가 많은 날씨부터 차례로 쓰면 흐림, 맑음, 비, 눈입니다.

07 산에 가고 싶은 학생과 썰매장에 가고 싶은 학생은 모두 **8+5=13**(명)입니다.
→ 바다에 가고 싶은 학생은 **20-13=7**(명)입니다.

08 장소별 학생 수만큼 ×를 한 칸에 하나씩, 아래에서 위로 빠짐없이 채웁니다.

09 ⓒ 가장 많은 학생들이 가고 싶은 장소는 산입니다.

ⓒ 바다에 가고 싶은 학생 수는 **7**명입니다.

따라서 표와 그래프를 보고 알 수 없는 것은 ⊙입니다.

10

채점 기준	❶ 1반, 3반의 안경을 쓴 학생 수를 각각 구한 경우	3점	5점
	❷ 2반의 안경을 쓴 학생은 몇 명인지 구한 경우	2점	

참고 　　　　　반별 안경을 쓴 학생 수

반	학생 수(명)
1반	2
2반	3
3반	1
합계	6

3반	○		
2반	○	○	○
1반	○	○	
반 학생 수(명)	1	2	3

11

채점 기준	❶ 1반, 2반의 예선을 통과한 학생 수를 각각 구한 경우	3점	5점
	❷ 3반의 예선을 통과한 학생은 몇 명인지 구 한 경우	2점	

참고 　　　　　반별 예선을 통과한 학생 수

반	학생 수(명)
1반	3
2반	3
3반	1
합계	7

3반	○		
2반	○	○	○
1반	○	○	○
반 학생 수(명)	1	2	3

5회 응용 학습

01 ❶단계 금빛 　❷단계 금빛 마을
02 김밥
03 ❶단계 6켤레 　❷단계 7켤레
04 10명 　　　**05** 4명
06 ❶단계 4, 5, 2, 11 　❷단계 3명
07 4마리
08 ❶단계 6명 　❷단계 25명
09 20명

01 ❶단계 자료에서

햇빛 마을: 현아, 지철, 유이 ➡ **3**명,

달빛 마을: 태욱, 해림, 유준, 도윤 ➡ **4**명,

금빛 마을: 민호, 승희, 나연, 상욱, 정연 ➡ **5**명

이므로 표와 학생 수가 다른 마을은 금빛 마을입니다.

❷단계 가은이가 사는 마을은 자료와 표에서 학생 수가 다른 금빛 마을입니다.

02 자료에서

김밥: 규리, 강훈 ➡ **2**명,

떡볶이: 영규, 은미 ➡ **2**명,

튀김: 희진, 규민, 우진 ➡ **3**명입니다.

따라서 동우가 좋아하는 분식은 자료와 표에서 학생 수가 다른 김밥입니다.

03 ❶단계 (운동화의 수)

$$=(장화의 수)+4$$
$$=2+4=6(켤레)$$

❷단계 (구두의 수)

$$=(합계)-(운동화, 장화, 샌들 수의 합)$$
$$=20-13=7(켤레)$$

04 (야채김밥을 좋아하는 학생 수)

$$=(치즈김밥을 좋아하는 학생 수)-2$$
$$=7-2=5(명)$$

➡ (참치김밥을 좋아하는 학생 수)

$$=30-20=10(명)$$

참고 야채김밥, 불고기김밥, 치즈김밥을 좋아하는 학생은 $5+8+7=20$(명)입니다.

05 놀이공원에 가 보고 싶은 학생 수는 수족관에 가 보고 싶은 학생 수와 같으므로 **9**명입니다.

➡ (박물관에 가 보고 싶은 학생 수)

$$=28-24=4(명)$$

참고 동물원, 놀이공원, 수족관에 가 보고 싶은 학생은 $6+9+9=24$(명)입니다.

06 **1단계** A형: 4명, AB형: 5명, O형: 2명

2단계 (B형인 학생 수)

= (조사한 학생 수)

− (A형, AB형, O형인 학생 수의 합)

= 14 − 11 = 3(명)

07 미란이네 농장에서 기르는 닭, 오리, 염소, 토끼
는 모두 3 + 2 + 6 + 5 = 16(마리)입니다.
따라서 돼지는 20 − 16 = 4(마리)입니다.

08 **1단계** 꽹과리를 좋아하는 학생은 3명이고, 3의
2배는 6이므로 북을 좋아하는 학생은 6명입니다.

2단계 (조사한 학생 수)

= 3 + 9 + 6 + 7 = 25(명)

09 겨울에 태어난 학생은 2명이고, 2의 3배는 6이
므로 가을에 태어난 학생은 6명입니다.

→ (조사한 학생 수)

= 7 + 5 + 6 + 2 = 20(명)

6회 마무리 평가

01

02 은아, 서윤, 소율, 영서, 준서

03 4, 6, 5, 3, 18   **04** 6명

05 18명   **06** ㉡, ㉢, ㉣

07 6, 4, 2, 4, 16   **08** △

09 2명

10 예 그래프의 세로는 좋아하는 생선별 학생 수만
큼 표시해야 하므로 세로를 적어도 4칸으로 나
누어야 합니다.

11 예

4	/		
3	/		/
2	/	/	/
1	/	/	/
학생 수(명) / 생선	갈치	고등어	삼치	조기

12 ❶ 봄, 여름, 가을에 태어난 학생은 모두
5 + 1 + 3 = 9(명)입니다.

❷ 따라서 겨울에 태어난 학생은 13 − 9 = 4(명)
입니다.

답 4명

13 곤충, 학생 수   **14** 4명

15 5명   **16** 연날리기

17 비사치기, 딱지치기

18 2, 5, 14 /

5				○
4	○			○
3	○		○	○
2	○	○	○	○
1	○	○	○	○
학생 수(명) / 혈액형	A형	B형	AB형	O형

19 ㉠

20 예

O형	×	×	×	×	×
AB형	×	×	×		
B형	×	×			
A형	×	×	×	×	
혈액형 / 학생 수(명)	1	2	3	4	5

21 4개

22

4		/	
3	/	/	/
2	/	/	/
1	/	/	/
학생 수(명) / 선물	옷	게임기	인형

23 13명

24 4, 3, 5, 4, 16 /

예

5			○	
4	○		○	○
3	○	○	○	○
2	○	○	○	○
1	○	○	○	○
사각형 수(개) / 색깔	빨간색	파란색	노란색	흰색

25 ❶ 예 하린이가 그린 그림에서 가장 많은 사각형
의 색깔은 노란색입니다.

❷ 예 하린이가 그린 그림에서 가장 적은 사각형
의 색깔은 파란색입니다.

01 서린이가 좋아하는 과일은 바나나입니다.

03 바나나: 유미, 재윤, 서린, 지한 → **4**명
사과: 현민, 진호, 형진, 재영, 린지, 우주 → **6**명
귤: 은아, 서윤, 소율, 영서, 준서 → **5**명
포도: 리나, 예은, 시은 → **3**명
➔ (합계)
　＝4＋6＋5＋3＝18(명)

04 표에서 사과를 좋아하는 학생 수를 찾으면 **6**명
입니다.

05 표에서 합계가 18명이므로 유미네 반 학생은 모두 18명입니다.

07 사용한 조각별로 표시를 하면서 수를 세어 봅니다.
➔ (합계)
　＝6＋4＋2＋4＝16(개)

08 슬기는 조각을 종류별로 6개씩 가지고 있었으므로 6개를 모두 사용한 조각을 찾으면 ▲입니다.

09 표에서 고등어를 좋아하는 학생 수를 찾으면 **2**명
입니다.

10
채점 기준	도현이가 그래프를 완성할 수 없는 이유를 쓴 경우	4점

11 생선별 학생 수만큼 /를 한 칸에 하나씩, 아래에서 위로 빠짐없이 채웁니다.

12
채점 기준	❶ 봄, 여름, 가을에 태어난 학생은 모두 몇 명인지 구한 경우	2점	4점
	❷ 겨울에 태어난 학생은 몇 명인지 구한 경우	2점	

14 표에서 백설기를 좋아하는 학생 수를 찾으면 **4**명입니다.

15 인절미를 좋아하는 학생은 2명, 찹쌀떡을 좋아하는 학생은 3명입니다.
➔ 2＋3＝5(명)

16 가장 적은 학생들이 좋아하는 민속놀이는 그래프에서 ○의 수가 가장 적은 연날리기입니다.

17 그래프에서 ○의 수가 5보다 많은 민속놀이는 비사치기, 딱지치기입니다.

18 A형: **4**명, B형: **2**명, AB형: **3**명, O형: **5**명
➔ (합계)
　＝4＋2＋3＝5＝14(명)

19 ㉠ 진주의 혈액형은 표나 그래프를 보고 알 수 없습니다.
㉡ 진주네 반 학생은 14명입니다.
㉢ B형인 학생은 2명입니다.

20 그래프의 가로에 학생 수를, 세로에 혈액형을 나타냅니다.
혈액형별 학생 수만큼 ×를 한 칸에 하나씩, 왼쪽에서 오른쪽으로 빠짐없이 채웁니다.

21 (채율이가 모은 구슬 수)
＝(경지가 모은 구슬 수)－2
＝7－2＝5(개)
➔ (승혜가 모은 구슬 수)
＝(합계)－(경지, 채율이가 모은 구슬 수의 합)
＝16－12＝4(개)

22 옷과 게임기를 받고 싶은 학생은 3＋4＝7(명)입니다.
따라서 인형을 받고 싶은 학생은
10－7＝3(명)입니다.

23 사탕을 좋아하는 학생은 2명이고, 2의 2배는 4이므로 젤리를 좋아하는 학생은 4명입니다.
➔ (조사한 학생 수)
　＝3＋4＋2＋4＝13(명)

24 그래프로 나타낼 때에는 ○, ×, / 중 하나를 이용하여 나타냅니다.

25
채점 기준	❶ 그래프를 보고 알 수 있는 내용을 1가지 쓴 경우	2점	4점
	❷ 그래프를 보고 알 수 있는 다른 내용을 1가지 쓴 경우	2점	

6. 규칙 찾기

확인**1** 노란색, 초록색   확인**2**

2 연두색, 빨간색, 파란색이 반복되므로 연두색 다음은 빨간색, 빨간색 다음은 파란색, 연두색, 빨간색입니다.

4 참고
시계 반대 방향 ← → 시계 방향

5 배 모양이 시계 반대 방향으로 돌아갑니다.

01 ▽

02 ( ) (○)

03 ㉡

04 노란색

05 나비, 잠자리, 무당벌레, 나비, 나비

06

1	2	3	3	1	2	3
3	1	2	3	3	1	2
3	3	1	2	3	3	1
2	3	3	1	2	3	3

07 ㉡

08 예 ・별, 달, 해가 반복됩니다.
・↘ 방향으로 같은 모양이 반복됩니다.

09 사과

10 예

11 ❶ 1 ❷ 파란색   답 파란색

12 ❶ 빨간색, 파란색이 반복되고, 구슬이 1개씩 늘어납니다.
❷ 따라서 ㉠에 알맞은 색깔은 빨간색입니다.
답 빨간색

01 분홍색으로 색칠된 부분이 시계 방향으로 돌아갑니다.

03 주황색, 연두색, 보라색이 반복되므로 주황색 다음은 연두색입니다.

04 노란색, 초록색, 파란색이 반복되므로 빈칸에 알맞은 인형의 색깔은 노란색입니다.

05 잠자리, 무당벌레, 나비, 나비가 반복됩니다.

09 사과, 레몬, 사과, 감이 반복되므로 ㉠에 알맞은 과일은 사과입니다.

10 색칠된 부분이 시계 방향 또는 시계 반대 방향으로 돌아가는 규칙을 정하거나 여러 색이 반복되는 규칙을 정해 무늬를 만듭니다.
[평가 기준] 색칠한 무늬의 규칙을 설명할 수 있으면 정답으로 인정합니다.

11

채점 기준			
❶ 규칙을 찾아 쓴 경우	3점	5점
❷ ㉠에 알맞은 색깔을 구한 경우	2점	

12

채점 기준			
❶ 규칙을 찾아 쓴 경우	3점	5점
❷ ㉠에 알맞은 색깔을 구한 경우	2점	

2회 개념 학습　148~149쪽

확인1 2　　　확인2 2

1 (1) 3, 2 (2) 3, 1

2 ○
　□

3 (1) × (2) ○

4 (1) 2 (2) 3

3 (1) 쌓기나무가 왼쪽, 위쪽으로 각각 1개씩 늘어납니다.

4 (1) 쌓기나무가 뒤쪽, 오른쪽으로 각각 1개씩 늘어납니다. ➡ 쌓기나무가 2개씩 늘어납니다.

(2) 쌓기나무가 왼쪽으로 1개, 뒤쪽으로 2개씩 늘어납니다. ➡ 쌓기나무가 3개씩 늘어납니다.

2회 문제 학습　150~151쪽

01 2, 1　　　02 시우

03 예 빨간색 쌓기나무가 있고 쌓기나무 2개가 앞쪽, 뒤쪽으로 번갈아 가며 나타납니다.

04 (1) ㉠ (2) ㉡　　05 ( ) (○)

06 ㉡　　　07 6개

08 16개　　　09 ❶ 1　❷ 1, 6　답 6개

10 ❶ 쌓기나무가 왼쪽으로 1개씩 늘어납니다.

❷ 마지막 모양에 쌓은 쌓기나무가 4개이므로 다음에 이어질 모양에 쌓을 쌓기나무는 모두 4+1=5(개)입니다.　답 5개

03 [평가 기준] 빨간색 쌓기나무를 기준으로 쌓기나무 2개가 번갈아 가며 나타나는 것을 변하는 위치와 함께 설명한 경우 정답으로 인정합니다.

04 (1) 쌓기나무가 1층, 2층, 3층으로 반복됩니다.

(2) 쌓기나무가 오른쪽으로 1개씩 늘어납니다.

05 왼쪽 모양은 쌓기나무의 수가 왼쪽에서 오른쪽으로 3개, 2개씩 반복됩니다.

06 ㉡ 빈칸에 들어갈 모양은 입니다.

07 쌓기나무가 1층에서 오른쪽으로 2층, 3층, 4층으로 늘어납니다. ➡ 1+2+3=6(개)

08 4층으로 쌓으면 4줄씩 4층으로 된 모양이므로 필요한 쌓기나무는 모두 4×4=16(개)입니다.

09 채점기준

❶ 쌓기나무를 쌓은 규칙을 찾아 쓴 경우	3점	
❷ 다음에 이어질 모양에 쌓을 쌓기나무는 모두 몇 개인지 구한 경우	2점	5점

10 채점기준

❶ 쌓기나무를 쌓은 규칙을 찾아 쓴 경우	3점	
❷ 다음에 이어질 모양에 쌓을 쌓기나무는 모두 몇 개인지 구한 경우	2점	5점

3회 개념 학습　152~153쪽

확인1 같은　　　확인2 짝수

1

+	1	2	3	4	5	6	7	8
1	2	3	4	5	6	7	8	9
2	3	4	5	6	7	8	9	10
3	4	5	6	7	8	9	10	11
4	5	6	7	8	9	10	11	12
5	6	7	8	9	10	11	12	13
6	7	8	9	10	11	12	13	14
7	8	9	10	11	12	13	14	15
8	9	10	11	12	13	14	15	16

2 (1) 1 (2) 1　　　3 같은

4

×	2	3	4	5	6	7	8	9
2	4	6	8	10	12	14	16	18
3	6	9	12	15	18	21	24	27
4	8	12	16	20	24	28	32	36
5	10	15	20	25	30	35	40	45
6	12	18	24	30	36	42	48	54
7	14	21	28	35	42	49	56	63
8	16	24	32	40	48	56	64	72
9	18	27	36	45	54	63	72	81

5 (1) 4 (2) 5　　　6 짝수

개념북

6 단원

6. 규칙 찾기 • 39

2 (1) 5 6 7 8 9 10 11 12
$+1$ $+1$ $+1$ $+1$ $+1$ $+1$ $+1$

(2) 3 4 5 6 7 8 9 10
$+1$ $+1$ $+1$ $+1$ $+1$ $+1$ $+1$

5 (1) 8 12 16 20 24 28 32 36
$+4$ $+4$ $+4$ $+4$ $+4$ $+4$ $+4$

(2) 10 15 20 25 30 35 40 45
$+5$ $+5$ $+5$ $+5$ $+5$ $+5$ $+5$

6 16, 24, 32, 40, 48, 56, 64, 72 ➡ 짝수

3회 문제 학습

154~155쪽

01

+	1	3	5	7	9
1	2	4	6	8	10
3	4	6	8	10	12
5	6	8	10	12	14
7	8	10	12	14	16
9	10	12	14	16	18

/ ㉠

02 예

+	0	1	2	3	4
2	2	3	4	5	6
3	3	4	5	6	7
4	4	5	6	7	8
5	5	6	7	8	9
6	6	7	8	9	10

/

예 • ╱ 방향으로 같은 수가 있습니다.
• ╲ 방향으로 갈수록 **2**씩 커집니다.

03 나연

04

×	2	4	6	8
2	4	8	12	16
4	8	16	24	32
6	12	24	36	48
8	16	32	48	64

05

13	14	15
14	15	16
15	16	17

06

	18	24	
14	21	28	35
16		32	

07 ❶ 1, 2, 8, 12 ❷ ㉡   답 ㉡

08 ❶ 12, 18, ㉠은 오른쪽으로 갈수록 **6**씩 커지고, 12, 20, ㉡은 아래쪽으로 내려갈수록 **8**씩 커집니다. ➡ ㉠=24, ㉡=28

❷ 따라서 더 큰 수는 ㉡입니다.   답 ㉡

01 ㉡ 오른쪽으로 갈수록 **2**씩 커집니다.

02 [평가 기준]

+	1	2	3	4	5
1	2	3	4	5	6
2	3	4	5	6	7
3	4	5	6	7	8
4	5	6	7	8	9
5	6	7	8	9	10

,

+	0	1	2	3	4
2	2	3	4	5	6
3	3	4	5	6	7
4	4	5	6	7	8
5	5	6	7	8	9
6	6	7	8	9	10

,

+	2	3	4	5	6
0	2	3	4	5	6
1	3	4	5	6	7
2	4	5	6	7	8
3	5	6	7	8	9
4	6	7	8	9	10

3개의 덧셈표 중 하나와 같게 덧셈표를 만들고, 만든 덧셈표에서 규칙을 찾아 설명한 경우 정답으로 인정합니다.

03 규문: 9 12 15 18 21 24이므로 오른쪽
$+3$ $+3$ $+3$ $+3$ $+3$
으로 갈수록 **3**씩 커집니다.

04 12 24 36 48이므로 12씩 커지는 규칙을
$+12$ $+12$ $+12$
찾아 색칠합니다.

05 오른쪽으로 갈수록 **1**씩 커지고, 아래쪽으로 내려갈수록 **1**씩 커집니다.

06 ■단 곱셈구구에 있는 수는 오른쪽으로 갈수록 ■씩 커지고, 아래쪽으로 내려갈수록 ■씩 커집니다.

07

채점 기준	❶ 규칙을 찾아 ㉠, ㉡에 알맞은 수를 각각 구한 경우	3점	
	❷ ㉠과 ㉡에 알맞은 수 중 더 큰 수는 무엇인지 구한 경우	2점	5점

08

채점 기준	❶ 규칙을 찾아 ㉠, ㉡에 알맞은 수를 각각 구한 경우	3점	
	❷ ㉠과 ㉡에 알맞은 수 중 더 큰 수는 무엇인지 구한 경우	2점	5점

확인 1 (1) I (2) 3 (3) 2 (4) 4

1

7월	일	월	화	수	목	금	토
				①	2	3	4
	5	6	7	⑧	9	10	11
	12	13	14	⑮	16	17	18
	19	20	21	㉒	23	24	25
	26	27	28	㉙	30	31	

/ **7**일

2 6, 커집니다　　　　　**3** 빨간색, 파란색

4 (1) I (2) 6 (3) 5

5 (위에서부터) 7, II, 24, 30, 37

1 수요일은 I일, 8일, I5일, 22일, 29일이므로
7일마다 반복됩니다.

2 4　10　16　22　28, II　17　23　29, …
　　　+6 +6 +6 +6　　+6 +6 +6
따라서 ／ 방향으로 갈수록 6씩 커집니다.

4 (1) 19　20　21　22　23　24
　　　　+1 +1 +1 +1 +1

(2) I　7　13　19
　　+6 +6 +6

(3) 4　9　14　19
　　+5 +5 +5

5 오른쪽으로 갈수록 I씩 커지고, 아래쪽으로 내려
갈수록 8씩 커집니다.

01 파란색, 노란색, 초록색

02

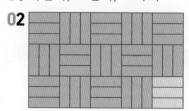

03 예 ・아래쪽으로 내려갈수록 3씩 작아집니다.
　　　・오른쪽으로 갈수록 I씩 커집니다.

04 　　　**05** 20, 10
　　　　　　　　　　　06 ㉡

07 예 가 구역 /
예 ・↓ 방향으로 갈수록 6씩 커집니다.
　　・오른쪽 갈수록 I씩 커집니다.

08 ❶ 5　❷ 5, 5, 15　　　　답 15번

09 ❶ 아래쪽으로 내려갈수록 6씩 커집니다.
❷ 따라서 유나의 신발장 번호는
6+6+6=18(번)입니다.　　　답 18번

02 사각형이 3개씩 가로, 세로로 반복됩니다.
따라서 빈칸에 알맞은 무늬는 사각형 3개가 가
로로 놓인 무늬입니다.

03 → 방향, ↓ 방향, ＼ 방향, ／ 방향 등 다양한
방향의 규칙을 찾을 수 있습니다.

04 오른쪽으로 갈수록 8씩 커집니다.　　7　15
　　　　　　　　　　　　　　　　　　　　+8

다른 풀이 위쪽으로 올라갈수록 I씩 커지는 규칙을
찾아 15층의 버튼을 찾을 수도 있습니다.

05 ・시청행 버스
7:00　7:20　7:40　8:00　8:20　8:40
　　+20분 +20분 +20분 +20분 +20분

・시장행 버스
8:00　8:10　8:20　8:30　8:40　8:50
　　+10분 +10분 +10분 +10분 +10분

06 ㉡ ／ 방향으로 갈수록 6씩 커집니다.

07 참고 나 구역은 ↓ 방향으로 갈수록 10씩 커지고, 오른쪽
으로 갈수록 I씩 커집니다.
[평가 기준] 가 구역과 나 구역 중 하나를 골라 고른 구역
에 맞게 규칙을 쓴 경우 정답으로 인정합니다.

개념북

6
단원

08

채점	❶ 사물함 번호의 규칙을 찾아 쓴 경우	3점	
기준	❷ 태호의 사물함 번호는 몇 번인지 구한 경우	2점	5점

09

채점	❶ 신발장 번호의 규칙을 찾아 쓴 경우	3점	
기준	❷ 유나의 신발장 번호는 몇 번인지 구한 경우	2점	5점

참고 오른쪽으로 갈수록 1씩 커지는 규칙을 찾아 유나의 신발장 번호를 구할 수도 있습니다.

5회 응용 학습

160~163쪽

01 ❶단계 2개씩   ❷단계 11개

02 15개   **03** 17개

04 ❶단계 100   ❷단계 500원짜리 동전

05   **06**

07 ❶단계 7   ❷단계 16일

08 22일   **09** 26일

10 ❶단계 10   ❷단계 ㉢

11

무대

가   나   다

```
1 2 3 4 5    1 2 3 4 5 6 7 8 9 10    1 2 3 4 5 6
6 7 8 9 10   11 12 13 14 15 16 17 18 19 20   7 8 9 10 11 12
11           21 22                    13
                        △         □
                  ○
```

01 ❶단계 쌓기나무가 2개씩 늘어납니다.

❷단계 네 번째 모양을 만드는 데 필요한 쌓기나무는 $7+2=9$(개)이고, 다섯 번째 모양을 만드는 데 필요한 쌓기나무는 $9+2=11$(개)입니다.

참고 • 네 번째 모양   • 다섯 번째 모양

---

02 쌓기나무가 3개씩 늘어납니다.

따라서 네 번째 모양을 만드는 데 필요한 쌓기나무는 $9+3=12$(개)이고, 다섯 번째 모양을 만드는 데 필요한 쌓기나무는 $12+3=15$(개)입니다.

03 쌓기나무가 4개씩 늘어납니다.

따라서 네 번째 모양을 만드는 데 필요한 쌓기나무는 $9+4=13$(개)이고, 다섯 번째 모양을 만드는 데 필요한 쌓기나무는 $13+4=17$(개)입니다.

05 ▨, ▨이 반복되므로 9번째에 놓을 모양은 ▨입니다.

06 ●이 시계 방향으로 돌아가므로 12번째에 올 모양은 ◉입니다.

07 ❷단계 첫째 수요일이 2일이므로

둘째 수요일은 $2+7=9$(일),

셋째 수요일은 $9+7=16$(일)입니다.

참고 수요일

```
2 ┐
  ├ +7
9 ┘
  ┐ +7
16┘
```

08 첫째 금요일이 1일이므로

둘째 금요일은 $1+7=8$(일),

셋째 금요일은 $8+7=15$(일),

넷째 금요일은 $15+7=22$(일)입니다.

09 첫째 월요일이 5일이므로 $5+7=12$(일), $12+7=19$(일), $19+7=26$(일)이 모두 월요일입니다.

➡ 마지막 월요일은 26일입니다.

10 ❷단계 3 13 23 33이므로 하리의 자리는
          +10 +10 +10

㉢입니다.

11 · 가 구역: 뒤로 갈수록 **5**씩 커집니다.

$$5 \xrightarrow{+5} 10 \xrightarrow{+5} 15 \xrightarrow{+5} 20 \xrightarrow{+5} 25$$

· 나 구역: 뒤로 갈수록 **10**씩 커집니다.

$$7 \xrightarrow{+10} 17 \xrightarrow{+10} 27 \xrightarrow{+10} 37$$

· 다 구역: 뒤로 갈수록 **6**씩 커집니다.

$$1 \xrightarrow{+6} 7 \xrightarrow{+6} 13 \xrightarrow{+6} 19$$

6회 마무리 평가   164~167쪽

01 빨간색, ♡   **02** △

03 ⊕   **04** ㉠

05

×	5	6	7	8	9
5	25	30	35	40	45
6	30	36	42	48	54
7	35	42	49	56	63
8	40	48	56	64	72
9	45	54	63	72	81

06 8씩   **07** 7

08 원 / 노란색

09

10

1	2	3	2	1	2
3	2	1	2	3	2
1	2	3	2	1	2

11 유준   **12**

13 ❶ 쌓기나무가 오른쪽으로 1개씩 늘어납니다.

❷ 마지막 모양에 쌓은 쌓기나무가 4개이므로 다음에 이어질 모양에 쌓을 쌓기나무는 모두 4+1=5(개)입니다.   답 5개

14 ㉢

15

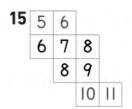

16 예 오른쪽으로 갈수록 8씩 커집니다.

17 짝수

18 예 · 아래쪽으로 내려갈수록 3씩 커집니다.

· 오른쪽으로 갈수록 1씩 커집니다.

19 30, 20

20

21 12개

22 ❶ 같은 요일에 있는 수는 아래쪽으로 내려갈수록 7씩 커집니다.

❷ 첫째 토요일이 1일이므로 1+7=8(일), 8+7=15(일), 15+7=22(일), 22+7=29(일)이 모두 토요일입니다.

➡ 마지막 토요일은 29일입니다.

답 29일

23

24

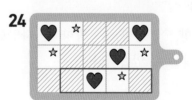

25 ❶ 초록색, 빨간색이 반복되고, 빨간색 구슬이 1개씩 늘어납니다.

❷ 따라서 ㉠에 알맞은 색깔은 초록색입니다.

답 초록색

02 △, ◯, ▢이 반복됩니다.

03 노란색으로 색칠된 부분이 시계 반대 방향으로 돌아갑니다.

04 쌓기나무의 수가 왼쪽에서 오른쪽으로 2개, 3개씩 반복됩니다.

06 40 48 56 64 72
　　$+8$ $+8$ $+8$ $+8$

07 35 42 49 56 63
　　$+7$ $+7$ $+7$ $+7$

08 삼각형, 원이 반복되고, 빨간색, 노란색, 초록색이 반복됩니다.

09 주황색, 노란색, 보라색, 노란색이 반복됩니다.

12 , 이 반복되므로 빈칸에 들어갈 모양은 입니다.

13

채점 기준	❶ 쌓기나무를 쌓은 규칙을 찾아 쓴 경우	2점	4점
	❷ 다음에 이어질 모양에 쌓을 쌓기나무는 모두 몇 개인지 구한 경우	2점	

14 ㉠ 오른쪽으로 갈수록 2씩 커집니다.
　　㉡ 아래쪽으로 내려갈수록 2씩 커집니다.

15 오른쪽으로 갈수록 1씩 커지고, 아래쪽으로 내려갈수록 1씩 커지는 규칙을 이용하여 빈칸에 알맞은 수를 써넣었습니다.

16 8 16 24 32
　　$+8$ $+8$ $+8$

18 → 방향, ↓ 방향, ↘ 방향, ↗ 방향 등 다양한 방향의 규칙을 찾을 수 있습니다.

19 • 평일
　　7:00 7:30 8:00 8:30 9:00
　　　$+30$분 $+30$분 $+30$분 $+30$분
　　• 주말
　　7:00 7:20 7:40 8:00 8:20
　　　$+20$분 $+20$분 $+20$분 $+20$분

20 노란색, 빨간색 구슬이 각각 1개씩 늘어나며 반복됩니다.

21 쌓기나무가 2개씩 늘어납니다.
따라서 네 번째 모양을 만드는 데 필요한 쌓기나무는 $8+2=10$(개)이고, 다섯 번째 모양을 만드는 데 필요한 쌓기나무는 $10+2=12$(개)입니다.

22

채점 기준	❶ 달력에서 규칙을 찾아 쓴 경우	2점	4점
	❷ 이달의 마지막 토요일은 며칠인지 구한 경우	2점	

23 나 구역은 ↓ 방향으로 갈수록 4씩 커집니다.
　　1 5 9 13
　　$+4$ $+4$ $+4$
따라서 규호의 자리는 나 구역 앞에서 넷째 줄의 왼쪽에서 첫째 자리입니다.

24 ♥, ☆, ▨, ▨가 반복됩니다.

25

채점 기준	❶ 채아가 만든 받침대 무늬의 규칙을 찾아 쓴 경우	2점	4점
	❷ ㉠에 알맞은 색깔을 구한 경우	2점	

1. 네 자리 수

단원 평가 A단계   2~4쪽

01 1000, 천   **02** 7000
03 사천이십구   **04** 3, 30
05 1550, 1650, 1850
06 ⑤   **07**

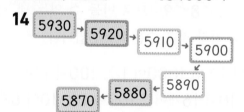

08 5000개
09 ❶ 백의 자리 숫자를 각각 알아봅니다.
    ㉠ 7048 ➡ 0, ㉡ 4973 ➡ 9,
    ㉢ 3457 ➡ 4, ㉣ 2794 ➡ 7
    ❷ 따라서 백의 자리 숫자가 7인 것은 ㉣입니다.
                 답 ㉣

10 4350원   **11** 4731
12 500, 5000   **13** 1000씩
14 5930 → 5920 → 5910 → 5900 → 5890 → 5880 → 5870

15 >   **16** ( ) (○) (△)
17 ❶ 도현이가 말한 수는 6847이고, 채아가 말한 수는 6863입니다.
    ❷ 6847과 6863의 천의 자리, 백의 자리 수가 같으므로 십의 자리 수를 비교하면 4<6입니다. ➡ 6847<6863
    따라서 더 큰 수를 말한 사람은 채아입니다.
                 답 채아

18 7572   **19** 고추 / 양파
20 5개

06 ⑤ 900보다 100만큼 더 작은 수는 800입니다.

---

07 • 300은 700이 더 있어야 1000이 됩니다.
    • 500은 500이 더 있어야 1000이 됩니다.
    • 200은 800이 더 있어야 1000이 됩니다.

08 1000이 5개이면 5000입니다.
    ➡ 문구점에서 산 구슬은 모두 5000개입니다.

09

채점기준			
❶ ㉠, ㉡, ㉢, ㉣의 백의 자리 숫자를 각각 구한 경우	3점		5점
❷ 백의 자리 숫자가 7인 것을 찾아 기호를 쓴 경우	2점		

11 숫자 3이 나타내는 수를 각각 알아봅니다.
    1304 ➡ 300, 4731 ➡ 30, 3574 ➡ 3000

12 • ㉠의 숫자 5는 백의 자리 숫자이므로 500을 나타냅니다.
    • ㉡의 숫자 5는 천의 자리 숫자이므로 5000을 나타냅니다.

13 천의 자리 수가 1씩 커지므로 1000씩 뛰어 센 것입니다.

14 10씩 거꾸로 뛰어 세면 십의 자리 수가 1씩 작아집니다.
    ➡ 5930−5920−5910−5900−5890 −5880−5870

17

채점기준			
❶ 도현이와 채아가 말한 수를 각각 구한 경우	2점		5점
❷ 더 큰 수를 말한 사람은 누구인지 구한 경우	3점		

18 100이 15개이면 1000이 1개, 100이 5개인 것과 같습니다.
    ➡ 1000이 7개, 100이 5개, 10이 7개, 1이 2개인 수와 같으므로 7572입니다.

20 천의 자리 숫자가 4, 백의 자리 숫자가 6인 네 자리 수는 46□□입니다.
    4605보다 작은 46□□는 4600, 4601, 4602, 4603, 4604로 모두 5개입니다.

평가북 1 단원

단원 평가 B단계

5~7쪽

01 1000

02 (위에서부터) 4000, 사천 / 9000, 구천

03 ❶ 1000이 3개, 100이 1개, 10이 6개, 1이 6개이면 3166입니다.

　　❷ 3166은 삼천백육십육이라고 읽습니다.

　　　　　　　　　　　　답 삼천백육십육

04 4782　　　　　　**05** 400

06 ㉡　　　　　　　**07** 3000원

08 다은　　　　　　**09** ⑤

10 ㉢　　　　　　　**11** 3429, 8473

12 ㉠

13 2894 / 2914, 2924

14 5008　　　　　　**15** 7940

16 ❶ 세 수의 천의 자리 수를 비교하면 4>3이므로 가장 큰 수는 4190입니다.

　　❷ 3020과 3765의 백의 자리 수를 비교하면 0<7이므로 가장 작은 수는 3020입니다.

　　　　　　　　　　　　답 3020

17 9863, 1368　　**18** 2

19 7015　　　　　　**20** 4개

03

채점기준	❶ 수 모형이 나타내는 수를 구한 경우	3점	5점
	❷ 수 모형이 나타내는 수를 읽은 경우	2점	

05 100을 10개 묶으면 100이 4개 남으므로 남는 수는 400입니다.

06 ㉠ 1000　㉡ 910　㉢ 1000

07 100이 10개이면 1000이 1개인 것과 같습니다.

　　➜ 1000이 3개이면 3000이므로 돈은 모두 3000원입니다.

08 유준: 7504에서 천의 자리 숫자 7은 7000을 나타냅니다.

　　따라서 바르게 설명한 사람은 다은이입니다.

09 ⑤ 5 0 0 7

　　오천　×　×　칠

10 ㉠ 420**5** ➜ 5　　　　㉡ 18**5**9 ➜ 50

　　㉢ **5**963 ➜ 5000　　㉣ 4**5**37 ➜ 500

11 3**4**29 ➜ 400　　　5846 ➜ 40

　　4295 ➜ 4000　　　2904 ➜ 4

　　8**4**73 ➜ 400　　　6748 ➜ 40

12 ㉠ 천구백삼: 19**0**3 ➜ 1개

　　㉡ 칠천: **7**000 ➜ 3개

　　㉢ 오천이백: 52**0**0 ➜ 2개

14 100씩 뛰어 센 것입니다.

　　➜ 4508−4608−4708
　　　−4808−4908−**5008**

15 천의 자리 수를 비교하면 7<8입니다.

　　➜ 7940<8056

16

채점기준	❶ 가장 큰 수를 구한 경우	3점	5점
	❷ 가장 작은 수를 구한 경우	2점	

17 ・9>8>6>3>1이므로 만들 수 있는 네 자리 수 중 가장 큰 수는 9863입니다.

　　・1<3<6<8<9이므로 만들 수 있는 네 자리 수 중 가장 작은 수는 1368입니다.

18 100이 11개이면 1000이 1개, 100이 1개인 것과 같고, 10이 16개이면 100이 1개, 10이 6개인 것과 같습니다.

　　➜ 1000이 5개, 100이 2개, 10이 6개인 수와 같으므로 5260이고, 백의 자리 숫자는 2입니다.

19 어떤 수는 7315에서 100씩 거꾸로 3번 뛰어 센 수와 같습니다.

　　➜ 7315−7215−7115−**7015**

20 백의 자리 수를 비교하면 5<8이므로 □ 안에 6 또는 6보다 큰 수가 들어가야 합니다.

　　➜ □ 안에 들어갈 수 있는 수는 6, 7, 8, 9이므로 모두 4개입니다.

2. 곱셈구구

01 8, 8

02 5

03 4, 24

04 (위에서부터) 54, 63

05 (위에서부터) 16, 20, 24 / 20 / 30, 36

06 ( ) (◯) ( )

07

08

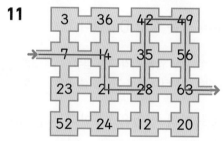

09 3, 12

10 8, 32 / 4, 32

11

3	36	42	49
7	14	35	56
23	21	28	63
52	24	12	20

12

13 ❶ ㉠ 8×4=32, ㉡ 5×7=35,
㉢ 6×5=30

❷ 따라서 곱이 35인 곱셈구구는 ㉡입니다.

답 ㉡

14 ㉣

15 0

16

×	2	3	4	5	6
2	4	6	8	10	12
3	6	9	12	15	18
4	8	12	16	20	24
5	10	15	20	25	30
6	12	18	24	30	36

2, 6, 12 / 3, 4, 12 / 4, 3, 12

17 45세

18 3

19 사과, 2개

20 ❶ 0이 적힌 공을 2번 꺼냈으므로 $0 \times 2 = 0$(점)
이고, 2가 적힌 공을 5번 꺼냈으므로
$2 \times 5 = 10$(점)입니다.

❷ 따라서 얻은 점수는 모두 $0 + 4 + 10 = 14$(점)
입니다.

답 14점

06 $2 \times 3 = 6$, $2 \times 5 = 10$, $2 \times 7 = 14$

07 $3 \times 5 = 15$는 3씩 5묶음이므로 빈 곳에 ◯를
3개씩 그립니다.

09 4씩 3묶음 ➜ $4 \times 3 = 12$

10 ・4씩 8묶음 ➜ $4 \times 8 = 32$

・8씩 4묶음 ➜ $8 \times 4 = 32$

11 7단 곱셈구구의 값은 7, 14, 21, 28, 35, 42,
49, 56, 63입니다.

13

채점 기준	❶ ㉠, ㉡, ㉢의 곱을 각각 구한 경우	3점	
	❷ 곱이 35인 곱셈구구를 찾아 기호를 쓴 경우	2점	5점

14 ㉠ 3   ㉡ 0   ㉢ 0   ㉣ 8

15 $0 \times 4 = 0$이므로 $9 \times \square = 0$입니다.
어떤 수와 0의 곱은 항상 0이므로 $\square$ 안에 알맞
은 수는 0입니다.

16 $6 \times 2 = 12$이므로 곱셈표에서 곱이 12인 곱셈
구구를 모두 찾습니다.

17 9의 5배이므로 $9 \times 5 = 45$입니다.
따라서 지우 어머니의 연세는 45세입니다.

18 ・$9 \times 2 = 18$이므로 ●에 알맞은 수는 18입니다.

・$6 \times ★ = 18$에서 $6 \times 3 = 18$이므로 ★에 알
맞은 수는 3입니다.

19 사과: $7 \times 6 = 42$(개), 감: $8 \times 5 = 40$(개)

➜ $42 > 40$이므로 사과가 $42 - 40 = 2$(개)
더 많습니다.

20

채점 기준	❶ 0이 적힌 공, 2가 적힌 공을 꺼내어 얻은 점수를 각각 구한 경우	3점	
	❷ 얻은 점수는 모두 몇 점인지 구한 경우	2점	5점

단원 평가 B단계

11~13쪽

01 5

02 7, 49

03

04

×	2	4	8
3	6	12	24
6	12	24	48
9	18	36	72

05 30

06 ㉡

07 <

08 유진

09 7, 6, 3

10 ②

11 4, 8

12 15

13 (○) ( )

14 ❶ ㉠ $8 \times 8 = 64$, ㉡ $1 \times 9 = 9$,
㉢ $7 \times 6 = 42$, ㉣ $5 \times 0 = 0$
❷ $0 < 9 < 42 < 64$이므로 곱이 작은 것부터
차례로 기호를 쓰면 ㉣, ㉡, ㉢, ㉠입니다.
답 ㉣, ㉡, ㉢, ㉠

15 ㉤

16 42명

17 ❶ ⓓ 6×4와 2×2를 더하면 사탕은 모두
$24 + 4 = 28$(개)입니다.
❷ ⓓ 8×4에서 4를 빼면 사탕은 모두
$32 - 4 = 28$(개)입니다.

18 3개

19 7점

20 34개

---

02 7씩 7묶음 ➜ $7 \times 7 = 49$

03 $1 \times ■ = ■$

04 세로줄과 가로줄의 수가 만나는 칸에 두 수의 곱
을 써넣습니다.

05 $5 \times 6 = 30$(cm)

06 3씩 6묶음 ➜ $3 \times 6 = 18$

07 $2 \times 8 = 16$, $6 \times 3 = 18$ ➜ $16 < 18$

08 정민: 8씩 3번 더해서 구할 수 있습니다.
따라서 바르게 말한 사람은 유진입니다.

09 $9 \times \square$의 $\square$ 안에 수 카드의 수를 작은 수부터
차례로 넣어봅니다.
$9 \times 3 = 27(\times)$, $9 \times 6 = 54(\times)$,
$9 \times 7 = 63(\bigcirc)$

10

×	1	2	3	4	5	6	7	8	9
7	7	14	21	28	35	42	49	56	63
			①			③	④		⑤

11 ・$7 \times 4 = 28$ ➜ ㉠=4
・$9 \times 8 = 72$ ➜ ㉡=8

12 3단 곱셈구구의 값은 3, 6, 9, 12, 15, 18,
21, 24, 27입니다.
이 중 12보다 크고 21보다 작은 홀수는 15입니다.

13 0과 어떤 수의 곱은 항상 0입니다.

14

채점 기준	❶ ㉠, ㉡, ㉢, ㉣의 곱을 각각 구한 경우	3점	5점
	❷ 곱이 작은 것부터 차례로 기호를 쓴 경우	2점	

15 초록색 점선을 따라 접었을 때 만나는 곱셈구구
의 곱이 같습니다.

17

채점 기준	❶ 곱셈구구를 이용하여 사탕의 수를 구하는 방법을 한 가지 설명한 경우	3점	5점
	❷ 곱셈구구를 이용하여 사탕의 수를 구하는 다른 방법을 설명한 경우	2점	

18 ㉠ $6 \times 6 = 36$ ㉡ $8 \times 5 = 40$
➜ 36과 40 사이에 있는 수는 37, 38, 39이
므로 모두 3개입니다.

19

과녁에 적힌 수	0	1	3
맞힌 화살(개)	3	4	1
얻은 점수(점)	$0 \times 3 = 0$	$1 \times 4 = 4$	$3 \times 1 = 3$

➜ $0 + 4 + 3 = 7$(점)

20 ・오토바이 7대의 바퀴 수: $2 \times 7 = 14$(개)
・자동차 5대의 바퀴 수: $4 \times 5 = 20$(개)
따라서 오토바이 7대와 자동차 5대의 바퀴는 모
두 $14 + 20 = 34$(개)입니다.

3. 길이 재기

01 2m 2m

02 2, 10

03 150, 1, 50

04 3, 50

05 5, 20

06 ㉠, ㉣

07 m / cm

08 □
×

09 ㉡, ㉠, ㉢

10 나

11 6 m 69 cm

12 2 m 44 cm

13 ❶ ㉠ 1 m 25 cm+2 m 30 cm=3 m 55 cm
㉡ 8 m 76 cm−5 m 24 cm=3 m 52 cm
❷ 따라서 길이가 더 긴 것은 ㉠입니다.   답 ㉠

14 ㉡

15 약 5 m

16 약 8 m

17 약 5 m

18 2 m

19 6, 3, 2 / 632 cm

20 ❶ 윤호가 가지고 있는 줄의 길이는 약 3 m이고, 미진이가 가지고 있는 줄의 길이는 약 2 m입니다.
❷ 따라서 길이가 더 긴 줄을 가지고 있는 사람은 윤호입니다.   답 윤호

03 줄자의 한끝이 눈금 0에 맞추어져 있고, 다른 쪽 끝의 눈금이 150이므로 식탁 긴 쪽의 길이는 150 cm입니다. → 150 cm=1 m 50 cm

06 수학 교과서 짧은 쪽의 길이와 크레파스의 길이는 1 m보다 짧습니다.

07 · 교실 긴 쪽의 길이는 10 cm와 10 m 중 10 m 가 알맞습니다.
· 볼펜의 길이는 14 cm와 14 m 중 14 cm가 알맞습니다.

08 350 cm=300 cm+50 cm
=3 m+50 cm
=3 m 50 cm

09 ㉡ 5 m 80 cm=580 cm
→ 580>520>508이므로 길이가 긴 것부터 차례로 기호를 쓰면 ㉡, ㉠, ㉢입니다.

10 가: 120 cm=1 m 20 cm
나: 135 cm=1 m 35 cm
따라서 길이가 더 긴 막대는 나입니다.

11 123 cm=1 m 23 cm
→ 5 m 46 cm+1 m 23 cm
=6 m 69 cm

12 (사용한 색 테이프의 길이)
=(처음 색 테이프의 길이)
−(남은 색 테이프의 길이)
=3 m 64 cm−1 m 20 cm
=2 m 44 cm

13
채점 기준			
❶ ㉠과 ㉡의 길이를 각각 구한 경우	3점	5점
❷ 길이가 더 긴 것의 기호를 쓴 경우	2점	

14 길이가 가장 짧은 부분으로 잴 때 잰 횟수가 가장 많습니다.

15 약 1 m의 5배이므로 축구 골대의 길이는 약 5 m입니다.

16 나무와 나무 사이의 거리는 울타리 한 칸의 길이의 약 4배이므로 약 8 m입니다.

17 평균대의 길이는 약 1 m의 5배이므로 약 5 m 입니다.

18 10 cm의 20배인 길이는 200 cm이고, 200 cm=2 m이므로 서윤이가 가지고 있는 털실의 길이는 2 m입니다.

19 m 단위부터 큰 수를 차례로 놓습니다.

20
채점 기준			
❶ 윤호와 미진이가 가지고 있는 줄의 길이를 각각 구한 경우	3점	5점
❷ 길이가 더 긴 줄을 가지고 있는 사람은 누구인지 구한 경우	2점	

단원 평가 B단계

01 1m

02 ④

03 9m 43cm

04 ㉣

05 ㉣

06 2m 12cm

07 ❶ 유진이의 키는 1m 18cm입니다.

❷ 1m 18cm<1m 24cm이므로 키가 더 큰 사람은 민우입니다. **답** 민우

08 3m 20cm

09 3, 56 / 7, 60

10 1, 15

11 6m 85cm

12 40cm

13 3m 25cm

14 ㉡, ㉢, ㉠

15 약 2m

16 약 8m

17 지혜

18 ❶ 3m 34cm=334cm

❷ 334cm>3□7cm이므로 □ 안에 들어갈 수 있는 수는 3보다 작은 0, 1, 2로 모두 3개 입니다. **답** 3개

19 7, 4, 2 / 4m 31cm

20 20m 27cm

---

01 10cm를 10번 이은 길이는 100cm=1m입니다.

05 ㉠ 250cm=2m 50cm
㉡ 1m 80cm=180cm
㉢ 400cm=4m
따라서 길이를 바르게 나타낸 것은 ㉣입니다.

06 212cm=200cm+12cm
=2m+12cm
=2m 12cm

07

채점 기준	❶ 유진이의 키를 몇 m 몇 cm로 나타낸 경우	3점	5점
	❷ 키가 더 큰 사람은 누구인지 구한 경우	2점	

[평가 기준] 민우의 키 1m 24cm를 124cm로 나타내 118cm와 124cm를 비교한 경우도 정답으로 인정합니다.

08 줄자의 한끝이 눈금 0에 맞추어져 있고, 다른 쪽 끝의 눈금이 320이므로 칠판 긴 쪽의 길이는 320cm=3m 20cm입니다.

09 ・1m 21cm+2m 35cm=3m 56cm
・3m 56cm+4m 4cm=7m 60cm

10 2m 80cm−1m 65cm=1m 15cm

11 354cm=3m 54cm이므로
3m 82cm>354cm>3m 3cm입니다.
→ 3m 82cm+3m 3cm=6m 85cm

12 270cm=2m 70cm
→ 2m 70cm−2m 30cm=40cm

13 (㉠에서 ㉡까지의 길이)
=(㉠에서 ㉢까지의 길이)
　−(㉡에서 ㉢까지의 길이)
=6m 39cm−3m 14cm
=3m 25cm

14 길이가 가장 긴 부분으로 재어야 잰 횟수가 가장 적습니다.

15 약 1m의 2배이므로 교실 사물함의 전체 길이는 약 2m입니다.

16 1m의 약 8배이므로 약 8m입니다.

17 지혜가 어림한 길이는 약 4m, 서우가 어림한 길이는 약 2m입니다.
따라서 더 긴 길이를 어림한 사람은 지혜입니다.

18

채점 기준	❶ 3m 34cm를 몇 cm로 나타낸 경우	2점	5점
	❷ □ 안에 들어갈 수 있는 수는 모두 몇 개인지 구한 경우	3점	

19 만들 수 있는 가장 긴 길이는 7m 42cm입니다.
→ 7m 42cm−3m 11cm=4m 31cm

20 (정글짐에서 미끄럼틀을 거쳐 철봉까지 가는 거리)
=55m 20cm+32m 50cm
=87m 70cm
→ 정글짐에서 철봉까지 바로 가는 거리보다
87m 70cm−67m 43cm
=20m 27cm 더 멉니다.

4. 시각과 시간

단원 평가 **A**단계   20~22쪽

01

02 10, 10

03 50, 1, 50

04 5, 12, 19, 26

05 목요일

06 5시 38분

07

08 7시 54분

09 7. 50 / 8. 10

10 ②, ③

11 10

12 ( ) (○)

13 1, 20, 80

14 ❶ 멈춘 시계의 시각은 7시 30분이고, 현재 시각은 10시 30분입니다.

❷ 3시간이 지났으므로 긴바늘을 3바퀴만 돌리면 됩니다.   **답** 3바퀴

15 4시간

16 (위에서부터) 1, 2, 3 / 7, 8, 9, 10, 11 / 12, 13, 16, 17, 18 / 19, 20, 21, 22, 23 / 26, 27, 28, 29, 30, 31

17 지환   **18** 1시 15분

19 24바퀴

20 ❶ 8월은 31일까지 있으므로 8월 10일부터 8월 31일까지는 22일이고, 9월 1일부터 9월 15일까지는 15일입니다.

❷ 따라서 전시회를 하는 기간은 22+15=37(일)입니다.   **답** 37일

---

05 4월 8일은 목요일이고, 7일마다 같은 요일이 반복되므로 4월 8일의 일주일 후는 목요일입니다.

07 긴바늘이 9를 가리키도록 그립니다.

08 짧은바늘이 7과 8 사이, 긴바늘이 50분에서 작은 눈금 4칸 더 간 곳을 가리키므로 7시 54분입니다.

10 • 짧은바늘이 1과 2 사이, 긴바늘이 11을 가리키므로 시계가 나타내는 시각은 1시 55분입니다.

• 1시 55분에서 2시가 되려면 5분이 더 지나야 하므로 2시 5분 전입니다.

11 9시 10분 전은 8시 50분입니다.

➜ 긴바늘이 가리키는 숫자는 10입니다.

13 1시 $\xrightarrow{1시간 후}$ 2시 $\xrightarrow{20분 후}$ 2시 20분

➜ 1시간 20분=60분+20분
=80분

14

채점 기준	❶ 멈춘 시계의 시각과 현재 시각을 각각 구한 경우	2점	5점
	❷ 긴바늘을 몇 바퀴만 돌리면 되는지 구한 경우	3점	

15 들어간 시각은 오전 9시이고, 나온 시각은 오후 1시입니다.

➜ 오전 9시~낮 12시: 3시간,
낮 12시~오후 1시: 1시간

따라서 윤정이가 학교에 있었던 시간은 3+1=4(시간)입니다.

16 5월은 31일까지 있습니다.

17 2년 9개월=12개월+12개월+9개월
=33개월

➜ 33개월>30개월

따라서 피아노를 더 오래 배운 사람은 지환이입니다.

18 짧은바늘이 1과 2 사이, 긴바늘이 3을 가리키므로 1시 15분입니다.

19 시계의 긴바늘이 한 바퀴 도는 데 걸리는 시간은 1시간이고, 하루는 24시간이므로 하루 동안 시계의 긴바늘은 24바퀴를 돕니다.

20

채점 기준	❶ 8월과 9월에 전시회를 하는 날수를 각각 구한 경우	3점	5점
	❷ 전시회를 하는 기간은 며칠인지 구한 경우	2점	

단원 평가 B단계

23~25쪽

01 ④

02 1, 20

03 4시간

04 ㉡, ㉣

05 (◯) ( )

06

07 ❶ 예 시계의 긴바늘이 **40**분에서 작은 눈금 **2**칸 더 간 곳을 가리키고 있으므로 **42**분으로 읽어야 하는데 **8**분으로 읽었기 때문입니다.

❷ 7시 42분

08

09

10 경태

11 ㉠

12 1시간 15분

13

14 10월 23일, 목요일

15 오후 / 오전

16 36시간

17 20개월

18 7시 50분

19 ❶ 솔비가 공부를 하는 데 걸린 시간은 1시간 **25**분이고, 동우가 공부를 하는 데 걸린 시간은 1시간 **20**분입니다.

❷ 1시간 25분＞1시간 20분이므로 공부를 더 오래 한 사람은 솔비입니다.   **답** 솔비

20 20컵

---

03 시간 띠에서 한 칸은 1시간을 나타내고, 4칸에 색칠되어 있습니다. → 4시간

05 11분은 긴바늘이 2(10분)에서 작은 눈금 1칸 더 간 곳을 가리킵니다.

07

채점 기준	❶ 다은이가 시각을 잘못 읽은 이유를 쓴 경우	3점	
	❷ 시각을 바르게 읽은 경우	2점	5점

08 6시 10분 전은 5시 50분입니다.

→ 긴바늘이 10을 가리키도록 그립니다.

---

10 9시가 되려면 5분이 더 지나야 하므로 9시 5분 전입니다.

따라서 바르게 설명한 사람은 경태입니다.

11 ㉠ 1시간 13분＝60분＋13분＝73분(×)

㉡ 92분＝60분＋32분＝1시간 32분(◯)

12 5시 $\xrightarrow{1시간 후}$ 6시 $\xrightarrow{15분 후}$ 6시 15분

따라서 걸린 시간은 1시간 15분입니다.

13 60분 동안 시계의 긴바늘이 한 바퀴를 돌아 제자리로 돌아옵니다.

→ 시계의 긴바늘이 2를 가리키도록 그립니다.

14 준호의 생일은 10월 16일 목요일입니다.

7일마다 같은 요일이 반복되므로 서희의 생일은 16＋7＝23(일)이고, 목요일입니다.

16 첫날 오전 9시 $\xrightarrow{24시간 후}$ 다음날 오전 9시

$\xrightarrow{12시간 후}$ 다음날 오후 9시

따라서 걸린 시간은 24＋12＝36(시간)입니다.

17 1년 8개월＝12개월＋8개월

＝20개월

18 짧은바늘이 6과 7 사이, 긴바늘이 5를 가리키므로 6시 25분입니다.

6시 25분 $\xrightarrow{1시간 후}$ 7시 25분 $\xrightarrow{25분 후}$ 7시 50분

19

채점 기준	❶ 솔비와 동우가 공부를 하는 데 걸린 시간을 각각 구한 경우	3점	
	❷ 공부를 더 오래 한 사람은 누구인지 구한 경우	2점	5점

참고 솔비: 2시 15분 $\xrightarrow{1시간 후}$ 3시 15분 $\xrightarrow{25분 후}$ 3시 40분

동우: 3시 30분 $\xrightarrow{1시간 후}$ 4시 30분 $\xrightarrow{20분 후}$ 4시 50분

20 7월은 31일까지 있으므로 7월 20일부터 7월 31일까지는 12일이고, 8월 1일부터 8월 8일까지는 8일입니다.

12＋8＝20(일) 동안 마셨으므로 민준이가 마신 우유는 모두 20컵입니다.

5. 표와 그래프

단원 평가 **A**단계   26~28쪽

01 배

02 윤성, 정주, 수연, 규현 /
미선, 재희, 채연 /
태호, 경석, 승수 /
진경, 보라

03 4, 3, 3, 2, 12   **04** 12명

05

학생 수(명) \ 동물	강아지	고양이	사자	토끼
6	○			
5	○	○		
4	○	○		
3	○	○		○
2	○	○	○	○
1	○	○	○	○

06 학생 수

07 ❶ 가장 많은 학생들이 좋아하는 동물은 그래프에서 ○의 수가 가장 많은 동물입니다.
❷ 따라서 가장 많은 학생들이 좋아하는 동물은 강아지입니다.   **답** 강아지

08 4가지   **09** ㉡

10 스키, 태권도   **11** 축구, 수영

12 2명

13 ⑩ 그래프의 세로는 태어난 계절별 학생 수만큼 표시해야 하므로 세로를 적어도 5칸으로 나누어야 합니다.

14

계절 \ 학생 수(명)	1	2	3	4	5
겨울	×	×	×		
가을	×	×			
여름	×	×	×	×	×
봄	×	×			

15 4, 3, 4, 1, 12   **16** 5명

17 ⑩

학생 수(명) \ 채소	감자	호박	오이	무
4	/		/	
3	/	/	/	
2	/	/	/	
1	/	/	/	/

18 5명   **19** 20명

20 2, 2 /

일수(일) \ 날씨	맑음	흐림	비
3	○		
2	○	○	○
1	○	○	○

03 (합계)=4+3+3+2=12(명)

05 좋아하는 동물별 학생 수만큼 ○를 한 칸에 하나씩, 아래에서 위로 빠짐없이 채웁니다.

07

	채점 기준		
	❶ 그래프에서 ○의 수를 비교하면 되는 것을 설명한 경우	2점	5점
	❷ 가장 많은 학생들이 좋아하는 동물을 찾은 경우	3점	

08 과자, 과일, 떡, 빵으로 모두 4가지입니다.

09 ㉡ 은경이가 한 달 동안 떡을 먹은 일수는 4일입니다.

10 그래프에서 /의 수가 같은 두 운동은 스키와 태권도입니다.

12 봄, 여름, 겨울에 태어난 학생은 모두 2+5+3=10(명)이므로 가을에 태어난 학생은 12-10=2(명)입니다.

13

	채점 기준	
	서진이가 그래프를 완성할 수 없는 이유를 쓴 경우	5점

16 감자를 좋아하는 학생은 4명, 무를 좋아하는 학생은 1명입니다. → 4+1=5(명)

18 동물원, 놀이공원에 가 보고 싶은 학생은 모두 4+6=10(명)입니다.
➜ (박물관에 가 보고 싶은 학생 수)
=15-10=5(명)

19 O형인 학생은 2명이고, 2의 3배는 6이므로 A형인 학생은 6명입니다.
➜ (조사한 학생 수)=2+5+7+6=20(명)

20 맑은 날은 3일, 비가 온 날은 2일입니다.
➜ 흐린 날은 7-3-2=2(일)입니다.

단원 평가 B단계 29~31쪽

01 5, 3, 3, 1, 12 **02** 농구

03 12명 **04** 표

05 ㄴ, ㄱ, ㄹ **06** 6명

07

계절 \ 학생 수(명)	1	2	3	4	5	6
겨울	○	○	○	○		
가을	○	○	○			
여름	○	○	○	○	○	○
봄	○	○	○	○	○	

08 가을

09 8명

10

학생 수(명) \ 음식	불고기	생선구이	돈가스	라면
6		○		
5		○		○
4	○	○		○
3	○	○	○	○
2	○	○	○	○
1	○	○	○	○

11

음식 \ 학생 수(명)	1	2	3	4	5	6
라면	/	/	/	/	/	
돈가스	/	/	/			
생선구이	/	/	/	/	/	/
불고기	/	/	/	/		

12 6, 5, 20 /

신발 수(켤레) \ 종류	운동화	구두	샌들	장화
7		○		
6	○	○		
5	○	○	○	
4	○	○	○	
3	○	○	○	
2	○	○	○	○
1	○	○	○	○

13 운동화, 구두

14 ❶ 그래프에서 ○의 수가 많은 것부터 차례로 쓰면 됩니다.
❷ 따라서 신발 수가 많은 신발 종류부터 차례로 쓰면 구두, 운동화, 샌들, 장화입니다.
답 구두, 운동화, 샌들, 장화

15 4명

16

학생 수(명) \ 음료수	우유	주스	탄산음료	요구르트	물
6	×				
5	×		×		
4	×		×	×	
3	×	×	×	×	
2	×	×	×	×	×
1	×	×	×	×	×

17 4명 **18** 4명

19 3명

20 ❶ 고등어를 좋아하는 학생은 3명이고, 3의 2배는 6이므로 삼치를 좋아하는 학생은 6명입니다.
❷ 조사한 학생은 모두 7+3+6+4=20(명)입니다. **답** 20명

---

09 돈가스를 좋아하는 학생은 3명, 라면을 좋아하는 학생은 5명입니다.
→ 3+5=8(명)

14

채점 기준		
❶ 그래프에서 ○의 수를 비교하면 되는 것을 설명한 경우	2점	5점
❷ 신발 수가 많은 신발 종류부터 차례로 쓴 경우	3점	

15 탄산음료를 좋아하는 학생은 6−1=5(명)입니다.
우유, 주스, 탄산음료, 물을 좋아하는 학생은
6+3+5+2=16(명)입니다.
따라서 요구르트를 좋아하는 학생은
20−16=4(명)입니다.

17 우유를 좋아하는 학생이 6명으로 가장 많고, 물을 좋아하는 학생이 2명으로 가장 적습니다.
→ 6−2=4(명)

19 갈치를 좋아하는 학생은 7명, 꽁치를 좋아하는 학생은 4명이므로 갈치를 좋아하는 학생이
7−4=3(명) 더 많습니다.

20

채점 기준		
❶ 삼치를 좋아하는 학생은 몇 명인지 구한 경우	2점	5점
❷ 조사한 학생은 모두 몇 명인지 구한 경우	3점	

6. 규칙 찾기

단원 평가 A단계 32~34쪽

01 ( )(◯)　　**02** ●

03 ㉡　　**04** |씩

05 7　　**06** 파란색

07

	⦁

08 예 빨간색 쌓기나무가 있고 쌓기나무 |개가 뒤쪽, 앞쪽으로 번갈아 가며 나타납니다.

09 |개씩

10 ❶ 쌓기나무가 오른쪽으로 |개씩 늘어납니다.
　　❷ 마지막 모양에 쌓은 쌓기나무가 5개이므로 다음에 이어질 모양에 쌓을 쌓기나무는 모두 5+|=6(개)입니다. **답** 6개

11 ㉡

12

×	2	3	4	5	6
2	4	6	8	10	12
3	6	9	12	15	18
4	8	12	16	20	24
5	10	15	20	25	30
6	12	18	24	30	36

13 지태

14

7	8	9	
	8	9	10
		10	

15
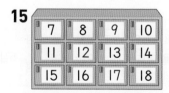

16 예 영화가 3시간마다 시작합니다.

17 민희

18 ❶ ♥, ★이 각각 |개씩 늘어나며 반복됩니다.
　　❷ 따라서 빈 구슬 3개에 알맞은 모양은 차례로 ★, ★, ★입니다. **답** ★, ★, ★

19 10개　　**20** 500원짜리 동전

---

03 쌓기나무의 수가 왼쪽에서 오른쪽으로 |개, 3개, |개씩 반복됩니다.

04 오른쪽으로 갈수록 |씩 커집니다.

06 연두색, 빨간색, 파란색이 반복되므로 빨간색 다음은 파란색입니다.

07 ⦁가 시계 방향으로 돌아갑니다.

10

채점 기준	❶ 쌓기나무를 쌓은 규칙을 찾아 쓴 경우	3점	5점
	❷ 다음에 이어질 모양에 쌓을 쌓기나무는 모두 몇 개인지 구한 경우	2점	

참고 다음에 이어질 모양은 ▱▱▱ 입니다.

11 ㉠ ╲ 방향으로 갈수록 4씩 커집니다.
따라서 바르게 설명한 것은 ㉡입니다.

12 3씩 커지는 규칙을 찾아 색칠합니다.

13 곱셈표에 있는 수들은 짝수, 홀수가 섞여 있습니다. ➡ 바르게 설명한 사람은 지태입니다.

14 오른쪽으로 갈수록 |씩 커지고, 아래쪽으로 내려갈수록 |씩 커집니다.

15 오른쪽으로 갈수록 |씩 커지고, 아래쪽으로 내려갈수록 4씩 커집니다.

17 • 윤호: 아래쪽으로 내려갈수록 3씩 작아집니다.
　　• 연수: 오른쪽으로 갈수록 |씩 커집니다.
따라서 바르게 말한 사람은 민희입니다.

18

채점 기준	❶ 규칙을 찾아 쓴 경우	3점	5점
	❷ 빈 구슬 3개에 알맞은 모양을 차례로 구한 경우	2점	

19 쌓기나무가 2개씩 늘어납니다.
따라서 네 번째 모양을 만드는 데 필요한 쌓기나무는 6+2=8(개)이고, 다섯 번째 모양을 만드는 데 필요한 쌓기나무는 8+2=10(개)입니다.

20 500원짜리 동전, 10원짜리 동전, 100원짜리 동전이 반복되므로 10번째에 놓을 동전은 500원짜리 동전입니다.

평가북 **6** 단원

단원 평가 B단계
35~37쪽

01 버섯　　**02** 시계 반대 방향

03 3　　**04** 원, 2개

05
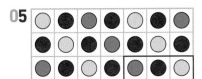

06

1	2	3	2	1	2	3
2	1	2	3	2	1	2
3	2	1	2	3	2	1

07 ㉠　　**08**

09

10 ㉠　　**11** (　) (○)

12 가현　　**13** ㉠

14

×	1	3	5	7	9	/
1	1	3	5	7	9	
3	3	9	15	21	27	
5	5	15	25	35	45	
7	7	21	35	49	63	
9	9	27	45	63	81	

예 일의 자리 숫자가 5로 같습니다.

15

		16	18
	21	24	27
24	28	32	

16

17 ❶ 쌓기나무가 2개씩 늘어납니다.

　　❷ 따라서 네 번째 모양을 만드는 데 필요한 쌓기나무는 6+2=8(개)이고, 다섯 번째 모양을 만드는 데 필요한 쌓기나무는 8+2=10(개)입니다.

　　　　　　　　　　　　답 10개

18 30일

19 예 뒤로 갈수록 4씩 커집니다.

---

20 ❶ 나 구역 의자 번호는 뒤로 갈수록 6씩 커집니다.

　　❷ 따라서 2　8　14　20이므로 휘서의 자리
　　　　　+6　+6　+6
는 ㉢입니다.　　　　　　답 ㉢

04 모양은 사각형, 원, 삼각형이 반복되고, 단추 구멍의 수는 1개, 2개가 반복되므로 빈칸에 알맞은 모양은 원이고, 단추 구멍의 수는 2개입니다.

05 노란색, 빨간색, 초록색, 빨간색이 반복됩니다.

08 색칠된 부분이 시계 방향으로 돌아갑니다.

09 □, △이 각각 1개씩 늘어나며 반복됩니다.

10 쌓기나무가 2층, 1층, 3층으로 반복됩니다. 따라서 빈칸에 들어갈 모양은 ㉠입니다.

11 왼쪽 쌓기나무는 쌓기나무의 수가 왼쪽에서 오른쪽으로 1개, 2개씩 반복됩니다.

12 색칠한 수는 ＼ 방향으로 갈수록 2씩 커집니다. 따라서 잘못 설명한 사람은 가현이입니다.

13 ㉠ 8　㉡ 10　㉢ 10

15 ■단 곱셈구구에 있는 수는 오른쪽으로 갈수록 ■씩 커지고, 아래쪽으로 내려갈수록 ■씩 커집니다.

16 위쪽으로 올라갈수록 5씩 커집니다.

2　7　12　17
　+5　+5　+5

17
채점 기준	❶ 쌓기나무가 몇 개씩 늘어나는지 구한 경우	2점	
	❷ 다섯 번째 모양을 만드는 데 필요한 쌓기나무는 모두 몇 개인지 구한 경우	3점	5점

18 첫째 목요일이 2일이므로 2+7=9(일), 9+7=16(일), 16+7=23(일), 23+7=30(일)이 모두 목요일입니다.
➡ 마지막 목요일은 30일입니다.

20
채점 기준	❶ 나 구역 의자 번호의 규칙을 찾아 쓴 경우	3점	
	❷ 휘서의 자리를 찾아 기호를 쓴 경우	2점	5점

독해의 핵심은 비문학

지문 분석으로 독해를 깊이 있게!
비문학 독해 | 1~6단계

올바른 문학 독서법

문학 갈래별 작품 이해를 풍성하게!
문학 독해 | 1~6단계

2023 NEW

결국은 어휘력

비문학 독해로 어휘 이해부터 어휘 확장까지!
어휘 X 독해 | 1~6단계

초등 문해력의 빠른시작 빠작

동아출판

해설북

백점 수학 2·2

초등학교　　　학년　　　반　　　번　　　이름

동아출판

큐브 개념

2022 개정 교육과정

초등 수학
1·1

교과서 개념을 다잡는 기본서
교과서 개념 시각화 구성
수학익힘 교과서 완벽 학습
기본·심화까지 세심

빼작

뜯어먹는
필수 영단어 1

초등 국어
문학 독해 2단계

HIGHTOP 하이탑

과학 4

Grammar
CLEAR Starter 1

과목별 전문서
빼작 | 큐브 | 하이탑 | 뜯어먹는 초등 필수 영단어 | 그래머 클리어 스타터

동아 연세
초등 국어사전

최신판

동아 연세
초등 영어사전

동아 연세
초등 한자사전

연세 초등 사전
국어사전 | 영어사전 | 한자사전

백점
수학 1·1

1등급

공부 효율

자습서&
평가문제집

교과서 개념 완벽 학습
백점 | 자습서&평가문제집

백점 수학 2·2

공부 효율 1등, 백점 1~2학년

백점 국어   백점 수학

동아출판

ISBN 978-89-00-47854-9

정가 16,000원

KC마크는 이 제품이 공통안전기준에 적합하였음을 의미합니다.

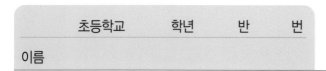

초등학교	학년	반	번
이름			

- ☎ Telephone 1644-0600
- ⌂ Homepage www.bookdonga.com
- ✉ Address 서울시 영등포구 은행로 30 (우 07242)

• 정답 및 풀이는 동아출판 홈페이지 내 학습자료실에서 내려받을 수 있습니다.
• 교재에서 발견된 오류는 동아출판 홈페이지 내 정오표에서 확인 가능하며, 잘못 만들어진 책은 구입처에서 교환해 드립니다.
• 학습 상담, 제안 사항, 오류 신고 등 어떠한 이야기라도 들려주세요.

2022 개정 교육과정
특별부록

백점
활동북

바른 생활 슬기로운 생활 즐거운 생활

2·2

• 교과서 활동 중심 학습
• 다양한 활동 문제 수록

동아출판

백점 활동북 2·2

발행일	2024년 6월 30일
인쇄일	2024년 6월 20일
펴낸곳	동아출판㈜
펴낸이	이욱상
등록번호	제300-1951-4호(1951. 9. 19)
개발총괄	강희경
개발책임	박재일
개발	방인애 윤희수
디자인책임	목진성
디자인	강민영
대표번호	1644-0600
주소	서울시 영등포구 은행로 30 (우 07242)

백점
활동북

바른 생활 슬기로운 생활 즐거운 생활

백점 활동북

차 례

바른 생활 슬기로운 생활 즐거운 생활

계절

이번에 배울 내용

학습명	쪽수	학습 내용
주제 학습	4~13쪽	사계절과 관련된 다양한 주제를 학습하고 활동해 보기
놀이 학습	14쪽	축구공과 콩 주머니를 이용하여 할 수 있는 놀이 알아보기
안전 학습	15쪽	계절별로 지켜야 할 안전 수칙 확인하기
쑥쑥 생각 키우기	16쪽	재미있는 문제를 통해 학습한 내용 점검하기

이 계절이 좋은 이유

🙂 사계절의 특징을 배워요. 다음 사계절의 특징이 나타난 사진을 보고, 각 계절의 이름을 알맞게 써 보세요.

> 봄이 되면 겨울의 차가운 공기가 물러나고, 따뜻한 공기가 우리나라에 와요.

🙂 다음 봄을 나타낸 그림을 보고, 빈칸에 들어갈 알맞은 단어를 써 보세요.

> 황사가 심할 때는 실외 활동을 줄이고, 집에 빨리 가요.

먼지바람(황사)이 심한 날에는

ㅁ	ㅅ	ㅋ	

를 써요.

사계절 친구들

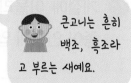

🙂 계절을 대표하는 동물과 식물을 알아봐요. 다음 사진을 보고, 가을에 볼 수 있는 것에 ○표, 겨울에 볼 수 있는 것에 △표 하세요.

큰고니는 흔히 백조, 흑조라고 부르는 새예요.

동백

코스모스

국화

큰고니

계절이 속닥속닥

🙂 계절에 따라 들을 수 있는 자연의 소리가 있어요. 친구들이 설명하는 계절의 이름을 알맞게 써 보세요.

봄에는 개구리 소리, 가을에는 귀뚜라미 소리가 들려요.

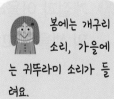

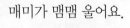

매미가 맴맴 울어요.

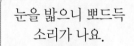

눈을 밟으니 뽀드득 소리가 나요.

계절을 입어요

😀 계절에 어울리는 옷차림을 알아봐요. 더운 계절에 어울리는 옷을 종이 인형에 입히려고 할 때, 알맞은 것을 골라 ○표 하세요.

👧 비가 오는 날에는 비옷을 입고 우산을 쓰고, 장화를 신어요.

(   )   (   )

계절은 무슨 색

😀 계절과 어울리는 색을 이야기하고, 계절을 표현해 봐요. 다음 표 안의 색을 참고하여 계절에 볼 수 있는 것을 빈칸에 써 보세요.

👦 사계절에 볼 수 있는 것들과 관련된 색을 찾아봐요.

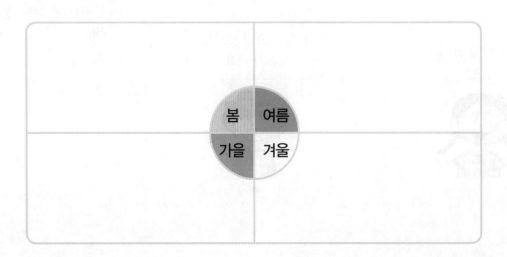

내가 좋아하는 계절

😊 내가 좋아하는 계절의 모습을 표현할 수 있나요? 여름에 볼 수 있는 모습으로 알맞지 <u>않은</u> 것을 골라 ○표 하세요.

계절마다 자연과 사람들의 모습이 어떻게 변하는지 떠올려 봐요.
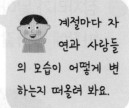

꼼지락꼼지락

😊 계절을 느끼며 다양한 놀이를 해 봐요. 다음 놀이하는 모습을 보고, 놀이의 이름을 보기 에서 골라 써 보세요.

돌멩이 그림은 돌멩이에 색칠하고, 배경을 그려서 완성하는 놀이예요.

┌ 보기 ─────────────────────────────┐
• 땅 그림   • 소꿉놀이   • 나뭇잎 놀이   • 돌멩이 그림
└─────────────────────────────────┘

잠자리 꿍꿍

😊 잠자리가 날아다니는 모습을 관찰해 봐요. 잠자리의 생김새를 보고 빈칸에 들어갈 알맞은 말을 써 보세요.

잠자리는 여러 가지 해충을 잡아먹는 유익한 곤충이에요.

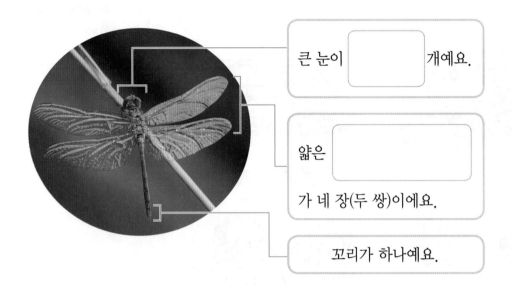

큰 눈이 ☐ 개예요.

얇은 ☐ 가 네 장(두 쌍)이에요.

꼬리가 하나예요.

24절기 여행을 떠나요

😊 24절기에 대해 알고 있나요? 절기에 대한 설명을 읽고, 단어를 따라 써 보세요.

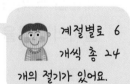

계절별로 6개씩 총 24개의 절기가 있어요.

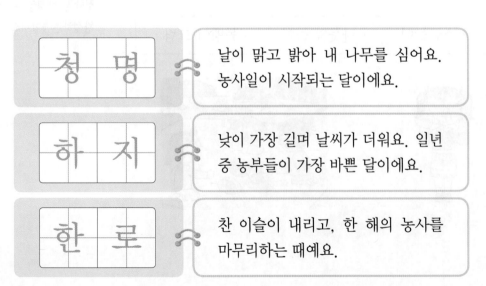

청 명 ≋ 날이 맑고 밝아 내 나무를 심어요. 농사일이 시작되는 달이에요.

하 지 ≋ 낮이 가장 길며 날씨가 더워요. 일년 중 농부들이 가장 바쁜 달이에요.

한 로 ≋ 찬 이슬이 내리고, 한 해의 농사를 마무리하는 때예요.

계절 상차림

😊 계절에 어울리는 음식을 떠올려 봐요. 여름에 어울리는 음식을
보기에서 골라 써 보세요.

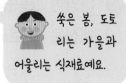
쑥은 봄, 도토리는 가을과 어울리는 식재료예요.

▲ 수박   ▲ 쑥   ▲ 도토리묵

계절을 주웠어

😊 계절을 대표하는 열매를 관찰해 봐요. 다음 열매와 속모습을 선으로 알맞게 연결하세요.

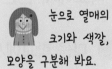
눈으로 열매의 크기와 색깔, 모양을 구분해 봐요.

·   ·   ·

·   ·   ·

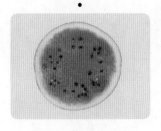

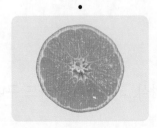

그림에서 만난 계절

😊 다양한 그림을 보고 사계절을 찾아봐요. 다음 그림에 나타난 알맞은 계절을 써 보세요.

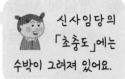

신사임당의 「초충도」에는 수박이 그려져 있어요.

◀ 신사임당, 「초충도」

학교에서 만난 계절

😊 다음 학교에서 각 계절에 하는 활동을 정리한 표를 보고, 빈칸에 들어갈 알맞은 말을 써 보세요.

학교에서 봄, 여름, 가을, 겨울에 어떤 활동을 하는지 떠올려 봐요.

봄	
여름	여름 방학, 물총 싸움 등
가을	
겨울	졸업식, 크리스마스 카드 꾸미기 등

랄랄라 사계절

😊 노래를 부르며 계절을 표현해 봐요. 다음 중 가을 바람에 뱅글뱅글 도는 은행잎을 몸짓으로 표현한 친구를 골라 ○표 하세요.

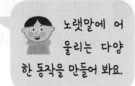

노랫말에 어울리는 다양한 동작을 만들어 봐요.

▲ 호연

▲ 아현

▲ 원우

오늘 그곳에 간다면

😊 계절에 따라 생활 모습이 달라요. 다음 사람들의 생활 모습과 계절을 선으로 알맞게 연결하세요.

계절마다 특징이 다르며 사람들의 생활 모습도 달라요.

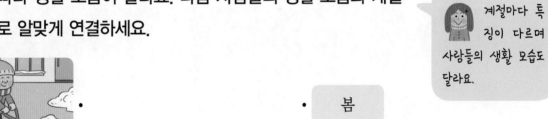

· 봄

· 여름

· 가을

· 겨울

주제 학습 ⑤

여름은 가고 겨울은 올 거야

🙂 새로운 계절을 맞이할 준비를 해 봐요. 다음 중 겨울이 되면 필요한 물건에 ○표 하고, 몇 개인지 숫자를 써 보세요.

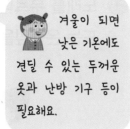 겨울이 되면 낮은 기온에도 견딜 수 있는 두꺼운 옷과 난방 기구 등이 필요해요.

[ ] 개

나들이를 가요

🙂 계절을 느끼기 위해 나들이를 가기도 해요. 나들이 계획서에 쓸 내용을 잘못 말한 친구를 골라 ○표 하세요.

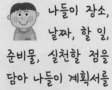 나들이 장소, 날짜, 할 일, 준비물, 실천할 점을 담아 나들이 계획서를 작성해요.

장소와 날짜, 할 일을 정해요.

꽃을 꺾어서 기념품으로 가져올 거예요.

카메라, 휴대 전화, 모자를 챙겨갈 거예요.

(   )　　　(   )　　　(   )

날씨를 알려 드립니다

날씨를 알리는 일기 예보 놀이를 하는 모습이에요. 다음 글을 읽고, (　　) 안에 들어갈 알맞은 말에 ○표 하세요.

지금은 가을 날씨가 한창입니다. 오늘 날씨는 대체로 맑으나 일교차가 큽니다. 외출하실 때 (우산 / 외투)을/를 챙기시는 것이 좋습니다.

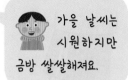

가을 날씨는 시원하지만 금방 쌀쌀해져요.

계절을 담은 교실

계절을 담아 교실을 꾸며봐요. 다음 장식품을 만드는 데 사용된 재료를 보기에서 두 가지 골라 써 보세요.

어떤 재료를 사용하여 장식품을 만들었는지, 자세히 살펴봐요.

보기			
• 수수깡	• 달걀판	• 휴지 심지	• 투명 필름

공이랑 놀아요

나에게 굴러오는 공을 발로 멈추고, 내가 보내고자 하는 목표 지점으로 공을 보내 보아요. 다양한 방법으로 공을 움직여 보아요.

발의 안쪽을 이용하여 공을 차요.

발의 바깥쪽을 이용하여 공을 차요.

발 등
으로 공을 차요.

발바닥을 이용하여 공을 멈춰요.

콩 주머니로 놀아요

콩 주머니를 머리 위나 어깨 위에 올리고 몸의 균형을 잡아보고, 아래와 같이 제자리에서 균형 잡기 놀이도 해 보아요.

양 팔
을 벌리고 선을 따라 걸어요.

외 발
로 오래 버텨요.

눈 을 감고 한 발로 균형을 잡아요.

눈을 감고 제자리에 한 바퀴 돌며 균형을 잡아요.

안전 학습

1 봄을 안전하게

 현장 체험 학습을 갈 때 버스를 타면 안전띠를 매요.

- 버스에서 창밖으로 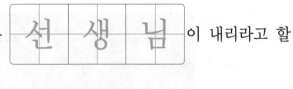 손 을 내밀지 않아요.

- 버스에서 내릴 때는 선 생 님 이 내리라고 할

  때까지 기다려요.

2 여름을 안전하게

 여름에 야외 활동을 할 때는 자외선 차단제를 발라요.

- 땀 을 많이 흘렸을 때는 몸을 깨끗하게 씻어요.

- 물을 규칙적으로 자주 마셔요.

- 바 람 이 잘 통하고 가벼운 옷을 입어요.

3 가을을 안전하게

 감기에 걸려 기침이 날 때는 옷소매나 손수건으로 가려요.

- 추운 날에는 옷 을 따뜻하게 입어요.

- 감기를 예방하기 위해서 과일과 채소를 자주 먹어요.

- 손을 씻을 때는 손가락과 손 톱 사이를 닦아요.

4 겨울을 안전하게

 겨울철에는 피부가 건조하지 않도록 보습제를 자주 발라요.

- 외출할 때는 장 갑 을 끼거나 목도리를 해요.

- 전기장판을 사용할 때는 적당한 온도로 맞춰요.

- 동 상 을 예방하기 위해 신발이 젖으면 빨리 말려요.

쑥쑥 생각 키우기

💬 다음은 계절별 모습입니다. 물음에 답하세요.

㉠

㉡

㉢

㉣

1 다음과 같은 특징이 있는 계절은 언제인지 위에서 골라 기호를 써 보세요.

- 매미가 시끄럽게 울어요.
- 장마철에 장대비가 쏟아져요.

2 위 ㉡과 같은 계절의 이름을 쓰고, ㉡과 같은 계절에 나타나는 생활 모습을 써 보세요.

_____

_____

바른 생활 슬기로운 생활 즐거운 생활

인물

이번에 배울 내용

이 인물 덕분에

😊 나에게 영향을 준 인물에 관해 이야기해 봐요. 나에게 영향을 준 인물과 그 까닭을 써 보세요.

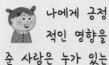

나에게 긍정적인 영향을 준 사람은 누가 있는지 생각해 봐요.

- 초등학교에 막 입학했을 때 나에게 영향을 준 인물은 누구인가요?

- 그 인물이 나에게 영향을 준 까닭은 무엇인가요?

우리 반 인물

😊 우리 반 친구들의 멋진 모습을 찾아봐요. 다음 중 우리 반을 위해 할 수 있는 일을 <u>잘못</u> 말한 친구를 골라 ○표 하세요.

도움을 받아서 더 나은 삶을 사는 모습도 멋진 모습이에요.

친구가 모르는 것을 가르쳐 줄 거야.

교실 바닥을 스스로 청소할 거야.

몸이 불편하니까 친구들에게 피해가 되지 않도록 가만히 있을 거야.

무거운 짐을 함께 들어줄 거야.

내 주변 인물

우리 주변을 아름답게 하는 사람들이 있어요. 다음 가치 사전의 설명을 읽고, 단어를 따라 써 보세요.

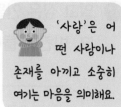

'사랑'은 어떤 사람이나 존재를 아끼고 소중히 여기는 마음을 의미해요.

가치	설명
겸 손	남을 존중하고 자기를 내세우지 않는 태도
책 임	자신의 일을 남에게 미루지 않는 것.
인 내	괴로움이나 어려움을 참고 견딤.
관 용	남의 잘못을 너그럽게 받아들이거나 용서함.

위인을 찾아서

도서관에서 우리나라의 위인을 찾아봐요. 우리나라의 역사적 인물과 인물이 한 일을 선으로 알맞게 연결해 보세요.

우리에게 도움을 주거나 배울 점이 있는 사람을 위인이라고 할 수 있어요.

이순신 •

유관순 •

• 우리나라의 독립을 위해 만세 운동을 이끌었어요.

• 임진왜란 때 왜적을 물리쳤어요.

누구를 알아볼까요

😊 알고 싶은 인물을 정하고, 궁금한 점을 알아봐요. 다음 그물망을 보고, 빈칸에 들어갈 알맞은 인물을 써 보세요.

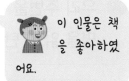

이 인물은 책을 좋아하였어요.

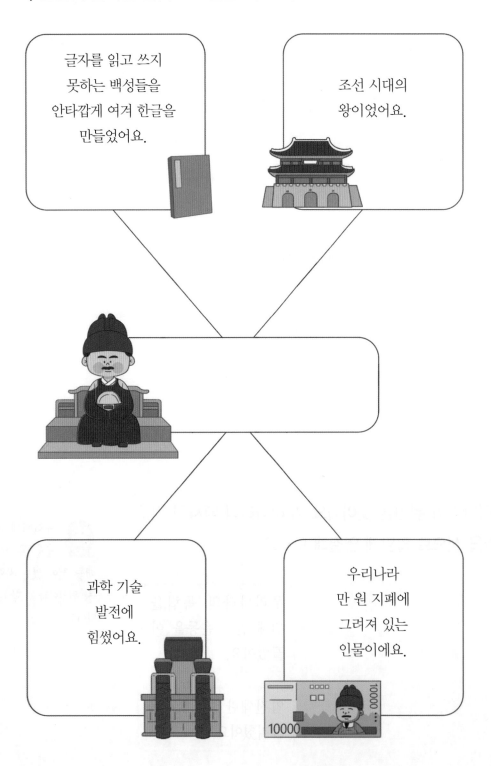

글자를 읽고 쓰지 못하는 백성들을 안타깝게 여겨 한글을 만들었어요.

조선 시대의 왕이었어요.

과학 기술 발전에 힘썼어요.

우리나라 만 원 지폐에 그려져 있는 인물이에요.

물건으로 알아보는 세종대왕

😊 세종대왕의 물건으로 그의 삶을 상상해 봐요. 다음 사진을 보고, 설명을 선으로 알맞게 연결해 보세요.

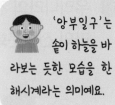

'앙부일구'는 솥이 하늘을 바라보는 듯한 모습을 한 해시계라는 의미예요.

앙부일구

태양과 달의
위치를 살펴보던
관측 기구

혼천의

해의 움직임에 따라
시간을 측정하는
해시계

시간이 흐르면

😊 시간의 흐름에 따라 변화하는 물건의 모습을 살펴봐요. 다음 과거와 현재의 물건 변화를 정리한 표에 들어갈 알맞은 말을 써 보세요.

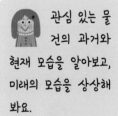

관심 있는 물건의 과거와 현재 모습을 알아보고, 미래의 모습을 상상해 봐요.

과거	현재
맷돌	믹서
부채	
가마솥	

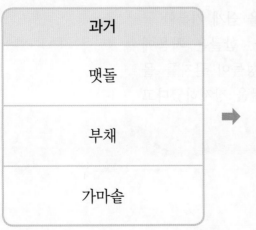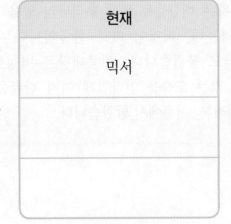

전통을 이어 가려면

🙂 우리나라의 전통문화를 이어 갈 방법을 생각해 봐요. 다음 우리나라의 전통문화 모습과 이름을 선으로 알맞게 연결해 보세요.

판소리는 소리꾼이 고수의 북장단에 맞추어 노래와 말, 몸짓을 섞어가며 이야기를 하는 공연이에요.

줄타기	판소리	탈춤

세종대왕과 한글

🙂 세종대왕이 한글을 만든 까닭을 알아봐요. 다음 신문을 읽고, ( ) 안에 공통으로 들어갈 말을 써 보세요.

옛날에 한글이 없었을 때 백성들은 어떤 어려움을 겪었을지 상상해 봐요.

세종대왕과 한글

1443년 세종대왕은 백성들을 위해 우리나라 말을 쉽게 기록할 글자를 만들어 냈는데, 이것이 바로 한글입니다. 한글은 처음에 '( )'이라고 불렸습니다. 세종대왕은 백성들이 글자를 몰라서 어려움을 겪는 모습을 안타깝게 여겨 한글을 창제하였다고 『( )』「해례본」 서문에서 밝혔습니다.

한글을 찾아서

 순우리말은 한글로만 표기할 수 있어서 우리말의 아름다움을 잘 나타내요. 친구들이 설명하는 순우리말을 보기 에서 골라 써 보세요.

 '쪼로니'는 비교적 작은 것들이 나란히 있는 모양을 말해요.

> **→보기**
> • 쪼로니　　• 와그르르　　• 또랑또랑　　• 도담도담

 조금도 흐리지 않고 아주 밝고 똑똑한 모양을 말해요.

 어린아이가 탈 없이 잘 놀며 자라는 모양을 뜻해요.

세종대왕과 장영실

 장영실이 발명한 여러 종류의 시계를 알아봐요. 다음 장영실의 발명품에 대해 알맞게 설명한 친구를 골라 ○표 하세요.

자격루는 스스로 쳐서 시각을 알려주는 물시계라는 뜻이에요.

 가마솥이 하늘을 우러르고 있는 모양의 해시계예요.

 스스로 종을 쳐서 시각을 알려주는 물시계예요.

(　　　)　　　　　(　　　)

나도 장영실처럼

😊 장영실에게 상장을 주려고 해요. 밑줄 친 부분에 들어갈 말을 써 보세요.

> 장영실은 발명을 통해 사람들의 불편함을 해결해 주었어요.

상 장

이름: 장영실

위 사람은 _____

_____

_____ 이에 상장을 수여합니다.

세종대왕과 음악

😊 전통 악기를 떠올리며 민요를 불러봐요. 우리나라 전통 악기를 연주하는 모습과 악기의 이름을 선으로 알맞게 연결해 보세요.

> 세종대왕과 박연은 '편경'이라는 악기를 만들었어요.

| 해금 | 태평소 | 장구 |

인물이 남긴 말

😊 어떤 인물이 남긴 말은 오늘날을 살아가는 우리에게 삶의 방향을 안내해 주기도 해요. 다음 역사적 인물들이 남긴 말을 읽어 보고, 단어를 따라 써 보세요.

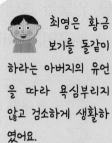
최영은 황금 보기를 돌같이 하라는 아버지의 유언을 따라 욕심부리지 않고 검소하게 생활하였어요.

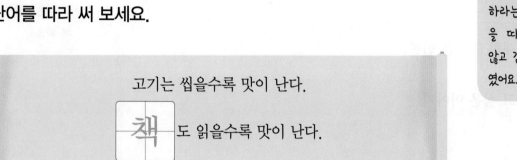
고기는 씹을수록 맛이 난다.
책 도 읽을수록 맛이 난다.
-세종대왕-

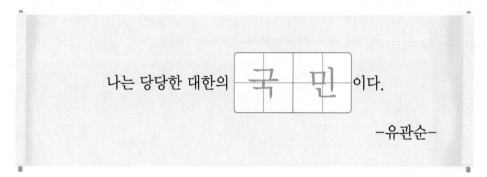
나는 당당한 대한의 **국 민** 이다.
-유관순-

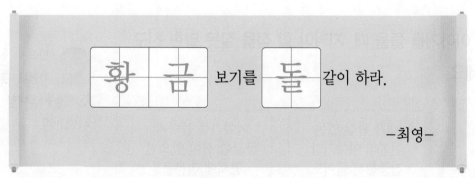
황 금 보기를 **돌** 같이 하라.
-최영-

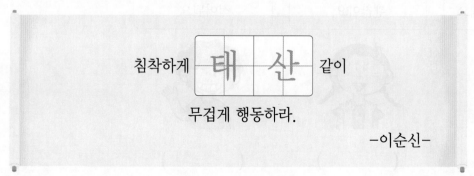
침착하게 **태 산** 같이 무겁게 행동하라.
-이순신-

이야기를 들어요

😊 인물을 초대해서 이야기를 들어 봐요. 내가 초대하고 싶은 인물은 누구인지, 어떤 이야기를 듣고 싶은지 써 보세요.

삶이 궁금하거나 만나 보고 싶은 인물을 생각해 봐요.

- 초대하고 싶은 인물:

- 듣고 싶은 이야기:

😊 인물을 초대해서 이야기를 들을 때, 지켜야 할 점을 <u>잘못</u> 말한 친구를 골라 ○표 하세요.

반드시 유명하거나 특별한 인물을 초대할 필요는 없어요.

인물이 들려준 이야기가 나에게 어떤 의미가 있는지 생각하며 들어야 해요.

내가 관심 있는 인물의 이야기만 집중해서 들어도 괜찮아요.

이야기를 듣다가 궁금한 점이 있으면 공책에 질문을 적어둬요.

( )   ( )   ( )

인물 • 27

우리가 만난 세종대왕

😊 세종대왕을 조사하고 새롭게 알게 된 점을 이야기해 봐요. 세종대왕이 한 일을 읽고, 단어를 따라 써 보세요.

> 💬 세종대왕과 박연은 소리의 길이와 높이를 정확하게 표시할 수 있는 악보를 만들었어요.

• 세종대왕이 만든 | 한 | 글 | 덕분에 우리가 글자를 편하게 읽고 쓸 수 있게 되었어요.

• 세종대왕과 박연은 우리나라의 음악을 기록할 수 있는

| 악 | 보 | 를 만들었어요.

세종대왕의 흔적

😊 우리나라 곳곳에 남은 세종대왕의 흔적을 찾아봐요. 다음 우리나라 화폐 중 세종대왕의 초상이 그려져 있는 것을 골라 ○표 하세요.

> 💬 세종문화회관, 세종로, 세종특별자치시 등에서 세종대왕의 흔적을 찾아볼 수 있어요.

| 백 원 | 오천 원 | 만 원 |

(   )   (   )   (   )

놀이 학습

성장 체조   여러 가지 성장 체조 동작을 배우고, 혼자서 혹은 여럿이서 성장 체조 놀이를 해보아요.

나 무 자세   탑 자세   산 자세

리듬 걷기   바르게 걷는 자세를 배우고, 다양한 리듬으로 걸으면서 친구들과 놀아보아요.

어 깨 를
펴요.

시 선 은
앞을 봐요.

양 발 은
11자로 움직여요.

턱 은 당겨요.

안전 학습

1 안전하게 놀려면

친구들과 안전하게 노는 방법을 알아봐요.

- 놀이 전에 몸 을 충분하게 풀어 줘요.
- 다른 친구가 그네를 타고 있을 때, 앞뒤로 지나가지 않아요.
- 놀이 기구에 매달린 사람을 잡아당기거나 밀지 않아요.

2 등산을 할 때는

등산을 할 때는 부상을 대비하여 구급약을 챙겨요.

- 등산 전에 목과 허리, 무릎, 발목 등 관 절 을 풀어 줘요.
- 사고가 발생할 경우를 대비하여 등산 중 자신의 위 치 를 주기적으로 확인해요.

3 자동길을 탈 때는

자동길이 운행하는 반대 방향으로 탑승하지 않아요.

- 반 려 동 물 은 안고 타요.
- 비나 눈이 내리는 날에는 미끄러지지 않도록 조심해요.
- 손 잡 이 밖으로 몸을 내밀거나 기대지 않아요.

4 약을 보관할 때는

먹다 남은 약은 보건소나 행정 복지 센터, 약국의 폐의약품 수거함에 버려요.

- '실 온 보관'은 습기가 없고 서늘한 곳에 둬요.
- '냉장 보관'은 냉장고 안에 약을 보관해요.
- '차 광 보관'은 햇빛이 없는 곳에 약을 보관해요.

쑥쑥 생각 키우기

💬 다음 조선 시대 왕과 관리의 대화를 보고 물음에 답하세요.

농사를 짓는 백성들이 시간과 계절을 잘 모르니 안타깝구나. 시간과 계절을 정확하게 알 수 있으면 좋을 텐데….

백성들의 생활에 도움이 되는 시계를 만들겠습니다.

㉠

㉡

① 위의 대화를 보고, ㉠과 ㉡에 들어갈 알맞은 인물을 각각 써 보세요.

㉠

㉡

② 위의 ㉡이 발명한 시계의 이름을 두 가지 써 보세요.

바른 생활 · 슬기로운 생활 · 즐거운 생활

물건

이번에 배울 내용

학습명	쪽수	학습 내용
주제 학습	32~41쪽	물건과 발명에 관련된 주제를 학습하고 활동해 보기
놀이 학습	42쪽	훌라후프와 공을 이용한 놀이 배워보기
안전 학습	43쪽	다양한 실생활 안전 수칙 알아보기
쑥쑥 생각 키우기	44쪽	재미있는 문제를 통해 학습한 내용 점검하기

나도 발명을 할 수 있을까요

😊 기발한 발명품을 만들어 봐요. 친구가 그린 발명품 그림을 보고, 어떤 발명품일지 설명을 써 보세요.

> 👧 사람이 가득한 대중교통에서 손잡이를 잡기 어려웠던 경험을 떠올려 봐요.

발명왕이 되고 싶어요

😊 여러 가지 발명 기법을 알아봐요. 다음 그림을 보고, 어떤 발명 기법에 따라 만든 물건인지 보기 에서 골라 써 보세요.

> 👦 모양이나 색 바꾸기 기법은 이미 있는 물건의 모양이나 색을 바꿔서 새로운 기능을 추가하는 것을 말해요.

┌─보기─
• 더하기 기법   • 빼기 기법   • 작게 하기 기법
• 크게 하기 기법   • 재료 바꾸기 기법 • 모양이나 색 바꾸기 기법

▲ 연필 지우개

▲ 접이식 자전거

어떤 어려움이 있을까요

😊 다른 사람의 입장이 되어 어떤 어려움이 있을지 생각해 봐요. 다음 그림 속 사람이 겪을 수 있는 어려움을 선으로 알맞게 연결해 보세요.

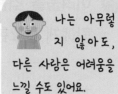

나는 아무렇지 않아도, 다른 사람은 어려움을 느낄 수도 있어요.

•

• "노인이라 자주 어지러워서 보행 보조기를 밀고 다녀요."

•

• "청각 장애인이라서 소리를 잘 들을 수 없어요."

•

• "휠체어를 사용해서 계단을 오르내릴 수 없어요."

•

• "작은 글씨는 안경을 써도 잘 보이지 않아요."

•

• "앞을 볼 수 없어서 안내견과 항상 함께해야 해요."

나도 돕고 싶어요

😊 어려움을 겪는 사람들을 돕는 방법을 찾아봐요. 어려움을 겪는 사람에게 필요한 것을 선으로 알맞게 연결해 보세요.

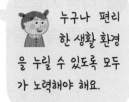

누구나 편리한 생활 환경을 누릴 수 있도록 모두가 노력해야 해요.

지하철을 타야 하는데...

오늘은 아이와 둘이서 외출해.

오후까지 다음 건물의 택배 배송을 마쳐야 해.

다리가 불편해서 전동 휠체어를 타고 이동해.

남성도 편하게 이용할 수 있는 육아 쉼터

계단과 경사로를 함께 설치한 아파트 출입구

노약자가 이용할 수 있는 지하철 출입구 승강기

차도와 보행로의 턱을 없앤 횡단보도

무엇이 같거나 다를까요

😊 다음 기준에 따라 물건을 분류할 때, 빈칸에 들어갈 알맞은 도구를
보기 에서 골라 써 보세요.

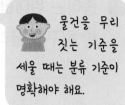

물건을 무리 짓는 기준을 세울 때는 분류 기준이 명확해야 해요.

→보기
- 난로 · 부채 · 장갑 · 튜브 · 목도리 · 에어컨

기준
사용하는 계절에 따라서

여름	겨울

어떤 발명품이 있을까요

😊 집에 있는 발명품을 찾아봐요. 다음과 같은 발명품은 우리 집의 어
떤 장소에서 볼 수 있는지 써 보세요.

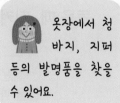

옷장에서 청 바지, 지퍼 등의 발명품을 찾을 수 있어요.

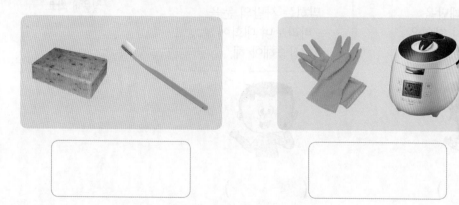

주제 학습 ③

종이로 놀아요

😊 종이는 위대한 발명품 중 하나예요. 종이의 발명에 대해 <u>잘못</u> 설명한 친구를 골라 이름을 쓰세요.

 종이는 중국을 대표하는 4대 발명품 중 하나예요.

종이는 중국 한나라의 채륜이라는 관리가 발명했어.

▲ 하준

종이가 발명되기 전에는 글을 써서 보관할 방법이 없었어.

▲ 태오

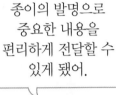
종이의 발명으로 중요한 내용을 편리하게 전달할 수 있게 됐어.

▲ 이안

궁금한 것이 많아요

😊 궁금한 것을 질문하고, 답을 찾아봐요. 궁금한 점을 질문하고 답을 들을 때, 지켜야 할 점을 알맞게 말한 친구를 골라 ○표 하세요.

 친구들과 놀이를 하며 평소에 궁금했던 것을 질문해 봐요.

질문에 대한 대답을 들을 때 녹음이나 촬영은 내 마음대로 해도 돼.

( )

말하는 사람의 눈을 바라보며 대화에 집중해야 해.

( )

컴퓨터를 잘 다루고 싶어요

😊 컴퓨터 사용 방법을 연습해요. 다음 키보드 키에 대한 설명을 읽고, 빈칸에 들어갈 알맞은 키를 보기 에서 골라 기호를 써 보세요.

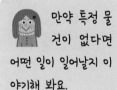 키보드를 살펴보며 자판 연습을 해 보고, 마우스로 그림을 그려봐요.

┌─보기──┐
│ ㉠ Esc   ㉡ Caps Lock   ㉢ Space Bar   ㉣ BackSpace │
└──┘

메뉴를 취소하거나 수행 중인 작업을 종료시키는 키	
불이 켜져 있으면 영문 대문자로 입력되고, 불이 꺼져 있으면 소문자로 입력되는 키	
커서 앞의 문자를 지우는 키	
공백을 입력하는 키	

비가 오는데 우산이 없어요

😊 없는 것을 대신할 물건을 찾아봐요. 다음 그림을 보고, 어떤 물건을 다른 물건으로 대신하는 상황인지 써 보세요.

만약 특정 물건이 없다면 어떤 일이 일어날지 이야기해 봐요.

주제 학습 ④

자세하게 알고 싶어요

😊 우리 주변의 물건을 탐구해 봐요. 물건을 분해하여 탐구할 때 주의할 점을 알맞지 <u>않게</u> 말한 친구를 골라 이름을 써 보세요.

 탐구 방법으로는 자세하게 관찰하기, 사진 및 영상 찍기, 분해하기 등이 있어요.

> • 윤진: 물건을 분해할 때는 날카로운 부분을 조심해야 해.
> • 민정: 분해한 작은 부품들은 테이프를 활용해서 고정해.
> • 진호: 분해가 잘 안 되더라도 선생님의 도움을 받지 않고 스스로 해야 해.

운동화 끈을 잘 묶고 싶어요

😊 운동화 끈을 묶는 법을 배워요. 다음 신발 끈 꿰는 그림을 보고, (　　) 안에 들어갈 알맞은 말을 골라 ○표 하세요.

신발 끈을 꿰고, 매듭을 짓는 방법을 배우고 직접 해 봐요.

❶ 운동화 끈을 맨 윗구멍에 끼워 넣어요.

❷ (왼쪽 , 오른쪽) 끈을 오른쪽 아랫구멍의 아래에서 위로 넣어요.

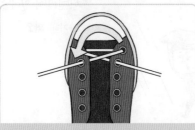

❸ 오른쪽 끈을 왼쪽 아랫구멍의 (위에서 아래로 , 아래에서 위로) 넣어요.

❹ ❷와 ❸의 과정을 반복해서 신발 끈을 꿰어요.

학용품을 잘 사용하고 싶어요

😊 여러 가지 학용품을 사용하는 방법을 알아봐요. 연필과 자를 사용해서 점을 연결하여 삼각형을 그려 보세요.

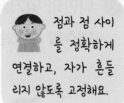
점과 점 사이를 정확하게 연결하고, 자가 흔들리지 않도록 고정해요.

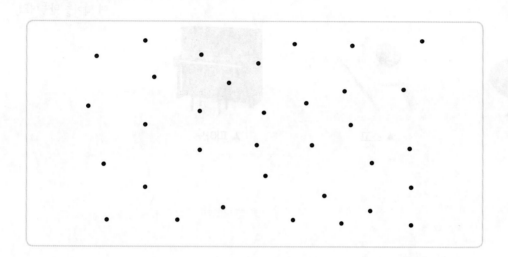

장난감을 만들고 싶어요

😊 주변의 물건을 활용하여 장난감을 만들어 봐요. 다음과 같은 재료로 만든 장난감을 골라 ○표 하세요.

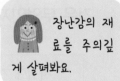
장난감의 재료를 주의깊게 살펴봐요.

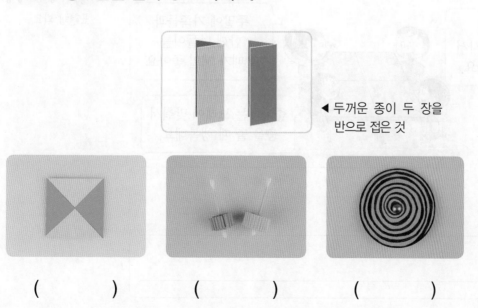

◀ 두꺼운 종이 두 장을 반으로 접은 것

(　　　)　　　(　　　)　　　(　　　)

악기를 만들고 싶어요

🙂 나만의 악기를 만들어 봐요. 다음 중 노래를 부를 때 박을 치면서 연주할 수 있는 악기는 무엇인지 골라 이름을 써 보세요.

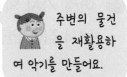

주변의 물건을 재활용하여 악기를 만들어요.

▲ 바이올린   ▲ 소고   ▲ 피아노

행복해지고 싶어요

🙂 나를 행복하게 하는 물건이 무엇이 있나요? 친구들을 행복하게 하는 것은 무엇인지 살펴보고, 내가 좋아하는 것은 무엇인지 써 보세요.

나를 행복하게 하는 물건을 다양한 방법으로 표현해 봐요.

서점에 가서 재미있는 책을 사서 읽을 때 행복해요.

주말에 가족들과 함께 나들이를 갈 때가 제일 좋아요.

좋아하는 노래에 맞춰서 춤을 출 때 행복해요.

캐릭터를 만들고 싶어요

😊 주변의 물건을 활용하여 나만의 캐릭터를 그려봐요. 캐릭터의 좋은 점을 <u>잘못</u> 말한 친구를 골라 ○표 하세요.

우리 생활 속에서 캐릭터를 봤던 경험을 떠올려 보세요.

물건의 특징을 잘 이해할 수 있어요.

캐릭터에 대한 설명이 있어야 어떤 물건인지 알아볼 수 있어요.

캐릭터가 있으면 더 친근하고, 기억에 잘 남아요.

(   )   (   )   (   )

튼튼하게 만들고 싶어요

😊 책상 사이를 연결할 다리를 만들어 봐요. 다음 낱말 카드 중 튼튼한 다리를 만들기 위한 재료로 가장 적절하지 <u>않은</u> 것을 골라 ○표 하세요.

안전하고 튼튼한 다리 받침대를 만들어 봐요.

두꺼운 도화지

우드락 볼과 이쑤시개

빨대

솜

훌라후프
이어달리기

훌라후프를 이용한 여러 가지 동작을 배우고, 친구들과 훌라후프를 이용한 달리기 놀이를 해 봐요.

훌라후프를 허리, 손목, 발목 등에 걸어서 돌려요.

손목 스냅을 사용하여 훌라후프를 던져서 굴려요.

훌라후프를 여러 방향으로 흔들어요.

훌라후프를 양손으로 잡고 줄넘기처럼 넘어요.

다시 살아나는
공놀이

공을 던지는 방법을 배워보고, 친구들과 팀을 나누어 공 피하기 놀이를 해 봐요.

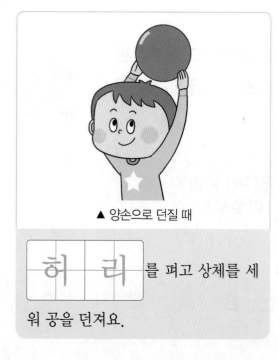

▲ 양손으로 던질 때

허	리

를 펴고 상체를 세워 공을 던져요.

▲ 한 손으로 던질 때

한 손은

목	표	물

을 향해 뻗고 공을 감싸 잡으며 던져요.

안전 학습

1 실내에서 안전하게

교실과 복도에서는 뛰지 않아요.

- 창틀에 올라가거나 창밖으로 물건을 던지지 않아요.

- 계단 에서 앞사람을 밀거나 당기지 않아요.

- 날카로운 물건으로 장난치지 않아요.

---

2 전기를 안전하게

젖은 손으로 전기 기구를 만지지 않아요.

- 한 개의 콘센트 에는 하나의 전기 기구를 연결해요.

- 정전을 대비하여 손전등 을 준비하고, 비상용 품을 한군데에 모아둬요.

---

3 화재는 예방이 최고

난로 주변에는 소화기나 모래 등을 준비해 둬요.

- 오랫동안 안 쓰는 가전제품은 플러그 를 뽑고 외출해요.

- 가스 기구를 사용할 때는 창문 을 열어 실내를 충분히 환기해요.

---

4 안전하게 공부해요

자주 사용하는 학용품들의 안전한 사용법을 연습해요.

- 크레파스가 얼굴이나 입 등에 묻지 않도록 유의해요.

- 연필의 뾰족한 심 에 찔리지 않도록 주의해요.

- 종이의 모서리 에 베이지 않도록 주의해요.

쑥쑥 생각 키우기

💬 다음은 이웃들이 겪을 수 있는 어려움입니다. 물음에 답하세요.

ㄱ

허리가 아파요.

ㄴ

서 있기 힘들어요.

ㄷ

손이 닿지 않아요.

ㄹ

휠체어를 타고 계단을 올라갈 방법이 없어요.

1 위의 ㄱ과 ㄴ을 보고, 빈칸에 들어갈 알맞은 단어를 써 보세요.

• 버스에 타면 할아버지나 할머니 또는 임산부에게 자리를 [   ] 해요.

2 다음 표의 빈칸에 ㄹ에게 필요한 도움을 써 보세요.

ㄷ	받침대를 놓아 주거나 다른 사람이 대신 눌러 줘요.
ㄹ	

바른 생활 슬기로운 생활 즐거운 생활

기억

이번에 배울 내용

기억나니

한 해 동안 기억에 남는 일을 정리해 봐요. 다음 중 2학년 학생의 생활 모습으로 알맞지 <u>않은</u> 것을 골라 ○표 하세요.

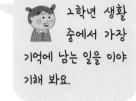

2학년 생활 중에서 가장 기억에 남는 일을 이야기해 봐요.

선생님의 수업을 들었어요.

올해 초등학교에 입학했어요.

운동회에서 줄다리기를 했어요.

학급 발표회를 했어요.

기억으로 놀아 보자

다음은 2학년 학교생활을 주제로 한 초성 퀴즈 놀이 모습이에요. 다음 글의 밑줄 친 퀴즈의 정답을 써 보세요.

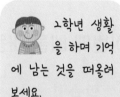

2학년 생활을 하며 기억에 남는 것을 떠올려 보세요.

ㅎ ㅈ ㅊ ㅎ ㅎ ㅅ

'이것'을 가서 점심으로 어머니가 싸 주신 김밥을 친구들과 함께 먹었던 것이 가장 기억에 남아요.

내 기억을 소개합니다

😊 나와 친구들의 2학년 생활 기억을 소개해 봐요. 다음 친구들의 2학
년 생활 기억을 읽고, 단어를 따라 써 보세요.

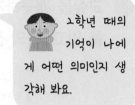
2학년 때의 기억이 나에게 어떤 의미인지 생각해 봐요.

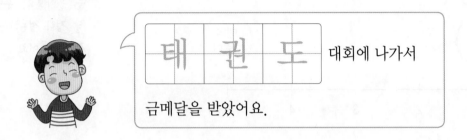

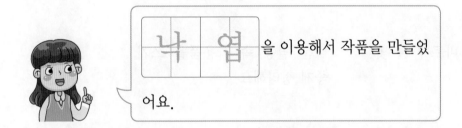

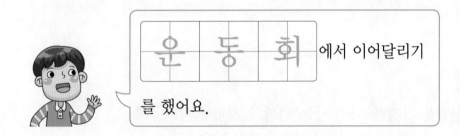

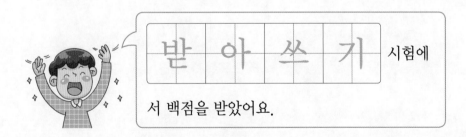

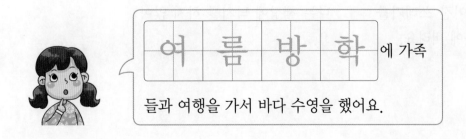

2학년 교실을 돌아봐

😊 교실을 깨끗하게 사용하고, 정리 정돈을 잘하고 있나요? 다음 카드를 읽고, 나의 정리 정돈 점수를 매겨 보세요.

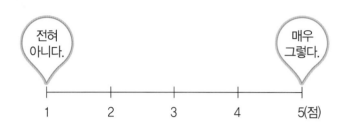

내가 잘 지키지 못한 부분을 돌아보고, 주변을 잘 정리 정돈하는 습관을 만들어요.

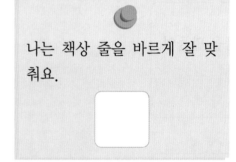

나는 책상 줄을 바르게 잘 맞춰요.

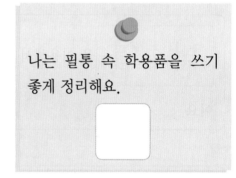

나는 필통 속 학용품을 쓰기 좋게 정리해요.

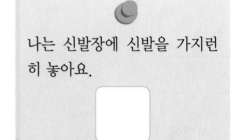

나는 신발장에 신발을 가지런히 놓아요.

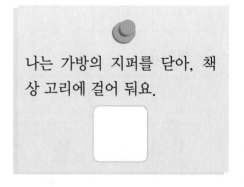

나는 가방의 지퍼를 닫아, 책상 고리에 걸어 둬요.

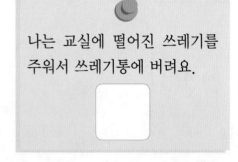

나는 교실에 떨어진 쓰레기를 주워서 쓰레기통에 버려요.

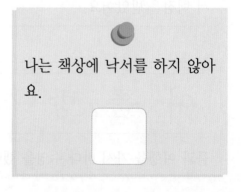

나는 책상에 낙서를 하지 않아요.

2학년 생활을 돌아봐

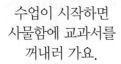 일 년 동안 배운 내용을 돌아봐요. 다음 중 바른 학습 습관을 가지고 있는 친구를 골라 ○표 하세요.

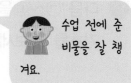 수업 전에 준비물을 잘 챙겨요.

| 수업이 시작하면 사물함에 교과서를 꺼내러 가요. | 틀린 글자가 있는 경우 선으로 긋고 다시 써요. | 발표할 때는 발표 내용을 미리 준비해요. |

(   )   (   )   (   )

그때 그랬더라면

 내가 노력했다면 바꿀 수 있었던 순간이 있나요? 다음 그림을 보고, 친구가 어떤 선택을 하면 더 좋은 상황이 될지 써 보세요.

수학 교과서를 집에 두고 왔어.

시간은 되돌릴 수 없으므로, 평소에 잘 생각하고 행동하는 노력이 필요해요.

칭찬을 나눠요

다음 ㉠~㉢을 친구에게 칭찬 편지를 쓰고 배달하는 순서에 맞게 기호를 써 보세요.

㉠
칭찬 편지 전달하기

㉡
누구에게 편지 쓸지 정하기

㉢
칭찬 편지 쓰기

☐ ➡ ☐ ➡ ☐

슬기로운 2학년 생활

2학년 생활을 담은 책을 만들어 봐요. 책을 만들 때 주의할 점을 잘못 말한 친구를 골라 ○표 하세요.

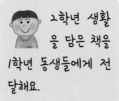 2학년 생활을 담은 책을 1학년 동생들에게 전달해요.

글과 그림을 함께 넣어서 이해하기 쉽게 만들어야 해요.

1학년 동생들이 이해하기 쉬운 말로 써야 해요.

최대한 길게 써서 많은 내용을 담아야 해요.

(   )

(   )

(   )

3학년이 궁금해

😊 3학년 생활을 상상해 봐요. 3학년 학교생활 모습이 적힌 카드를 보고, 빈칸에 들어갈 알맞은 말을 보기 에서 골라 쓰세요.

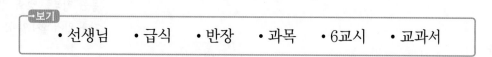

> 3학년이 되면 2학년 때 없었던 사회, 과학, 음악, 도덕 등을 배워요.

┌─ 보기 ──────────────────────────────┐
│ • 선생님 • 급식 • 반장 • 과목 • 6교시 • 교과서 │
└─────────────────────────────────────┘

새로운 [＿＿＿] 을 만나요.

[＿＿＿], 부반장을 뽑아요.

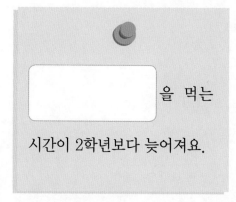

[＿＿＿] 을 먹는 시간이 2학년보다 늦어져요.

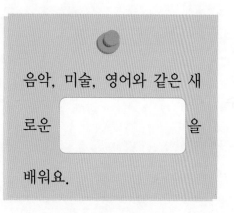

음악, 미술, 영어와 같은 새로운 [＿＿＿] 을 배워요.

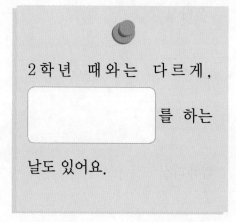

2학년 때와는 다르게, [＿＿＿] 를 하는 날도 있어요.

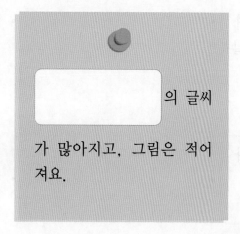

[＿＿＿] 의 글씨가 많아지고, 그림은 적어져요.

3학년 교실이 궁금해

😊 3학년이 되면 교실 이외의 여러 장소에서 공부를 해요. 학교의 여러 가지 특별실의 이름과 설명을 선으로 알맞게 연결해 보세요.

과학실의 약품이나 재료 등은 함부로 냄새 맡거나, 입에 넣지 않아요.

실험과 관찰을 할 수 있는 교실	·		·	영어실

컴퓨터를 이용하여 공부를 하는 교실	·		·	시청각실

자료 화면이나 영화 등을 볼 수 있는 교실	·		·	과학실

영어 교재나 교구를 이용하여 수업을 하는 교실	·		·	음악실

노래를 부르거나 악기를 연주하는 교실	·		·	컴퓨터실

3학년 공부가 궁금해

😊 3학년이 되면 어떤 과목을 공부하는지 알아봐요. 다음을 읽고, 빈칸에 들어갈 알맞은 과목을 써 보세요.

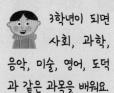

3학년이 되면 사회, 과학, 음악, 미술, 영어, 도덕과 같은 과목을 배워요.

- [   ] 시간에 선생님의 피아노 반주에 맞추어 다 같이 노래를 부르거나 악기를 연주해요.

- [   ] 시간에는 탐구 활동과 실험을 해요.

나만의 꿈 단지 만들기

😊 3학년이 되면 무엇을 이루고 싶은지 친구들에게 소개해 봐요. 내가 3학년이 되면 이루고 싶은 것들을 써 보세요.

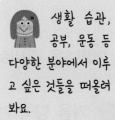

생활 습관, 공부, 운동 등 다양한 분야에서 이루고 싶은 것들을 떠올려 봐요.

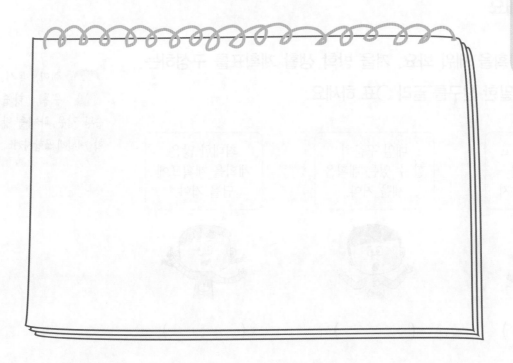

주제 학습 5

슬기로운 3학년 생활

😊 3학년 생활 안내지를 만들기 위해 3학년 학생을 면담하려고 할 때 질문할 내용을 <u>잘못</u> 말한 친구를 골라 이름을 쓰세요.

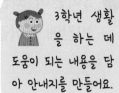
3학년 생활을 하는 데 도움이 되는 내용을 담아 안내지를 만들어요.

- 윤지: 어떤 새로운 과목을 배우나요?
- 지호: 영어 전담 선생님은 누구신가요?
- 우찬: 같은 반에 마음에 들지 않는 친구가 있나요?
- 가은: 미술 시간에 사용하는 특별실은 어디에 있나요?

3학년을 준비해요

😊 겨울 방학 계획을 세워 봐요. 겨울 방학 생활 계획표를 구성하는 방법을 <u>잘못</u> 말한 친구를 골라 ○표 하세요.

취미, 독서, 운동, 학습 습관 같은 과제를 방학 계획에 포함시켜요.

평소에 꼭 하고 싶었던 일을 계획에 넣어야지.

매일 꾸준히 할 수 있는 계획을 세울 거야.

최대한 많은 계획을 계획표에 담을 거야.

(   )   (   )   (   )

3학년을 기다리며

🙂 내가 상상하는 3학년 모습을 그려봐요. 친구들이 상상한 3학년 모습을 보고, 퀴즈를 풀어 보세요.

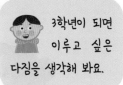
3학년이 되면 이루고 싶은 다짐을 생각해 봐요.

ㅊ ㄱ 를 많이 사

귀면 좋겠어요.

ㄱ ㅂ 를 더 열심

히 할 거예요.

선거

ㅂ ㅈ 이 되고 싶

어요.

ㅊ 을 더 많이 읽고 싶

어요.

ㅋ 가 더 많이 컸으면

좋겠어요.

ㄴ ㄱ 를 더 잘하

고 싶어요.

놀이 학습

달걀 프라이 놀이

여러 가지 스트레칭 동작을 연습하고, 달걀 프라이의 모습을 몸으로 표현해 봐요.

허 리 를 굽히고 양팔을 몸 뒤쪽으로 쭉 펴요.

한 손은 앞으로 뻗고 다른 한 손으로 발 끝 을 잡아요.

양손을 머리 뒤로 잡고, 옆 구 리 를 늘여요.

풍선 띄우기 놀이

풍선을 치는 방법을 알아보고, 풍선 치기 놀이와 풍선 쳐서 멀리 보내기 놀이를 해 봐요.

❶ 한쪽 손 을 어깨 위로 세워 올려요.

❷ 한쪽 발을 앞으로 내딛으며 풍선을 띄워요.

❸ 올린 팔을 뒤로 보냈다가 앞으로 휘둘러요.

❹ 손바닥으로 풍선을 정확하게 맞춰요.

안전 학습

1 특별실을 안전하게

 과학실에서는 선생님의 허락 없이 시약을 만지거나 냄새 맡지 않아요.

- 컴퓨터실 안으로 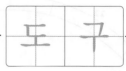 이나 음료수를 가지고 들어가지 않아요.

- 미술 재료나 도구 를 입에 넣지 않아요.

2 응급 상황에 대처해요.

 심폐 소생술을 배우면 다른 사람의 생명을 구할 수 있어요.

- 심폐 소생술을 실시하기 전에 환자의 양쪽  를 두드려 반응을 확인해요.

- 주변 사람을  하여 119에 구조 요청을 해요.

3 게임 중독을 예방해요

 그림 그리기나 보드게임 등 다른 취미 활동을 즐겨요.

- 숙면 을 위해 밤 10시 이후로는 게임을 하지 않아요.

- 친구들과 밖에서 놀거나  들과 함께 보내는 시간을 늘려요.

4 추운 날도 안전하게

 장갑을 끼고 주머니에 손을 넣고 걷지 않아요.

- 집 앞에 쌓인 눈 은 우리 가족이 직접 치워요.

- 모 래 나 염화 칼슘을 뿌려 빙판길 미끄럼 사고를 예방해요.

쑥쑥 생각 키우기

💬 다음 겨울 방학 생활 계획표를 보고, 물음에 답하세요.

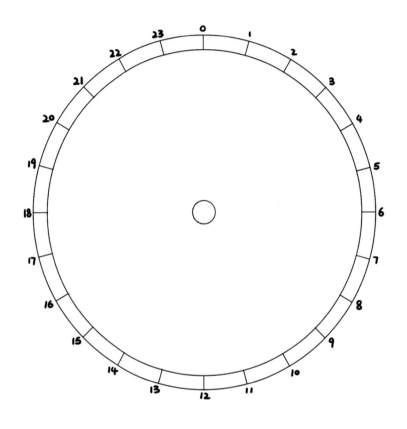

1 위와 같은 겨울 방학 생활 계획표를 만드는 과정에 대하여 <u>잘못</u> 말한 친구를 골라 이름을 쓰세요.

- 하진: 생활 계획표에 시간을 표시했어.
- 태하: 실천할 내용을 시간에 맞춰 적었어.
- 주희: 실천하기 어려운 계획을 많이 세워 계획표에 적어 넣었어.

2 위의 빈칸에 나의 겨울 방학 생활 계획표를 그려 보세요.

계절

4~5쪽
주제 학습 1

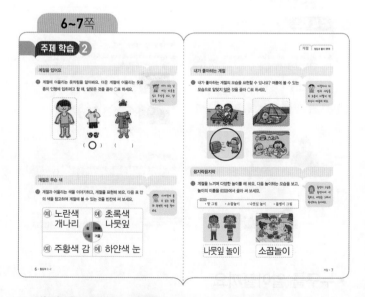

• **사계절 친구들**

코스모스와 국화는 가을, 동백과 큰고니는 겨울에
볼 수 있어요.

6~7쪽
주제 학습 2

• **내가 좋아하는 계절**

모자와 장갑을 착용하고 전기 난로를 쬐는 모습은
겨울에 볼 수 있어요.

8~9쪽
주제 학습 3

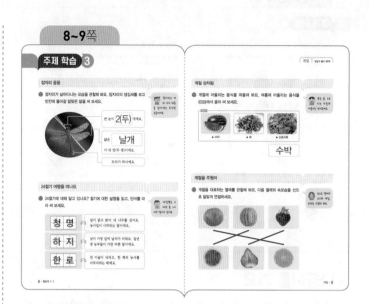

• **잠자리 꽁꽁**

잠자리는 큰 눈이 두 개이며, 날개가 두 쌍이고, 꼬
리가 하나예요.

10~11쪽
주제 학습 4

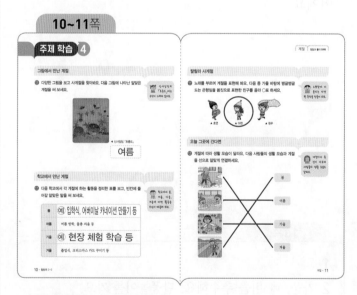

• **학교에서 만난 계절**

봄에는 새 학기가 시작되어요. 가을에는 학급 친구
들과 단풍을 구경해요.

• **랄랄라 사계절**

가을 바람에 뱅글뱅글 도는 단풍잎은 코끼리 코를
돌면서 표현하는 것이 어울려요.

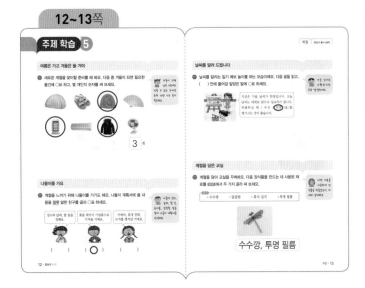

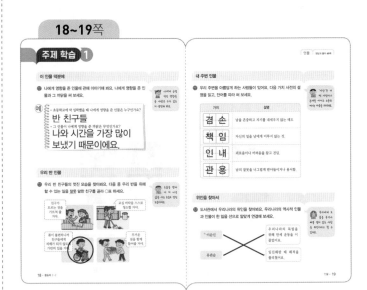

인물

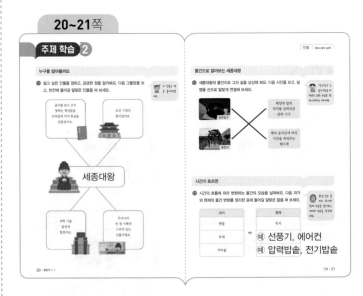

12~13쪽

• 나들이를 가요

나들이를 가서 꽃을 꺾거나 나무 위에 올라가지 않아요. 새집을 함부로 건드리지 않아요.

• 날씨를 알려 드립니다

대체로 맑으나 일교차가 큰 것은 가을 날씨의 특징이에요.

16쪽

1 ㉢

2 가을, ㉠ 벼를 추수해요. 단풍놀이를 가요.

1 매미가 시끄럽게 울고, 장마가 찾아오는 계절은 여름이에요.

2 ㉡은 가을의 모습이며, 가을에는 축제가 많이 열려요. 사람들은 단풍이 물든 산을 오르거나, 코스모스 꽃길을 걸어요.

• 우리 반 인물

몸이 불편해도 우리 반을 위해서 내가 할 수 있는 일을 하는 모습이 우리 반을 멋지게 만들어요.

• 누구를 알아볼까요

세종대왕은 조선 시대의 왕으로 한글을 만들었고, 과학 기술의 발전에 힘썼으며, 우리나라 만원 지폐에 그려져 있는 인물이에요.

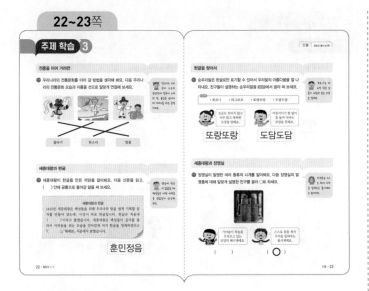

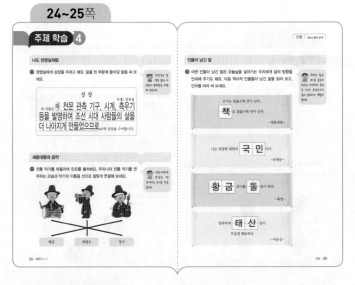

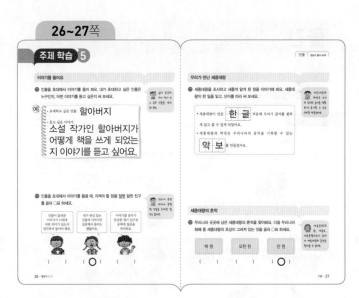

22~23쪽

- **한글을 찾아서**

'와그르르'는 담겨 있는 물건들이 갑자기 쏟아지는 소리를 말해요.

24~25쪽

- **나도 장영실처럼**

장영실은 간의, 혼천의, 자격루, 앙부일구, 측우기 등을 발명하여 사람들의 삶을 편리하게 해주고, 조선 시대 과학 기술의 발전을 이루었어요.

26~27쪽

- **이야기를 들어요**

이야기를 들려주는 인물의 이야기를 집중해서 들어야 해요.

- **세종대왕의 흔적**

백 원 동전의 앞면은 이순신 장군, 오천 원권 앞면에는 율곡 이이가 그려져 있어요.

30쪽

1 ㉠ 세종대왕 ㉡ 장영실
2 해시계(앙부일구), 물시계(자격루)

1 제시된 그림에 등장하는 인물은 ㉠ 세종대왕과 ㉡ 장영실이에요. 세종대왕은 장영실 같이 신분이 낮아도 기술이 뛰어난 사람이 있으면 관리로 뽑아 과학 기술을 개발하고 연구하도록 했어요.

2 장영실의 대표 발명품 중 스스로 종을 쳐서 시각을 알려주는 물시계의 이름은 자격루, 가마솥을 닮은 해시계의 이름은 앙부일구예요.

물건

32~33쪽

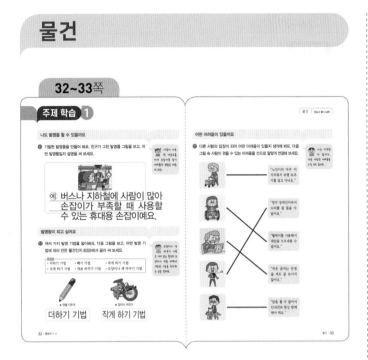

• 발명왕이 되고 싶어요

연필 지우개는 더하기 기법, 접이식 자전거는 작게
하기 기법을 사용하여 만든 물건이에요.

34~35쪽

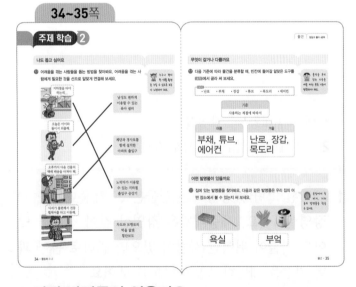

• 어떤 발명품이 있을까요

비누와 칫솔은 욕실에서 볼 수 있고, 고무장갑과 전기
밥솥은 부엌에서 볼 수 있는 발명품이에요.

36~37쪽

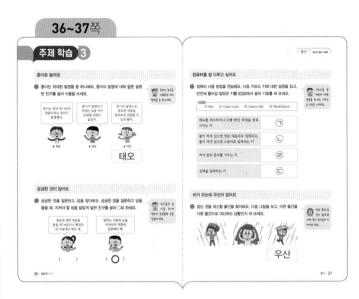

• 종이로 놀아요

종이가 없던 시대에는 점토, 돌, 짐승의 가죽이나
뼈에 글자를 새겨서 기록했어요.

38~39쪽

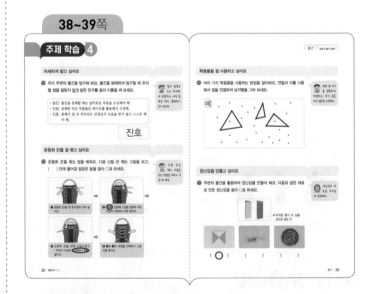

• 장난감을 만들고 싶어요

두꺼운 종이 두 장을 엇갈리게 놓고 접어서 딱지를
만들 수 있어요.

40~41쪽

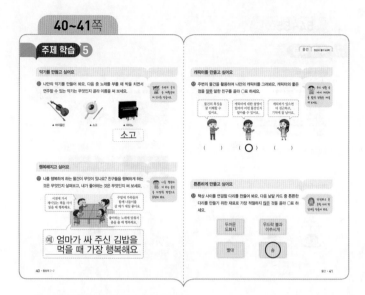

• 캐릭터를 만들고 싶어요

캐릭터가 있으면 캐릭터에 대한 설명이 없어도 어떤 물건인지 금방 알아볼 수 있어요.

44쪽

1 양보
2 예 계단 대신 경사로를 만들어요.

1 버스나 지하철에서 나이 드신 할아버지나 할머니 혹은 임산부를 만나면 자리를 양보해주어야 해요.

2 휠체어를 타고 가는 사람을 위해서 계단 대신 평평한 길이나 경사로를 만들어 줘야 해요. 길거리에서 휠체어를 이용하는 사람을 만나면 먼저 지나갈 수 있도록 옆으로 비켜 줘요.

기억

46~47쪽

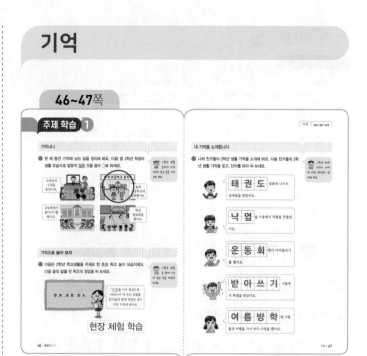

• 기억나니

초등학교 입학식은 1학년 학생의 생활 모습이에요.

48~49쪽

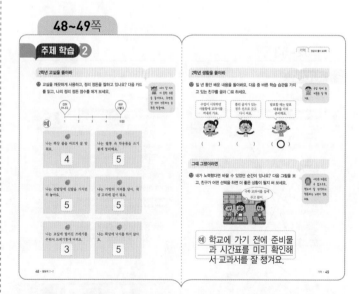

• 2학년 생활을 돌아봐

수업이 시작하기 전에 미리 사물함에서 교과서를 꺼내 둬요. 틀린 글자가 있으면 지우개로 깨끗하게 지우고 다시 써야 해요.

50~51쪽

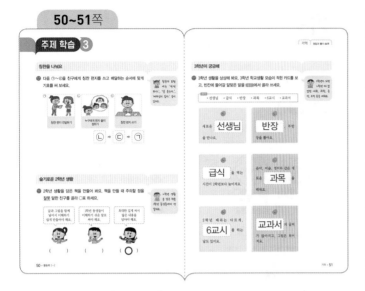

슬기로운 2학년 생활

책을 만들 때는 너무 길게 쓰지 않고 중요한 내용만 담아요.

3학년이 궁금해

3학년이 되면 학급 임원 선거를 통해 반장(학급 회장), 부반장(학급 부회장)을 뽑아요.

52~53쪽

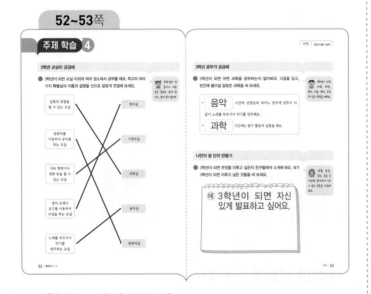

3학년 교실이 궁금해

이 밖에도 학교에는 강당, 무용실, 미술실, 조리실 습실과 같은 특별실이 있어요.

54~55쪽

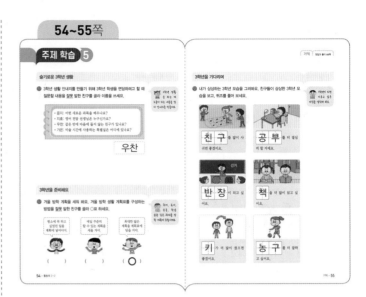

3학년을 준비해요

겨울 방학 계획을 세울 때는 무조건 많은 것을 계획하기보다는 실천할 수 있는 계획을 세워요.

58쪽

1 주희

2 예

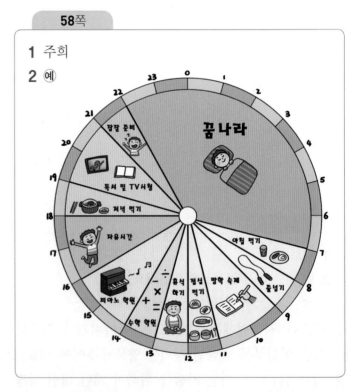

1 겨울 방학 생활 계획을 짤 때는 실천 가능한 계획을 세워야 해요.

2 위 그림 참고

믿고 보는 동아출판 초등 교재

기초학습서부터 교과서 개념 다지기, 과목별 전문서까지!
초등학교 입학 전부터, 예비 중등까지!
초등학생에게 꼭 필요한 영역을 빠짐없이! **동아출판 초등 교재 라인업**

1 교과서 개념 완벽 학습

백점 | 자습서&평가문제집

2 초등 영역별 기초학습서

초능력 국어, 수학, 과학
한국사, 한자

3 과목별 전문서

빠작 | 큐브 | 하이탑
뜯어먹는 초등 필수 영단어
그래머 클리어 스타터

4 예비 중등

초고필 국어, 수학, 한국사
적중 반편성 배치고사 + 진단평가

동아출판

백점
활동북 2·2

초등학교 　　　학년 　　반 　　번

이름

KC마크는 이 제품이 공통안전기준에 적합하였음을 의미합니다.

⚠ 주의
책 모서리에
다칠 수 있으니
주의하시기
바랍니다.

동아출판

📞 **Telephone** 1644-0600
🏠 **Homepage** www.bookdonga.com
✉ **Address** 서울시 영등포구 은행로 30 (우 07242)

• 정답 및 풀이는 동아출판 홈페이지 내 학습자료실에서 내려받을 수 있습니다.
• 교재에서 발견된 오류는 동아출판 홈페이지 내 정오표에서 확인 가능하며, 잘못 만들어진 책은 구입처에서 교환해 드립니다.
• 학습 상담, 제안 사항, 오류 신고 등 어떠한 이야기라도 들려주세요.